普通高等学校船舶与海洋工程“十三五”规划教材

U0869099

船舶建造技术原理与方法

编著　王炬成　赵　虹
主审　马晓平

哈爾濱工程大學出版社
Harbin Engineering University Press

内容简介

本书基于现代造船模式的理念，以钢质焊接船舶建造技术的基本知识为主线，全面系统地介绍了船体放样、船体钢料加工、船体部件/分段/总段装配与焊接、船体分道建造、船舶总装、船舶舾装、船舶涂装、船舶下水等技术内容，着重阐述了船舶建造技术的基本原理和工艺方法。

本书共十一章，内容的选取和技术方法的引用主要考虑其通用性和先进性，力图论述清楚、重点突出、联系实际、内容全面丰富且图文并茂，并在各主要章节设有对前沿技术和发展趋势的专题介绍。本书全面反映了船舶建造技术的最新应用和进展。

本书是高等院校船舶与海洋工程专业和航运专业的教材，也可作为从事船舶工程、海洋工程及海事领域工程技术人员和管理人员的参考书。

图书在版编目(CIP)数据

船舶建造技术原理与方法/王炬成，赵虹编著．—哈尔滨：哈尔滨工程大学出版社，2021.10
ISBN 978-7-5661-3292-5

Ⅰ.①船… Ⅱ.①王… ②赵… Ⅲ.①造船法-高等学校-教材 Ⅳ.①U671

中国版本图书馆CIP数据核字(2021)第211242号

船舶建造技术原理与方法
CHUANBO JIANZAO JISHU YUANLI YU FANGFA

选题策划 史大伟 薛 力
责任编辑 李 暖
封面设计 刘长友

出版发行 哈尔滨工程大学出版社
社　　址 哈尔滨市南岗区南通大街145号
邮政编码 150001
发行电话 0451-82519328
传　　真 0451-82519699
经　　销 新华书店
印　　刷 哈尔滨市石桥印务有限公司
开　　本 787 mm×1 092 mm 1/16
印　　张 29.75
字　　数 785千字
版　　次 2021年10月第1版
印　　次 2021年10月第1次印刷
定　　价 77.00元
http://www.hrbeupress.com
E-mail:heupress@hrbeu.edu.cn

前　言

船舶设计制造是江苏科技大学船舶与海洋工程专业的传统优势学科，历经四十多年本科办学经验的积累和船舶与海洋工程专业的建设，逐步形成了江苏科技大学船舶与海洋工程专业船舶设计制造学科方向的办学特色，并在船舶设计制造学科方向上取得了一系列的教学科研成果。

船舶建造是一项复杂的系统工程，涉及很多专业技术。“船舶建造技术原理与方法”是一门涉及多学科的综合性专业核心课程，具有内容丰富、涉及范围广且发展迅速等突出特点。

本教材基于现代造船先进制造技术的理念，系统地介绍了钢质焊接船舶的船体放样和信息后处理技术、船体钢料加工技术、船舶分段/总段装焊技术、船体分道建造技术、船舶总装技术、船舶舾装技术、船舶涂装技术、船舶下水技术等内容，着重阐述了船舶建造技术的基本原理和工艺方法。

随着船舶与海洋工程技术的发展，各种先进制造技术层出不穷，尤其是在造船绿色化、数字化、智能化等方面。本教材力求在内容上扩大读者的视野，体现船舶建造的最新技术和发展动向，但鉴于篇幅有限，不可能涵盖各个方面，对有些问题不能做进一步的深入讨论。

本教材在编写过程中参阅并部分引用了国内外相关文献资料，也得到了国内同行专家的大力支持和帮助，在此深表谢意。本教材由江苏科技大学王炬成副教授和赵虹副教授编著，由赵虹副教授统稿。江苏科技大学高霆老师对第八章做了修改和补充；周卫鹏老师对第三章的船体数学放样和生产信息后处理部分进行了补充。在编写过程中得到了江苏科技大学船舶与海洋工程学院、江苏省船舶先进制造技术中心、江苏现代造船技术有限公司的帮助。江苏科技大学马晓平老师（研究员级高级工程师）担任主审；江苏科技大学朱骏老师对第三章进行了校审，并对本教材提出了许多宝贵意见，对此表示衷心感谢。

本教材是基于作者二十多年的授课讲义、讲稿的基础上编写的，力求图文并茂、概念清楚、思路清晰。编写过程中尽管做了很大的努力，但遗漏、不妥之处难以避免，敬请各位同仁和读者提出宝贵的意见和建议，以便再版修订时修正。

作　者

2021 年 5 月于镇江

目　　录

第一章 绪 论

人类造船有着悠久的历史，从史前刳木为舟起，在漫长的历史时期内，人类制造的都是利用人力或风力推进的木船。1807 年，美国的 R. 富尔顿建成世界上第一艘采用明轮推进的蒸汽机船；1879 年，世界上第一艘钢质铆接船问世，从此船舶进入了以钢船为主，以机器为动力的时代。20 世纪 40 年代，焊接技术在造船中开始应用，逐步由焊接代替了铆接，开创了钢质焊接船的制造历史。20 世纪 50 年代之前，以英国为代表的西欧造船业一直占据统治地位；20 世纪 50 年代后，日本造船业的崛起打破了西欧造船业一统天下的局面；而从 20 世纪 70 年代开始，韩国的造船业也逐步发展起来。

我国造船业在 20 世纪 80 年代以前一直是以国内航行船舶为建造主体，船舶吨位小，产量不高。进入 20 世纪 80 年代，我国造船业积极地推进和加强现代化建设，尤其是从日本引入了生产设计的概念，为了更好地推行生产设计，促进船厂的改革，陆续成立了造船生产设计指导组以及高效焊接、船舶精度控制、造船成组技术、涂装等相关工艺技术指导组，促进了造船模式的转换，逐步提高了生产效率，并全面走向市场，开始按国际相关标准和国外船级社规范要求造出口船舶。船舶建造吨位由千吨级提升到万吨级以上，我国在世界造船业中所占份额得到了快速提高。尤其是进入 21 世纪以后，世界造船业竞争格局又有了巨大变化，我国造船业在造船完工量、新接订单量、手持订单量等方面所占国际市场份额多年位居世界第一。我国现在已经成为造船大国，但还不是造船强国，与先进造船国家相比，我国造船业在自主创新能力、产品结构和船舶建造技术方面仍然有较大的发展空间。在船体制造技术方面，许多单项技术都已达到或接近国外先进水平，但在总体制造技术水平和先进制造技术方面，还存在相当大的差距，其主要表现在生产效率较低、制造周期较长和制造成本较高等方面。

船舶建造技术的发展历程是与船舶工业的发展进程密切相关的。船舶建造技术的现代化是船舶工业现代化的关键，世界上很多国家都把船舶建造技术视为决定整个造船业技术进步的主要因素。对中国这样一个发展中国家来说，正确认识和深刻理解船舶建造技术的地位和作用，重视并加强船舶建造技术的研究和开发，大力推广新技术、新工艺、新材料，已经成为我国船舶工业现代化建设中的重大课题和紧迫任务。

第一节 船舶建造技术的内涵和主要内容

船舶建造技术是研究钢质船舶的制造方法与工艺过程的一门应用学科，它是在综合采用各种先进技术和现代科学管理的前提下指导的制造过程，即如何把设计阶段经过试验和计算并按照规范而设计绘制的船舶图样转变成实船，同时要满足船舶在正常技术指标的控制下确保其使用性能。简言之，就是将船舶设计物化为船舶产品的专门制造技术。

要想将一个出色的船舶设计变为一个实实在在的产品，除了要充分理解设计者的设计思想外，工艺设计就显得尤为重要，因此，要充分了解和掌握现有的生产能力及手段，充分发挥其潜能并加以认真执行，才会得到应有的效果。

一、钢质船舶建造特点

船舶是复杂的水上浮动构筑物，工作环境复杂，安全性要求高。船舶上除了由数以万计的船体构件组成壳体外，还配置了各种机器设备、电气设备和生活设施等。

船舶结构物由于其本身结构复杂和种类繁多，决定其综合性强，这主要表现在其用材繁多，工序多样和复杂，涉及面广。它集钢铁、有色金属、机械、电子、化工、轻工等各种工业产品于一身，以及需要铸、锻、机加工、冶金、焊接、光学、微电子、计算机等科学技术。在工业发达国家，船舶工业以雄厚的基础工业为后盾，并与众多的配套企业组成一个完整的综合性工业体系。

船舶工程是一个复杂的综合性工程。按其类别可分为船体、舾装、轮机、电气、涂装等工程，各工程要求各异。因此，对船舶建造技术提出了很高的要求，需要流体力学、结构力学、材料力学、工程项目管理等多方面的专业知识作为技术支撑。

船舶制造业属于综合性很强的制造大型焊接结构物的装配行业。是一个融制造和建造双重含义的复杂的生产过程。其具有单件小批量、类型众多的订单型生产的特点。它除了具备一般机电行业、建筑行业的工程特点外，还具有很多自身的特殊状态，如需要大型生产装置、设备密集、技术密集、多工种等，且配套复杂。此外，船舶与海洋工程这种高度依赖定制的行业，不可能像机械行业那样可以通过产品试制和试验来摸索积累经验。当然，随着 CAE(computer aided engineering)工具的应用，极大地减轻了工程师的负担和压力，在进入船舶建造和现场执行阶段之前可进行详尽的设计和分析。

二、船舶建造技术的内涵

新的造船形势下，船舶工业面临以下两个方面的严峻挑战：

(1)国内外的造船市场会在建造周期、产品质量和价格等方面进行越来越激烈的竞争。

(2)为适应水上交通和海洋开发日益发展的需要，将出现多种类型的高性能、高技术密集的新型船舶，要求造船业能迅速地适应其发展需要，及时建造这些新的船舶产品。为此，造船业必须全力开发适应发展的现代制造技术和科学管理手段，才能在迎接挑战中掌握主动权。

船舶建造技术的内涵是：一方面应根据现有技术条件，依据船舶建造技术原理，为造船生产制订优良的工程方案和工艺方法，以缩短建造周期、降低生产成本、提高质量和改善生产条件；另一方面应大力研究、开发新技术、新工艺，不断提高工艺技术水平，以适应社会经济不断发展的需要。

三、船舶建造的主要内容

现代船舶建造按照不同的作业类型可分为船体制造、船舶舾装和船舶涂装三大工程。

船体制造就是将原材料加工制作成船体构件，再将它们组装成“中间产品”(部件、分段、总段)，然后吊运至船台上(或船坞内)总装成船体的工艺过程。船体用材料多为钢材，其作业内容一般包括船体放样、船体号料、船体构件加工、“中间产品”制造和船台(坞)总装等。其中现已将船体放样纳入船体生产设计范畴。

船舶舾装是将主船体和上层建筑以外的机电装置、营运设备、生活设施、各种属具和舱室装饰等安装到船上的工艺过程。它不仅使用钢材，还使用铝、铜等有色金属及其合金；使用木材、复合板、工程塑料、水泥、陶瓷、橡胶和玻璃等非金属材料。舾装作业涉及装配工、焊工、木工、铜工、钳工、电工等多达十多个工种。船舶舾装按专业内容可分为机械舾装、电气舾装、管系舾装、船体舾装等;按作业阶段可分为舾装件制作(或采购)、舾装托盘集配、单元舾装、分段舾装、总段舾装、船内舾装等;若按区域舾装法可分为机舱舾装、甲板舾装、住舱舾装和电气舾装等。

船舶涂装是在船体内外表面和舾装件上,按照技术要求进行除锈和涂敷各种涂料的工艺过程。涂装可使金属表面与腐蚀介质隔开,达到防腐蚀处理的目的,此外还有外表装饰、标记和其他特殊作用。按作业阶段(或制造级),船舶涂装一般包括钢材预处理、分段(总段)涂装、船上涂装(可分为船台(坞)涂装和码头涂装)以及完工涂装等。

第二节 船舶建造工艺流程及主要工艺阶段划分

一、船舶建造工艺流程

船舶建造工艺流程也称造船生产流程,通常是指船舶制造过程中各个主要环节的先后次序(工序)及其相互关系。其实质上就是根据造船工业特点,结合具体船厂的设备设施、组织机构等,将船舶产品分解为最适合工厂生产实际的工程分解。一般应以船体为基础进行工程分解,使其各种生产组织有序、各种作业能够并行,推进后道工序连续均衡前移。生产流程是进行工艺技术准备和组织生产活动的基础。合理的生产流程,对充分发挥船厂的生产潜力,提高生产效率,降低生产成本,缩短建造周期,具有重要意义。

尽管船舶的种类不同,其船体结构形式、机械设备、电气设备、舾装件、涂装要求等也都有很大的区别。但其总体制造工艺流程却基本相同。现代造船方法已发展为以区域造船法为基础,将船体建造、舾装和涂装三种不同类型的作业系统相互协调和有机结合,形成壳舾涂一体化的建造技术,按区域、类型、阶段一体化组织生产。以此建立的造船生产工艺流程,按工艺特征归纳起来,大致可概括地表示成图 1.1 所示的过程。

二、船舶建造系统的主要工艺阶段划分

1. 主要工艺阶段划分

根据船舶建造的时段和作业区域,可将船舶建造分为先行阶段、搭载阶段和后行阶段,如图 1.2 所示。再从工艺特征和管理要求出发做级次划分,划分出相对应的制造级。

2. 各工艺阶段的主要作业内容

(1)先行阶段及主要作业内容

先行阶段是从船体开工下料到船舶分段、总段制造完成。其主要作业内容有:船体零件号料与加工,各种舾装自制件的加工;各制造级的各类“中间产品”的组装,如部件组装、舾装单元组装、分段或总段的制造等。对应了五个制造级,即零件切割与加工、小组立(部件制造)、中组立(组件制造)、大组立(分段制造)、总组立(分段总组)。该阶段主要是以分段为中间产品来组织生产。

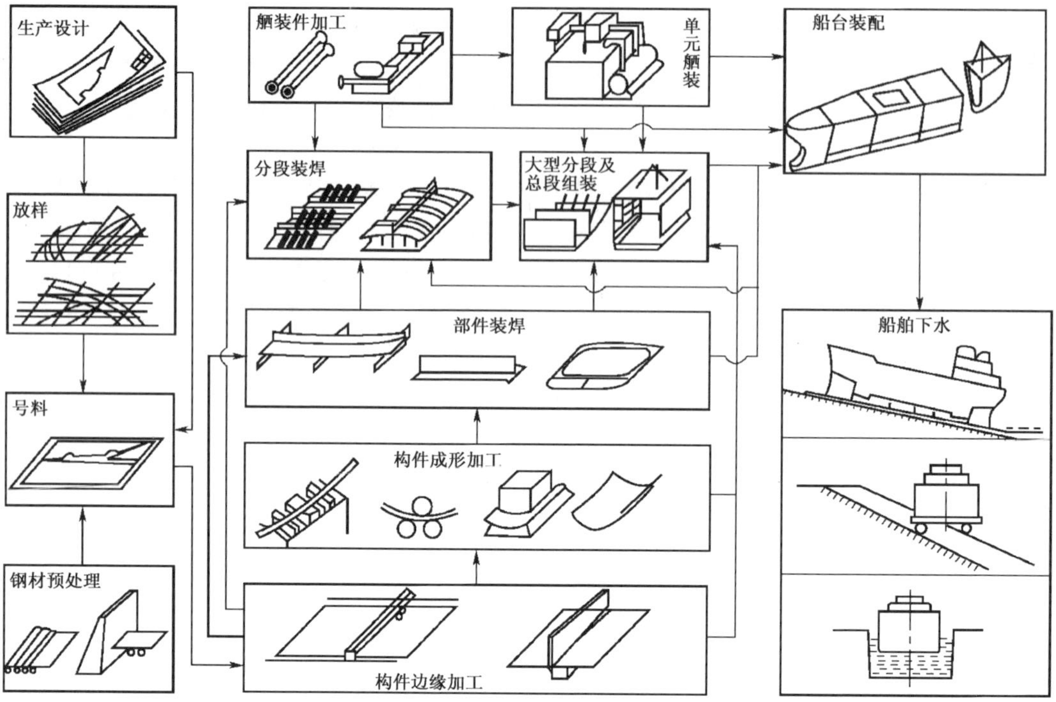

图 1.1　钢质船舶建造工艺流程示意图

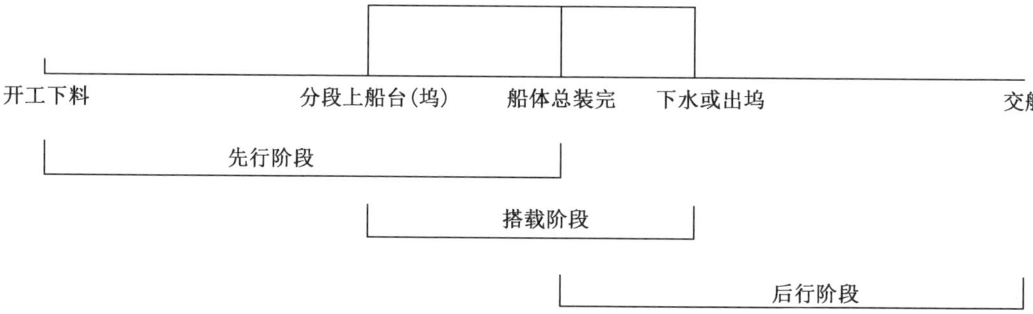

图 1.2　船舶建造系统三阶段划分

(2)搭载阶段及主要作业内容

搭载阶段是从船舶基准分段(或总段)上船台(坞)搭载到船舶下水(或出坞)。其主要作业内容有:在船台(坞)将中间产品总装成船舶,并进行船内舾装和船体涂装作业等。对应的制造级为船台(坞)安装。该阶段主要是按照吊装计划,以每一吊产生的合拢缝和形成的区域为工作对象来组织生产。

(3)后行阶段及主要作业内容

后行阶段是从船舶分段、总段上船台(坞)搭载形成区域以后到船舶下水、系统试验、交船。其主要作业内容有:船舶舾装和涂装以及收尾工程、船舶的系泊试验、倾斜试验和航行试验、交船与验收等。对应的制造级主要为船舶试验和交船。该阶段主要是以区域、系统为导向的甲装、机装、居装、电装等的安装以及试验工作。

三、船舶建造系统中的主要工艺技术

根据不同的作业类型，船舶建造技术可分为船体制造技术、船舶舾装技术和船舶涂装技术。船舶建造系统中的主要工艺技术有以下内容。

1. 船体放样及信息后处理技术

放样是造船生产过程中的首道工序，是相当复杂和精确的工作，直接影响以后各道工序乃至最终产品的质量。其主要工作内容有：船体型线光顺、绘制肋骨型线、船体构件展开、提供各种构件的加工信息及后续工序的施工信息、制作供施工用的样板和样箱、确定加放加工装配余量等。

随着计算机技术和造船技术的发展，放样已由手工放样发展到数学放样。现在已能对全船的型线和结构实行计算机光顺和放样，还可以采用人机对话的方式修改型线和结构布置，实现图形显示和自动绘图，且能把所得数据自动存储在数据库中，供下道工序如数控绘图、数控号料、数控切割、数控加工等使用，为造船向机械化、自动化以及智能化方向发展奠定了坚实的基础。

2. 船体号料技术

号料是放样的后道工序，是将放样展开后的船体构件外形，依据草图、样棒、样板、样箱、投影图、数控信息等，将其复制到钢板或型钢上，并标注加工装配符号、施工信息等，供后续工序使用。

目前大多数船厂普遍都采用了数控号料，在数控切割机上装上冲标点机构或划线喷头，可进行自动号料和划线等作业。

3. 船体钢料加工技术

船体钢料加工是将预处理后的钢材经过号料后，用各种设备及工具加工成设计所要求的规格和形状。

一般来说，船体钢料加工按照加工特性可分为冷加工和热加工两大类；按照构件的形状又可分为边缘加工和成形加工。主要加工技术有以下几种。

（1）钢材预处理技术

对钢材进行矫平、除锈、涂车间保养底漆和烘干等作业。目前大中型船厂普遍都采用了钢材预处理线。

（2）船体构件边缘加工技术

船体构件边缘加工一般包含三种加工作业：

第一，运用机械剪切或化学、物理切割方法，按施工信息从原材料上切割得到船体零件；

第二，根据焊接和装焊技术要求，对零件边缘进行坡口加工；

第三，根据设计要求，对某些零件的自由边和人孔进行磨光倒角加工。

其中就钢料切割技术而言，目前主要有机械剪切、气体火焰切割、等离子弧切割和激光切割等。在现代化船厂中，钢板的切割已从手工切割、光电跟踪切割为主转为以数控切割为主。数控切割不但切割精度高，而且根据数学放样信息直接进行切割可省略号料工序，实现放样、切割过程自动化。

（3）船体构件成形加工技术

对一些具有弯曲、折角或折边等空间形状的船体构件，在经过边缘加工后，还需要使用弯曲加工的方法，将它们弯制或折曲成所要求的空间形状。其可分为板材成形加工和型材成形加工。

对板材成形加工技术而言，对于一般单曲率或者曲率不大的板材零件，通常采用常规的冷加工设备（如弯板机、液压机等）对板材进行弯曲成形，而对于复杂线型的外板（如双曲板），仍需要采用水火弯板或热加工工艺。随着数字控制技术的发展，已开始研制数字控制的弯板机。板材加工机械化和自动化技术一直是目前船体制造技术中的重要研究内容。

对型材成形加工技术而言，一般船厂多采用型材弯曲机（如肋骨冷弯机、型材矫直机等）对型材进行弯曲成形加工。

4. 船体装配与焊接技术

船体装配与焊接就是将加工合格的船体零件组合成部件、分段、总段，直至整个船体的工艺过程。按照制造级进行划分，一般可分为部件装配与焊接技术、分段（总段）装配与焊接技术、船台（坞）装配与焊接技术，也可分为“中间产品”（部件、分段、总段等）制造技术和船舶总装技术。

（1）“中间产品”制造技术

不同制造级的“中间产品”，按相似性原理和制造级对它们分类成组，将它们按族分别在相应的装焊成组生产线上或区域内进行制造，这就是所谓的“中间产品”分道制造模式。最后制作成满足壳舾涂一体化要求的“中间产品”。

据统计，“中间产品”制造占船体制造总工作量的75%以上；占船舶制造总工程量的12%～18%，因此，实现“中间产品”制造的机械化和自动化，不仅可以有效地缩短船舶制造周期和提高制造质量，还可以为区域舾装和区域涂装创造条件。自20世纪60年代起，结合焊接技术的发展，已在船体部件和分段装焊中逐步实现了T型材装焊流水线和平面分段装焊流水线。由于数学放样和各种数控加工技术以及先进的测量仪器的使用，船体构件的加工精度不断提高，使得“中间产品”制造的机械化和自动化程度也在不断提高，已逐步在向智能化方向迈进。

（2）船舶总装技术

将在各装焊生产线上或区域内制造完成的“中间产品”吊运到船台上（或船坞内），按规定的吊装顺序将“中间产品”组装成船舶，并完成船内舾装和船台（坞）涂装作业。

5. 船舶下水技术

当船舶在船台上（或船坞内）建造到预定工程量，且满足了船舶安全下水状态的要求时，需要依靠专门设备和操作方法，将船舶移到水中，这项作业称为船舶下水。船舶下水有许多方法，大致可分为重力式滑行下水、漂浮式下水、机械化下水和衬垫式下水等方式，其技术要求各异。

6. 船舶试验与交船

船舶试验有系泊试验、倾斜试验和航行试验，可分为两个试验阶段。系泊试验（包括倾斜试验）和航行试验的目的是检查船体、机械设备、电气装置及动力装置的制造和安装情况，并鉴定其质量，通过航行试验测定船舶各种状态下的各项性能指标，尤其是工作可靠性，这将直接关系到船舶的安全性，必须得到验船机构和船东的认可。因此，船舶试验是验船机构、船东和船厂三方共同关心的问题。规定的试验项目必须请验船机构验船师和船东代表到场验收，以便签发有关证书作为交船文件。在确认船舶各项性能指标基本满足合同要求以后，即可举行交船仪式。

(1)系泊试验阶段

系泊试验是船舶基本竣工,在取得船东和验船机构的同意后,将船舶系在码头上进行的试验,俗称码头试车,船舶基本上处于一种静止状态。其任务是根据设计图纸和系泊试验大纲,对船舶的主机、辅机、各种设备系统等进行的一系列实效试验,以检查安装的完整性和质量的可靠性。

倾斜试验是将安装完工的船舶置于静水区域,测定完工船舶的重心位置,以便计算船舶在不同装载情况下的稳性。因为在船舶设计阶段很难精确地计算出船舶的重心位置,同时在建造过程中,船舶质量常有变更,所以船舶在建成、改装或大修以后,其实际重心位置就需要通过倾斜试验予以确定。倾斜试验的原理可参阅盛振邦和刘应中主编的《船舶原理(上册)》中的相关章节。

(2)航行试验阶段

航行试验是按航行试验大纲对船舶做一次综合性的全面考核,全面检查船舶在航行状态下主机、辅机以及各种机电设备和系统的使用性能。检查过程中通常有轻载试航和满载试航两种航态。在试航过程中测定主机、辅机、各种设备系统、通信导航仪器的各项技术指标;测定船舶各项航行性能指标(如主机航行试验、测速试验、操舵试验、抛锚试验、回转试验、惯性试验等),以检查是否满足设计要求。这属于船舶试验的第二阶段,由船厂会同船东和验船机构一起进行。对于新建船舶(尤其是首制产品)应邀请设计单位参加,以便取得第一手资料,考核各项技术指标是否达到设计要求,作为今后改进技术设计工作的依据。船厂对试航全过程要做详细记录,为编写产品说明书提供实际数据。

(3)交船与验收

船舶建造完工的最终阶段是交船。交船是一项程序性的工作,即通过一些移交手续,船厂把建造完工的船舶交付船东。因此,船舶试验结束后,船厂应立即组织实施排除试验中发现的缺陷及各项收尾工作,同时对船上所配置的各类备件和工具、供应品以及交船文件,按照规格书、图纸和技术文件的要求逐项向船东交验。当上述工作结束后,即可举行交船仪式,签署交船验收文件,并由验船机构颁发合格证书。

交船仪式通常包括下列内容:

①船厂向船东提交规定的各种证书和文件,经核对之后,双方在文件提交凭据上签字,证明可供使用的文件都已提交;

②船东签收随船图纸和说明书;

③船长签收船舶钥匙和保险柜密码;

④船厂和船东在交船与完工证书及附件上签字。

交船仪式结束后,船舶就归船东使用或处理。作为船舶的建造工作虽然已经结束,但是作为船舶的建造合同还没有终止。

综上所述,目前钢质焊接船舶总装造船的主要工艺流程,如图1.3所示。

四、船舶建造技术水平评估

根据船舶行业标准《船舶建造技术水平评估方法》(CB/T 4335—2019)(以下简称《评估方法》)可对船厂的船舶建造技术水平进行评估;可通过对综合经济技术、生产设计技术、生产管理技术、建造技术和信息集成技术等五个方面的一级指标进行评估，来确定船企建造技术水平的高低，为船企科学系统地评估自己的建造技术水平提供了统一的方法，也为其如何提高造船技术水平提供了参考，有利于推动我国船舶行业全面建立现代造船模式。

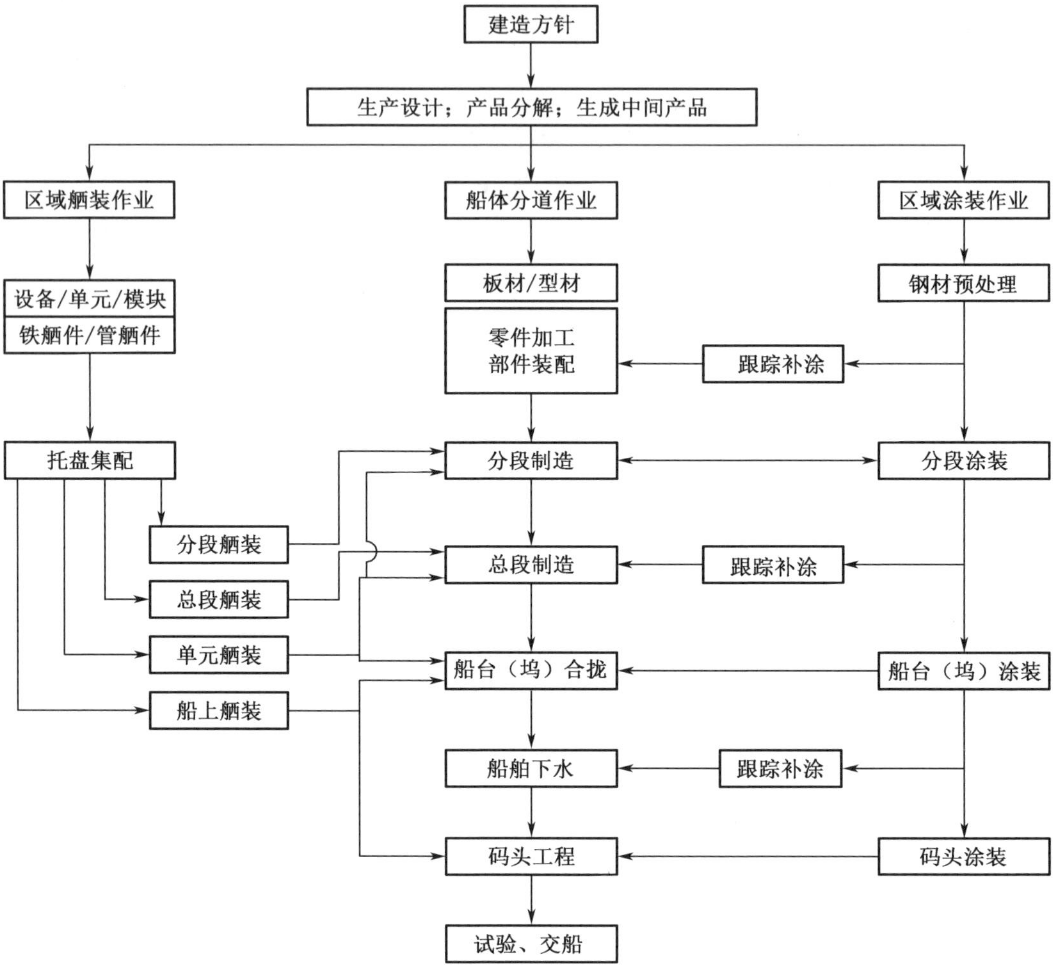

图 1.3　钢质焊接船舶总装造船的主要工艺流程

《评估方法》规定了船舶建造技术水平评估指标体系、评估原则、评估项目和评估方法。建立的指标体系，以及以综合模糊评价的理论为基础提出了建立船舶建造技术水平评价模型，以及基于专家调查结合层次分析理论形成了一种用于解决船舶建造技术指标权重确立的方法。

(1)综合经济技术方面的指标，包括九个二级指标，即企业人员状况、年造船产量、造船工业总产值、造船工业增加值、单位船坞/船台面积产出率、人均年造船修正总吨、造船综合能耗、自主开发新产品能力、研发经费投入占比等。

(2)生产设计技术方面的指标，包括八个二级指标，即生产设计周期、三维设计建模率、单元模块化率、船体部件托盘化率、舾装件托盘化安装率、生产设计废返率、钢材一次利用率、数字化设计工具功能模块使用率等。其中数字化设计工具主要包括船体平面板架三维建模设计工具、船体曲面板架三维建模设计工具、全船三维建模设计工具、工艺工装三维数字化设计工具、板材套料数字化设计工具、结构零件生成数字化设计工具、船体焊接数字化设计工具、船体装配数字化设计工具、管子数字化设计工具、风管数字化设计工具、铁舾件数字化设计工具、舱室布置数字化设计工具、电气专业数字化设计工具、涂装专业数字化设计工具、型材套料数字化设计工具、线型光顺数字化设计工具、电缆敷设数字化设计工具等。

(3)生产管理技术方面的指标,包括六个二级指标,即生产计划大节点实现率、船舶建造周期、钢材综合利用率、造船生产效率、安全生产、节能减排等。

(4)建造技术方面的指标,包括八个二级指标,即分段无余量制造率、分段原始坡口保留率、分段(总段)上船台(进坞)无余量搭载率、分段总组率、上船台(进坞)前预舾装率、下水(出坞)前舾装工程完整率、焊接自动化和半自动化率、涂装技术指标(涂敷系数、压载舱涂层破损率、涂装单位面积工时消耗量)等。

(5)信息集成技术方面的指标,包括五个二级指标,即企业设计制造集成管理系统(computer integrated manufacturing systems,缩写为 CIMS)功能模块使用率、产品数据管理系统(product data management,缩写为 PDM)功能模块使用率、企业资源计划系统(enterprise resource planning,缩写为 ERP)功能模块使用率、生产过程执行系统(manufacturing execution system,缩写为 MES)功能模块使用率、关键工艺流程数控化率等。关键工艺流程及其实施运用的计算机辅助手段或数控设备主要包括如下项目:钢材预处理自动化流水线、船体板材数控下料设备、船体型材数控下料设备或型材自动化生产线、型材数控加工设备、部件自动化焊接设备或部件自动化生产线、平面分段装焊自动化生产线、数控弯管设备或管子自动化生产线、管子自动化焊接设备或管子自动化生产线、环境自动监控的涂装设施、船体数字化精度测量和分析工具等。

第三节 船舶建造技术的发展

作为典型的传统工业,船舶制造业在当今的知识经济时代也取得了不断地发展。

一、船舶建造技术的不断发展进步

一般来说,船舶建造技术不断发展进步的推动力可以概况为以下几个方面。

1. 新技术发展的带动

如成组技术的应用使船舶建造由分段制造模式进入到分道制造模式,形成了平面/曲面分段流水生产线;计算机技术的发展使船舶的手工放样被数学放样代替;数控技术的发展使大量的手工作业进入到自动化加工作业;信息技术的发展促成了集成制造模式以及虚拟制造的实现等。

2. 新船型开发的带动

随着社会进步和现代化生活的需要,新船型不断被开发,如超大型油船(VLCC、ULCC)、超大型集装箱船、滚装船、液化天然气船(LNG)、液化石油气船(LPG)、起重铺管船、大型绞吸式挖泥船以及液化天然气生产储卸装置(FPSO)等的建造。新船型从船体结构、建造精度标准等各方面都对船舶建造技术提出了新的要求,从而推动了船舶建造技术的发展。

3. 新标准相继出台的推动

新标准相继出台的推动主要反映在:一是标准的国际化程度不断加深及标准的升级;二是国际海事组织(International Maritime Organization, IMO)、国际船级协会(International Association of Classification Societies,缩写为 IACS)等有关国际机构及地区相继出台了有关船舶结构设计、船舶安全和涂层以及绿色环保等方面的一系列新技术标准和规范,对船舶的设计能力、建造及管理水平、工艺条件等都提出了更高的要求,这在一定程度上推动了船舶建造技术的不断发展。

二、船舶建造技术的发展及趋势

船舶建造技术的发展应以关键制造技术的突破为重点,注重单项技术的优化和完善,并与相关技术统筹协调,"软硬"兼施形成较合理的船舶先进制造技术,以其带动船舶总体技术水平的提高。同时,船舶建造技术在先进造船理念和模式(敏捷制造、绿色制造、精益生产、数字化制造、智能制造等)以及新技术(自动化技术、数字化技术、激光技术、虚拟仿真技术等)的助推下,船舶工业成为高技术应用的重要领域,船舶建造技术呈现出前所未有的活力,现代造船技术从模式到工艺发生了质的变化。其发展趋势主要反映在:低耗高效的船舶建造技术、绿色造船技术、数字化造船技术和智能化造船技术等方面。

1. 造船的高效化方面

其技术主要体现在:激光或电感应加热外板成形、巨型总段、大型单元、舾装单元流水生产线、曲面分段流水生产线、船体结构机器人群焊接及高效焊接技术等方面。

2. 造船的绿色化方面

力求对生产资源的利用率最高和对环境的影响最小,其技术特征包含"绿色船舶"和"绿色船厂"两个方面。

(1)"绿色船厂"的特征:材料利用率很高、能源的使用效率很高、污染物排放很少、竭力改善壳舾涂作业环境以达到流程顺畅。

(2)"绿色制造"的技术特征:全面实现船体加工和装焊的自动化,提高钢材利用率;以单道焊替代多道焊,减少焊接烟弧对环境的污染;无排放的钢材预处理和涂装技术;密闭的造船场所,以及对密闭空间进行空气处理等。

3. 造船的数字化方面

着重发展信息技术与现代造船模式、船舶设计、建造、造船装备、船舶企业管理等方面的深度融合和综合集成,将信息技术逐步渗透、融入船舶行业的新型工业化进程中的每个环节和要素,其技术主要体现在:

(1)对"船舶"和"船厂"进行三维建模,以便在设计时使用船厂的 3D 环境制成工艺过程、作业计划、机器人操作、数控切割(numerical control,为 NC)模拟和物流仿真。

(2)由计算机系统精确定义造船的全过程,以电子工艺图表的形式规定所有的壳舾涂作业和系统试验任务以及执行该任务的生产资源与操作方法。生产前,在计算机中模拟船舶每条切割缝、装配缝和焊接缝的作业,获取相关技术数据和管理数据。然后将一体化的工艺图表发布到含分包商的所有施工部门。

(3)对数字化造船中制造部分的数据库必须存储；对解决方法的历史数据、相互关系的逻辑数据、所有各方的能力数据等要实时更新。

4. 造船的智能化方面

未来船舶制造业将是由信息主导的，并采用先进制造模式、先进制造系统、先进制造技术和先进组织管理方式的全新船舶工业。智能化技术将改变船舶制造业的设计方式、生产方式、管理方式和服务方式。智能化技术使得船舶制造业的加工制造向精密化、快速化、自动化、柔性化、智能化发展，为未来船舶制造业提供技术保障。

在船舶制造过程中广泛采用智能化制造装备进行加工装配和连接，将有效提高生产效率。切割机器人、装配焊接机器人、涂装机器人逐步扩大应用，船厂逐渐成为没有烟尘、没有危险和没有疲劳的现代化自动化工厂。

目前，在智能化技术方面比较典型的有：

(1)管子定长切割生产线，能自动识别管件，并将它们分别输送至不同的后续工位。管一法兰焊接装备能适应椭圆度较大的管子与法兰的焊接。

(2)肋骨冷弯机和弯板机能根据被弯型材和钢板的实际特性和成形目标，设定数控程序和参数。

(3)小组立自动化生产线，是由装配工位、机器人焊接工位、修补工位、背烧工位和搬出工位组成，实现了工件在不同工位间的智能升降、输送、分流和对接，极大地提高了生产效率。

此外需要指出的是，在当今的经济一体化时代，生产要素跨区域的流动，需要跨区域的配置生产资源，其主要特征是“异地并行、无缝整合”。“异地并行”旨在获取总装效率最大化和造船成本最小化，如采用巨型总段和巨型舾装单元，跨地区生产的船舶组件和分段等，并依据模块化和制造数字化实现船舶建造全过程在技术上和时间上的“无缝整合”。

第二章　现代造船模式及船厂总体布置

第一节　制造系统概述

一、制造业及分类

制造业是制造产品和提供服务的行业,是社会经济生活的基础和主体。只要是对原材料进行加工处理,生产出为用户所需要的最终产品的行业,都可以归属于制造业。也就是说不管其加工过程是离散的还是连续的,只要它们具有相应的输入——原材料、输出——产品、组织机构以及类似的计划管理、生产控制和采购销售等,都可以归纳在制造业这一概念之下。具体从行业来讲,大至飞机、船舶、汽车制造,小到日用商品、饼干面包的生产等,都属于制造业的范畴。

制造就是将客户需求(希望)转变为产品设计方案,根据设计方案将原材料加工成产品,最后交付客户使用。制造是制造业的基本行为,在制造系统中实现。制造所涉及的活动范围包括原材料采购、订单处理、产品设计、工艺设计,经过整个生产活动的计划、调度以及产品加工、装配活动,直到销售、发货和售后服务,还包括仓库管理、财务管理、人事管理和质量保证等,总之,覆盖了一个企业的全部活动。

根据产品制造过程中原材料的处理方式、物流形式和工艺设备,制造业可分成流程(连续)制造业、离散制造业以及混合式制造业。离散制造业中的产品主要是通过材料切削、热处理和装配等方式完成的,其最终产品在结构上可以分解为部件和零件。典型离散制造业包括机械、电子、航空航天、船舶、汽车、家电和仪器仪表等行业。连续制造业中的产品主要是通过对原材料进行一系列的物理和化学反应完成的,生产设备按照一组物理和化学公式排列和连接,原材料一旦进入生产装置,必须连续完成全部生产阶段,中间不能停滞。典型连续制造业包括石油化工、造纸和钢铁冶炼等。混合制造业主要指产品制造过程同时具备连续和离散特点的行业,如食品和制药等行业。

按照制造产品的功能、用途以及行业特点和年代等因素划分,制造业还有消费品制造业和资本品制造业、轻型制造业和重型制造业、民用制造业和军工制造业、传统制造业和现代制造业之分,其中装备制造业越来越重要。装备制造业是指资本品的制造业,是为国民经济和国防建设提供投资类产品企业的总称。

制造业一方面创造价值,产生物质财富和新的知识。另一方面为国民经济各个部门,包括国防和科学技术的进步和发展提供先进的手段和装备。据统计,工业化国家70%~80%的物质财富来自制造业,因此,很多国家特别是美国把制定制造业发展战略列为重中之重,其原因是:世界经济发展的趋势表明,制造业是一个国家经济发展的基石,也是增强国家竞争力的基础。制造业不仅是高新技术的载体,而且也是高新技术发展的动力。

二、制造工艺系统

广义制造工艺是对各种制造方法与制造过程的总称。工业系统内，制造工艺可以分为离散制造工艺和连续制造工艺。典型离散制造工艺可以分为：成形工艺、变形工艺、切削工艺、连接工艺、材料性能调整工艺以及特殊工艺等，它们是实现制造过程的基本环节。传统的制造过程工艺设计在很大程度上依赖于工艺设计人员的个人生产经验，这在现代制造系统中，已不能满足制造系统的高效率、高柔性和信息高度集成的要求，制造工艺设计已成为CAD(computer aided design)与CAM(computer aided manufacturing)之间集成的难点。现通过应用CAPP(computer aided process planning)技术，计算机系统可以全部或部分地进行工艺设计，并以迅速和一致的方式向用户提供优化的方案。

三、制造资源系统

制造资源涉及的面很广，不仅包括物质资源，还包括资金、技术、信息、人力等。制造资源是制造系统存在和运行的基础。制造系统的实质是一个将制造资源转化为产品的生产系统，是一个物料流动的动态过程。这个动态过程主要是由加工、传送、储存、装配和检验等环节构成。

四、制造企业系统

制造企业是一种由人力资源、技术资源和产品等要素构成的复杂系统。在科学技术范畴内，制造企业是一个开放式的社会技术系统，它的一切活动都是围绕产品展开的，其基本功能是将制造资源转换成满足客户需求的产品。产品是制造系统的输出，而原材料、能源和其他资源则是制造系统的输入。制造企业系统是一个动态系统，为适应生存的环境，特别是在激烈的市场竞争中总是处于不断发展、不断更新、不断完善的运动中。

制造企业系统运行的目标是通过动态资源的优化配置提供给客户满意的产品与服务。因此，它所生产的各种物理产品是制造系统区别于其他系统的重要标志。在转换过程中，制造系统需要消耗原材料、能量和人工(工时)等。过去，这些因素构成了产品的主要成本，并且支配着销售价格。目前，产品设计方案决定了材料的选择、加工工艺和产品功能，并且影响市场销售。因此，产品设计中的独创性具有重要意义，而且产品的质量、价格和交货周期等成为市场竞争的关键因素。

制造企业的组织结构与人的因素密切相关，是制造系统的重要组成内容。企业的生产是采用面向过程的运营方式，其生产运营被划分成若干宏观过程。宏观过程被进一步划分成业务过程，业务过程又被划分为子过程。经营过程设计与自动化技术应该是相互补充的，改变企业落后的经营模式是引进和充分利用先进技术的前提条件。自动化技术虽然可以加快部门业务处理节奏，但是如果不改变企业经营模式，先进技术就无法发挥巨大的效益。只有那些在采用新技术的同时，对自身进行重构的企业才能生存与发展。

五、制造信息系统及集成

制造系统与环境是有机结合起来的，各种“流”的进入和离开，完成了制造系统与环境的能量、信息和物质等的各种交换，因此，必须有效地管理这些“流”。制造系统中典型的“流”包括物流、信息流、资金流和能量流等。物流体现了原材料、零部件和产品等在制造系统内外的有形的运动，构成了制造成本的主要部分。信息流是制造系统中数据产生、存储、获取、处理控制等业务过程。制造系统内典型数据包括客户/供应商、产品/半成品、BOM（bill of material）、工时/物量、库存和计划调度等。制造过程的实质可看作是对制造过程中各种信息资源的采集、输入和加工处理过程，最终形成的产品是信息的物质体现。从信息的角度看，制造过程实质是一个使原材料的熵降低，使产品信息含量增高的过程。企业不仅必须管理内部的物流、信息流和资金流等，而且需要在更大范围内对各种“流”进行优化控制。

随着计算机技术的应用，信息技术成为制造业的使能技术，信息集成变为现代制造系统的基本要求。计算机集成制造系统（CIMS）就是通过计算机硬件和软件，并综合运用现代管理技术、制造技术、信息技术、自动化技术、系统工程技术，将企业生产全部过程中有关人/机构、技术、经营管理三要素及其信息流与物质流有机地集成并优化运行的复杂的大系统，以达到企业内的物质流和信息流畅通无阻。之后又在CIMS的基础上形成了现代集成制造系统，其内涵是将信息技术、现代管理技术和制造技术相结合，并应用于企业产品全生命周期的各阶段。通过信息集成、过程优化及资源优化，实现物流、信息流、价值流的集成和优化运行，达到人/机构、技术和经营管理三要素的集成，以缩短企业新产品（P）研发的时间（T）、提高产品质量（Q）、降低成本（C）、改善服务（S）、有益于环保（E）、增加产品的知识含量（K）等指标，从而提高企业的市场应变能力和竞争能力。

第二节　现代造船模式

造船生产活动的实现，不但要有硬件设备（如机械、原材料、信息系统等）、软件（如技术），还要进行操作管理（如人员、组织机构等软设施的管理）。造船技术与造船模式统一于造船生产活动中。它们之间相互依存、相互作用，有着不可分割的内在联系。造船技术要转化为现实的生产，必须依赖于与其相适应的造船模式。而造船技术的革新，最终必将带来造船模式的变革。

一、造船模式的内涵和演绎

造船模式是指组织造船生产的基本原则和基本方式，其目标是要解决“怎样更好地造船”的问题。它整体地、动态地表达了船舶制造业的存在形式和活动方式。从造船工程的特点可知，对设计、制造技术、管理方式和组织体制起根本影响的是组织造船生产时对产品作业任务的分解原则，以及对分解后的作业任务的重新组合方式，由此构成了造船工程的基本特征，这就是造船模式的内涵。

对于复杂的造船工程，由于不同的船厂具有不同的技术水平和生产条件，即使它们造船的基本特征相同，但具体采用的造船方法也不尽相同。因此，造船模式并不反映具体的造船方法。形成造船模式应包含管理原理、设计方式、工艺方法、管理技术、生产流程和企业形态等方面的内容。

造船总有其特定的模式，各船厂有相同的模式，也会有不同的模式，但不管相同与否，总存在一种较之另一种更有利提高造船生产效率、确保建造质量和缩短造船周期的模式。

形成什么样的造船模式，是与当时的造船技术发展水平相关的。而造船业的发展与整个工业界的科技水平的提高密切相关，都是以技术为中心发展的。分析造船业的过去和现在，探索它的未来，造船模式呈现出有序的演绎，可归纳为五种有代表性的造船模式，见表2.1。

表 2.1　五种造船模式的有序演绎

<table>
<tr><td>发展时序</td><td colspan="2">传统船舶制造业</td><td colspan="2">现代船舶制造业</td><td>未来船舶制造业</td></tr>
<tr><td>生产模式</td><td>整体制造模式</td><td>分段制造模式</td><td>分道制造模式</td><td>集成制造模式</td><td>敏捷制造模式</td></tr>
<tr><td>促导技术</td><td>铆接技术</td><td>焊接技术</td><td>成组技术</td><td>信息技术</td><td>智能技术</td></tr>
<tr><td>典型的工程状态</td><td>·船体散装、码头舾装、全船涂装
·以系统导向进行组织生产</td><td>·分段制造、预舾装、预先涂装</td><td>·分道建造、区域舾装、区域涂装</td><td>壳舾涂一体化</td><td>·动态虚拟组合建造过程仿真、全面模块化</td></tr>
<tr><td>工程管理特性</td><td>·以系统导向分解船舶工程
·按库存量控制生产过程</td><td>·以系统/区域导向分解船舶工程
·按系统/区域的库存量控制生产过程</td><td>·“中间产品”导向的分散专业化生产
·按区域/类型/阶段的库存量控制生产过程</td><td>·“中间产品”导向的专业化生产
·按区域/类型/阶段的流通量控制生产过程
·利用 CIMS 系统进行生产管理</td><td>·模块导向的分布式生产和动态耦合
·造船全过程的实时监控</td></tr>
<tr><td>关键技术</td><td colspan="2">·人工放样技术
·切割、成形、装配技术
·管子加工技术
·原材料处理和机加工技术
·机电设备和系统的安装调试技术</td><td colspan="2">·造船 CAD/CAM 和 CIMS 技术
·NC 切割技术
·型材、管材和分段的机械化制造技术
·含“中间产品”采办和托盘集配技术
·造船精度控制技术
·编码和区域造船技术</td><td>·船舶产品模型数据交换标准
·船舶产品和制造过程一体化数据环境技术
·分布式集成的虚拟制造技术
·全方位的建模和仿真技术
·并行工程和电子网络技术</td></tr>
</table>

表 2.1(续1)

发展时序	传统船舶制造业		现代船舶制造业		未来船舶制造业
生产模式	整体制造模式	分段制造模式	分道制造模式	集成制造模式	敏捷制造模式
促导技术	铆接技术	焊接技术	成组技术	信息技术	智能技术
船厂结构特点	·全能型船厂,能制造船体、船舶机械、各类舾装件 ·以学科专业组建技术和职能部门 ·按工种专业化组建生产车间和工段 ·由建造师组织生产,负责造船进度		·总装型船厂,具有船体制造、管件制造和涂装功能 ·以“中间产品”专业化生产为导向,组建科室和车间 ·计算机辅助实时控制		·具有组装和调试能力 ·计算机辅助共用数据库实时控制
生产组织及人员素质	·单一工种生产班组和工段 ·单一专业的设计和工艺科室 ·单一工种的生产工人和技术人员		·定场地、设备、人员和指标,制造某“中间产品”的多工种生产单元 ·按区域的多专业科室 ·复合工种的生产工人 ·多学科的科技人员		·快速组合的生产班组,擅长安装和调试各类模块 ·高素质的生产工人、科技人员 ·智能化机器人的应用
厂际关系	由原材料、设备和器件生产厂向船厂提供物资		·由原材料、设备、器件、舾装件、铸锻件、机械加工工厂向船厂供货 ·组建独立经营的船舶涂装专业公司		·由原材料、设备和器件生产厂向模块生产厂提供物资 ·由共用模块生产厂向各家船厂供应各类船舶的典型模块

表2.1(续2)

发展时序	传统船舶制造业		现代船舶制造业		未来船舶制造业
生产模式	整体制造模式	分段制造模式	分道制造模式	集成制造模式	敏捷制造模式
促导技术	铆接技术	焊接技术	成组技术	信息技术	智能技术
典型装备	·小型吊车、船台 ·实尺放样台 ·通用的剪切和压力加工设备 ·通用的气割设备 ·通用的机加工和铸锻设备等		·大型起重设备 ·计算机辅助数学放样;NC设备 ·钢材预处理线 ·型材、管件和平面分段加工、装配、焊接流水线 ·涂装房;壳舾涂一体化的综合车间		·全厂、全国甚至全球的计算机信息联网基础设施 ·无纸化、全数字化、高度自动化的生产设备 ·具有预防功能的、生产过程智能化的实时监控设备 ·温度和空气可调的、防污染的船坞和厂房

由表2.1可以看出,此演绎过程是技术与经济紧密结合的创新过程,每一种模式的形成都是由于引进了某项新的主导技术,建立了一种新的生产方式,使生产要素和生产条件的新组合引入了生产体系。从技术角度来看,设计技术、制造技术和管理技术是支撑现代造船模式的鼎力三足,而信息技术是这个平台的集控系统。随着科学技术的进步和船舶类型的变化以及需求量的增长,造船模式是不断发展和变革的,但在某一段时期内,又是相对稳定的。

当前,欧美和亚洲造船技术先进的国家,正以两者不同的技术路线发展造船技术。一是"模拟技术"路线,即在现有造船设备密集的基础上,进一步采用计算机技术、机器人技术和人工智能技术。二是"创新技术"路线,主要是通过数字化的理念,来简化船舶的设计和建造,以精确和敏捷为特征,努力研究新的造船模式。它们的基本特征主要体现在全面模块化、全面数字化、并行工程、动态联盟、牵引方式、模拟仿真等方面,以数字化重构船厂设备的规划与设计,实现模式创新。

二、现代造船模式的技术特征及建立原则

现代造船模式是将制造业先进的管理思想、管理方法与船舶制造业的生产特性相结合形成的一种新的造船模式,是基于船舶的区域、作业类型和制造阶段,形成船体以分段、舾装以托盘(单元)来组织生产的造船模式,是缩短造船周期的重要手段。各主要造船厂均建立了适合本企业的现代造船模式,在此基础上,随着计算机技术、信息技术、现代管理技术等的快速发展,船舶建造技术也不断取得了发展。

1. 现代造船模式的技术特征

现代造船模式的主要技术特征是以"中间产品"组织生产和总装造船。其内涵就是以统筹优化理论为指导,应用成组技术原理,以"中间产品"为导向,按区域组织生产,壳、舾、涂作业在空间上分道、时间上有序,实现设计、生产、管理一体化,均衡、连续地总装造船。

主要由统筹优化的造船理念、面向生产的设计技术、均衡连续的作业流程、严密精细的工程管理和高效合理的生产组织等基本要素构成。

现代造船模式是一个完整的生产体系，目标是贯彻以“中间产品”为导向的建造策略，主要由以下 11 项技术组成。

（1）质量控制循环活动

造船企业中的每个人都置身于各自业务的“计划—实施—校核—改进—再计划”的无限循环和提高中。

（2）船舶建造标准化

为达到有效的控制，实现一切与船舶生产有关活动的全面标准化，包括产品设计、加工、装配、安装、检验和各项管理工作的标准化。

（3）建造合同技术谈判

为避免船舶设计修改引起的生产混乱和成本增加，合同谈判须明确设计标准、建造标准、造船方法、质量标准、分段划分、精度数据、焊缝和工艺通道等。

（4）产品导向工程分解

按船上区域、作业类型和施工阶段的相似性，将全船逐级分解为各类“中间产品”，直至市场采购的物资按“中间产品”的专业化生产组建整个生产系统。

（5）船体分道建造技术

按船体零件、部件、分段和总段工艺过程的相似性组建各类生产线，达到均衡生产和生产资源的高效使用。同时，采用建造精度控制技术、校正和成形技术，使船体零部件和分段达到规定尺寸，且节省工时。

（6）区域舾装技术

在船舶产品设计之前即制定建造策略，最大限度地把舾装作业提前在施工条件较好的车间内完成，开展单元舾装和分段舾装，采用各类模块，严格按区域划清各个舾装阶段。建立计算机辅助的“物资采办系统”，确保舾装所需的物资准时抵达船厂，同时，建立厂内的“托盘集配系统”，把物资和“中间产品”准时送到制造更高一级“中间产品”的现场。

（7）区域涂装技术

在设计阶段就严格规定涂装的区域和阶段，即原材料涂装、部件涂装、分段涂装和船上涂装，使涂装成为贯穿所有制造级的作业过程，从而提高涂装作业质量，并消除不同作业间的相互干扰。

（8）管件族制造技术

把具有相似工艺过程的管子集聚为族，按族组织流水线生产，使下一个循环期所需的各族管件在本循环期完成，并以托盘形成集配，适时地提供给各个舾装现场。

（9）壳舾涂一体化

在上述船体分道建造、区域舾装、区域涂装和管件族制造等四项技术实施并完善的基础上，运用统计控制技术分析生产过程，使各类造船作业实现空间分道、时间有序、责任明确、相互协调的作业排序，并由计算机全面辅助，即造船 CIMS。

（10）一体化的柔性造船计划系统

按生产区域编制生产计划，使“中间产品”的生产与船舶系统无直接联系。运用物流控制技术统管生产过程，确保各艘船舶按时交付。

(11)造船编码技术

对从合同设计开始到交船与售后服务整个过程中造船的所有活动内容进行信息分组、传递、交流和管理。编码是造船信息的载体,是应用成组技术、计算机技术和虚拟制造技术的基础。

上述各项技术必须制度化、规范化,即将其融合到船舶设计、船厂设计、组织体制和生产管理中去,体现在船舶生产的分散专业化基础上的一体化集成;体现在造船信息、作业组织和人员安排上。

2. 建立现代造船模式的基本原则

建立现代造船模式必须确立以船舶“中间产品”为导向的建造策略,替代以工种专业化为导向的组织原则;建立以分道生产为基本特征的区域建造体制,替代传统的以某船舶产品为主线的工种建造体制。其关键是:

(1)船厂的设备按分道生产排列,替代机群式的布置;

(2)以短循环期流通量控制的生产管理,替代长循环期库存量的控制;

(3)以优化的,即壳舾涂一体化的作业排序,替代概略的生产计划;

(4)以固定生产某类“中间产品”的复合和混合工种的生产单元,替代单一工种的只能承担某道工序的生产班组。

三、成组技术原理及应用

成组技术(general technology,GT)是研究事物间的相似性,并将其合理应用的一种技术,即将具有相似特征或相似信息(包括形状、尺寸、材料、加工方式及所需设备的相似性)的事物按照一定的准则分类成组(族),用相同的方法进行处理,以使单件或中、小批量生产获取大批量生产的高效率的生产技术和管理技术。它贯穿于包括产品设计、生产准备、加工制造、计划管理、经济核算在内的整个生产过程。成组技术既是一种管理原理,也是一种生产方式。成组技术是促使现代造船模式形成的主要技术基础之一,主要运用了以下两种原理。

1.“中间产品”导向型的作业分解原理(简称产品制造原理)

该原理是把最终产品按其形成的制造级,以“中间产品”的形式对其进行作业分解和组合。船舶的生产过程实际上是制造零件、部件、分段和总段,即所谓的“中间产品”,这些“中间产品”经过几个制造级逐渐变大、变复杂,这样逐级组装并最终形成一艘船,即最终产品。这就是产品导向型工程分解,如图 2.1 所示。

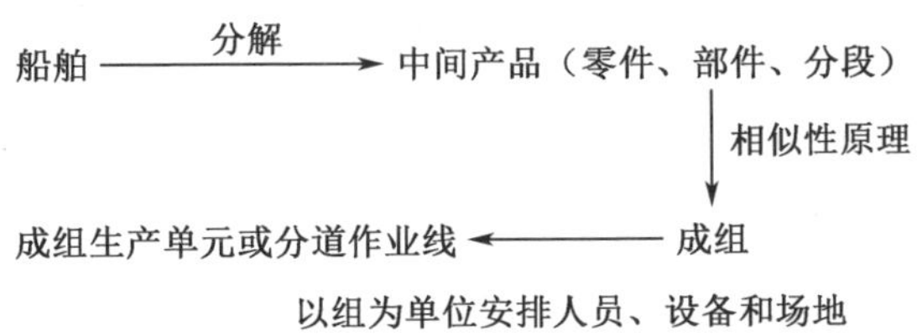

图 2.1　船舶产品导向型工程分解

2. 相似性原理

相似性原理是将产品作业任务分解成门类繁多的“中间产品”,按作业的相似特性,遵循一定准则进行分类成组,以便用相同的施工处理方法扩大“中间产品”的成组批量,以建立批量性的流水定位或流水定员的生产作业体系。根据船舶生产的特点,相似性分类成组有如下原则：

（1）按船舶制造的基本作业类型分类，即把船舶建造分为船体（壳）、舾装（舾）、涂装（涂）三种不同作业性质类型，再各自分类成组作业。

（2）按生产作业对象所处的产品空间部位分类成组，即按产品划分的区域进行分类成组作业。如对运输船舶，一般可划分为艏部区、艉部区、货舱区、机舱区、上层建筑居住区等。根据船舶类型的不同，还可按其不同的空间部位划分其他区域，同时在划分的各大区域内再划分中、小区域进行分类成组作业。

（3）按生产作业在生产过程中的相似内容分类成组，即按区域内划分的"中间产品"类型进行分类成组作业。以船体分段作为"中间产品"为例，可分为平面、曲面和上层建筑三种不同类型的基本分段。

（4）按生产作业在生产过程中的作业时序分类成组，即按区域划分的"中间产品"所处的作业阶段或制造级进行分类成组。

①对船体制造，可划分为零件加工、部件装配（小组、中组）、分段装配（大组）、分段总组（总组）、船台（坞）合拢等五个基本阶段。

②对舾装作业，可分为单元/模块/管件/铁舾件制作、托盘集配、分段舾装、总段舾装、船内舾装等五个基本阶段。

③对涂装作业，可分为原材料预处理、分段（总段）涂装、船上涂装（可分为船台（坞）涂装和码头涂装）、完工涂装等四个基本阶段。

由此可知，现代造船模式所确立的壳舾涂按区域/阶段/类型的生产作业方式，就是应用成组技术原理形成的生产作业体系；就是成组技术的生产模式，其形式如图2.2所示。由图中可以看出，其"中间产品"既具有明显的区域性、阶段性，同时又有一定批量性的特征。它也完整地表述了壳舾涂一体化造船完整的作业体系。

四、造船作业任务的分解

船舶建造是一种大型、复杂的工程项目，在进行设计和制造时，都必须将工程项目的各项内容按其相关关系逐层进行分解，分解成若干个便于管理的子项目。将工程项目划分为子项目的工作称为任务分解或工程分解。任务分解的目的是要说明执行什么任务，由谁去做，在何时何处工作，需要什么资源等。因此，任务分解是一种分类系统，藉以标识主要的设计和生产信息。造船作业任务分解方法主要有系统导向型任务分解和"中间产品"导向型任务分解。由上述可知，现代造船模式的要求主要是采用"中间产品"导向型任务分解方式。

1."中间产品"导向型任务分解及分类

船舶建造是装配型的生产活动，它首先进行材料设备采购和零件加工，然后组装成装配件，进而再组装成更大的装配件，最后总装成船舶。因此，理想的造船作业任务分解方法应着眼于所需的零件和各级装配件，这种属于后一个制造级所需的零件或装配件称作"中间产品"。将最终产品分解为若干级"中间产品"的分类方法称为"中间产品"导向型任务分解。

（1）生产作业分解及分类

船舶可分解为数量众多的分（总）段、舾装单元和舾装托盘，可将它们按相似性原理进行分类成组，并分别由专门的生产线或生产单元制作。

"中间产品"导向型任务分解法用于造船时，首先按作业性质将任务划分为船体制造、舾装和涂装三类，每一类又细分为加工和装配两种作业，每种作业再视需要划分为若干个制造级，每一制造级生产种类有限的"中间产品"。

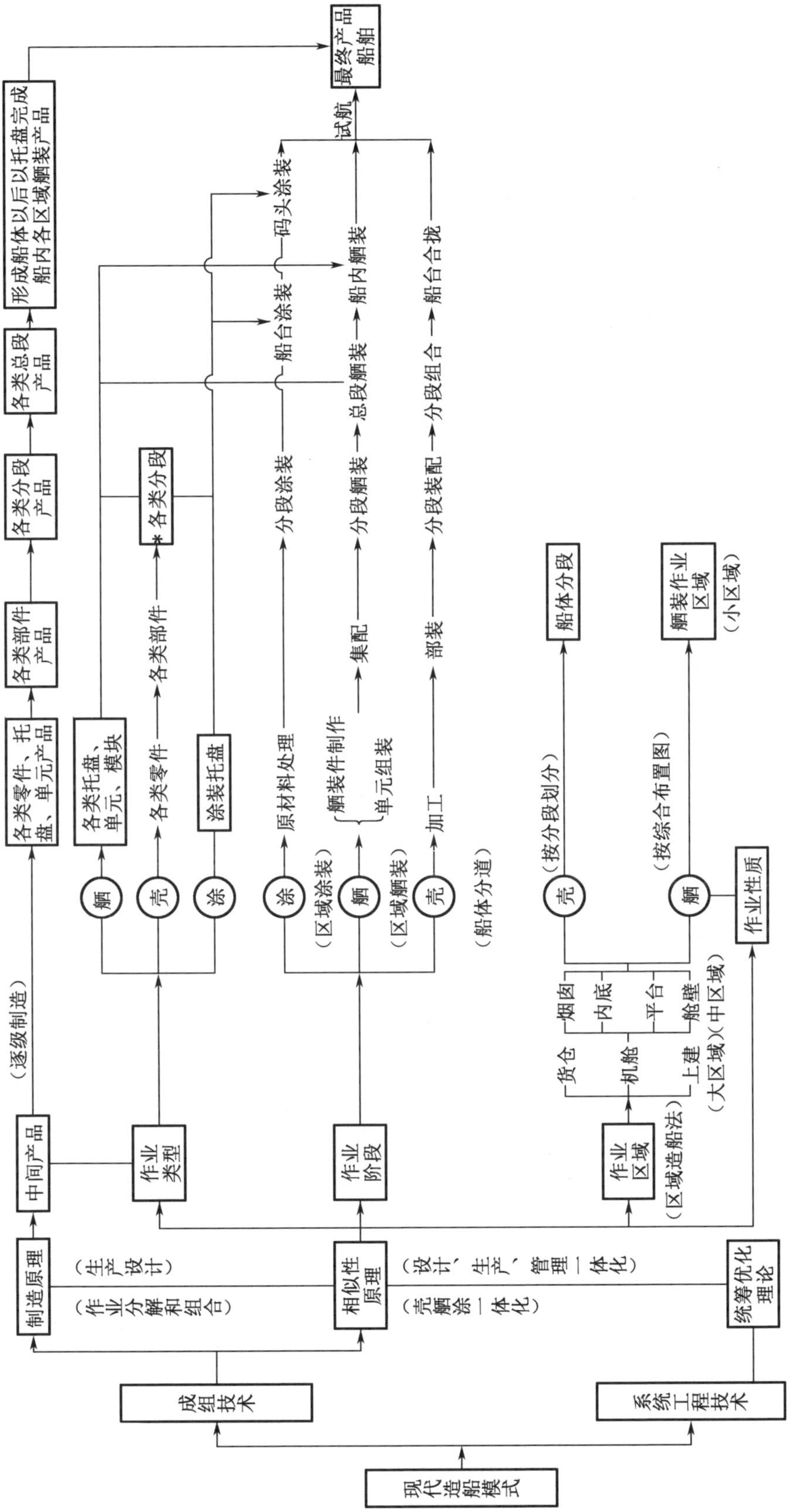

图 2.2　现代造船模式的作业体系示意图

以船体制造为例,首先分为零件加工和结构装配两种作业,再将结构装配划分为部件装配、分段装配、分段总组和船台(坞)总装四个制造级。前三个制造级的"中间产品"分别是部件、分段、总段。

造船作业任务分解的目的,就是便于设计部门按生产部门的要求划分出各级、各类"中间产品",使作业人员能按规定的生产阶段,在指定的工位,完成一定量的工作,故要求设计与生产应密切配合。图 2.3 示意了船舶建造区域的作业分解关系。

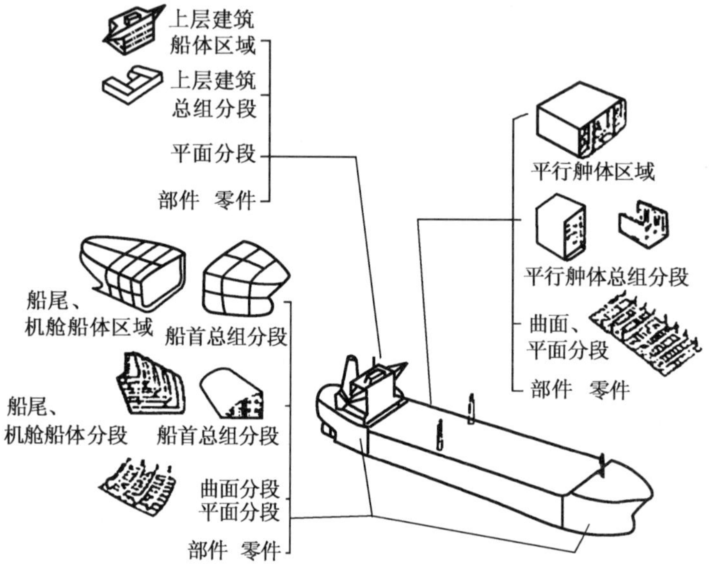

图 2.3 船舶建造区域的作业分解关系

(2)产品生产特征分解及分类

在分解船舶"中间产品"时,不考虑最终使用"中间产品"的系统,而仅以相似性标准为依据,因而"中间产品"既有设计的独立性,又有生产的共同性。设计的独立性体现在不必按系统出图,只按"中间产品"出图。生产的共同性表现为空间、内容和时间上的相似性,就是"区域""类型"和"阶段"三个生产特性的相似性,通常它与"系统"的产品生产特性无关。

系统是产品的结构功能或使用功能,它是产品工作的功能划分。区域是生产的工作对象,它是产品的某个空间、某个部位或某些部位的组合,是产品工作的空间划分。类型也称问题类型,是将生产过程划分出相似的工作内容。总之,类型是产品工作的内容划分。阶段是生产过程的顺序划分,也即是产品工作的时序划分。

(3)生产作业资源分解及分类

"中间产品"导向型任务分解要求"中间产品"按其所需生产资源加以分类。生产资源是指材料、劳动力、设备和费用。材料是直接或间接用于生产的材料;劳动力是直接或间接从事生产的劳动力;设备是直接或间接用于生产的设备;费用是直接或间接用于生产的费用。

综合生产作业、生产特性和生产资源三种分类方法,"中间产品"导向型任务分解的结构,本质上是一个三维矩阵,如图 2.4 所示。图中每一列元素都构成一类作业任务包。

2."任务包"分解及分类

如前所述,一项特定的任务连同完成该项任务所需的全部生产资源称为一个"任务包"。因此,每个"中间产品"及其生产资源就是一个"任务包"。但这样形成的"任务包"有大有小,必须根据相似性原理加以分类和评价。

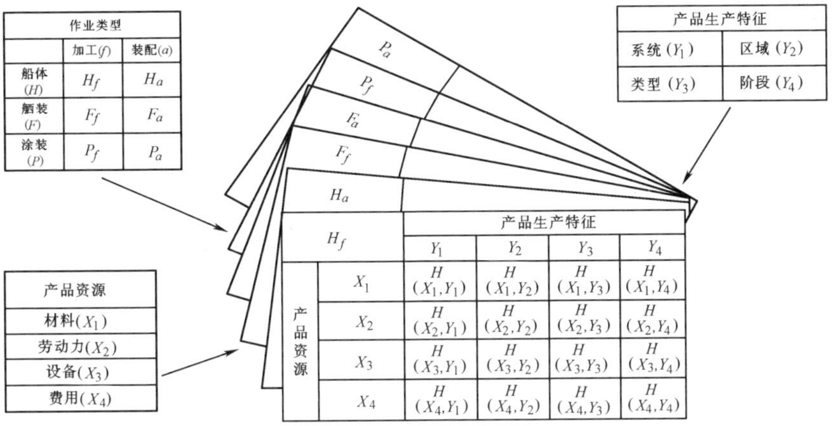

图 2.4　产品任务分解结构三维矩阵

"中间产品"导向型造船实际上是"区域"导向型建造法。就是船体采用分段制造法,舾装采用区域舾装法,涂装采用区域涂装法。"区域"的含义较为广泛,可以是船内某个空间或某个部位,也可以是船体某个分段(总)或某个部(组)件等,而且它还与制造级有关。因此,"任务包"的分类除了要符合产品分解结构以外,还要与制造级的划分相一致,如图 2.5 所示。

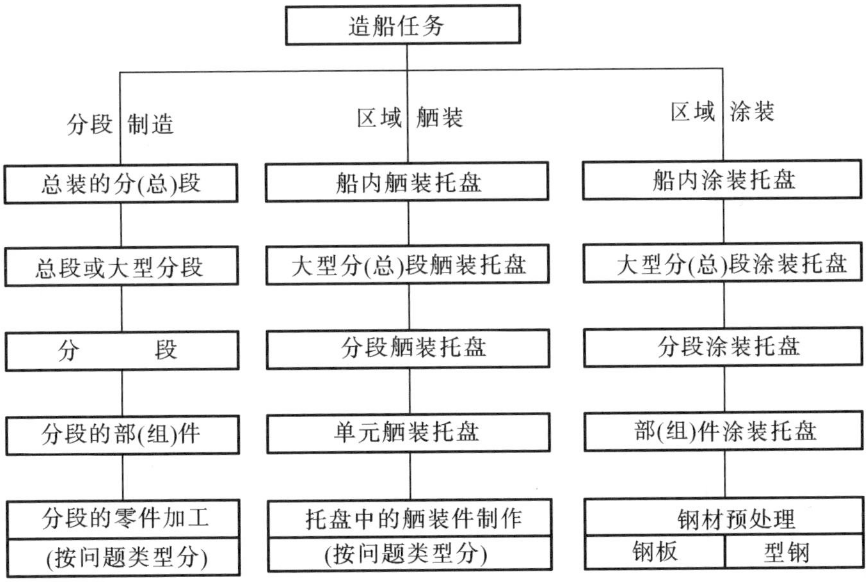

图 2.5　任务包分类

由图 2.5 可见，分段（总段）是船体制造的计划单元，船体制造以分段（总段）为单位安排加工和装配作业；“托盘”则是舾装和涂装的计划单元，是一个与区域对应的管理术语。船体制造用“分段（总段）总装计划”协调加工和装配作业，同样，舾装和涂装则用“托盘交付期计划”协调生产。

五、壳舾涂一体化总装造船

传统造船模式是典型的顺序工程，把船体制造视为首道作业，而舾装和涂装是后续作业，结果使舾装和涂装的工作条件很差，生产效率低。现代造船方法是分道和壳舾涂一体化，尽可能使舾装和涂装在良好的环境中进行。该技术使船厂能够提高船舶建造质量、缩短造船周期、降低制造成本等。

1. 壳舾涂一体化造船的内涵和特征

壳舾涂一体化造船是以敏捷制造思想和成组技术理论为指导，在研究先进的船舶生产体制和技术时提出的将船体制造、舾装和涂装三类不同性质的作业有机结合的造船技术。其内涵为集成造船，即造船的集成制造系统。通过综合应用现代管理技术、制造技术、信息技术、系统工程技术等，达到造船全过程中的有关人、技术、管理三要素及其信息与物流的有机集成和优化运行。

壳舾涂一体化造船的主要特征是采用产品导向型工程分解、船体分道制造、族制造，按工艺流程组建生产线，以精确划分的区域和阶段来控制舾装和涂装。船体以分道作业形成“中间产品”——分段，舾装以不按船舶系统分类的“中间产品”为导向——托盘，船体制造和舾装作业起先各自分流，从分段阶段起合二为一，涂装作业渗透到船体和舾装作业的各个阶段。即各类造船作业实现空间分道、时间有序、责任明确、相互协调的作业优化排序。同时，造船系统的设计、生产、管理和采购各部门的任务和计划，都围绕“中间产品”的制造予以明确规定，使得船厂的一切工作相互协调、极富节奏。壳舾涂一体化作业关系如图 2.6 所示。

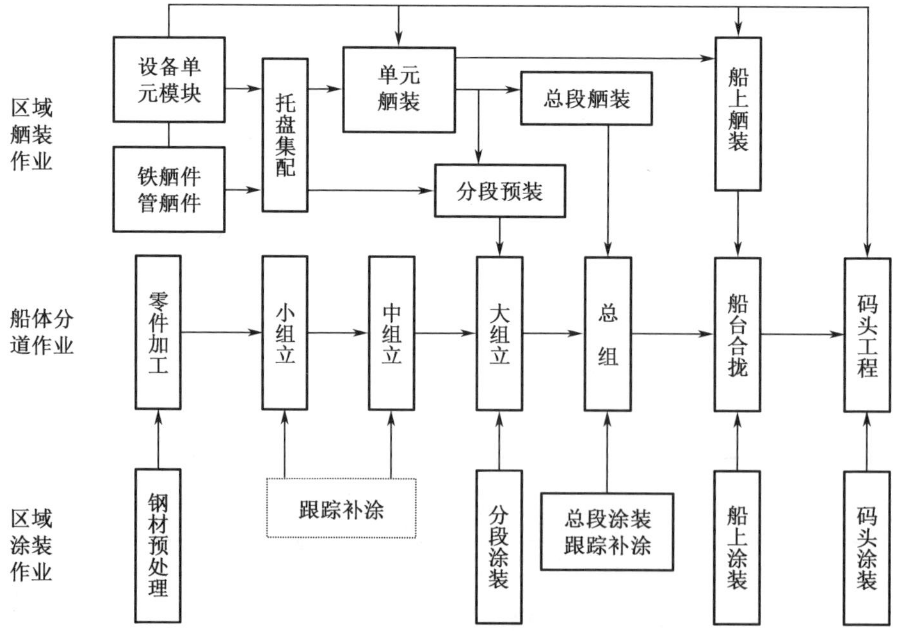

图 2.6　壳舾涂一体化作业关系

2. 壳舾涂一体化总装造船作业流程

壳舾涂一体化总装造船的作业流程如图2.7所示，其是根据成组技术的相似性原理和统筹优化理论设置的。船用钢材、外协件与配套设备进厂经加工、集配、组装形成单元、模块、分段、总段这些“中间产品”，再经船台（坞）装配和舾装，直到船舶下水后全船进行码头调试、试航、交船的船舶建造全过程。

3. 壳舾涂一体化造船的要点

（1）壳舾涂一体化必须建立在分道建造、区域舾装、区域涂装和管件族制造的基础上，即首先要使所有的造船作业都按统一的中间产品专业生产，且为导向型组织生产。

（2）实现壳舾涂一体化的明显表征是施工现场井井有条，达到空间上分道、时间上有序，不同类型的作业和谐进行，互不干扰。

所谓空间上分道，就是为每个中间产品建立顺畅、无迂回的单向分道生产流程，同时把船厂的空间按中间产品进行划分，在组织和安排生产时，使生产保持平衡。船体制造和舾装的分道生产体制的建立，使流通量控制的生产管理得以实现。

所谓时间上有序，即船体、舾装、涂装三种作业并不是一起进行，而是在一体化计划的安排下有序进行和有机结合。生产过程中所有信息、物资和人员都能适时到位，一应俱全。

（3）实现壳舾涂一体化的条件是信息和物资按中间产品导向调集，并适时为现场作业服务。

诚然，实现高度壳舾涂一体化总装造船必定要有一个发展的过程，但在现代造船模式初步建立后，船厂自身应逐步进行调整，按照总装造船的要求进行生产流程的再造，逐渐形成若干相对独立的“中间产品”生产中心。

六、现代造船模式的生产组织体制

一个企业，当它的目标任务确定后，必然需要建立一定形式的组织结构，并对组织结构中的人员指定职位，明确岗位、职责，交流信息、协调工作，以确保实现目标和计划，并获得最大的效率。

1. 现代造船生产组织体制建制的基本原则

由于各船厂的内、外部条件各不相同，故各船厂的生产组织体制不可能也不应当完全相同，船厂自身的生产组织体制也不应当一成不变。但不管怎么变动，作为以“中间产品”专业化生产为导向的现代造船组织体制，其设计和生产均以“中间产品”为目标进行组织，应该符合下述基本原则。

（1）以“中间产品”为导向，总装化造船为目标，在企业内部形成总装造船格局和能力，在外部形成集群化“中间产品”配套产业链的社会化生产。在向高度总装化转变的过程中，可根据船厂的现有条件组建若干相对独立的生产中心。

（2）以“中间产品”为导向按区域/阶段/类型组织生产和管理，强化在作业阶段与区域内实施的封闭作业与管理。

（3）实现壳舾涂一体化的综合管理和设计、生产、管理一体化的协调管理。

（4）贯彻扁平化管理原则，减少管理层次，去除重复职能。

2. 现代造船的生产组织机构

船厂生产组织机构的类型主要有直线职能参谋制、事业部制和矩阵制三种，现代造船模式的生产组织机构主要采用的是事业部制或矩阵制。

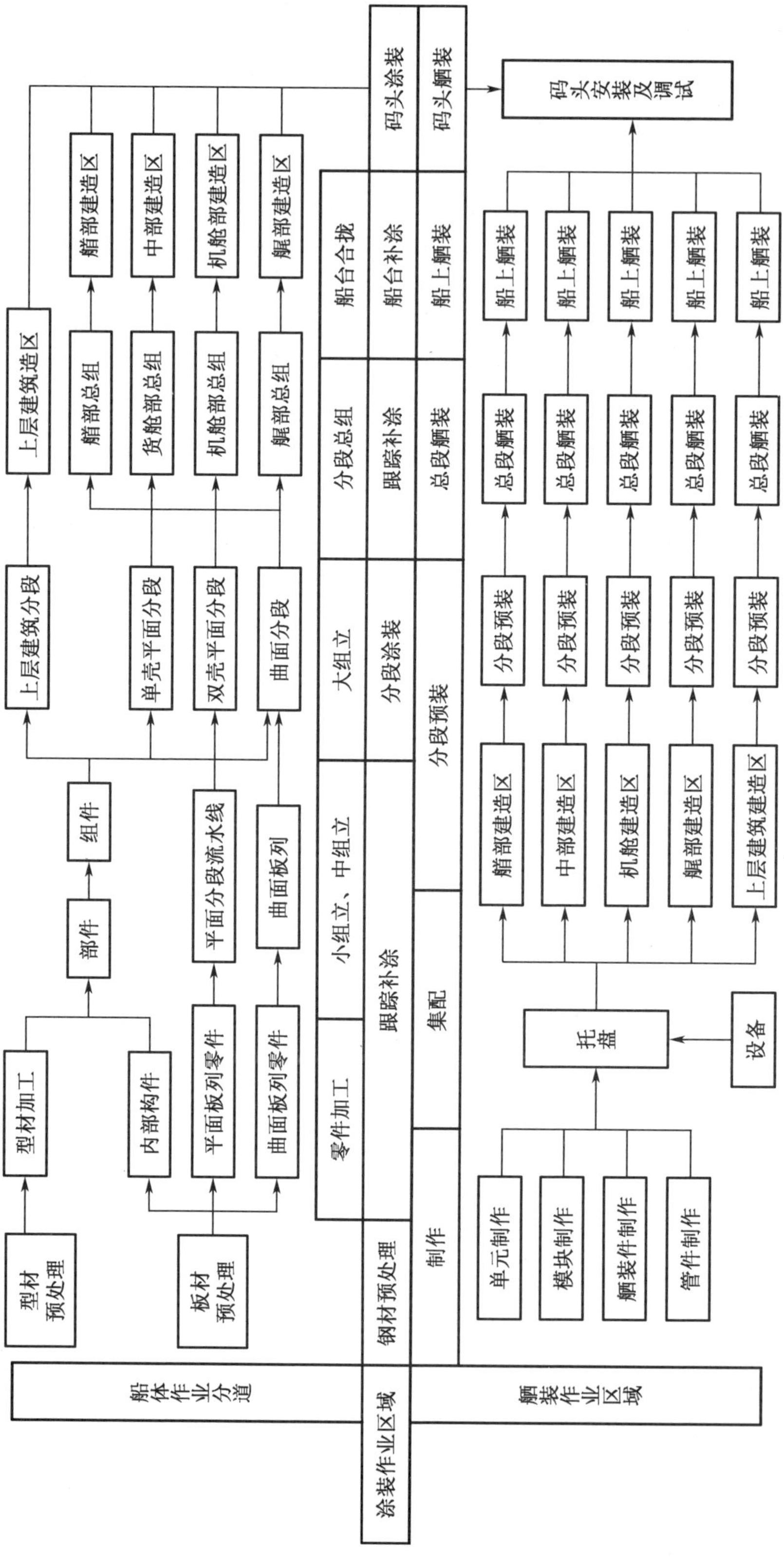

图 2.7　壳舾涂一体化总装造船的作业流程

（1）生产部门的作业建制

改变以专业工种分工的传统组织，按“中间产品”为导向、生产力要素相对封闭的原则设立加工、分段、船台（船坞）等车间；按区域造船的原则设立外装（甲装）、内装（居装）、机装、电装、涂装等车间；为强化集配管理功能，建立为生产配套服务的集配中心，其作业建制如图 2.8 所示。在总装化程度比较成熟的条件下，则可考虑按制造阶段直接设立分段（含加工）、总组、船台（船坞）和码头四个车间。

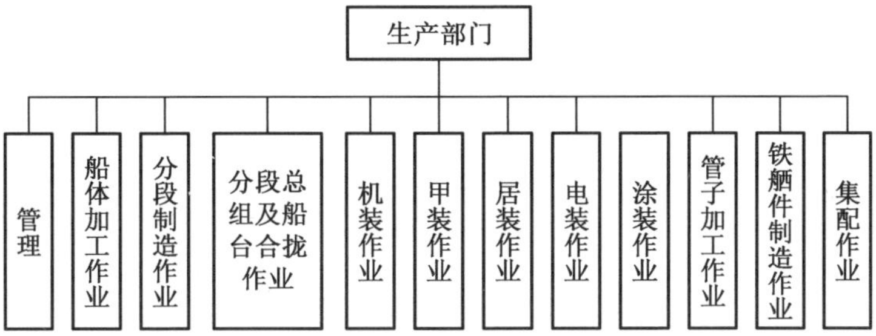

图 2.8　生产部门的作业建制

（2）生产设计部门的建制

生产设计部门的建制应与总装造船作业的性质、区域相适应，实现设计组织固定、设计对象（中间产品）固定、设计与作业的对应关系固定，建立与生产体制相对应的设计部门，其建制如图 2.9 所示。

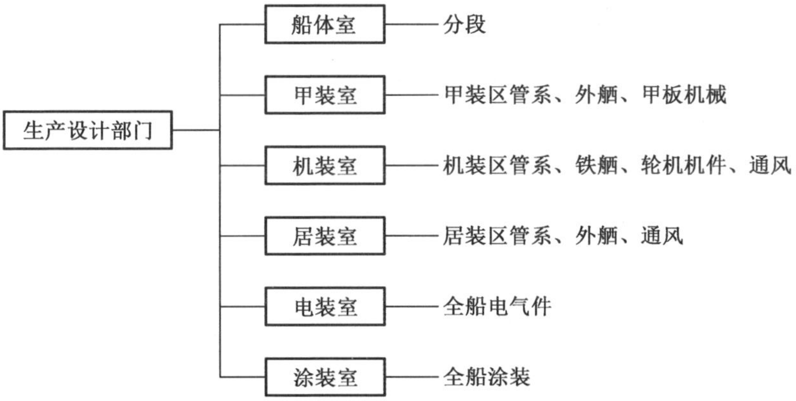

图 2.9　生产设计部门的建制

（3）生产管理部门的建制

按集约化和精细化管理原则，强化计划管理，建立计划管理体系；加强生产技术准备工作，建立生产技术准备管理部门；加强生产保障和质量保证工作，建立生产保障部门和质量保证部门，其建制如图 2.10 所示。

总之，船厂应结合自身的条件和生产的发展，按照现代造船模式的基本要求，适时地调整和完善生产组织体制。图 2.11 为某船厂事业部制的生产组织机构。

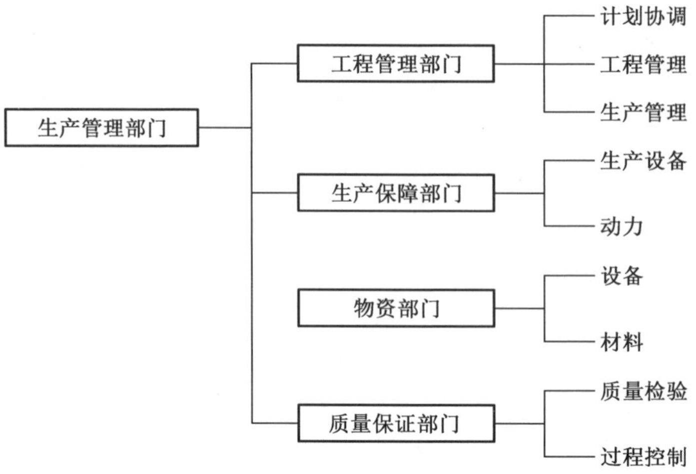

图 2.10　生产管理部门的建制

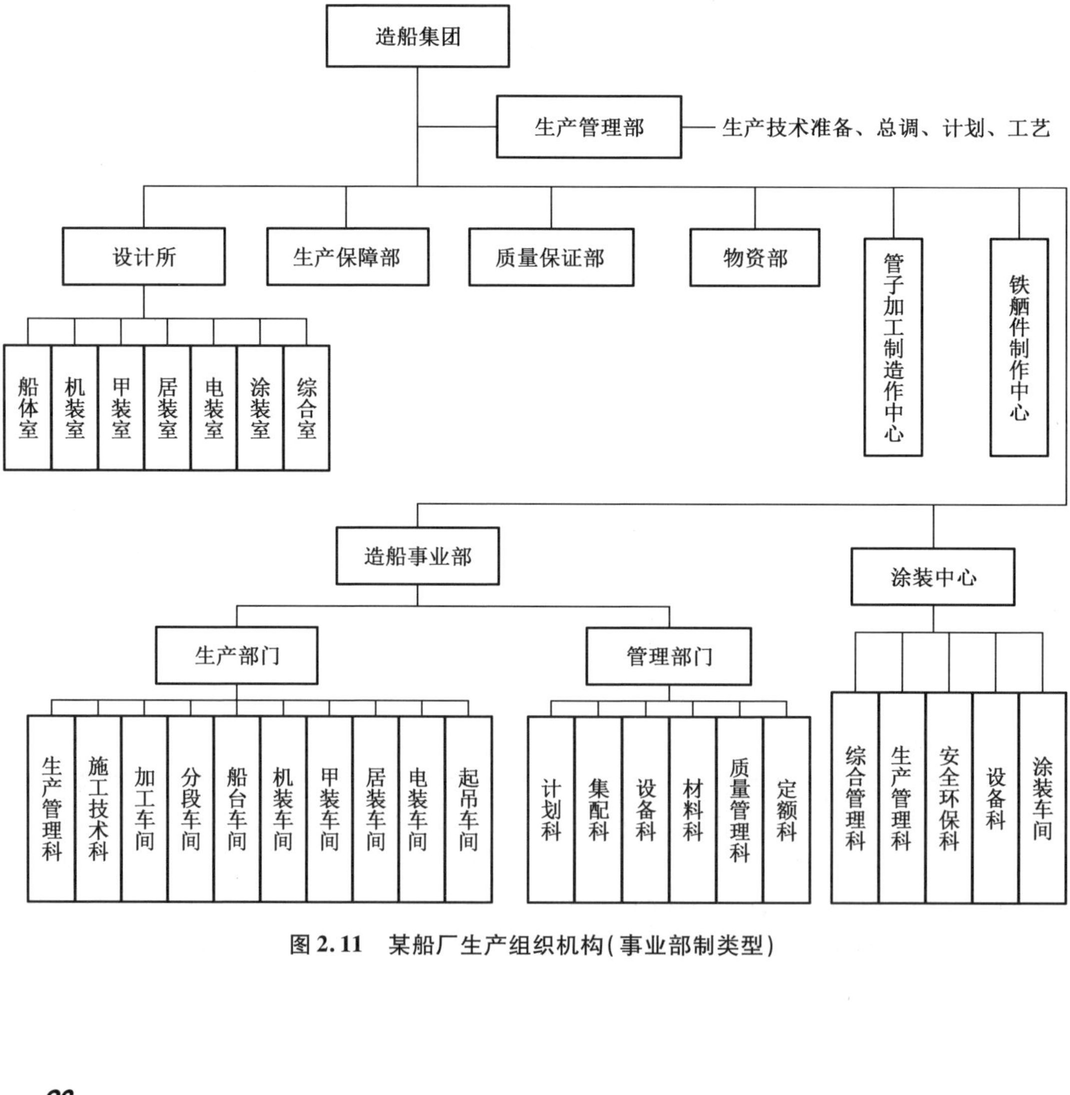

图 2.11　某船厂生产组织机构(事业部制类型)

七、现代造船模式的发展

由表2.1可知，造船模式是随着先进制造技术的促进而不断发展的。随着信息技术的快速发展，各种新的制造理念和制造模式不断出现，如柔性制造、集成制造、虚拟制造等，进一步提高了制造企业的加工能力和数字化管理水平。同时，随着数据采集技术和自动化技术发展，使得对真实车间的生产过程监控和智能决策成为现实。现代造船模式未来的发展主要体现在数字化制造和智能制造方面。

1. 数字化造船简介

建立现代造船模式广泛涉及物资、资金、信息、人才、设备、场地等资源的科学合理利用，不仅是造船方式方法的变革，也是造船体制和机制的重大变革，更是造船管理模式、设计思想、技术创新等方面的重大变革。因此，建立现代造船模式，不仅仅是单一的技术改造，而是一项技术、生产和管理综合转变的、复杂的系统工程。不仅要变更传统的设计模式、生产模式、管理模式，更要从基础上变革，要把传统的经验主导改为科学的数据和先进的理念主导，落到实处就是要把船舶设计、生产过程实现数字化，即所谓的“造船数字化”。推进造船数字化，对船舶的设计、生产全过程实现数字化，才能够很好地应用统筹优化的方法，实施严密、准确、精细的工程管理，再造均衡连续的生产流程，组织高效合理的生产活动。由此可知，造船数字化是现代造船模式发展的必然。数字化造船需要以建立现代造船模式为基础，同时也是实现现代造船模式的方法，两者相辅相成。以数字化造船为手段和载体，固化转模成果，实现缩短造船周期、提高生产效率和降低造船成本。

(1)数字化造船的内涵

数字化造船就是以造船过程的知识融合为基础，以数字化建模仿真与优化为特征，将信息技术全面应用于船舶的产品开发、设计、制造、管理、经营和决策的全过程，最终达到快速设计、快速建造、快速检测、快速响应和快速重组的目的。

数字化造船包括五个方面：船舶设计数字化、船舶建造数字化、控制管理数字化、经营决策数字化和船舶维护数字化。要实现数字化造船，必须实现设计数字化、生产过程数字化、制造装备数字化和管理数字化。所谓设计数字化，就是利用CAD/CAE/CAPP/PDM、虚拟现实等技术，实现产品设计手段和设计过程的数字化，缩短产品开发周期，提高企业的产品创新能力。所谓生产过程数字化，主要是通过采用智能化的方法对生产过程进行控制，实现生产过程控制的自动化和智能化，提高企业生产过程自动化水平和生产效率。所谓制造装备数字化，就是大力发展生产装备的数字化，实现加工和装配的数字化、自动化、精密化，提高产品的精度和加工装配的效率。所谓管理数字化，是指基于Internet/Intranet/Extranet，利用企业资源计划(ERP)、供应链管理(supply chain management，SCM)和客户关系管理(customer relationship management，CRM)、电子商务等方法与工具建立优化的集成化管理信息系统，对造船企业内外部资源与过程进行全面管理与控制，提高企业的管理水平。

理想的数字化造船具有以下七个特征，即建造全过程仿真化、过程控制并行化、决策体系智能化、管理体系信息化、信息体系网络化、工艺装备自动化、服务保障全程化。

数字化造船是船舶先进制造技术、计算机技术、网络技术与现代造船模式交叉、融合、发展与应用的结果。它带动产品设计方法和工具的创新，企业管理模式的创新，企业间协作关系的创新，实现产品设计制造信息化，生产过程控制智能化，生产装备数控化，企业管理信息化和服务网络化，并通过集成实现企业数字化。最终，不仅实现了企业内部的信息集成、功能集成、过程集成,而且能够实现客户、企业和供应商的无缝集成。企业除了为用户提供满足其需求的产品外,还需实现对产品全寿命周期的管理和服务。

(2)数字化设计制造系统

数字化设计制造系统主要利用数字化技术完成产品设计和制造的全过程,包括 CAD/CAE/CAPP/PDM 以及虚拟样船、制造仿真等。该子系统的关键技术为数字化样船、产品数据交换标准、集成设计、制造仿真等。

①数字化样船。使用三维建模软件,建立包含全部设计、制造信息的数字船舶模型,即数字化样船,从而直观简洁地表达设计人员的思想,便于方案的讨论和审查,同时可以很方便地进行干涉检查,并且全三维的设计信息可以用于生产设计,而不必像以往那样将二维图纸转换为三维模型后再进行生产设计,从而提高了设计生产效率。

②产品数据交换标准。船舶设计、制造过程中,由于不同的应用软件,设计的不同阶段所要求的数据形式也不完全相同,为了保证在产品全寿命周期中实现设计信息的共享,应该采用能够描述产品整个寿命周期中的无二义性的产品数据格式。

③集成设计。包含两方面的内容:一是面向客户的功能设计,重点在满足功能的前提下获得最小成本;二是面向生产过程的施工设计,重点是通过提高建造的可施工性与方便性,以获得较高的建造效率。集成设计是淡化设计阶段的界限,推进设计、制造和管理一体化,提高集成设计水平,从而减少系统转换成本,提高设计系统的效率。

④制造仿真。制造仿真是基于计算机和信息技术的一种新的先进制造技术,是数字化制造的具体体现。制造仿真的核心是产品的数字模型,该模型是包括船体结构、管系、主要设备在内的电子样船,与含生产线、起重机区域在内的虚拟船厂模型连接起来,实现船舶的虚拟建造。

(3)数字化生产管理系统

结合建立现代造船模式,研究开发适合我国船厂的虚拟企业组织与经营管理技术、企业重组与优化方法及技术、电子商务环境下的企业商务智能技术、面向产品寿命周期的企业管理系统。

(4)数字化造船系统平台

数字化造船系统平台的关键技术是面向网络化制造应用实施的软件集成与集成平台技术,使加入动态联盟的造船企业建立合适的网络关系,支持区域异地协同设计、区域协同制造、资源共享、协同管理、全球采购和产品销售等。该分系统的关键技术是分布式异构环境下的信息互操作技术,以促进设计院所和船厂之间上下游设计流的整合,实现数字化造船、设计无缝链接和信息共享。

2. 智能造船简介

随着新一代信息技术向制造技术的加快渗透,现代工业已经迈入智能制造发展阶段。发展智能制造成为船舶工业必然趋势,也是建设成为海洋强国和制造强国的必经之路。

(1)智能造船的内涵

智能造船,即基于新一代信息通信技术的新型制造模式,是利用互联网实现造船厂内部船舶建造的各个工艺环节与管理环节连接成为统一操作、控制的智能系统,是基于新一代信息通信技术与先进制造技术深度融合,贯穿于设计、生产、管理、服务等制造活动的各个环节,具有自感知、自学习、自决策、自执行、自适应等功能的新型生产方式,可更好地发挥人的核心地位和潜能,将机器人和人有机集成在一起,互相配合。其基本内涵为以模块化设计建造为基础，以数字化流水线为导向，应用物联网技术，使造船工艺流程、物流、信息流一体化，实现无缺陷、准时化生产；应用智能技术，使智能机器和人一体化，实现决策、规划、设计、调度、监测、生产、管理等人机高效交互，通过工况在线感知（看）、智能决策与控制（想）、装备自律执行（做）等闭环过程，不断提高、完善装备性能，增加自适应能力，实现健康、安全、环保、人性的智能化总装建造。

（2）智能造船的基本特征

在数字化技术的基础上，把物联网的技术和监控技术进一步整合，强化信息管理和服务。其主要有制程管控可视化、系统监管全方位以及制造绿色化等三个层面，具体体现在：

①实现智能决策、智能规划、智能调度、设备智能管控；

②采用数字化流水线、智能机器人生产线，实现智能化的脉动式生产方式；

③数字化车间、数字化生产线、数字化生产单元、数字化操控；

④数字化装备完全集成，信息全部集成，信息实时有效传递；

⑤全数字化装备和智能机器人自律执行；

⑥人机有效交互，最终实现人机一体化。

可以看出，没有数字化就没有智能化，数据是智能造船的关键，数据流不通畅，智能造船便无从谈起。因此要实现一个生产系统的智能制造，必须在信息实时自动化识别处理、无线传感器网络、信息物流融合系统、网络安全等方面得到突破。

（3）建立智能造船模式的总体思路

首先，基于先进制造理念，结合造船技术特点，梳理分析船舶建造总体工艺流程、主要物流、生产主要信息流等；其次，基于数字化技术和智能技术，将工艺流程、物流、信息流集成，建立智能造船的基本框架；然后，完善智能造船技术体系和标准体系；最后，在工业大数据、工业物联网和工业机器人的基础上，突破智能造船的关键技术，实现数字化装备、数字化车间、智能监控设备等方面集成，向人机一体化智能造船转型升级。

第三节　现代化船厂总体布置

船厂的主体生产一般系指船体制造、舾装、涂装全过程。其工艺流程是从钢料堆场、船体构件（含舾装件）下料、加工、装焊（安装）到船台（坞）装配等。现代造船模式是以“中间产品”组织生产为基本特征的总装造船模式，即以总装化为主线，构建造船生产体系。在船厂新建或改造时，都应力求这一流动路线最短，最好是直线形式，但由于各船厂客观存在的地形、岸线和水域情形各不相同，所以总体工艺流程形式也不尽相同。

一、现代化船厂总体布置中要考虑的因素

设计一个新的船厂，或重新规划现有的一个船厂，需要考虑的因素主要有以下要点。

1. 外部因素

外部因素主要有城市规划、环境现状、交通运输条件、自然条件（包括水域、水况、岸线、地域、地质、气象）等。尤其必须注意厂址条件与布置的关系，特殊的地区和外部环境会规定明显不同的布局方式，虽然这种布局可能并不理想，但确实有效。

2. 内部因素

内部因素主要有产品生产纲领、生产工艺流程、物流量、工厂组成和功能、建设分期及

发展预留、厂房形式、管理和生活设施等。

具体包括所建船舶的尺寸和类型;每年的船舶完工数量;把船舶分解成结构模块和舾装模块,即"中间产品"的类型和数量;"中间产品"所需的材料处理设备;部件和装配过程的安装;舾装设备和发动机安装所需设备的总计;所需要的管理设施。有时,船厂会省去一些设备(如鉴定设备),用外包商的设备代替,这取决于船厂的地理位置、分包商产品的有效性以及各种经济性的综合考虑。

在此基础上,应保证现场材料和工件库存最优化;"中间产品"、材料的运输距离最小化;整个船厂工作流的平稳进行等。

二、现代化船厂的规划原则

现代化船厂的车间和建筑物的布置原则,应选择最短和最方便的材料、零件、部件、分段、舾装件等运输路线,不使物件倒流、迂回和交叉;合理布局,功能分区明确,满足生产工艺流程要求,并要求采用流水化系列布置;考虑各工序间能力的平衡,使各工序的工作量均衡化。

在企业形态上,坚持造船总装厂的原则。在生产流程上,贯彻区域造船、分道建造的原则。在管理方式上,贯彻设计、生产、管理一体化和壳舾涂一体化的原则。在技术条件上,贯彻信息集成化和精度造船的原则。具体为:

(1)船台(坞)和码头的布局由于受地形、地质、水域、岸线等自然条件的制约,一般因地制宜,采用定位布置原则。

(2)船体、舾装、涂装三类车间以及相应的场地按照船舶分解的建造区域进行布置,一般预舾装区域与船台(坞)十分接近。

(3)由钢材堆场、船体加工、分段装焊、分段涂装、分段总组、船台(坞)和码头七大生产场地的布置形成生产主流程。

(4)船体车间按照分道制造的原则进行布置。

三、船厂主流程布置的几种基本类型

现代化造船厂的生产性质是以船体制造、舾装和涂装工程为主,其中船体制造系统是船厂生产中的主流程,实际上船体制造系统的布置特征,基本上就体现了船厂总布置的特征。在船厂总布置设计中,首先要保证各系统有足够的使用面积以及各区域面积之间的比例关系,以保证能连续均衡的生产。此外,船厂的生产作业线应保证工艺流程顺畅,避免交叉、迂回以及协作距离过远而造成运输不便等。通常按生产主流程的布置特征来划分,其主要有下列四种基本类型。

1. I 形布置,其形式如图 2.12 所示。

I 形布置的主要特征:流程最佳,运输路线无迂回,有充足的岸线。但运输路线较长,厂区管线较长,且需要纵深足够的陆域条件,舾装、涂装等工场难以布置。

2. L 形布置,其形式如图 2.13 所示。

L 形布置的主要特征:流程合理,运输路线无迂回,但岸线条件不如"I 形"。

(a) 生产主流程

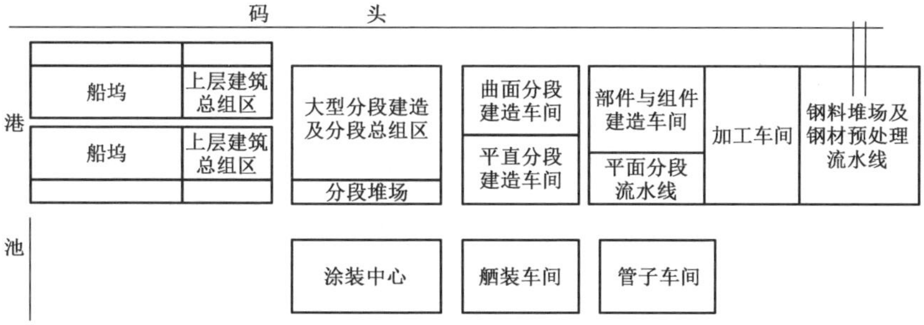

(b) 典型总平面布置

图 2.12　船厂“I 形”流程及总平面布置示意图

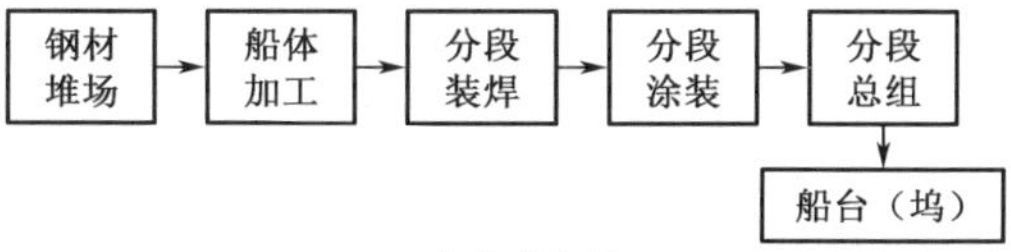

(a) 生产主流程

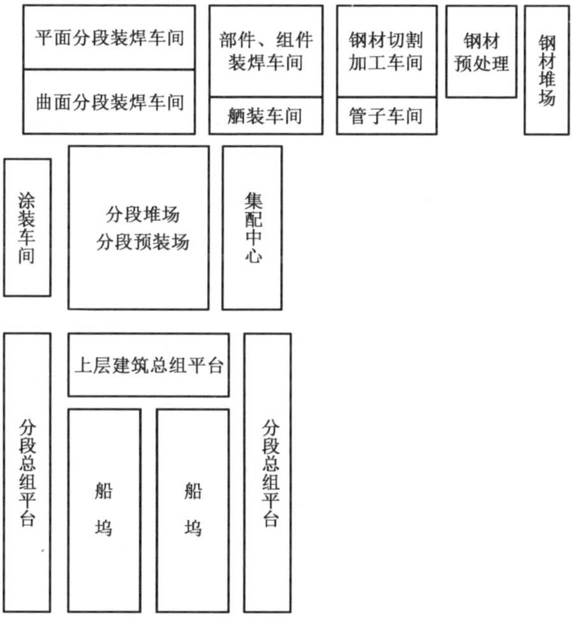

(b) 典型总平面布置

图 2.13　船厂“L 形”流程及总平面布置示意图

3. T 形布置，其形式如图 2.14 所示。

T 形布置的主要特征：流程合理，运输路线无迂回，在陆域条件受到限制，有两面或三面水域时，可采用此种形式。但必须解决好分段（总）段的运输方法，使它能与船台（坞）吊车衔接起来。

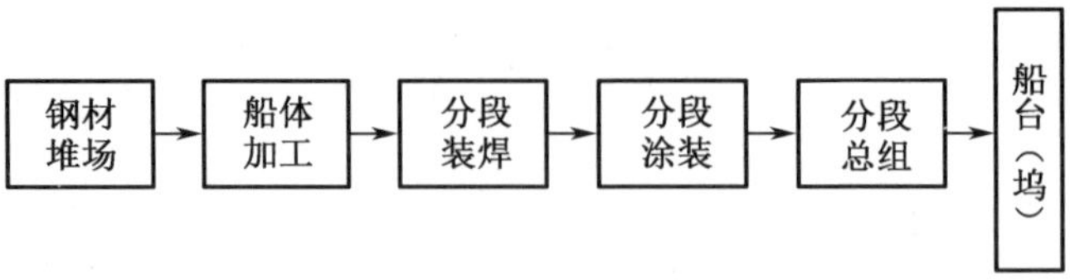

(a) 生产主流程

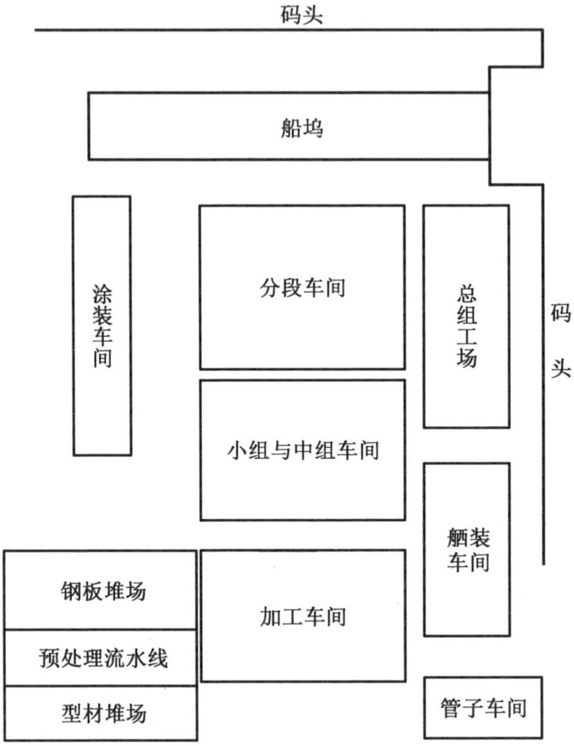

(b) 典型总平面布置

图 2.14　船厂“T 形”流程及总平面布置示意图

4. U 形布置，其形式如图 2.15 所示。

U 形布置的主要特征：布局紧凑，流程合理，便于管理。此种形式船厂采用较多，在陆域纵深条件受限时更适宜，此时应特别注意保证主流程的流畅。

除上述四种基本形式外，还有其他布置形式，如分离型布置，如图 2.16 所示。按船舶建造阶段设置工场，各工场相对独立，中间留有充分的缓冲地带，用台车转运。这种考虑不仅是目前的建造需要，而且考虑到将来的发展。

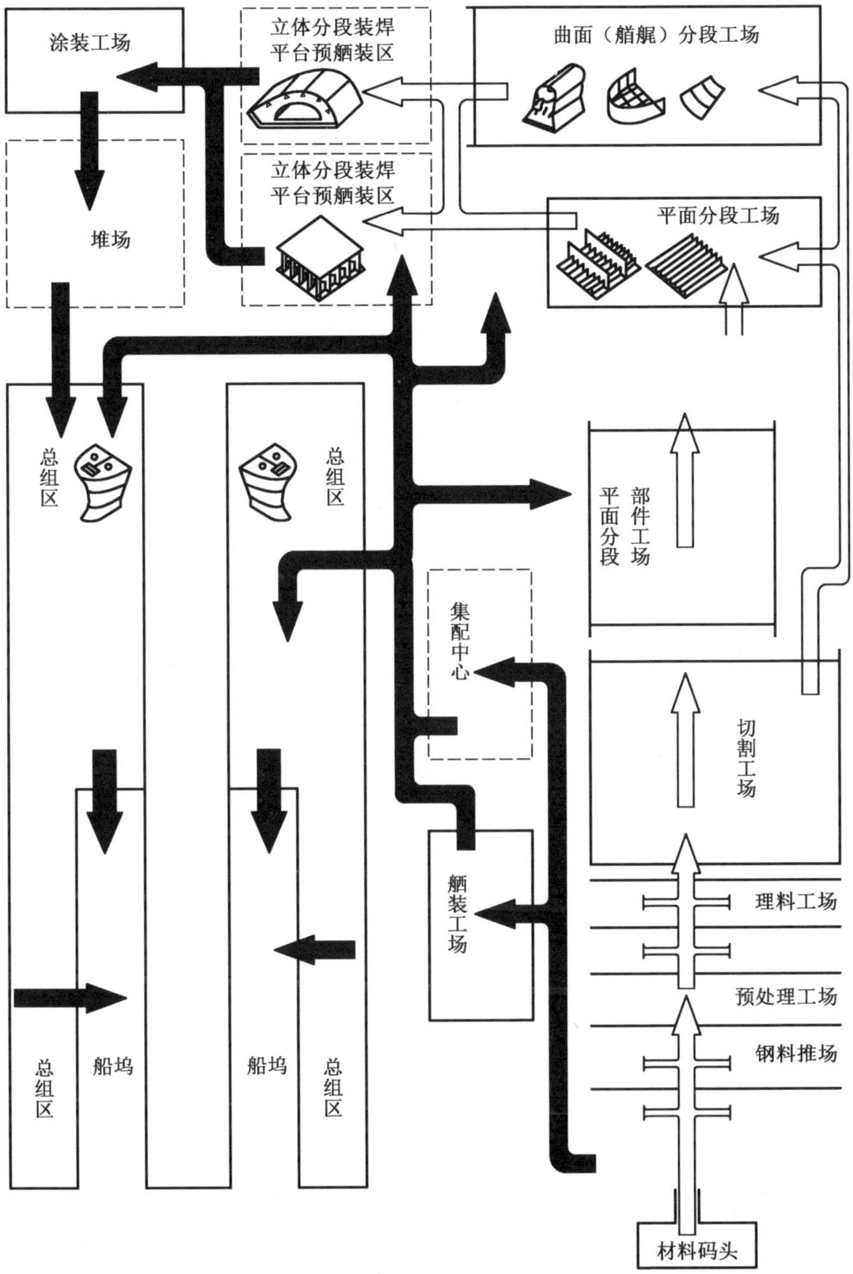

图 2.15　船厂“U 形”流程及总平面布置示意图

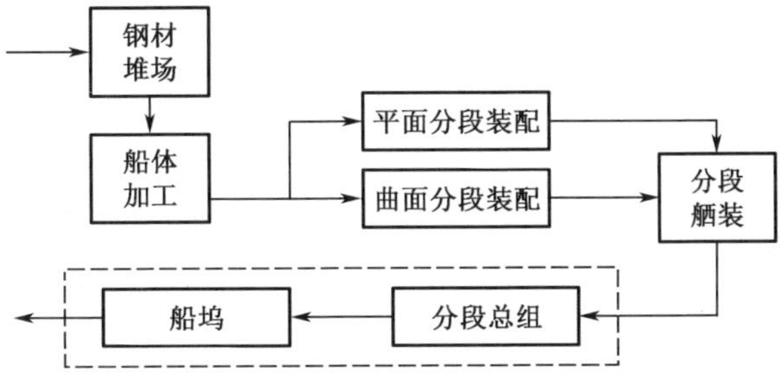

图 2.16　分离型布置生产主流程

第三章　船体放样及信息后处理技术

船体放样，是将前期设计的船体型线图、基本结构图等，按 1∶1 比例进行光顺、定义、展开，以得到船体构件的真实形状和实际尺寸，然后将这些展开的零件形状以及后续加工装配的信息，在钢板或型材上进行实尺标记。

船体放样工作技术性强、要求高，它不仅是船体制造的首道工序，而且要为船体制造的其他后续工序提供各种确切可靠的施工依据。因此，船体制造的质量在很大程度上取决于放样的精度质量。在现代造船模式中，船体放样已融合于生产设计。

第一节　概　　述

1. 船体型线图及型值表

船体是由空间曲面组成的大型复杂结构，其外壳和甲板的型表面通常是一个具有复杂曲度的光滑曲面，其外形特征如图 3.1 所示。

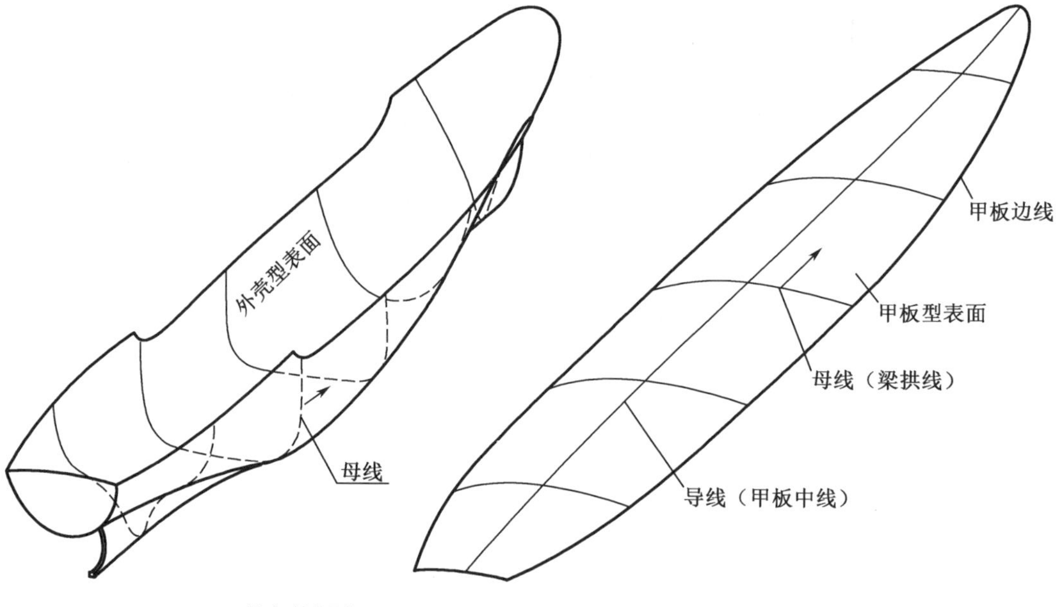

(a) 外壳型表面　　(b) 甲板型表面

图 3.1　船体外壳和甲板的型表面

在工程技术上，一般采用型线图与型值表来表达船体的形状特征，完整的表示了船体表面形状。型线图是根据三面投影的原理，用三组互相垂直的平行剖面（纵剖面、横剖面和水线面）与船体表面相交得到的三组型线（纵剖线、横剖线和水线）在三个投影面上投影，绘制成三个投影图（纵剖线图、横剖线图和半宽水线图）来表示的。中纵剖面（中线面）把船体分为相互对称的左舷和右舷；设计水线面把船体分为水上和水下两部分；中横剖面把船体分为艏、艉两部分。其形式如图 3.2 所示，它们的投影关系和形状特征见表 3.1。

决定船体型线空间位置的各点坐标值称为型值，而型值表就是记录各型线交点型值的表格。船体型线图与型值表除了能完整表达船体的表面形状和大小外，还是船舶设计计算航行性能、绘制其他图样及船体放样工作的主要依据。

表 3.1　船体剖面线的形状及相互关系

投影面	剖面线的形状				
	横剖线	纵剖线	水线	甲板线	
				中线	边线
中线面	直线	曲线（实形）	直线	曲线（实形）	曲线（投影）
基平面	直线	直线	曲线（实形）	直线	曲线（投影）
舯站面	曲线（实形）	直线	直线	直线	曲线（投影）

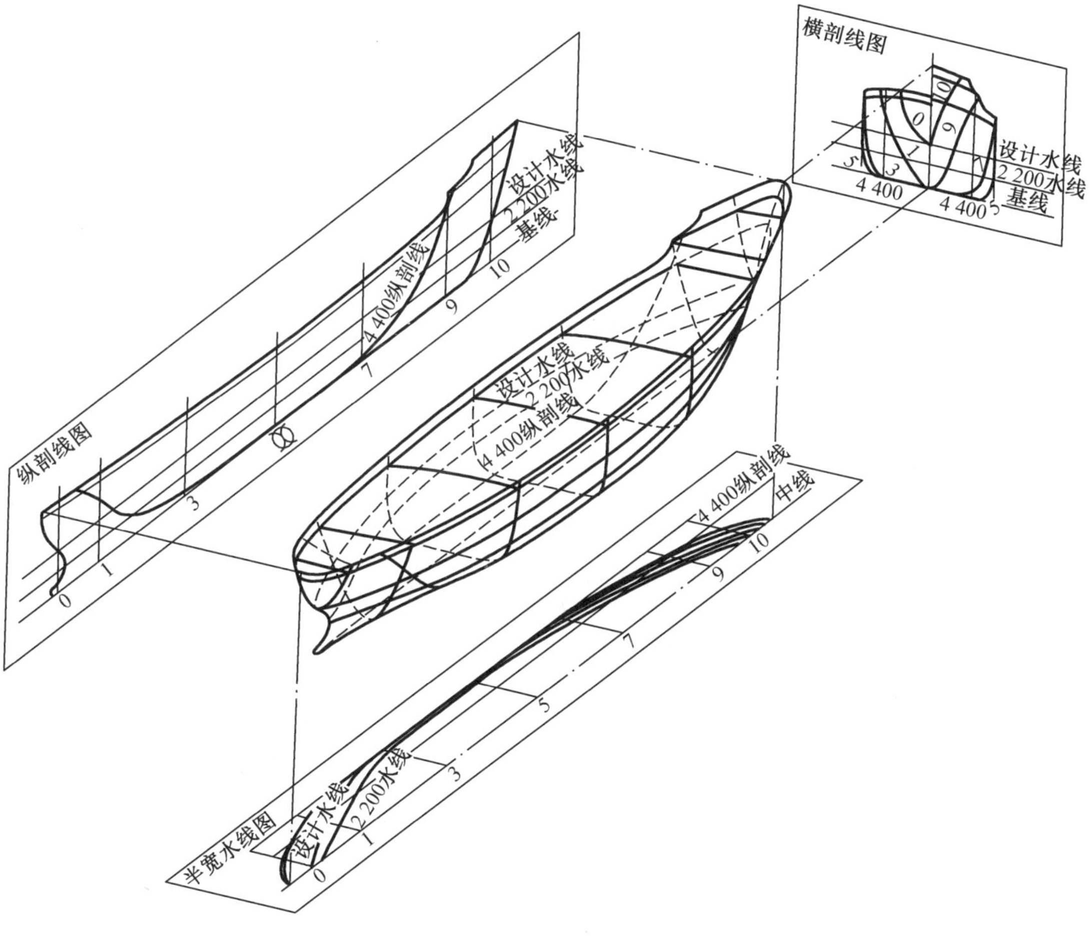

图 3.2　船体型线图的投影关系

在传统船舶产品设计中，一般只能用缩小的比例绘制出船体型面三向投影图，该型线图具有如下特点：

(1)空间曲面随船舶外形变化而改变，因此只能采用型值表示船体曲面形状；

(2)在表示船型的船体理论型线图上，对一些尺度小的曲面(如艏柱、艉柱)只能作概略表示，也不能精确表示出船体外板零件的形状和尺寸；

(3)表示船体曲面的型值，包含有各种不可避免的误差，不能直接作为施工依据；

(4)许多船体构件的外形呈空间曲面，需要将其展开成平直平面后，才能在平直的原材料上进行号料。

从上述特点可知，船体制造过程必然具有其特有的船体放样工序。

2. 船体放样的内涵

所谓船体放样是根据设计图纸，将船体型线或结构按一定比例进行放大，以获得光顺的型线或构件在船体上的正确位置、形状和尺寸，为后续工序提供施工依据的过程。由于船体表面是光顺的曲面，所以要求放大的图样也一定是光顺的。因此，船体放样的目的不仅仅是将设计图放大，更重要的是将设计图上因比例限制而隐匿的型值误差和曲线(面)不光顺因素予以消除，即对船体型线或型表面进行光顺。此外，还要补充设计图中尚未完全表示出的内容，并依据放大、光顺的图样求取船体构件的真实形状和几何尺寸，为后续工序提供施工资料。由此可知，放样既是设计意图的体现与完善的过程，又是产生后续施工依据的重要环节。

3. 船体放样的主要内容及方法

船体放样的直接含义是对船体型线进行三向光顺，求取光顺的结构线和板缝线，进行船体构件展开，以求得符合设计要求的船体结构的真实形状和尺寸。一般来说，船体放样的主要内容包括船体理论型线放样、肋骨型线放样、船体结构线放样、船体构件展开(包括外板展开和纵向构件展开)和为后续工序提供所需要的资料。

常用的船体放样方法有手工放样和数学放样，两种放样方法的比较见表3.2。其中手工放样又可分为实尺放样和比例放样。两种放样的工艺流程有所差异，其中手工放样的一般工艺流程如图3.3所示。

表3.2　船体放样方法比较

方法	手工放样	数学放样
操作原理	以1:1的实尺或其他适当的比例，将船体型线绘制到放样间地板上或特制的放样台上，以获得船体各部分结构零件的实形和尺寸	运用数学函数来定义船体型线或船体结构，采用相关专业的软件进行放样，以求得型表面的光顺，结构零件的准确尺寸和展开外板，并为下道工序(切割、加工等)提供必要的数据和各类信息

表 3.2(续)

方法	手工放样	数学放样
特点及目前应用情况	①使用历史长,操作技术比较成熟; ②可直接取得实形; ③适应各类船舶,但工效低。 现只在小型船厂应用	①放样精度高; ②沟通了设计和制造的关系,为数字化造船创造了条件; ③为造船生产实现综合自动化奠定了基础; ④需要专用软件、专门人才。 目前在大中型船厂普遍使用

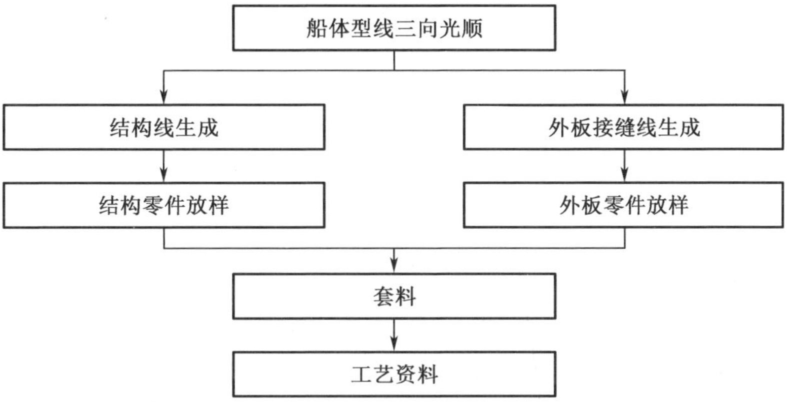

图 3.3　船体手工放样的工艺流程

第二节　船体型线放样

空间曲线、空间曲面的光顺归根结底是一个平面曲线光顺的问题,只不过各有其特点。船体型表面是左右对称的非规则曲面,组成这个非规则曲面的许多空间的点都存在于某些特定的面内(如横剖面、纵剖面和水线面内),可通过光顺这三组型线来达到光顺曲面的目的。所谓光顺,其工程上的概念一般可定义为:曲线在满足光滑条件的基础上,其弯曲变化趋势应满足工程上的和顺要求。因此,所谓船体型线光顺,就是根据给定的型值表数据,用样条绘制船体型线,对型线进行光顺性判别,并对不光顺处进行型值调整,使三个投影面上的型线都满足光顺性和型值一致性的要求。依据其内容,船体型线放样可分为理论型线放样、肋骨型线放样、船体结构线放样、艉轴出口处型线放样以及艏柱放样等。

一、理论型线放样

由于设计图纸的尺寸比例不够大,会经常遇到按设计型值表尺寸得出的点所连成的曲线不够光顺,或三个投影面上的投影点不一致的情况,此时就应将曲线加以修正,使整个船体外形既光顺,又满足一定的质量要求,以符合设计所提出的性能指标。故应根据设计提供的理论型线图和型值表,进行型线放样,以获得船体的准确、光顺的三向型线图,即纵剖线图、横剖线图和半宽水线图。其要点如下:

1. 放样格子线的绘制

型线图上的格子线,实际是各组船体型线在相应投影面上的投影线。此外,格子线还是型线放样中测量尺寸的基准。所以,保证格子线的绘制精度(直线性、垂直性和间距值)是保证船体放样精度的前提条件。

要绘制与实际船舶尺度相当的格子线,必须有相应的绘制方法才能满足精度要求。放样中有许多种绘制格子线的方法,如线锤法、角尺法、激光经纬仪法等。目前最常用的是激光经纬仪法,如图 3.4 所示。

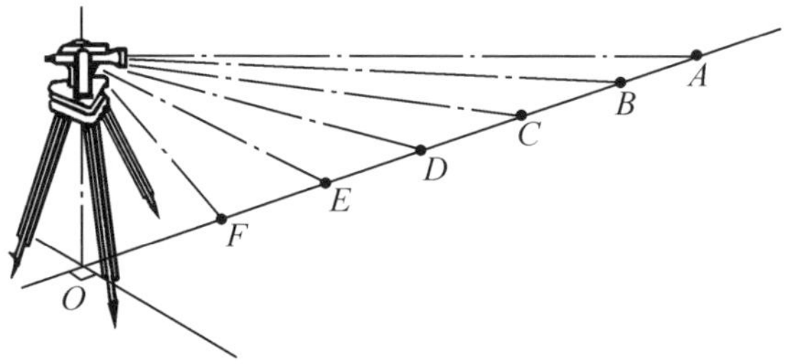

图 3.4　激光经纬仪绘制格子线

绘制完格子线后,需对其精度进行检验,一是检验对应的格子线间距在三个视图中是否相等,二是检验格子线的等分、平行和垂直。

2. 三个投影图上轮廓线(边界线)的绘制与光顺要点

(1)中纵剖面上的艏艉轮廓线绘制与光顺

根据设计型线图上艏艉部轮廓部分所规定的尺寸和艏艉柱图上的要求,在中线面格子线上刻点连线,要求连出的曲线光顺,即可抛弃不在光顺曲线上的个别点,不过总长、设计水线长、垂线间长、艉轴轴线高度均不能变动,如图 3.5 所示,图中标记“a”的点不能变动。

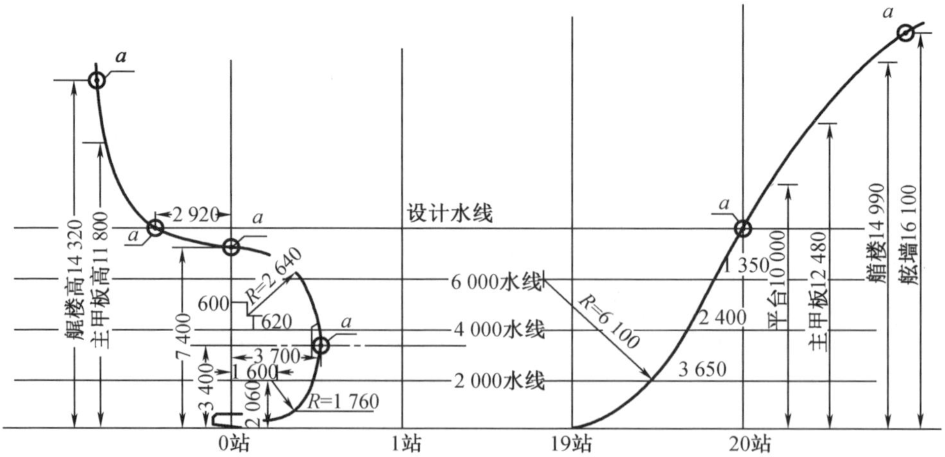

图 3.5　某型船的中纵剖线的艏艉轮廓线绘制与光顺方法

(2)中横剖面上的底边升高线和舭部转圆线绘制与光顺

根据设计型线图上的底边升高值和舭部转圆半径,一方面找出船底折角点和舭部升高点,做出底边升高直线,另一方面找出舭部转圆处的圆心,做出舭部圆弧曲线(或按型值做出舭部曲线),如图3.6所示。

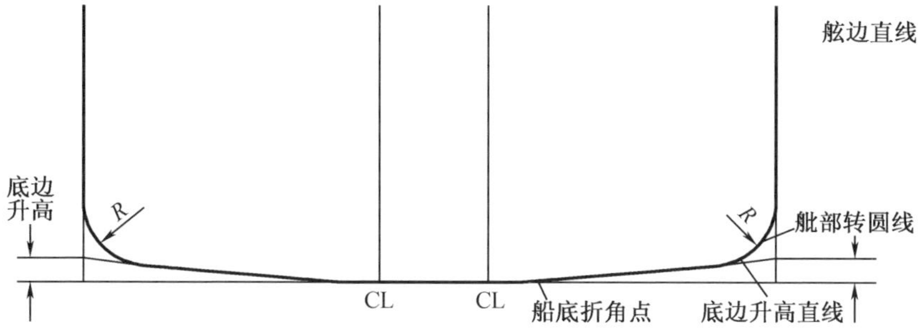

图3.6　中横剖面线的底边升高线和舭部转圆线绘制与光顺方法

(3)甲板线的绘制与光顺

由图3.1可知,描述船体甲板型表面形状的型线主要有甲板中线、梁拱线和甲板边线,其有三个明显的特点。

一是甲板自首至尾所有的横剖线形状都相同(这是指同一层甲板而言,对于上下层甲板,它们的横剖线曲率可以相同,也可以不同),这个曲线称为甲板梁拱曲线,又称甲板抛势线,为横向平面与甲板型表面的交线,通常是平面曲线或折线,中间高,两舷低。中间高于两舷的尺寸称为梁拱高度,其值一般由设计给定,通常为(1/100～1/50)B(B为型宽)。甲板梁拱在船中横剖面处最大,而向首或尾则逐渐减小。

二是甲板自中心至两舷所有的纵剖线形状也都相同,这是甲板第一个特点所带来的必然结果,首尾翘起称为甲板脊弧(又称甲板中昂势),用以增强船舶抗浪性和使外形美观。其中,中线面与甲板型表面的交线就是甲板中线,为一平面曲线。而甲板型表面与外板型表面的交线就是甲板边线,自然也是向首尾翘起的,称为甲板舷弧(又称甲板边昂势),它表明了甲板的周界,通常是一条空间曲线。

三是对于多层甲板来说,各层甲板中心线具有完全相同的弯曲度,因此,沿着垂直基线的方向测量两层甲板中心线的间距在任何位置都是相同的。但是,由于上下层甲板的宽度不一定相同,梁拱曲线也不一定相同,因此,沿垂直基线的方向在纵剖线上测量上下两层甲板边线的投影线时,其间距就不一定相同。

①甲板梁拱曲线的绘制

根据上述甲板型线的特点"一"可知,甲板在各横剖面处梁拱曲线与船中横剖面处的梁拱曲线的曲率是一样的,故只需做出船中横剖面处的梁拱曲线,以它为准,即可求出各剖面处的梁拱形状。

常用的梁拱曲线有抛物线型、圆弧型和折线型等。其绘制方法主要有几何作图法和计算法两种。

a.几何作图法绘制抛物线型梁拱曲线,如图3.7所示。是以$B/2$和h(h为梁拱高度)为边做出矩形,以相同的等分数等分半宽B和梁拱高度h,把梁拱最高点与舷边处垂线的各等分点用直线连接,再过半宽等分点作垂线与上述连接直线相交,光顺连接各对应交点O、

d、e、f、G，即得到抛物线型梁拱曲线。

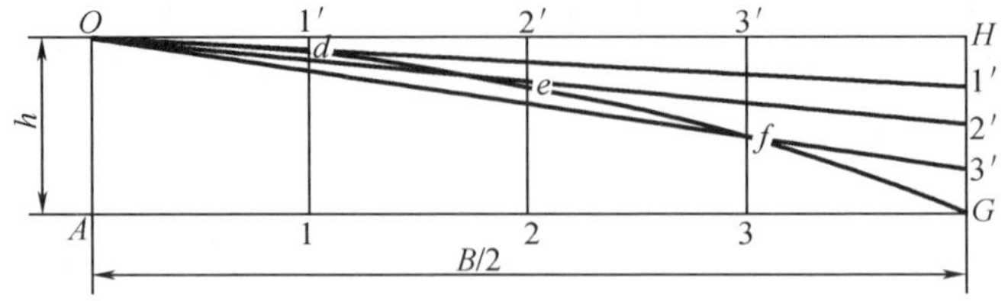

图 3.7　抛物线型梁拱曲线作法之一

抛物线型的梁拱，由于各点的曲率不同，横梁的加工和安装必须对准定位准线。

b. 计算法绘制圆弧型梁拱曲线。这是将甲板的横向理论线看作曲率相等的大圆弧，这样在甲板横梁加工时，可以不必考虑横梁所处的部位，使甲板横梁成为等曲率的弯曲构件，这对于加工和安装都比较方便。由于圆弧半径较大，不便于作图，故常采用计算法求出梁拱曲线在宽度方向上各等分点处的高度值，然后用样条连出光顺的圆弧型梁拱曲线。同时也便于使用电子计算机，使其数字化。

由图 3.8 所示的圆弧型梁拱曲线的相关几何关系，可推出其计算公式：

$$y=\sqrt{\left(\frac{B^2}{8h}+\frac{h}{2}\right)^2-x^2}-\frac{B^2}{8h}+\frac{h}{2} \tag{3-1}$$

式中　B——型宽，mm；

h——甲板梁拱高度，mm；

x——所求等分点的半宽值，mm；

y——所求等分点处的梁拱高度值，mm。

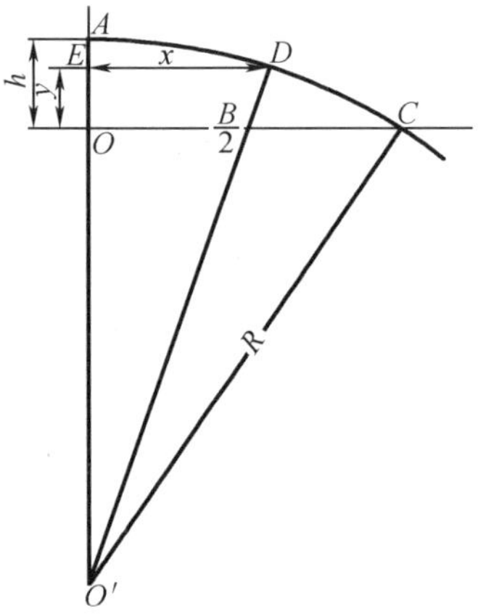

图 3.8　圆弧型梁拱曲线的计算原理

式(3－1)比较复杂，在实际计算中可进行简化。由于 $x \ll R$，则 $\frac{x^4}{4R^4}\to 0$，将此项略去，简化后得

$$y\approx h-\frac{x^2}{2R} \tag{3-2}$$

式(3－2)实质上是抛物线方程。按照公式可迅速地计算出梁拱曲线 $y=f(x)$ 函数关系数值表，即梁拱曲线型值表。查表即可得出各对应点的 y 值，把这些坐标点连接成光顺的曲线即为梁拱曲线。

按照梁拱曲线制作的样板称为梁拱样板。对于小船可做成全宽梁拱样板，对于大中型船只需做船的半宽再适当加长一定裕度的半宽梁拱样板，如图 3.9 所示。在梁拱样板上划出半宽线、船体中心线、水平线和纵剖线，供划线和检验用。

②甲板边线的绘制与光顺

a. 纵剖线图上甲板边线的绘制与光顺。在纵剖线图上绘制出艏艉轮廓线后，根据设计型线图及其型值表上的甲板边线高度型值，可以绘制出甲板边线，且要绘制得光顺。

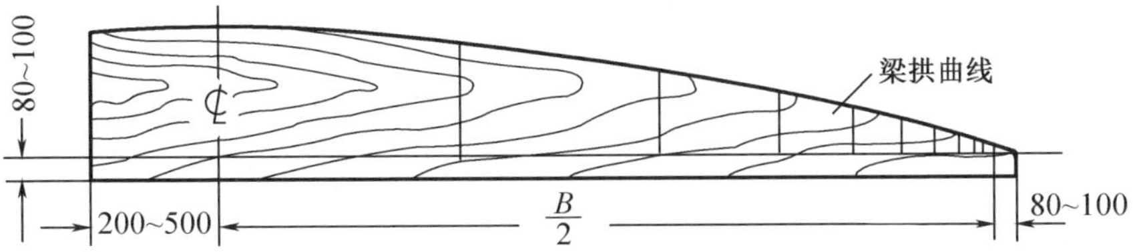

图 3.9　甲板梁拱样板

b. 水线图上甲板边线的绘制与光顺。根据型值表上的甲板半宽型值和艏艉端甲板圆弧半径,在水线图的格子站线上量取对应的半宽值,并将纵剖线图上艏艉轮廓线的甲板顶点投影到水线图的中纵剖线上,以该点为圆心,以甲板艏艉圆弧的半径为半径,向船中在中纵剖线上找出艏艉端甲板圆弧的圆心,再反过来绘制出水线图上的甲板艏艉圆弧,然后光顺连接各站半宽点,至艏艉端时与圆弧线相切,即得水线图上的甲板边线。

c. 横剖线图上甲板边线的绘制与光顺。在水线图上把甲板边线的半宽值用样棒录取下来,同时把纵剖线图上的甲板边线高度值用另一根样棒录取下来,移到横剖线图上,按同一站号的半宽值和高度值找出该站与甲板边线的交点,并注明站号,然后光顺连接各点即得横剖线图上的甲板边线。当横剖线图上的甲板边线不光顺时,应舍点修顺,并将舍点处型值返量到纵剖线图或水线图上,检验改点后甲板边线的光顺情况;若在光顺甲板边线时又舍弃了其他点,则同样需要将新型值量到另两个投影图上去观察甲板边线的光顺情况;如此反复修正,直到三向光顺且型值对应为止。

③纵剖线图上甲板中线的绘制与光顺。通常是采用甲板边线反中线的方法绘制纵剖线图上的甲板中线。即在梁拱样板的水平线上,从中心线向舷边量取各站甲板边线的半宽值,得 5,6,…,10 各点,量下各站半宽点处梁拱样板上的垂线高度,用最大梁拱高度减去后即得该站号处的梁拱高,记下各站梁拱高度(*y*5,*y*6,…,*y*10),分别叠加到纵剖线图各对应站线的甲板边线交点之上,得各站甲板中线高度,如图 3.10 所示。然后用样条光顺连接这些高度点即为甲板中线,直至两者都协调光顺为止。

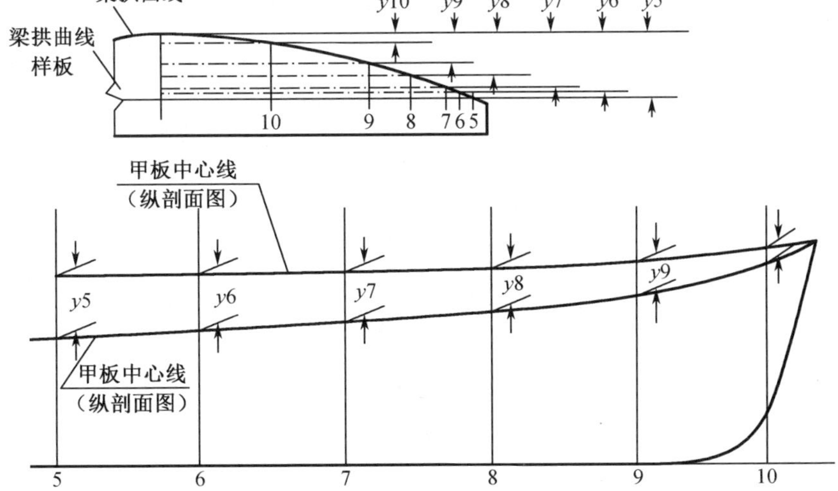

图 3.10　甲板中线的绘制

④舷墙顶线和甲板折角线的绘制与光顺。舷墙顶线和折角线的绘制方法与甲板边线完全一样。

3. 三个投影图上理论型线的绘制与光顺要点

船体型表面是光顺的曲面,要保证船体曲面光顺,应使横剖线、水线、纵剖线达到光顺。由于设计图纸比例小,不可避免地隐匿了许多误差。放样时,按型值表给定的型值绘制型线,往往是不光顺的,应对型线进行修改,以求得船体型线的三向光顺,即型线的光顺性、型线三面投影的一致性,同时还要注意保证型线间距的协调性。

具体放样的内容主要有半宽水线面上的一组水线型线、纵剖面上的一组纵剖型线、横剖面上的一组横剖型线。三个投影图中,应先绘制横剖线图,因为横剖线图要比纵剖线图和水线图特殊一些,具体表现在如下几个方面。

· 横剖线的曲率比纵剖线和水线的曲率都大,形状也复杂一些。

· 横剖线的数量比纵剖线和水线的数量要多得多,有 10 ~ 20 根,甚至更多。

· 图面相对集中。10 ~ 20 根横剖线集中表示在 $B/2 \times (H + f_f)$ 和 $B/2 \times (H + f_a)$ 的两块面积上,比纵剖线图的面积 $L_{oa} \times (H + f_f)$ 和水线图的面积 $L_{oa} \times B/2$ 要小得多,也就相对集中得多(f_f——艏尖端至型深高度 H 水平面间的垂直距离;f_a——艉尖端至型深高度 H 水平面间的垂直距离)。

因此,先绘制横剖面上的横剖型线,再绘制半宽水线面上的水线型线,最后绘制纵剖面上的纵剖型线。各剖面上型线的绘制与光顺要点如下。

(1)横剖面上横剖型线的绘制与光顺

在进行横剖型线的绘制时,不仅要注意横剖型线的光顺性,而且要有意识地注意即将生成的纵剖型线和水线型线的光顺性。我们可以沿着纵剖格子线或水线格子线与各横剖型线交点之间距离大小的变化来判断,这称为型线间距的协调性,即逐步缩小或增大的量大致上成比例,据此可以初步判断这根纵剖型线或哪根水线型线是不是大致光顺。

(2)半宽水线面上水线型线的绘制与光顺

将横剖线图上已经光顺好了的横剖型线与各水线格子线交点的半宽型值,用样棒录下,转绘到半宽水线图上,并用样条连顺水线型线,且注意与同一水线面的艏艉圆弧相切,同样也要注意各水线型线间距大小的变化规律。如有变动的点,还需返绘到横剖线图上,以保证型值对应。这些变动的点要求尽量保证水线面积不变,特别是设计水线面面积不能变动,因其变动会直接影响设计排水量、水线面系数、重心和舱容等船舶性能的计算结果。为了保证舭部型线和绘制好 0 号站至艉端的尾部型线,在横剖线图上可以加密水线格子线,如图 3.11 所示,再转绘到半宽水线图上去进行光顺,变动的点需返绘到横剖线图上,如此反复修正。

(3)纵剖面上纵剖型线的绘制与光顺

绘制纵剖线图上的纵剖线,可用两根样棒分别从横剖线图和半宽水线图上,将纵剖格子线与各横剖线相交的高度值和纵剖格子线与各水线相交的长度值录下,转绘到纵剖线图上,再用样条光顺连接各点。如有更动的新点,需分别返绘到横剖线图和半宽水线图上去。一般来说,应尽量在半宽水线图和纵剖线图上修改,因为这两个投影图上的纵剖线与水线的交角较小,准确性较低,便于移点修线,如图 3.12 所示。修改好纵剖线和水线后,再把有变动的点返绘到横剖线图上,如此反复修正直到三向光顺且型值对应为止。

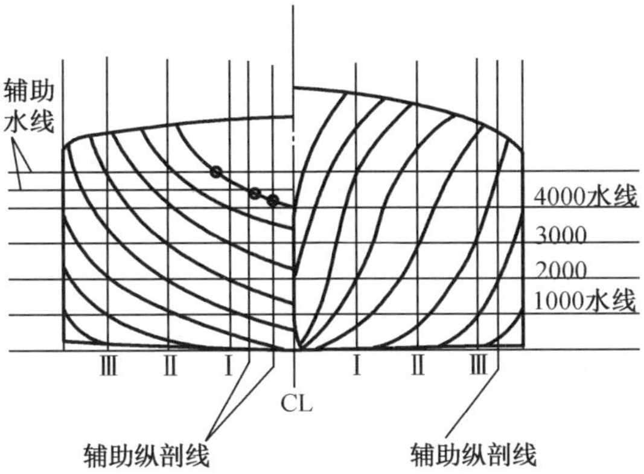

图 3.11　作辅助线

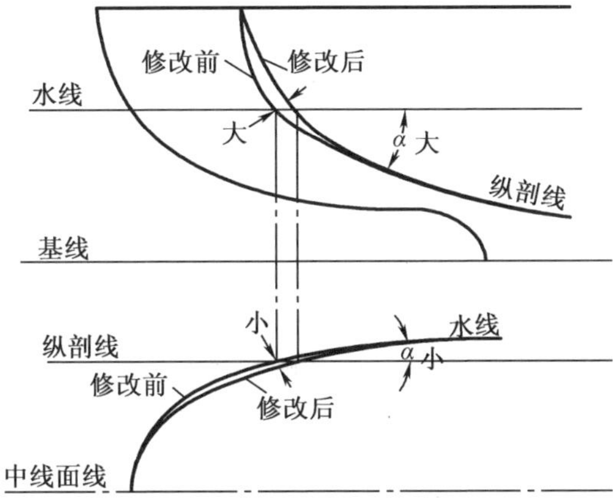

图 3.12　小交角型线修改效果示意图

修改时,修改的点应尽量少,改动的距离应尽量小。如图 3.13 上纵剖线连成一条光顺曲线后,发现仅 a 点不在曲线上,如果只将 a 点移至 a'点,已能满足光顺要求,但此点移动距离过大,影响船舶排水体积,此时可采用交叉法修改,即将纵剖线与站线的交点取在 a 与 a'中间,b 点向上移至 b'点,使曲线改动距离尽可能小,又能满足排水量的设计要求。

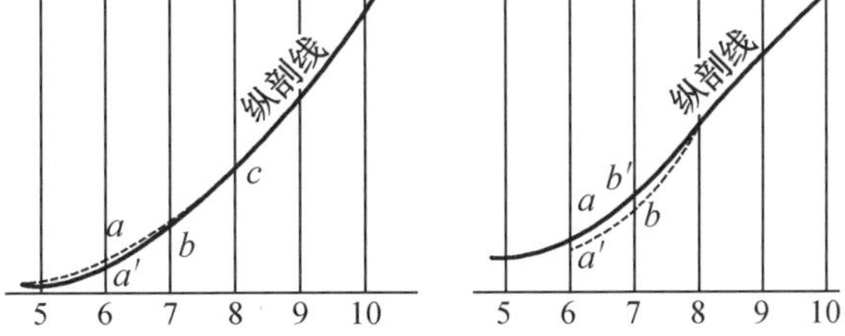

图 3.13　修改点少、距离小的示意图

(4)边界线的绘制与光顺

所谓边界线是指船体各曲线上对应端点的连线。由于船体表面是光顺的空间曲面,因此各边界线也应该是光顺曲线。船体表面的边界线主要有舷侧平边线(也称边平线)、船底平底线(也称底平线)、艏/艉端切点线以及折角线等,如图3.14所示。

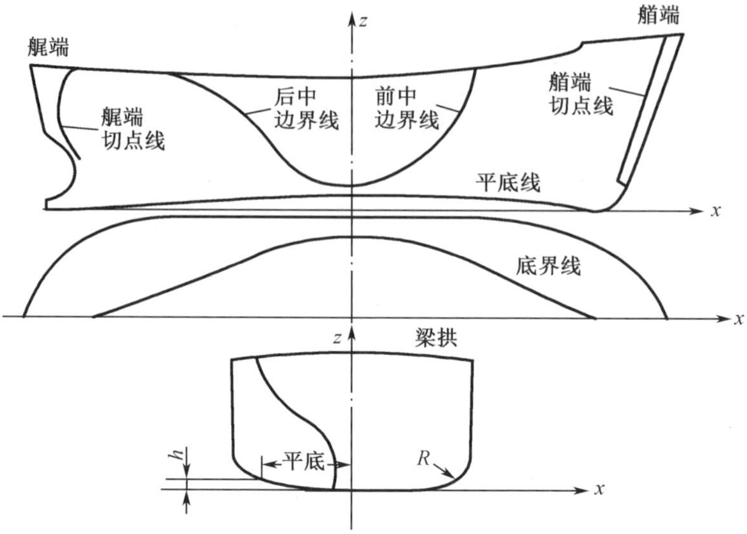

图3.14　船体表面的边界线

舷侧平边线是型线图上各横剖曲线与最大半宽相切的各切点,假想连成的是一条光顺曲线,它是船中舷侧平面与曲面相切的切点线。船底平底线是型线图上各横剖线和纵剖线与船底线相切的各切点,假想连成的是一条光顺曲线,它是船底的平面与曲面相切的切点线。艏/艉端切点线是指将艏/艉端各水线与相应的艏/艉圆弧相切的切点连成的光顺曲线。而折角线是由相应型线的折角点连成的光顺曲线,如底部折角线、舷墙折角线等。

在舷侧平边线和船底平底线的绘制与光顺中,需把舷侧边平点的高度值和船底底平点的半宽值(不论有无舭部升高)分别求出,并且在理论型线进行三向光顺时绘制出来。舷侧平边线绘制在纵剖线图上,船底平底线绘制在水线图上。如果平边线与平底线不光顺,则进行修顺后将变动的点返绘到横剖线图上去修正横剖线。图3.15所示的为某型船的舷侧平边线与船底平底线。

从平边线可以确定有关水线靠船中部的端值,以及横剖曲线靠最大半宽线的端值。从底平线上可决定有关纵剖线靠船中部的端值,以及某些横剖曲线靠船底的端值。

4. 理论型线修正和检验

型线的光顺性是指各型线的曲度应和缓和变化,没有异常的凹凸现象。型线的投影一致性是指型线上任一点在三个投影图上的投影应符合点的投影规律。型线的精确性主要体现在型线的光顺和投影的一致性上。对一组型线,在保证单根型线的精确性基础上,还要注意保证型线间距的协调性。

在型线修改过程中,往往由于一点或一线的改动而影响其他的点或线。在保证设计要求的前提下,如何解决型线光顺与型值对应这一对矛盾,以使光顺性与一致性得到统一。故对型线放样中的修改要有一定的原则性。

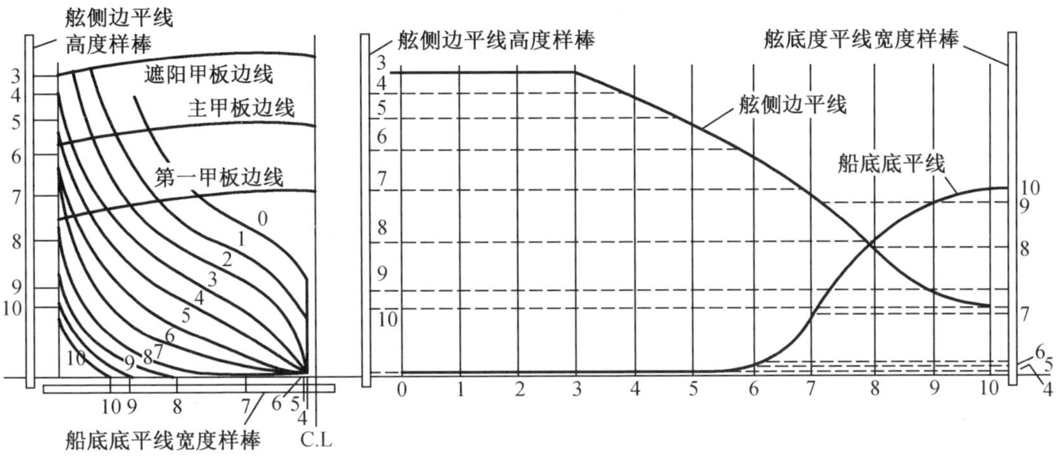

图 3.15　某型船的舭侧边平线与船底底平线的绘制与光顺

(1)型线的修正原则

一是船体的总长、垂线间长、型宽、型深、设计水线、半进流角、中横剖面的型值,原则上不能改动。这涉及船舶的排水量与航行性能。另主甲板边线型值、中线面上艏艉柱的外形线在一般情况下不宜改动。

二是根据船舶类型、性能和用途的不同有针对性地进行修正。如货船一般除设计水线外,修改时可适当放大宽度。对于艉部应依据船型而定,吃水浅而型宽较大的内河船舶,应将纵剖线的光顺性放在重要位置,以水线为次;吃水深而型宽较窄的海船则以光顺水线为主,纵剖线为次。一般艏部都较瘦削,型线的修改须先满足水线的光顺,其次再考虑纵剖线。

三是型值一致性误差不超过 ±2 mm,设计水线以下各点的修正量应以小于图纸上的比例尺寸的分母值为原则,设计水线以上各点的修正量可以放宽些。型线修正应尽量保持原设计型线图的排水体积不变。

(2)型线图的检验

型线绘制结束后,需要对型线的精确性进行检验。对型线精度综合检验的方法通常是绘制斜剖线。斜剖线是斜剖面与船体表面的交线,一般是垂直于横剖面与外板型表面的交线。斜剖线应选择在型线曲率较大,变化也较剧烈的部位。

在横剖线图上做斜剖直线并与横剖线接近垂直相交,以斜剖面与中纵剖面相交点为准,在纵剖线图(或水线图)的格子线上绘制出斜剖线的真实形状。若斜剖线很光顺,说明船体型线符合技术要求,反之,说明横剖型线不协调,需要修正斜剖线,并返绘到横剖线图上对应处,如图 3.16 所示。因为水流一般是沿着垂直横剖面的斜剖线方向流动的,所以光顺斜剖线对保证船舶流体性能也有很重要的意义。此外,斜剖线还能对不与纵剖线和水线相交的艉端最终几个负站横剖线起到校正光顺的作用。

二、肋骨型线放样

理论型线仅能反映船体型表面的完整外形,还不能表达出船体每一实际肋位横剖面的形状和内部结构状况,因此,在理论型线放样完成的基础上,还必须进行肋骨型线放样,以得到肋骨型线图。以此作为船体制造的基本依据。

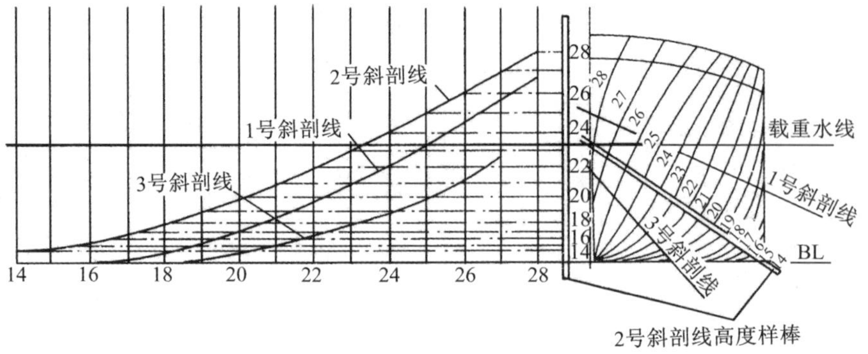

图 3.16　船体斜剖线图的绘制

肋骨型线图与型线图中横剖线图的区别是，横剖线图中的横剖线是 10 等分或 20 等分垂线间长的横向剖切平面与船体型表面的交线，只表示了理论站号处的船体横剖面形状；而肋骨型线图中的肋骨线则是以型线图为依据，通过各肋位处的横向剖切平面（肋骨平面）与船体型表面的交线，表示了各肋位处的船体肋骨型线的真实形状。

1. 肋骨型线的绘制与光顺

（1）肋骨型线绘制，如图 3.17 所示。

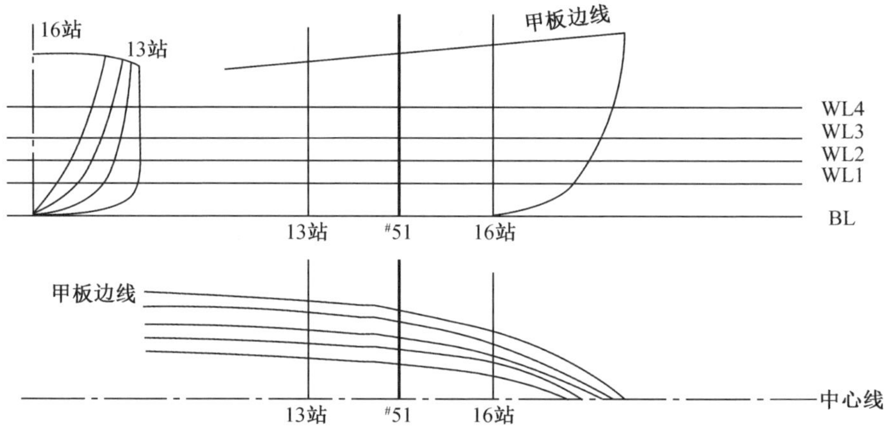

图 3.17　肋骨型线放样

①在纵剖型线图和半宽水线图上做肋骨间距线。根据设计给定的肋距，在纵剖型线图、半宽水线图上绘制出各肋位点，且过各肋位点分别作基线、中线的垂线，这些垂线即为肋位线，并按图纸要求编写出肋位号码。

②中横剖线图上各肋位的肋骨型线绘制。用两根样棒分别在纵剖线图和半宽水线图上录取同一肋骨站号的高度型值与半宽型值。根据三个基本投影面的相互投影关系，将各型值转绘到中横剖线图上，再用样条连顺同号肋骨型线，就可在中横剖线图上得到各肋位的肋骨型线，即肋骨型线图。若有某些型值点未落在光顺的曲线上，则要适当修改水线或纵剖线，使之最终达到肋骨型线的三向光顺为止。

③肋骨型线的检验。其检验方法仍是用斜剖线光顺与否来判别,对曲率变化大的地方可多作几根斜剖线(图3.16)。

(2)其他型线的绘制

①肋骨型线的放样还包括横梁曲线的绘制。其方法是将纵剖线图上各肋骨位置的甲板中线高度(即各横梁曲线的中心点高度),转录到横剖线图的中心线上,再将梁拱样板的中线对准横剖线图上的上述各横梁曲线中心点,并使梁拱曲线通过对应肋骨曲线的甲板边线点,沿梁拱样板的上缘绘制出每根肋骨的梁拱曲线,如图3.18所示。

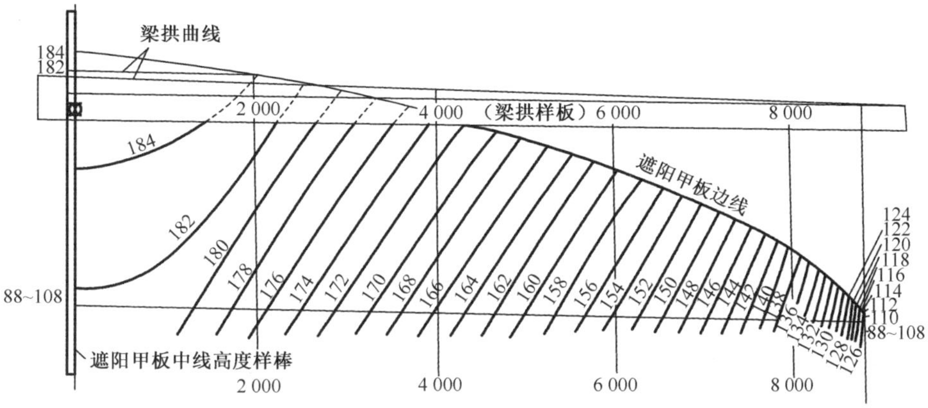

图3.18　做甲板梁拱曲线

②按有关图纸所给定的船底半宽、底部升高及横剖面处的舭部圆弧半径,分别做船底半宽线、底部升高线以及舭部圆弧切点线。

肋骨型线放样,也是横向结构放样的一部分,对船体制造有着重要的作用。它直接为平行于横剖面的横向构件(如肋板、肋骨、横梁、舭肘板等横向骨架和横舱壁等)提供型线,可直接反映它们的真实形状和大小,同时也是船体型表面的具体表达。此外,它还能为船体外板和其他构件的放样展开、制作样板、下料加工和装配等提供依据;为艏柱、艉轴出口等局部复杂型线的放样及光顺提供依据。

2.艉轴出口处的肋骨型线放样

(1)艉轴布置形式

船舶的类型不同,艉轴的数量和布置形式也不相同,一般有如图3.19所示的几种形式:

①在船体中纵剖面上,并与基线平面平行,如图3.19(a)所示;

②在船体中纵剖面上,但与基线平面倾斜成一定角度,如图3.19(b)所示;

③不在船体中纵剖面上,却与中纵剖面和基线平面平行,如图3.19(c)所示;

④不在船体中纵剖面上,却与中纵剖面平行,但与基线平面倾斜成一定角度,如图3.19(d)所示;

⑤不在船体中纵剖面上,却与基线平面平行,但与中纵剖面倾斜成一定角度,如图3.19(e)所示;

⑥不在船体中纵剖面上,却与中纵剖面和基线平面都分别倾斜成一定的角度,如图3.19(f)所示。

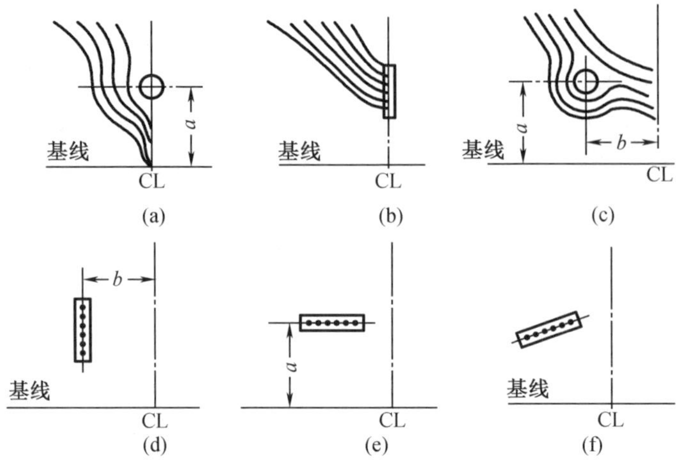

图 3.19 艉轴布置形式

其中前两种用于单推进器的船舶,后四种用于多推进器的船舶。不论哪种形式,在艉轴穿出船体的地方,船体表面的光顺性和某些内部结构受到破坏,为了弥补这一缺陷,确保其出口处的水流顺畅以及内部结构的强度,需要对该处的肋骨型线进行修改,使其形成一个凸起的圆弧形(图 3.20),并与船体曲面和缓过渡的封闭曲面。

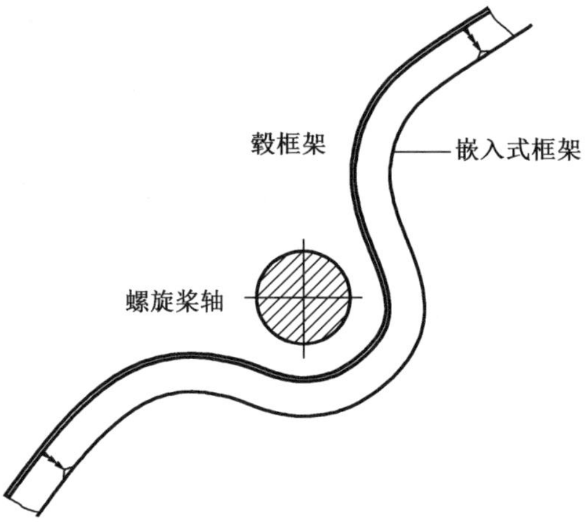

图 3.20 轴壳处凸起的圆弧形结构

在肋骨型线放样中,可利用膨出导流结构来改变被破坏部位的肋骨线,以改善其对航行性能和船体结构的影响。膨出导流结构分整体式与局部式两种。前者是将伸出船体外的整个艉轴用导流结构罩住,这种形式多用于艉部型线较丰满的船;后者仅在艉轴伸出船体的出口处局部地采用导流结构,其他部分则裸露在水中。为了改善船体艉轴的支承情况,在螺旋桨前设置人字架作为艉轴的支承点,这种形式对艉部型线较瘦削的船舶较为适用。

(2)艉轴出口处的曲面光顺要求

艉轴出口处肋骨型线的放样,既要保证轴壳本身的光顺性,又要保证轴壳纵向及横向都能与船体曲面光顺过渡。由于轴壳板的肋骨型线是圆弧形的,因此,只要求出相应肋骨线处的圆弧半径值，以对应的轴心为圆心做出圆弧，再用反圆弧与原肋骨型线连顺即可，这是轴壳板与船体曲面连接的横向光顺性要求。此外，这些圆弧半径所组成的轴壳型线，既要保证本身的纵向光顺性，又应保证其与船体曲面连接的纵向型线能光顺地过渡，其轴壳板与船体相连的反圆弧处也应保证纵向型线的光顺性，这是轴壳板与船体曲面连接的纵向光顺性要求。

为了满足轴壳的纵向光顺性要求，通常是通过做纵向斜剖面来光顺和检验，而这又是求取圆弧半径的重要手段。所选择的纵向斜剖面必须满足下述两点要求：

①其在横剖线图上的投影直线应通过艉轴的轴心（如图3.21中的剖纵 OA），亦即通过轴壳圆弧的所有圆心；

②其在横剖线图上的投影直线应垂直于轴壳开始凸起处的原肋骨线，使其贯穿整个轴壳板，以便求取轴壳在各肋骨线处的全部圆弧半径。

（3）艉轴出口处肋骨型线的放样方法与步骤

图3.21为某型船艉轴出口处肋骨型线的放样过程。这种船舶的推进器是左、右对称的双桨，艉轴轴线既平行于船体中纵剖面，又平行于基线平面，因此，轴线在横剖线图上的投影是一个点。根据设计部门提供的轴系布置图可知，轴壳在#8肋骨处的半径 R_8，轴壳从#12～#11某处开始凸起，到#8肋骨止。根据上述条件，轴壳放样布置如下：

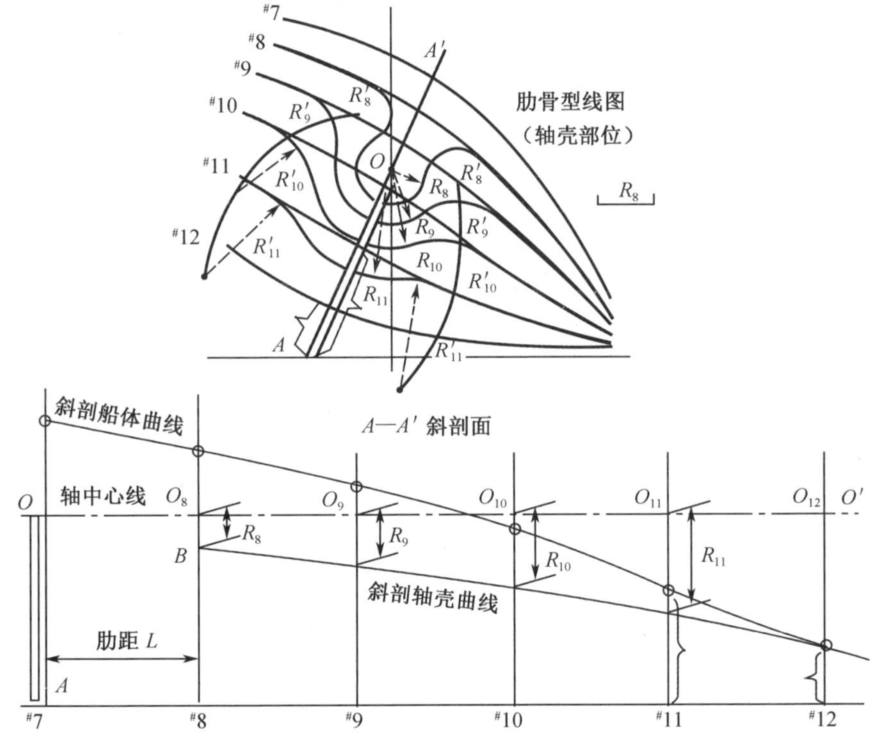

图3.21　某型艉轴出口处肋骨型线放样

①在肋骨型线图上绘出轴中心线的投影，本例中重合于 O 点。

②在肋骨型线图上，过轴心 O 点作#11肋骨线的垂线，即得所求斜剖面的投影直线 OA。

③在肋骨型线图上，将各原肋骨线与直线 OA 的交点到基准点的距离，用样杆转录到纵

剖线图的各对应肋骨线上（使 A 点始终对准基线），再用样条将各点连成光顺的曲线，即得到斜剖船体曲线。将肋骨型线图上各轴心点（本例中重合于 O 点）到基准点 A 的距离，也转录到纵剖线图的各对应肋骨线上，并做出轴中心线。

④在纵剖线图上，从轴中心线与#8 肋骨线的交点向下量取 R_8，得点 B；过点 B 作直线或和缓光滑曲线，并在#11 与#12 肋骨间与斜剖船体曲线光顺地连接，得到斜剖轴壳曲线。该曲线与轴中心线在各肋骨线上的距离，即为相应肋骨处轴壳圆弧半径 R_8、R_9、R_{10}和 R_{11}。

⑤在肋骨型线图上，以点 O 为圆心，分别以各半径画圆弧，圆弧两端应接近对应的肋骨线。

⑥在肋骨型线图上，以同样的半径作反圆弧（也可按比例选取反圆弧半径），光顺地连接轴壳圆弧与原肋骨线。

⑦在肋骨型线图上，将各反圆弧的圆心连成光顺的曲线，以检验反圆弧的纵向光顺性。若有个别圆心不在曲线上，应修改反圆弧，使圆心落在曲线上。

三、船体结构线放样

肋骨型线放样结束后，为获得构件展开、样板/样箱钉制，以及加工、装配等的施工依据，还必须进行结构线放样。所谓结构线放样，就是根据设计部门提供的基本结构图、中横剖面图、外板展开图、艏艉柱结构图、分段划分图等有关图纸提供的信息，把船体纵、横构件和外板接缝线的理论投影线绘制于肋骨型线图上的工作。船体构件可分为横向构件和纵向构件两大类，其在肋骨型线图的投影可归类为以下几种情况。

①对平行于横向剖面的舱壁、肋板、强横梁等横向构件，在肋骨型线图上的投影是其真实形状，可直接获得其相关尺寸。

②对平行于船体中线面的船底纵桁、舷侧纵桁、甲板纵桁等纵向构件或平行于船体基线面的平台、内底板等，在肋骨型线图上的投影是一直线。

③对不平行于船体任何一基准面的纵向构件，其沿船长的分布位置及形状都在变化，则需要通过放样确定。即首先在肋骨型线图上得到纵向构件投影的光顺曲线，然后以此进行纵向构件的展开。

由此可知，船体结构线放样的主要内容是纵向构件放样和外板接缝线排列，是在肋骨型线放样的基础上补绘出全部的结构理论线或其投影线。

1. 纵向构件放样

纵向构件包括中底桁、旁底桁、舷侧纵桁、甲板纵桁和纵舱壁等。它们放样的主要内容是在肋骨型线图上绘出纵向构件与船体型表面及各肋骨剖面相交线的投影，以及它们的边界线。通常，甲板纵桁与甲板的交线称上口线，其腹板与面板的交线称下口线；舷侧纵桁与船体外板的交线称外口线，其腹板与面板的交线称内口线；底部纵桁与船体板的交线称下口线，其腹板与面板的交线称上口线。在肋骨型线图中的上口线和下口线、外口线和内口线之间各肋骨垂线段就是该纵向构件的肋骨剖线，两个口线和艏艉两端肋骨剖线所围成的形状就是该纵向构件在肋骨型线图中的投影形状。

纵向构件主要有两种形式，一种是肋骨剖线垂直于（或平行于）基线的纵向构件，其肋骨剖线是相互平行的，有纵向弯曲但无扭曲；另一种是肋骨剖线垂直于肋骨型线（外板）的纵向构件，其肋骨剖线是相互不平行的，既有纵向弯曲又有扭曲。

现以旁内龙骨（双层底船为旁底桁）为例，介绍纵向构件的放样方法。旁内龙骨的位置、方向、尺寸，需参看基本结构图和中横剖面图等结构图纸，其高度随肋板高度而定，一般旁内龙骨在舯部多数与中纵剖面平行，至艏艉端时渐渐向中纵剖面弯曲。其放样步骤如下（图3.22）：

（1）按图纸规定的尺寸，在半宽水线图上绘出旁内龙骨与船体外板的交线（下口线）（图3.22(b)）。

（2）将旁内龙骨在各肋骨站线上的半宽值转画到肋骨型线图中的对应肋骨线上，并将肋骨型线图上所得各点连成一条光顺的曲线，即为旁内龙骨的下口线，如图3.22(a)所示。

（3）在肋骨型线图上，过下口线与肋骨线交点作对应肋骨线的垂线，并在其上截取Ⅱ号旁内龙骨的高度值，得各高度点。再将全部高度点连成一条光顺曲线，即为Ⅱ号旁内龙骨的上口线。上口线与下口线之间各垂线就是旁内龙骨的横向理论线（肋骨剖面线）。

按上述方法做出的Ⅱ号旁内龙骨一般都是扭曲的，甚至会出现上口线与下口线的投影线交叉的现象。有时为了方便加工和装配，旁内龙骨的横向理论线不要求与对应的肋骨线（外板）垂直，而相互平行，甚至都垂直于基线，如图3.22中Ⅰ号旁内龙骨的放样。其他各种纵向构件的放样，与上述方法类似。

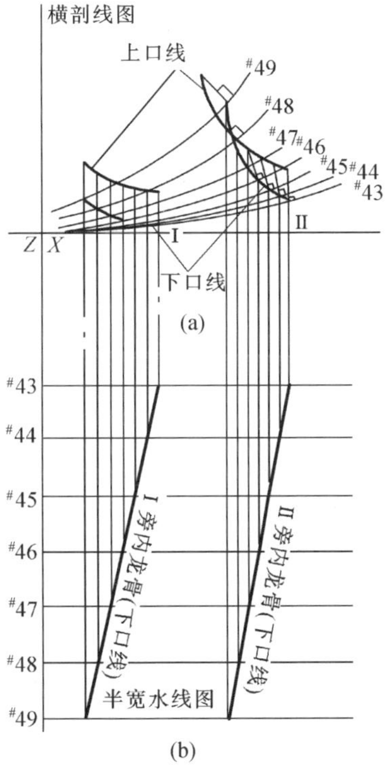

图3.22　旁内龙骨结构线放样

2. 外板接缝线排列

外板拼接处的板缝称为接缝线。根据板缝在船体上的不同位置可分为：平行于横剖面的称为横接缝线（又称端接缝）；沿船长方向的称为纵接缝线（又称边接缝）。此外，还有依分段制造而划分的分段外板接缝线。外板接缝线排列，主要是参照前期设计提供的肋骨型线图和外板展开图进行,应根据船体分段的划分、外板的厚度和板材的规格以及工艺和结构上的要求来布置。一般情况下,先排纵向接缝线,后排横向接缝线,最后排分段外板接缝线。外板接缝线排列的合理与否,与船体外表美观、钢板利用率、外板加工、分段装配及焊接等均有密切关系,直接影响船体建造质量。因此,在板缝排列中,要综合考虑各种因素,经过反复斟酌和调整,才能确定符合要求的板缝。

(1)纵接缝线排列及要点

排列外板纵向接缝线时,首先在中横剖面肋骨线上,按设计板宽排列平板龙骨(也称K行板)、舭部列板(又称转圆板)和舷顶列板等主要受力列板,并按同样的板宽向艏、艉延伸,绘出其光顺的纵缝线。然后,根据钢板规格(宽度)和其他工艺要求,从舯部向艏、艉排列其他列板的纵缝线。要点如下:

①外板纵缝线通常为纵向的光顺曲线,排列时要考虑其美观性,在设计水线以上应与甲板边线或折角线平行。

②外板纵向接缝线之间或外板纵接缝与内部纵向构件结构线之间应避免呈小角度相交,这会影响焊接质量,必须调整纵向接缝线位置,使两者夹角至少大于30°,也可采用并板形式或阶梯形排列。

③外板纵向接缝线应与船体结构线保持一定的距离,其最小尺寸不小于100 mm。

④菱形板不但降低钢板利用率,而且不利于外板展开和加工成形。为此,在排列纵缝时,应尽可能使纵缝与肋骨型线正交,如图3.23所示,这样展开后的外板形状接近于矩形。

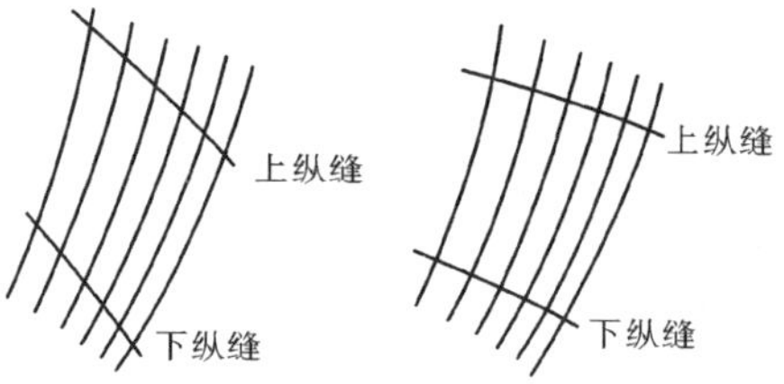

(a) 排列不好　　(b) 排列好

图3.23　外板纵向接缝线与肋骨线的相对关系

⑤对大、中型船舶外板的排列,应尽可能将平直零件的尺寸规格统一,以利加工配套。同时,要尽量使外板展开后的纵缝成一直线,以利扩大自动焊工作面。

(2)横接缝线排列及要点

外板横向接缝线的排列取决于分段划分情况,所有分段横向大接缝都是外板的横缝线,应设置在同一横剖面处,且平行于肋骨剖面;应尽可能布置在距肋骨1/4~1/3的肋距处。此外,在分段,中还应按照提高钢板利用率、便于加工和装配等要求对外板还要做适当的横向划分。

此外,在进行外板接缝线排列之前,还必须充分掌握下列情况:

①必须准确地掌握用于该船的钢板规格,且在满足上述工艺要求的前提下,尽量用足钢板尺度(尤其是宽度),以提高钢板利用率。

②掌握船体外板的装配方法,以便确定余量加放的位置和数值。

③了解船厂加工、焊接设备的技术性能,以及曲形外板的加工、焊接方法等,以确定对

外板接缝线排列的要求，如槽形龙骨板在折角线以上部分宽度不宜过大，以便于加工成形。

船体结构线放样结束后，应将所有的构件线、外板接缝线标注在肋骨型线图上，如图 3.24 所示。

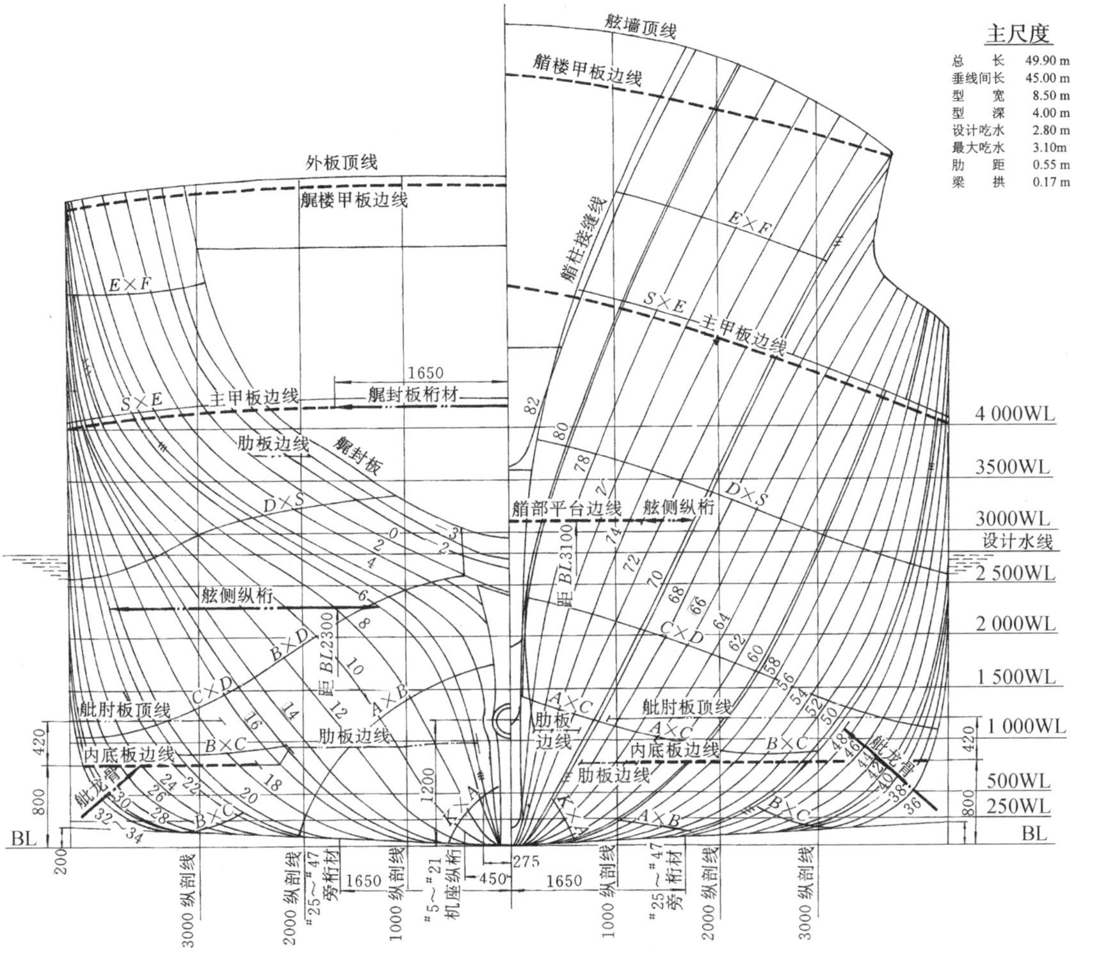

图 3.24　肋骨型线图

第三节　船体构件展开

船体构件分平面构件和空间曲面构件，又有板材构件与型材构件之分。所谓展开，就是将那些在投影图上不能表示真实形状的船体构件（如外板和纵向构件）的实形求出，并摊开在平面上的过程。其目的是为了绘制号料草图或样板，计算全船所需的钢材数量和规格，便于在平直的钢材上号料。

空间曲面构件可分为可展曲面构件和不可展曲面构件两类。可展曲面能通过几何作图法精确地求出其展开的真实形状。大部分船体内部构件和舾装件属于可展曲面构件。不可展曲面则不能运用几何作图法求得其精确的展开图形，艏艉船体外板多数属于这类。为了求得构件的真实形状，仍然采用几何作图法近似地将这类外板展开成平面，然后，在号料时用加放余量的方法对展开误差予以补偿。但对某些空间曲度特别复杂的外板（如球鼻艏包板、艉轴包板等），难以用几何作图法展开或近似展开误差较大，可采用先制作样箱，然后用柔软的油毡或纸板覆蒙出其展开形状的方法。

展开船体构件的几何作图法，主要可分为准线法和撑线法（也称三角形法或对角线法）两大类。船体构件展开是以肋骨型线图为基础的，即在肋骨型线图上，按分段结构图和外板展开图，进行构件的展开。运用准线法展开船体构件，都是先在肋骨型线图上做出所要展开构件的准线投影线，然后求出构件纵缝线和准线的实长，以及肋骨的弯度，再以展开的准线为基准做出船体构件的展开图，这样就求得了构件的准确形位尺寸。

一、展开三要素

利用肋骨型线图展开船体构件时，应先掌握展开的三要素，即求投影线实长、求肋骨弯度（俗称“冲势”）和确定展开用的准线。

1. 求投影线实长

外板纵缝线和纵向结构线一般都是具有双向曲度的空间曲线，在三个剖线图上均未反映出其真实长度。因此，展开船体构件时必须求出这些投影线的实际长度，简称“求实长”。船体空间任意曲线求实长的原理与几何体展开中任意线段求实长的原理相同。即已知空间曲线的两个投影，求其实长。

一般船体表面沿船长方向上的曲度变化是和缓的，故可将船体表面上的纵向曲线在两挡肋骨之间近似为一直线，这在造船生产中是能够满足其精度要求的。图 3.25 所示为船体表面上一根纵向曲线在一个肋距内的空间几何关系。$\overset{\frown}{AB}$弧是船体表面上的一纵向曲线段；$\overset{\frown}{A'B}$弧是它在肋骨型线图上的投影，其长度为 k（沿弧长曲线量取）；$\overline{AA'}$长度为肋骨间距 l。若视$\overset{\frown}{AB}$弧为直线段，则线段$\overline{AB}$、$\overset{\frown}{A'B}$和$\overset{\frown}{AA'}$存在直角三角形关系，故船体纵向曲线在两挡肋骨之间的线段实长 L 可表示为

$$L=\sqrt{l^2+k^2} \tag{3-3}$$

式中 l——肋骨间距；

k——线段在肋骨型线图上的投影长，又称肋骨级数。

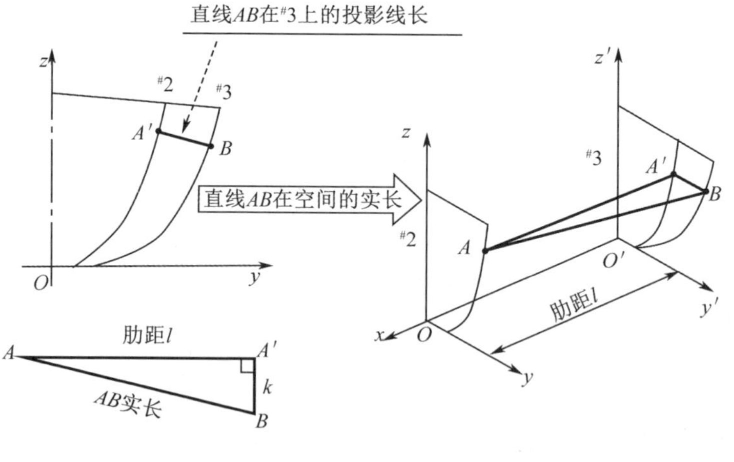

图 3.25 单肋距的纵向曲线实长求法

同样,可以求出跨越数个肋距的纵向曲线的实长,如图 3.26 所示。在肋骨型线图上,用样杆沿着该曲线录下与各肋骨线的交点(a、b、c、d);利用纵剖线图或半宽水线图上的肋骨站线,将伸直后样杆上的各交点转录到对应肋骨站线上,然后将各点连成光顺曲线,这就是所求空间曲线的实长线。

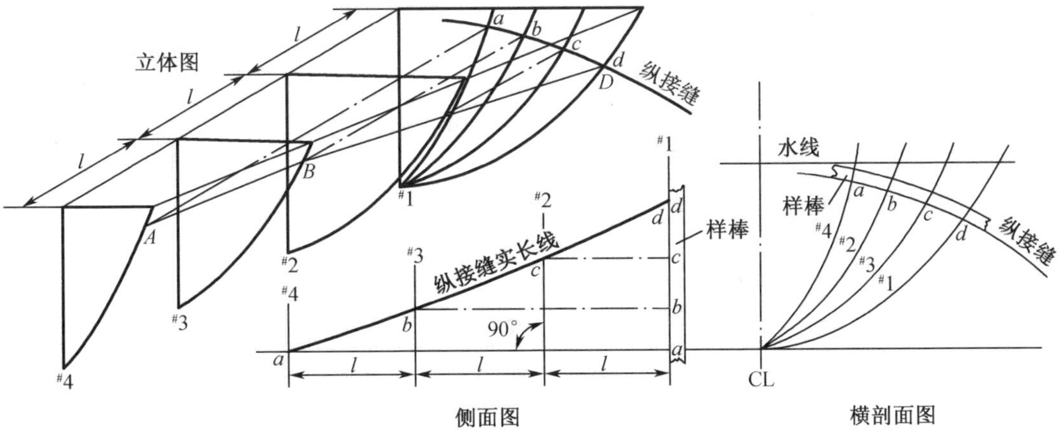

图 3.26　多肋距的纵向曲线实长求法

为了进一步简化计算步骤或省略作图过程,根据公式(3-3)事先制成图表或制作实长样条,即可由肋骨级数 k 迅速得知伸长肋距 L 的大小。

2. 确定展开用的准线

船体纵向构件或外板的展开图形,一般是由多个被肋骨剖面剖切的四边形小块的展开图依次拼接而成的。而只求出四个边的实长,其四边形形状还不能唯一确定。因此,还必须加一根能够确定四边形各边相对位置的准线,才能按四边形作图法逐步求出展开的图形。

船体构件展开中使用的准线种类有很多,如测地线、十字线、定线等。准线不同,其做法不同,相应的展开方法也不相同。

3. 求肋骨弯度(冲势)

(1)肋骨弯度的几何概念

确定肋骨线在外板展开图上的形状时,可将船体外板近似地看成圆柱面,如图 3.26 所示。

· 平行中体部分,由于圆柱面的母线与船体中心线平行,且垂直于肋骨剖面,因此,圆柱外板法面与肋骨剖面平行(或重合),在展开图上肋骨线呈直线,且与圆柱面的母线垂直。

· 在艏、艉部分,由于圆柱外板的母线与船体中心线不平行,且与肋骨剖面不垂直,因此,外板法面与肋骨剖面斜交,在展开图上肋骨线呈曲线。这种展开后的肋骨曲线与相应法面展开线(呈直线)间的最大拱度,称为肋骨弯度,如图 3.27 中的 s。所以,外板展开时形成肋骨弯度的根本原因在于它的法向剖面与肋骨剖面的斜交,其值大小与外板弯曲或倾斜程度有关。

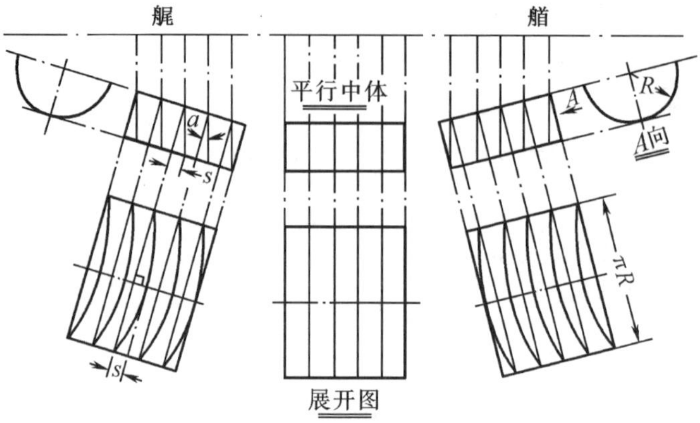

图 3.27　肋骨弯度的几何概念

(2)求取肋骨弯度的方法

肋骨弯度可用作图法或计算法确定。图 3.28 所示的是作图法求取肋骨弯度的方法。图中表示了外板在一个肋距内的空间状况,其中$\overset{\frown}{PQ}$和$\overset{\frown}{OR}$是外板的纵缝线,$\overset{\frown}{AB}$是展开外板时所做的准线(相当于圆柱面的母线),$\overset{\frown}{A'B}$是$\overset{\frown}{AB}$在肋骨型线图上的投影线,$\overline{QR}$是#3 肋骨线所对应的弦线,过弦线$\overline{QR}$作外板面的法面,其与外板的交线是$\overset{\frown}{QBR}$,法面与准线所在平面的交线$\overline{CD}$在空间垂直于$\overset{\frown}{AB}$,$\overline{DB}$的长度 s 即为#3 肋位的肋骨弯度。

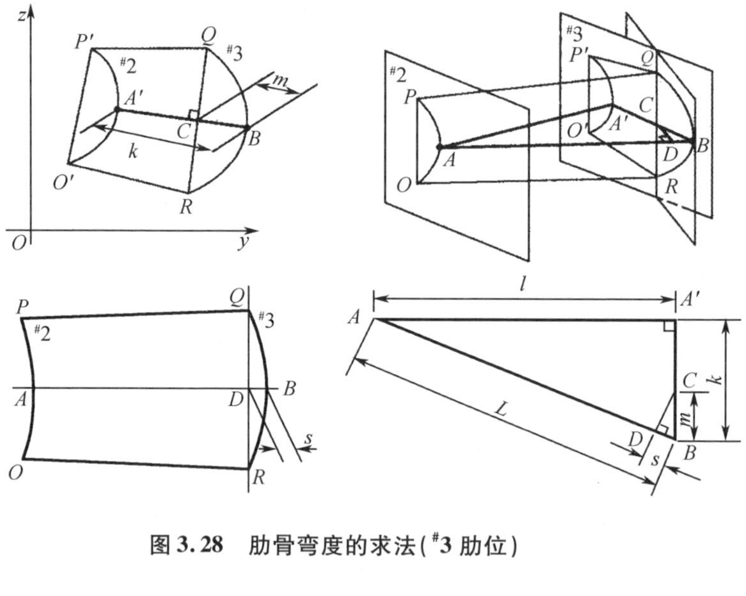

图 3.28　肋骨弯度的求法(#3 肋位)

根据三角形相似定律,用计算法求取肋骨弯度为

$$s = \frac{km}{L} = \frac{km}{\sqrt{l^2 + k^2}} \tag{3-4}$$

式中　s——肋骨弯度;

m——肋骨型线图上肋骨线与其弦线间的准线长度；

L——准线$\widehat{AB}$在两挡肋骨之间的实长。

船体表面毕竟不是圆柱面，所以，外板展开后的各肋骨弯度是不同的。展开外板时，一般只求出其基准肋位的肋骨弯度，当由基准肋位向该外板两端依次拼接每一肋距间的展开四边形时，自行产生其他肋位的肋骨弯度。为减小展开误差，一般选取展开外板的中间肋位作为基准肋位，其弯度的作图求取方法如图3.29所示。假设肋骨弯度位于#2和#3肋位之间，为求取#3肋位的肋骨弯度，可从准线与#3肋位的交点B往下量取$BC=m$，过C点作准线的垂线CD，垂直为D点，则在准线上B、D间的距离即为所求的肋骨弯度s。如果肋骨弯度位于#3和#4肋位之间，则从B点往上量取m得到C点。

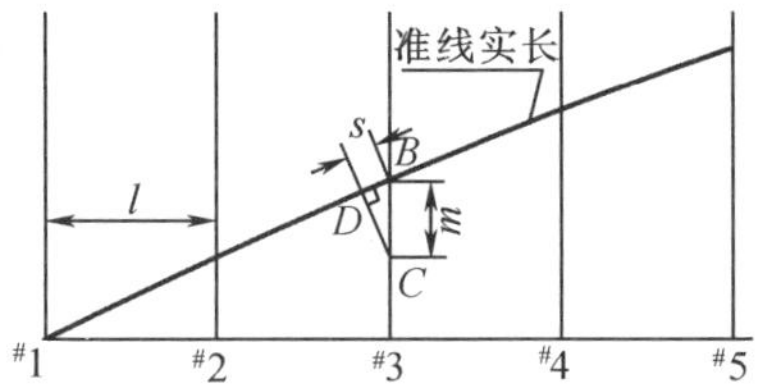

图3.29　用作图法求中间肋位(#3)的肋骨弯度

肋骨弯度值确定后，在进行展开时还必须判定肋骨弯度的度量方向是向首或向尾，即s值向首度量，则称为肋骨弯度向首，反之称为肋骨弯度向尾。外板展开图上肋骨线的弯曲方向按下述规律分布：凡属正弯形外板，展开后肋骨弯度的方向一律朝向船体中部（即向船中方向拱出）。反弯形外板的肋骨弯度方向，在艏部朝向首；在艉部朝向尾。但不论哪种情况，一般都有以下规律：外板展开图上的肋骨弯度方向应与肋骨型线图上对应肋骨曲线的弯曲方向一致。因此，我们不仅能够在肋骨型线图上求出肋骨弯度值的大小，而且能够确定它在外板展开图上的方向和位置。

由式(3-4)中的参数，还可对外板的几何特性进行分析，如肋骨弯度$s=0$的外板，有下列几种情况：

· 若$k=0$，$m\neq0$，无纵向曲度，只有横向曲度变化的柱（筒）形外板，如位于平行中体的舭列版和甲板圆弧板；

· 若$m=0$，$k\neq0$，无横向曲度，只有纵向曲度变化的外板；

· 若$k=0$，$m=0$，纵、横向均无曲度的平直外板，如位于平行中体的平直舷部和底部。

此外，需要特别说明的是，展开三要素中，只有在展开外板时才需要求肋骨弯度。纵向构件是没有肋骨弯度的，因为它们与肋骨剖面的交线（肋骨剖线）是直线，其展开后仍为直线，即冲势为零。

二、垂直准线法展开船体纵向构件

由前述可知，船体纵向构件主要有两种基本类型，一种是肋骨剖面垂直于肋骨型线（外板）的扭曲型纵向构件，另一种是肋骨剖面垂直于（或平行于）基线的非扭曲型纵向构件，这两种类型的纵向构件都可用垂直准线法展开。准线法是以准线固定四边形状为其共同特点，但是，二者的准线做法是不一样的。

所谓垂直准线法，其展开的原理是根据正投影的性质，空间两根相互垂直的直线中有一根直线平行于投影面时，这两根直线在该投影面的投影也相互垂直，因此，我们可以在肋骨型线图上做一根垂直于各横向理论线的基准直线，因为横向理论线全部平行横剖面，所以在展开实形上这根基准线也应该和横向理论线保持垂直，我们只要求出基准线的实长并确定基准线与横向理论线之间的相对位置，就可以很方便地进行展开了。其一般展开过程：先在肋骨型线图上做出所要展开构件的准线投影线，并求出构件纵缝线和准线的实长，再以展开的准线为基准做出船体构件展开图。

1. 非扭曲型纵向构件的展开

这类构件的特点是其肋骨剖线为相互平行的直线，实际上是柱面或平面。若在肋骨型线图上做一根垂直于各肋骨剖线的基准直线（即正截面与之相交），则交线在肋骨型线图上和展开图上均为垂直于肋骨剖线的直线（即垂直准线）。我们只要求出基准线的实长并确定基准线与肋骨剖线之间的相对位置，就可以很方便地进行展开。以上、下口线有斜升的旁底桁为例，其展开方法如图 3.30 所示。

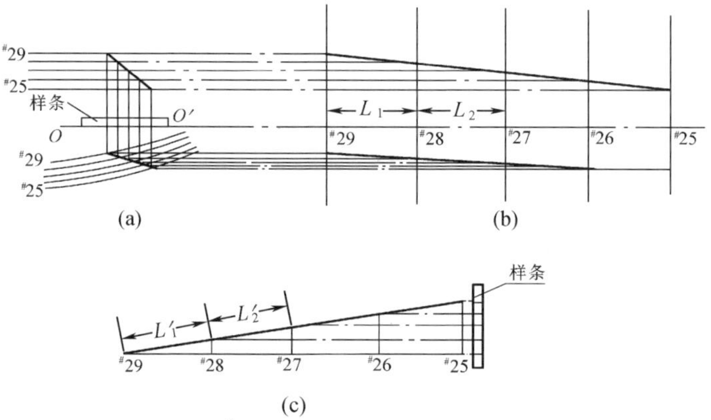

图 3.30　非扭曲旁底桁的展开

（1）作准线。在构件的中间肋骨剖线的中点处作肋骨剖线的垂线，以便于它能贯穿所有的肋骨剖线，如图 3.30（a）中的直线$\overline{OO'}$。

（2）求准线实长，如图 3.30（c）所示。

（3）作展开图。如图 3.30（b），作一直线，并在其上按准线实长线的各伸长肋距标出各相应肋骨位置点，得展开的准线，过各肋骨位置点作其垂线，用样杆将准线至上、下口线的各肋骨剖线长转录到展开图相应的垂线上，得到与上、下口的各交点，分别光顺地连接上、下口线各交点，得到展开的旁底桁图形。

这种方法不仅能用来展开非扭曲的旁底桁，还可用来展开甲板纵桁和横向理论线水平的舷侧纵桁（图 3.31）等柱面或平面型的纵向构件。

2. 扭曲型纵向构件的展开

这类构件的特点是其肋骨剖线是相互不平行的直线，实际上是一种不可展的螺旋曲面。因此不可能有在肋骨型线图和展开图上均为直线的准线存在。扭曲型纵向构件的近似展开可采用撑线法（即三角形展开法）和垂线准线法。对严重扭曲的纵桁，采用垂线准线法展开比较精确。

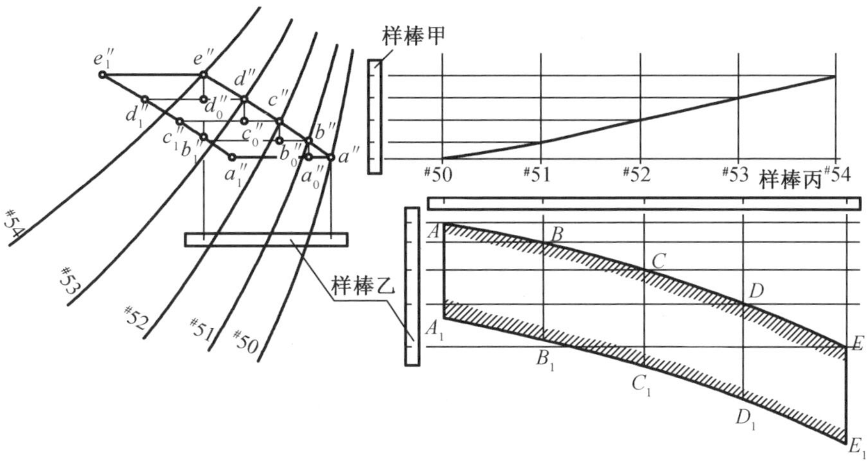

图 3.31　柱面型舷侧纵桁的展开

现以分段作垂直准线并分段展开的方法近似地展开一扭曲的舷侧纵桁为例，阐述其展开过程，该扭曲的舷侧纵桁，其肋骨剖线垂直于本身肋骨线，肋骨剖线为相互不平行的直线。

如图 3.32 所示，首先展开$^{\#}35$ 和$^{\#}36$ 肋骨剖线间一段纵桁，再依次展开其余各段纵桁。对于其中$^{\#}35$ 和$^{\#}36$ 肋骨剖线间一段纵桁，若只求出该四边形四边的实长，还不能唯一地确定其展开形状，故在肋骨型线图上做该四边形的一条垂直准线$\overline{1'a}$，它垂直于肋骨剖线$\overline{11'}$，在展开图上可近似视之为$\overline{11'}$的垂线。由于垂直准线$\overline{1'a}$将四边形 $11'2'2$ 分成了四边形 $1'a21$ 和三角形 $1'a2'$两部分，求出这两部分的展开图形，就得到了该四边形 $11'2'2$ 的展开图形。其展开步骤如下：

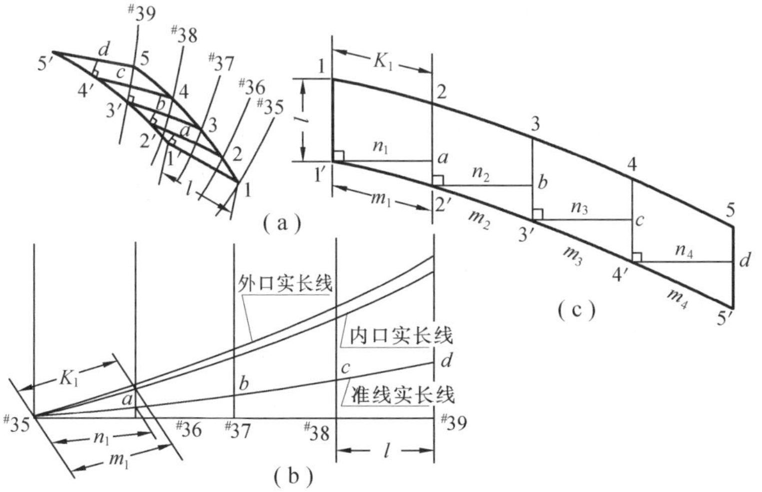

图 3.32　扭曲舷侧纵桁的展开

(1)做舷侧纵桁各段的垂直准线,如图 3.32(a)所示,即各四边形的垂直准线,$\overline{1'a}$、$\overline{2'b}$、$\overline{3'c}$、$\overline{4'd}$。

(2)分别求出内、外口线和准线的实长,如图 3.32(b)所示。

(3)作展开图形,如图 3.32(c)所示。在展开图上做以直线$\overline{11'}$等于舷侧纵桁腹板宽度,过内口点 1′做垂线等于$\overline{1'a}$的准线长度 n_1 得 a 点。然后用交规法,以 1 点为圆心,K_1 为半径画弧,并以 a 点为圆心,以肋骨型线图中$\overline{a2}$段为半径画弧,可得展开图外口点 2。同样方法可得展开图内口点 2′。连接 $2a2'$,应为直线且等于舷侧纵桁腹板宽度值(注意此线与$\overline{1'a}$不垂直)。以此类推,可得到舷侧纵桁展开图上内、外口线各点,分别将内口线上 1′、2′、3′、4′、5′各点和外口线上 1、2、3、4、5 各点用样条连接起来,即得舷侧纵桁的展开图形。

此外,展开各种纵桁时,需从船中向艏、艉方向进行,以使展开后的前后纵桁艏、艉部能很好地衔接。舭龙骨也可用以上方法进行展开。

三、船体外板展开

尽管被外壳板覆盖的整个船体是一个复杂的空间体,但若仔细分析每块外板,就可发现其中只有少量外板(艏、艉部分)具有复杂的空间曲度,而大多数外板是平板或仅有单向曲度和简单的双向曲度。因此,外板展开的第一步,应对整个船体外板进行综合分析,以便对不同的板采用不同的处理方法。外板展开的处理分析可依据肋骨型线图进行,可按其形状和曲率的不同,采用不同的展开方法。广泛采用的有测地线法和十字线法,此外,还有定线法、撑线法和轴线法等。

1. 测地线法展开船体外板

所谓测地线,就是连接曲面上两定点间最短的曲线,如果这个曲面是可展的,则在其展开图上的测地线便成为一条直线。例如,圆柱面上任意两点间距离最短的曲线,是过这两点的圆柱螺旋线;圆锥面上任意两点间距离最短的曲线,是过这两点的圆锥螺旋线,这就是圆柱面和圆锥面上的测地线。而一般船体曲面虽然是不可展的,但其曲度较和缓,因此,其测地线在展开图上可近似地视为一直线,用它作为准线,可以很方便地展开船体外板。这种利用测地线作为准线的方法,称为测地线法。

一般船体曲面展开图上的直线(测地线),在对应肋骨型线图上的投影不是直线。所以,如何在肋骨型线图上做出测地线的投影线,使它展开后为一直线,成为运用测地线法的关键。根据船体外板形状的不同,测地线的做法可分为扇形外板和菱形外板两种情况,下面分别进行讨论。

(1)扇形外板的近似测地线展开法

在肋骨型线图中,当外板接缝线所包围的肋骨型线呈扇形时,称为扇形外板。船体上大多数外板属于这一类,且多呈外凸形(也有少量的呈内凹形)。这种方法所做的测地线与中间肋骨的弦线垂直。扇形板的测地线展开方法如图 3.33 所示。

①做测地线。如图 3.33(a)所示,把各肋骨线与上下纵缝线的交点连成弦线;过中间肋骨(#4)线的中点(或弧形最大点)O_4 做本身弦线的垂线,与#3、#5 肋骨线交于 O_3 和 O_5,这三点(O_3、O_4、O_5)都是相应肋骨线上的测地线交点;过 O_3 做#3 肋骨线弦线的垂线,与#4 和#2 肋骨线交于 a_4 和 b_2 点,沿#2 肋骨线量取$\widehat{b_2O_2}=\widehat{a_4O_4}$(此两弧量取方向应相反,$O_4$ 在 a_4 的下

方，O_2 在 b_2 的上方，反之亦然，以下同)，得#2 肋骨线测地线上的交点 O_2，过 O_2 点做#2 肋骨线弦线的垂线，与#3、#1 肋骨线交于 a_3 和 b_1 点，沿#1 肋骨线量取$\overset{\frown}{b_1O_1}=\overset{\frown}{a_3O_3}$，得#1 肋骨线测地线上的交点 O_1，同样可以得到 O_7、O_6 点。用样条光顺地连接 O_1、$O_2\cdots O_7$ 各点，得到测地线在肋骨型线图上的投影线。

②用求投影实长的方法求上、下纵缝线和测地线的实长，如图 3.33(b)所示。

③求中间肋骨(#4)的肋骨弯度，可参照图 3.29 的方法求出。如图 3.33(b)中测地线$\overset{\frown}{O_4D}$的长度即为所求中间肋骨(#4)的肋骨弯度 s。

④做外板展开图，如图 3.33(c)所示。做一直线，即为展开图上的测地线，并定出其首尾方向，过其中间 D 点做垂线 PP'(即为过#4 肋骨弦线的外板法面与外板的交线)；在展开的测地线上，从 D 点向#3 肋骨方向量取#4 肋骨的肋骨弯度值 s，得 O_4 点，并以它为准，用样杆将测地线各段实长转录到展开的测地线上，得到 $O_1,O_2,\cdots,O_7$ 各点；用样杆沿肋骨型线图上#4 肋骨线录下 O_4 点到上、下纵缝交点间的肋骨长度，然后将样杆上的 O_4 点对准展开图上的 O_4 点，并使样杆上的上、下纵缝交点均落在垂线 PP' 上，得 4 和 4′点，将 4、O_4、4′三点连成光顺曲线，就是展开的#4 肋骨线。然后用交规法，以点 4 为圆心，#4 和#5 肋骨间上纵缝的实长为半径做弧，以 O_5 点为圆心，以肋骨型线图上的测地线到上纵缝之间的#5 肋骨长为半径做弧，两弧的交点 5 就是#5 肋骨与上纵缝的交点，同样可以#5 肋骨与下纵缝的交点 5′。如此从中间肋骨向首尾两端逐步展开，可得到上、下纵缝与各肋骨的全部交点 1,2,…,7 和 1′,2′,…,7′；用样条分别将所得的上、下纵缝各交点光顺连接，并光顺地连出各肋骨线，即得外板展开图。

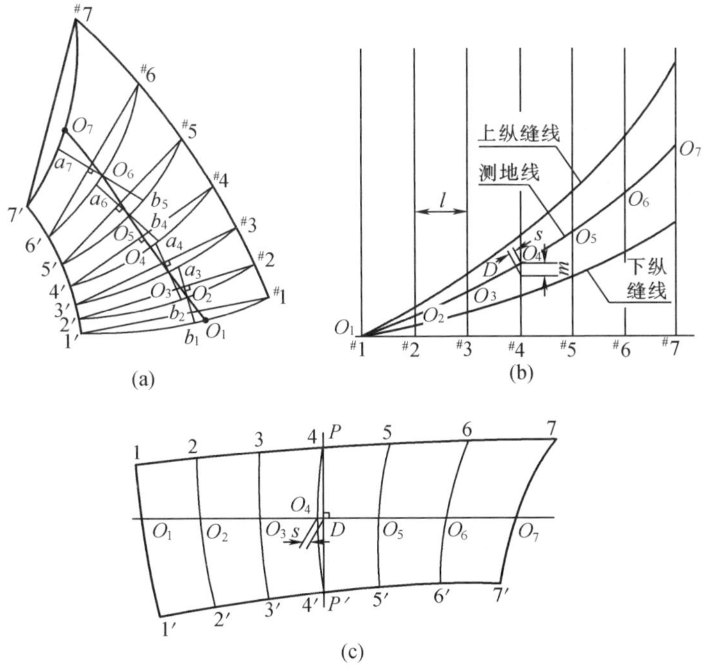

图 3.33　测地线法展开扇形外板

(2)菱形外板的近似测地线展开法

用准线法展开船体纵向构件和外板,其中一个重要原则就是所作的准线必须贯穿全部肋骨线。所谓菱形板,即其在肋骨型线图上的投影形状像菱形,若仍用扇形板测地线的做法,则测地线很可能不贯穿全部肋骨线,而越出纵缝线。所以,对菱形板做测地线时,必须先给测地线的走向进行约束,为此,所作的测地线不与中间肋骨弦线垂直,而是偏转一定角度,以保证能贯穿全部肋骨线,这是菱形板测地线的特点。菱形板的测地线展开方法如图 3.34 所示。

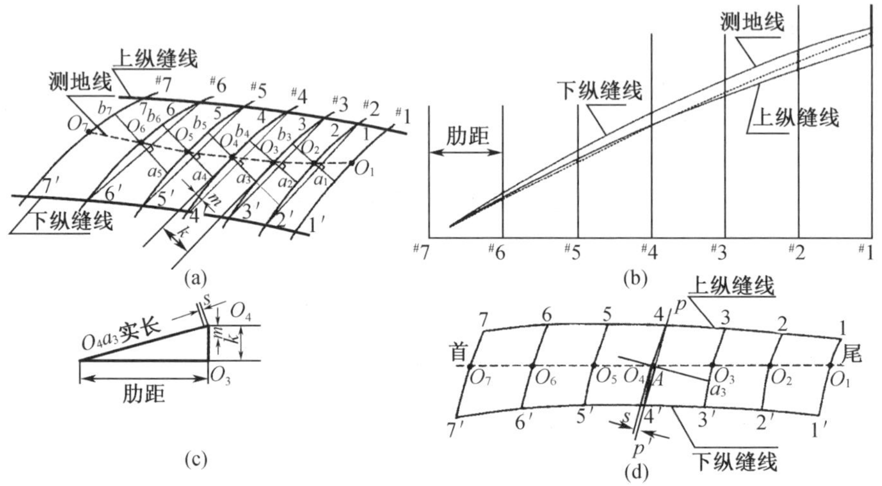

图 3.34　测地线法展开菱形外板

①做测地线,如图 3.34(a)所示。做各肋骨的弦线,过中间#4 肋骨线及其相邻的#3(或#5)肋骨线的中点(或弧形最大点)O_4 和 O_3,分别做本身肋骨弦线的垂线,#4 肋骨弦线的垂线与#3 和#5 肋骨线相交于 a_3 和 b_5 点,#3 肋骨弦线的垂线与#2 和#4 肋骨线相交于 a_2 和 b_4 点;沿#5 肋骨线量取$\overset{\frown}{b_5O_5}=\overset{\frown}{O_3a_3}$(量取方向应相反),得#5 肋骨线上的测地线交点 O_5;同样,沿#2 肋骨线量取$\overset{\frown}{a_2O_2}=\overset{\frown}{O_4b_4}$(量取方向应相反),得#2 肋骨线上的测地线交点 O_2;再过 O_2 点做#2 肋骨弦线的垂线与#1 和#3 肋骨线相交于 a_1 和 b_3 点,沿#1 肋骨线量取$\overset{\frown}{a_1O_1}=\overset{\frown}{O_3b_3}$(量取方向应相反),得 O_1 点,并用同样方法求得 O_6,O_7 点;用样条光顺地连接 O_1、O_2,…,O_7 各点,就得到测地线在肋骨型线图上的投影。

②求上、下纵缝线和测地线的实长,如图 3.34(b)所示。

③求中间肋骨(#4)的肋骨弯度 s。由于肋骨弯度应在#4 肋骨弦线的垂线$\overset{\frown}{O_4a_3}$上(不在测地线上),故不能在测地线的实长线上量取,而只能另做肋骨弯度三角形,如图 3.34(c)所示。同样的道理,k 值和 m 值均应在肋骨型线图上垂线$\overline{O_4a_3}$上量取。

④做外板展开图,如图 3.34(d)所示。做一直线为展开的测地线,定出首尾方向,并标出各肋骨线与它的交点 O_1,O_2,…,O_7;以$\overline{O_4a_3}$的实长和$\overset{\frown}{O_3a_3}$的实长在$\overline{O_4O_3}$线段上做$\triangle O_4a_3O_3$,按肋骨弯度方向,在$\overline{O_4a_3}$上量取$\overline{O_4A}=s$(肋骨弯度),过点 A 做$\overline{O_4a_3}$的垂线 pp'(即为过#4 肋骨弦线的外板法面与外板的交线),余下的展开方法与扇形板一样。

(3)统一测地线法展开船体外板

用模拟手工做测地线的方法进行船体外板数学展开时,为了避免对扇形板和菱形板进行判别,通过分析两种测地线作法的原理,提出了一种通用的测地线作法,称为统一测地线法。其做法与普通测地线的区别,仅仅在于中间两肋骨线上测地线交点的选取不同,其他作法与菱形板测地线相同,如图 3. 35 所示。

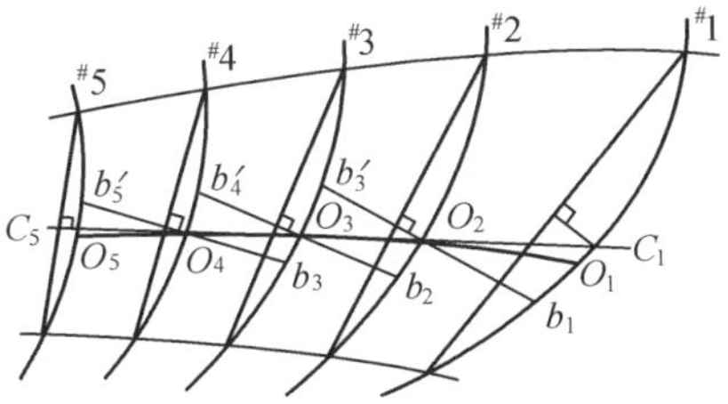

图 3. 35　统一测地线的做法

①选取中间两根肋骨线上的测地线交点。首先过外板两端肋骨弦线的中点做本身的垂线,分别与本身肋骨线相交于 C_5 和 C_1 点,过 C_5 和 C_1 点做一直线,与中间肋骨线(#3 肋骨)及其相邻的#4 肋骨线相交于 O_3 和 O_4 点,这两点即为中间两肋骨线上的测地线交点。

②从 O_3 和 O_4 这两点向两端,用前述的做测地线方法做出完整的测地线。由于 O_3 和 O_4 点两点定出了所做测地线的基本方向,测地线不会越出上、下纵缝线。

2. 十字线法展开船体外板

十字线法展开船体外板,实际上也是一种垂直准线法。在肋骨型线图上,若外板各肋骨弦线相互平行或近似平行,且它们中点的连线为垂直于肋骨弦线的直线,则它实际上相当于柱形面(或锥形面、回转面)上的一根母线。由测地线的做法可知,这一直线就是测地线的特例。这种垂直于中间肋骨弦线的直线形测地线投影,称为十字线(或称十字准线)。

十字线法的准线做法十分简单,还兼有测地线法的优点。因此,常用它近似地展开肋骨线近乎平行的单向、双向曲度外板。图 3. 36 所示的为一舭部外板,肋骨型线图上各肋骨线相互近似平行,过中间肋骨(#4)弦线中点(或其最大拱度点)做本身弦线的垂线,并与各肋骨相交 $O_1, O_2, \cdots, O_7$ 各点,此垂线就是准线投影线。其展开步骤和方法与测地线相同。

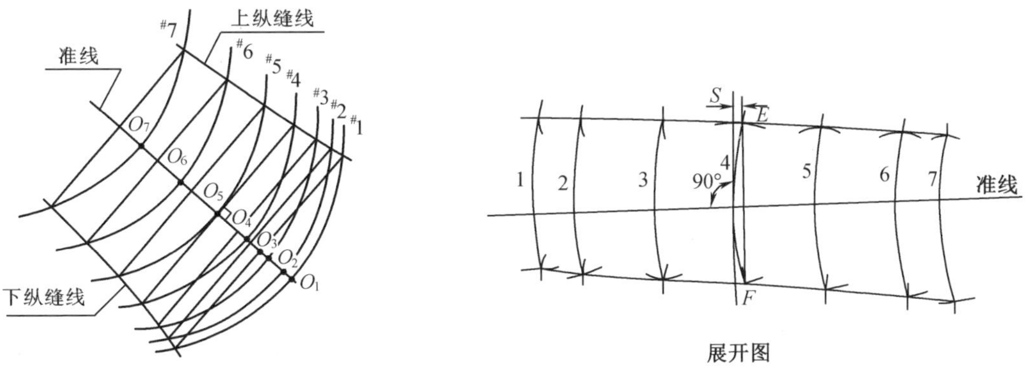

图 3. 36　十字线法展开舭部外板

在应用测地线法(包括十字线法)展开外板中,作图时应注意两点:一是肋骨弯度的方向不要划错;二是展开图上肋骨线的实长应该与肋骨型线图上对应肋骨线实长相等。

3. 撑线法展开船体构件

上述各展开方法,都是用准线来确定组成展开图形的各四边形形状。这里将介绍另一种有效方法,就是把空间曲面划分成许多相连的三角形,即在各四边形上加一条对角线,并近似认为它展开后为一直线。做展开图时,对角线可以“撑住”四边形,使之成为唯一的形状,这就是所谓的撑线法,亦称三角形法或对角线法。如纵桁的展开,其方法是:先在肋骨型线图上纵桁的上口线、下口线和肋骨线(即高度线)所包围的四边形中做出对角线,分别求出上口线、下口线、对角线的实长,肋骨线实长反映在肋骨型线图上,然后依次撑展各小三角形,两条对角线中,一条作展开用,另一条做检验用。

图 3.37 所示为艉部内倾舷墙,其在纵剖线图和半宽水线图上的投影如图 3.37(a)和图 3.37(b)所示。其撑线法展开步骤为:

(1)在半宽水线图上用 a、b…各点近似等分下口线,过各点做上、下口线的垂线 $\overline{aa_1}$、$\overline{bb_1}$…并投影到纵剖线图上;

(2)做各四边形 abb_1a_1、bcc_1b_1…的对角线,并投影到纵剖线图上;

(3)求上、下口线实长,如图 3.37(c)所示;

(4)求各上、下口垂线和各对角线实长。图 3.37(d)为求取上、下口垂线 $\overline{bb_1}$ 和对角线 $\overline{ab_1}$ 实长所做的垂直三角形;

(5)用上下口垂线 $\overline{aa_1}$、对角线 $\overline{ab_1}$ 和上口线 $\overset{\frown}{a_1b_1}$ 的实长作三角形 $\triangle AA_1B_1$,继而用对角线 $\overline{ab_1}$,下口线 $\overset{\frown}{ab}$ 和上下口垂线 $\overline{bb_1}$ 的实长做相邻三角形 $\triangle ABB_1$,得展开四边形 AA_1B_1B,可用另一对角线 $\overline{A_1B}$ 对四边形图形进行检验和修整。如此,可以依次求出后续各相邻四边形的展开图。最后分别将上、下口线上的 A_1、B_1…和 A、B…各点连成光顺曲线,即得舷墙板展开图,如图 3.37(e)所示。

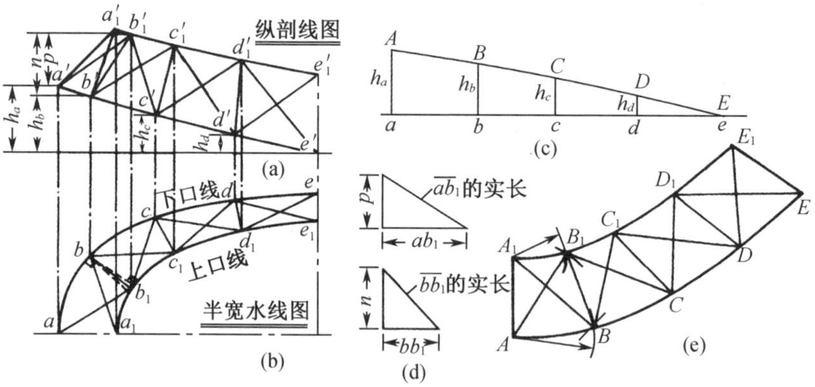

图 3.37　撑线法展开舷墙板

舷墙板通常被视为截锥面。以上所做的上、下口垂线可视为锥面上的素线,展开时作为直线对待,其误差较小。但展开时,将上、下口线和对角线也作直线处理,尤其是对角线,在空间应为曲线,在投影图上也做直线处理,其会带来较大误差(其展开线比实际曲线短)。

纵向曲度越大,展开的误差就越大。因此,适当增加舷墙板的等分数,尤其在曲度大的部位,应做较多的划分,可以明显地减少近似带来的误差。但过多的划分,在带来过多的展开工作量的同时,也容易产生操作误差。

理论上对任何曲面的展开都可采用撑线法。但一般外板因其宽度较大,若分割过少,展开误差也较大;若分割增多,则使操作繁复,故除纵横曲度较小的外板可应用此法外,一般外板展开已很少采用。

4. 外板展开方法的比较及展开精度检验

(1)外板展开方法的比较

前面对常用的外板展开方法做了介绍。各种外板展开方法,其原理、特点及适用范围见表3.3。

表3.3　外板展开方法的比较

展开方法	展开原理	特点	适用范围
测地线法	将空间曲面上两点间距离最短的一根曲线展开成直线,再展开平面上的十字线,其长轴即为展开后的测地线	(1)有较高的展开精确度; (2)展开外板时,应由中间向两头进行,以减少积累误差; (3)由于菱形板和扇形板的展开特点有所不同,故在展开前应先进行判别,根据菱形或扇形的特点分别用不同的方法作测地线	(1)适用于多种类型外板的展开,最宜用于展开船体尾部扇形外板及艏、艉区域上半部呈菱形的外板; (2)此法目前使用最为普遍
十字线法	以中间肋骨弦线的中垂线作为展开基准线;准线在展开后仍为直线	实际上也是一种垂直准线法,是测地线法的特例	常用于近似地展开肋骨线近乎平行的单向、双向曲度外板,如船体中部的舭列板
定线法	以任意一直线(称为"定线")为基准线,再加每一肋骨弦线的垂直线作为辅助线进行展开	对菱形板和扇形板不必预先判别,操作较测地线法简便;展开精确度较高; 既保持了十字线法作图简单的优点,又能克服十字线法在使用中的局限性	适用于全船外板的展开;尤其适用于狭长外板的展开
撑线法(三角形法或对角线法)	(1)将外板视为由许多小曲面三角形组成,通过求三角形各边的实长来获得外板的展开形状; (2)三角形各边的实长(对角线)则以直线代替	(1)由于用直线代替曲线展开,故展开线较真实曲线的实长为短; (2)操作较麻烦	现仅用于舷墙、烟囱等构件的展开。但在数学展开中常有采用

表 3.3(续)

展开方法	展开原理	特点	适用范围
轴线法	以圆锥形或圆柱形板的母线(即轴线)为基准线进行展开,展开后的轴线为直线	(1)操作简便; (2)展开基准线即可作为三辊弯板机的加工线; (3)应预先对菱形板和扇形板进行判别	适用于用三辊弯板机加工的外板(一般能用三角样板)

现代船舶的外形结构越来越复杂,在规划产品制造工艺之前,往往都需要将三维复杂曲面映射到平面上,以获取设计和制造中所需的相关信息。三维曲面的展开方法有很多,其在造船中的应用非常广泛。

一般来说,将三维复杂曲面展开到平面上,都是针对一定工程背景的。本章所介绍的船体外板展开方法,就是为了进行后续的套料和切割作业以及估算所需的钢板数量。为了提高钢板利用率,便于切割作业、成形加工、装焊作业以及精度管理,希望展开后的平面图形是比较有规则的,如尽可能是平直边缘。但在利用水火弯板的方法加工船体外板时,为了确定加工工艺参数,需要得到船体弯板加工过程中考虑产生塑性变形的外板展开方法,要将复杂的船体曲面外板展开成带有一定裂缝的平面图形,如图 3.38 所示。这些裂缝就是形成曲面的必要收缩量。根据外板展开出现的裂缝位置和裂缝宽度,只要在这些肋位间合理地布置加热线和确定加工工艺参数,使相应位置产生的收缩量等于外板展开计算的必要收缩量,就能达到加工成形的要求。

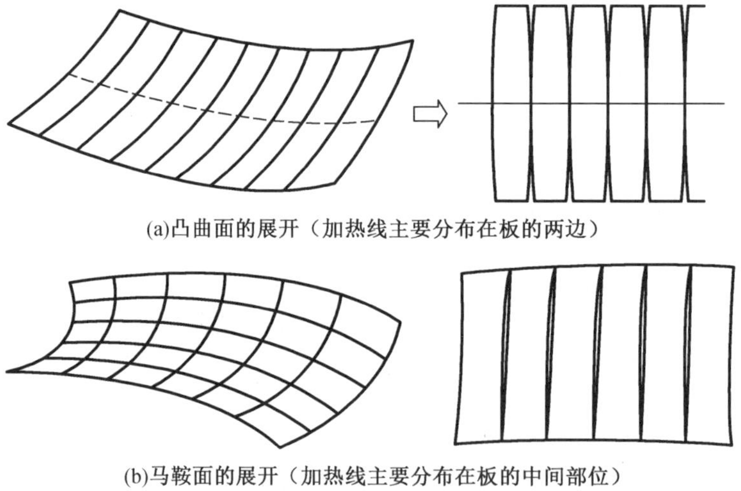

(a)凸曲面的展开(加热线主要分布在板的两边)

(b)马鞍面的展开(加热线主要分布在板的中间部位)

图 3.38 考虑加工塑性变形因素的外板展开

因此,在展开目标明确后,就需要根据目标的要求,确定展开基准,定义展开准则,建立合适的曲面展开方法,如保积展开方法、保角展开方法、保距展开方法以及保形展开方法,将三维复杂曲面近似地展开到平面上,以满足实际工程需要。

(2)外板展开精度检验

由于几何不可展曲面无论采用测地线法还是其他方法,事实上都不可能各处相连地展放到一个平面上。且不同的展开方法,其展开精度也是不一样的。因此,展开外板后,还应对外板的展开精度进行检验。如对采用近似测地线展开的外板,可采用一种近似的对角线方法检验,如图 3.39 所示。

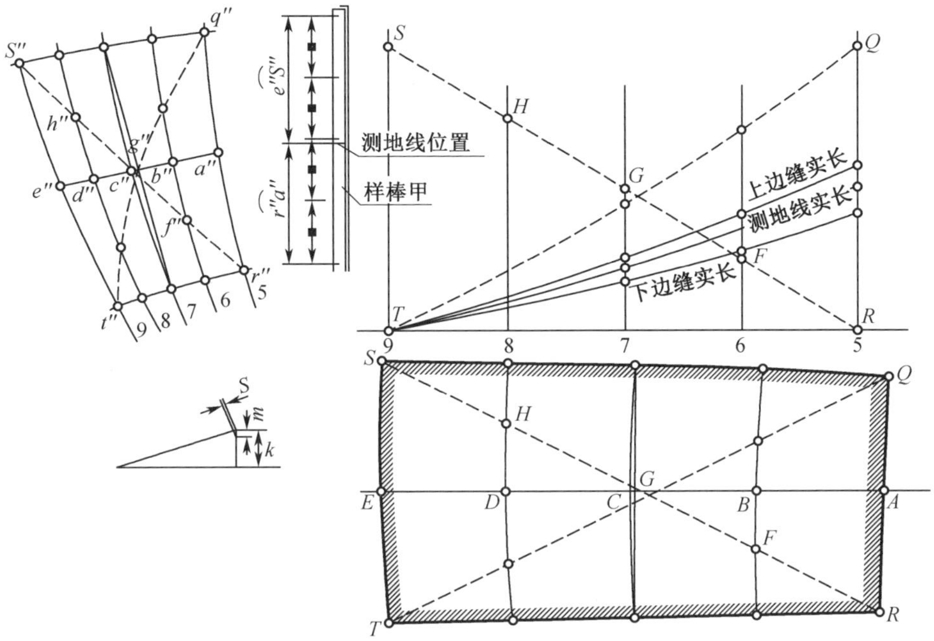

图 3.39　近似测地线外板展开的检验

①在肋骨型线图上,做出近似对角线的投影

· 将外板前后两挡肋骨线的$\widehat{e''s''}$和$\widehat{r''a''}$线段之长相加后再将其等分为 n 段(n 为前后两肋骨线之间所隔的肋骨挡数),作成样棒甲;

· 把样棒甲的测地线标记对准 b''、c''、d''各点,并将各等分点逐挡量在#6、#7、#8 肋骨线上,定出f''、g''、h''各点,把 r''、f''、g''、h''、s''点连接起来,即得近似对角线在肋骨型线图上的投影;

· 采用同法做出外板的另一对角线$\widehat{q''t''}$。

②求出两对角线的实长

这两根对角线的投影虽然是曲线,但是它们在展开图上的实形却接近为一直线,因此将对角线的实长和展开图上的对应长度进行校对,即可检验展开图的准确性。此外,还需检查肋骨弯度的大小和方向是否正确。

5. 外板纵向曲度的估算

船体外板按以上方法展开后,还仅能得出其横向曲度,尚不能看出其纵向曲度。

对于厚度较大且纵向曲度超过 25 mm 的外板,一般都需要用热加工收边。因此,为了决定外板零件的加工方法,预先估算它的纵向曲度是必要的。外板纵向曲度的估算方法如下:

在图3.40中,做一条与中间肋骨(#8)垂直的直线$\overline{AB}$为检验线,交外板两端接缝于A、B两点,交#8肋骨线于C点。取$\overline{AB}$的中点为O点,如两端接缝距邻近肋骨的距离相等,则$\overline{OC}$即为近似纵向曲度;如不相等,则O点要修正到O'点。修正方法为:设A端到#11肋骨的距离为S_1,B端到#5肋骨的距离为S_2,修正系数$K=(S_2-S_1)/2S$,则近似的纵向曲度$\overline{O'C}=(1-K)\overline{OC}$。

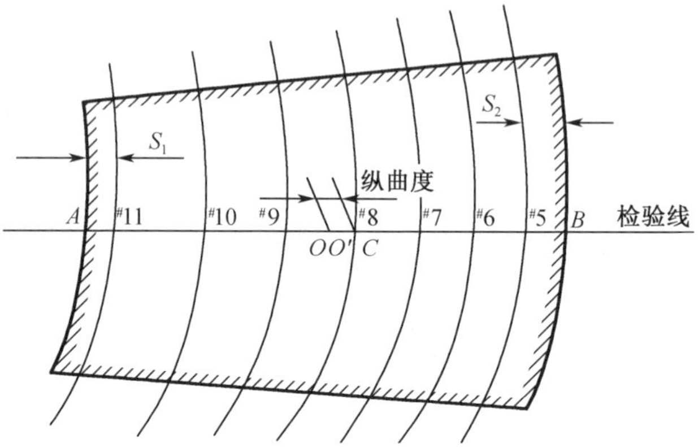

图3.40　外板近似纵向曲度图

第四节　船体数学放样简介

船体制造工程包含特有的船体放样工序,这道工序的主要内容有船体型线光顺、结构线放样和外板板缝布置以及船体构件展开等。其主要任务是为后续工序提供准确的施工资料,属于产品设计资料的“再加工”性质。因此,应用计算机技术来完成船体放样的各项工作内容,建立包括数学光顺、板缝线和结构线计算、构件展开计算和样板尺寸计算等功能的船体数学放样程序模块,就成为CAD/CAM系统的主要组成部分,这也是造船CAD/CAM技术特有的内容。

对于船体放样来说,其根本目的是求取船体结构真实形状和定位尺寸及后续工序所需的生产信息。应用计算机解决船体放样的目的和作用有如下三个方面:一是用数学方法描述复杂的船体型表面;二是给出各类船体结构零件,特别是展开后的形状;三是给出样板、样箱、胎架等生产信息。

所谓船体数学放样,是用数学方程式定义船体型线或船体型表面而建立数学模型,然后通过电子计算机的高速运算完成船体放样工作,并为建立一个造船自动化的完整体系奠定基础。因此,船体数学放样工作首先要解决的是能够用数字来表示整个船体型表面的真实形状,也就是要建立一个船体数学模型。建立了船体数学模型以后,就可以对船体型表面进行适当的分割,将整个船壳用电子计算机模拟人工放样过程,用数学方法将每一张外板零件的精确形状计算出来。另外可用点、直线、圆弧、曲线等相交以及拼接的方法,与船体数学模型结合,就可以把各种船体结构零件的精确形状计算出来。

船体数学放样的内容主要包括船体型表面光顺、船体外板及结构建模、船体内部结构建模以及船体生产信息后处理等。

船体数学放样的流程如图 3.41 所示。

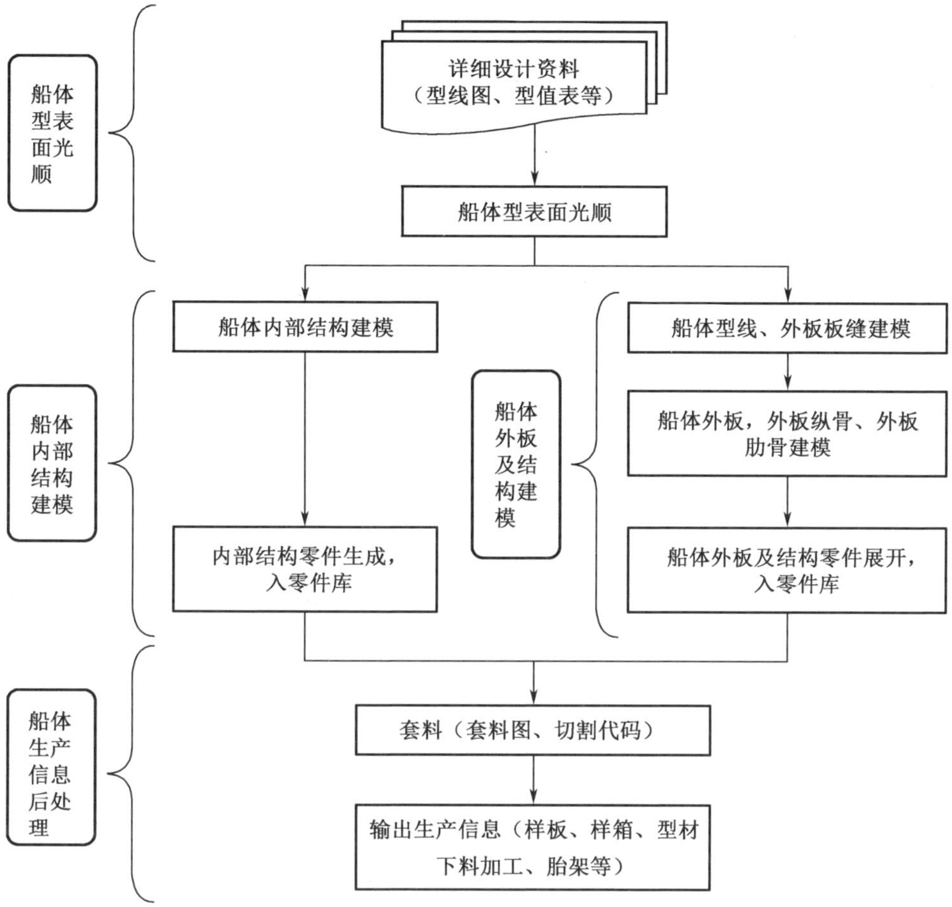

图 3.41　船体数学放样的工艺流程

一、船体型表面的数学光顺

对船体理论型值进行三向光顺，它是建立产品模型的基础。根据型值生成全船型线文件，供结构建模。船体型表面光顺的方法有很多，可归纳为剖面线法和曲面法两类。

1. 剖面线法

所谓剖面线法，是指模拟手工放样原理，建立船体型线的数学样条函数，并通过电子计算机的运算，代替手工放样中对船体型线的修改和光顺的过程。计算机辅助型线光顺，又称为“数学光顺”。船体型表面用三组相互正交的剖面线族来表示，然后再用一元函数分别表示这些剖面线，这与用型线图来表达船体曲面的思想是一致的。

由此可以看出，采用剖面线法进行船体型线的数学光顺，实质上就是对手工放样的数学模拟。利用三个相互垂直平面上单根曲线的相互投影关系，用单根型线的光顺来解决整个立体船型的光顺问题。所不同的是，手工放样靠手工操作，人脑判别及木样条攀曲线来实现这一过程。而数学放样是用数学方法、数学样条，借助电子计算机模拟人工方法实现这一过程。它包括建立船体型线的插值或拟合函数的数学模型，用于型线光顺性判别和型值一致性判别的数学方法，不光顺时调整型值的数学方法等内容。即根据型值表和型线图准备的原始数据,依次分别对横剖面、水线面和纵剖面上的各族型线,利用计算机进行单根型线的光顺;然后进行三向光顺,并检验每根型线在三个投影图上的型值是否一致,或看其误差是否在允许范围内,否则就要反复修改光顺,直到三个投影图上的全部型线都符合要求为止;最后插值计算出肋骨型值,建立肋骨样条函数。

(1)定义船体型线的数学样条

船舶型线一般用型值点描述,手工放样,是采用木样条及压铁来拟合和光顺型线。数学上所说的样条实质上是分段多项式的光滑连接,即运用数学方法对船体型线进行设计和表达,构造出连续的具体函数表达式。型值点的数学表示主要有两种:一种是插值法,另一种是拟合法。

在船体数学放样中常用的样条曲线主要有:分段三次多项式样条函数、双圆弧样条曲线、B 样条曲线以及非均匀有理 B 样条曲线(NURBS)等。其中 B 样条曲线是一种特殊表示形式的参数样条曲线,具有局部控制性质,在表示与设计自由型曲线曲面形状时显示了强大功能,是最广泛流行的曲线、曲面表达方法之一。而非均匀有理 B 样条曲线,其主要作用是将描述自由型曲线曲面的 B 样条方法与精确表示二次曲线与二次曲面的数学方法相统一。鉴于 NURBS(non-uniform rational b-splines)在形状定义方面的强大功能与潜力,在 1991 年国际标准化组织(ISO)正式颁发的工业产品几何定义 STEP(产品数据交换标准)标准中将 NURBS 规定为自由型曲线曲面的唯一表示方法。

(2)型线三向光顺方法

该方法使用较多的有:最小二乘法、回弹法、圆率序列法、弯调松弛法以及线性规划法等。所有这些方法的主要目的都是希望能得到一条弯曲变化均匀、没有拐点的光顺曲线,只是采用的数学方法不一样,如回弹法是使用分段三次样条函数作曲线插值函数。弯调松弛法是应用微分方程中的“小参数法”理论,把“小参数法”的逐次近似解作为表达船体型线的工具,同时引进“分段旋转坐标轴”法以解决型线的分段连接问题。圆率序列法是根据过三点作圆的原理计算各型值点圆率,以代替曲线的曲率,直接对型值点进行光顺性判别和型值调整,得到光顺的型值点,然后按光顺的型值点建立型线的插值或拟合函数,以得到光顺的型线。因此,数学光顺的首要任务,就是运用数学方法对船体型线进行设计和表达,对各船体型线构造出连续的具体函数表达式。

(3)船体型线的数学光顺流程

确定了数学样条和光顺方法,就具备了用电子计算机进行船体三向光顺计算的必要条件。目前对型线光顺的处理,基本上有两种方式:一种是以人机图形交互处理为主要手段,基本上是将放样台的工作移至计算机屏幕上进行;另一种是以计算机自行处理为主、人机图形交互处理为辅的处理方式。

①船体型线数学放样的数据准备。在进行船体三向光顺计算时,应先要按照应用软件事先安排好的计算顺序和计算方法,将船体型线图和型值表以及船体艏艉部形状与舯部的配合关系,都转换成按三向光顺计算程序所要求的格式数据,并且要依照规定的次序输送给电子计算机,这就是数据准备。

数据处理的主要内容包括艏艉轮廓线、圆弧半径线、边平线、底平线以及最高水线等。其中最高水线是指在船体三向光顺计算时,为避免甲板边线等空间曲线加入的麻烦,在确保船型质量的前提下,为简化程序处理,加快计算速度所设的假想水线平面。

三向光顺计算中需要提供的主要信息有:站线根数、水线条数、纵剖线条数、甲板/艏楼等上层建筑线根数、加密小纵剖线条数、肋骨线根数、环形接缝条数、最大宽度、设计水线高度、甲板梁拱值、肋骨间距、起始肋号（指已选定的坐标系中离 y 轴最近，x 值最小的一根肋骨线的肋号）、变肋距及变肋距分界肋号（指设计中有不同肋距的船）、各上层建筑线与主甲板线的配合关系（如上甲板中线与主甲板中线高度平行、舷墙顶线与上甲板边界线高度平行等）。

三向光顺计算中需要提供的主要数据表有：

· 半宽型值表：各条水线及主甲板等上层建筑线的半宽型值。

· 半宽首末点表：每根水线及主甲板等上层建筑线平面投影的单根曲线的首末点信息，以及附加控制点的数值。

· 高度表：各条纵剖线及主甲板等上层建筑的高度值。

· 高度首末点表：每根纵剖线及主甲板等上层建筑线侧面投影曲线的首末点信息，以及附加控制点的数值。

· 水线与纵剖线交点表：各道水线及上层建筑线与各道纵剖线在平面坐标系中的交点离中距离。

· 横剖站线首末点表：每根横剖站线曲线部分的首末点信息，以及附加控制点的数值。

· 水线平面圆弧信息表：各道水线平面艏艉圆弧的半径值，及其圆心半宽。

②边界线处理。在单根曲线光顺之前，必须将型线的曲线部分与直线或圆弧分开，即确定其边界条件。所谓边界条件，就是曲线与其他型线（直线、圆弧等）拼接的几何要素（端点坐标值、切线斜率等）。对应于船体型线上各端点（边界点）的连线，称为边界线。决定端点条件的船体边界线主要有平边线、平底线、艏艉端切点线以及折角线等（参阅图 3.14）。因此，三向光顺时，首先需给各条水线、纵剖线和横剖线提供确切的端点条件，使光顺修正后的每根船型曲线，都能符合船体的总体要求。因为在平面单根曲线的光顺中，如果两个端点条件改变，那就会直接影响曲线的形状。

③三向光顺计算。当边界条件确定后，便可对三个投影面上的各族型线进行光顺计算，也就是对型线进行三向光顺。其主要任务是修正不光顺的设计型值，使经过光顺计算后的船型曲线型值数据，既符合设计要求又能保证使整个船体外表面光顺美观。

④计算结果。计算结果输出有两种：一种是三向理论型值数据，也就是各条水线、纵剖线、横剖线的所有交点值及其首末点信息，这是船体数学模型的基础；另一种就是在上面的基础上加密插值求得的肋骨型值。

用于三向光顺的方法常见的有三向循环光顺法、三向 V 形循环光顺法以及二向转三向循环光顺法等。图 3.42 所示的为三向循环光顺法的光顺流程，此法的主要缺点是收敛性差，但优于二向转三向循环光顺法。而三向 V 形循环光顺法收敛性较好，但光顺时间较长。

例如，由型值表构成的船体型线的光顺方法。首先是读取型值，根据型值生成拟合曲线，然后光顺单根曲线，光顺的方法仍然是目测曲率箭猪线变化是否和顺。再从光顺好的曲线网格生成 NURBS 曲面数学模型，然后检查曲面是否光顺。通常是用高斯曲率的色带来检查。光顺结束后插出肋骨型线供后续工序使用。

2. 曲面法

所谓曲面法，是指按几何要求和物理条件建立描绘船体表面的曲面方程式，并通过计算机的运算提供所需的船体型线资料。它是用一个二元方程来表示船体曲面。由于船体曲面非常复杂，因而仅用一个方程表示整个船体型表面是极其困难的，通常将型表面划分为多个不同的区域并建立曲面方程，如图 3.43 所示。

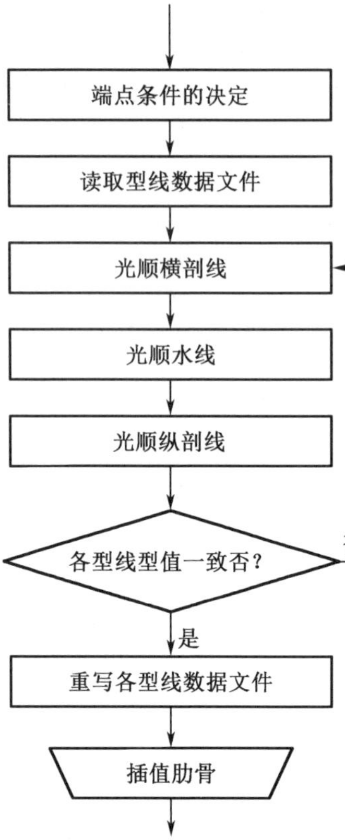

图 3.42　三向循环光顺法

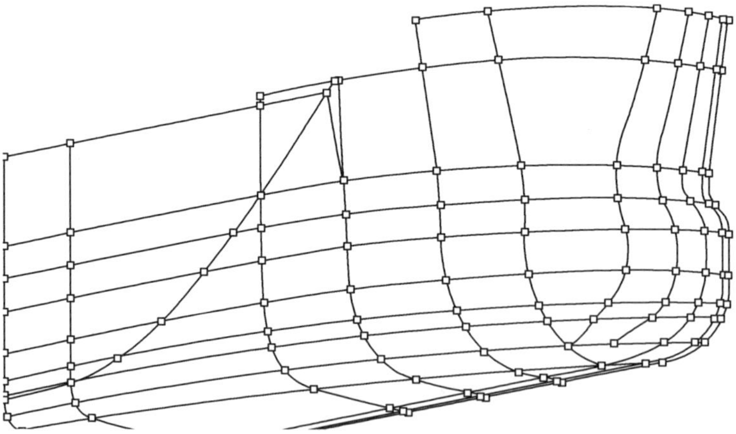

图 3.43　船体型表面曲面片的划分及光顺

目前船体曲面的生成基本上采用 NURBS 的方法。由于开发程序的厂商不同，具体方法上也不完全相同，但大体上可分为两大类：直接用 NURBS 曲面控制点生成法（代表程序如：AUTOSHIP、MAXSURF）和编辑点生成法（代表程序如：TRIBON、AM、NAPA）。即通过已光顺好的型线把船体型表面划分为多个曲率较小的四边形区域（允许少量三边形，但不可为五边形），建立以角节点为控制点确保边界连续的一次、二次或三次曲面片（NURBS 曲面），再由这些曲面片形成整个船体表面。

以 NURBS 曲面编辑点生成法为例，其生成过程如图 3.44 所示。

①在三个投影面上按船体主尺度画好格子线；

②舯横剖面图上绘舯横剖线；

③在中纵剖线图上绘艏、艉轮廓线；

④绘甲板边线、满载水线、平边线、平底线（3D 曲线，下同）；

⑤绘艏部几个有特征的横剖线；

⑥绘艏柱圆角附近的参考线；

⑦绘球鼻艏的成形辅助线；

⑧同样在平行中体与艉部之间绘几个特征横剖线、水线、控制空间曲线；

⑨由程序按上述绘出的编辑点网格线自动生成船体 NURBS 曲面；

⑩计算设计水线下的静水力参数，看是否符合设计要求，修改型线直到满足要求为止；

⑪用曲率来光顺型线，或给定精度由程序自动光顺达到设计者满意为止。

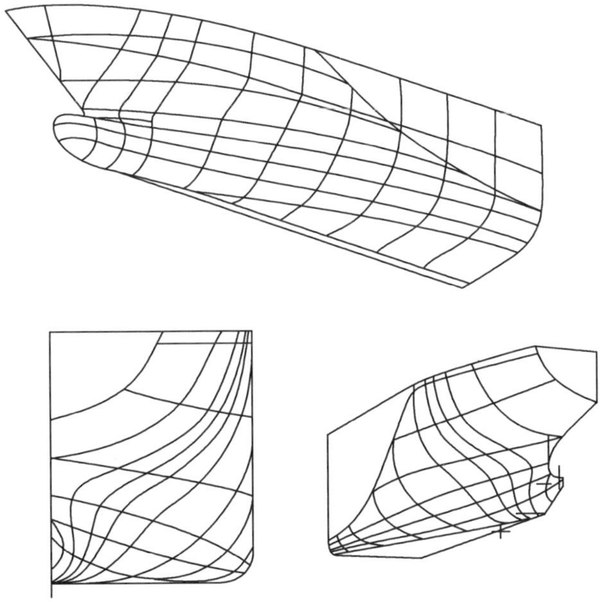

图 3.44　NURBS 曲面生成过程

由图 3.44 可以看出，NURBS 曲面编辑点生成法的特点主要有：

①NURBS 曲面是以所绘参考线为编辑点而构造出来的，即 NURBS 曲面片以参考线交点形成的四边形的角节点为控制点，按事先的规定形成一次、二次或三次曲面片，再由这些曲面片组成整个船体表面；

②轴包板、艉鳍可与主船体构成一体的曲面；

③可准确表示平边线、平底线；

④可以很方便地绘制带球艉的单螺旋桨艉部型线；

⑤可以把船体曲面分成艏、艉两段或艏、舯、艉三段分别绘制，再合成一个整船体。

二、船体外板及结构的数学放样

船体外板及结构的数学放样主要包含船体型线/外板板缝建模、船体外板建模、船体曲面结构建模和船体内部结构建模等内容。船体结构建模就是定义平面板架、曲面板架和肘板，建立船体结构模型。在模型中采用拓扑关系描述，如果修改一个对象，相关联的对象能自动随之修改。此外还有生产信息定义功能。

1. 船体型线/外板板缝建模

船体型线/外板板缝建模的方法是定义一平面或柱面，与光顺后的船体型表面相交得到交线。在采用曲面法建立了全船型表面数学方程后，理论上可以求得任意一平面或柱面与船体型表面相交的交线，如图 3.45 所示，一是平面与型表面相交的交线，如图 3.45(a)所示；二是柱面与型表面相交的交线，如图 3.45(b)所示。

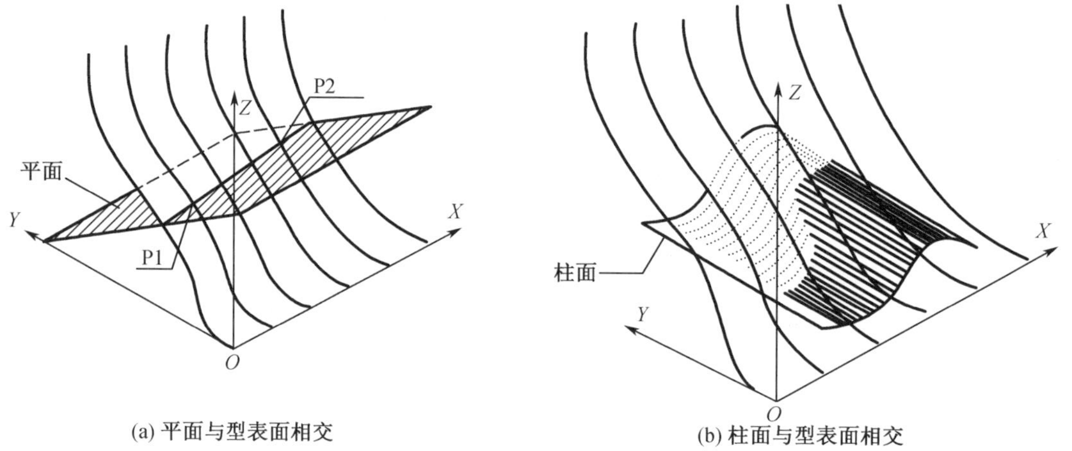

图 3.45　平面、柱面与型表面相交

船体型线包括肋骨线、纵剖线、水线三类，它们分别是由型表面与三组相互垂直的平行剖面(横剖面、纵剖面和水线面)相交得到的。船体型线可以用于检验三向光顺，同时又可用于后续建模，如可作为内部结构的边界依据。

外板板缝可分为横向环缝、纵接缝以及其他特殊板缝。横向环缝的建模方法与肋骨线放样方法一致。纵接缝的建模工作量最大，至今还没有完全实现计算程序自动排列纵接缝线，其主要是采用人机交互的方式，并结合肋骨型线图进行即时优化调整。即首先在配好船体结构线、端接缝线及艏柱、艉柱接缝线的肋骨型线图上，用类似手工的方法粗略排出纵接缝线，然后由外板计算程序完成纵接缝的处理并最终确定下来。至于其他包括艏柱、艉柱、艏侧推、锚穴等处的特殊板缝，这些板缝大多数是三维空间曲线，必须经过三向型线光顺后得到。

通过建模生成的船体型线是由许多段直线和圆弧几何量组成的有准确形状的几何体，如图 3.46 所示。采用这种方法描述的型线数据不需要用样条曲线填充拟合就可以得出正确的型线形状，可直接作为数控切割和数控绘图的指令输出，且计算简便、使用方便。

2. 船体外板建模及外板展开

(1)船体外板建模工艺流程

在船体外板板缝确定后即可进行外板建模，其工艺流程如图 3.47 所示。

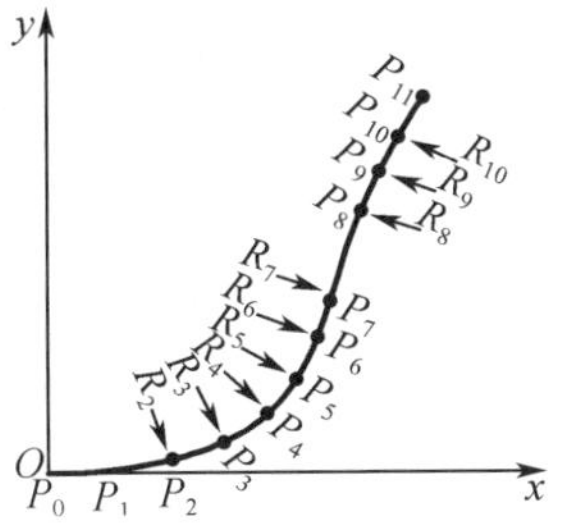

图 3.46　由直线和圆弧几何信息组成的肋骨线

(2)船体外板的数学展开

除了创建外板的 3D 模型，还需求得展开后的外板形状。外板展开计算是通过建立一些数学方程，并求解这些方程，在计算前必须给这些方程提供必要的数据，给出计算所需的各种控制信息。外板展开计算要准备肋骨型值数据(包括端接缝型值数据)和其他一些输入信息数据和数据表。

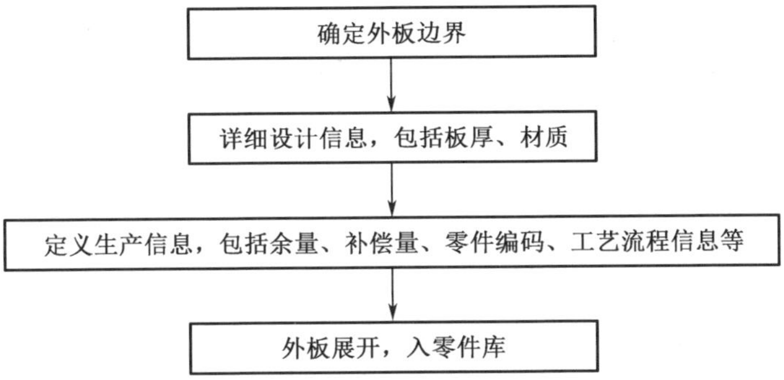

图 3.47　外板建模流程图

现在的外板计算程序多选用模拟手工的测地线展开法。随着外板数学放样技术的发展，采用更好的外板计算程序展开方法能够提高外板零件的精度。如展开外板并不需要准线的短程线法，可使展开的外板各边都是直线。用短程线法求得的两点间的短程线，由于方法本身给予保证，因而是十分准确的。此外，还有其他新研究的展开法(如切面法、微分测地线法等)。通过外板展开草图，使设计人员随时了解外板板缝排列合理性，同时检验外板的加工可行性。

3. 船体结构建模及结构零件的生成

船体结构建模主要包含船体曲面结构建模和船体内部结构建模两部分内容。

(1)船体曲面结构建模

船体曲面结构包括外板肋骨和外板纵骨，与外板一样，船体曲面结构除了需要创建 3D 模型外，还需求得加工前实际下料尺寸。

(2)船体内部结构建模

船体内部结构零件虽然形状各异，但总可以将其分解为点、直线、圆(或圆弧)和其他形式的曲线，且绝大部分为平直的板或型材。在生产设计系统中(如 AM 系统)，船体结构首先被划分为不同的分段，分段(block)是通过在 X、Y、Z 三向定义最大范围和最小范围来确定的，在每个分段中创建一系列的板架(panel)来表示船体结构，如图 3.48 所示。

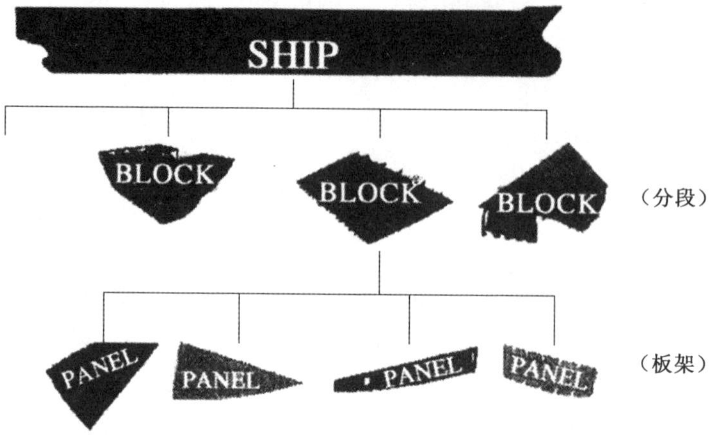

图 3.48　AM 系统中船体结构的划分

图 3.49 所示的为一典型的船体舱壁，是由多块带有扶强材、肘板、面板等构件组成的平面板架。

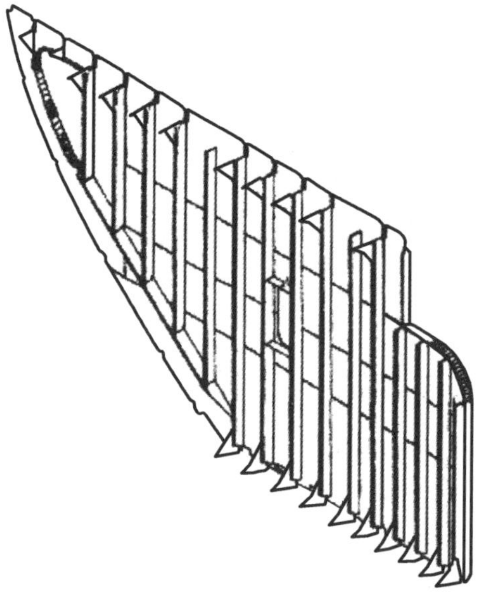

图 3.49　舱壁平面板架

船体内部结构建模的任务就是依据详细设计图纸资料和建造方针及船体施工要领，创建平面板架，建立船体结构的 3D 数学模型，其工艺流程如图 3.50 所示。

所有的板架都形成相互参照的拓扑关系，当被参照的板架修改之后，参照板架的边界会相应修正。建模完成后，可通过渲染形成的立体效果模型来检查建模质量，如图 3.51 所示。

(3) 船体结构零件生成

船体结构零件生成是根据船体图纸、肋骨型线文件和结构线文件生成结构零件文件。借助电子计算机就可生成船体结构零件，给出零件图、零件套料图、数控切割程序，以及有关加工和生产管理用的数据。

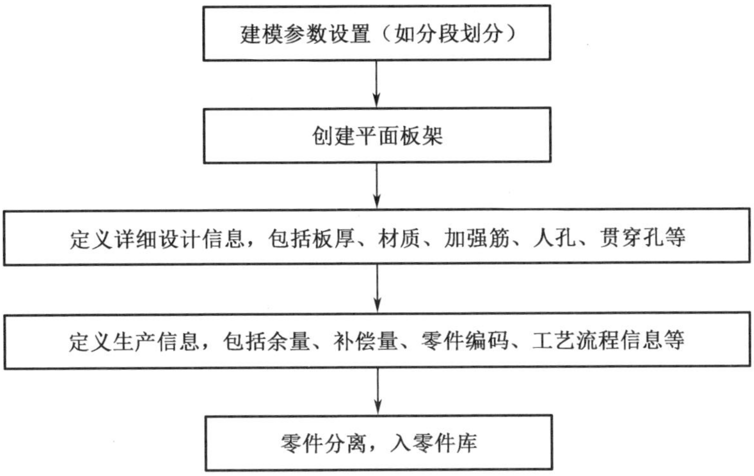

图 3.50　船体内部结构建模流程图

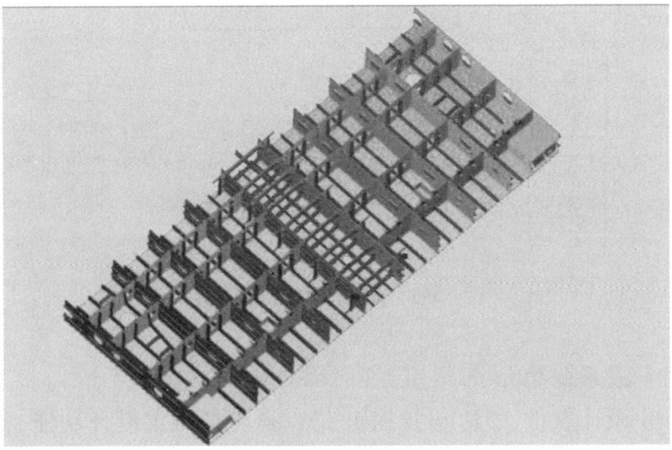

图 3.51　渲染后的内部结构模型

采用几何语言的结构零件生成流程如图 3.52 所示。其中几何语言被用来描述平面图形的几何形状,可通过几何语言与计算机对话,完成零件的定义和生成。计算机接受语句后,根据语句中提供的信息,就自动进行相关计算,生成这个零件的平面图形。而用几何语句来描述零件图形是通过一句句语句实现的。这些语句组成一个程序,称为零件源程序。零件源程序编制工作由人工完成,零件计算生成工作由计算机完成。零件源程序经计算机处理加工后,就可得到所描述零件的切割(绘图)程序,是零件切割(绘图)程序的"源"。

三、计算机辅助船舶设计建造系统简介

1. 船体放样技术的演化和发展

尽管放样工作在船体制造中所处的地位重要,但在一段相当长的时期中,船体放样工艺一直采用手工放样。20 世纪 60 年代,随着计算机及其应用技术的发展,船体放样工艺发生了根本的变革。各国相继研究开发了包括船体型线光顺和构件展开的数学放样,以及数控绘图仪和数控造船界切割机,放样已由手工放样发展到数学放样,目前已在造船界广泛

使用。从20世纪90年代开始,国外以三维建模技术为核心的CAD/CAM软件发展较快,从最早的线框几何模型发展到曲面几何模型,再发展到现在的实体几何模型,已将所研制开发的CAM系统逐步集成发展为CAD/CAM系统,即造船集成系统。其中较著名的有瑞典KCS公司的TRIBON系统、英国AVEVA公司的AM系统、美国PCV公司的CADDS5系统、挪威的AUTOKON系统、西班牙SENER公司的FORAN系统、法国达索公司的CATIA系统等。我国在引进、消化吸收与自主开发相结合的基础上,开发出了多个以三维建模技术为核心,面向船舶设计和制造的计算机集成系统。如已投入使用的有上海东欣船舶产品设计软件SPD系统,以及由上海申博信息系统工程有限公司与上海船厂联合开发的SB3DS系统。国产系统在实用、开放、灵活、快速、高效方面基本达到了国外同类软件的水平。目前,国内外先进的造船集成软件在数学放样技术上日趋完善,基本上取消了手工放样。通过船体结构建模、零件分离、套料、信息抽取等信息化手段,生成号料切割指令、加工装配信息等,为后续工序的自动化加工创造了条件。

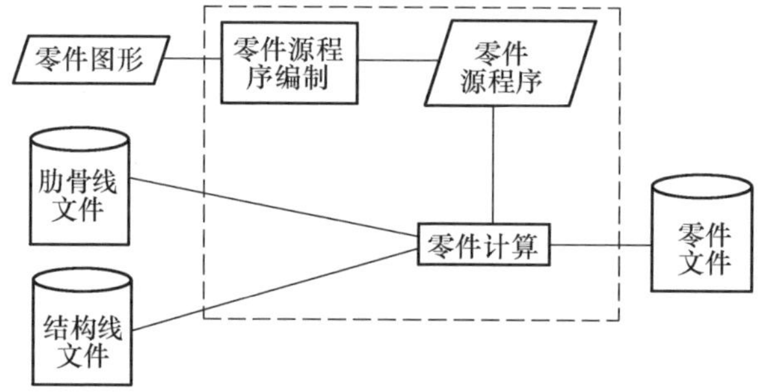

图3.52　结构零件生成流程

2. 常用的造船集成系统简介

船舶与海工行业设计软件大体上可分为三类,第一类侧重设计功能,称之为CAD软件;第二类侧重制造功能,称之为CAM软件;第三类兼顾设计与重制造功能,称之为CAD/CAM软件。

目前,我国造船设计中应用的计算机辅助设计系统大都采用三维建模技术进行产品设计。它通过三维线框建模、曲面建模、实体建模等技术建立产品模型。国内船舶与海工行业设计软件主要集中在如TRIBON、AM、CADDS5等知名的CAD/CAM软件应用上。其他一些软件也被国内一些船舶和海工企业使用,这些软件虽然在性能上并不逊色,但由于造船设计软件具有很强的专业性,而且还要考虑系统兼容性以及企业使用习惯等问题,用户并不多。国内造船三维设计软件目前应用较广泛的是SPD系统,该软件的使用方式与TRIBON系统非常相似,业务上又比较符合国内船舶设计建造习惯,同时软件投入成本相对较低,得到了一些中小船厂的青睐。

各船舶企业都有自己的管理特点和施工建造要求,对软件的二次开发及适用性方面都有较高的要求。而CAD/CAM软件的应用大部分局限于系统提供的基础功能,如三维建模和图纸的导出,而后续的工艺和图面信息处理往往还是要通过传统的CAD手段解决。因此,在应用软件过程中,必然要对软件进行一定的客户化开发工作。目前只有部分具有较强技术实力的高校、设计院所、骨干船企根据自身的业务需求,对系统功能进行优化配置和客户化开发，从而达到充分利用系统功能，以提升软件的使用效率。

（1）AVEVA Marine（AM）系统简介

三维设计软件 AM 是英国 AVEVA 公司按照业界通用标准开发的新一代船舶与海洋工程设计专用软件。与以前的 TRIBON M 系列有所不同，AM 是集成了海工行业广泛采用的 PDMS（数字化三维工厂设计系统）的精华与 TRIBON M3 船体设计模块而成的一套完整的设计和生产应用系统。从操作简易性、系统美观性、人机交互等方面来看，AM 比 TRIBON M3 有了长足的进步，尤其在系统的二次开发方面，AM 也比 TRIBON M3 有了质的提升，是目前船舶与海工行业用于设计、建造船舶和海工项目中最为广泛的集成软件。

AM 系统的主要模块及功能：

①船体主要结构设计（hull structural design）模块是一整套高级实用的船舶设计工具，可用来定义浮体及船体主要构件的定义和布置；生成送审图纸，以及材料预估、焊接长度预估、质量中心估算等报告报表。其高级的分段拆分功能可将基本设计结构转换为生产分段，拆分可以按照客户自定义的分段进行。模型可被拆分到生产设计的分段和板架，在模块中进行生产信息的添加。

②船体生产设计（hull detailed design）模块是一个强大的主船体结构设计及生产信息生成的数据中心应用程序，用于各种类型的船体钢结构设计和生成生产信息，处理从船体设计到零部件制造和分段组装的整个船舶设计过程，并生成工程图纸、零部件清单以及其他全部必要的船舶生产信息和文件资料。其中：

· 装配计划（assembly planning）模块，是定义浮体、船舶建造方针的工具，优化船舶建造方案，同时可生成车间生产所需的各种文档，如装配图和装配零件表等，可以非常清晰地表达分段装配的整个过程和包含的各种材料、工位、装配、流向等相关信息。装配计划还可提供装配树各层次表单细分数据的管理功能，生成结构工厂和船厂 ERP 系统所需的各种材料报表和相关图纸。

· 焊接计划（hull weld planning）模块，提供了装配过程中所有节点和相关的焊接轨迹的计算，并且此计算遵照工厂指定的规则，可以输出用户化的焊接报表，列出每个组立的焊接节点和每个节点的属性。可以使用三维设计方案中的数据来进一步规划高效的焊接顺序，做出精准的材料和工时预估。可以将装配的几何信息和焊接轨迹的几何信息抽取出来用于焊接机器人的接口，为焊接机器人生成高精度的 CNC 数据。应用焊接计划模块，可以方便地将相关焊接信息建立在船体模型中；可以将焊接信息集成到船体零件制作、装配的不同阶段。

③舾装部分（outfitting），如同 TRIBON 舾装模块一样，该模块同样包含了部件库模块，方便设计人员对各种标准舾装件、设备等进行调用。其高级可视化工具（REVIEW）是一款强大的为大型复杂的海事项目设计的三维可视化工具，利用其漫游、动画和高质量的图片等特性，使用户能够分析设计和交换意见。其中：

· 管子模块，除了部件库以外，还包含管系原理图（diagram）、管子建模（pipework）、管支架建模（MDS）以及干涉检查（clash）等方面的应用。在管子模块的应用中，除建模外，还涉及建模的相关工作，如管子制作图、管子安装图，都包含了丰富的生产加工必需信息。尤其是管子安装图，为了方便施工，不但标注了详细的安装坐标、安装方式等相关信息，同时将三维视图绘制在安装图上，突破了传统二维施工图不够直观的局限。

· 铁舾件模块，如同管子模块一样，参数化应用是最为明显的。对于标准铁舾件如直梯、人孔盖等,可以从 AM 标准库中直接引用;对于大量重复的非标件,如栏杆片体、各种平台等,经过二次开发,编写 PLM 程序,也可以实现参数化建模。

·电气模块,主要包含通道(cable way)、电缆(cable)、固定件(cable tray)以及设备(equipment)部分。可把所有的电气和仪表包括电控箱、变压器和开关箱等都布置到三维模型中,用于布置、目测、碰撞检查及生成布置图,电气设备及仪表的三维模型都可以由参数化的模板来生成。

·舱室(room design)模块,是个全新的模块。它是一种用来定义空间属性的工具,也可以用来定义舱室的各种建模元素,如墙壁、天花板、门、窗、地面、家具等。同时还能提供壁板和天花板的切割信息,同时生成质量、重心和材料报表等信息。

·采暖通风空调系统(HVAC and Ducting)模块,它应用于各种类型的采暖通风空调系统设计,能够建立一个纯三维的采暖通风空调模型,可以分割成适合制造和装配的管段,自动生成管段图形和 ISO 图形。

AM 系统的主要特点:

①采用以对象为中心的技术,提供一系列解决方案、加载项以及单机版应用程序所构成的产品组合,贯穿造船业务过程中的每个环节。

②可实现船舶设计的全部 3D 建模,可以用于创建浮体、船型的附加属性。所有属性都按照拓扑关系保存在数据库里,发生修改时可以快速更新。

③详细设计和生产设计的无缝过渡,在并行的视图中共同维护同一个模型数据库。其中的 hull design 模块是实现船体结构设计功能的主要模块,船体结构设计基本上都是在 hull design 模块中实现。建模是根据详细设计输出图纸,做 hull design 模块的子模块 planar hull design 和 curved hull design,分别进行平面建模和曲面建模,然后绘制生产施工图纸。在数据处理方面,主要是对模型数据进行抽取并检查,包括模型的属性数据、加工工艺、建造工艺数据检查等。在图形开发方面,主要对输出的制作图和安装图进行二次开发,以期能够输出符合造船要求的各种图纸。

④船体部分,从功能上来说,AM 与 TRIBON M3 相比没有巨大变化,都包含船体型线光顺、船体建模等模块,但在数据存储和工程配置方面出现了很大的不同。其中包括图纸的存储的改变。相比 TRIBON M3,AM 船体部分最大亮点是推出了新的生产装配计划和焊接计划。通过应用装配、焊接计划模块,能够方便地按需统计各个部件、分段、搭载等的装配、焊接工作物量,为生产派工、焊接材料的统计提供科学手段,进一步提高生产效率,实现精益造船的目标。其主要体现在:

一是可在任何浮体和船体曲面上生成各种浮体和船体曲面对象。广泛的交互式功能使得用户可以基于几何位置或者参考已存在的曲线定义各种曲面元素。

二是船体完整的内部结构可被塑造为平面板架,包括板、型材、肘板和面板,创建一个完整的详细模型以提供加工数据和装配信息。板架的修改可以通过图形来执行。

三是其图形功能具有以下特点:通过二维图生成模型视图、自动生成外板展开图和肋骨型线图、零件自动生成、焊接收缩量功能以及零件检查功能等。

四是所有必要的生产信息都可以自动地或半自动地从船体模型中生成。如板材/型材套料、外板加工样板、曲面装配的板式或支柱式胎架以及逆直线数据等。

⑤舾装部分是基于 PDMS 的新的舾装改进,与 TRIBON M3 的舾装完全不同,其最大特点是 AM 舾装部分的建模完全可以在三维图形中进行,非常直观、方便,带图形控制手柄及

数字反馈的三维编辑技术使修改变得容易并且快捷，允许船体和舾装设计人员同时高效工作。与此同时，舾装部分将负责构建整艘船舶的完整三维模型及其各个舾装部件。这一数字化模型将被用来生成布局图和详图、准确的物料清单以及各类报表和生产信息。

⑥涵盖造船专业技术，结合企业工程、设计、通信以及可视化技术，通过使用单一项目模型，船体、舾装、工程以及设计，实现跨专业的功能集成，进而实现高交互性、高并发性的工作方式，并在项目执行过程中保证设计意图的完整性。

(2)Ship Product Design(SPD)系统简介

SPD系统是基于OpenGL图形库进行开发的造船CAD设计软件，系统模块涵盖了船体结构、管系、风管、电气、铁舾装、涂装等专业，其相互关系如图3.53所示。

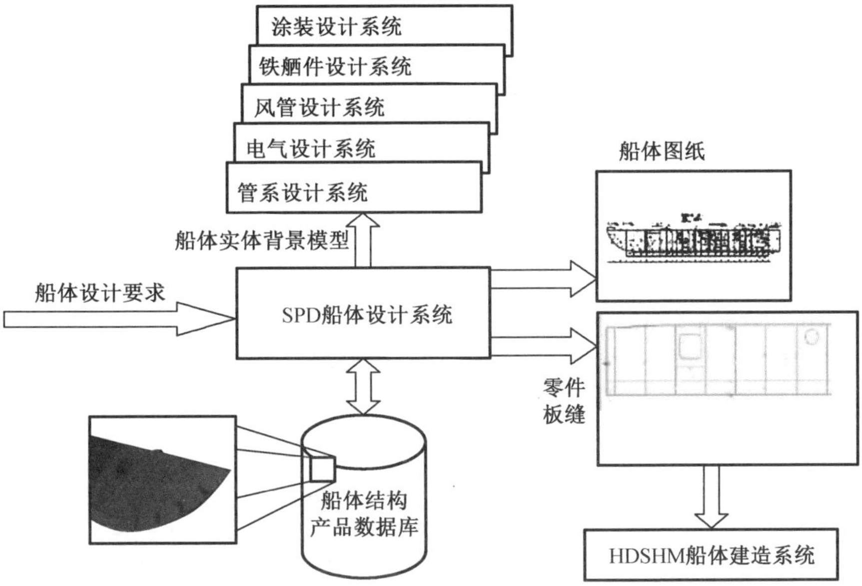

图3.53　三维全数字化船舶产品设计(SPD)系统

SPD系统能满足船体结构、机装、电装、居装和甲装等专业设计的三维全数字化船舶产品模型软件平台。它通过三维模型对船舶产品进行性能、结构强度分析、工艺合理性和制造可行性分析，是整个船舶数字化制造集成系统的基础。在统一的设计平台下，SPD系统可以提供船舶产品设计、生产和管理的全寿命周期信息，并通过生成多种数据格式的方式与其他船舶设计软件产品进行集成，提取相关设计管理信息，实现设计软件与管理软件的数据共享。SPD系统主要模块及功能：

①通用设计。在船舶设计过程中，具有实体部件设计、参数部件设计，二维背景图、模型、图册、标准模型库管理，模型实体显示，模型消隐，图纸管理和处理，干涉检查以及DXF文件输入/输出等功能，能输出IGES格式，与其他CAD系统进行数据交换。

②船体结构设计系统。该系统是涉及船舶技术设计、详细设计、生产设计全过程的三维建模系统。系统能进行船体型线定义、结构布置、板材和型材零部件定义，建立具有拓扑关系的三维船体结构模型。该模型具有船体结构的几何、物理和工艺等属性。

·通过船体模型，可建立起产品结构树。根据船体模型，可以生成完全符合船体制图标准的船体图纸，并且船体图纸与船体模型数据库互相关联，高度一致。

·通过装配计划，从船体结构树可以生成装配树，自动提供各种组立图和分段零件装配明细表。

·由船体模型可展开全船结构的板材和型材零件，供船体建造系统（HD－SHM）进一步处理生成建造过程中所需的全部生产信息资料。其中的HD－SHM系统是使用最广泛的船体生产信息制造系统，它可单独成系统工作，也可作为SPD系统的一个组成部分，完成船体建造所需的船体型线光顺、外板和结构零件生成、加工、装配等全部生产信息制作。

③管系设计系统。该系统是以船舶管系设计以及其他行业的管路设计为对象进行开发的，提供交互管系布置界面，建立三维管系模型，具有很强的实用性。

④风管设计系统。该系统是面向船舶通风管系的三维设计系统。针对通风管规格多变和接头形式多样等特点，系统利用参数化设计方法进行个性化风管布置、接头生成和拼接，建立方风管和螺旋风管的三维实体模型。

⑤船舶电气设计系统。该系统的开发贯穿于电气详细设计和电气生产设计整个过程中，采用交互设计的操作界面，实现电气三维模型设计。

⑥铁舾件设计系统。该系统主要处理船舶设计各专业对各类设备、管子、风管和电缆等系统的定位固定，船舶各舱室畅通行走的辅助装置和设备（如管子支架、电缆导架、风管吊架、基座、窗、梯和护栏等铁舾装件）的三维建模设计和相应生产信息的生成，以及铁舾件在船舶设计三维建模的定位所需信息。该系统是船舶设计各专业所需的基本设计系统。

⑦涂装生产设计系统。该系统在设定涂装原则工艺的基础上导入船体模型，按照船体涂装的各个不同阶段和要求进行涂装舱室的划分，自动计算涂装面积，并根据涂装面积和涂装工艺信息生成涂装施工图纸和表册供现场使用，作为涂装生产管理的基础信息供生产使用。

SPD系统的主要特点：

①三维模型和二维模型图纸高度一致、模型和图纸同步自动修改、系统生成信息完全适合我国造船工艺要求。

②提供完整的信息源，具有统一的设计、工艺、制造船舶产品模型。

③应用实体和参数化技术建立具有完整拓扑关系的船舶产品模型。

④建立与其他软件系统的数据接口，实现异构CAD的数据和信息集成。

⑤利用参数化反算技术，对管子、风管、电缆支架自动定位，并自动生成支架图纸。

⑥通过具有特色的船体结构编码能自动生成产品结构树，并相应生成组立图。

⑦全船结构建模拆分成分段结构模型，实现自顶向下的设计，为设计院所和企业协同设计、数据集成创造条件。

第五节　船体生产信息后处理

船体型线放样和构件展开结束后，还必须对有关信息进行后处理，以提供具有一定精度要求的各种放样资料，供号料、加工、装配和检验时使用。这些资料包括样条、样板、样箱、草图、投影底图、仿形图以及数控加工信息和各类数据等，以作为生产依据和质量标准。在现代造船中，这些放样资料应用场所不同，生产中互为补充。

一、号料

1. 船体号料的内涵

号料是放样的后道工序。所谓号料就是根据船体放样提供的数据与资料，将船零件的展开形状及各种施工符号标记在板或型材的过程。具体可通过样板、草图、光、电、数控等不同的号料方法，精确地划（影印或割）在平直的钢板和型钢上，并标注船名、构件名称及加工装配符号等施工信息，为后续工序提供依据。号料可分一次号料和二次号料。所谓一次号料是在原材料上划线。在构件经过加工、装配、焊接后成为部件或分段时再一次划线即为二次号料。船体号料的方法主要有手工号料、投影号料和数控号料等方法，各种号料方法都要有相应的放样资料作为图样信息载体。图 3.54 为手工放样号料的工艺流程。船体构件的套料也属于号料范畴。为了提高钢材利用率，应尽可能采用套料法号料。

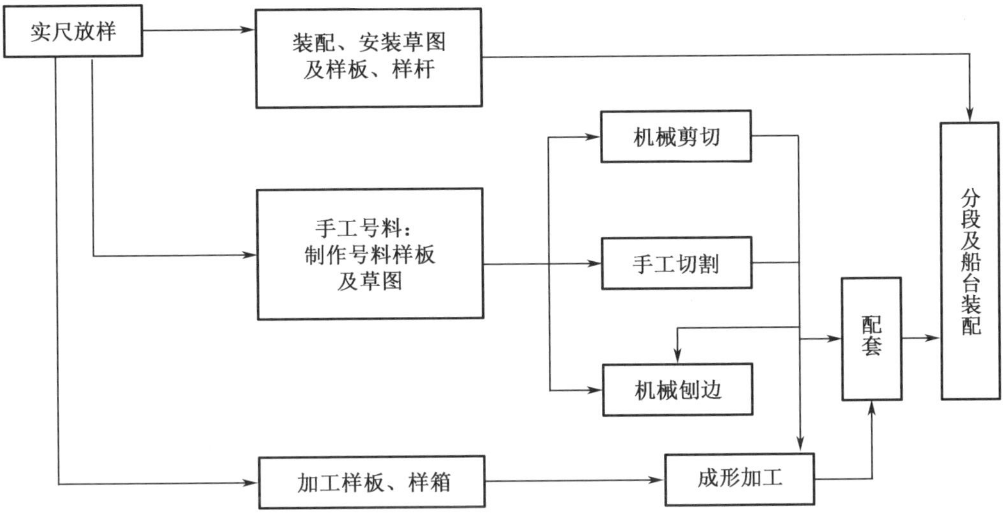

图 3.54　手工放样号料工艺流程

2. 手工号料

手工号料主要有样板号料和草图号料两种。样板号料就是用样板直接在钢板或型材上划出船体构件的实际轮廓线、构件安装线、加工检验线和规定要求的余量线等，并做出必需的各种标记、符号等。草图号料就是用草图（如图 3.55 所示的外板号料草图）上记载的基本形状和精确的形状尺寸，在钢板上通过作图的方式将其真实图形再现出来，其基本要求与样板号料相同。

3. 投影号料

投影号料主要有光学投影号料和电印号料两种。光学投影号料是在比例放样的基础上，将展开的各构件图形经过套料，绘制成精确的投影底图，或通过摄影制成更小比例的投影底片，然后在光学投影放大装置上放大，在钢板上投射出 1∶1 的构件图样，最后对投影的构件各线条进行手工复描号料。电印号料是在光学投影号料的基础上，将放大成 1∶1 的构件图形影像投射到覆盖有一层带负电的光导电粉末的号料钢板上，使其曝光，再经显影和定影处理，在钢板上留下号料的线迹，实现自动号料。电印号料工艺过程如图 3.56 所示。

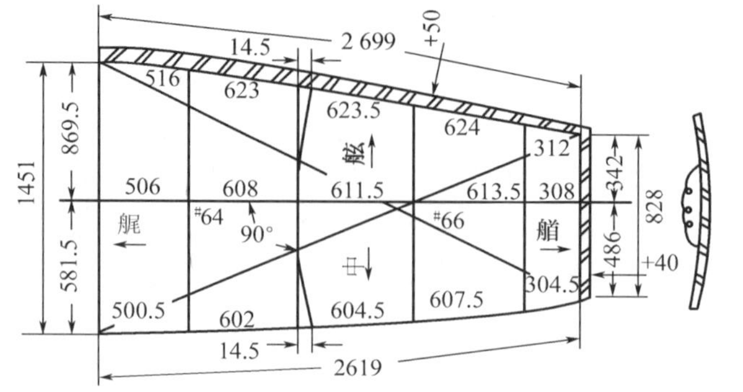

图 3.55　船体外板号料草图

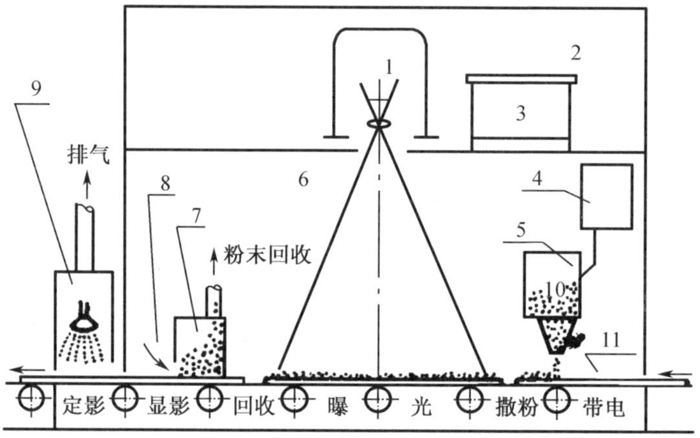

1—投影仪；2—操作室；3—操作台；4—高压发生器；5—撒粉器；6—暗室；
7—旋风分离器；8—压缩空气；9—自动定影装置；10—光导电粉末；11—工件（钢板）

图 3.56　电印号料的工艺过程

4. 船体号料技术的演化和发展

20 世纪 40 年代光学号料工艺问世，50 年代发展了与光学投影号料相配套的光电跟踪切割机，省去了手工号料划线工序；60 年代又出现了电印号料（EPM）；70 年代光学号料又发展成为激光号料，用激光代替普通光源，可在任何材料上进行号料，且实现了号料自动化。

号料的自动化还在不断发展中，由计算机控制的号料切割装置，能在很多材料上号料和切割，该装置可安装各种号料切割工具，如号料笔，以及激光、高压水喷嘴或金属刀具。现有数控切割机大多附带号料装置，如冲标点机构或划线喷头，在切割的同时进行自动号料。数控号料有重力冲打、高频冲打和锌粉划线三种划线方式，其中以锌粉划线为最好。

随着电子计算机在造船中的应用和带自动划线装置的数控切割机的推行，作为独立的船体号料工序可能被取消，但是船体构件的套料工艺技术仍然是提高钢材利用率的重要环节。

二、数控套料及切割信息

各大船厂一般都拥有计算机辅助船体建造系统，并有计算机交互式图形套料处理软件，均实行了数控套料。即在完成船体理论型线的放样和肋骨型线的生成后，进行船体结构建模，经船体结构零件分离、展开后进入板材和型材数据库，并置于钢板边框内进行合理的排列，生成数控切割指令，其中含有与号料相同的信息，如船名、零件名、加工符号、余量、构件装配理论线、检验线、对合线等，然后由带有自动划线装置的数控切割机在数控切割中完成。

1. 数控套料

船体零件套料是合理使用原材料，减少原材料消耗，降低造船成本的重要手段，尤其是占比很大的板材零件。但船体板材零件的形状差异很大，而且很多零件的外形十分复杂，这给套料工作带来了很大的难度。板材零件套料实质上是一种 2D 布局问题，就是将若干个同材质、同板厚的不同形状的零件，根据其展开的形状按其互不重叠的布局要求合理地布置在所确定的钢板（一般为矩形）上进行号料的过程。

一般来说，船体零件套料必须满足：一是构件的组合和集配应与船舶的工程进度相适应；二是钢材利用率高；三是能满足零件切割精度的要求。传统的人工套料完全依赖人员的经验，耗费时间长，钢材利用率也不高。数控套料是利用电子计算机技术，选用合适的套料算法，寻求最优策略，在满足船舶工程进度和零件切割精度要求的前提下，提高钢材利用率。数控套料的方式有人机交互套料和自动套料两种，自动套料能够大大减轻设计者的工作强度，且比人机交互套料的材料利用率有所提高。数控套料的工作流程如图 3.57 所示。

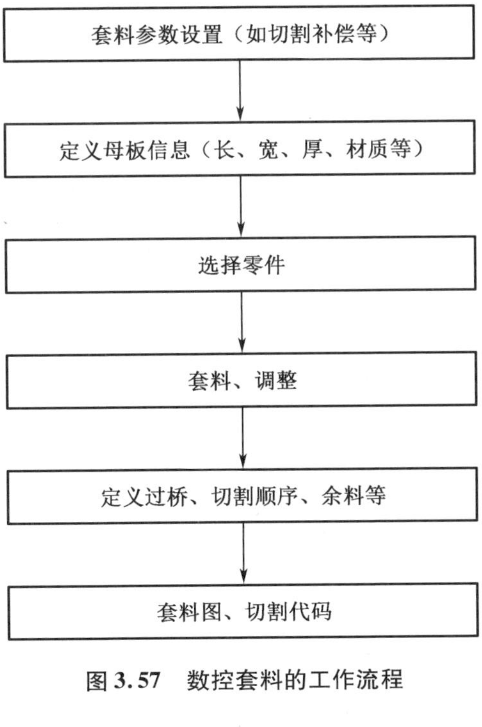

图 3.57　数控套料的工作流程

自动套料是近年来研究的热门方向。一些基于遗传算法和模拟退火算法的自动套料软件已进入实际应用阶段，还有的学者提出了基于遗传模拟退火技术的启发式套料算法。

图3.58所示的一张套料图,零件排列十分紧凑。目前优秀的自动套料软件在钢材利用方面其总体利用率可达到90%以上。

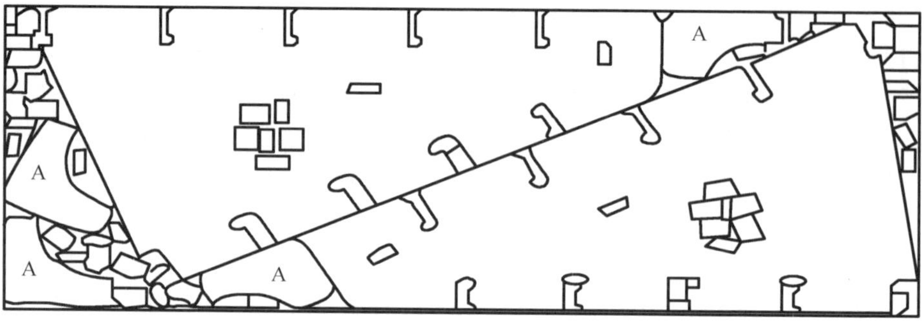

图3.58　套料图

2. 数控切割信息

(1)数据处理及数控切割编程

从数学放样中得到的船体构件的数值表示及数据,一般不能直接用来控制数控设备进行船体构件的切割。必须将船体构件的数值表示转换为符合数控切割编程要求,并还应根据控制方法,建立过程控制的数值表示。如按工艺要求规定的切割起点、切割路线和切割补偿等。另为了保证数控切割机能正确地进行切割作业,在数控程序中还应具有必要的辅助加工信息,如数控切割的割嘴空走行程、割嘴的提升和下降、割嘴点火等。总之,经过放样得到的船体零件数据,必须进行补偿计算和数据处理,才能用于数控切割的编程工作。如用气割方法切割船体零件边缘时,由于切割氧具有一定直径圆柱形气流,切割出的割缝具有一定的宽度,因此,套料的零件外形比理论零件尺寸要大,所以要求进行切割补偿的设置,这些与套料有关的参数设置必须在套料前确定并在软件中进行定义。

(2)切割版图及数控切割代码

套料需按事先确定的生产批次进行,通常一个批次为若干个分段。利用自动套料软件生成的套料图,一般还会由人工进行进一步的优化和修正,最后的结果再由计算机进行处理并输出供数控切割机使用的数控切割程序,最后形成切割版图、数控切割代码等资料供数控切割用。

切割版图所表达的信息包含零件编码、坡口、号料信息、切割信息、坡口信息、装配的部件标记(mark)线、装配角度、拼板信息的指示、弯曲加工的指示、精度管理尺寸信息、利用率、划线及切割长度、余料信息等,其形式如图3.59所示。

数控切割代码应包括对零件的几何形状和尺寸的处理、工艺路线和工艺参数、辅助加工等信息。目前,通过多割嘴切割设备已能够实现切割零件的同时开设坡口,数控套料软件应能支持这一功能。

三、样板及加工信息

样板是根据放样的结果,按局部船体型线或构件展开形状,或有关数据制作的。制作样板的材料有木材、扁铁、薄铁皮、塑料、油毛毡和硬纸板等。

船体设计		板材N/C切割版图	确认	钢材炉批号		材料信息	材质	AH32	图纸编号			
				船级社	CCS		材料规格	13×1800×	完成日期		套料者	
生产信息	零件重量		划线长度	12.4M	切割划线长度		材料重量	1489.5 kg	修改日期		修改编号	
	利用率		切割长度	43.1M	划线空走长度		材料数量		比例	1∶20	联系电话	

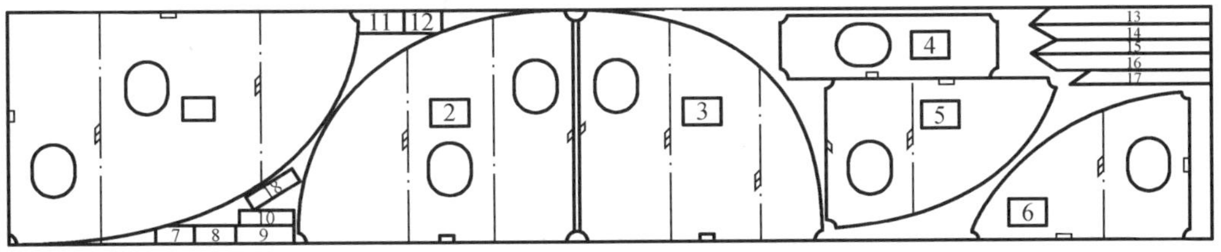

序号	零件编码	数量	零件流向	序号	零件编码	数量	零件流向	序号	零件编码	数量	零件流向
1				7				13			
2				8				14			
3				9				15			
4				10				16			
5				11				17			
6				12				18			

图 3.59　切割版图

1. 样板的分类

样板按其在生产中的用途不同，可分为号料样板、加工样板、装配划线样板、胎架样板和装配角度样板等；按其空间形状可分为平面样板和立体样板（样箱）。样板的分类及应用场所见表 3.4。

表 3.4　样板、样杆、样箱的分类及应用

分类		应用情况或场所
样板	号料样板	当零件形状较复杂，或绘成草图后图示尺寸复杂时，或在批量生产及标准零件号料时，为了加快进度，需钉制样板供零件号料用，如肋板样板、外板样板
	加工样板	三角样板用于弯制外板；肋骨加工样板用于弯制肋骨；甲板梁拱样板用于弯制横梁；角度样板用于弯制轧角零件；此外还有加工其他曲形零件（如艏、艉柱等）用的样板
	装配划线样板	用于部件或分段的二次划线；有的号料样板可同时作为装配划线样板
	胎架样板	用于分段胎架模板的划线及制作，如横向胎架的胎板样板
	装配角度样板	用于有角度构件的安装，如在斜切胎架上建造的舷侧分段的肋骨安装，带甲板边板的舷侧分段的甲板安装；尾部甲板分段的斜肋骨安装，以及艏柱分段的边龙筋肘板安装等
	检验样板	作装配基准或检验用，如型线检查样板、艉柱框架样板、球鼻艏安装样板等

表 3.4(续)

分类		应用情况或场所
样杆	放样用样条、样杆	用于型线放样、驳取型值
	号料用样条、样杆	用于零件的一次号料,或同时配合草图与样板号料
	装配划线样杆	用于胎架或分段的二次划线,并作为装配的基准及依据,如分段的定位样杆、标杆样杆等
	检验样杆	用于放样和装配检验,如格子线检查、分段或总段尺度检查等
样箱	加工样箱	主要用于具有复杂曲度的零件的展开、号料、加工和划线,如轴包板、球鼻艏包板、艉包板等
	检验样箱	通常用于锚穴、锚链筒等设计与放样的校核工作

采用数学放样、数控套料和数控切割工艺后,除加工样板外,其他样板已基本取消。以号料样板为例,目前仅在仿形切割一定批量标准零件(如三角肘板)时使用。平直构件用排版图代替;型钢加工样板中取消了扁钢样板,用逆直线加工数据代替;外板加工样板中保留了少量木质三角样板,用铝合金活络三角样板取而代之。

2. 加工样板的制作

(1)三角样板的制作

三角样板的曲线板边形状是外板上某一肋骨的型线。按照需要加工的外板的各肋骨型线制作一组这样的三角样板,使用时,将它们按肋骨型线图表示的相互位置关系在空间准确定位,如图 3.60 所示,这组三角样板的曲线边能够检测加工曲板肋位位置处的横向形状,曲板纵向形状可根据通过各样板的高度基准点的连线是否呈一条直线来进行检测。所以,外板成形加工中,常用这样一组可以随时组合而成的曲面样板,作为外板成形加工和检验的依据。

制作三角样板,每块三角样板除应与相应肋骨型线准确吻合外,还要有相互组合的定位准线,以保证使用时能准确地表现出外板的曲面形状。

图 3.60(a)表示#15 ~ #19 肋骨的一块外板的三角样板制作情况,其方法为:

①在肋骨型线图上,过外板两端肋骨线的中点 a 和 b 作直线$\overline{OO'}$;

②在直线$\overline{OO'}$上量取$\overline{aa'}$及$\overline{bb'}$线段(长度取 500 ~ 800 mm),得线段$\overline{a'b'}$;

③将$\overline{a'b'}$按外板的肋骨间距个数等分,得各等分点就是各三角样板的高度基准点;

④按每根肋骨型线制作木样板,并均钉上一直板条,使它们的同一边与准线$\overline{OO'}$对齐,再钉上两根斜撑板条,即制作成各三角样板;

⑤在钉制好的样板上标注船名、构件名、肋骨号、准线、高度基准点、上下纵缝线等标记。

必须指出,按上述方法制作的三角样板,在使用时,各样板的高度基准点的连线(高度基准线)是不垂直于肋骨剖面的。它一般用于纵向倾斜度较大的外板,目的是为了减少两端样板的高度差,以便于对样操作。当船体外板的纵向倾斜度较小时,可采用样板高度基准线与肋骨剖面相垂直的方式,其特征是各三角样板上的高度基准点在肋骨型线图上重合于一点。

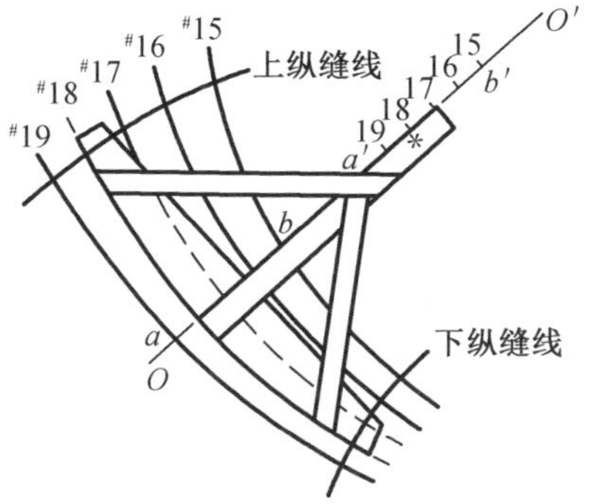

(a) 三角样板钉制

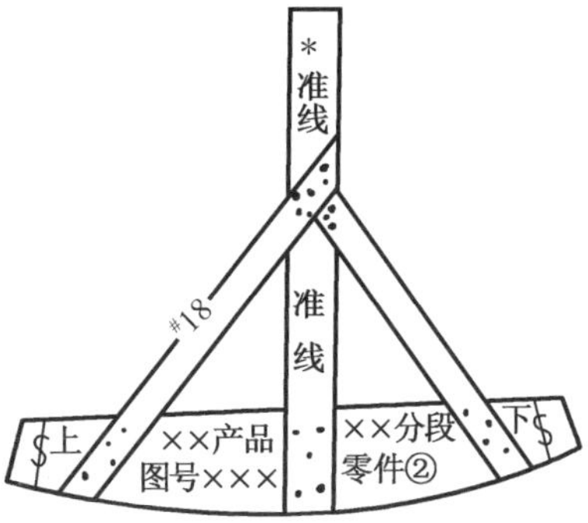

(b) 三角样板标注

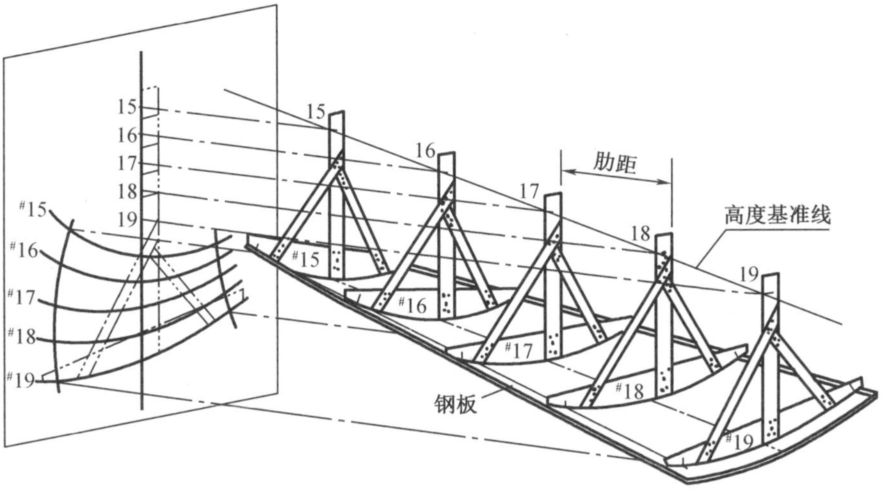

(c) 用三角样板检验成形外板

图 3.60　三角样板的制作与使用

(1)活络三角样板的应用

活络三角样板是“可调铝质活络加工三角样板”的简称,其结构形式如图 3.61 所示。它取代了沿用已久的木质三角样板,主要用于辊压成形以及水火弯加工的曲形外板。活络三角样板的各个节点,均用元宝螺丝紧固定位,通过粗调和微调形成任意内外相切的连续弧形。活络三角样板的调节依据是数学放样提供的活络三角样板型值表,其调节范围有正弯曲、反弯曲及 S 形双向弯曲。

活络三角样板使用简便,可重复利用,尤其表现在加工外板摆样时,消除了以往由于肋骨弯度而形成样板与外板呈夹角而倾斜放置的缺点,通过数学放样处理,计算出了肋骨的法向面,所以,活络三角样板只需要垂直外板放置即可。活络三角样板不仅应用在曲形外板加工,而且也广泛应用在船体内部曲形构件的加工。

(2)样箱的制作

对于一部分船体型线特别复杂而难以用几何作图展开的曲度外板,如球鼻艏包板、艉轴包板等,就需要钉制样箱。制作样箱不仅能为外板成形加工和检验提供更方便的依据,还能为用油毡(或纸板)覆蒙出近似的外板形状提供方便。

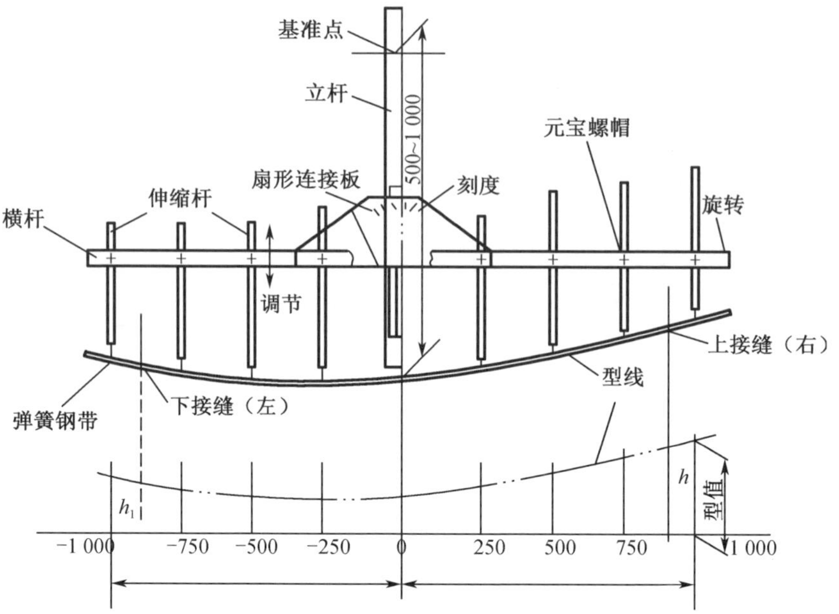

图 3.61　活络三角样板

如果说三角样板是临时组合使用的曲面样板，而样箱则是制作成固定立体框架形式的曲面样板，它就相当于从船体上切下来的一块与外板相接的立体骨架，样箱曲表面表示船体理论表面（外板的内表面）。

样箱是由基面板框、肋骨剖面样板和侧面板框等组成。样箱基面的切取方法有与肋骨剖面垂直（正切样箱）和不垂直（斜切样箱）两种。

①正切样箱的制作方法，如图 3.62 所示。

a. 在肋骨型线图上画出样箱的基面线$\overline{ab}$和检验线$\overline{oc}$，并在靠近上下纵缝的外侧画出样箱的侧面线$\overline{be}$和$\overline{ad}$，如图 3.62(a) 所示；

b. 按样箱部分的肋骨型线和有关剖面曲线，制作各肋骨剖面样板、基面板框和侧面板框，如图 3.62(b) 所示；

c. 将各肋骨剖面样板、侧面板框等垂直地在基面板框上按对应位置组合钉制起来，并在样箱曲表面嵌上适当的牵条，即得所需的样箱，如图 3.62(c) 所示。

上述正切样箱仅适用于纵向倾斜度不大的外板，若用于倾斜度较大的外板，则样箱两端高度差较大，不仅费木材，且质量大，使用不方便，此时可采用斜切样箱。

②斜切样箱制作的基本方法，如图 3.63 所示。

a. 做斜切基面。在肋骨型线图上，沿外板横向居中位置做样箱检验线$\overline{XX'}$，在靠近上、下纵缝线外侧做$\overline{XX'}$的平行线$\overline{A''P''}$和$\overline{A'P'}$，即为样箱上下侧面的投影线；定出斜切基面与 #11 ~ #15肋骨剖面的交线，分别为$\overline{A'A''}$，$\overline{B'B''}$，…，$\overline{E'E''}$，同时注意使各肋骨剖面样板高度不小于 250 ~ 300 mm 为宜，并使$\overline{A'A''}$，$\overline{B'B''}$，…，$\overline{E'E''}$均垂直于$\overline{XX'}$，根据投影原理，它们为一组等间距的平行线。显然，矩形 $A'A''E''E'$ 即为所求的斜切基面，如图 3.63(a) 所示；

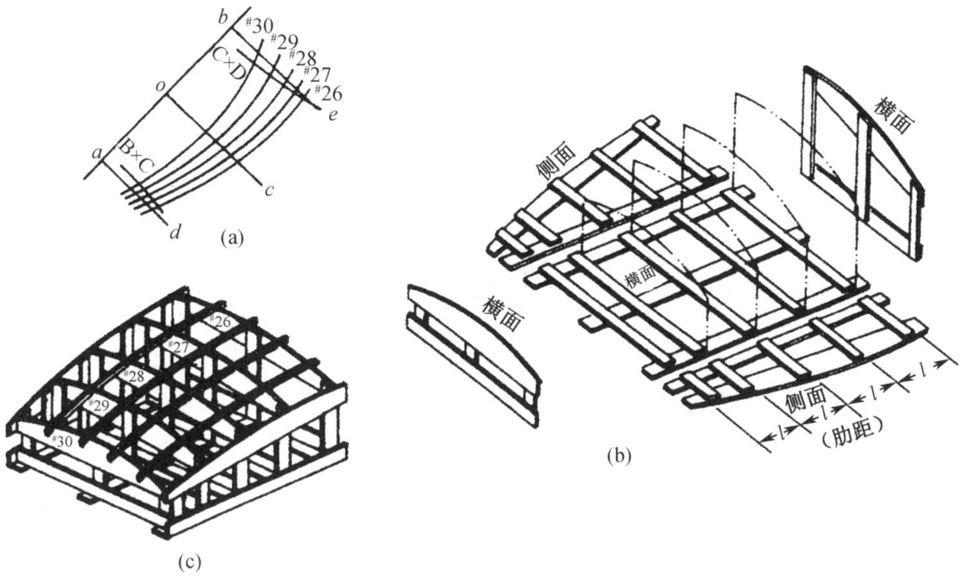

图 3.62　正切样箱的制作

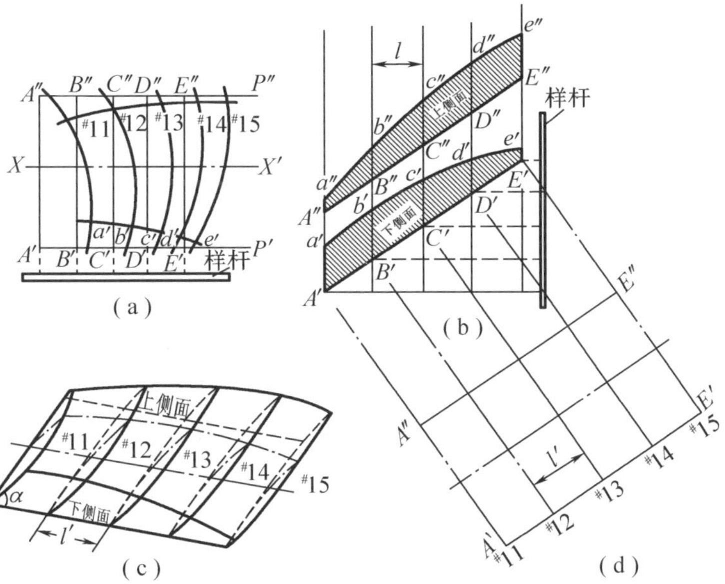

图 3.63　斜切样箱的制作

b. 求各肋骨剖面样板的实形。上述肋骨型线图上 $A'a'a''A''$,$B'b'b''B''$,…,$E'e'e''E''$等图形,即为#11,#12,…,#15 各肋骨剖面样板的实形,如图 3.63(a)所示;

c. 求样箱侧平面实形,如图 3.63(b)中的阴影部分;

d. 求斜切基面实形,如图 3.63(d)所示;

e. 求斜切基面与肋骨剖面的交角 α,如图 3.63(b)所示;

f. 钉制样箱时，应保证肋骨剖面样板与基面板框成 α 交角，并注意交角的方向，如图 3.63(c)所示。

图 3.64 所示的为一艉轴包板样箱。

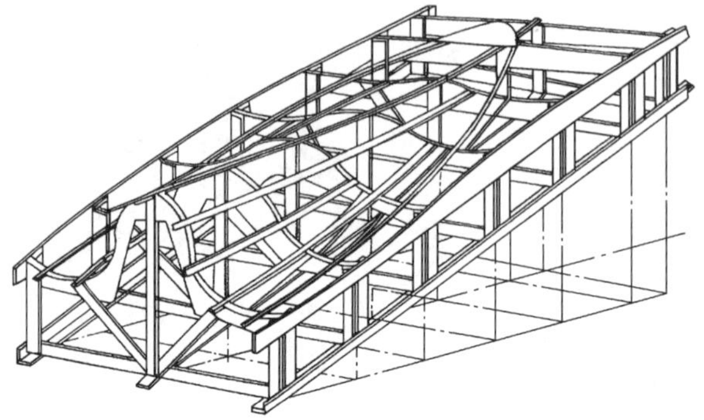

图 3.64　艉轴包板样箱

四、型材弯曲加工信息

船体结构中有许多具有各种弯势的纵骨、肋骨需要进行加工，一般弯曲的型材在加工时可根据弯曲的型值或弯曲加工样板或铁样进行弯曲，目前广泛采用的是逆直线法来衡准型材的弯曲加工。所谓逆直线法就是先在未加工的肋骨原材上划出一定形状的曲线(准线)，如图 3.65 所示，然后将肋骨弯曲加工至所划的曲线变成直线为止，则型材加工成形。

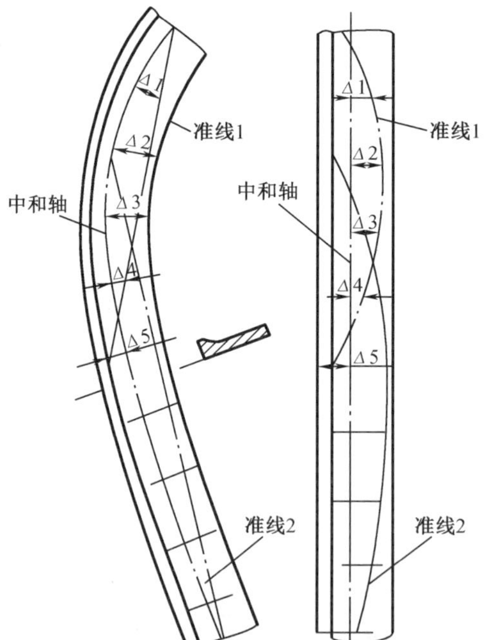

图 3.65　逆直线法示意图

准确地求取弯曲前平直型材的这根曲线(逆直曲线)是采用逆直线法控制型材成形的关键,这就是型材逆直线的数值计算。在肋骨型线光顺工作结束,外板型材的建模完成后,这些数据可由程序自动算出,然后就可在未加工的平直型材上依据这些参数做出逆直曲线。

采用逆直线法来控制型材成形加工已成功用于数控肋骨冷弯机上,在数控冷弯型材中,为成形控制方法提供控制参数的数值计算以及过程控制中的数值计算。如端点测量控制法,其控制参数由进料长度和有向距离组成。其中就有进料长度的数值计算和有向距离的数值计算。又如弦线测量控制法,其加工控制参数由进料长度和弯曲控制角组成。其中就有进料长度的计算和弯曲控制角的计算及弯曲方向的确定。

五、胎架制作和结构装配信息

胎架是根据船体型线制造的,用以保证曲面分段装焊过程中外形正确的辅助工装。为便于胎架制作,需提供胎板样板和胎架划线草图,如用于底部分段胎架的横向胎板样板,如图 3. 66 所示。

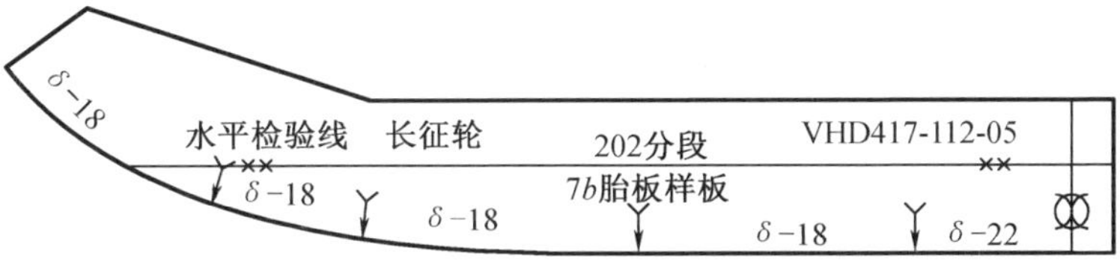

图 3. 66 底部分段胎架的横向胎板样板

至于甲板分段胎架的横向胎板样板可借用甲板梁拱样板(图 3. 67)来代替,梁拱样板既可作为甲板分段结构划线样板,又可作为横梁加工的检验样板。

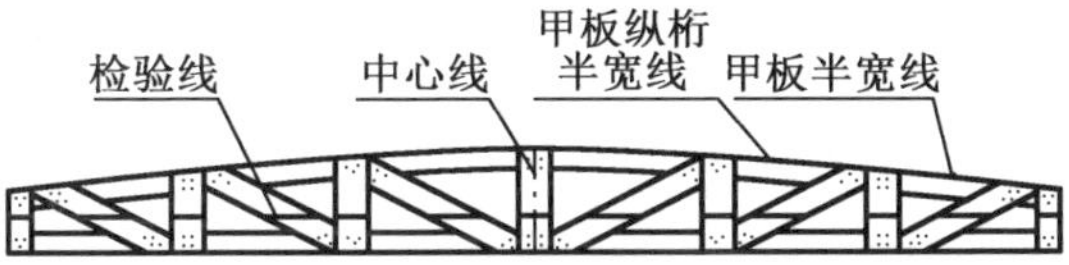

图 3. 67 甲板梁拱样板

在胎架制作过程中,胎架样板和胎架划线草图常常对照着同时使用。

为了提高胎架的通用性和节省原材料,现在船体曲面分段装配中普遍采用一种立柱式通用胎架装置。该装置中的立柱和胎架基准面垂直,且高度可根据分段的曲面形状进行设置。根据胎架基准面选取的不同,数学放样可提供胎架制作和分段施工信息,包括基准面与外板各支柱的高度、外板的定位尺寸、结构线划线信息等。

船体制造进入装配工序时,为了保证装配质量,需要用到装配样板和装配草图,如装配拼板草图、装配划线草图以及划线样板、装配角度样板等。图 3. 68 所示的为一甲板拼板草图。

产品名称	图号	名称	件号	数量	牌号	规格
7 500 t客货船	VHD413-132-01	甲板	见图	见图	2C, 3C	见图

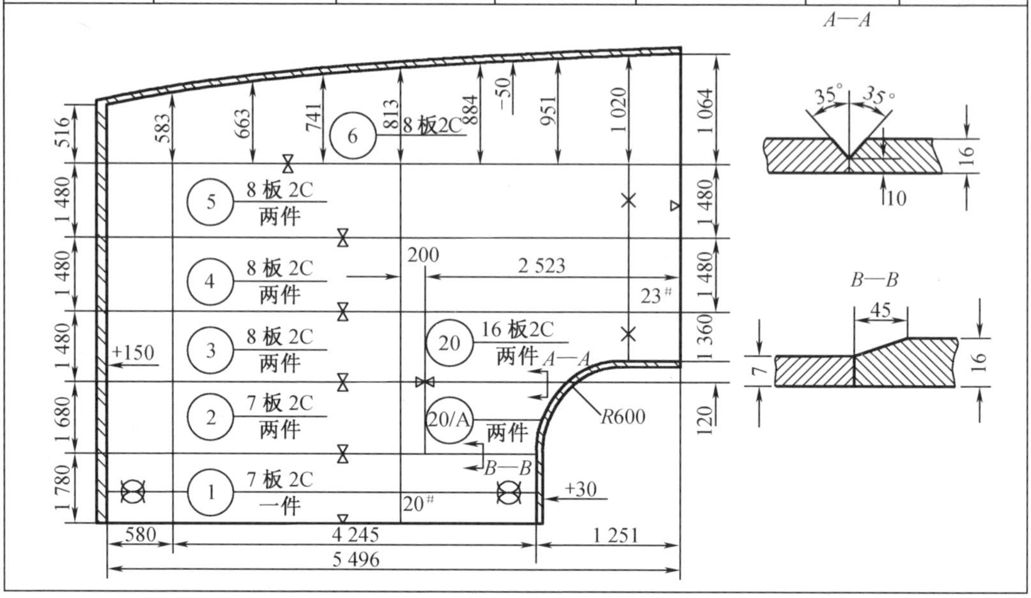

图 3.68　甲板拼板草图

第六节　艏 柱 放 样

艏、艉柱是船体的重要构件，由于其型线比较复杂，所以在前期设计提供的理论型线图上无法精确地表示出来，必须在船体型线放样时加以修改和完善。艏、艉柱放样的原理和方法大致相同。因此，这里仅对艏柱放样做简单介绍。

1. 艏柱曲面特点

艏柱是位于船舶首端的重要结构，它的形式很多。目前一般船舶都采用倾斜式艏柱，这种艏柱的水上部分呈一直线或稍做外漂，水下部分与船底相连处用曲线过渡。艏柱按制造方法分有铸造艏柱、锻造艏柱、焊接艏柱和混合艏柱四种。目前广泛采用焊接艏柱，它具有质量小、成本低、强度好、制造方便、适应分段造船的工艺特点等优点。混合艏柱由水线以上焊接艏柱和水线以下铸造或锻造艏柱组成。本节仅对倾斜式焊接艏柱的放样介绍。

艏柱表面实质上是由许多水平艏圆弧曲线沿艏轮廓方向光顺连接而成的空间曲面，且还与其相邻的船体其他部分光顺连接，如图 3.69 所示。

2. 艏柱放样的光顺条件及需完成的工作

艏柱放样的目的就是要在光顺好的船体型线图上，补充绘出表示艏柱形状的全部型线，以便展开艏柱，制作加工样板。

(1) 艏柱放样的光顺条件

①各艏圆弧必须与相应的水线、甲板边线、折角线和舷墙顶线等光顺地连接。

②在纵剖线图上，艏柱中心线(即艏轮廓线)和艏圆弧圆心连线必须是光顺的。

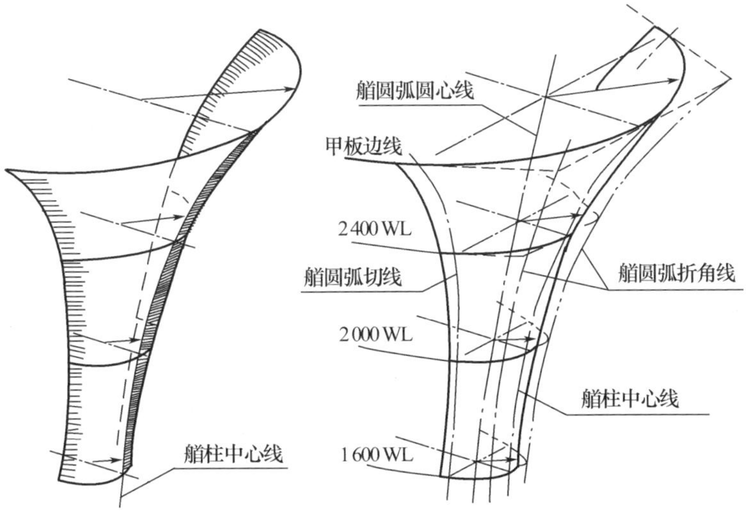

图 3.69　艏柱型线的形成特点

③通过各水线、甲板边线、折角线、舷墙顶线与对应艏圆弧相切的切点连线和与艏折角垂线相交的折角点所连成的折角连线必须是光顺的。

④通过各艏圆弧的任意斜剖线和纵剖线都必须是光顺的。

(2)艏柱放样需完成的工作

①修改和确定艏圆弧半径，绘制各水线、甲板边线、折角线和舷墙顶线等的艏圆弧。

②绘制艏柱板与外板的接缝线(柱缝线)。

③绘制与艏柱相交的横剖线和肋骨线的根部型线。

3. 艏柱放样的方法

(1)艏圆弧的绘制(图 3.70)

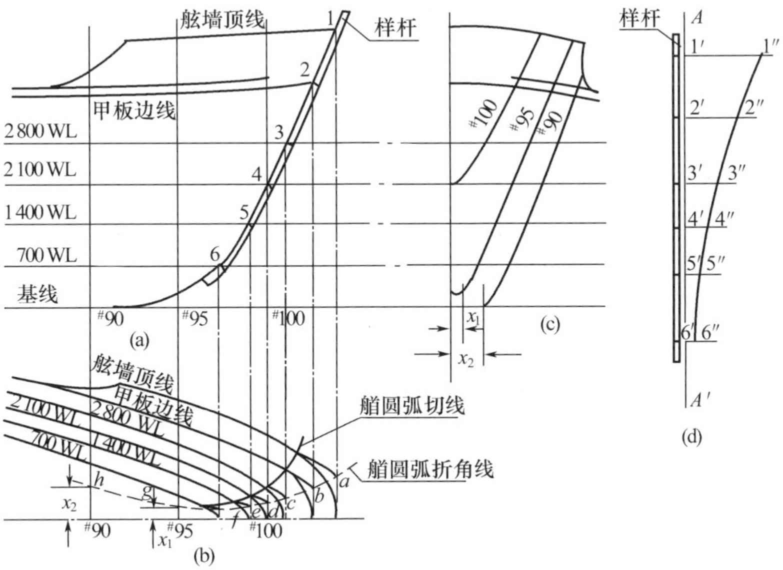

图 3.70　艏圆弧的绘制

①做首圆弧折角线

a. 将纵剖线图上首柱中心线与舷墙顶线、甲板边线及各水线的交点 1,2,…,6,投影到半宽水线图的中线上,并以各投影点为垂足,分别作中线的垂线,称为折角垂线;

b. 将半宽水线图上舷墙线、甲板边线及各水线的艏部型线向艏自然地延长,与相应的折角垂线相交,得 $a,b,\cdots,f$ 各点,它们的交角称为艏圆弧折角;

c. 在横剖线图上,量取最低一条水线以下的船底折角的半宽 x_1、x_2,将其转录到半宽水线图上对应的肋骨线上得交点 g、h;

d. 将半宽水线图上的 $a,b,\cdots,h$ 各点连接并光顺,即得到艏圆弧折角线(图 3.70b)。

②艏圆弧半径曲线的绘制

a. 在半宽水线图上做各艏圆弧折角的角平分线,它们与中线的交点,就是对应艏圆弧的圆心。从圆心到对应折角垂线的距离,就是该艏圆弧的半径。

b. 在纵剖线图上用样杆围在艏轮廓线上,将 1,2,…,6 各点录下;使样杆伸直,将样杆上 1,2,…,6 各点转录到一直线$\overline{AA'}$上,分别得 1′,2′,…,6′各点;

c. 在 1′,2′,…,6′各点做直线$\overline{AA'}$的垂线,在其上量取对应艏圆弧的半径值,得交点 1″,2″,…,6″,用样条将各点连成光顺的曲线,即为艏圆弧半径曲线(图 3.70(d))。若有个别点不在该曲线上,应通过重新修改艏圆弧折角线和艏圆弧圆心位置来修改、光顺艏圆弧半径曲线。

③艏圆弧切线的绘制

用上述光顺所得的艏圆弧半径和圆心位置,在半宽水线图上绘出各艏圆弧,并使相应的水线、甲板边线和舷墙顶线与它们相切。再用样条将各切点连成一根光顺曲线,即为艏圆弧切线(图 3.70(b))。它起到最后检验艏柱型线光顺性的作用。

(2)艏柱与外板接缝线的绘制

绘制艏柱与外板的接缝线是为了艏柱展开及制作艏柱加工样板提供依据。其接缝线通常布置在艏圆弧切线以外,这样有利于艏柱外板的加工。绘制方法如图 3.71 所示。

①根据艏柱图纸上规定的尺寸,先在纵剖线图上光顺地绘出艏柱与外板接缝线的投影曲线(图 3.71(a))。

②将纵剖线图上接缝线与肋骨线的交点 d,h,j 投影到横剖线图相应的肋骨线上,得 d',h',j'点,并将其半宽 x,y,z 量到半宽水线图的相应肋骨线上,得 d'',h'',j''点。

③将纵剖线图上接缝线与舷墙顶线、折角线、甲板边线和各水线等的交点 $a,b\cdots i$ 投影到半宽水线图相应的各线上,得 a'',b'',…,i''点,过各投影交点用样条连成一条光顺曲线(图 3.71(b))。如不光顺,可通过修改水线上的交点来进行三向光顺。

④用样条将半宽水线图上接缝线的半宽值投影到横剖线图上得 a',b',…,j'点,过各投影交点用样条连成一条光顺曲线,即得到接缝线在横剖线图的投影(图 3.71(c))。

(3)与艏柱相交的肋骨根部型线的绘制

艏柱型线确定后,即可运用做辅助线的方法求取肋骨根部的型线。辅助线的做法有三种,即在纵剖线图上做若干根平行于艏柱中心线的辅助线,或在半宽水线图上做若干条等分各艏圆弧的辅助线,或在半宽水线图(或横剖线图)上做若干条辅助纵剖线。现以做辅助纵剖线求取肋骨根部型线的方法为例,其做法如图 3.72 所示。

①在半宽水线图和横剖线图上做 200、400、600、800 和 1 000 辅助纵剖线;

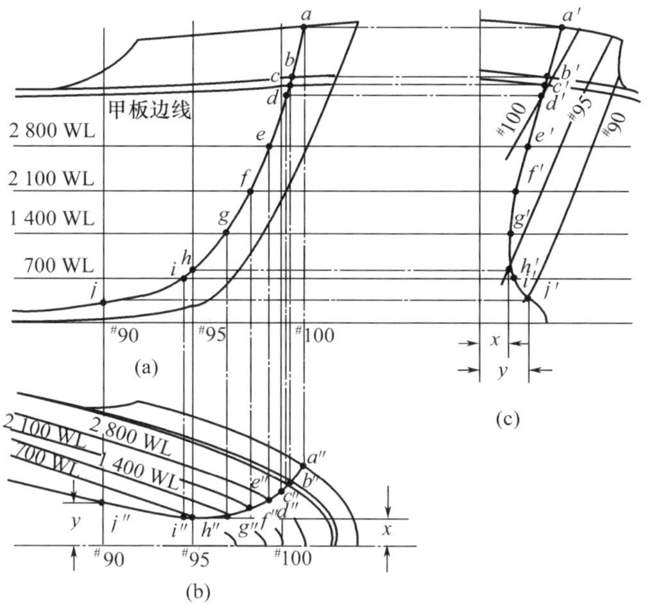

图 3.71　艏柱与外板接缝线的绘制

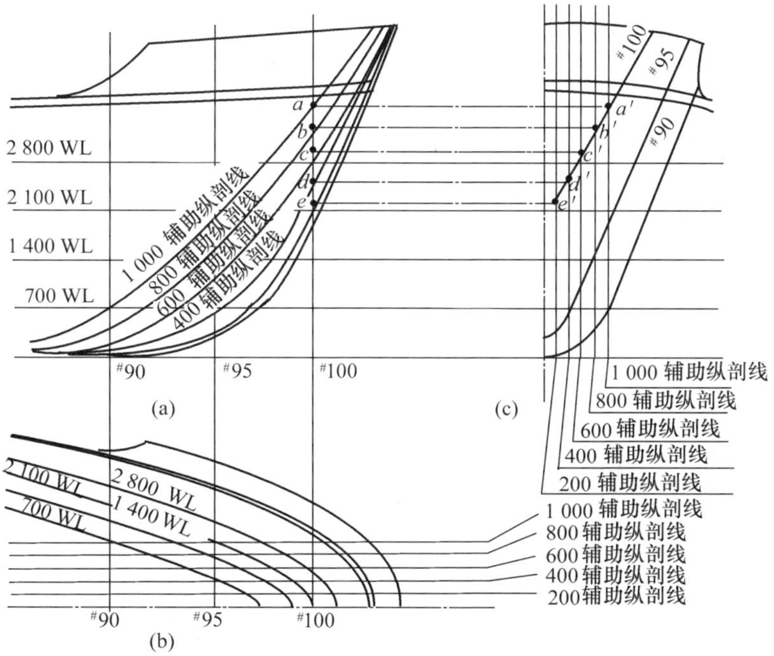

图 3.72　做辅助纵剖线求艏部肋骨根部型线

②将半宽水线图上这些辅助纵剖线与舷墙顶线、折角线、甲板边线、各水线的交点投影到纵剖线图上，用样条连成一条光顺的曲线，得到纵剖线图上各辅助纵剖线（图 3.72（b））；

③以#100 肋骨为例，将纵剖线图上各辅助纵剖线与#100 肋骨线的交点 a,b,c,d,e，投影到横剖线图对应的辅助纵剖线上，得点 a',b',c',d',e'，将它们与原#100 肋骨线一起连成一

条光顺曲线，即为#100 肋骨的根部型线(图 3.72(c))。

4. 艏柱板的近似展开

钢板艏柱一般是具有双向曲度的空间曲面，故只能用近似方法进行展开。因为艏柱板的加工过程是先将展开后的平直板做横向弯曲，然后再用水火弯方法加工出其纵向曲度，所以，艏柱板的展开是以横向弯曲后、纵向弯曲前的半成品艏柱为对象进行的。

下面以倾斜式艏柱板为例，简要地介绍一种近似展开方法。设想将艏柱中心线由弯伸直，并近似看成锥(台)面的一部分，若沿其上下口线及其相关水线与肋骨线进行等分，对应等分点的连线即为素线，每两根素线所围成的面为一扇形面，将这些扇形平面拼接起来，就得到了艏柱板的展开图。

艏柱中心线在展开图上为一直线，故以其作为展开用的准线。由于各水线、肋骨线不与艏柱中心线正交，它们在展开图上为有“弯度”的曲线，这种“弯度”与肋骨弯度为同一概念，故可以借鉴求肋骨弯度的方法求其弯度。展开步骤如图 3.73 所示。

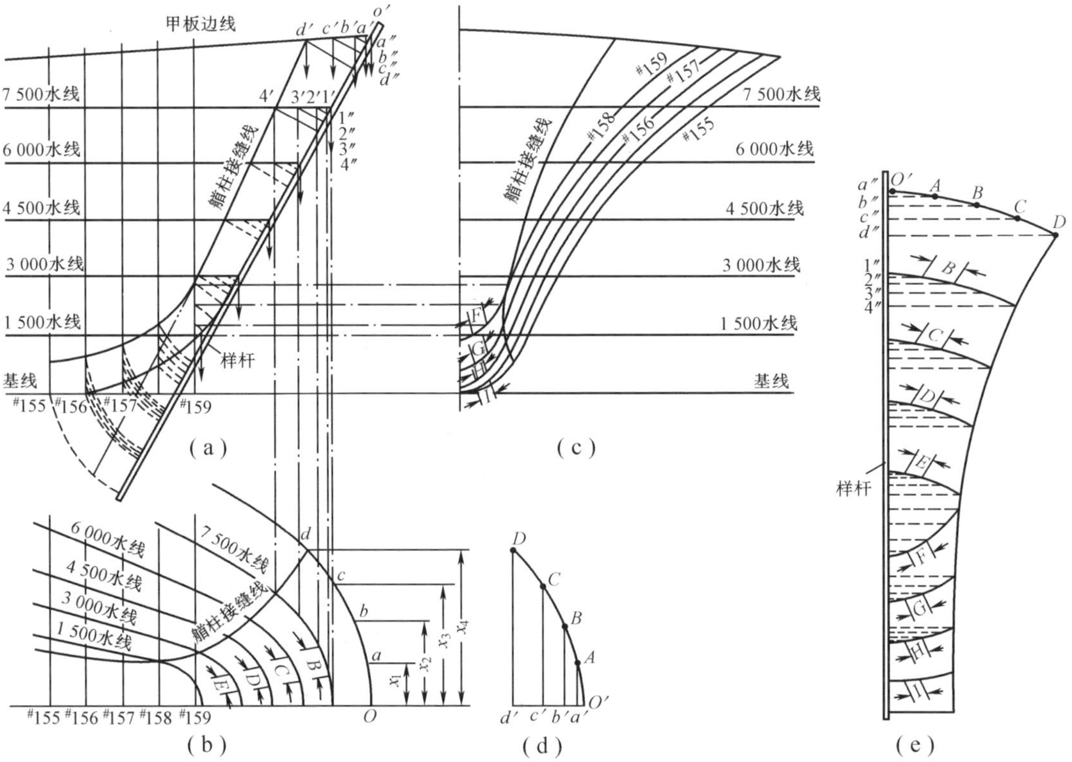

图 3.73 艏柱近似展开

(1)在水线图上将中心线至接缝线的各水线圆弧进行四等分，并将各等分点向上投影到纵剖线图上的对应水线，得出各对应交点；

(2)在肋骨型线图上将中心线至接缝线的各肋骨线根部圆弧也进行四等分，并将各等分点平行投影到纵剖线图上各对应肋骨站线，得出各对应交点；

(3)过纵剖线图上各投影点分别做艏柱轮廓线的垂线，得出各垂足点；

(4)做甲板边线真形图(图 3.73(d))；

(5)用样条将纵剖线图上艏柱轮廓线及其各垂足点围出，伸直在展开图的艏柱中心线上，并过各垂足点作艏柱中心线的垂线，如图 3.73(e)所示；

(6)分别用样条将各水线、各肋骨线及甲板边线上的弧长围出，到展开图上各对应部位从艏柱中心线向外至各垂线，找对应交点。连接两侧边界点后，得到倾斜艏柱板的展开图，如图 3.73(e)所示。

此外，对倾斜式艏柱板还可以采用十字线法先展开艏圆弧切线以内的部分，然后再用撑线法展开艏圆弧切线至艏柱板与外板接缝线间的部分。这时可用各水线艏圆弧来替代肋骨线，各水线间距替代肋骨间距。

第四章　船体钢料加工技术

船体是由成千上万个钢质构件经装配焊接而成的。使钢板和型材成为船体零件的工艺过程,被称为船体钢料加工。所谓船体零件,是指经号料、成形加工后可供装配的船体构件,如肋骨、横梁、肋板、肘板、外板等。虽然船体零件的种类繁多,形状各异,其加工工艺过程也不相同,但从零件的特点和加工工艺要求来看,一般可分为钢材预处理、构件边缘加工和构件成形加工三大类。随着船体制造技术的发展,船体钢料加工技术逐渐向着加工设备高效化、数控化和流水线化的方向发展。

第一节　概　　述

1. 船体钢料加工类别及基本特征(表 4.1)

表 4.1　船体钢料加工类别及基本特征

类别		基本特征	加工方法
按加工温度分类	冷加工	·为零件在常温状态下的加工方法 ·大多利用机械设备进行 ·冷加工的比重占总加工量的 70% ~85%	矫正、剪切、冲裁、辊压、折边、刨边、铣边等
	热加工	·为零件在高温状态下的加工 ·根据加热面积,又分两种情况:零件表面(弯曲)或边缘(切割)的局部加热;零件的整体加热	气割、热弯等
按加工要求分类	边缘加工	·根据设计与工艺要求对零件边缘进行的加工 ·加工依据:号料标记、仿形图或数学放样信息	数控切割、剪切、手工和半自动切割、冲裁、刨边、铣边等
	成形加工	·根据设计与工艺要求将零件弯制成所需的形状 ·加工依据:样板、样箱或数学放样信息	辊压、压弯、折边、撑拉、冷弯、热弯等

将船体钢料加工方法分为冷、热两类,是沿用已久的习惯分类,目前仍有一些中小船厂按此种分类方法来划分劳动组织,安排场地、设备。随着现代造船技术的发展,特别是成组加工技术的应用和加工生产流水线的建立,继续采用上述分类方法已不尽合理,应采用按船体结构特点及其加工规律划分的加工方法,并据此建立船体钢料加工技术体系(图 4.1),以最佳的生产方式达到钢材预处理、构件边缘加工(切割)和构件成形加工的目的。

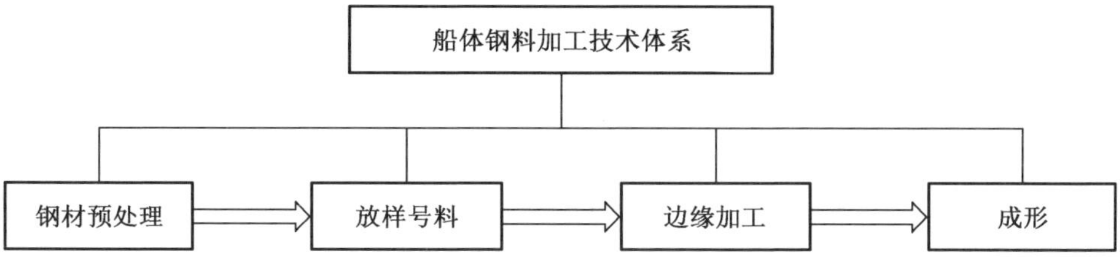

图 4.1　船体钢料加工技术体系

二、加工方法对船用钢材性能的影响

对船用钢材的各类加工方法，都可归结为冷加工和热加工的范畴，其对钢材性能的影响分析如下：

(1)冷加工的影响

船用钢材在承受冷塑性变形(冷加工)后的影响主要表现在：

①会产生加工硬化现象，使其强度、硬度提高，塑性、冲击韧性降低。钢中含碳量是促使加工硬化的一个重要因素，因此，必须将船用钢材的含碳量限制在规定的范围内。

②钢材组织内部伴随产生了内应力(组织应力)，从而增加了钢材的应力腐蚀倾向。尤其是在承受冷、热塑性变形后，增大了其内部晶粒大小的不均匀性，因而会使材料的抗蚀能力降低。

(2)热加工的影响

船用钢材在承受热塑性变形(热加工)后产生的影响比较复杂，主要表现在：

①热加工使钢材内部的气孔压合、疏松消除、晶粒细化(在正常加热温度下)，有利于改善钢材的力学性能。热加工后的钢材性能具有明显的方向性，与纤维方向一致，则性能得以提高，与纤维方向垂直，则性能有所下降。

②热加工使钢材表面产生“增碳”现象，其作用和加工硬化相似。在钢材表面增碳的同时，其表层下的部位(有时可深达 2 ~ 3 mm)则形成“脱碳”现象。同一部位超过规定次数的重复加热，将使钢材内部强度略显降低。

上述影响虽然复杂，但对低碳钢而言，并不影响钢材的性能指标；对船用低合金钢而言，在通常的热加工工艺条件下，一般也不影响其使用性能。

③在承受局部热塑性变形后，受热区呈现局部增厚，在加热区边缘则形成局部凹陷，此种现象以圆点形加热法最为显著，凹陷处易产生电化腐蚀。

④在热加工温度过高(超过 950 ℃)时，会形成粗大晶粒，使钢材性能显著降低，这种现象称为“过热”。过热钢材的性能可通过合理的热处理工艺(如退火)得到改善。若加热到更高温度或长时间处于高温状态(如多次重复加热)，则氧气将渗入钢内组织，使钢的晶粒结构会遭到破坏，这种现象称为“过烧”。低合金钢的过烧敏感性较低碳钢大，钢材产生过烧后将丧失使用性能，一般情况下难以挽救。

第三节　钢材预处理

船用钢材由于受到轧制、运输和堆放等情况的影响，常常会生锈、变形，其表面还附有氧化皮和各种污垢，这会影响钢材的性能和加工精度，形变严重的钢板将会影响船体的型线。因此，使用前必须对钢材进行预处理。钢材预处理主要包括钢材矫正、表面清理和防护。

1. 钢材矫正

由于受轧制时压延不均、轧制后冷却收缩不均，以及运输、储存过程中各种因素的影响，钢材常常会产生波浪形、局部凹凸和各种扭曲变形。这些变形会影响号料、切割及其他加工工序的正常工作；降低加工精度；焊接时会产生附加应力。因此，在号料前应进行矫正以消除这些变形。

(1)矫正原理

钢材的任何变形都是由其中一部分纤维较另一部分纤维缩短或是伸长所致。钢材的矫正实际上是将较长的纤维缩短或是将较短的纤维拉长，使它们和周围的纤维有相同的长度。实际上，一般都采用拉长纤维的方法，因为压缩纤维难以实现。

(2)矫正设备及工作方式

船厂一般采用多辊矫平机矫正钢板的变形，用型材矫直机矫正型材的变形。

①常用的多辊矫平机，其工作部分是由上下两列工作辊组成的，一般由 5 ~ 11 个工作辊组成，下列是主动轴辊，由轴承固定在机体上，不能做任何调节，由电动机通过减速器带动它旋转；上列为从动轴辊，可通过手动螺杆或电动调节装置来调节上下辊列间的垂直间隙，以适应矫正各种不同厚度钢板的需要。其主要有两种类型：一类是上下辊列平行且轴辊可以单独调节的矫平机，另一类是上下辊列不平行的矫平机。矫平时，钢板随轴辊的转动而啮入，并在上下辊列间承受方向相反的多次交变的小曲率弯曲，因弯曲应力超过材料的屈服极限而产生塑性变形，使那些较短的纤维伸长，从而达到矫平钢板的目的。图 4.2 为七星辊矫平机的工作原理。

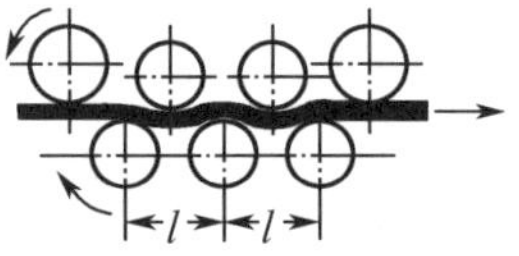

图 4.2　七星辊矫平机的工作原理

一般来说，钢板越厚，矫正越容易；薄板容易产生变形，矫正也比较困难。钢板矫平机的能力各有不同，船用钢板的矫平机以能矫正 4 ~ 30 mm 厚的钢板为宜，通常采用七星辊或九星辊矫平机。对厚度超过矫平机加工范围的钢板，可使用液压机或三辊弯板机矫正。对薄板可采用其他矫平方式，如采用电磁感应加热装备进行矫正。

②型材矫直机，其工作部分由两个支撑和一个推撑组成，支撑没有动力传动，但两个支撑间的间距可以调节；推撑安装在一个能做水平往复运动的滑块上，由电动机通过减速器带动其做水平往复运动。矫正型材时，将型材的变形段靠在两个支撑之间，使其受到推撑作用力后产生反方向变形，从而将变形段矫直，如图 4.3 所示。对大尺寸的型材可用水火矫正法矫正，也可在液压机上进行，但需要配置压模。

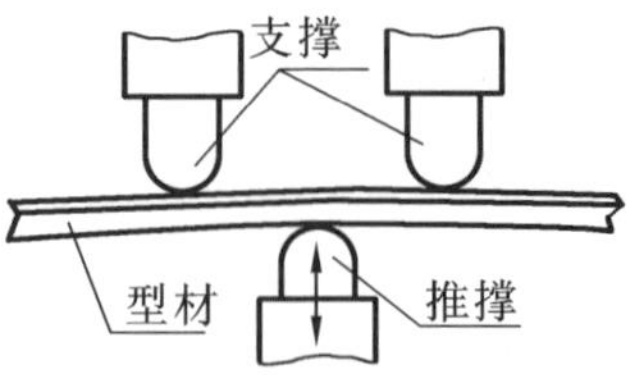

图 4.3　型材矫直机的工作原理

2. 钢材的表面清理

钢材的表面清理一般称为除锈，是通过一定的工艺方法将钢材表面的氧化皮、锈斑和其他杂质清除干净的工艺过程。常用的清理方法有机械除锈法（抛丸除锈、喷丸除锈）、化学除锈法、高压水除锈法和手工除锈法等。

抛丸除锈法是利用离心力将磨料（钢丸、钢丝段、棱角钢砂等）高速地抛射到被处理的钢材表面上，使氧化皮和锈斑剥离的一种除锈工艺方法。

喷丸除锈法与抛丸除锈法类似，都是将磨料（钢丸、钢丝段、棱角钢砂等）高速地抛射到被处理的钢材表面上以除去钢材表面的氧化皮、铁锈和污垢。两种方法的主要区别在于喷丸除锈法是利用气压将磨料喷射而出。

化学除锈法通常指的是多工序酸洗法，其基本工艺过程是：将经脱脂并洗净后的钢材置于酸洗槽内，将氧化皮和铁锈除去，用水洗净后用碱液将残余的酸液予以中和，然后再用水冲洗干净。该法主要用于处理管子、舾装件和形状复杂的零部件。此外对厚度 5 mm 以下的钢板，抛丸除锈时，丸粒对钢板的冲击力较大，容易使薄板产生变形，故可采用化学除锈法。

高压水除锈法是利用高压水射流的冲击作用去除船壳表面上的水生物、疏松的铁锈或旧涂层等。该法具有工作效率高、除锈质量好、经济成本低、不损伤钢板等优点，且锈尘少，能满足环保的要求。但对附着牢固的氧化皮、锈巢清除不易，除锈后钢板容易发黄，因此，其后处理工序要跟上，以防止钢板返锈。现已发展了夹以磨料的高压水喷射除锈，提高了清理效率，而且清理后表面质量更好。

手工除锈法是最简单、最原始的处理方法，除锈效率很低，且质量较差，其操作工具主要是钢丝刷、刮刀、榔头、铲刀等工具，此外，还采用一些电动（风动）除锈装置，如角向磨光机、电动钢丝刷、风动敲锈锤等手工机械除锈装置，主要应用于局部缺陷的修补，以及如狭小舱室、型钢反面角隅边缘等机械除锈难以到达的部位。

3. 钢材预处理流水线

所谓钢材预处理流水线，是指由钢板输送、矫正、除锈、喷涂车间保养底漆、烘干等工序组成的流水线。通常有两种类型：一种是钢板预处理流水线，另一种则是型钢预处理流水线。两者工作原理是一致的，只是由于型钢表面比较复杂，抛丸机的抛头位置安放应有一特定的角度，且型钢的宽度大大小于钢板的宽度，故型钢流水线的抛头数量较钢板流水线少，辊道的宽度亦小于钢板流水线的辊道宽度。

目前只有抛射磨料处理方式能获得高效率的自动化流水作业。钢板抛丸预处理流水线的工艺流程和主要设备如图 4.4 所示。

（1）将钢板吊放到辊道上。

（2）通过辊道将钢板送入多辊矫平机工位，对钢板进行矫平处理。

（3）矫平后的钢板由输送辊道送入预热装置工位，对钢板进行加热，可采用中频感应加热、液化石油气加热和热水喷淋加热等方式，不论采用何种方式预热，均应使钢板升温至 40 ℃ 左右。其目的是去除钢板表面的水分和油污，并使氧化皮、锈斑疏松，同时使钢板升温至一定的温度以利于喷漆后的干燥，也可增加漆膜的附着性。有的钢板预处理流水线还配有喷淋装置工位，其作用是去除钢板表面的盐分。

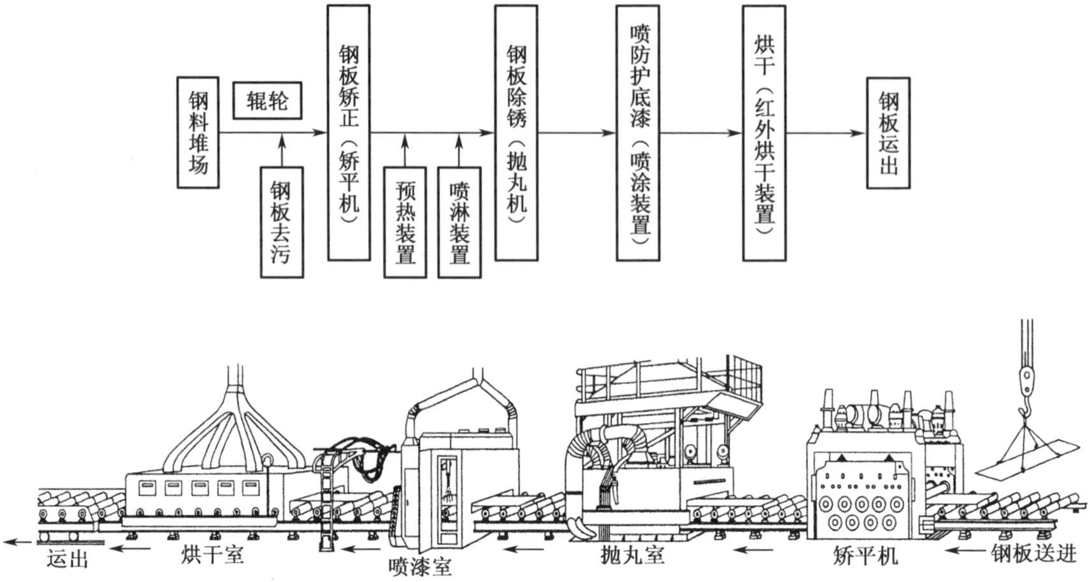

图 4.4　钢板抛丸预处理流水线的工艺流程和主要设备

(4)钢板进入抛丸除锈工位,对钢板进行抛丸除锈是在抛丸室内完成的。抛丸室内安装有抛丸器、磨料循环装置、磨料清扫装置、通风除尘装置等。抛丸装置自动地向钢板两面抛射磨料,并用热风除去钢板表面的灰尘。用于清除钢材表面氧化皮与锈蚀的磨料有很多种,但用于抛丸处理的磨料主要有铁丸、钢丸、钢丝段和棱角钢砂,既要考虑处理效果好(其中就有钢材表面粗糙度的指标),又要便于回收。

(5)钢板除锈并清洁后,进入喷涂室喷涂车间保养底漆,涂漆以自动化方式进行。整个涂漆装置由高压无气喷漆机、自动喷枪、通风去雾装置等组成。为适应不同宽度的钢板,喷枪往返的行程可以调节;为使涂层连续并保证一定的漆膜厚度,辊道的输送速度应与喷枪的喷涂速度相匹配,此外还有喷枪与钢板之间的距离,通常在 300 mm 左右。

(6)钢板离开喷涂室后,进入干燥室进行烘干,为促使其快速干燥,漆膜烘干的方法有远红外线辐射、蒸汽、电加热等。对使用干性良好的车间保养底漆(如无机硅酸锌防护底漆),一般可免除烘干工序。

(7)钢板烘干后从干燥室出来进入高速辊道,并被送出预处理流水线,经检验合格后送入加工车间进行号料加工。

应注意的是,对钢材预处理流水线上充满铁质粉尘的除锈室和喷雾的喷涂室必须采取相应的环保措施和防火、防爆措施,防止其向室外扩散有害气体,以维护现场良好的作业环境。

第三节　船体钢料的边缘加工(切割)技术

经过号料(或套料)的船体钢材下一步要进行切割分离,其中较厚的船体构件还要进行焊接坡口加工,通常称这种改变钢材边缘形状,使其成为船体构件而进行的切割分离与坡口加工工艺为船体钢料的边缘加工(切割)技术。船体钢料边缘加工(切割)一般包含三类加工作业:一是运用热切割或机械剪切方法,按施工信息从原材料上切割得到船体构件;二是根据焊接技术要求,对构件进行坡口加工;三是对某些构件的自由边和人孔进行修整,从而得到满足不同技术要求的船体构件,其中,主要的或加工量最大的是切割作业。船体构件的边缘加工(切割)技术体系如图 4.5 所示。

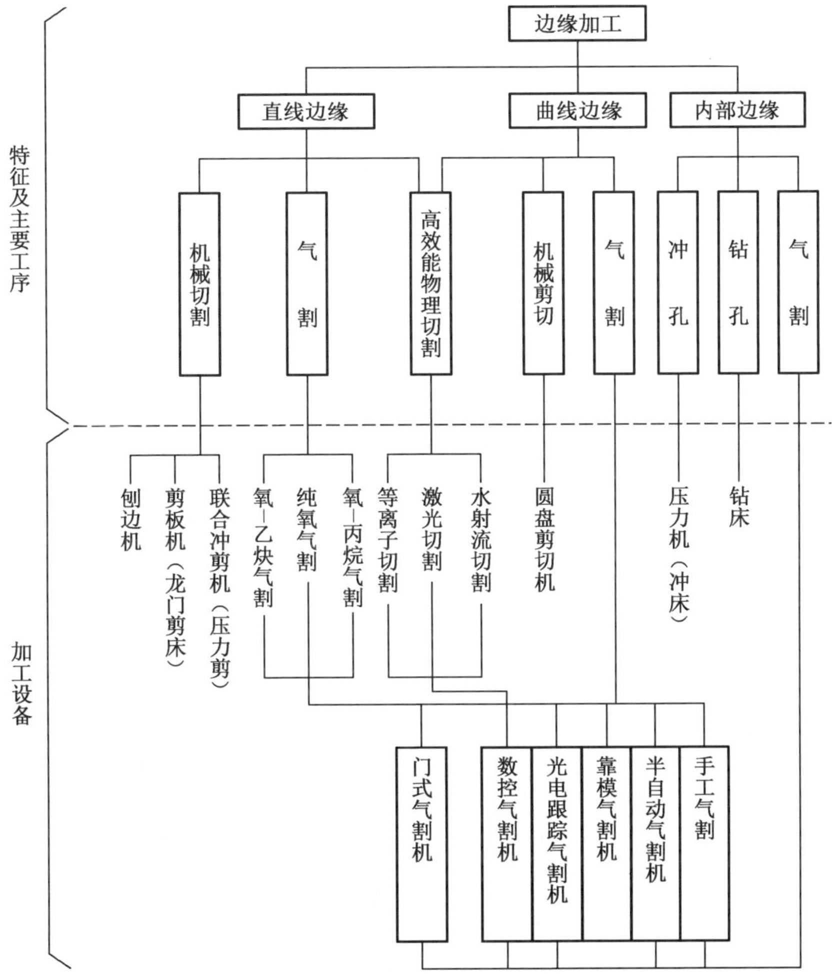

图 4.5　船体钢料的边缘加工(切割)技术体系图

一、切割技术

(一)切割技术的分类和应用

随着新材料和新能源的开发和利用,各种切割方法也在不断更新和改进。

切割成技术按照切割过程中所使用的能源来分类,可分为热切割、动能切割、机械切割等几个主要类别,详细分类如图 4.6 所示。

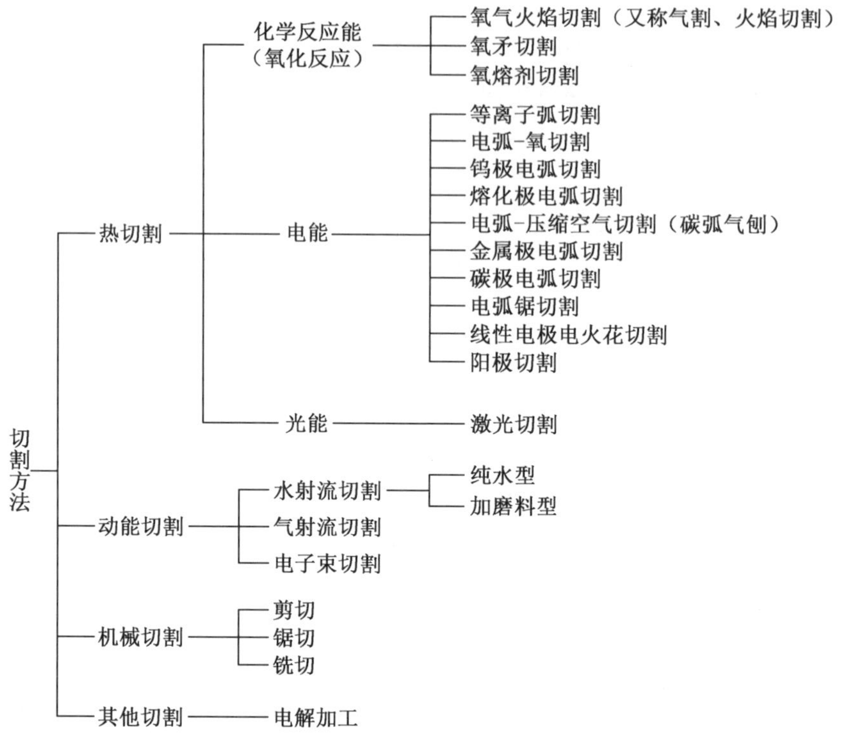

图 4.6　切割方法分类

船体构件切割,主要采用机械切割和热切割并以热切割为主。热切割方法中又以氧气火焰切割、等离子弧切割和激光切割这三种热切割方法在船舶工业中应用最为广泛,其所采用的能源不同,对切割能力、质量、切割精度,以及材质、成本等都有明显的影响。这三种热切割方法有各自的优点和缺点,因为应用不同,所以侧重场合不同。激光切割主要适合于中薄板材高精度、高速度切割的场合。当需要一定的切割精度和高切割速度,而材料品种又多时,则等离子弧切割法较为合适。在切割碳素钢的厚度规格较多(包括 30 mm 以上较厚板)并想要减少设备投资时,采用氧气火焰切割较好。另外,在需要少量切割时,氧气火焰切割因为设备投资少、轻便灵活而成为不可替代的切割方法。因此,在选用切割方法时不仅要考虑切割加工对象和工厂的实际条件,还要考虑生产成本、技术力量、配套设施以及后续投资等多方面的因素。

船体构件切割可分为内场切割和外场切割。内场切割一般在厂房内进行,主要是各种大型的自动切割机和数控切割机。外场切割一般在露天环境或在船上进行,一般采用氧气火焰切割,大多使用割炬和小型的半自动切割设备。

(二)机械切割技术及装备

主要是机械剪切。机械切割技术是指被切割的金属受到剪刀给予的超过材料极限强度的机械力的挤压而发生剪切变形并断裂分离的工艺过程。这个过程大致可分为弹性变形、塑性变形和断裂三个连续发生的阶段。

用于剪切直线边缘构件的加工机床主要有斜刃龙门剪床和压力剪切机(或联合剪冲

机)两种。曲线边缘构件的机械剪切主要是圆盘剪切机。

压力剪切机主要用来剪切短直线,有时也用来剪切较长的直线或缓曲线,但其速度慢,操作复杂而且质量较差。

斜刃龙门剪床是用来剪切长直边构件的专用设备。对于中、薄板的直线剪切尤为适宜,其最大优点是精度高、速度快。龙门剪床的剪刀板比较长,一般为 1.5 ~5.2 m,最长可达 8.3 m。剪床的下刀板成水平位置,固定在床身上,上刀板倾斜成一定的角度做上下运动。在上剪刀下剪以前,剪床的压紧装置将板料自动压紧,以免钢板产生移动或翻转。所以,用龙门剪床剪切长直线时,可以获得比较高的精度。

机械剪切的主要工艺要点:剪切前应根据构件的厚度调整上、下刀片的间隙;当一张钢板上排列多个构件时,应根据其排列情况确定剪切顺序;剪切时,应使构件的剪切线与下刀口边缘严格对准,以保证剪切边缘不发生偏差。

中、小型船厂造船所用的钢板都不太厚,龙门剪床是直边构件边缘剪切的高效而经济的加工设备。若再配置适当的上料、送料、定位和落料的辅助装置,将会进一步提高其加工效率。

(三)氧气火焰切割(气割)技术及装备

1. 氧气火焰切割原理及应用范围

氧气火焰切割是利用可燃气体(如乙炔或丙烷)与氧气混合燃烧的预热火焰,将切割金属加热至燃烧点,然后喷射切割氧,使割缝处的金属剧烈燃烧,并吹除燃烧后产生的氧化物,从而达到使金属分割的目的,图 4.7 为气割示意图。其实质是利用金属在氧中的燃烧反应和反应热进行切割的方法。气割的过程由三个阶段组成:金属的预热、金属的燃烧、氧化物的排除。

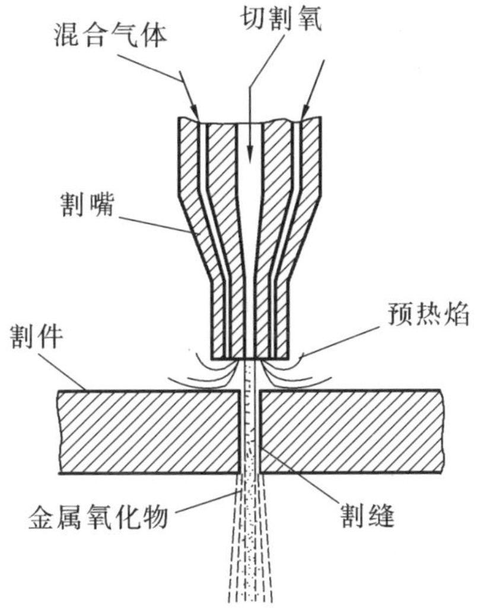

图 4.7　氧气水焰示意图

预热是用调节好的预热火焰加热金属,使割缝起点的温度逐步上升,直至达到被割材料的燃点;燃烧是用放出的高速纯氧气流使金属燃烧(剧烈氧化),并将燃烧生成的熔渣(金属氧化物)迅速吹除掉,而形成割缝。同时由于金属的燃烧放出大量的热,利用钢材的导热性,使热量不断地预热待割部分,使其温度升至燃点温度,上述过程连续不断地进行。

由上述可知,气割是金属在一小束高速氧流下剧烈燃烧的过程,而不是熔化过程。因此,不是所有的金属都可以进行气割的,即使能够被气割的金属,其气割性能也是各不相同的。从气割原理来看,只有满足下列条件的金属才能进行气割。

(1)被割金属在氧气中的燃点必须低于其熔点,以保证氧气切割的燃烧过程,这是最基本的气割条件。碳质量分数对钢材燃点和熔点的影响很大,通常,随着碳质量分数的增加,其熔点降低、燃点升高,一般碳质量分数低于 0.7% 的钢材都能满足气割燃烧过程的要求;

(2)燃烧中产生的金属氧化物的熔点必须低于金属的熔点,且氧化物具有良好的流动性;

(3)金属在氧气中的燃烧应是放热反应,并能放出较大的热能。因为气割过程中,上层金属燃烧放热对下层金属的补充预热作用是十分重要的,气割过程中金属燃烧产生的热量约占气割总热量的70%;

(4)金属的导热率不应过高,否则,预热焰热量和被割金属燃烧所产生的热量将从割缝处迅速散失,使温度很快低于燃点,切割过程不能进行;

(5)金属中不应含有使气割过程恶化的杂质,因为有的杂质会使氧化物熔点升高,有的会妨碍金属燃烧,有的会使割缝处金属性能变坏等。

船用低碳钢和低合金钢均能满足上述条件,具有良好的可割性。对于其他材料,则必须了解其性能是否符合上述条件,然后决定能否选用气割方法。显然,气割不能切割不锈钢、铸铁、铜、铝及铝合金等有色金属,更不能切割非金属。

氧气火焰切割设备简单,操作灵便性好,最大切割厚度大,尤其能够切割各种曲形零件,成为加工厚板和超厚板的优选切割方法,但切割速度低(一般在1 m/min以下),切割变形大,尺寸精度不高。20世纪40年代通过对割炬和割嘴的改进,研制出了扩散型等新型快速割嘴,使切割的速度和质量有了进一步的提高和改善。后又相继开发出了各种机械化、自动化切割设备,特别是数控切割机的出现,使切割质量和效率大幅度提高,实现了各种形状复杂的成形零件的自动切割,且切割后不需再进行后加工。

从20世纪60年代末至20世纪70年代初开始,适用于碳素钢、切割中薄板速度大大高于氧气火焰切割的等离子弧切割法开始投入工业应用,氧气火焰切割独占的局面被打破,其应用也随之减少。从今后发展趋势来看,氧气火焰切割将继续被等离子弧切割和激光切割所代替而逐步缩小其应用范围。但是气割设备价格低、轻便灵活、在以下几种场合还是具有一定的优越性并将继续得到应用。

①在厚度为100 mm以上钢材的切割中,只有氧气火焰切割才能胜任;

②在使用多割炬同时切割同形零件或含公共切割线的矩形零件的场合(如在整张钢板上切割板条),仍具有良好的经济性;

③切割焊接坡口;

④各种型钢的切割。

2. 船厂常用的气割设备

按照切割割嘴的运动轨迹控制及驱动方式的不同,主要可分为手工气割炬、半自动气割机、门式切割机、光电跟踪切割机、数控切割机等。进行曲线边缘切割时,常用手工气割炬、光电跟踪切割机和数控切割机。

(1)手工气割炬

割嘴的运动轨迹由操作者手工控制,操作者控制割嘴沿号料划出的切割线运动,切割精度主要取决于操作者的技术。

(2)半自动气割机

半自动气割机由切割部分(包括割嘴、气体管路及其调节装置等)、动力部分(行走电动机和减速装置等)和辅助设备(轨道、割圆圆规、靠模等)三部分组成。常用的有手扶式半自动气割机、型钢气割机、仿形气割机(也称靠模切割机)、多向气割机和管子气割机等。图4.8为有轨道的半自动气割机。

气割机由电机驱动,沿着预设的轨迹做匀速运动而实现对构件边缘的切割。割嘴可以处于垂直位置,也可以倾斜一定的角度以便切割出 V 形或 X 形坡口。小车的行车速度就是切割速度,能进行无级调速。其割缝光洁,切割精度高,与自动气割机相比,它还具有设备简单、便于移动、容易操作、适应性强、投资小、易于扩大施工面等优点。尤其是近年来研制的各种小型轻便半自动切割机更是如此,被我国船厂广泛应用于切割直线、曲线、坡口和各种类型的圆孔。

(a) 双轨式

(b) 单轨式

图 4.8　有轨道的半自动气割机

(3)门式切割机

门式切割机是加工大规格钢板的板边和焊接坡口以及切割板条的大型门架式自动切割设备。因其切割精度高,也被称为高精度门式切割机。其门型机架上通常设有多个垂直割炬,可用于切割板条,也被称为多头切割装置,如图 4.9 所示。门式切割机是由装有驱动装置的门型机架和割炬组、轨道等组成。装在门型机架上的切割装置之间的间距,可按被切割构件的尺寸进行调整。供切割板边及各种焊接坡口的割炬组一般安装在扇形导板上,以便于按要求设定割炬角度,同时也能沿前后方向微调割炬间的间距。

图 4.9　门式气割机

切割时,由电动机驱动门式支架以一定速度沿导轨做直线运动(运动速度即为切割装置的切割速度),切割装置随着门型支架的运动而切割出一条或数条精度很高的直线割缝。

除切割平直边缘外,还可一次割出 V 形、X 形、K 形、Y 形焊接坡口。因此,应用高精度门式自动切割机切割直边构件,不仅加工精度高,切割速度快,而且还能将边缘切割和开坡口一次完成,替代了愿来刨边机的全部工作内容。因此,门式切割机作为替代机械刨边或铣边加工的一种有效设备而获得广泛应用,同时也便于同前后工序组成流水生产线。

(4)光电跟踪切割机

光电跟踪切割机是利用光电原理自动跟踪样板图上的线条或图形边缘同时带动割炬进行仿形切割的一种自动化气割设备,由光电跟踪机构与切割执行机构两部分组成。它一般是作为内场切割设备来使用,主要用于切割不同厚度、任意形状的小型构件,但薄板因其切割质量差而不宜采用。其可充分利用余料,提高钢材利用率,且不用号料即可切割出构件形状,但不能划出构件上的各种安装线、检验线和有关标记。光电跟踪切割机有以下几种类型:

①按跟踪原理可分为单光点边缘跟踪和双光点线跟踪。

②按跟踪装置驱动方式可分为小车式(摩擦驱动式)和坐标式。

③按切割机的结构形式可分为门架式、单臂式和双臂式。

(5)数控切割机

数控切割机是计算机程序控制的自动化切割设备,简称 CNC 切割机,通常由机械传动装置、自动控制系统、伺服驱动系统和支持软件等组成,分为数字控制部分和切割执行部分。它是把被切割的构件用图形处理语言编成构件切割程序,通过船厂的局域网将切割指令输入控制装置中去(也有以磁盘作为切割指令的载体),以控制切割机的执行机构进行切割的一种自动化切割设备,如图 4.10 所示。

数控切割机控制部分既可采用专用数控装置,也可采用微型电子计算机。目前国内数控切割机的控制多采用逐点比较法和数字积分器法两种插补方法。

数控切割机执行部分是一台带一套割炬或数套割炬的切割装置。其机架多为悬臂式结构、门式结构或桥式结构。其切割热源根据不同需要既可采用氧乙炔或氧丙烷等化学热源,也可采用等离子弧或激光等物理热源。

数控切割机的割炬除在控制装置的控制下能做平面移动外,还具有自动升降和旋转等功能,因而数控切割机能切割不同厚度和任意形状的船体构件,但薄板因切割质量不理想而不宜采用化学热源的数控切割机。若装上多割嘴割炬,即可切割焊接坡口;若配置有划线的装置,则还可以在钢板上划出安装线、加工线和各种符号。

与手工、光电、半自动切割相比,数控切割机可实现放样、切割过程自动化,且热变形小、切割精度高,其误差可控制在 ± 0.5 mm 以下,为精度造船创造了有利条件。同时具有提高钢材利用率、切割信息易于准备和保存等优点。

此外,近年还开发了专用于型钢加工的数控切割机,在每个切割装置上都装有高度传感器,能模拟腹板和翼板面的状态自动调节割嘴高度,其纵向驱动则采用齿轮齿条啮合方式,而切割装置的驱动采用丝杆传动方式。这种型钢数控切割机主要适用于型钢加工量大的场合,能自动切割大型槽钢、H 型钢、工字钢、角钢、球扁钢和扁钢。不但可以加工型钢端头边缘及 V 形坡口,也可以加工出型钢中的各种减轻孔、漏水孔及管子和电缆穿孔等。

(a) 数控切割机

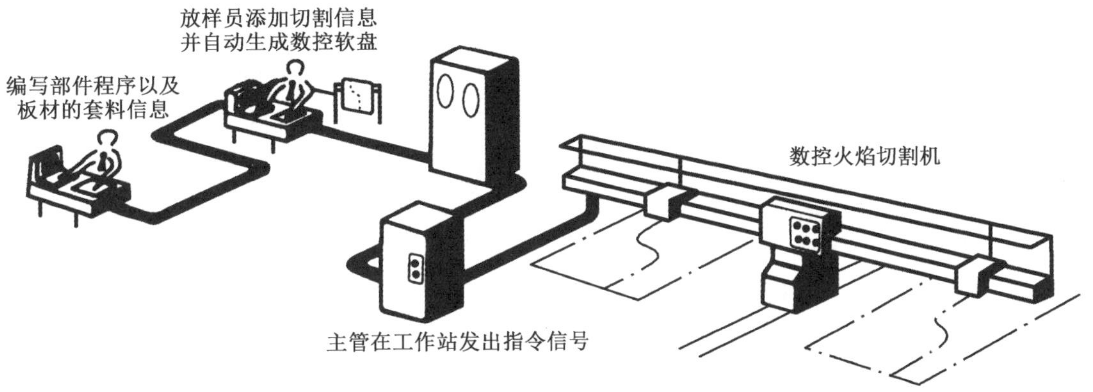

(b) 数控切割系统

图 4.10　数控切割机及数控切割系统

(四)高效能的物理热切割技术及装备

1. 等离子弧切割技术及装备

等离子弧切割是利用“机械压缩”“热压缩”和“磁压缩”等离子电弧所形成的高温、高速等离子流作为热源,将被切割的金属局部加热熔化,并同时用高速等离子流将已熔化的金属吹掉而形成狭窄割缝的工艺过程,是一种熔融切割工艺,其典型装置如图 4.11 所示。

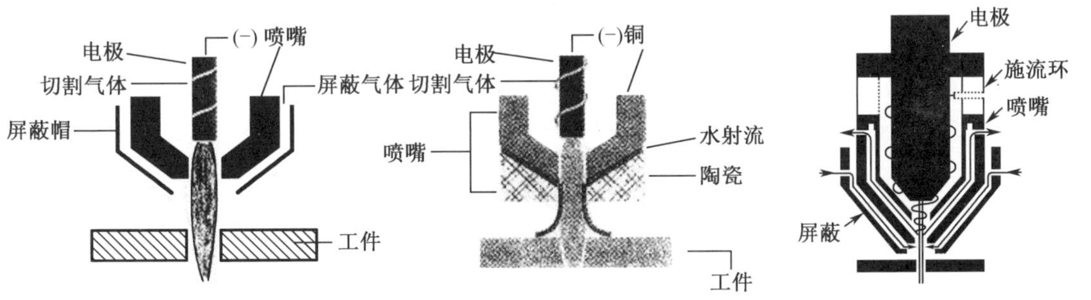

(a) 双气体等离子切割　(b) 水射流等离子切割　(c) 精细等离子切割

图 4.11　典型等离子发生装置示意图

处于完全电离状态的气体便是所谓的“等离子体”。这种已完全电离的气体不再由原子、分子构成,而是由带正电的离子和自由电子组成,其整体保持着电中性。利用一定的装置可以得到高速高温的等离子流,其流速达 300 ~ 1 500 m/s,温度达 15 000 ~ 33 000 ℃,这种高速高温的等离子流从喷嘴孔喷射到被切割的金属表面后,使割缝处温度迅速升高而熔化。同时,高速飞出的粒子具有相当大的动能,产生较强的冲力,将被熔化的金属冲走而达到切割的目的,并随着割嘴的移动,形成了一条狭窄的切缝。

高温等离子弧切割的过程是靠金属熔化来实现的,与氧气火焰切割有本质的不同,不受材料熔点高低的限制。可以切割氧气火焰所不能切割的不锈钢、铝、铜、钛、镍等材料。尤其擅长切割薄板,其切割速度是火焰切割的 3 ~6 倍,切割质量好。在现代造船业已成为一种有效的切割方法。现在船厂使用的数控切割机多数搭载的是等离子弧切割系统。

等离子弧切割虽然具有氧气火焰切割不可比拟的优点,但直接在空气中工作,则会产生较大的噪声、大量的粉尘、耀眼的弧光以及氧化氮等有害气体,对操作人员的安全和环境十分有害,为解决这一矛盾,发展了水下等离子弧切割技术。水下等离子切割机的等离子弧是在水中进行切割,用水将等离子弧柱与周围环境相隔离而达到环保的目的。

目前,常用的等离子弧切割方式为双气体等离子切割,采用不同的气体和气体组合,可适用于不同材质的切割,以获得更好的表面切割质量和切割速度。水射流等离子切割则通过水来进一步压缩等离子弧,提高其温度和能量密度,改善切割工艺。近年来,随着精细等离子切割技术逐渐成熟并得到应用,使等离子弧切割在切割表面垂直度、粗糙度得到很大的改善,可接近于激光切割的效果。

2. 激光切割技术及装备

激光切割是由激光器所发生的水平激光束先经 45°全反射镜变为垂直向下的激光束,后经透镜聚焦,在焦点处聚成一极小的光斑,在光斑处会焦的激光功率密度高达 10^6 ~ 10^9 W/cm^3。处于其焦点处的被切割工件表面受到高功率密度的激光光斑照射,会产生高达 10 000 ℃以上的局部高温,使被照射处的材料迅速熔化、汽化、烧蚀或达到燃点,同时借与光束同轴的高速气流吹除熔融物质,从而实现割开工件的目的,并随着割嘴的移动,形成一条狭窄的割缝。典型激光切割装置如图 4.12 所示,激光切割系统由激光电源、激光发生器、折射反射镜组、气体控制组件和激光割炬等组成。

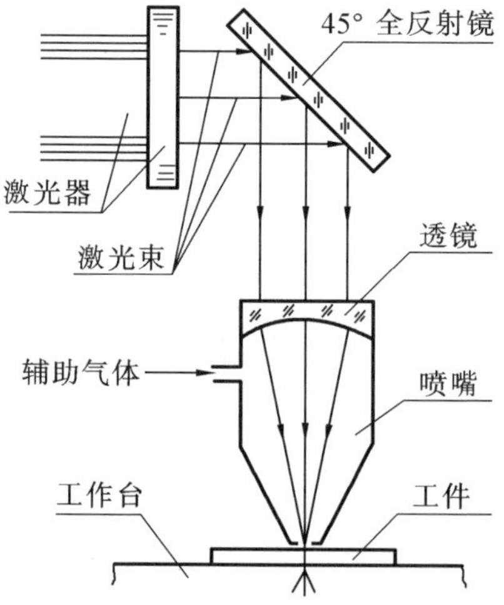

图 4.12　激光切割装置示意图

激光切割一般可分为氧助燃切割和熔化切割，其中以氧助燃切割应用最广。氧助燃切割法是以激光作为预热热源，用氧气等活性气体作为切割气体，喷出的气体一方面与切割金属作用发生氧化反应，放出大量的氧化热，另一方面把熔融的氧化物和熔化物吹出，在金属中形成切口。激光熔化切割是用激光加热使金属材料熔化，然后通过与光束同轴的喷嘴喷出非氧化性气体（如氮气、氩气等），并依靠气体的强大压力使液态金属排除而形成切口。氧助燃切割法主要用于碳钢的切割。激光熔化切割主要用于一些不易氧化的材料或活性材料的切割，如不锈钢、铝及铝合金的切割。

激光切割精度在已知的所有热切割设备中是最高的，是一种能实施高精度、高效率的自动化切割方法，应用范围很广，既能够切割金属又能切割各种非金属材料。与等离子弧切割相比，激光切割具有速度更快、割缝更窄（0.2 ~ 0.3 mm）、热影响区更小（宽度约 0.1 mm），等割缝边缘垂直度好、切割边光洁度高等特点。尤其是薄板，其切割速度最高可达每分钟十几米。此外，还具有噪声和振动小，对环境基本无污染。

激光切割技术的应用始于 20 世纪 70 年代后期。近年来，激光已向大功率趋势发展，现已能高质量地切割厚度达 32 mm 的低碳钢，与现有的等离子弧切割机相当。数控激光切割技术将是未来造船钢板切割的发展方向。

（五）水射流动能切割技术及装备

水射流切割的基本原理，可以简单地概括为通过转能装置，将机械能转变成水的压力能，再通过特殊设计的喷嘴小孔，将高压水高速喷出，使水的压力能转变成动能。这种具有极高动能的水射流可以用来切割各种材料。

水射流切割因其原理与其他切割技术的不同而具有独特的特点，主要用于热切割无法进行或者需要采用昂贵的机械切割工具及割缝需要磨光的场合。

（1）因为是冷态切割，对材料没有热损伤，不会造成材料性能变化或热变形等不利影响。

（2）切口质量高，所形成的割缝较窄，割缝边缘平直，表面光滑，不会产生任何毛刺和挂渣。

（3）因为是湿切割，对环境的污染较小，切割废水经过处理后可重复利用。

（4）可切割大厚度钢板。

水射流切割可分为纯水水射流切割和添加磨料的水射流切割。纯水射流切割主要用来切割纸、木板、橡胶、皮革、塑料等软性材料。而添加磨料（如金刚砂）的水射流切割主要用来切割钛、铝合金、不锈钢、高强钢、陶瓷、花岗石等硬性材料。水射流切割通常采用计算机控制系统以进行平面和全位置的成形切割。切割指令可通过计算机编程系统产生，也可以采用光电跟踪头直接从图纸上取得切割信息。

水射流切割技术已经在造船业得到实际应用，且切割质量好、尺寸精度高。随着我国造船工业发展，水射流切割技术作为一种绿色切割工艺，将在船厂中得到应用。

（六）切割技术要点及质量控制

综上所述，船体钢料的边缘加工，其技术要点主要体现在：割前应根据构件厚度、切割线等具体情况，选择合适的机型、割嘴及切割辅助装置。此外，为减少热变形，应遵循规定的切割顺序。

1. 大厚度钢材的切割要点

通常把切割厚度超过 30 mm 的钢材称为大厚度板切割，可选用等压式割嘴、外混式割

嘴,尤以后者为佳。其切割要点:

(1)切割时钢材上、下受热不均匀,上部与下部的温度差较大,若操作不当,切割过程往往就不能沿厚度方向顺利进行。这是大厚度板切割的最大难点。

(2)大厚度板切割的重要条件是切割区必须保证有足够的氧气流量,一旦熄火,要重新起割将极其困难,为此需要尽量避免切割过程中断。

(3)对切割氧压力的控制要求较高。如氧气压力过高,氧流的温度降低,反而对切割区起冷却作用,某些场合甚至使切割过程中断。

(4)切割厚板时割嘴宜前倾 10°~20°,割炬的移动必须保持匀速;割炬与工件的距离在整个切割过程中应保持一致。当钢材厚度很大时,可在工件底部使用附加热源进行补充加热,以促进起割时顺利割穿。

2. 薄钢板的切割要点

船体结构中所称的薄板,通常是指厚度为 3~6mm 的薄钢板。应使用最小型号的普通割嘴,条件允许时也可选用氧帘割嘴,其切割效果更好。

(1)薄板切割的主要特点

工件的变形大,对切割参数(包括火焰功率、割嘴型号及移动位置、切割速度等)的要求很高,对操作技能的要求也高,一旦切割参数选择不当或操作不慎,极易发生变形严重以及边缘熔化黏结等缺陷。

(2)单张薄板的切割要点

①燃气应采用火焰热扩散性小的乙炔,而不用丙烷等石油气。

②在减小预热火焰功率、提高火焰集中度的同时,可采用一边切割一边洒水冷却的方法来防止变形,以获得准确的零件形状。

③切割薄板时割嘴宜后倾 30°~45°。在切割 3 mm 及以下厚度的极薄板时,应将割嘴离工件的高度增大至 20~30 mm,尽可能地快速切割,并避免切割过程中断。

④对于极薄板的零件加工建议采用叠板切割工艺或等离子弧切割和激光切割。

(3)叠板切割要点

叠板切割(也称多层切割)是将数张乃至数十张薄板叠放在一起进行同形零件切割的一种高效切割法。该方法适用于低碳钢或低合金钢(其厚度为 1.0~5.0 mm)薄钢板零件的切割,有时也可用于厚度为 14 mm 以下的钢板,要求每张钢板应平整清洁,钢板间的间隙不宜超过0.5 mm。一般选用扩散型割嘴,燃气可用乙炔,也可用丙烷或天然气,氧压力应控制在0.6MPa 以下;切割速度不应低于 225 mm/min,应比同等厚度的单板切割速度至少减慢5%。

3. 切割顺序

为了减少构件在气割时的热变形,确定切割顺序时应遵循的原则:

(1)大型构件的切割,应先从短边开始;

(2)在同一张钢板上切割不同尺寸的构件时,应先割小件,后割大件;

(3)切割不同形状的构件时,应先割较复杂的构件,后割较简单的构件。其原则是使被切割的边缘处于刚性较大的约束状态下。

(4)切割拼板件或长条形板条时,宜采用双切割炬平行切割或一边切割另一边平行对应加热的措施。

4. 中国造船质量标准中对构件切割质量的规定

《中国造船质量标准》(GB/T 34000—2016)对构件切割质量的规定主要反映在以下四个方面:

(1)切割精度方面。主要有气割切割面粗糙度和切割缺口(大于该表面粗糙度3倍的凹口)的允许极限等精度控制指标,以及割缝表面渗碳情况。

(2)切割形状、尺寸精度方面。主要有板边缘直线度、曲线边缘及构件线型是否正确,构件尺寸、割缝垂直度等精度控制指标,以及切割线变形情况。

(3)坡口切割角度与坡口方向方面。反映坡口面尺寸的有坡口面角度、坡口深度、过渡段长度等精度控制指标,以及坡口方向是否正确。

(4)数控切割设备精度方面。主要有切割平台精度(水平度及单轨道直线度)、切割设备精度等控制指标,以及切割参数(电流、电压、氧气纯度/流量/压力、乙炔气流量/压力等)的选取。

二、构件边缘焊接坡口加工技术

为了保证船体构件接缝的焊接质量,必须对部分构件的边缘按规范要求进行坡口加工。根据钢材厚度和工作场所不同,常用的焊接接头形式有对接、角接以及搭接等,焊接结构中常见的焊接坡口形式一般有I形、V形、Y形、X形、U形等,如图4.13所示。坡口及其侧面应光洁、整齐、无毛刺、损伤、裂纹,以及影响焊接强度与质量的其他缺陷。

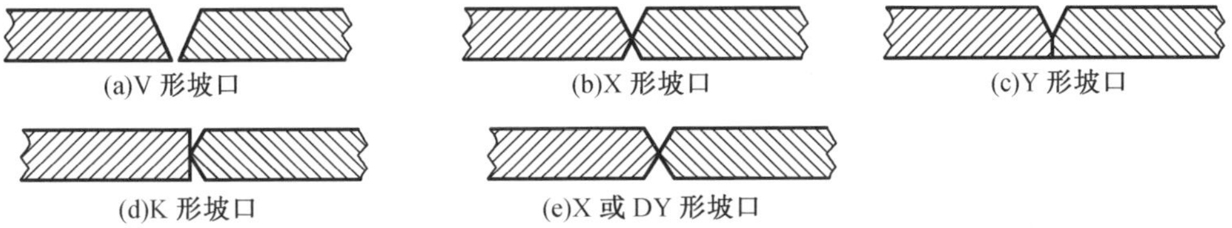

图4.13　常见的焊接坡口示意图

船体构件边缘焊接坡口的加工,通常采用机械刨(或铣)边法和热切割法。

1. 机械刨(或铣)边工艺及装备

船体加工车间的刨边机和铣边机都是加工构件边缘坡口的专用设备。一般经切割的平直船体构件都可在刨边机上刨出坡口,只要更换不同的刨刀,旋转刀架至不同的角度,便可开出不同形状的坡口,尤其是厚板的U形坡口,几乎全部是刨边机加工的。

由于刨边机设备大,加工效率低,而且只能加工坡口,所以随着切割技术的发展,多数船厂采用热切割法进行焊接坡口的加工。

2. 热切割工艺及装备

热切割工艺通常分为两类:一类是采用半自动气割机专门加工坡口;另一类是采用门式气割机或数控氧乙炔切割机。一般都是在进行构件边缘切割时,同时切割出焊接坡口。为此,必须将两个或三个割炬组合成一个割炬组,利用该割炬组加工所要求的坡口形状。割炬组可直接安装在半自动气割机,或门式切割机,或数控切割机上。其加工方法有一次切割法和分次切割法。具体可视船体构件的边缘(坡口形状)的情况来确定其加工方案。采用割炬组进行切割加工,可使船体构件的边缘加工(切割和开坡口)工作一次完成,既简化了船体构件的加工过程,又提高了工效。如图4.14所示为利用热切割法加工各种焊接坡口的情况。

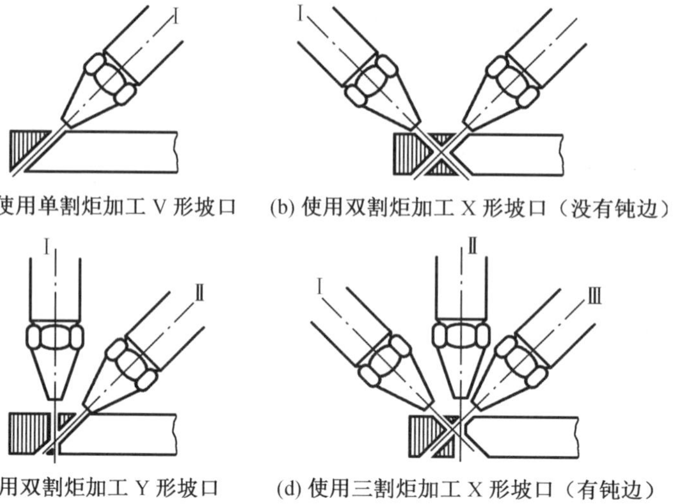

(a) 使用单割炬加工 V 形坡口　(b) 使用双割炬加工 X 形坡口（没有钝边）

(c) 使用双割炬加工 Y 形坡口　(d) 使用三割炬加工 X 形坡口（有钝边）

图 4.14　热切割法加工各种焊接坡口

使用半自动切割机、门式切割机，或数控切割机切割坡口的工艺方法：

首先在工件表面预先划出直边切割线和坡口切割线，根据坡口形式选择加工方式，选择割炬型号并调整好割炬倾角及确定相关加工参数。

(1)对 V 形坡口的加工，可采用单割炬一次切割完成，如图 4.14(a)所示。

(2)对 Y 形坡口的加工，若采用单割炬需二次切割完成，即先切割垂直的钝边，再切割坡口斜边；若采用双割炬可一次切割完成，如图 4.14(c)所示，有两种方式：

第一种方式：正 Y 形坡口切割——垂直割嘴在前面行走切割直角，倾斜割嘴在后面切割坡口。此种方式适用于切割厚度不大的钢板。

第二种方式：倒 Y 形坡口切割——倾斜割嘴在前面行走切割坡口，垂直割嘴在后面切割钝边。此种方式适用于切割厚度较大的钢板。

(3)对 X 形坡口，可分为有钝边的和没有钝边的。对于没有钝边的 X 形坡口的加工，可采用单割炬分三次切割，也可用双割炬一次切割，如图 4.14(b)所示。对有钝边的 X 形坡口的加工，同样也可使用单割炬分次切割法和三割炬一次切割法，如图 4.14(d)所示。

(4)因 U 形坡口的下部有圆弧段，故加工出圆弧段是关键，主要有气割法和火焰气刨法，以及火焰气刨与气割组合加工法。因切割时铁的氧化反应不能像一般切割时那样一直垂直向下，到达一定深度即转往侧面方向，为此，气割法中需采用多割炬同时加工，一边使工件沿板厚方向形成温度梯度，一边通过调节切割氧压力割出圆弧段。火焰气刨法是利用特制的火焰气刨嘴气刨加工出坡口的方法。它是经一次刨削即在板厚的下部形成倒 J 形坡口，这种方法适用于加工板厚小于 100 mm 的 U 形坡口。火焰气刨与气割组合加工法是先用火焰气刨嘴刨出坡口根部的圆弧，再用割嘴割出坡口斜面，从而加工出所需坡口，这种方法适用于加工板厚大于 100 mm 的 U 形坡口。

三、切割技术的发展趋势

切割技术一方面在向新的原理和方法发展，另一方面通过数控、计算机以及机器人向数字化、智能化乃至无人化方向发展，追求智能化高精度加工，实现切割加工系统的集成计算机化。

目前，各船厂普遍采用半自动气割机、门式自动气割机、光电跟踪气割机和数控切割机等较先进的设备，基本上摒弃了机械剪切。船用钢板的切割主要以数控切割为主，使用的数控切割机主要有火焰和等离子弧切割机。但纯火焰切割速度慢，精度也不够理想，不能适应现代造船生产的需要，现已用数控等离子弧切割机逐步代替了数控火焰切割机。

在船体构件边缘焊接坡口加工方面，目前有部分船厂已使用了自动坡口切割机，只需输入坡口数据并选定切割参数即可自动开出所要求的坡口，为实现切割、坡口加工一体化的生产奠定了基础。尤其是对变量坡口（焊接坡口的参数沿构件边缘长度方向不是等值）的加工更显示出其优越性。

国内外造船业对激光切割和水射流切割等先进技术极为关注，目前已有一些先进船厂开始使用数控激光切割机切割船用钢板，并取得了实际的效益。水射流切割技术已开始在船舶业得到了实际应用。在激光切割技术方面，继续深入研究激光与材料的匹配性，激光参数与切割工艺的关系，以及如何提高激光切割能量转换效率和稳定性。

近年来，随着各种数控集成系统的迅速发展，伴随着机器人技术的不断完善，机器人切割技术也逐渐显示出其优越性，现已开发了大型型钢构件的切割和号料自动化技术，研制了具有自动号料功能的数控切割装置，组建了直接与 CAD/CAM 系统连接的，包括上料、切割、零件分类、运出等工位的型钢切割与号料集成流水线。从国内外切割技术发展的趋势来看，智能化、高效、精密切割将成为切割技术的发展方向。

第四节　船体构件的成形加工技术

船体构件经过边缘加工后，对一些具有弯曲、折角或折边等空间形状的构件还要使用弯曲加工方法，把它们弯或折曲成所要求的空间形状，这种加工过程就被称为构件成形加工工艺。构件成形加工分为型材成形加工和板材成形加工，有常温下的冷加工和高温下的热加工，其成形加工技术体系如图 4.15 所示。

弯板作业量占船体钢材加工量的 10% ~18%，而型材弯曲作业量占 9% ~16%。

一、船体型材构件的成形技术及装备

船体结构中常用的型材有角钢、球扁钢、扁钢和 T 型钢等。主要用于肋骨、横梁、纵骨纵桁等船体，其中以肋骨的弯曲工作量最大。按型材弯曲成形加工中是否预热可分为冷弯和热弯两大类，且以冷弯成形为主。

（一）船体型材冷弯加工的弯曲原理及其方法

1. 型材冷弯加工的弯曲原理

型材冷弯加工的弯曲原理按型材受力状态可分为拉弯、集中力弯曲和纯弯曲三类。

（1）应用拉弯原理的型材冷弯机

这种国内比较少见，仅见国外某些船厂设计的肋骨拉弯机，其特点是弯曲的同时在型材两端施加一定的拉力。这种方法的主要优点是型材在弯曲过程中不会出现压应力，因而产生皱褶现象的可能性较小，但对高腹板的型材进行拉弯，容易使型材损伤。

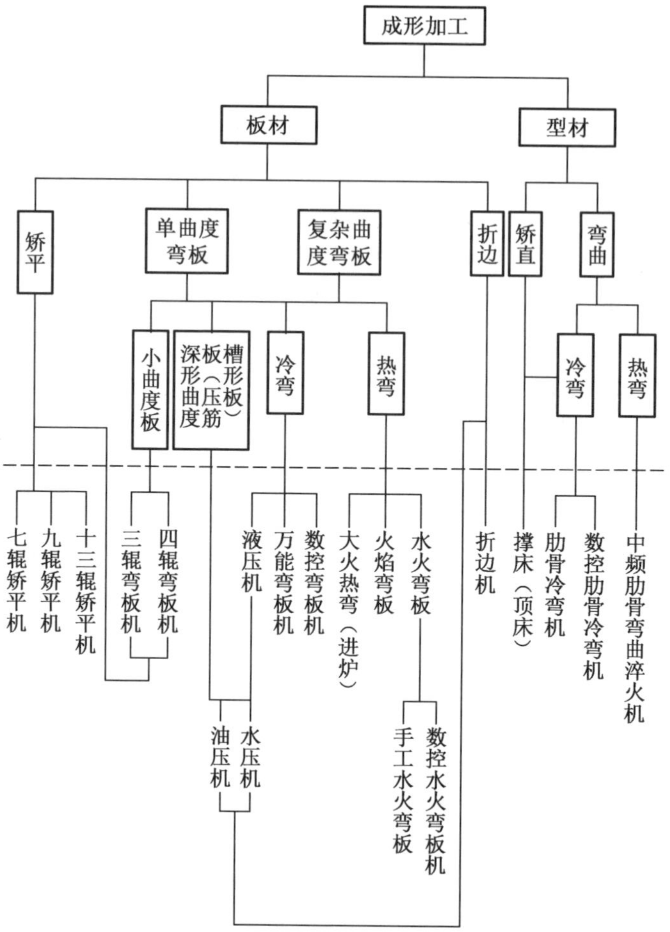

图 4.15 船体构件成形加工技术体系图

(2)应用集中力弯曲原理的型材冷弯机

应用集中力弯曲原理是一种传统的方法,目前,多数肋骨冷弯机是应用这种弯曲原理的。因集中力弯曲有三个受力点,故也称为三支点弯曲,如图 4.16 所示。采用这种原理弯曲的,其型材内部存在着剪切残余应力。

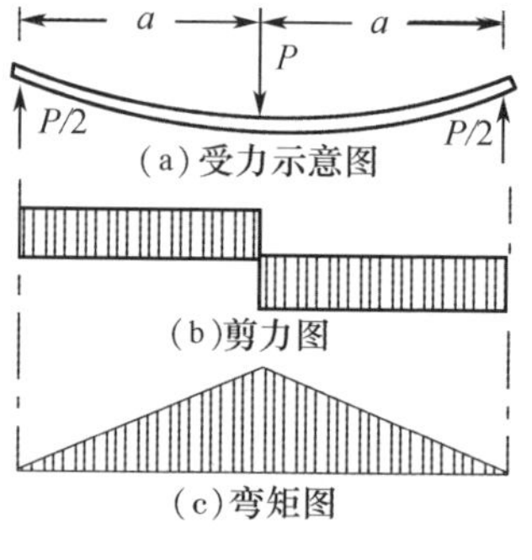

图 4.16 集中力弯曲时受力情况

(3)应用纯弯曲原理的型材冷弯机

应用纯弯曲原理是国内外造船界研究的新成果。力学中的所谓纯弯曲,是指某一段梁截面上只受弯矩作用而不受剪力作用时所产生的平面弯曲状态。为了得到梁的纯弯曲,按材料力学的方法使简支梁对称地承受两个相等的集中载荷,使梁产生平面弯曲,如图 4.17 所示。

国内外所研制的纯弯曲原理肋骨冷弯机,均是采用四支点弯曲。四支点弯曲时,在肋骨梁上施加对称的集中载荷,则中间两集中力之间的梁段内任意截面处只受弯矩作用而不受剪力作用,为纯弯曲状态。

2. 型材冷弯加工方法

①型材矫直机冷弯成形；

②三轮滚弯机滚弯成形；

③多模头一次成形数控肋骨拉弯机冷弯成形；

④三支点肋骨冷弯机冷弯成形；

⑤四支点肋骨冷弯机冷弯成形；

⑥压力机上模压成形。

在上述各种成形方法中，按型材的进给方式可分为连续进给加工、逐段进给加工和一次成形加工三种类型。各类型特点见表4.2。

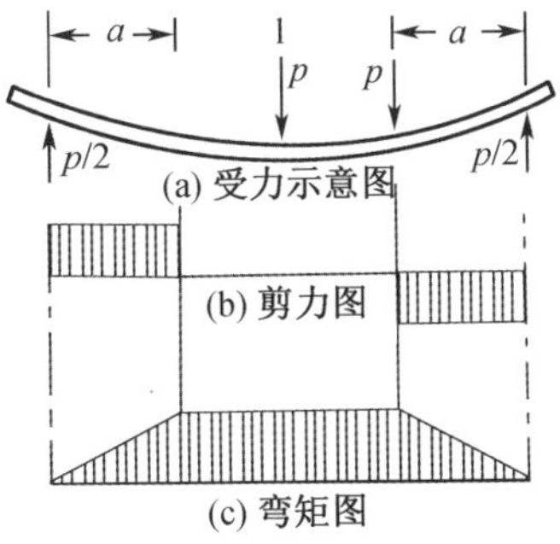

图4.17　纯弯曲时受力情况

表4.2　型材冷弯成形方法及特点（按型材的进给方式分类）

成形方法	特点及应用范围
连续进给加工	·较适于加工圆弧形肋骨，但加工任意曲线形状的肋骨时，操作比较复杂
一次成形加工	·因要适应船体肋骨的最大长度，所以设备庞大，投资多； ·由于不易预计型钢弯曲时的回弹量，因此要准确地弯成所需要的曲线形状，必须经过反复修正
逐段进给加工	·进给一段弯曲一段，即一段型材弯成所要求的形状后，再进给新的一段； ·其优点是设备较简单，较易实现自动控制

（二）船体型材构件的冷弯成形工艺及装备

目前，大多数船厂采用逐段进给式冷弯方法加工肋骨等型材构件，最典型的加工设备是三支点逐段进给式肋骨冷弯机。对较小规格的型材或扁钢也可采用型材矫直机逐段加工成形；对较大规格的型材有时也在压力机上逐段模压成形。

1. 逐段进给式成形工艺

（1）三支点逐段进给式肋骨冷弯机及工作原理

图4.18就是这种加工设备的工作部分示意图，采用三支点弯曲法。在冷弯某一段型材时，安装在固定夹头（中间夹头）两侧的可动夹头连同所夹持的型材做如图所示的旋转和进退，以对型材施加外力，将型材弯曲成所需要的形状。冷弯完成一段后，再进给一段，这样逐段冷弯出整根型材。弯曲时，夹头上的液压夹紧装置将型材腹板夹紧，以防止型材在弯曲过程中产生翘曲和皱褶。

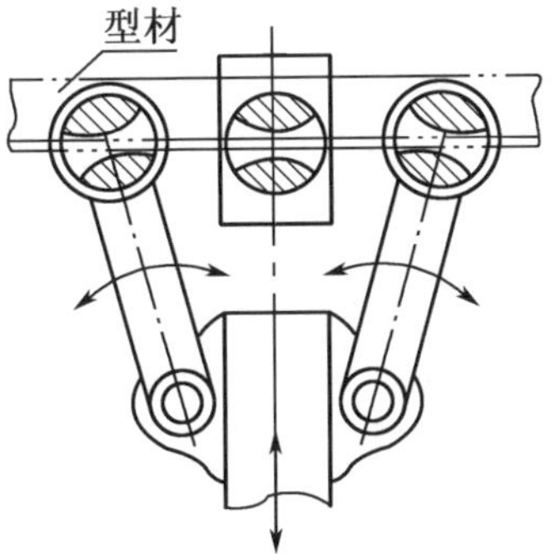

图4.18　三支点逐段进给式肋骨冷弯机工作部分示意图

这种肋骨冷弯机使用较普遍，操作简单，便于控制。但也存在诸如被弯曲的肋骨上压痕大、加工效率不高等缺点。

(2)四支点逐段进给式肋骨冷弯机及工作原理

图4.19就是这种加工设备的工作部分示意图,采用四支点弯曲法。其机械部分主要由水平弯曲机构、垂向反变形机构、进料机构、正位机构、仿形机构或数控机构等组成。弯曲肋骨时,首先使三个垂直安装的夹紧油缸驱动三个夹头夹紧型材的腹板,然后由两个水平安装的、大小相同的弯曲油缸分别驱动两个侧夹头体做水平方向的前后移动。由于中夹头体上设置两个顶弯柱,两个侧夹头体上各设置一个顶弯柱,这样在型材上就形成了四个支点,顶弯柱对型材施加弯曲力,在型材腹板所在的平面(即机床的水平平面)内按纯弯曲原理进行弯曲,逐段进给逐段弯曲,直到整根肋骨成形。

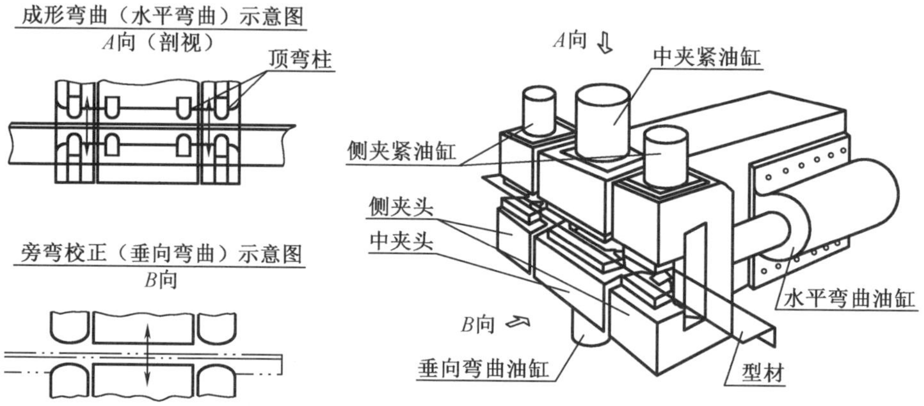

图4.19　四支点逐段进给式肋骨冷弯机工作部分示意图

实践证明,四支点弯曲的肋骨冷弯机较三支点弯曲的肋骨冷弯机具有明显的优点,如加工质量好、效率高、机床工艺性能比较完善等。

(3)型材数控冷弯及成形控制技术

目前,各船厂使用的三支点式和四支点式肋骨冷弯机大都已经实现了数字程序控制,采用了先进的在线检测、自适应实时控制技术,具有全程进退料,正反向弯曲,回弹和延伸量的补偿,对起始点、终点、水线等处做标记等功能。其工作原理是由船体建造系统软件进行数学放样产生肋骨型线,然后再由专用的软件将肋骨型线转换成控制指令输入数控肋骨冷弯机,将肋骨自动弯曲成形,实现型材加工过程的全自动化。

数控肋骨冷弯机(图4.20)较普通的肋骨冷弯机加工精度高,自动化程度好。型材成形的控制已不再依赖样板,而采用逆直线法。在确定数控冷弯型材的数控指令数据格式后,编制相关的程序即可通过3D模型自动输出数控指令。其成形控制的方法主要有端点测量控制法、适应控制法和弦线测量控制法等,尤其是由我国创造的弦线测量控制法,其成形控制质量好。近年来,数控肋骨冷弯技术正向人工智能和微机控制方向发展。

2.型材冷弯成形中的工艺措施

型材弯曲分内弯和外弯两种。在冷弯过程中除产生加工所需要的变形(腹板高度方向)外,还会产生诸如旁弯变形(腹板厚度方向)、腹板的翘曲和皱褶等某些不需要的、有碍成形质量的变形。由于所受弯矩方向不同,产生的变形情况也不同,内弯弯曲后将会出现下挠现象,外弯弯曲后会出现上拱现象,这些有害变形的存在,将严重影响船舶有关部位结构的强度和稳定性。此外,还有在型材冷弯成形中不可避免地存在的回弹现象,这将影响型材的成形精度和加工效率。

图 4.20　数控肋骨冷弯机

(1)型材冷弯中的回弹及处理

型材在弯曲成形过程中,在外力的作用下,将产生塑性变形,同时也伴随着弹性变形,外力卸除后弹性变形部分就要恢复,使型材产生回弹,这给型材的冷弯工艺及准确成形带来不利的影响。因此,需采取有效的措施控制型材的冷弯回弹。

处理回弹的方法有两种:一种是用理论计算方法预先算出可能出现的回弹量,将它叠加到弯曲量上使型材过量弯曲,待回弹后即能准确成形。回弹量的大小虽然可以进行理论计算。但由于实际材料的材质、性能、几何尺寸的非一致性以及计算时对力学模型的近似简化等因素的影响,其计算结果与实际情况有一定的出入,难以达到预期的效果。另一种方法是实测出每一次弯曲后的实际回弹量,再以它的大小对型材做过量弯曲,如此反复,使型材向成形型线逼近。一般逼近次数不超过三次,即可满足成形精度的要求。

理论计算的回弹量虽然精度不高,但其所揭示的回弹变化趋势是具有理论意义的。实际生产中常用的逐步逼近弯曲法就是以理论计算得到的回弹规律为指导,以型材回弹实测数据为依据来控制回弹的。理论研究和实验表明,对任意一段型材进行弯曲时,其弯曲进给角度 θ 和卸载后角度回弹量 T 之间近似呈线性关系,如图 4.21 所示,即

$$T = K\theta + T_0$$

式中　θ——弯曲进给角度;

K——$\theta - T$ 关系曲线的斜率;

T_0——初始弯曲角的回弹量。

(2)旁弯变形及其消除措施

消除旁弯变形主要采取以下两种措施:

①采用预置反变形措施。型材弯曲前,在可能出现旁弯变形的相反方向上先产生与旁弯相反方向的预变形,用以抵销弯曲中出现的旁弯变形。如在冷弯机上设置反变形机构。

②用垂向弯曲方法将已产生的旁弯变形消除。如在冷弯机上设置垂向弯曲系统,当型材加工中出现旁弯变形时,可通过垂向弯曲系统给型材施加垂向弯曲力,将旁弯变形矫正。

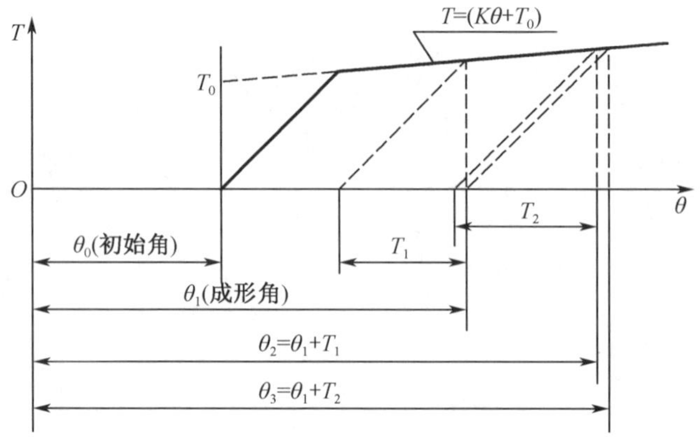

图 4.21　逐步逼近弯曲法图示

(3)型材冷弯中的两端甩头长度

无论以何种方法加工型材,为保证型材成形精度,在号料时两端均应留出(或接上)合适的加工端头,一般曲度较大时留 100 ~ 150 mm,较小时留 60 ~ 100 mm,这是由型材两端的甩头长度确定的,也可以在型材两端临时接上一同规格的专用端头。

此外,还有型材冷弯中的倒边现象(表现为面板与腹板之夹角变小),以及型材内弯时的腹板受压失稳现象(腹板边缘一侧因受压应力作用,当弯曲曲率超过一定限度时就会发生失稳而产生皱褶)。在实际生产中,除采取相应的措施控制其变形外,对型材的弯曲半径也有所限制,即不得小于各种规格的型材所规定的最小冷弯半径。

(三)船体型材构件的热弯成形工艺及装备

在肋骨冷弯工艺出现以前,大多数大曲率的型材构件一般采用所谓的大火热弯法弯制。因其耗费燃料多,工艺落后,后来被冷加工所取代。

对某些低合金钢型材,其弯曲成形后,必须经过调质处理(淬火和回火)才能达到船体构件的性能要求。因此,对低合金钢型材制成的肋骨需采用热弯成形工艺进行加工,需要经过弯曲 → 淬火 → 回火 → 矫正 → 开焊接坡口等工序,其中弯曲、淬火和回火是工艺过程的关键。

中频感应加热弯曲肋骨工艺是将肋骨的弯曲和淬火合为一道工序,在一台中频加热弯曲淬火机床上完成,而且便于组成弯曲 → 淬火 → 回火的生产流水线。这种工艺的原理及设备如图 4.22 所示。利用频率为 2 500 Hz 的电流通过感应器产生一个交变磁场,当肋骨以一定速度(2 ~ 3 mm/s)从感应器中穿过时,型钢在交变磁场下产生大量的热,把肋骨局部加热到淬火温度。在高温下,型钢的塑性增大,在弯曲机床的下滚轮的作用下,在被加热区的狭窄带上发生弯曲,随后被位于感应器后的喷水圈喷出的水冷却(淬火)。肋骨经弯曲淬火后,还应将其置于大型回火炉进行回火,最后在液压机上矫形。

这种工艺具有如下特点:

(1)从感应器到喷水圈这一狭窄范围内的肋骨处于高温状态,而其两侧则处于冷态,弯曲只在这一加热窄带中进行,可有效地避免肋骨的起拱和皱褶,同时,机床本身不需要很大的弯曲功率和刚度。

(2)由于是采用压力喷水冷却,能使肋骨达到完全淬火目的,故而淬火质量比水槽中淬火质量要好,并且可以通过调节肋骨进给速度或中频电源的功率来调节淬火的温度。

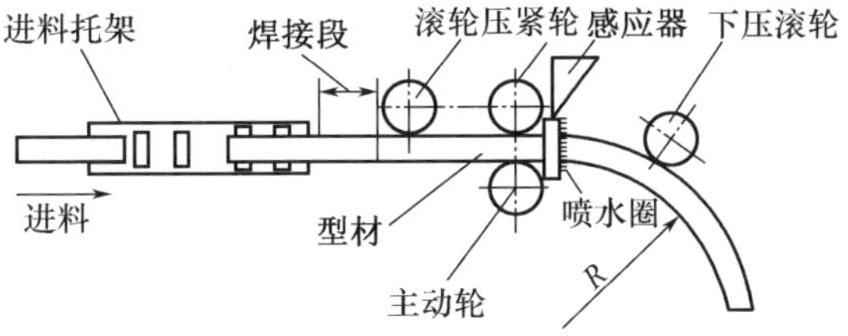

图 4.22　中频感应加热弯曲肋骨工艺

(四)型材弯曲控制成形的逆直线法

要将型材弯曲到使其腹板边缘与要求的肋骨曲线一致,在加工过程中需要反复进行检查和测量,因而要有一定的检测和控制成形的方法,主要有样板法和逆直线法两种。生产中应用较多的是逆直线法,逆直线法主要适用于腹板较高、曲度较小的肋骨,其主要优点是省去样板(或铁样),但要求做逆直曲线。

逆直线法实施的关键是准确地求取弯曲前平直型材上的逆直曲线,这条曲线可采取手工作图法得出,其数值由放样或采用计算机计算求得。如果采用逆直线自动划线机自动绘制逆直曲线,这将使整个型材加工方法得到很大改善。

型材弯曲加工中的逆直线是指这样一条特殊的线,它在弯曲前的平直型材上是一条曲线,当型材弯曲到其腹板边缘与成形型线吻合后,该曲线则变为一条直线。这样,在型材弯曲的过程中,可通过不断的检测该曲线是否变直来控制型材的弯曲成形。

型材弯曲形状主要有单向弯曲和双向弯曲(S 形弯曲)。型材成形加工前,应根据其弯曲形状、曲率大小和长度合理地确定逆直曲线的勘划位置和勘划数量,并确定其逆直曲线的做法。对单向弯曲型材的逆直曲线,其做法如图 4.23 所示。

①首先确定型材中和轴的位置和中和轴至腹板边缘的距离 h,再在肋骨型线图上做出相对应肋骨的中和轴曲线,这条曲线为肋骨曲线的一条法向等距线(法向距离为 h),并在中和轴曲线附近画一条直线,即逆直线,它与中和轴曲线应有两个交点如图 4.23(a)所示。

②然后将中和轴曲线分为若干等分,各分点到中和轴曲线端点的弧长为 L_i;过各分点做中和轴曲线的垂线与肋骨线及所配逆直线相交,两交点之间的距离为 H_i。

③量取各分点的 L_i 和 H_i 值后,即可在未加工的平直型材上做出逆直曲线。其做法:先在平直型材上做出中和轴直线(距型材腹板边缘 h 处);在该直线上量取各 L_i 值,得到对应的分点;过各分点做中和轴的垂线,在各垂线上以腹板边缘为起点量取对应的 H_i 值,得一组离散点;用样条将这些点连成一条光顺曲线,即所求的逆直曲线如图 4.23(b)所示。

对于较长且曲率较大的单向弯曲的型材,需分段设置多条逆直线,并且各条逆直线间应交叉一定的长度,其做法要点如图 4.24 所示。

对有 S 弯的肋骨,首先在肋骨曲线上找到拐点 p_s,然后用直线连接 p_0 与 p_s,观察此两点间需做几根逆直线。为使拐点处有一段重叠,从 p_s 点退后三个点,并与末点连接直线,再用上述方法判断,最后做逆直线,如图 4.25 所示。

逆直线法与逐步逼近弯曲法相配合,解决型材加工中回弹对控制加工造成的困难,以及加工中检测型材成形情况的困难,为型材加工过程的全自动化奠定了基础。

此外,在型材弯曲控制成形中还有一种仿形控制法。它是利用曲线平移后其形状不变的原理,制成结构简单的仿形机构。对于尚未实现自动控制的肋骨冷弯机,采用这种方法也具有操作简单可靠的优点。

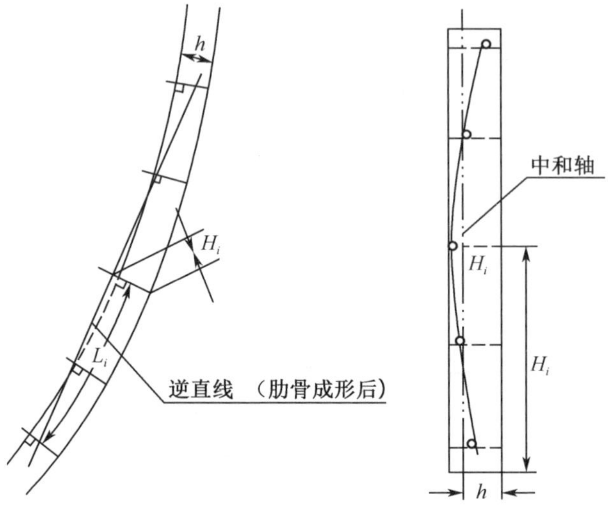

(a) 成形后　　(b) 加工后

图 4.23　单向弯曲型材上的逆直线及其做法(一根)

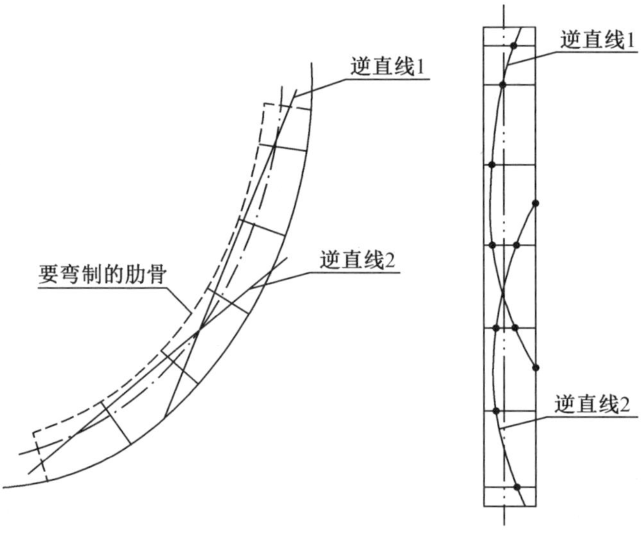

(a) 成形后　　(b) 加工后

图 4.24　较长且大曲率单向弯曲型材上的逆直线及其做法要点(两根)

二、船体板材构件的成形加工技术

船体非平直钢板构件较多,一般可分为单向曲度板和复杂曲度板。其主要的成形加工方法有机械冷弯法和热弯法。通常对于一般曲率不大的板材零件采用机械冷弯法加工,而对于复杂曲度板(如双向曲度板),特别是厚度大、强度高、形状复杂的,采用冷弯加工方法就比较困难,一般采用冷弯加工和热弯加工相结合的方法,即先用冷弯设备弯出曲率较大一向的曲度,然后再用热弯加工出另一向的曲度。若批量较大,可在压力机上安装专用压模压制成形。近年来,随着数控曲面成形加工装备的发展,复杂曲度板的加工工艺技术有了很大的改进。

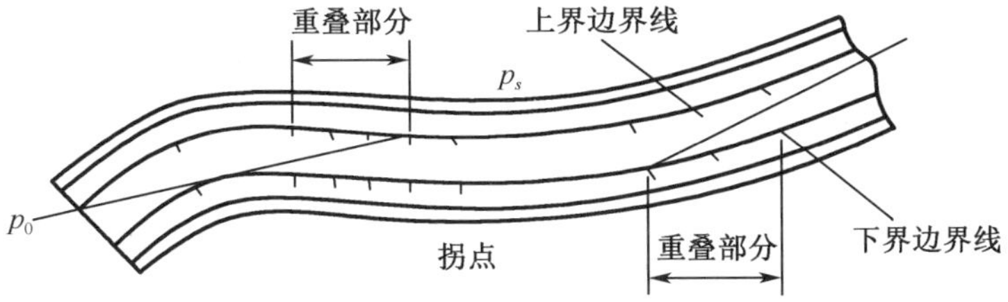

图 4.25　*S* 弯肋骨上的逆直线及其做法要点(成形后)

(一)船体板材构件的冷弯成形工艺及装备

船体板材构件的冷弯成形加工方法有辊弯、压弯等方法。

1. 辊弯成形工艺及装备

辊弯成形工艺是一种最常用的板材冷加工弯曲方法,其工作原理是通过旋转轴辊使板材弯曲成形的。辊弯的最大优点是通用性强,一般不需要在辊床上添加工艺装备。其主要设备是辊弯机,又称为弯板机或卷板机。其形式可分为三辊和四辊两种。其中三辊弯板机应用最为广泛。

普通三辊弯板机的下轴辊是主动辊,安装在固定轴承内,由电动机通过减速器带动其旋转;上辊多数是从动辊,安装在可作可上下调节的轴承内,当轴辊转动时,板材在这三个旋转的轴辊之间被弯曲成一定的曲面形状,图 4.26 为三辊弯板机工作示意图。

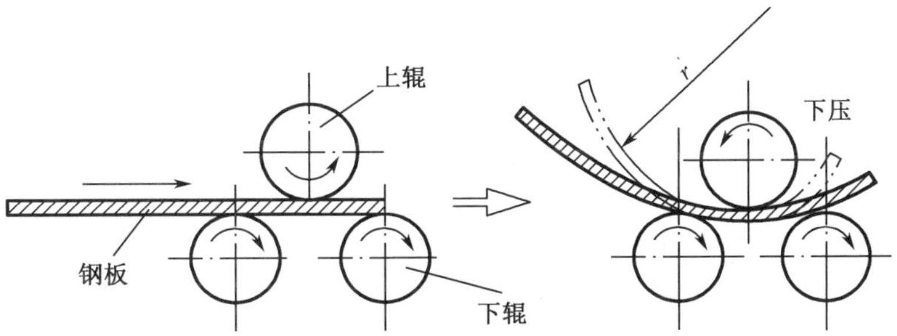

图 4.26　三辊弯板机工作示意图

三辊弯板机分开式和闭式两种类型。开式三辊弯板机上轴辊的一端机架可以拆卸,以便能够取出弯制好的封闭式圆柱形或圆锥形的板件。闭式三辊弯板机上轴辊的两端机架均不能拆卸,一般用作弯制非封闭式的板件,船体外板大多采用这种辊弯机加工。

对具有圆柱形或圆锥形的单向曲度板的弯曲成形,可采用辊弯的方法。当双向曲度板的曲度不大时,也可用辊弯的方法冷弯成形。板材的辊弯由预弯、对中、辊制三个步骤组成。

采用辊弯机弯制圆柱形板材时,先在板材的两边和中央划出圆柱形素线(平行直线),对辊弯机各辊进行调节,使其轴线互相平行,然后弯制板材边缘部分的曲度,最后辊制板材的中央部分。

由于锥形板两端曲率不同,在板材上事先划出素线是不平行的,因此,用普通三辊弯板机弯制圆锥板时,必须采取一定的工艺措施,使其近似地弯曲成形。其工艺要点:一是为了能获得锥形板两端不同的曲率,在辊制圆锥面时,要把上辊调节成倾斜位置,其倾斜度是随着钢板弯曲的程度而逐渐加大的;二是将锥形的展开面用直素线划分成 3 ~ 5 个区,如图 4.27 所示,并分别对其进行辊制。圆锥面的辊制过程与圆柱面相似,先预弯后辊制,圆锥面的辊制方法主要有分区辊弯法、矩形送料法以及小口减速法等。

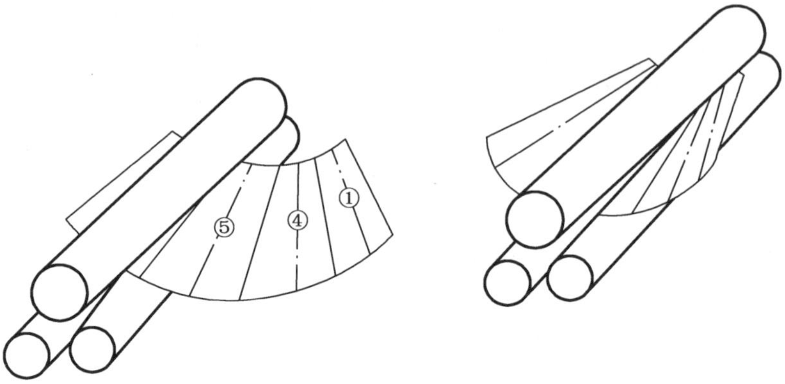

图 4.27　在普通三辊弯板机上辊制圆锥形板

近年来研制了多种新型辊弯板机,如三根轴辊均可上下升降调节的三辊弯板机、轴辊可做横向移动的三辊弯板机。新型辊弯板机不仅在工艺性能上得到改进,而且逐步向大功率、多功能的方向发展。如可作为矫平用的四辊辊弯机。

2. 压弯成形工艺及装备

压弯成形也是一种以冷加工为主的板材弯曲方法,其工作原理是在压力机上使用弯曲模进行弯曲成形的加工方法,使用的主要设备是液压机。

液压机是利用液体的不可压缩性,并能传递等压强的特点,通过一定的机构产生巨大的工作压力。根据使用液体介质的不同,可分为油压机和水压机两类,其中油压机使用的范围比较广泛。液压机的结构形式有悬臂式和柱式两种,悬臂式液压机的工作面三面敞开,操作方便,但工作压力受到限制;柱式液压机的工作空间虽然受到一定限制,但其结构支撑情况及稳固性较好,因此,大吨位液压机多采用柱架结构。

利用液压机进行压弯加工是在上下模间进行的、由压膜来保证板材的成形,整个压模由上下两部分组成。压模按其适用范围可分为通用压模和专用压模,如图 4.28 所示。

在通用压模上加工较大的板材时,需分成数段加压,以便能弯制不同曲面形状的板件,应该指出,用通用压模弯板时一般只能弯曲一个方向的曲度(如横向曲度),其他方向的曲度(如纵向曲度)需用水火弯板法弯曲。如果同形构件的批量较大时,应设计制作专用压模,专用压膜不仅能保证构件成形质量,简化操作,提高加工速度,而且在批量生产时经济上也较合理。

压弯成形中,压模的形式和精度是影响构件成形加工质量的关键因素之一,因此,应合理地设计或选择压模。此外,还应考虑板材压弯后的回弹问题,消除回弹的办法是适当地改变压模工作部分的形状,使压弯的板件回弹后刚好符合所要求的形状。

液压机不仅可以压弯各种不同曲形的船体构件,而且还可以进行板材的折边、压角、预弯以及矫正等工作。此外,还应为其配置专用吊运装置和工件移动、定位、检测、送料及落料的辅助装置,以实现辅助作业机械化。

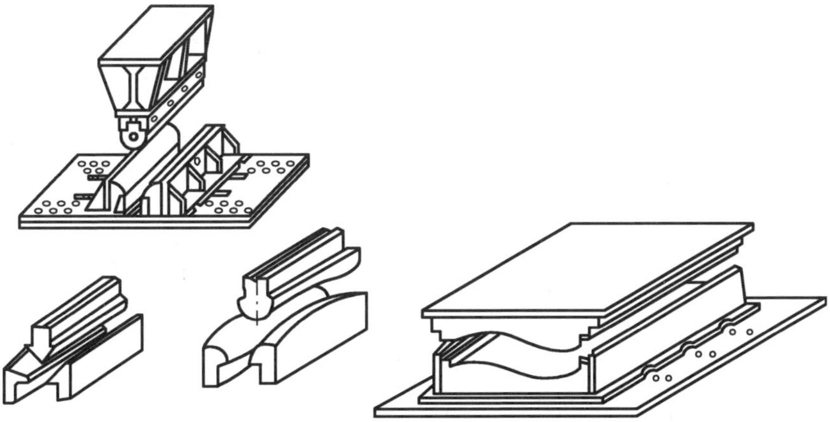

(a) 通用压模　　　　(b) 专用压模

图 4.28　压模的形式

（二）船体板材构件的热弯成形工艺

船体板材中有相当数量的船壳板，尤其在艏艉部，不但具有横向弯曲度，而且也具有纵向弯曲度，即通常所说的双向曲度板。这种双向曲度板难以用冷加工的方法一次成形，必须采用热弯加工的方法。热弯加工有大火热弯板和水火弯板（也称线状加热）两种方法。其中水火弯板是目前船厂使用最为广泛的弯板工艺方法之一，90% 以上的船体复杂曲度板都可由该方法进行弯曲加工。

1. 水火弯板工艺（也称线状加热法）

水火弯板是一种热加工成形工艺，其成形原理主要是利用钢板表面和沿板厚方向内温度分布的不均匀性，其局部受高温冷却后产生的局部热弹塑性收缩变形，来达到所需要的曲面形状。即利用热源（如气体火焰、高频电感、激光热源等）在钢板表面沿预定的加热线做匀速或变速移动，对钢板进行局部线状加热，随着加热火焰的移动，钢板加热处的厚度方向上会存在较大的温差，这种热场的局部性与沿板厚方向的温度梯度使加热面金属在膨胀时受到周围冷金属的限制，因而在加热区产生压缩塑性变形。热源移去后，在板厚方向产生收缩变形，同时，在钢板加热面产生拉应力，这相当于作用在平板上的外加弯矩，结果使板件产生弯曲变形，如图 4.29 所示。而角变形是由最终横向收缩变形沿构件厚度方向不相等所引起的。

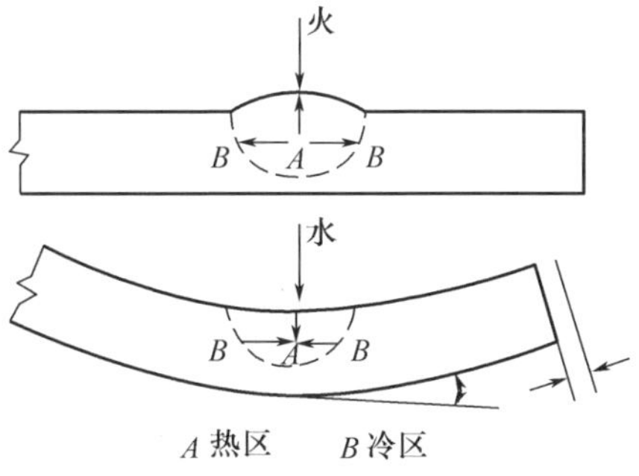

图 4.29　水火弯板原理

水火弯板过程是一个复杂的热弹塑性变形问题，就是利用板材在局部加热冷却过程中会产生角变形和横向收缩变形这一特点达到弯曲成形的目的，用水跟踪冷却的作用在于加大这种变形，增加其成效效果。

水火弯板过程中影响变形的因素有很多，关键是要找出在水火加工过程中各种因素对钢板成形效果的影响规律。影响水火加工变形的主要有板材的材质和形状参数（如板长、板宽、板厚、曲率大小等）、加工工艺参数（如加热线布置，包括加热线位置/长度/宽度/间距;加热速度;热源;喷嘴离板面的距离;水火距等)、加工板的支撑方式(如两端自由、两端支撑、四角支撑等)、冷却方式(正面水冷、背面水冷、空冷)等。依据各种影响因素对变形的影响度权数可以划分为两类:第一类是主要的影响因素,如加热线布置中的加热线位置/长度/间距、水冷却方式和加热速度等;第二类是次要的影响因素,如气温、氧气的压力和流量、乙炔的压力和流量、水流量和钢板的材质等。

(1)水火弯板的主要影响因素分析

对已在加工场所支撑好的水火加工板,影响水火弯板成形效果的主要工艺参数有加热线布置、水冷却方式、加热参数等,分析如下:

①加热线布置对工件成形效果的影响。在进行水火弯板时,加热线的位置、疏密和长短对板材成形效果影响极大,直接关系到板材的正确成形。加热线的位置主要取决于所要求的构件形状,对相同的板沿不同位置的加热线进行线状加热,成形后的形状则完全不同,因此,根据所要求的构件形状正确地确定加热的位置乃是水火弯板的关键。

比较典型的例子是帆形板和鞍形板的成形加工,如图 4.30 所示。两者都是先用冷弯设备弯出横向曲度,然后用水火弯板法加工出纵向曲度。所不同的是帆形板由于其纵向曲度的方向与横向曲度的方向一致,故其加热线位于板横剖面的两侧,采用水火收边的方法,使构件两侧纵边缩短从而得到构件的纵向曲度;而鞍形板则由于其纵向曲度的方向与横向曲度的方向相反,故其加热线位于板横剖面的中部,通过加热构件背面的中间部分,使其中间部分纵向缩短从而得到纵向曲度。

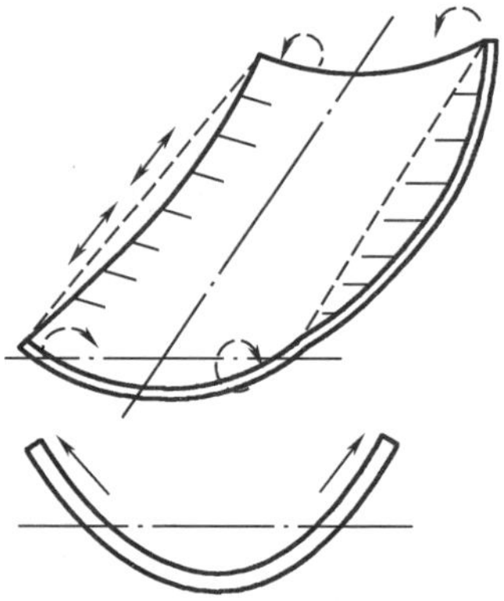

(a) 帆形板及加热线布置

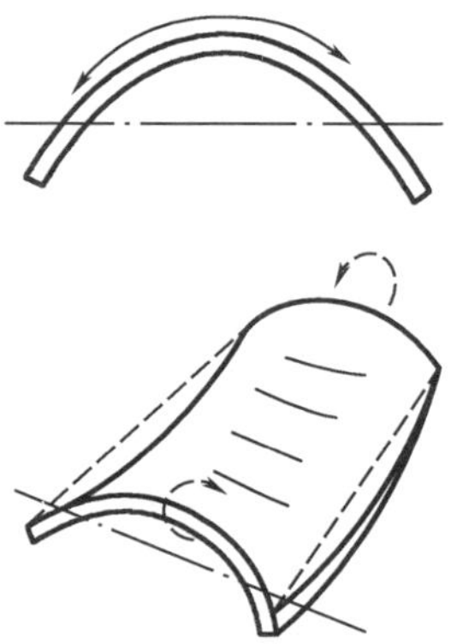

(b) 鞍形板及加热线布置

图 4.30　用水火弯板法弯制帆形板和鞍形板时的加热线分布

加热线的长短、疏密,主要影响工件的成形效果。一般而言,加热线愈密、愈长,产生的变形愈大,成形效果愈好。因此,当要求的弯曲曲率较大时,加热线的布置可适当加密、加长。但应注意,不要使其长度跨越加热线所在剖面的中和轴,否则会使成形效果恶化。

此外还有加热顺序问题,同一条焰道上往往布置了多条加热线,这些加热线的加热顺序对局部收缩量有一定影响,因此,要结合板的成形状态合理地确定加热顺序。

②水冷却方式对工件成形效果的影响。水火弯板的水冷却方式主要有正面跟踪水冷法和背面跟踪水冷法两种方式,如图 4.31 所示。

背面跟踪水冷法(简称背冷法),即在工件的正面加热,背面用冷水跟踪热源进行强制冷却。由于是背面冷却收缩,增大了板材正反面的温度差,其角变形增大,故成形效果好,且效率高，但操作比较麻烦，在实际造船生产中应用较少。

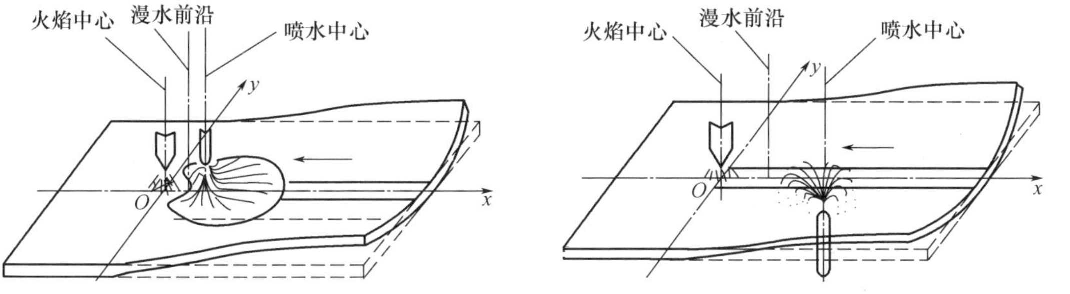

(a) 正面跟踪水冷法　　(b) 背面跟踪水冷法

图 4.31　水火弯板的水冷却方式

正面跟踪水冷法（简称正冷法），即在工件的加热面用冷水进行跟踪冷却，加快板材收缩，减少热量向背面传递，其横向收缩变形效果较好，但角变形效果较差。常见的复杂曲度板在水火弯板时主要是依靠横向收缩变形来得到工件的纵向曲度，所以，因其设备简单，操作方便，正面跟踪冷水法是目前水火弯板中最常用的冷却方法。对薄板可采用环状正面跟踪水冷方式，以提高薄板成形效果。

在水冷却方式中，还要考虑水火距（即浇水点至火焰点的距离），其位置决定冷却速度，横向收缩量随水火距的增大而增大，角变形随水火距的增加而减小，但达到某一峰值后，继续增大水火距，则收效甚微。

此外，还有一种所谓的空气冷却法，即工件加热后不辅以其他冷却方式，在空气中让工件自然冷却。其冷却速度较慢，成形效果比较小，一般很少采用。

③加热参数对工件成形效果的影响。加热参数具体反映在采用的热源类型和烘嘴口径，以及加热速度、加热温度和加热深度等方面。它们对水火弯板成形效果的影响见表 4.3。

表 4.3　加热参数对成形效果的影响

加热参数	对水火弯板成形效果的影响	
	横向收缩	角变形
加热速度（决定加热量）	速度愈慢，收缩量愈大，在同一加热速度下，薄板收缩大于厚板	在一定的速度范围内，速度愈快，角变形愈大。但速度过快时，板面加热不足，角变形反而减小，故每种板厚都对应最佳加热速度，在该速度时角变形达到峰值
烘嘴口径（决定火焰功率）	烘嘴口径愈大，单位线热能愈强，横向收缩量愈大	烘嘴口径愈大，角变形愈大
加热温度	随温度增高而增大。当温度超过 900 ℃时，收缩量增大不显著	随温度增高而增大。薄板到达一定温度（约 750 ℃）后，角变形增大不显著
加热深度	收缩量随深度增加而略有增大	在 1/2 板厚内，角变形随深度增加而增大，超过 1/2 板厚后，随深度继续增加而逐渐减小

其中加热速度是一个重要参数，对成形效果影响较大，不同厚度的钢板对加热速度有不同的要求。因此，在确定热源类型和烘嘴口径的前提下，尽量选用与板厚对应的最佳加热速度。一般来说，对于薄板，较快的加热速度就能使其产生较大的变形；而对于厚板，只有较慢的加热速度才能使其达到一定的成形效果。

(2)水火弯板的主要工艺要点

水火弯板已普遍用于船用低碳钢的加工。一般船用低合金钢，除大厚度板材外，只要制定适当的施工工艺，也可广泛采用。水火弯板一般分为初始冷弯成形、线加热最终成形、形状检测三个工艺过程。

①进行线状加热以前，应根据工件的成形要求，在钢板上预先定出加热线的位置，以便加热时正确掌握加热位置和加热面积。各加热线的起点不宜在一条直线上，应相互错开。

②形状左右对称的工件，对称轴两侧加热线的数量、位置和长度应一致，加热温度也应一致，操作必须对称进行。在操作过程中，应保持加热嘴的移动速度均匀一致。

③应根据工件厚度和成形要求，选择合理的加热参数。

④应尽量避免在同一部位重复加热，尤其是低合金钢。在一般情况下，重复加热次数不得超过三次，否则会影响成形效果和降低钢材的机械性能。

⑤新钢种能否采用水火弯板法需经过试验鉴定后才能进行。

水火弯板几乎都是手工操作，劳动强度高，且本身的生产效率较低，是加工周期最长的一类零件。为此，现已开始研究使用数控水火弯板机来改变这一状态。

此外，运用水火弯板工艺还可以进行焊接变形的矫正，一般称之为水火矫正，其原理与水火弯板工艺相近似。

2. 大火热弯板工艺

大火热弯板是对板材进行整体或分区加热，利用板材加热后强度下降，塑性增大的特性，强制板材弯曲成形。在大火热弯工艺中，曲板的形状主要由压模来保证，通常在液压机上模压进行。主要应用于不能采用水火弯板加工的复杂曲形的工件。

(三)数控弯板成形工艺及装备

多年来，对三维曲面(如双曲度)的船体外板进行加工，一直都是采用人工操作的方式，工作条件差，过度依赖操作人员的技术和经验。随着日渐缺乏熟练工人，加之存在生产效率低、污染环境等问题，已成为现代化造船的生产瓶颈。

现在的弯板工作虽然逐渐改变了过去弯板的落后状况，但与其他工序相比，生产效率仍然很低，劳动强度仍然很高。因此，迫切需要将数控自动化加工技术应用到板材成形加工中，这不仅会大幅度地提高弯板工作的生产效率，减轻劳动强度，而且还会提高弯板精度，从而减少装配和矫正工作量。如果同其他数控加工装置一起使用，则能实现船体加工车间综合机械化、自动化，提高综合生产能力。

1. 板材冷弯成形加工的数控化

全新的复杂曲面成形装备，是集成了先进的工艺技术、测量技术、现代信息技术和控制技术等为一体的高科技产品。国内外多年来十分重视对数控弯板机的研究，先后研制出多种类型的数控弯板机，如数控三轴辊床、多压头三维数控弯板机等。

图4.32为一种通用多压头式(或称多柱塞式)数控弯板机弯板原理示意图。根据造船集成系统提供的船板加工数据，使用专业计算和控制软件，自动进行曲面造型和三维曲面船板成形加工。其工艺过程如图4.33所示，弯板前，运用数控程序将其下模(或上模)的各

压头逐个自动调节，使其改变高度，形成与所要求的钢板形状相同的曲面，并考虑回弹量。当被弯钢板定好位后，上模（或下模）的各压头下降（或上升），将钢板逐段进料、逐步逼近弯曲加工，在线检测、实时控制，最终将船板弯成所需的形状。这其中，选择合适的压头形状和压头排列方式也是关键技术之一。

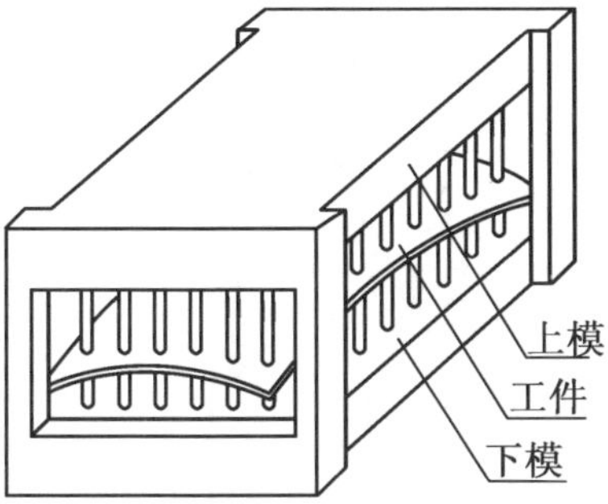

图 4.32　多压头式数控弯板机弯板示意图

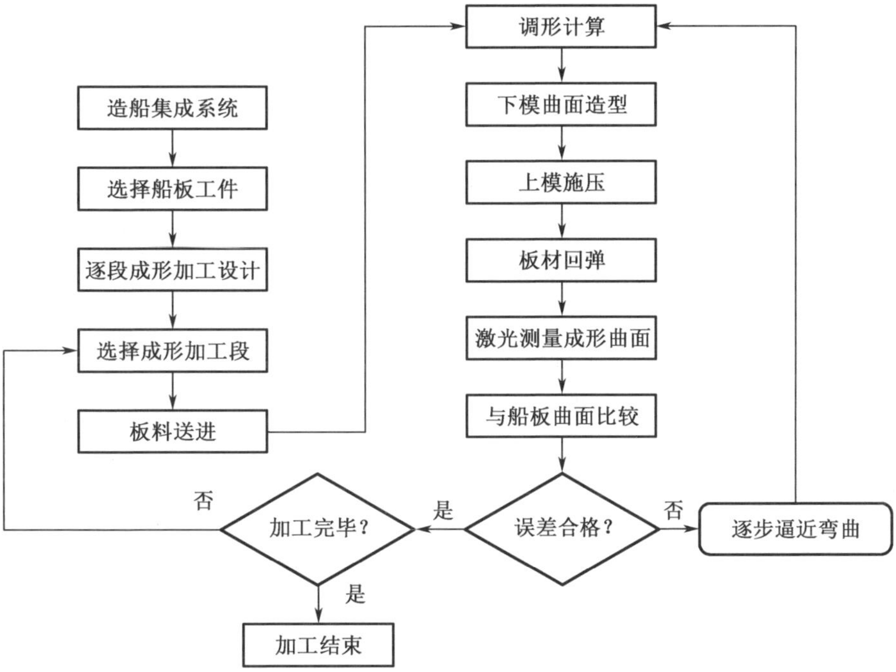

图 4.33　多压头式数控弯板机弯板工艺流程

2. 水火弯板的数控化

目前，水火弯板的作业主要还是依靠实际操作经验进行，生产效率较低，不能适应现代化造船的需要，主要是影响板材成形的因素较多，成形规律较难掌握。近年来，全自动的水火弯板系统已经开发并在船厂中安装试用。这些数字化控制的水火弯板机，使用来自 CAD/CAM 系统的数据，以期实现水火弯板板件作业的机械化和自动化。

此外，还开发研究了采用其他热源的数控弯板技术。图 4.34 为一种板材线加热自动化曲面成形加工设备。它是以高频感应加热作为热源的自动线加热成形系统，并含有大型形面数字化测试装置,且具有反馈控制功能,能够实现大型船用板材曲面自动化成形加工。其工作原理是根据热应力成形理论,建立相应的数学模型;根据船舶生产设计软件输出的目标曲面形状,给出优化的加热方案,并采用在线检测,实时控制等方法,来提高曲面成形的质量和生产效率。

尽管研制出了多种形式的数控水火弯板机,但成形效果仍不理想。

图 4.34　板材线加热自动化曲面成形加工设备

(四)板材成形加工线及其检测

影响板材弯曲成形质量的另一个重要因素是板材弯曲加工线。加工线一般都是在弯曲之前划在已经号料的板材上的。由于加工设备和构件形状各不相同,其加工线的形式、分布也不相同。因此,加工线的绘制应根据加工设备和构件形状来确定。

1. 板材成形加工线的确定

在三辊弯板机或油压机上弯制板材零件时,必须按一定的加工基准线(简称加工线,又称辊轧线)进行。正确决定加工线的方向并严格按照加工线操作,对保证板材零件的成形质量极为关键。

用三辊弯板机或液压机(使用通用压模)弯曲单向曲度时,无论是圆柱形板、圆锥形板还是单向扭曲板(可视为斜置于圆柱面上的板),其冷弯加工线都是展开后的素线。

对一般单向扭曲的船体外板,可用三角样板确定其冷弯加工线,如图 4.35 所示。其水火弯板的加热线视外板的成形要求确定。

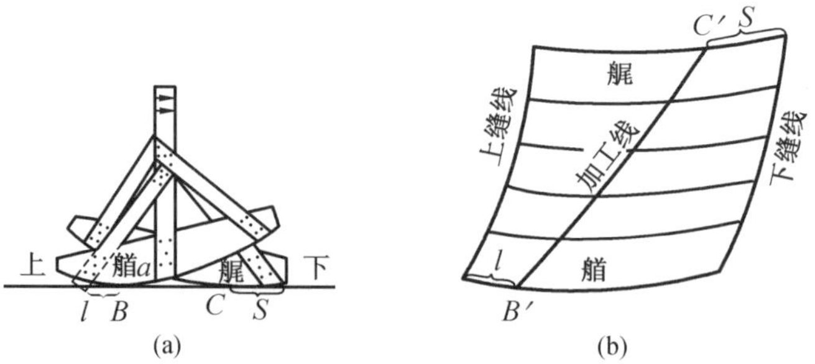

图 4.35　用三角样板确定外板冷弯加工线

2. 板材成形加工的检测

对成形加工中的船体外板检测可用一组三角样板进行，这组三角样板的相互位置关系在空间可准确定位外板的成形精度，如图 4.36 所示。三角样板的曲线边能够检测曲板肋位位置处的横向形状，曲板纵向形状可根据各样板的高度基准点的连线是否呈一条直线进行检测是否合格。

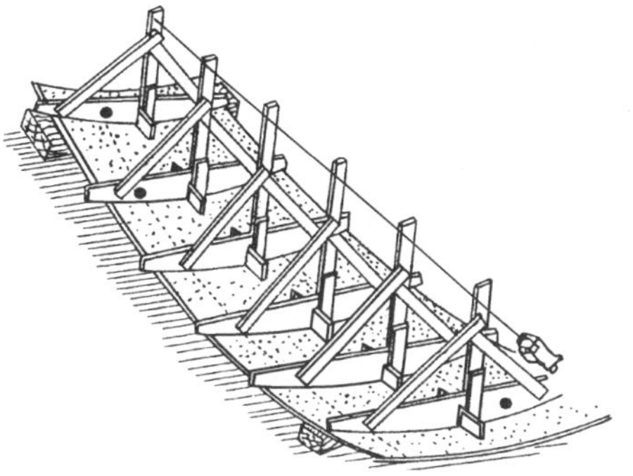

图 4.36　用一组三角样板检测外板的成形

（五）板材构件成形加工技术的发展

在船体制造过程中，钢板弯曲加工之前的船体设计、放样、展开、号料、切割均实现了计算机化，其后的装配、焊接也均实现了不同程度的机械化和流水线化，只有钢板成形加工这一环节仍靠手工制作，因此，板材构件成形成了制约造船生产率提高的瓶颈。板材加工机械化与自动化一直是造船界追求的目标，目前有两条实现途径：一是对现有加工设备进行多功能化和数控化改造；二是研发数控机械化线加热系统。

1. 冷弯成形加工技术的发展

对于钢板冷弯成形加工，现已研制成功大型数控液压机，较之传统加工机械，其可提高效率 30% ~40% ，劳动生产率可增长 1.3 ~1.4 倍。但由于受板材弯曲卸荷时发生回弹现象等诸多因素影响，难以制定准确控制变形的数学模型和控制系统，这些问题制约了弯板数控自动化。对弯板工艺做进一步分析和研究，使之能采用人工智能和专家系统是必然的发展趋势。

2. 水火弯板技术的发展

自 20 世纪 50 年代末水火弯板在造船中应用以来，对其研究工作就开始了，但进展较慢。20 世纪 80 年代以来，随着计算机技术的发展，水火弯板研究进入了一个快速发展的时期。水火弯板工艺研究主要集中在三个方面，即水火弯板机理研究、工艺参数确定研究和计算机软件及其自动化加工装置研究。研究工作主要从两方面进行：一是从热弹塑性分析入手，以力学手段求解；二是在实验和实测基础上进行数值模拟，其研究目标都是给出线加热的作业参数。

在水火弯板机理和工艺参数确定研究的基础上，国内外都进行了水火弯板加工计算机控制软件及自动化加工装置的研究，并已取得了一定的成果。

美国研制了用激光作为热源的简易自动水火弯板设备；韩国汉城大学研制了自动水火弯板加工系统；日本作为水火弯板工艺的发源地，在水火弯板加工计算机软件和自动化加工装置的研究方面取得了进展。其中比较典型的是石川岛播磨（IHI）的 Kure（吴）船厂在

1998 年 3 月研制成功一台水火弯板自动加工装置。该装置是一个应用热弹塑性变形理论进行水火弯板加工的全自动系统，能自动完成计算、加热、冷却、测量等过程。

我国为了实现水火弯板加工的自动化，在计算机控制软件研究成功的基础上，相关高校与船厂合作进行了数控水火弯板自动加工系统的开发研制。上海交通大学与广船合作开发了 CAFF 计算机火焰成形加工参数确定软件。大连理工大学和大连船厂合作开发了水火弯板加热信息及各种工艺参数的计算机专家系统，具体做法是：由软件计算出加热线位置、加热速度、温度等各种工艺参数，然后在需要加工的板上划出加热线和工艺参数。根据这些加热线和工艺参数进行作业，但整个加工过程仍依靠手工来完成。

当前，国内外的研究成果是初步的，现有的各种参数预报方法都还不能准确地适应各种形状的船板加工成形，机器人的水平也还不能全代替人工操作，在很多情况下其智能尚不能与人相比。

三、船体构件成形加工质量控制要点

1. 对冷弯加工的质量控制要点

冷弯加工，即是在常温下进行成形加工的一种工艺方法。其实质就是利用外力（人力或机械力）作用于工件之上，使工件产生不可恢复的塑性残余变形，从而达到弯曲成形的目的。

（1）冷作硬化现象的控制

钢材经冷弯加工后将产生冷作硬化现象，使强度提高、塑性下降。这种冷作硬化的影响，随着离开加工处距离的增加而减小。对一般船用钢材来说，当弯曲半径大于 2 ~ 3 倍以上板材厚度时，材料力学性能的改变并不影响产品的使用性能。但对某些特殊要求的工件或特种钢材，当要进行曲率半径过小的弯曲时，需采用特殊的弯曲模具和加工方法，弯曲加工后应做必要的热处理，使钢材的力学性能恢复正常状态。

（2）最小冷弯半径的选择

在冷弯过程中，工件的外层受到拉伸应力，在相同的材料厚度下，弯曲半径愈小则拉伸应力愈大。当弯曲半径过小时，材料外层的应力可能超过其极限强度，将使工件在弯曲处出现裂缝或折断。因此，弯曲半径对冷弯过程具有重要的影响，应合理地选择构件的最小冷弯半径。

（3）冷弯时弹性回跳值的确定及消除

经受弯曲加工的工件，由于弯曲带存在弹性变形，因而当工件自模具中取出后，其弯角和弯曲半径会发生变化，一般的变化规律是趋向于弯前形状，此种现象称为弹性回跳，又称回弹。弹性回跳后的角度改变通常以回跳角表示。材料屈服点愈高，回跳角愈大。相对弯曲半径 R/δ（R——弯曲半径，δ——板厚）愈大，回跳角也愈大。在一定的弯曲半径下，弯角愈大，回跳角也愈大，弯曲工件愈宽，回跳角愈大。

当弯曲较大的圆弧半径时，不仅回跳角度较大，而且圆角半径也产生较大的变化。由于影响回跳值的因素很多，且各因素间又相互影响，故理论分析计算既复杂，也不准确，因而在实际生产中均按经验图表查得，或按简易公式计算后在实践中加以修正。

· 当相对弯曲半径 $R/\delta<10$，主要以考虑回跳角为主；

· 当相对弯曲半径 $R/\delta\geqslant10$，回跳达到相当大的数值，因此，应同时计算回跳角和弯曲圆角半径的变化。

消除或补偿回跳角的工艺措施：从模具来说，如减小上模的弯曲半径等；从工件来说，如前述的过量弯曲的逐步逼近法等。

此外，对冷弯加工的零件，必须先行号料切割。对较薄的船体外部零件，应预先辊平；对条状板件应预先辊平矫直。特种钢材冷弯后，应按规定要求进行热处理。在弯制铝合金和不锈钢零件时，应在其上、下面铺垫厚纸板或其他薄软材料，以防其造成压痕。在加工以前，还应根据零件的弯曲形状和所用的加工方法，划出必要的弯曲加工线，作为操作和检测的依据。

2.《中国造船质量标准》中对构件成形加工质量的规定

《中国造船质量标准》(GB/T 34000—2016)中对钢板与型材成形加工质量的规定主要反映在以下四个方面：

(1)加热温度方面。主要对高强度钢、以热机械控制工艺(TMCP)状态交货的高强度钢、以 TMCP 状态交货的低温用钢的表面最高加热温度控制和冷却方式以及加热次数分别做了规定。

(2)冷弯弯曲半径方面。主要对单曲度板和双曲度板的弯曲半径和几何公差等精度控制指标分别做了规定。

(3)成形精度方面

①折边零件尺寸偏差和几何公差，主要指标有折边宽度偏差、腹板高度偏差、折边角度偏差、折边弯曲半径偏差以及直线度等精度控制指标；

②槽形板尺寸偏差和几何公差，主要指标有槽的高度偏差、槽的宽度偏差以及直线度等精度控制指标；

③波形板尺寸偏差，主要指标有波高偏差、波形间距偏差等精度控制指标；

④型材弯曲尺寸偏差和几何公差，主要指标有弯曲偏差、角变形、腹板位置偏差等精度控制指标；

⑤圆柱结构尺寸偏差和几何公差，主要指标有直径偏差、椭圆度等精度控制指标。

(4)外观质量方面。主要有裂纹、压痕、锤印、熔融等加工缺陷控制指标以及弯曲部位的光顺性。要求成形加工完成后折角处无裂纹；型板表面无显著压痕。

第五章　船舶分段、总段装焊技术

第一节　概　　述

船体装配是指将加工好的船体零件按规定的技术要求组装成部件、分段、总段，以及完整船体的过程。简言之，是把船体构件组合成整个船体的工艺过程，在这过程中，船体装配又可分为船体结构预装配（即中间产品制造）和船台（坞）总装两大阶段，其中船体结构预装配又可分为部件装配、分段装配和分段总组。所谓船体部件是指两个或两个以上的船体零件装焊成的组合件。船体分段是由船体部件和零件组合而成的船体局部结构。预装配不仅能使大部分的船体装配焊接工作移至室内进行，改善劳动条件，提高了装焊质量，而且为建立专业生产流水线，实现装焊作业自动化和机械化创造了条件。

一、船体装配工艺技术体系及组立类型划分

船体制造方法的不同，船体装配的工艺流程也有所不同。目前大中型船厂普遍采用分段建造法或总段建造法，分段建造法是现代造船最基本的造船方法。

分段建造法的船体装配主要分为四个阶段（也称制造级）：一是由船体零件组合成船体部件的部件装焊阶段（又称小组立，或小合拢），如T形梁、板列、肋骨框架、主辅机基座、艏艉柱等部件的装焊，其中，对大型船舶的建造，为便于工程管理，在小组立之后，增加了一个由船体部件和零件组合成船体片体的中组立阶段，如平面片体、曲面片体、立体框架的装焊；二是由船体片体、部件和零件组合成船体分段阶段（又称大组立，或中合拢），如F形、L形、P形、C形、D形、T形以及门形等船体分段；三是由多个船体分段组合成船体大型立体分段（或总段）阶段（又称总组立，或分段总组），该阶段一般在船台（坞）边的总装平台上（或船坞内）完成；四是由船体分段和大型立体分段（或总段）组合成整个船体的搭载阶段（又称大合拢），该阶段是在船台（坞）内完成的。

与分段建造法相比，总段建造法的船体装配就是将大组立阶段中已装配好的各类型分段组合成相对应的船体环形总段，如艏立体总段、艉立体总段、货舱总段、机舱总段、上层建筑总段等，以环形总段状态送交船台（坞）进行大合拢。

1. 船体装配工艺技术体系

船体装配工艺技术体系（图5.1），按照船体装配的四个阶段形成了部件装配（小组立/中组立）、分段装配（大组立）、分段总组（总组立）、船体装配（大合拢）四个子系统。

2. 组立分类

首先按制造级可以把组立划分为小组立、中组立、大组立、总组立等类型，然后根据基准面形状又可以把组立划分为曲形组立、平直组立和立体组立，如表5.1所示。

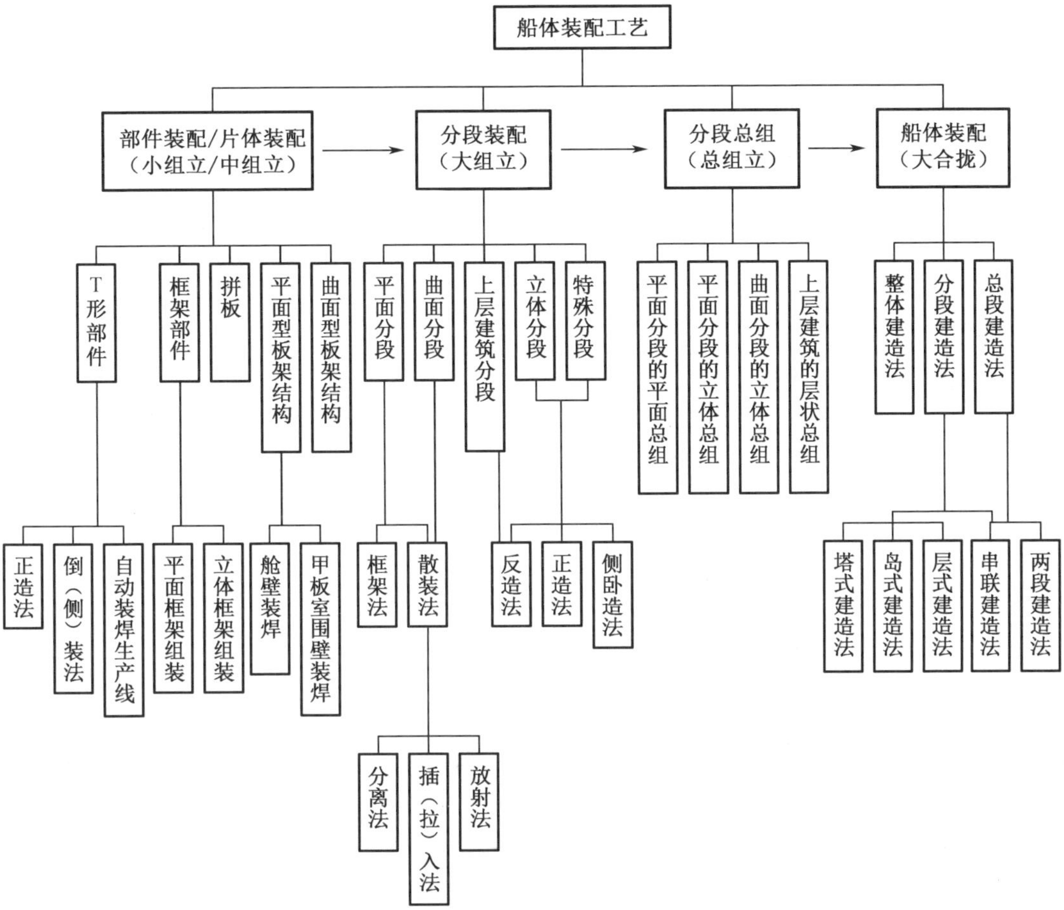

图 5.1　船体装配工艺制造级体系图

表 5.1　组立分类

类型		定义	图示
小组立（装配成系统部件）		一块或两块板件上装焊一个或几个零件的最基本的组立	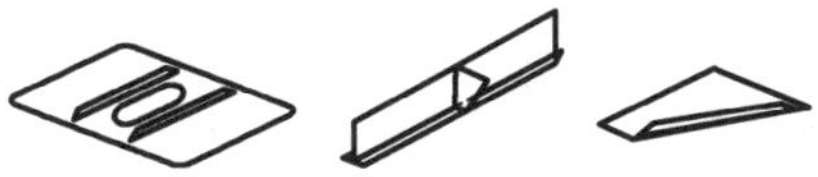
中组立（装配成多系统模块，或组成片体）	平面中组	(1)平面片体，基准是平面的组立 (2)在平台上进行的拼板作业，装焊结构等	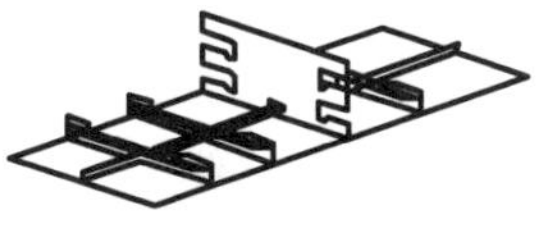
	曲面中组	(1)基准是曲面的组立，为曲面片体 (2)在胎架上进行的拼板作业，装焊结构等	
	立体中组	由多个构件（组立及板件）组装成	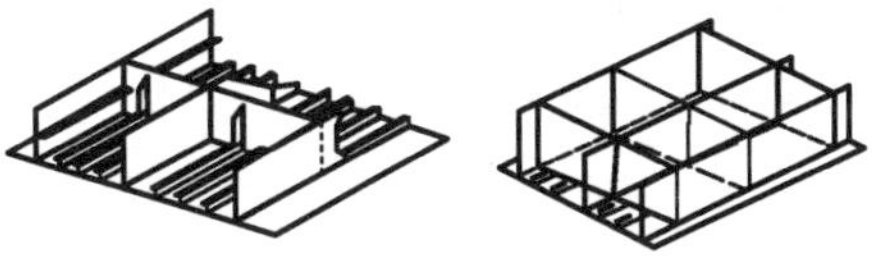

表 5.1(续)

类型		定义	图示
大组立	平面分段	各类型船体分段的组立。如按几何形状可分为 F 形、L 形、P 形、C 形、D 形、T 形以及门形分段等;按部位可分为底部分段、舷侧分段、甲板立体分段、艏立体分段、艉立体分段等	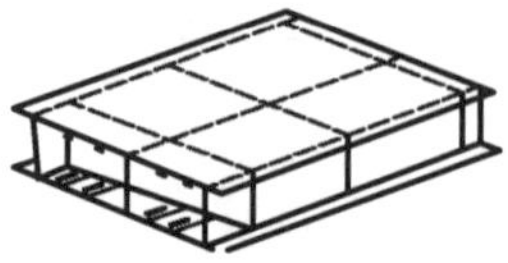
	曲面分段		
	上层建筑分段		
总组立		由多个分段组装成,如货舱总段、机舱总段等	—

二、船体装配作业技术的依据

船体装配过程中各种工作图表是施工的主要依据,它主要表示船体分段和总段的结构形式、构件规格、零件代码、尺寸及其相互连接的方式等。同时还规定了分段或总段的制造方法、胎架形式、装焊要点、完工测量项目及检测方式等。

除了工作图外,在装配过程中还需使用由放样提供的划线样板和样条等,作为划线、定位时的依据。

1. 船体装配工作图表

工作图表作为装配施工的主要技术依据反映在船体装配的各个工艺阶段,主要工作见表 5.2。

表 5.2 船体装配工作图表

工作图类别		内容	用途
部件(小组立)工作图	分为平面与曲面部件工作图两种	描述各类零件装焊成部件的生产过程	作为部件(小组立)施工的依据
分段(大组立)工作图册,主要包括: (1)分段装配流程图(DAP); (2)分段装配图; (3)零件表; (4)工艺表; (5)胎架图表; (6)吊马和分段加强布置图; (7)分段完工测量图		完整地表示了分段结构的施工图样,同时,按车间的生产设备、工艺路线、起重条件等工作要素全面考虑了分段制造工艺; 它包含了分段装配的全部工艺管理信息	专门为分段装配(大组立)提供依据

表 5.2(续)

工作图类别	内容	用途
分段总组(总组立)工作图	完整表示两个或两个以上的分段组成了更大的分段(总组立)的装配过程	专门为分段总组(总组立)提供依据
船台(坞)总装图 附有船台(坞)总装(搭载)程序图	包括吊装顺序,分段、总段边缘要求(余量加放及割除时机,补偿量加放、坡口要求),大接缝区域结构装焊信息等 并列出各分段和总段的质量、重心、尺度、对合线、吊装及变形控制等相关要素	作为船体总装(搭载)的施工依据

注:中组立工作图类似于小组立工作图,可单独出图,也可与小组立工作图合并。

2. 样板/样条

在部件的装配、胎架制造、分段、总段的装配和船台(坞)安装、检验等过程中,也需用到一定数量的各种样板/样条,在船体装配中使用的样板通称为装配划线样板。如在一次划线时,对有些船体结构的轮廓线不予切割,待整个部件或分段、总段装焊结束以后,再用样板复划一次,即二次划线,这样就可以按第二次划出的轮廓线进行准确切割。又如在船体结构中一些相邻的两个零件(或部件)之间有一些交角,而这些交角不是一个定值,它们在各个肋位上又是变化的,在安装这些零件、部件时,需要有一个定位的角度样板,并按照这个角度样板确定两个零件(或部件)间的相互位置。

现代造船,已广泛采用激光经纬仪和全站仪的三维检测技术,应用于胎架制造、分段、总段的装配和船台(坞)安装、检验等过程中,逐步减少了样板/样条的使用。

3. 船体装配技术标准及分类

船体装配技术标准,也就是船体建造精度标准,是对造船材料的质量、划线、气割、加工的精度、分段、总段装配的尺寸公差范围、船型的精度等所做的技术规定,并对产品的工艺及检验方法等也有具体的要求,它是在一定范围和时间内具有约束力的一种特定形式的技术法规。

该技术标准有国家制定的,也有国外的,还有企业自己制定的内控标准。这些标准是船体装配时的基本依据。技术标准高低将直接决定产品质量的高低。按其适用范围一般可分为行业标准、企业标准和作业标准三类,见表 5.3。

表 5.3　船体建造精度标准

标准类别	特点	用途	备注
行业标准	(1)同行业共同制定的标准;	(1)作为造船行业的船体建造精度标准;	(1)国际上有关船体建造精度的标准有:

表 5.3(续)

标准类别	特点	用途	备注
行业标准	(2)既要反映国内整个造船行业船体建造精度的质量水平,又要满足国际上有关标准的要求	(2)是船厂为满足船检局、船级社与船东要求而必须遵守的技术文件	·《国际船舶建造与修理质量标准及船舶结构安全标准研究》(IACS REC.47); ·《日本造船精度标准》(JSQS); ·《韩国造船精度标准》(KSQS)等。 (2)我国造船行业精度标准: ·GB/T 34000—2016《中国造船质量标准》(CSQS)
企业标准	(1)企业制定的标准,是制定行业标准的基础;行业标准又是制定企业标准的依据; (2)既要反映企业船体建造精度的质量水平,又要满足行业标准的有关要求	(1)作为造船企业的船体建造精度标准; (2)是船厂为确保产品建造精度使之达到行业标准要求而制定的一种“内控标准”	—
作业标准	包括船体建造各工种或工序的通用工艺、各作业准备工作要求、作业顺序和方法、交验阶段与精度目标值等	是船厂为确保船体建造精度能控制在企业标准范围内,而制定的作业要领与作业精度标准	—

三、船体制造基准及检测

1. 船体制造基准

船体制造基准是船体制造过程中用以确定零部件、分段、总段及船体形位尺寸所依据的点、基准线和基准面。对这些基准进行科学的确定和有效的控制,可以提高船体建造精度,从而达到船体精度标准所规定的各项指标。

在船舶设计阶段以及船体制造中,确定船体形状与位置的尺寸基准采用的是三基面体系,如图 5.2 所示。三基面体系由三个互相垂直的平面组成,分别为基平面、中线面、中站面。基平面是船体高度方向的基准,中线面是船体宽度方向的基准,中站面是船体长度方向的基准。同时又从这三个基准面派生了另一些基准,主要有作为船体高度方向的基准为水线面;作为船体长度方向的基准为站线面(或肋骨面);作为船体宽度方向的基准为纵剖面等。

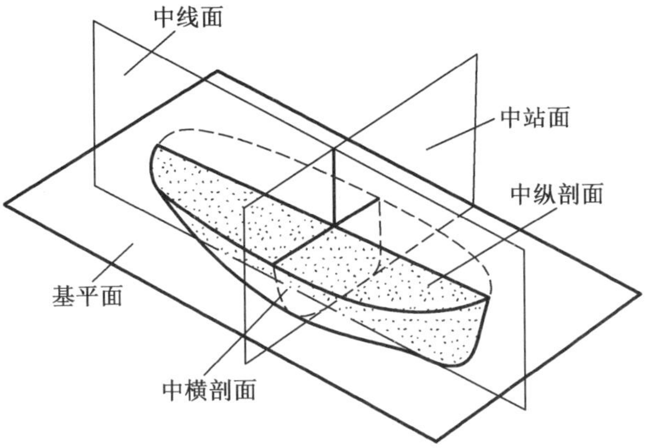

图 5.2　三基面体系

由于基准是从船体的整体建造来考虑的,所以基准应贯穿于船体制造的各个阶段。因此,在船体制造之前,应设计出合理的基准系统。即在生产设计过程中,根据船体基本结构图、船舶建造方针、船体制造工艺和施工要领的要求,确定全船主要的基准线。所谓基准线是指船体基线、中心线、中线、水线、纵剖线等,以及结构的定位线(对合线)、检查线等。正确划定并控制船体装配基准线是实施精度造船的重要手段之一。

一是通过绘制"全船主要基准线图""总装分段的基准线图"以及"船体构件理论线图"等,来对船体制造中的构件安装基准提出具体的工艺要求,并建立全船的基准系统。

二是在生产设计过程中,根据分段各个具体结构以及部件装焊、分段、总段、船台(坞)合拢的各个工艺阶段的需要,在船体生产设计工作图上绘制出各种必需的基准线,如部件装配时的部装基准、分段制造时的分段基准、总组装时的总装基准、船台(坞)装配的合拢基准。这些基准在各阶段、各工序都应相互关联。其中有一根或数根基准线始终贯穿于从部装一直到船台(坞)装配,作为精度造船的基础。

2. 船体装配阶段的检测

船体装配检测阶段的划分与船体装配阶段的划分是一一对应的,同样可分为船体结构预装配(即中间产品制造)和船台(坞)总装两大阶段,其中船体结构预装配阶段又可分为部件装配、分段装配和分段总组。船体装配各检测阶段的划分、内容及目的如表 5.4 所示。

表 5.4　船体装配各检测阶段的划分、内容及目的

船体装配阶段	检测阶段		检测阶段名称	检测内容(质量控制要点)	检测目的
部件装配	I	1	部件装配检测	①结构划线精度 ②结构对位精度、装配精度 ③组件形状、尺寸精度 ④组件边缘精度(如端差、坡口等)	①检测结构安装尺寸以保证其安装精度 ②检测焊接变形以便进行控制和矫正 ③检测组件形状和完工尺寸,为下一阶段的装配提供依据

表 5.4(续 1)

船体装配阶段	检测阶段		检测阶段名称	检测内容(质量控制要点)	检测目的
分段装配	Ⅱ	1	胎架检测	①模板位置偏差、垂直度 ②胎架中心线、水平基准线 ③模板型线与样板型线(或型值)偏差	为分段装配提供准确依据
		2	分段检测	①结构划线精度 ②结构对位精度、装配精度(如主要部材垂直度等) ③分段形状、尺寸精度(如基线挠度、四角水平、梁拱、脊弧、舷弧等) ④分段边缘精度(如端差、坡口等) ⑤分段外观质量 ⑥分段基准线(如中心线、轮廓线、肋骨检验线、水平基准线等) ⑦主机基座面板平面度及位置偏差 ⑧轴毂、艉轴管、舵承座、挂舵臂等关键零件的安装位置 ⑨焊接检验(如坡口尺寸和接头间隙、焊缝尺寸、表面质量和内部缺陷等)	①分段完工三维检测,进行预修正,为分段总组、船台(坞)装配提供依据 ②根据分段变形情况进行火工矫正或在分段总组、船台(坞)装配阶段采取相应的措施 ③掌握分段制造的变形规律及具体数据
分段总组	Ⅲ	1	总段(或大分段)检测	①总组定位/合拢基准线精度 ②结构对位精度、装配精度 ③总组段形状、尺寸精度(如基线挠度、四角水平、梁拱、脊弧、舷弧等) ④总段外观质量 ⑤总段基准线(如中心线、轮廓线、肋骨检验线、水平基准线等) ⑥总段边缘精度(如端差、坡口等) ⑦焊接检验(如坡口尺寸和接头间隙、焊缝尺寸、表面质量和内部缺陷等)	①总段完工三维检测,进行预修正,为船台(坞)装配提供依据 ②根据变形情况进行火工矫正或在船台(坞)装配阶段采取相应的措施 ③掌握总段建造的变形规律及具体数据
船台(坞)装配	Ⅳ	1	分段(或大分段或总段)搭载检测量	①船台(坞)划线精度 ②基准段定位准确性 ③分段(大分段或总段)搭载定位参数(长度、宽度、高度、水平度、垂直度) ④大接缝配合参数(如合拢缝肋距、纵骨间距、结构对位/对接精度等) ⑤焊接检验(如坡口尺寸和接头间隙、焊缝尺寸、表面质量和内部缺陷等)	①分段(或大分段或总段)三维模拟搭载,为搭载定位提供依据 ②根据分段(或大分段或总段)搭载的变形情况采取必要措施,防止变形继续增大 ③掌握分段(或大分段或总段)搭载的变形规律及具体数据

表 5.4(续 2)

船体装配阶段	检测阶段		检测阶段名称	检测内容(质量控制要点)	检测目的
船台(坞)装配	Ⅳ	2	主船体装焊完毕检测	①船体龙骨中心线挠度 ②首、尾端点高度 ③轴线基点定位(如轴中心线高度等) ④舵杆中心线前后位置 ⑤船体结构密性试验 ⑥船体主尺度(如长度、型深、型宽等)	①测量船体变形情况 ②测量型深和型宽的完工数据 ③根据船体变形情况修正轴线高度,使其符合设计和主机安装要求 ④检查船体结构的密性和强度以及经过密性试验以后的船体变形情况
		3	上层建筑装焊完毕检测	①首、尾端点高度 ②轴中心线高度 ③基线(龙骨中心线)挠度 ④舵杆中心线前后位置 ⑤船长	①掌握上层建筑总段安装对船体变形的影响 ②根据船体变形情况修正轴线高度,使其符合设计和主机安装要求
		4	划水尺、水线前检测	①总长、设计水线长、型深等 ②基线(中心线龙骨)挠度 ③首、尾端点高度	①作为刻划水尺水线、载重线标记的依据 ②作为船体主尺度的完工数据

船体分段制造和船台(坞)装配过程中的检测方法在造船行业比较有代表性和通用性,且日趋成熟,但在检测规范化及对测量结果进行误差分析(或估计)等方面,尚有待进一步研究。

第二节　常用的工艺装备

船体结构预装焊,除了装配操作时需使用的工具与设备外,还必须配置便于进行基准划线、装配定位、焊接和检验的专用工艺装备。其中平台和胎架就是预装焊作业所特有的主要工艺装备,也是决定装焊车间生产能力的重要设备,其平台区和胎架区应合理设置,以使部件装焊、分段装焊、分段组装的进度与船台(坞)合拢进度相协调。

一、平台种类和用途

平台一般固定在专门的水泥基础上,具有一定的水平度,分为固定式和传送带式两大类。

1. 固定式平台

主要用于装焊船体部件、组件、平面分段和带有平面的立体分段,也可作为设置胎架的基础。为了保证船体部件、组件和分段制造的质量要求,它应具有牢固的基础、足够的结构刚性,以及表面的平整度和水平度。其主要有钢板平台、型钢平台、水泥平台,此外还有一种蜂窝平台。

(1)钢板平台,又称实心平台,其结构如图5.3所示,它是在混凝土墩底座上铺设槽钢(或工字钢),并在槽钢上铺设厚度为10 mm以上的钢板而形成的,平台高度约300 mm。这种平台可用于绘制船体全宽肋骨型线图以供装配肋骨框架,也可用作基座等其他部件装配时的工作台。

(2)型钢平台,又称空心平台,其结构如图5.4所示,它的制造要求与钢板平台相同,区别仅在于其表面不设钢板。这种平台可用于拼板和装焊平面分段,也可作为胎架的基础,但固定情况较差。

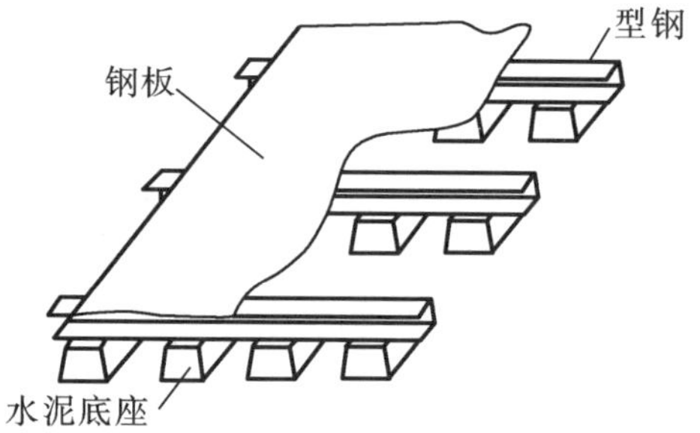

图5.3　钢板平台(实心平台)

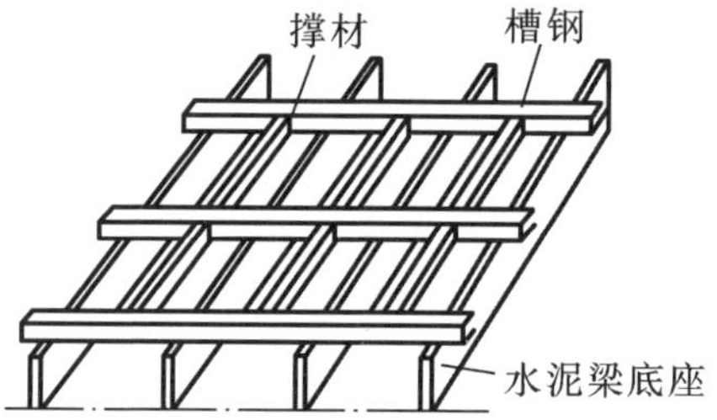

图5.4　型钢平台(空心平台)

(3)混凝土平台,其结构如图5.5所示,它是用钢筋混凝土浇灌而成的,并在其表面按一定规则埋入了许多型钢或不小于14 mm厚的钢板条,并要求型钢面板表面与平台表面平齐。型钢可作为电焊通路、安装拉桩以及固定胎架使用。混凝土平台的最大优点是基础牢固不易变形,适于作为胎架的基础,但这种平台也有缺点,如混凝土台面受高温后容易爆裂,预埋的型钢容易锈蚀等。

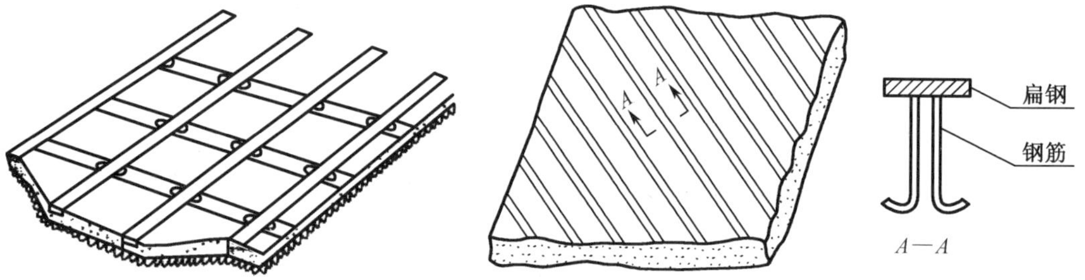

图5.5　混凝土平台

(4)蜂窝平台,其结构如图5.6所示,这是一种表面有许多蜂窝状圆孔的钢板(或铸铁)平台。它具有便于固定船体构件和平整度高的特点,主要用于精度要求较高的部件和组件的装焊,以及部件、型材、外板的热弯成形加工或矫正变形。用于零件加工的多为蜂窝状铸铁平台。

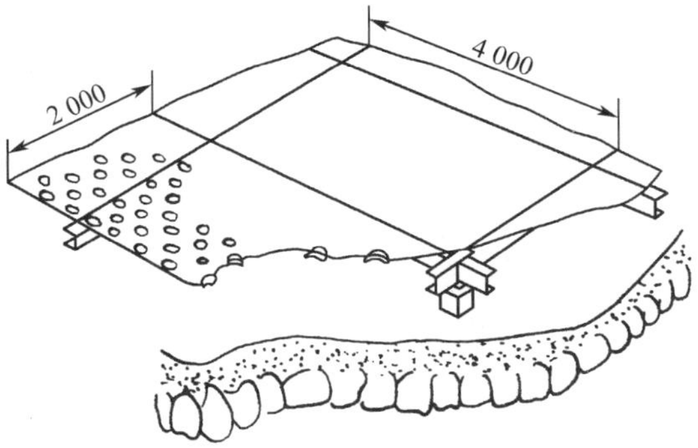

图 5.6　钢板蜂窝平台

2. 传送带式平台

主要有辊式输送平台、圆盘式输送平台，此外还有主要用于分段输送的台车式传送带平台和链式传送带平台。

（1）辊柱式输送平台，其结构如图 5.7 所示。这种平台是由直径为 100 ~ 150 mm 的钢管制作成辊筒，并将其按一定的间距，平行地安装在开有缺口的钢板平台中。有的平台还在辊筒支撑梁下面设置了升降用的油缸，使辊筒可上下调节。该平台主要用于平面分段生产流水线上的拼板工位，或用于平面分段的输送。

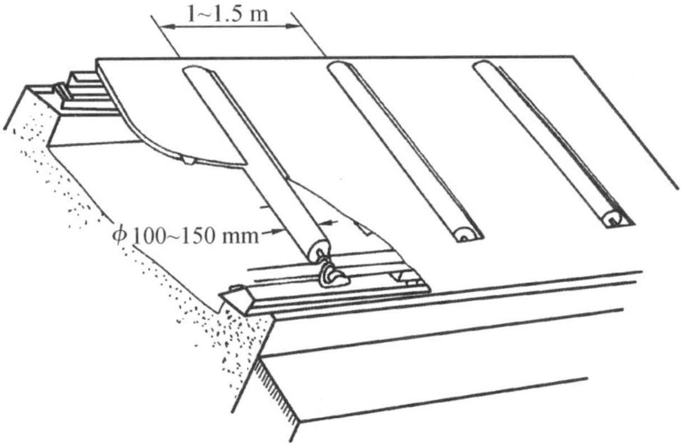

图 5.7　辊柱式输送平台

（2）圆盘式输送平台，其结构如图 5.8 所示。这种平台是将直径 200 ~ 250 mm 的圆盘，按一定的间距纵横交错地配置在钢板平台或混凝土平台上所构成，主要用于大拼板场所，或用于平面分段的输送。

（3）台车式传送带平台，其结构如图 5.9 所示。这种平台是在分段支撑台之间敷设两条轨道，并在其上配置有油缸升降机构的台车所构成，主要用于分段的运输。

此外还有链式传送带平台，在槽形混凝土基础上按一定间距铺设角钢或槽钢，并在其上安装链条导轨，再在轨道上配置链条，主要用作流水线上改变运送方向的横向传送带。

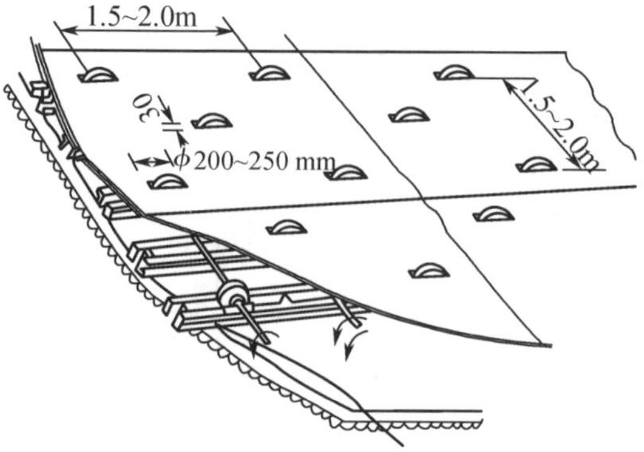

图 5.8　圆盘式输送平台

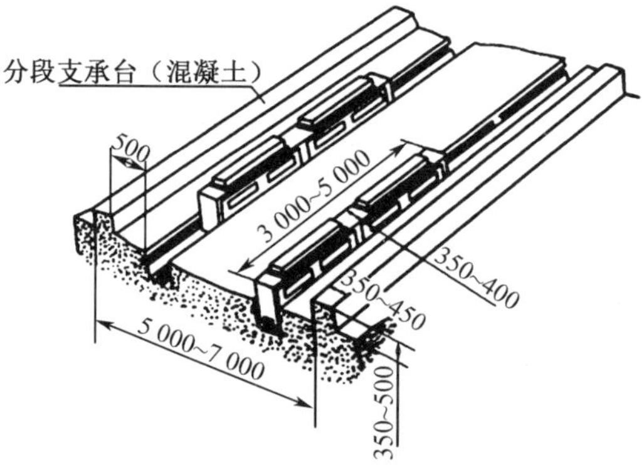

图 5.9　台车式传送带平台

二、胎架

船体表面是变化比较复杂的曲面，船体在制造时被划分成若干数量的分段，这些分段（主要是曲面分段）分别在各自的胎架上进行装配、焊接、成形。所谓胎架是指根据船体分段有关部位的型线制造，用以承托制造船体分段并保证其外形正确性的专用工艺装备。

胎架通常由坚固的基础、胎架底座、胎架模板、纵向（或横向）牵条、边缘角钢等组成，为了便于进行分段装焊工作，还设有胎架中心线划线架及拉马角钢等。胎架的基础应具有足够的承载能力，不能有下沉和变形。船厂常用的胎架基础有混凝土墩基础、条形基础、型钢平台（图 5.4）和混凝土平台（图 5.5）等四种基本类型。

1. 胎架的作用和分类

(1)胎架的作用

胎架是制造船体构件，特别是制造船体曲面分段和曲面立体分段的形状胎模和工作台，其对分段制造的质量影响较大。作为分段外模的胎架，一般支承在分段无骨架的一面，它的表面型线应与船体外表面相吻合，组成胎架的结构必须具有足够的强度和刚性。胎架的作用主要体现在两个方面：一是保证分段获得正确的型线，并控制其焊接变形。二是改善施工条件，提高装焊质量。

(2)胎架的分类

胎架的分类通常可按其结构形式、适用范围、用途和基准面进行分类。

①按结构形式可分为

·固定胎架——胎架固定在坚固的平台上。

·活动胎架——可以按照需要,改变胎架工作面的空间位置,使分段的焊缝处于容易施焊的平坦位置,也便于采用高效焊接技术。如摇摆胎架,以及可以在360°范围内回转的回转胎架。

②按适用范围可分为

·专用胎架——专供某一船舶的某个分段使用的胎架,主要有单板式胎架和桁架式(框架式)胎架。

单板式胎架,是由一定数量的整块型线模板组成,模板的型线通常制成锯齿状,分段与模板为线接触,如图5.10所示。此种形式的胎架刚性好,有利于控制分段的装焊变形,但耗材多,通常用于舰船或型线要求较高的薄板结构分段,以及定型或批量生产的船舶分段。

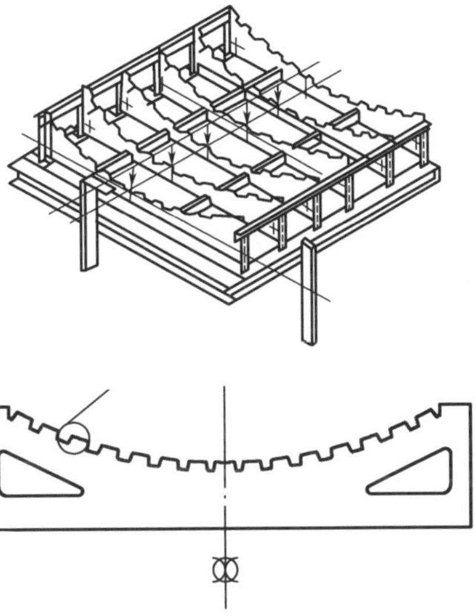

图5.10 单板式胎架

桁架式(框架式)胎架,是由桁架和型线胎板组成,分段与模板为线接触,其结构如图5.11所示,相比于单板式胎架,其节省材料,制作简单,但刚性相对较弱,常用于一般船舶的各类型分段制造,如机舱底部分段、舷侧曲面分段和艏艉分段等。

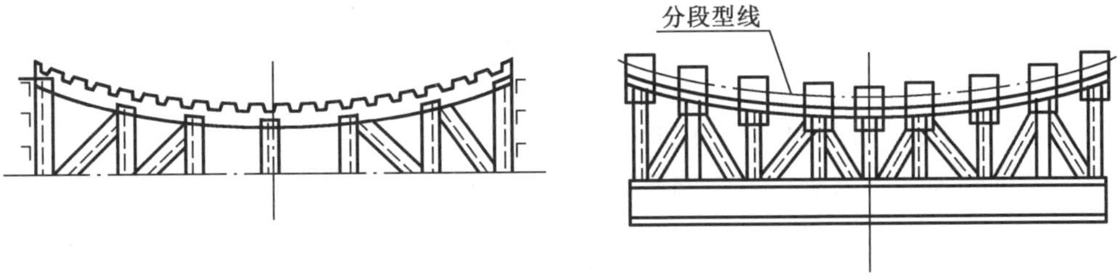

图5.11 桁架式(框架式)胎架

·通用胎架——可供不同船舶的不同分段使用的胎架,主要有支点角钢式胎架和套管支柱式胎架。

支点角钢式胎架,是在需设置胎架模板的肋位上,竖起若干根角钢代替模板,角钢上端按型值划线,分段与胎架为点接触,其结构如图5.12所示。这种胎架用料少,制造方便,但在保证分段型线方面较差,一般用于甲板、舷侧等型线和缓的分段。可通过修整各支点角钢的高度来增大其通用性。

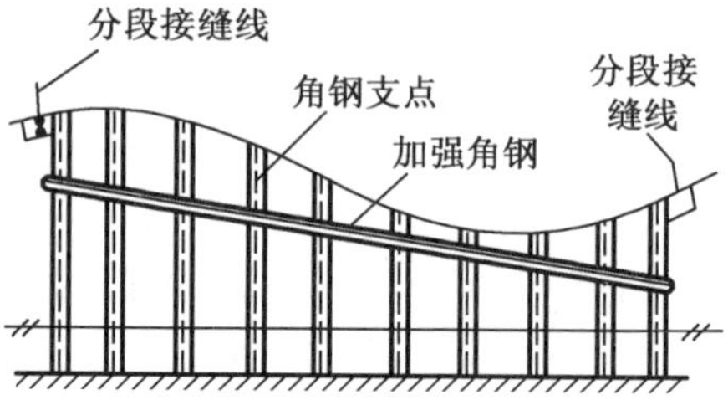

图5.12 支点角钢式胎架

套管支柱式胎架,由多根可调节高度(如采用螺纹调节,或采用液压调节装置)的支柱组成,分段与胎架为点接触,其结构如图5.13所示。使用时按胎架型值调节支柱高度,可得到不同分段的各种外板型线,通用性较好,但刚性比较差,且由于支柱的调节范围有限,故只适合于各类平直和小曲形的分段制造,如甲板分段、平直的舷侧分段和底部分段等。现可通过数控装置,根据结构建模以后给出每一支柱的坐标值自动调节胎架高度,以适应现代化造船需要。

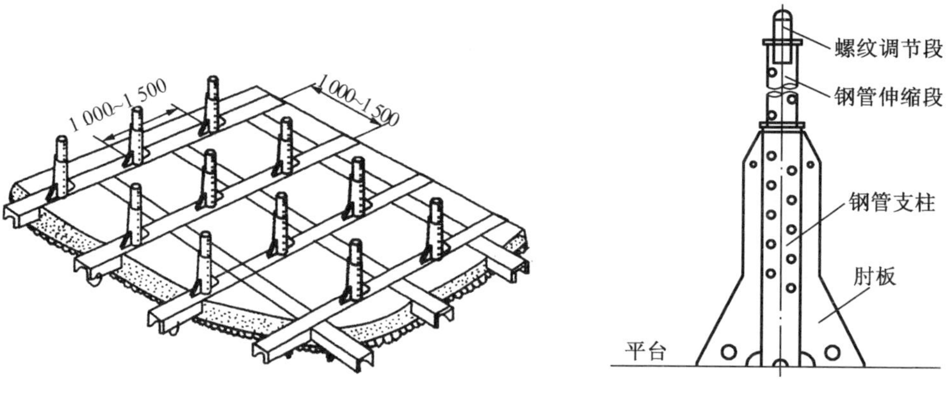

图5.13 支柱式通用胎架

③按胎架用途可分为

·船体分段胎架——用于制造船体不同部位的分段和总段,常用的有底部分段胎架、甲板分段胎架、舷侧分段胎架、艏艉柱胎架等。

·大型钢舾装件胎架——常用的有舵叶胎架、烟囱胎架、导流管胎架、桅柱胎架、舱口盖胎架等。

④按胎架基准面切取方法的不同可分为正切、单斜切、正斜切、斜斜切四种类型。各类型胎架的特征及适用范围将在后面讨论。

此外,还可按胎架工作面的不同将其划分为内胎架和外胎架。

2. 胎架设计

胎架设计是船体生产设计中的一项主要工作。在船体分段划分结束，并确定各分段、总段的制造方法后，就可以在船体肋骨线型图上进行。

胎架设计是否合理，直接影响着产品的施工质量、经济性和工艺合理性，且胎架的形式又较多，首先应根据工厂的设备、场地、产品的特征来进行设计。由于胎架在分段制造过程中受力情况很复杂，除分段质量外，还受变动因素（压载重物和焊接变形力）的影响，很难用理论计算确定胎架结构，一般用经验方法设计。又由于造船基本上是单船建造和小批量生产，因此，扩大胎架的通用性一直是船舶建造中要重点研究的课题。

（1）胎架设计原则及要点

①胎架结构的强度和刚性，应能满足支承分段质量（包括在胎架上进行分段预舾装的质量）的要求；应能控制分段形状和制造过程中的变形。

②胎架模板或支柱端点型值，其所形成的工作曲面应与分段的外形相吻合。同时，应计及为预防变形而施放的纵、横向反变形数值和外板的板厚差。

③胎架模板间距一般为肋骨间距的倍数。在一般情况下，模板的间距按肋距设置。分段两端的构架位置必须设有模板，胎架的长宽尺寸应大于分段尺寸。

· 当分段结构为横骨架式，若板厚≥6 mm，取其 2 ~ 3 倍的肋骨间距；板厚 <6 mm，取其 1 ~ 2 倍的肋骨间距。

· 当分段结构为纵骨架式，可取其 2 ~ 3 倍的肋骨间距，但一般不大于 1.5 ~ 2 m。

④胎架工作面的最低点距地面应不小于 600 mm。外板缝坡度应尽可能小，纵向应小于 15°，横向应小于 10°，以便使用自动焊。

⑤胎架上应划上肋骨号、分段中心线（或假定中心线）、接缝线、水平线，检验线等必要的标记。

⑥根据船体型线、生产批量，选择适当的胎架形式，并确定合理的胎架基面。尽量扩大以平台、内底、隔壁为基准的通用胎架使用面，节约材料，节省工时，以降低胎架制作成本。

⑦对于工作面较高的胎架，应考虑配置上下的梯子（或踏步）；对型线比较复杂的立体分段，应考虑配置脚手架，以确保作业方便和安全。

（2）胎架设计程序及要点

· 胎架设计程序一般为

确定分段、总段制造方法 → 选择胎架基面 → 胎架型值的确定 → 胎架结构形式的确定 → 绘制胎架结构图和胎架型值表。

· 胎架设计要点主要体现在：

①胎架基准面的切取

船体分段的外形大部分带有曲形，不同部位的分段有不同的曲形，而且相差很大，如艏、艉部位的舷侧分段外形与船体中部的舷侧分段外形。如何使这些曲形分段的装配胎架的表面型线既满足分段装配的要求，又能最大限度地改善分段的施工条件，扩大自动焊、半自动焊的使用范围，降低胎架制造成本，这些与胎架基准面的切取有很大的关系。

所谓胎架基准面就是用来确定胎架工作曲面的基准面，也就是各个胎架模板底线所组成的平面。胎架基准面的选择应使分段和总段装焊时具有良好的工作条件。胎架基准面的切取方法有正切、单斜切、正斜切和斜斜切四种，如图 5.14 所示。各切取方法的特征、适用范围及选择注意事项见表 5.5。

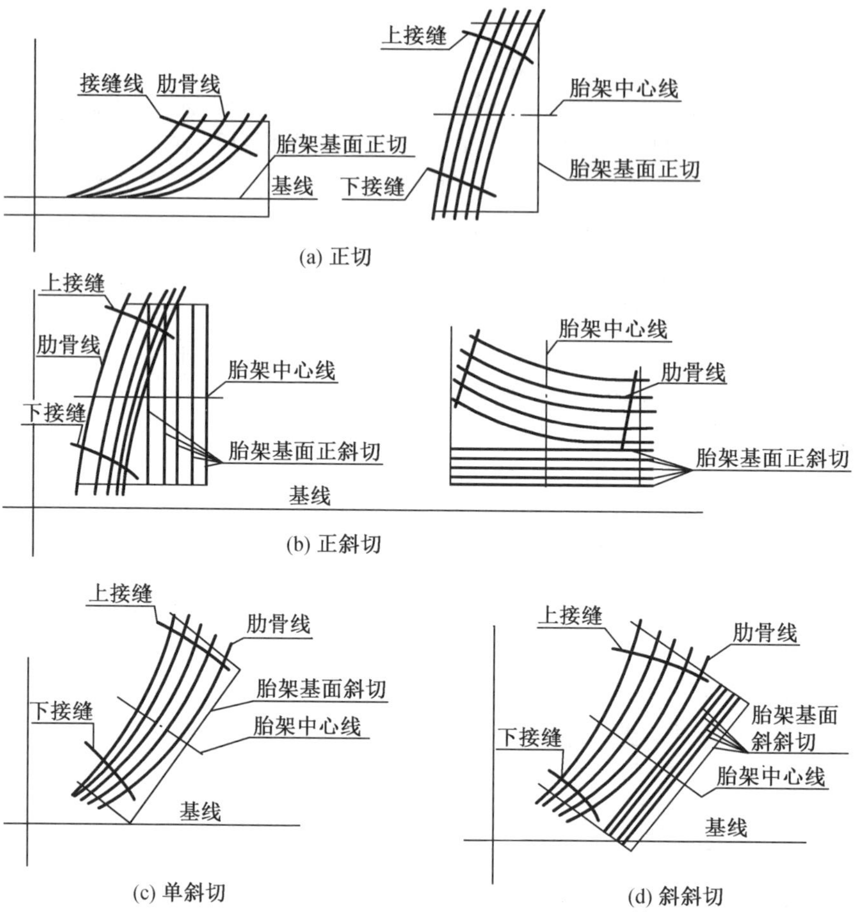

图 5.14　胎架基面的切取

表 5.5　胎架基准面各切取方法的特征、适用范围及选择注意事项

基准面的切取方法	正切	单斜切	正斜切	斜斜切
特征	基准面垂直于肋骨平面		基准面不垂直于肋骨平面	
	基准面平行或垂直船体基线面	基准面与船体基面成一倾角（横倾）	基准面垂直或平行于船体基线面	基准面与船体基线面成倾角
适用范围	用于中间底部分段、甲板分段及平行中体部位的舷侧分段等	用于纵向曲度变化不大的舷侧分段	用于艏艉部升高较大的底部分段、半立体分段	用于曲度变化较大的舷侧分段

表 5.5(续)

基准面的切取方法	正切	单斜切	正斜切	斜斜切
优缺点	·切取方法简单; ·胎架制作、划线、安装均方便; ·当分段纵向曲度较大时,模板材料消耗大,胎架倾斜度也大,施工不便,且不宜推广自动焊		·可根据分段具体形状,得到适宜的胎架倾斜角度,施工条件较好; ·扩大自动焊和半自动焊的工作面,提高焊接质量; ·节省模板材料和制作工时; ·由于基准面不垂直于肋骨面,胎架制作较麻烦,结构装配需要角度样板	
注意事项	根据肋骨型线图上分段所处的位置: ·看分段肋骨线是水平、垂直还是倾斜; ·看肋骨级数的大小:级数变化小,表示胎架纵向不很陡;级数变化大,表示胎架纵向有显著的斜升; ·尽量使胎架四角的高度接近。横向倾斜度不超过 15°~20°,纵向倾斜度不超过 10°			

②胎架型值的确定(参阅图 5.14)

首先在肋骨型线图上做出胎架基面的投影线(或胎架基面与各肋骨剖面的交线);再根据胎架支柱间距在胎架基面投影线上求出支柱点;然后通过这些支柱点沿胎架基面投影线的垂直方向,量取到对应肋骨线的距离,并减去板厚,即得到胎架的高度型值。

③胎架结构形式的确定

主要是选择胎板形式,选择时必须综合考虑其受力情况,包括在胎架上制造分段的结构特点、生产批量以及对胎架的使用要求等因素,尽量使用通用胎架,以降低生产成本。舰船或精度要求高、批量大的分段,以及薄板分段宜选用刚性好的单板式胎架;一般船舶、单船建造的分段可选用桁架式(框架式)胎架;平直的及型线和缓的分段可采用支柱式胎架。

值得注意的是,随着现代造船技术的发展,新工艺被广泛采用,零件加工成形精度也随之大幅提高。先进焊接工艺技术的应用,使分段焊接变形量进一步减少。特别是电子计算机技术和数控技术的发展,胎架的形式和功能也随之不断进化,传统的模板式胎架正逐渐被支柱式通用胎架所取代。并且,由于平面分段流水线的广泛应用,平直分段已不需要胎架。

3. 胎架的制造

以某一舷侧分段为例,选择单斜切胎架说明胎架制造过程。

(1)支柱式胎架的制造

在船体肋骨型线图上,根据分段所在位置做出斜切基面,然后在分段中部做垂直于基准面的直线,即胎架中心线。以胎架中心线为准,向两侧每隔一定距离做出平行于中心线的辅助线,分别在辅助线上从基准面开始量取到各肋骨线的高度值,并减去该位置处的外板厚度,即可得到各位置处的胎架型值,如图 5.15 所示。绘制出该分段的胎架结构图,该图由胎架平面布置图和典型肋位剖面图以及胎架型值表组成,一般由船体生产设计提供,作为现场胎架制造的依据。

①在平台上根据该分段的尺寸定出胎架位置,划出胎架中心线、各挡肋骨位置线、辅助线以及接缝线等,如图 5.16(a)所示。

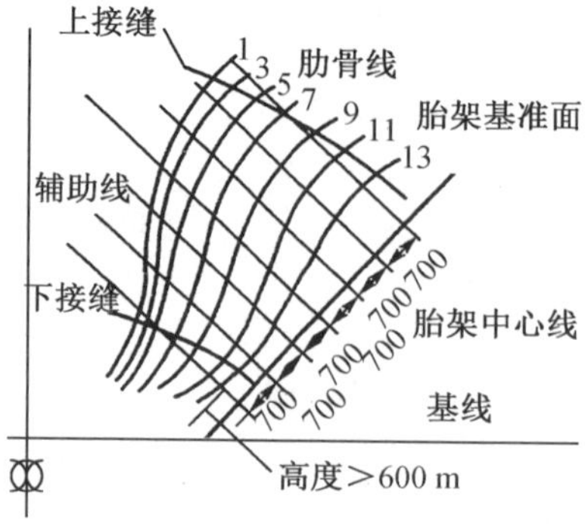

图 5.15　在肋骨型线图上求取胎架数据

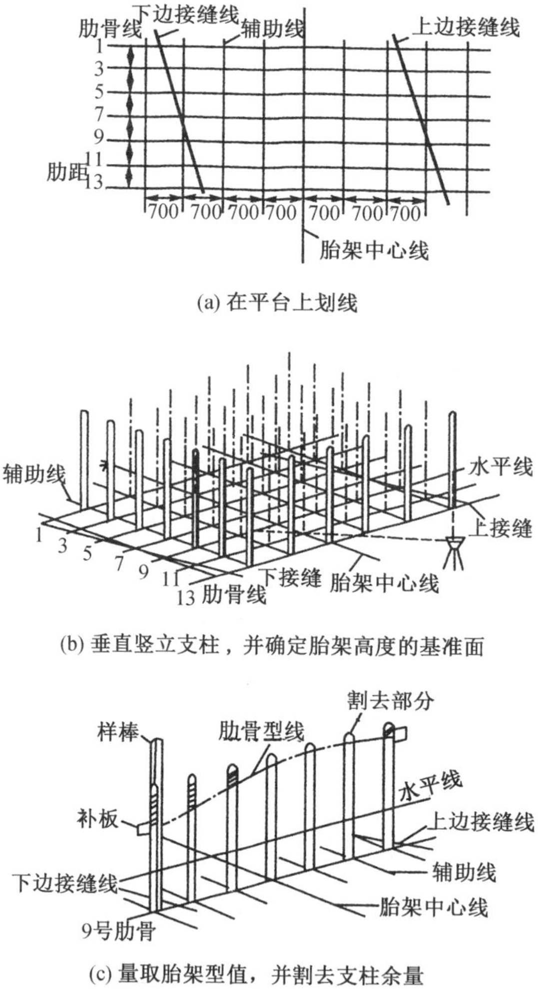

图 5.16　支柱式胎架制造

②在每挡肋骨线和各辅助线、中心线的交点上垂直竖立支柱(角钢或套管)，如图 5.16(b)所示。

③利用水平软管或激光经纬仪找出水平面，并在支柱上做出标记，作为量取胎架高度

的基准面，如图 5.16(b)所示。

④在各支柱上，以水平线为基准向上量取该处的胎架型值，然后割去其余量(对套管式可按该处的型值进行调节)，并焊上支撑加强材，如图 5.16(c)所示。

(2)桁架式(框架式)胎架的制造要点

与支柱式胎架不同，船体生产设计不但要提供该分段的胎架结构图，还要提供各挡肋位框架胎板的型值(样板草图)，如图 5.17 所示。

肋骨号	*H*	*B*	*h*
10			
12			
14			
16			
18			

(a) 胎板型值

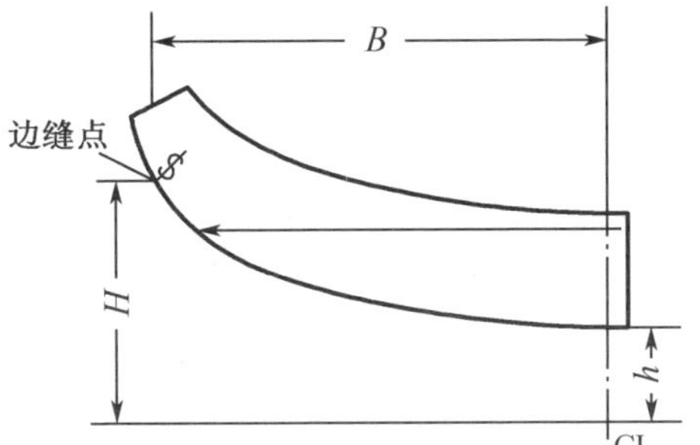

(b) 胎板草图

图 5.17　各挡肋位框架胎板的型值(样板草图)

①各挡肋位框架制作。在平台上划出桁架角钢位置，用角钢和胎板按胎板的型值(划线样板)进行装配，胎板的上缘留有余量，以供划线切割用，如图 5.18 所示。当各挡肋位框架竖立后，检查并调整其垂直度，然后用角钢在纵向加以固定和支撑。

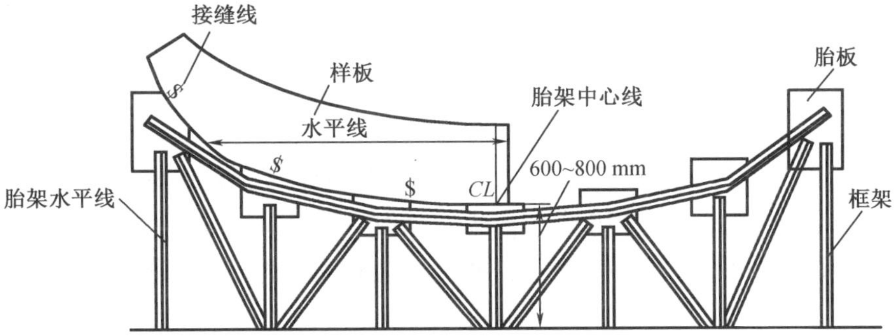

图 5.18　各挡肋位框架制作及模板划线

各挡肋位框架也可预先按肋骨线型在平台上拼装成整体，再吊上平台，对准中心线和位置线进行装配。

②肋位框架上胎板的划线切割。在各挡肋位框架上用激光经纬仪或水平软管做出水平基准线，按胎板的型值(划线样板)，依次在每挡肋位框架上划出各自的 *H*、*B* 和 *h* 值。再在框架上夹好相应的划线样板，对准中心线和量出的型值点，检查水平线，然后在胎板上划出外板的型线，如图 5.18 所示，用气割将胎板上缘正确切割。最后在胎架的四周标出水平基准线，以供检查胎架在使用中有无变形。

在数学放样情况下，桁架式胎架的胎板也可根据所提供的数值进行划线，而不必钉制专用的胎架划线样板。

第三节　部件装焊(小组立、中组立)工艺

部件装焊是介于加工和分段装配工序的中间环节,这是继零件切割、加工之后的第二、第三制造级。这个工序的特征是:按部件的结构大小、形状等归类,在部件装焊区进行专业化生产。

一、部件的基本类型

部件装焊传统的名称为小合拢,现在称其为小组立和中组立。在船体结构装焊内容中,目前对小组立与中组立还没有明确的界限,大致可分为以下两个方面:

其一是拼板件或将两个以上的板材和型材零件经过一次或二次组装焊接后,形成的结构组件,这一过程称为小组立。几种典型的小组立结构如图 5.19 所示。

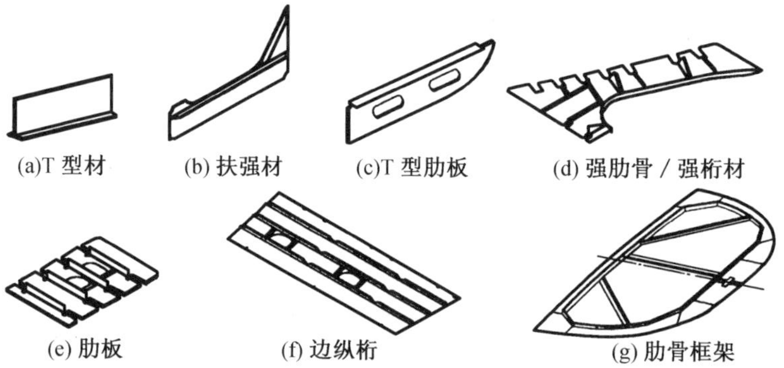

图 5.19　几种典型的小组立结构

其二是将小组装部件进一步组装成片状板架结构、条框结构、块状结构,或是由几个小组立、小组立与零件组合成更大的组立。几种典型的中组立结构如图 5.20 所示。只要在平面能够施工的都可以将它们作为中组立的施工范围,其尺寸和质量的界限标准是依据各船厂车间设施、场地、行车或吊车的安全起重量、起吊高度和两台行车的联合起吊跨度所决定。

小组立、中组立生产最大的优点是将分段立体施工的内容放到平台做,在提高效率的同时,产品质量也得到提升。所以在现代化生产方式中,各类能提前施工的内容都前移到小组立、中组立,其中还包括预舾装和油漆跟踪等施工作业。

根据对船体结构的基本特征分析,船体部件主要有平板、T 型材、框架、平面型板架,以及主、辅机基座等基本类型,此外还有一些特殊部件,如艏柱、艉柱等。

二、部件装配基准

1. 部件装配基准线

部件在装配过程中,首先要在零件上划出相互组合时的位置线,以及各种施工基准线,作为下道工序的作业基准。部件装配基准线是根据部件的不同类型和特征来进行设定的。常见的有以下四种基本类型。

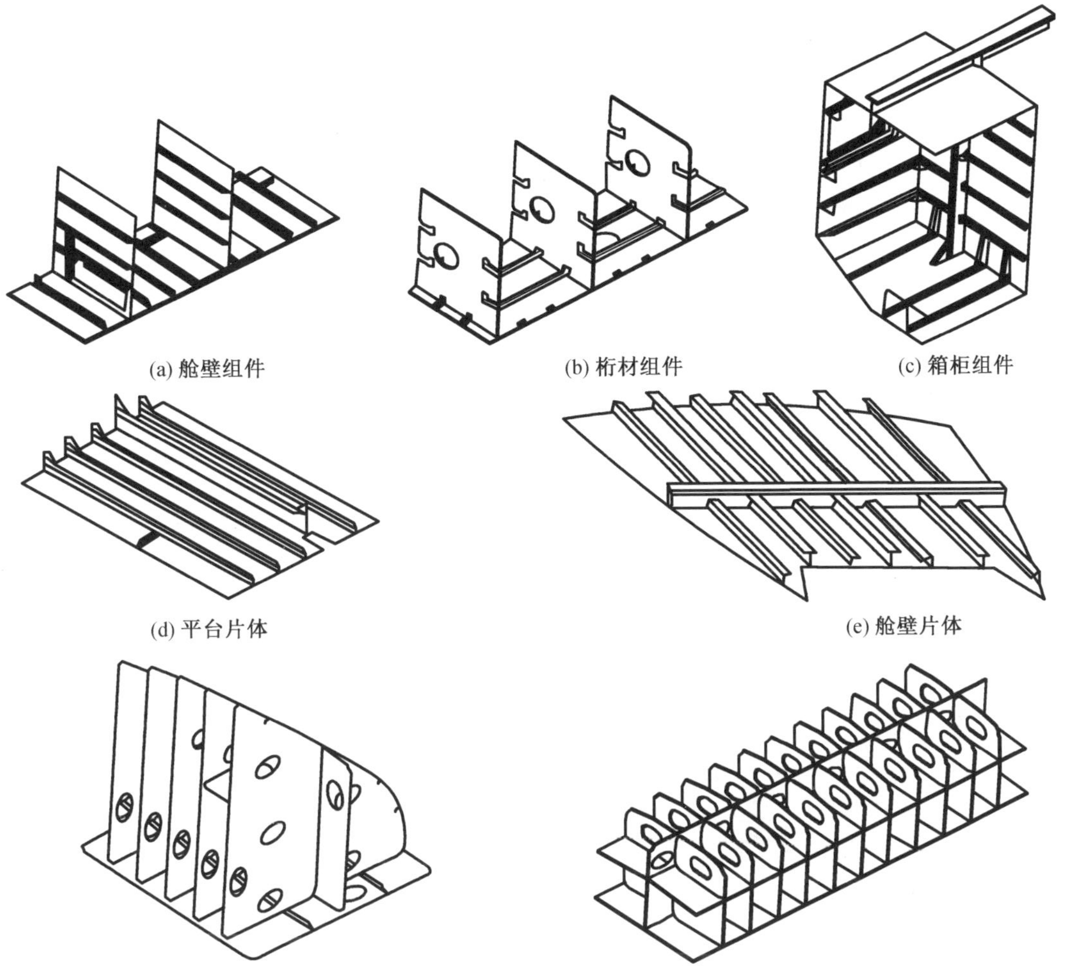

(a) 舱壁组件　(b) 桁材组件　(c) 箱柜组件

(d) 平台片体　(e) 舱壁片体

(f) 艏、艉部组合体　(g) 主机基座

图 5.20　几种典型的中组立结构

(1)构件厚度定位理论基准线(简称理论线)

部件装配基准线是根据船体理论线标准确定的。由于理论线的设置方法与船体制造方法、技术措施和船厂惯例等因素有关,目前还没有统一的规定,各厂都有自己特殊的理论线设置方法。因此,施工划线是根据分段工作图上注明的理论线和厚度方向进行勘划的,如图 5.21 所示的加强筋基准线。

(2)构件定位基准线

如肋板部件上的加强筋零件其端部处的定位线(图 5.21),以控制加强筋高度方向的位置。

(3)构件外形定型基准线

部件的装焊成形和装配焊接后的变形校正都必须依靠定型基准线。这就需要将部件中的构件在未装焊前预先划上线,作为校正检验的依据。对长度大于 1 500 mm 和长宽之比大于 3 的部件,必须设置定型基准线。通常利用水线和直剖线为好,但应该使基准线贯通于整个部件的全长,对于有较大纵横向线型的部件,可以采用斜直线,如图 5.22 所示。

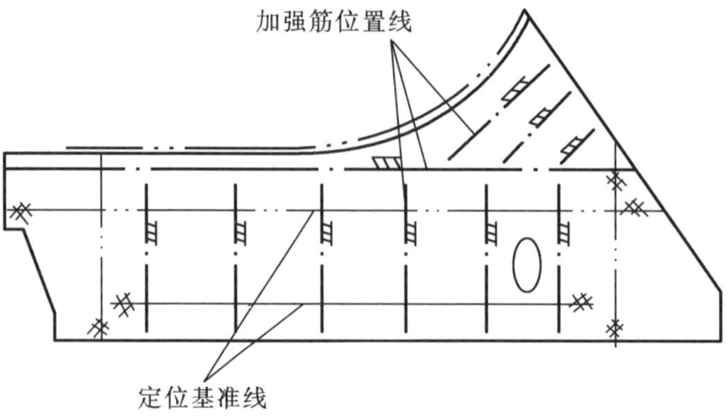

图 5.21　部件上的位置线和基准线

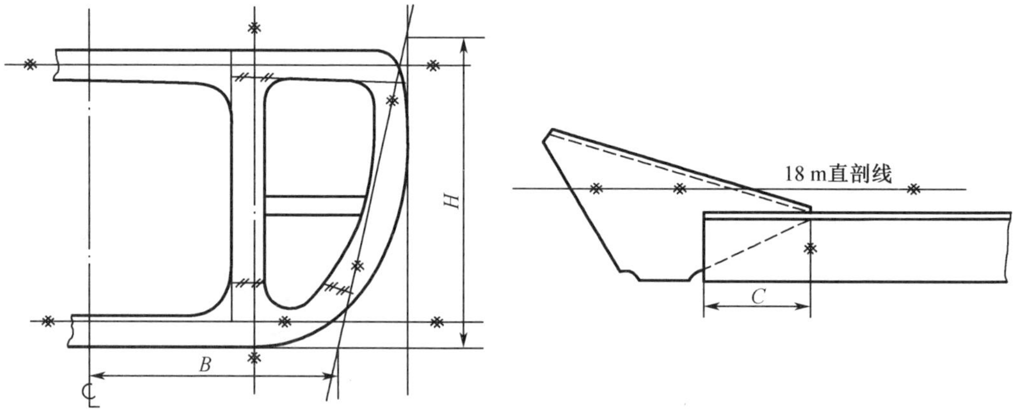

(a) 框架定形线　　(b) 构件定位线

图 5.22　定型基准线

(4) 角度定位基准线

处于船舶型线变化较大区域的部件，如艏艉部的部件，其构件的安装需要装成锐角或钝角时，应在其理论线的一侧标上锐角或钝角记号以及角度数值，作为构件安装的依据。

部件装配质量的优劣，首先取决于划线质量的优劣，它决定了构件之间的相互位置关系和部件的外形。在现代造船中，部件零件的数控切割和零件上的基准等划线作业，均可由数控切割机一次完成。

2. 部件装配基准面

零件和装配平台（胎架）相接触的面称为装配基准面。由于部件形式不同，零件又多，在装配过程中，部件装配基准面的确定，要结合实际情况。通常，装配基准面可按下列原则进行选择。

(1) 部件的外形有平面也有曲面时，应以平面作为装配基准面；

(2) 在部件上有若干个平面的情况下，应选择较大的平面作为装配基准面；

(3) 根据部件的用途，选择最重要的面作为装配基准面；

(4) 选择的装配基准面要使装配过程中最便于对零部件定位和夹紧。

(5) 装配中常常不止一个面可作为装配基准面，应接实际情况确定。

三、典型部件装焊工艺

从部件制作工艺角度来看，主要有：平板的拼装和焊接；面板和腹板的组合；板材和加强筋的组合；板材或型材组成的框架等。比较典型的部件有平板、T型材、框架、平面型板架以及主、辅机基座等。

（一）平板的拼装与焊接

平板的拼装（简称拼板）是部件装配的第一道工序。船体以及上层建筑的各层甲板、平台、纵横舱壁、围壁、内底板和平直的外板等大面积平板，均可以预先拼板。拼板部件按其尺度和形状可以分为两类：

①大型长方形平板部件。如船体平行中体部分的甲板、外板和内底板，这类零件的纵向边缘都是经过刨边机刨削或经高精度门式切割机切割坡口，并采用自动焊接，成为大张平板（俗称大拼板）。有些船厂建立了机械化平面分段流水生产线，其中拼板就是在第一工位上进行的。

②具有部分曲线边缘的平板部件。如肋板、横隔壁和甲板的边缘板等，其曲线边缘必须采用数控切割机和半自动切割机切割成形，直线边缘则由刨边机刨削成形。经过拼装、半自动焊接成形后，按工艺流程进入部装或分段安装区。

拼板作业一般是在车间内进行，它的基本设施是装焊平台和焊接设备，按照物流的方式，平直的板材以分段为单位，首先进入拼板工序，拼板焊接后的板列质量对分段安装的工作效率和完工精度密切相关。

1. 拼板的工艺流程

板列部件的拼装，一般是按照拼板图进行，图中标示了拼板结构的外形轮廓尺寸，每块钢板的钢号、厚度和长宽尺寸、补偿量（余量）加放的位置和数值，板材的零件号，以及刨边、坡口形式、肋骨号、艏艉方向等，供拼装时作为依据（如图5.23）。

其工艺流程：熟悉拼板图 → 清场、铺板 → 清除接缝边缘铁锈和油污 → 拼板定位并定位焊→ 焊接 → 矫正→ 划线和标记 → 完工检验 → 翻身吊运或滚道输送。

2. 拼板技术要领

（1）大拼板的拼装要领

①纵横焊缝的拼接（图5.24）。先将横向焊缝的板装配焊接（双面，注意纵向焊缝的直线度，且焊缝两侧放引熄弧板），焊毕再拼装、焊接纵向焊缝（必须在两端设引熄弧板）。

②大面积十字接头板缝的拼装（图5.25）。一般均采用按纵缝先将板件拼装成板组，再将板组用横向拼缝拼装成整块大板的拼装步骤进行。为了减少横缝的批割工作量，在拼装时应尽量将端缝对齐。

（2）拼板焊接要领

大部分船厂都采用单面焊双面成形自动化（如FCB法），这可省去大板的翻身。这种工艺的反面成形有两种方法：一种是随焊机移动的滑块使焊缝成形；另一种是用固定的衬垫使焊缝成形（即压力架焊接）。

①采用自动焊时，因起弧点与熄弧点处的焊接质量较差，为了消除这种缺陷，在板材拼装平齐定位焊后，可在板缝的两端设置引弧板和熄弧板。

②拼装后的板列，进行自动焊前，应该将焊机对准焊接拼缝，预先行走一次，用机头指针检查焊接缝中心线和焊机行走轨迹是否重合，确认正确后施焊。

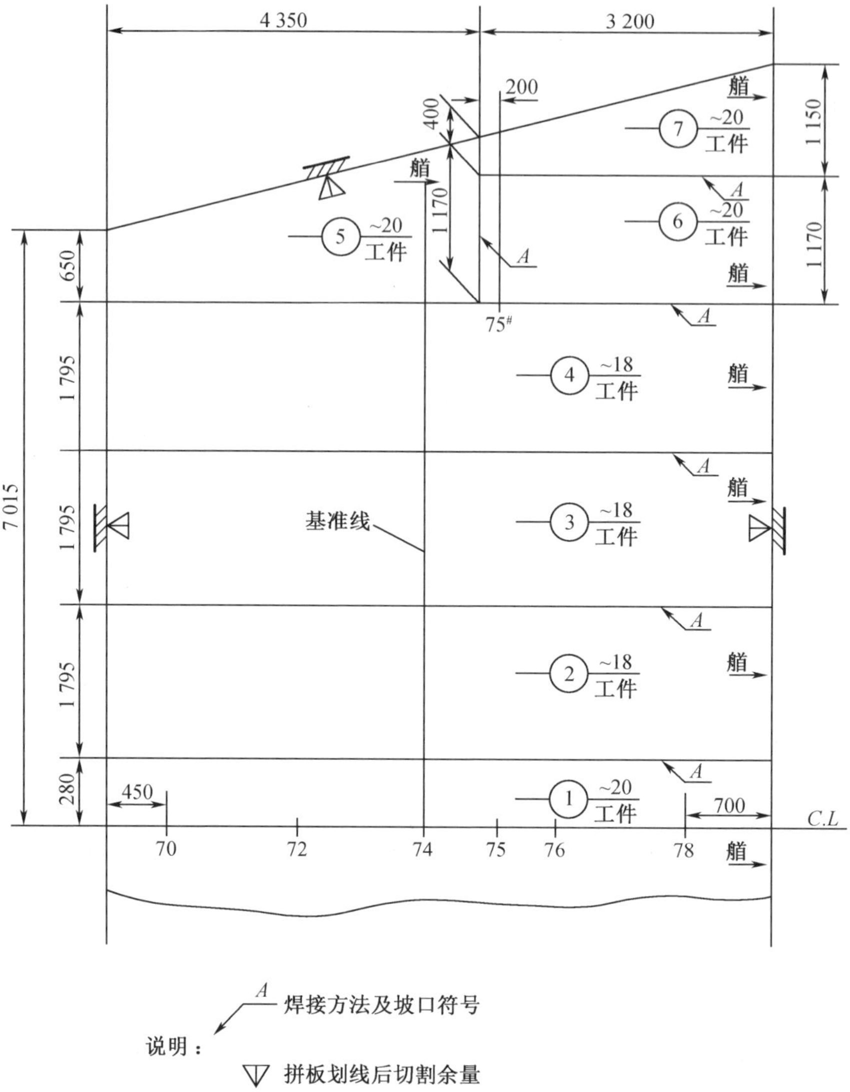

图 5.23　拼板图

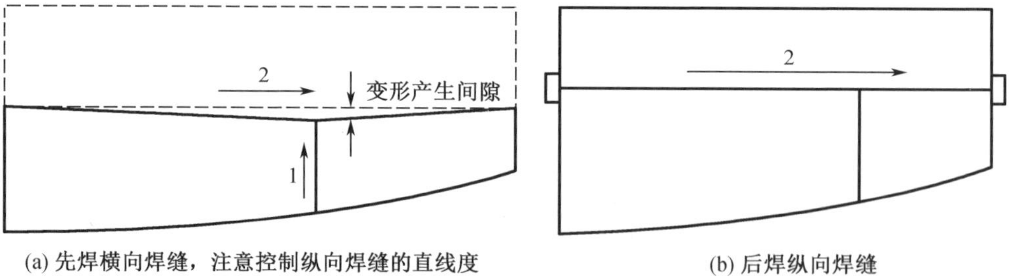

图 5.24　纵横焊缝的拼装

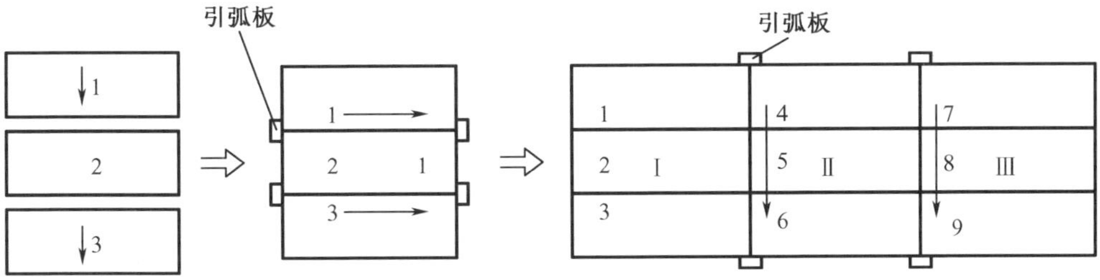

图 5.25　大面积十字接头板缝的拼装

③对采用单面焊双面成形的板列，由于焊缝的末端容易产生焊接缺陷，因此，对焊缝末端必须碳刨扣槽后手工补焊或预先对焊缝末端进行焊前预热。

④拼板焊接变形矫正

· 由于双面自动焊的上下面收缩力不平衡引起的角变形，可以采用火工校正方法消除。

· 由于焊缝纵向收缩时造成的焊缝端部板边上挠和角变形，一般也采用火工校平。

· 经过多张板的拼接后，大拼板整体产生挠曲，可以局部火工校平，但对较薄的板，变形量又大，很难用火工校平，必须用矫平机校平或用其他方式校平。

(3)拼板划线要领

板列经过拼焊以后，在进入部装或分段安装工位以前必须进行划线和标注各种施工记号，作为构架装配和边缘切割的依据。现代造船对线型平直的分段进行精度管理，拼板时，放一定的焊接补偿量而不留余量，以减少分段和船台(坞)安装时的切割作业量。

①划线作业工艺流程：

阅读划线图 → 划基准角尺线 → 划构架安装线和切割线 → 标注符号 → 边缘切割 → 批刨焊缝增强量。

②划线作业要领

· 划线后用对角线检查其误差，一般应控制在 ±2 mm。

· 经过划线后，已能显示出构架安装位置和焊缝增强量的交错位置。为了保证构架安装时与平板的装配间隙小于 2 mm，必须用批刨工具铲平焊缝增强量。如图 5.26 所示。

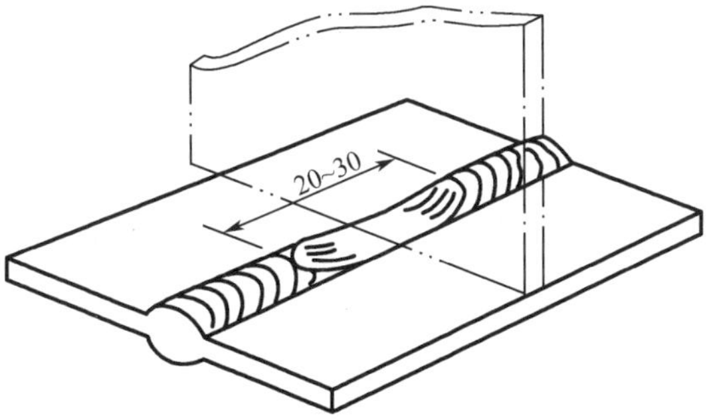

图 5.26　增强量铲平示意图

(4)板列的翻身和吊运

常用的翻身方法是装焊吊环，一般以装在板列的纵向端较好，吊环的连接形式有搭接和加垫板对接。当板列的拼接宽度大于 10 m 时，为了起重翻身的安全，可以采用专用吊排和多头夹具吊排翻身。

在机械化程度很高的船厂，可以在流水生产线上采用专用的机械装置翻身，如薄板分段生产线上的机械翻身装置。

(二)T 型材装焊工艺

T 型材在船体结构中是应用较多的一种结构形式,由腹板和面板组合而成,有些较宽腹板的 T 型材,其腹板上还装有一定数量的型钢扶强材。T 型材分直、弯两类:面板平直的为直 T 型材,面板弯曲的为弯 T 型材。

1. 直 T 型材装焊工艺

直 T 型材多采用在平台上以面板为基准的倒装工艺,其工艺流程如图 5.27 所示。即铺面板 → 划腹板安装位置线 → 腹板安装→ 焊接 → 矫正。其中的角焊缝现普遍采用自动焊或半自动焊。其工艺要领:

①装焊中要注意检查腹板和面板的装配间隙,应保证面板与腹板之间垂直(或倾角)准确。为防止面板焊接后产生的角变形,可先将面板预先轧出反变形角度或某一倾斜角度,其数值可由计算或经验确定,如图 5.27(c)(d)所示。

②定位焊后应设支撑板或专用工装临时加强,如图 5.27(d)所示。

③对具有腹板扶强材的 T 型材,待腹板与面板组装好后,再安装腹板扶强材,如图 5.27(a)所示。

④若面板有对接缝,则先焊面板对接缝,再焊面板与腹板的角接缝。

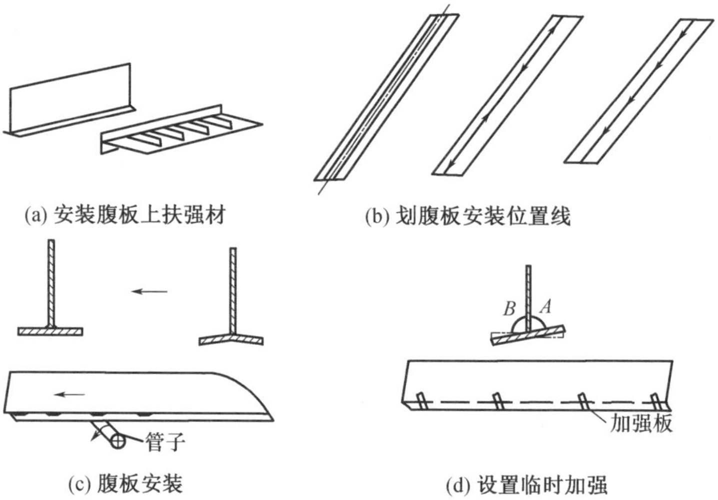

(a) 安装腹板上扶强材　(b) 划腹板安装位置线

(c) 腹板安装　(d) 设置临时加强

图 5.27　直线形 T 型材小组立

2. 弯 T 型材装焊工艺

弯 T 型材一般采用侧装法。侧装是在胎板上进行的,其装焊工艺如图 5.28 所示。即胎板准备 → 铺腹板 → 面板安装(面板上预先划好线)→ 焊接 → 矫形。其技术要领:

①对曲率较大的 T 型材,如艏艉部的宽板肋骨,为保证部件的正确型线,并便于矫正焊接变形,装配时在腹板上预先划出一条辅助检查线,若有变形,矫正到腹板上的检验线恢复成直线为止。

②需按照弯 T 型材的形状制作搁架胎板。

③需用角度样板检查面板与腹板的角度形状。

对曲率不大的弯 T 型材,也可以采用在直 T 型材的基础上,经过型材弯曲的成形加工来得到。

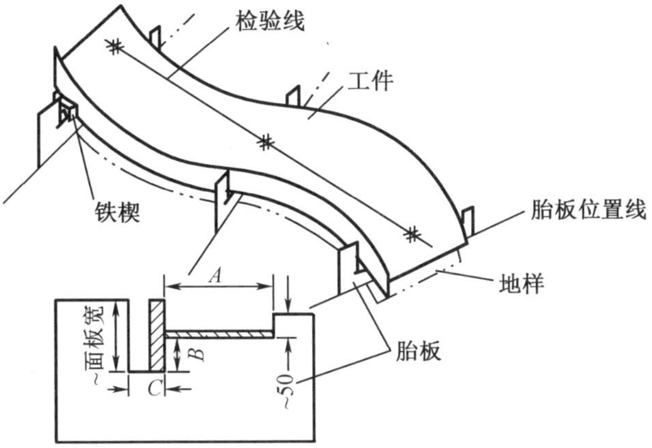

图 5.28　弯 T 型材的装焊

3. T 型直梁自动装焊生产线

大中型船厂一般采用 T 型直梁自动装焊生产线(部分是自动生产线),配以自动输送辊道、门式高精度切割机,以及采用机器人装焊机和相应的分类装置。这种装置由装配、焊接和翻落三部分机构组成,如图 5.29 所示。

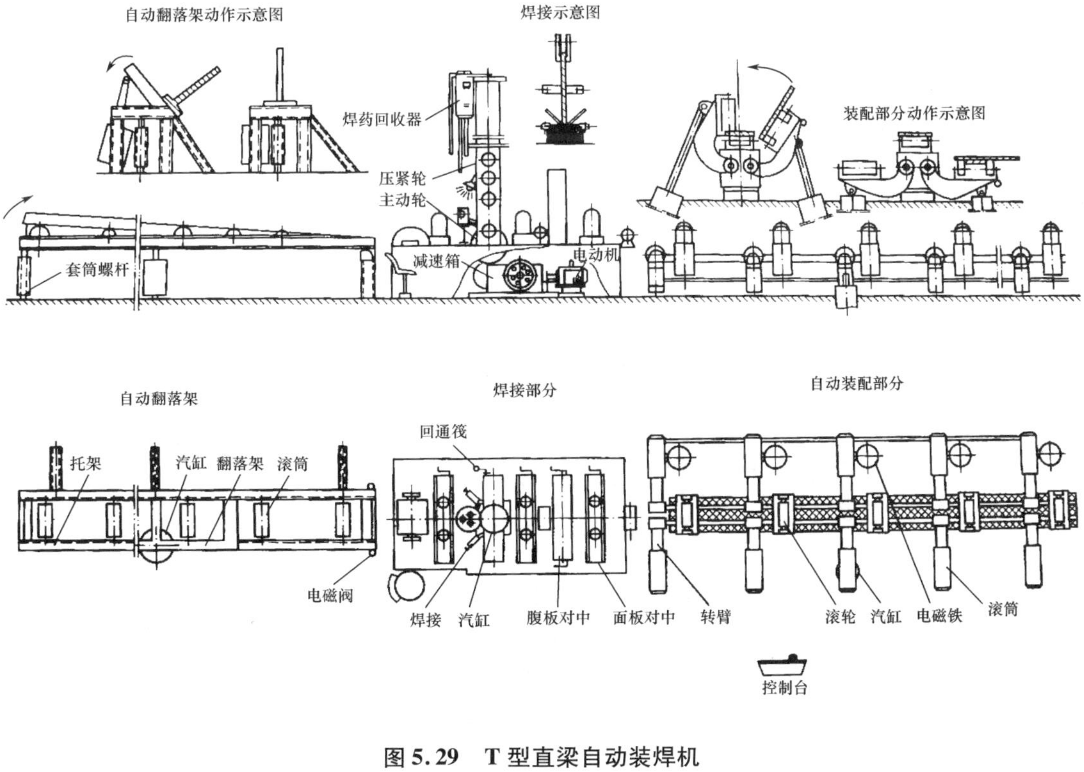

图 5.29　T 型直梁自动装焊机

①自动装配部分有两组联动的转臂,臂上装有滚筒,其中一组转臂上装有电磁铁,转臂靠汽缸转动。

②焊接部分包括面板和腹板对中装置，汽缸、调速装置、固定的两台半自动焊机和焊剂回收装置。

③自动翻落架是一个可翻落的托架，托架依靠气缸动作而实现翻落，整个托架还可以调节角度。

其工艺流程：

a. 将面板吊放在装配部分的中间一排滚轮上；

b. 腹板吊放在装有电磁铁的一组转臂上；

c. 无工件的一组转臂先翻转 90°对工件起支撑作用，另一组转臂接着翻转 90°，使面板和腹板成直角位置；

d. 依靠焊接部分的机械装置（面板对中，腹板对中装置）进行直 T 型材装配定位，并用压紧轮压紧工件；

e. 启动电焊机，进行面板与腹板间的填角焊接；

f. 焊完后，工件送到翻落架上，将工件翻落到地面上。

（三）框架部件装配工艺

框架是由各种船体构件组成的平面形或立体形的结构，其结构形式主要有两类：

一是平面框架，如艏艉部横向肋骨框架、油船油舱横肋板框架、油舱水平桁框架、散货船底边舱和顶边舱的平面框架等。

二是立体框架，如由底纵桁、肋板、底纵骨和内底纵骨组成的双层底框架；由边舱横向构件和纵骨组成的边舱立体框架等。

1. 平面框架装配工艺

（1）型钢肋骨框架装配工艺

肋骨框架结构一般是由肋骨、横梁、肋板和肘板等零件组装而成的平面形框架。肋骨框按形状分有整体肋骨框架和半肋骨框架；按构件形式分有角钢（或球扁钢）型肋骨框架和 T 型组合型材肋骨框架等。拼装肋骨框架一般在钢板平台上按肋骨型线进行组装。平台上的全宽肋骨型线是用样杆（样板）和型值表按 1∶1 搬划到平台上，作为肋骨框架装焊时对线定位和检验的依据。

①角钢（或球扁钢）型肋骨框架（普通肋骨框架）装配工艺如图 5.30 所示，其工艺流程如下：

在平板平台上正确划出各肋骨框的肋骨型线 → 肋板、肋骨、横梁与平台上的肋骨型线同号对准、定位、固定 → 安装横梁肘板和舭肘板 →临时加强 → 标明中心线，纵向构件位置线、外板接缝线、水平线等 → 焊接 → 框架翻身封底焊 → 矫正 → 完工检验后送分段（或总段）区。

②T 型组合型材肋骨框架（强肋骨框架）装配工艺如图 5.31 所示，其工艺流程如下：

在平板平台上正确划出各肋骨框的肋骨型线 → 肋板、梁肘板定位、与型线吻合后移开 → 强横梁、强肋骨定位→ 嵌装肋板、梁肘板 → 临时加强 → 将中心线、水线、构架线划驳划到框架上 → 焊接 → 框架翻身封底焊 → 矫正 → 完工检验后送分段（或总段）区。

（2）线型肋板框架装配工艺

为提高钢材利用率，一般都将框架板分成多片，其拼装质量会影响分段的完工尺寸符合精度的要求，因此，对框架板的拼接要求较高。其工艺流程如图 5.32 所示。

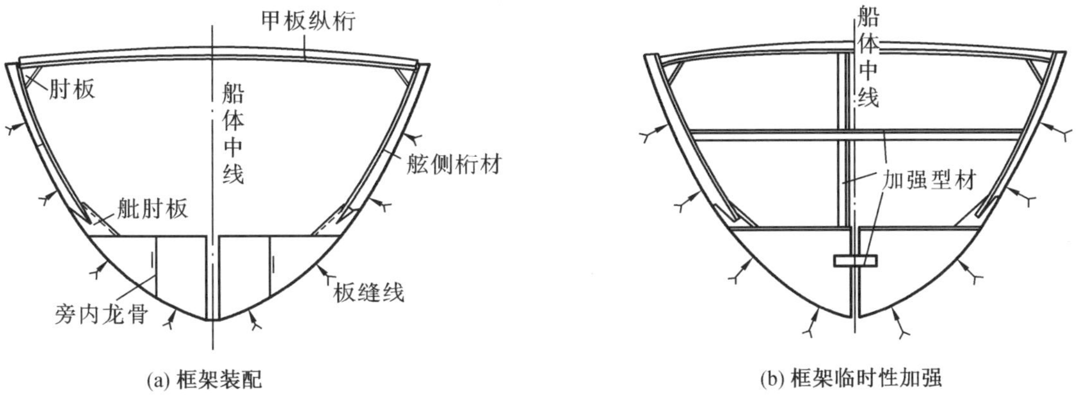

图 5.30　角钢(球扁钢)型肋骨框架的装配

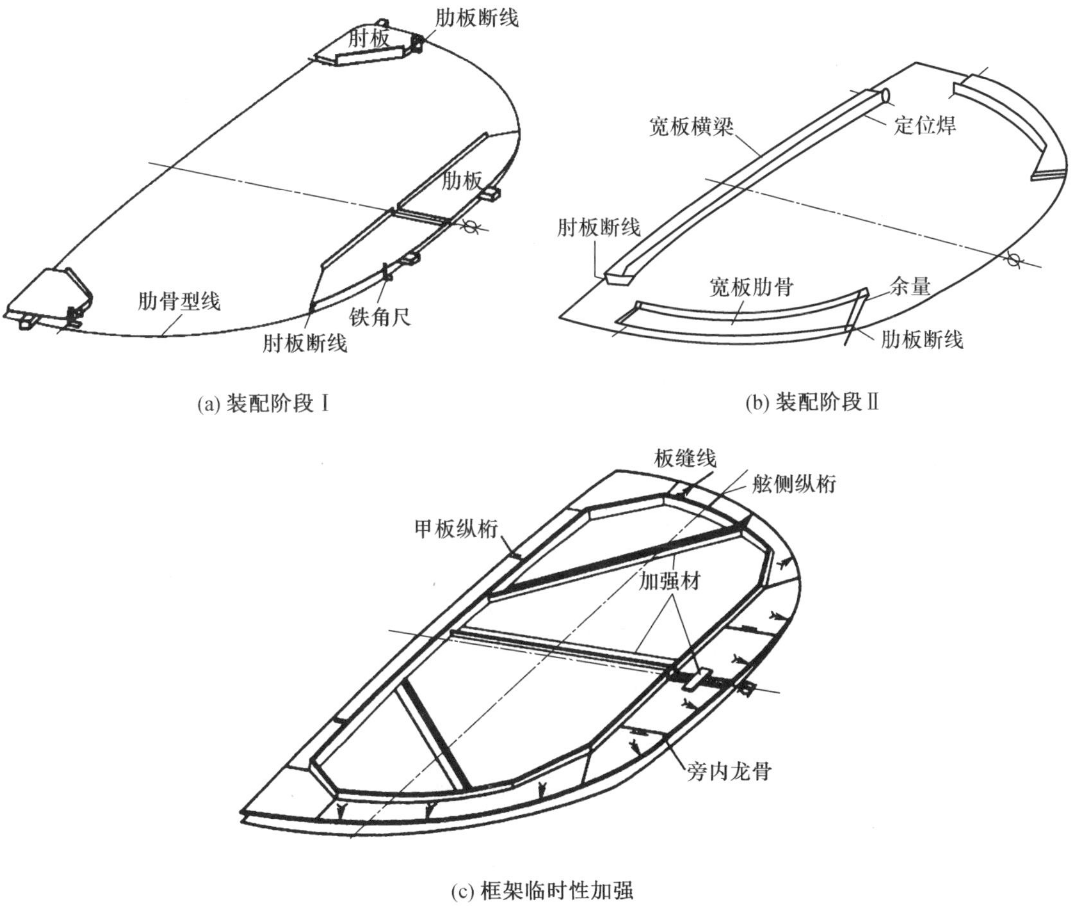

图 5.31　T 型组合型材肋骨框的装配

在平板平台上正确划出各框架的基准线和外型线 → 将框架腹板零件按基准线和外缘线定位 → 腹板焊接 → 安装框架面板、加强筋和肘板 → 焊接 → 框架翻身、安装反面构件并焊接 → 标明编号及相关基准线 → 矫正 → 完工检验后送分段区。

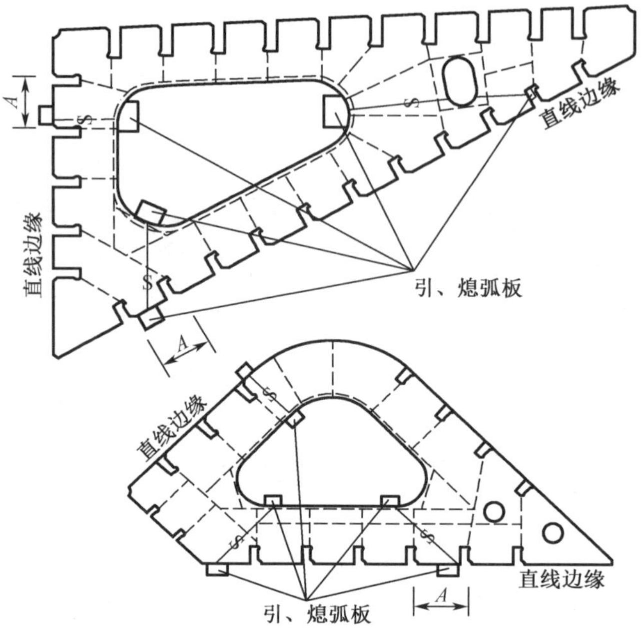

(a) 框架腹板拼装

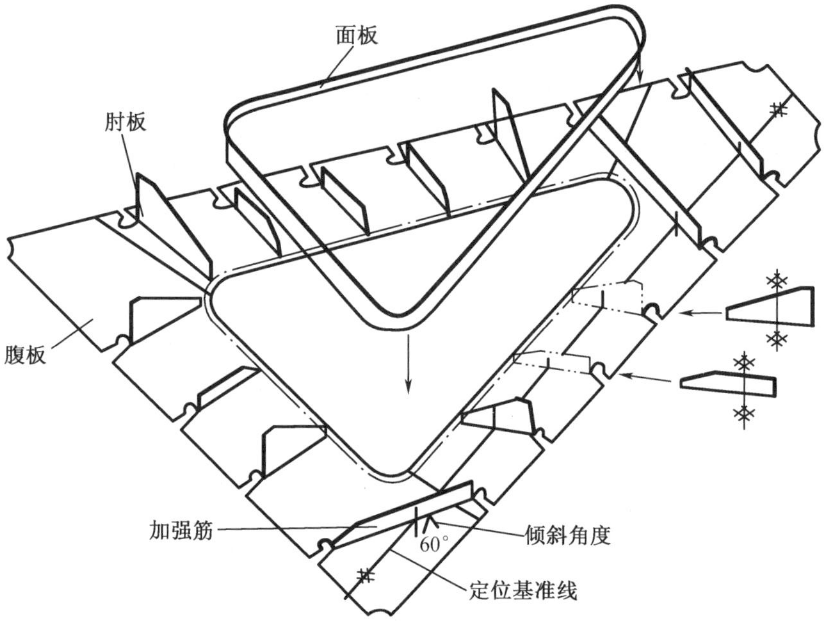

(b) 框架部件安装

图 5.32　型线肋板框架装配

(3)平面框架装焊技术要领

①肋骨框架作为安装外板的内模,对框架外形精度要求较高,因此,肋骨框在拼焊前,应检查横梁、肋骨的弯势是否和型线符合,若有较大偏差,应单件校正后再进行组装;

②宽板肋骨框架的宽板横梁,宽板肋骨、肋板等都是对接的,组装时要进行精度控制;

③型线肋板框架拼装中要注意加强筋和肘板的安装位置,以及是否有倾角;

④平面框架是在平台上依据肋骨型线进行组装的，因此，必须保证平台的平整度和肋骨型线的绘制精度；

⑤平面框架的翻身、吊运变形的控制，临时性加强应设置合理，有足够的刚性。

2. 立体框架装配工艺

框架法装配工艺用于制造双层底分段（对部分双壳型分段也采用此工艺），其方法是将双层底的框架部件在车间内场进行中组装，降低分段制造工作量和缩短分段制造周期，从全局来看有利于部装、分段制造和船台（坞）安装三个工艺阶段的负荷平衡，也便于进行结构装焊的精度控制。

双层底框架部件是由一道纵桁、纵桁相邻一侧的肋板、纵骨、肘板和补板等构件组成，它是立体型部件，以纵桁为基面在平台上侧向进行中组装而成，如图 5.33 所示。

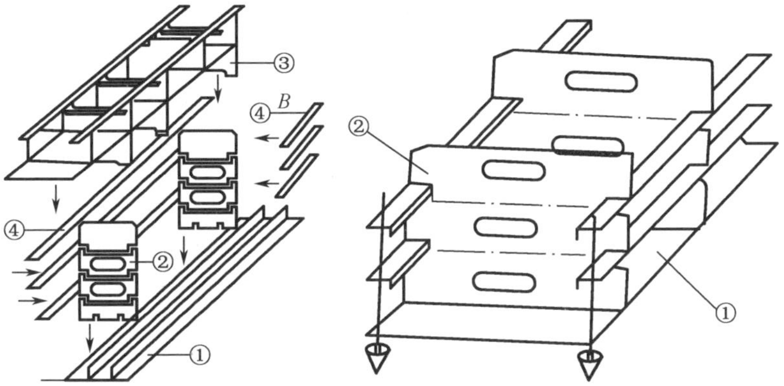

①纵桁部件；②肋板部件；③肘板；④纵骨。

图 5.33　双层底框架部件

通常在平台上装焊，其工艺流程：

将纵桁板定位于基准平台上，划出安装基准线，进行加强筋等零件的部装 → 横向间断肋板在小组装焊接和火工校正结束后吊至纵桁上对合基准线并定位，用临时支撑角钢加以固定 → 安装纵骨 → 肋板、纵骨和纵桁之间进行平角焊 → 用专用吊架将框架整体翻身并搁平 → 标明编号及相关基准线 → 矫正→ 完工检验后送分段区。

其技术要领：

①对框架首尾两端的肋板必须保证其垂直精度，它是分段安装时框架定位的基准；

②当纵骨长度小于纵桁长度而需要增加端接缝时，必须将纵骨在平台上预先拼接，再整根吊装；

③对嵌入式结构，可在纵桁的端头位置设置型材插装轮滚托架，以使纵骨顺利和迅速地插进各道肋板之中。

（四）平面形板架装焊工艺

1. 纵桁、肋板及相似结构的小组立

纵桁、肋板或长条状平台等是底部和双层舷侧分段中常见的结构形式，其安装结构一般为板材上安装扁钢（型钢）骨材，小组立装焊质量将会直接影响底部分段、舷侧分段成形后的整体平面度，如图 5.34 所示。

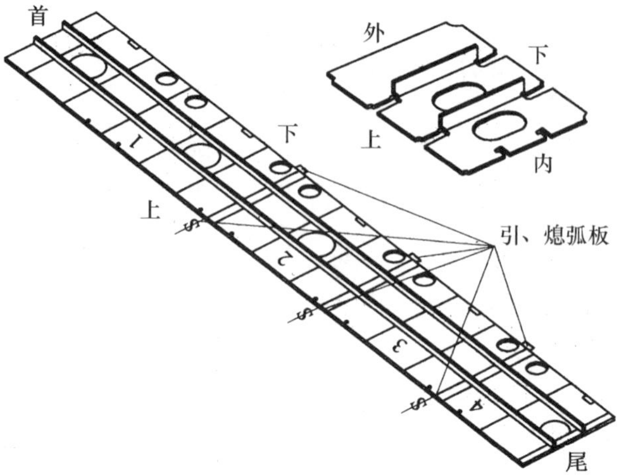

图 5.34　纵桁、肋板结构

通常在平台上装焊,其工艺流程:

拼板 → 划线 → 安装骨材(水平材、扶强材)→ 焊接 → 铁舾件预装 → 翻身、焊接 → 矫正 → 完工检验后送分段区。

其技术要领:

①分清纵桁、肋板首尾、上下、左右标记(有对称要求);

②保证纵桁边缘直线度;

③应保证骨材端口的相对位置正确。

2. 舱壁装焊工艺

舱壁是船壳内部的主要结构,其结构形式通常是由板、扶强材、桁材等组成的平面形板架结构。舱壁按位置和功能分有横舱壁、纵舱壁、防撞舱壁、制荡舱壁等;按剖面形状分有平面舱壁、槽形舱壁两种。

主体结构上的横舱壁在分段、总段制造和船台(坞)安装时,往往都是作为舷侧和甲板分段安装时的半宽和型宽的定位基准,故应注意保证横舱壁的完工精度。

(1)平面舱壁装焊工艺

通常在平台上装配(图 5.35),其工艺流程:

拼板 → 焊接 → 划线 → 切割余量 → 安装舱壁构架 → 临时加强 → 结构焊接 → 矫正 → 完工测量与检验后送分段区。

其技术要领:

①若钢板厚度不一,应将平整的一面朝上放。

②划线要领:

·首先划出由水平线、垂直线所组成的直角基准线。以直角基准线为基准,按图示结构位置尺寸分别划出相应的竖向及横向构件的位置线,同时划出相应的水线及直剖线,如图 5.36 所示。

·当横舱壁高度超过 3 m 时,舱壁上下缘应设置两根水平基准线,供分段制造时测量定位用。

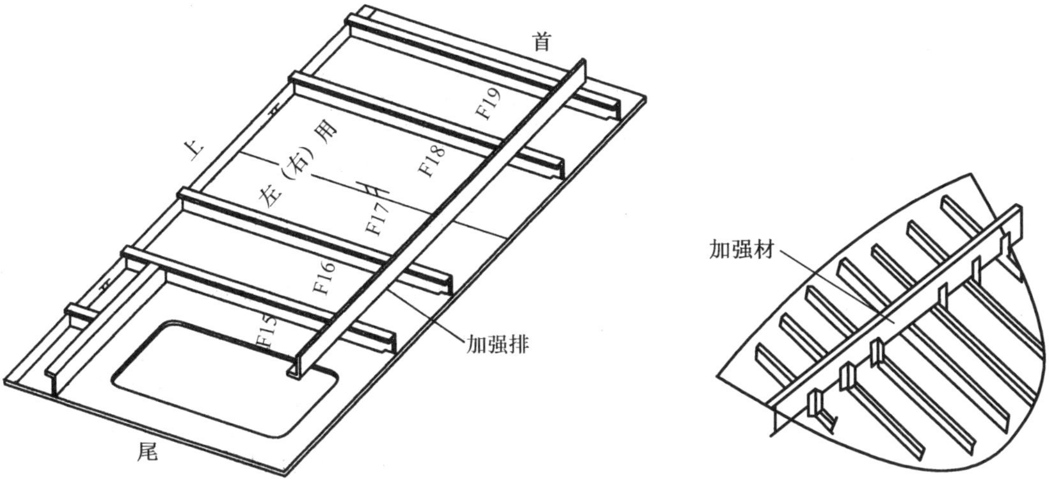

图 5.35　平面舱壁

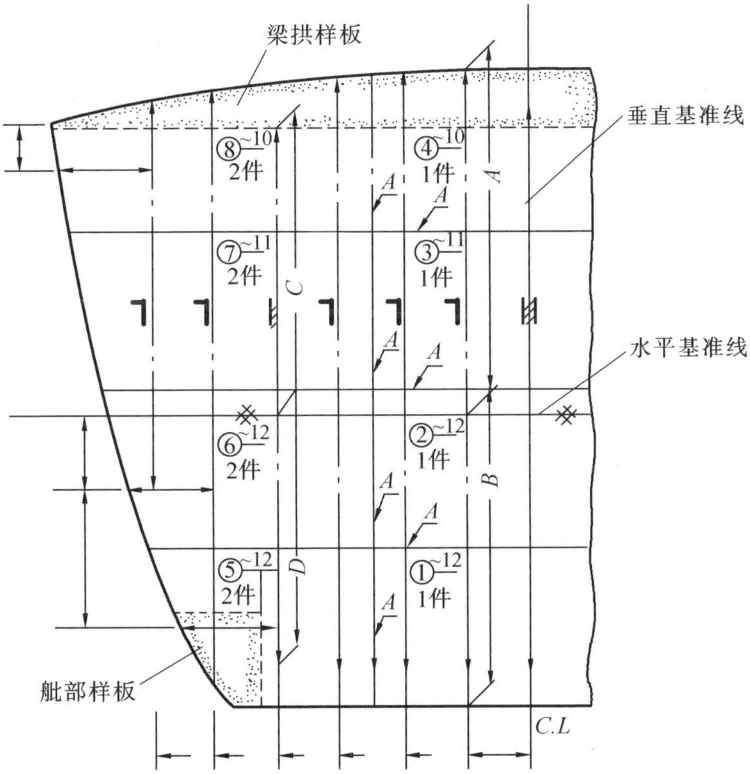

图 5.36　横舱壁划线图

·采用数控切割的横舱壁板件，拼接后不再对其外形轮廓进行划线切割。

③根据外形轮廓线切割舱壁的余量，一般在舱壁的左右两舷处切割，下口余量不割，待安装定位时再切割。

④构架安装要领：一般应先安装小型扶强材，后安装大型扶强材，水平桁材及焊接组合型材等。

⑤对板厚在 6 mm 以下的舱壁，严格按照工艺装焊，以控制、减少薄板装焊变形。其结构临时性加强应有足够的刚性。

(2)槽形舱壁装焊工艺

槽形舱壁又称波形舱壁。由凹凸舱壁板和骨架组成，其剖面形状分为弧形、梯形、三角形和矩形等多种，尤以梯形槽工艺性最佳，其结构如图 5.37 所示。

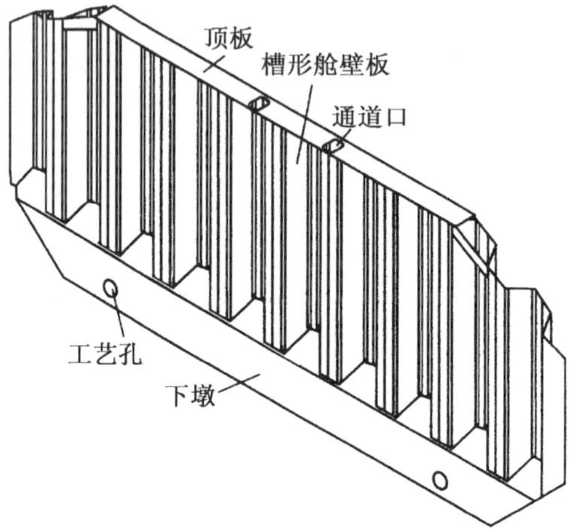

图 5.37　槽形舱壁结构

一般槽形舱壁以平直面为基面制造。将钢板制成单个槽形材(根据槽形尺寸及船厂设备能力，有不同的加工形式)，然后放在水平胎架上(或平台)将其拼装成槽形舱壁，如图 5.38 所示。其工艺流程：

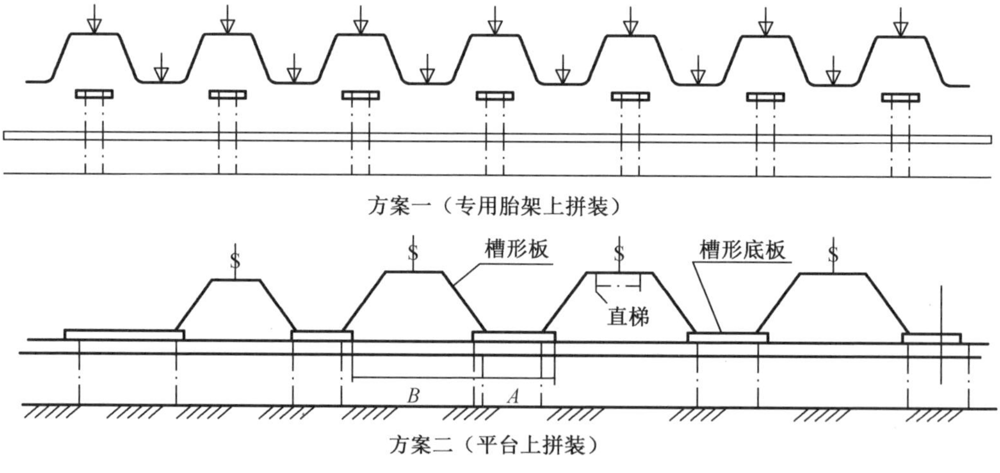

图 5.38　槽形舱壁装焊图

胎架制造(或平台)→ 划中心线、水平基准线和外形线 → 依次吊装各槽形材、拼装 → 临时加强 → 焊接(采用单面焊双面成形)→ 划线 → 铁舾件装焊 → 矫正 → 完工测量与检验。

其技术要领主要是槽形板的加工及拼装。在中小型船舶中,槽形板可以单一板材压出。大型船舶由于舱壁长度大于定尺板长度或压机的长度,槽形板必须分成几段分别加工,然后在槽形板部装胎架上进行拼装,先定横缝再定纵缝,以调整由于板材轧弯时产生的折角误差。

(五)主、辅机基座装焊工艺

1. 主机基座装焊工艺

主机基座是专为船舶上主机而设置的底座,它能使主机能牢固的固定在船上而又便于安装拆卸。主机基座的结构形式随主机机型而变,常见的有箱形桁材式和纵向桁材式。

箱形桁材式主机基座结构,由两列纵向箱形桁材配以数行横向隔板及加强肘板,连同主机润滑油舱一起构成主机座结构整体,安装于外底板上,其左右两列纵向箱形桁材与机舱双层底结构相连,成为机舱双层底结构的组成部分,如图 5.39(a)所示。

纵向桁材式主机基座结构,由左右两列纵向桁材和数行横向隔板及加强肘板等组成,作为一个整体可直接安装在船底板上或双层底上,这种类型的主机基座多数用于中小型船舶,如图 5.39(b)所示。

(1)纵向桁材式主机基座装焊工艺流程

纵向桁材式主机基座通常采用反装工艺(图 5.40),先在平台上分别进行纵桁、横向隔板、加强肘板等部件的装焊,其中加强肘板可提前预装到纵桁上,然后进行基座的组装,其工艺流程如下:

总装胎架准备 → 主机基座纵桁部件吊装定位 → 安装横向隔板部件 → 焊接 → 临时加强 → 吊离胎架、翻身、焊接 → 火工矫正 → 完工测量与检验。

(2)箱形桁材式主机基座装焊工艺流程

先分别进行箱形基座纵桁装焊、横向隔板、中龙筋等部件的装焊,然后进行基座的总装。

①箱形基座纵桁部件装焊工艺流程(图 5.41):

胎架准备 → 将其中一块侧板在胎架上定位 → 吊装箱内横向隔板和水平隔板 → 吊装面板 → 焊接 → 矫正 → 装配另一块侧板 → 吊离胎架、翻身、焊接 → 矫正。

②横向隔板、中龙筋部件的装焊;

③采用反装法在胎架上进行箱形桁材式主机基座的总装,其工艺流程(图 5.42):

总装胎架准备 → 将中龙筋部件在胎架上定位 → 吊装横向隔板部件 → 吊装主机滑油舱结构 → 吊装箱形纵桁组件 → 焊接 → 吊离胎架、翻身、焊接 → 火工矫正 → 完工测量与检验。

(3)技术要领

需要说明的是,主机基座有多种结构形式,其制造工艺也有多种方案,故应结合主机基座结构特点设计出优化的工艺。但不管采用何种工艺方案,关键要把握以下几点:

①由于主机基座面板的平整度要求很高,纵桁材在拼装前,要认真检查腹板上口的平直度。

②纵桁材的腹板与面板的连接位置不在面板的中心线上,拼装时,除了注意腹板与面板的相对位置和保持垂直外,左右两列纵桁要对称施工。

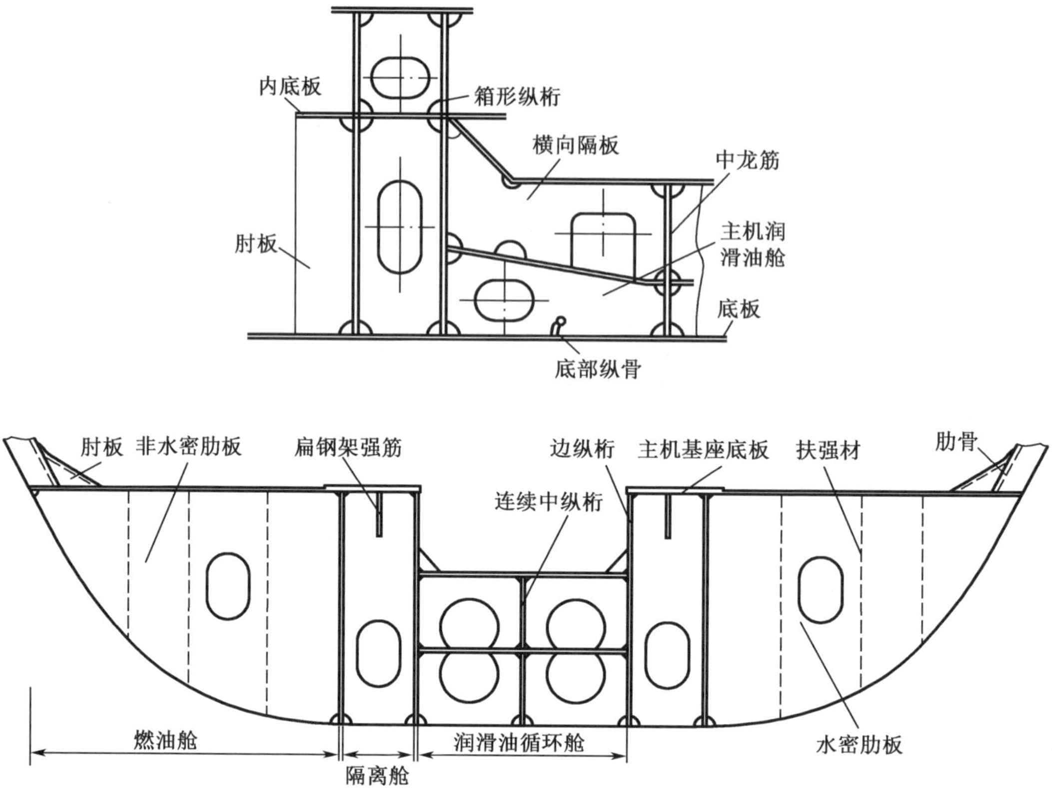

(a) 箱形桁材式

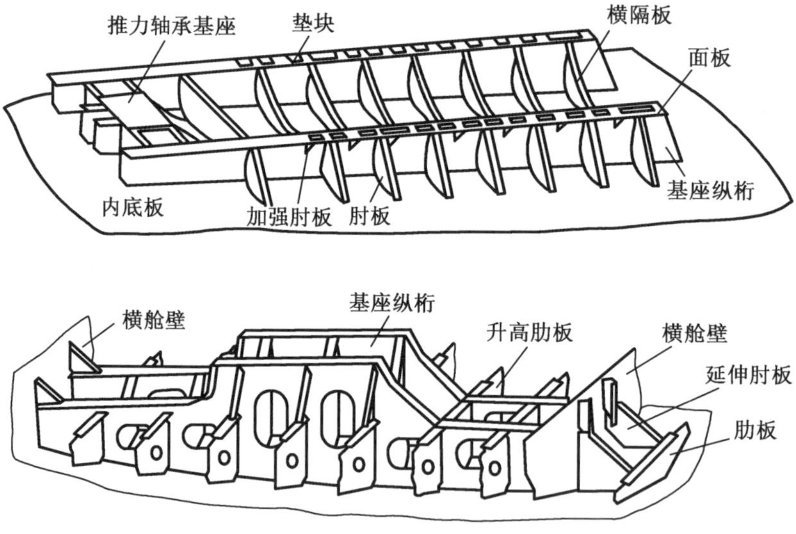

(b) 纵向桁材式

图 5.39　主机座结构

③主机基座的外形尺寸(长、宽、高)精确度要求很高,因此主机基座组装时,先将艏艉两块横向隔板定位在纵桁上,使主机基座的宽度基本固定,然后再嵌装中间的横向隔板。

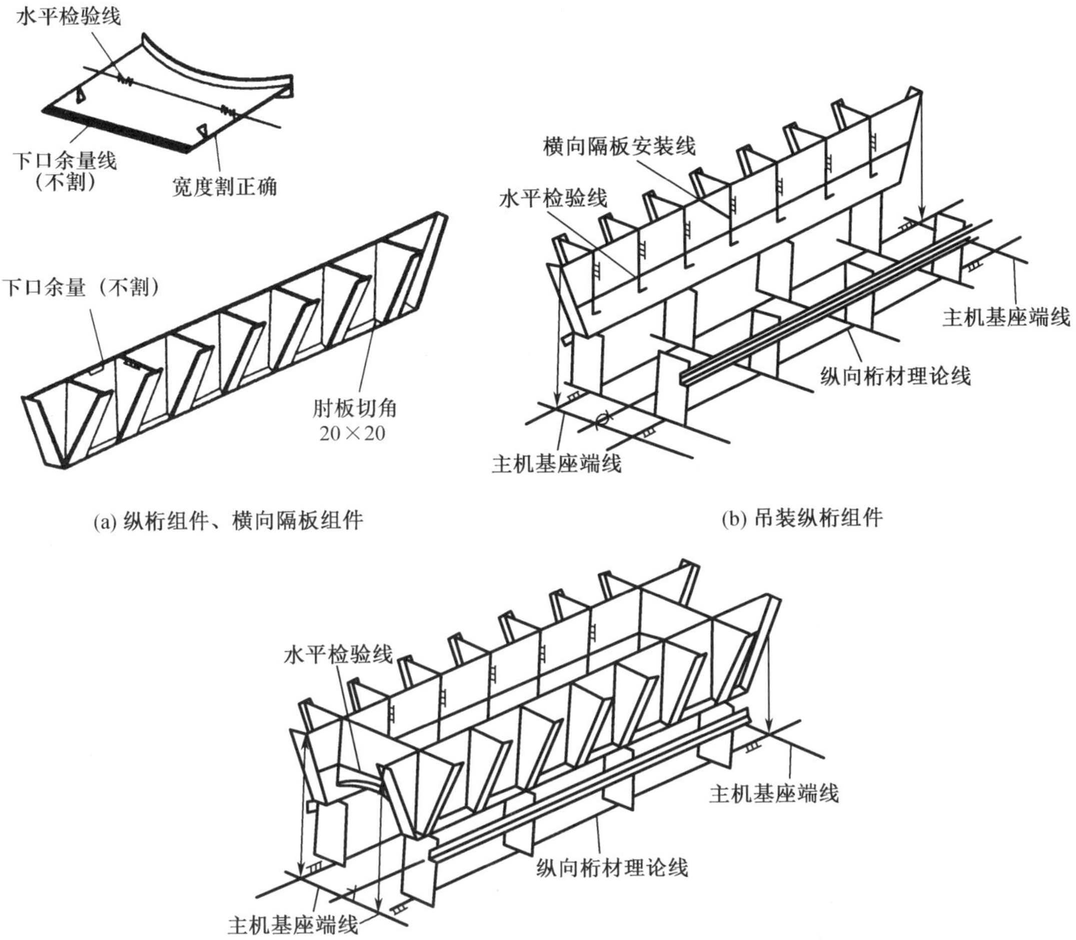

(a) 纵桁组件、横向隔板组件　　(b) 吊装纵桁组件

(c) 安装横向隔板组件及另一侧纵桁组件

图 5.40　纵向桁材式主机基座装焊

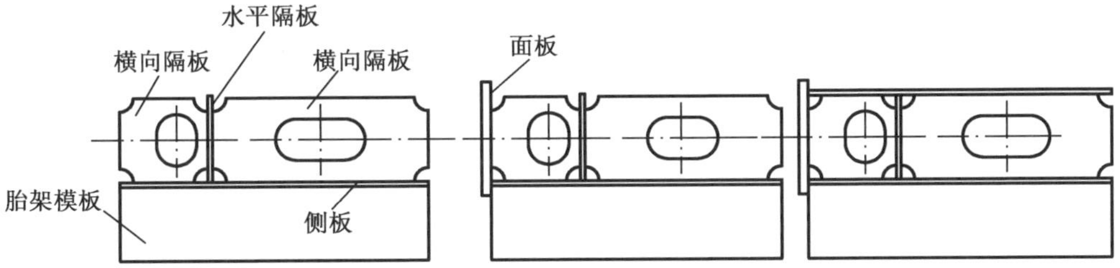

(a) 侧板定位，吊装隔板　　(b) 吊装面板　　(c) 吊装侧板

图 5.41　箱形基座纵桁的装配

④基座焊接应严格按照焊接程序进行，以控制基座变形。

2. 辅机基座装焊工艺

辅机基座结构较简单，体积较小，一般不用胎架，可在钢板平台或普通平台上进行装配。但辅机的种类较多，各种基座的结构形式差异很大，视安装部位（内底、舷侧、甲板、舱壁等）的不同而有所差异。所以，在装配前应对辅机基座的安装部位有所了解，要明确安装于左舷还是右舷，是舱前端还是舱后端。同一类型的辅机要制造两只辅机基座时，需考虑左右舷是否对称等情况。其通用装焊工艺流程：

拼装 T 形部件 → 焊后并矫正→ 在平台上划出辅机基座的轮廓线 → 取辅机基座的面板（或底面）为基准面，在平台上反装（或正装）→ 焊接 → 矫正→ 完工测量与检验。

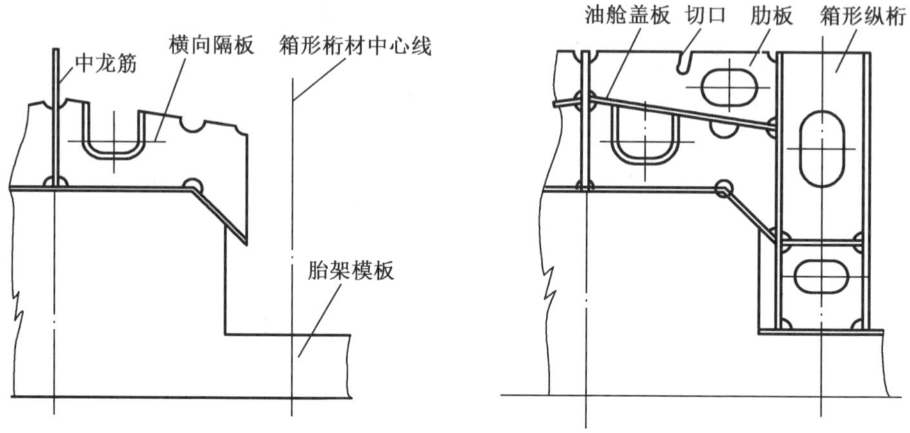

(a) 吊装中龙筋，横向隔板组件　(b) 吊装箱形纵桁组件

图 5.42　箱形桁材式主机基座总装

四、部件的装焊变形及其矫正

1. 部件装焊变形的形式

主要是焊接过程中的热变形。常见的形式有

（1）线性收缩

这是结构在焊接以后沿焊缝长度方向的纵向收缩，以及沿焊缝宽度方向的横向收缩。它能导致结构外形尺寸的缩小。对接焊缝和角接焊缝都会产生结构的这种线性收缩，如图 5.43 所示。

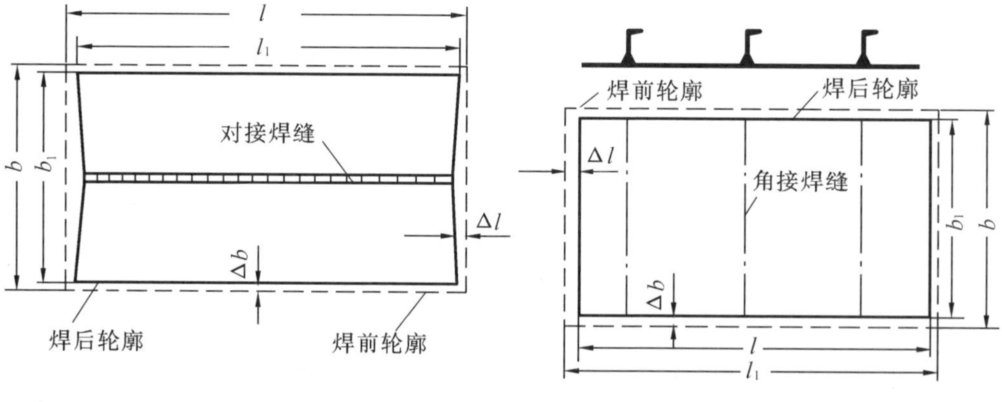

图 5.43　焊件的线性收缩

(2)角变形

这是结构焊接后引起的角度变化,是焊缝横向收缩在钢材厚度上分布不均匀所造成的。对接焊缝和角接焊缝都会产生角变形,如图 5.44 所示。

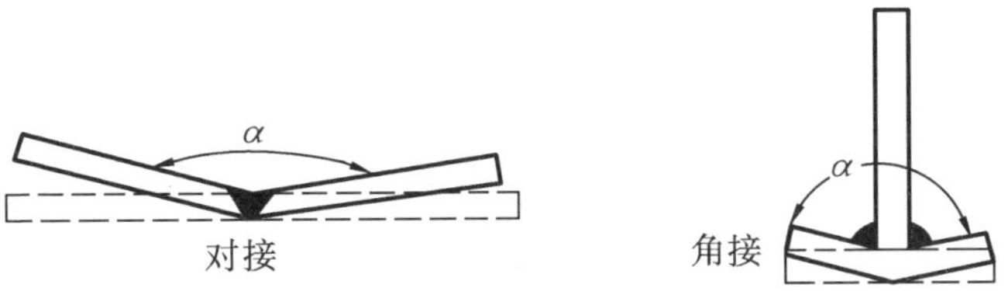

图 5.44　焊接角变形

(3)弯曲变形

当焊缝的位置不在结构的中性轴上时,焊缝的纵向和横向收缩将导致结构产生弯曲变形。图 5.45 所示为 T 形梁焊接后所产生的弯曲变形。

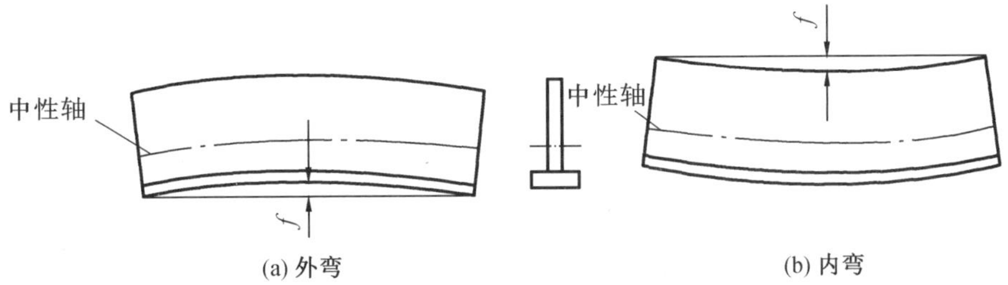

图 5.45　焊件弯曲变形

(4)波浪变形和扭曲变形

板和骨架焊接后,往往由于结构失稳而产生局部凹凸波浪变形;这种变形在板厚小于 6 mm的薄板结构中尤为常见。某些细长的构件,焊接后还可能出现扭转变形。图 5.46 所示即为波浪变形和扭曲变形。

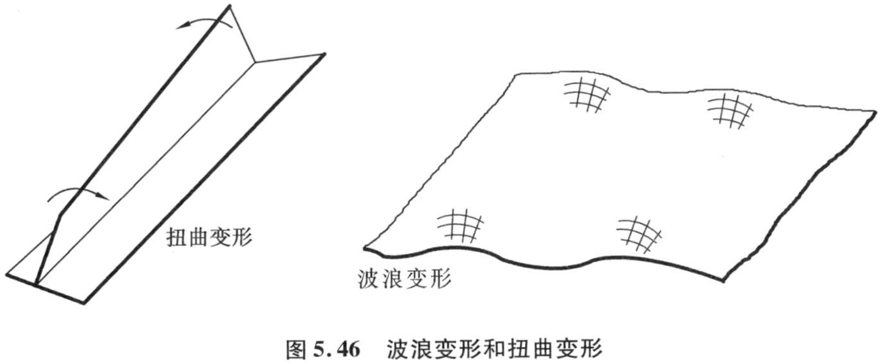

图 5.46　波浪变形和扭曲变形

2. 影响焊接变形的因素

影响焊接变形的因素主要反映在结构焊接过程中的受热程度、焊缝的位置、结构的装配和焊接顺序以及结构的刚性等方面。

3. 减小变形的措施

结构的焊接变形虽然总是存在的，但这种变形又有一定的规律。分析影响焊接变形的各种因素，就可采取相应措施，最大限度地减小结构因焊接而产生的各种变形。部件装焊中经常采用的方法有：

(1)反变形

根据焊接变形规律和变形数值的分析，可以在焊接前使焊件形成大小相同而方向相反的预先变形，以减小或抵消焊后产生的变形，如图 5.47 所示。

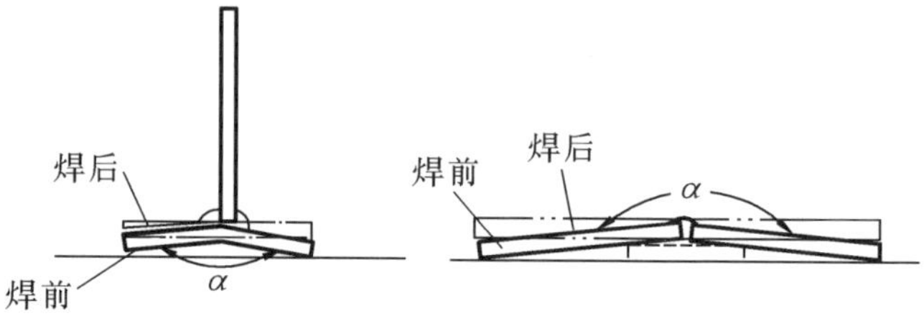

图 5.47　反变形

(2)增加结构刚性

用装配夹具将焊件间的相对位置牢固固定，或用马板将焊件固定于胎架或平台上，或设置临时支撑，或加压重物等，都可以起到增加结构刚性的作用，能有效减小结构的焊接变形。

(3)选择正确的施焊顺序

较长的焊缝采用分段焊或逐段退焊，复杂的大型结构由双数焊工对称于中性轴施焊，都有减小变形的效果。

此外，应广泛采用高效焊接技术，如结构焊接采用 CO_2 气体保护焊；拼板焊接采用埋弧自动焊。

4. 变形的矫正

矫正变形的方法主要有两种，即机械矫正法和火水矫正法。部件的焊接变形主要采取火水矫正的方法，即以圆形，或条形，或三角形的形式对金属局部加热的方式。如 T 型材变形的矫正，对纵向弯曲变形，根据弯曲方向可采取在面板的一侧用三角形法加热矫正方式，如图 5.48(a)所示，或在面板上做条形加热矫正方式，如图 5.48(b)所示；对由腹板和面板间的角焊缝引起的角变形，可沿焊缝背面用条状加热法矫正方式，如图 5.48(c)所示。

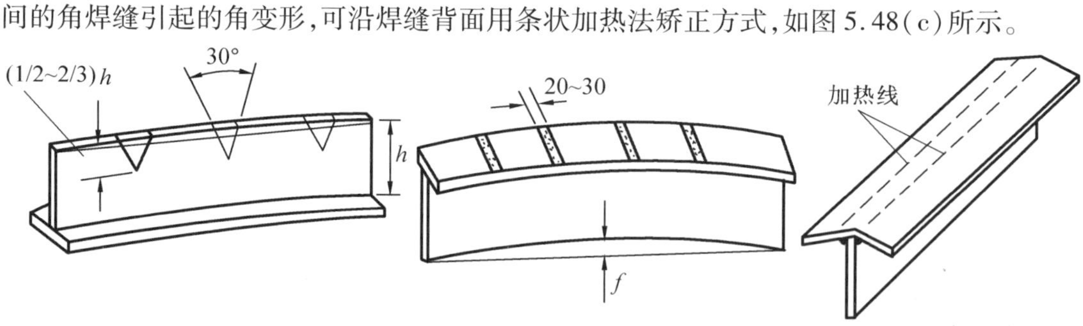

(a) 三角形加热法矫正外弯　(b) 条形加热法矫正内弯　(c) 条状加热法矫正角变形

图 5.48　T 型材变形的矫正

对拼板焊接引起的变形，同样可以采用火水矫正的方法。但对板厚 6 mm 以下的薄板，其变形量大，很难用火水矫正的方法矫平，必须用矫平机校平或其他的校平方式，如采用感应加热校评机。

第四节　分段（大组立）装焊工艺

分段装焊是船体制造中的重要阶段，是将预装好的部件和直接送入分段装焊的零件，在平台或胎架或流水线上组装成分段或总段。

其原则是在船厂起重运输设备、分段的刚性、强度许可的条件下，应尽量扩大分段和总段的装焊工作量，这样就可减少船台（坞）装配的工作量，缩短船舶在船台（坞）上的建造周期，同时也有利于船台（坞）装配焊接变形的控制，提高船体制造质量。

现代船舶建造是按分段组织生产的，分段是现代造船技术中最重要的中间产品和计划单元。分段制造能力反映了一个船厂的船体制造能力，因此，对分段制造工艺和生产周期以及相关资源的配置，都需要进行深入的研究，使分段制造过程合理化、精细化。可以说，分段制造是现代造船模式的基础。

一、分段类型

一般将船体分段分为主船体分段和上层建筑分段。其中主船体分段沿船长方向按区域还可分为艏艉区域分段、机舱区域分段、船体中部区域分段。将船体划分成分段后，在分段类型中有比较简单的分段，也带有曲面的复杂分段以及立体结构的分段。按分段外形特征大致可分为以下几类，见表 5.6。

表 5.6　船体分段类型（按外形特征）

<table>
<tr><th colspan="2">分段类型</th><th>特征</th><th>图示</th></tr>
<tr><td rowspan="2">平面分段</td><td>平面直线形分段</td><td rowspan="2">（1）平直板列上装有骨材的单层平面板架；
（2）平面直线形分段可以采用平面分段流水线进行生产；平面曲线形分段适宜在平台上进行装焊作业</td><td rowspan="2">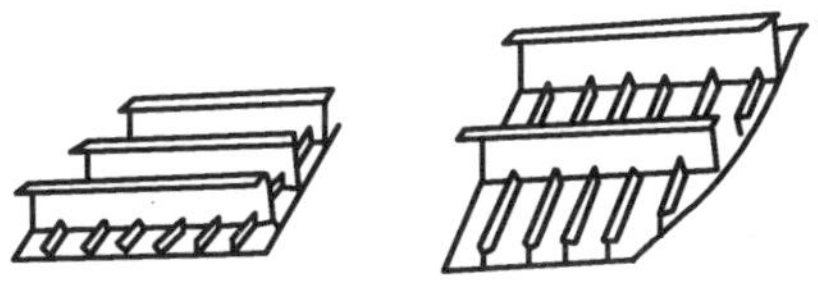</td></tr>
<tr><td>平面曲线形分段</td></tr>
<tr><td colspan="2">曲面分段</td><td>（1）曲面板列上装有骨材的单层曲面板架；
（2）一般需在胎架上制造</td><td>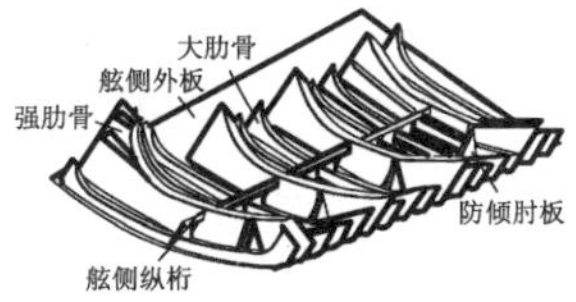</td></tr>
<tr><td colspan="2">立体和半立体分段</td><td>由两层或两层以上板架所组成的封闭分段。一般由外板片体、甲板（或平台）片体、舱壁等结构组成的封闭型和半封闭型的分段，如 L 形、F 形、P 形、D 形等</td><td></td></tr>
</table>

表 5.6(续)

分段类型	特征	图示
总段	主船体沿船长方向划分,其深度和宽度等于划分处型深和型宽的环形立体分段,如艏总段、艉总段等	
特殊分段	结构特殊的分段,如球鼻艏分段、艉柱分段等	—

根据分段在船体结构的位置不同,通常将其分为底部分段、舷侧分段、甲板分段、舱壁分段、艏部分段、艉部分段以及上层建筑分段等。

二、分段制造方法及工艺设计

1. 分段制造方法

分段类型不同,所采用的制造方法就有所不同。在分段制造之前,首先应确定分段制造方法,按分段装焊时的状态或基准面的不同,主要有正造法、反造法、侧(卧)造法等方式,各制造方法的特征及适用范围,见表 5.7。

表 5.7　船体分段制造方法分类(按装焊时的状态或基准面)

分类	特征及优缺点	适用范围
正造法	1. 分段制造时的位置与其在实船上的位置一致,处于正态的位置,如图 5.49(a)所示; 2. 施工条件好,型线易保证; 3. 缺点:需要制造专用胎架,要消耗较多的辅助材料,增加制造成本;构架划线工作量大且技术要求高	通常用于单底分段,以及外板较薄的、曲形较大的和对外形质量要求高的底部分段;也可应用于批量生产的底部分段,以能重复使用
反造法	1. 分段制造时的位置与其在实船上的位置相反,处于反转的状态,如图 5.49(b)所示; 2. 胎架简单,若基面是平面构件时,在通用平台上就可以制造,省去了制作正造线型胎架的材料和工作量; 3. 进行构架划线和装焊工作,效率高,可减少一次翻身。 4. 缺点是:型线易产生误差。	常用于双层底分段和以甲板为基面的分段等,也可应用于单船生产的分段
侧(卧)造法	1. 分段制造时的位置与其在实船上的位置成一定的角度或垂直; ·侧造法一般采用以船中心线平面作为基面而制造外板线型胎架,如图 5.49(c)所示; ·卧造法往往采用以隔壁为基准面进行安装定位; 2. 可改善施工条件 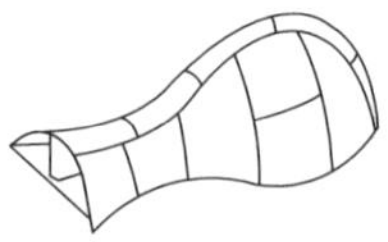	1. 侧造法通常用于舷侧分段。 2. 卧造法通常用于舱壁分段、球鼻艏分段、艉柱分段等

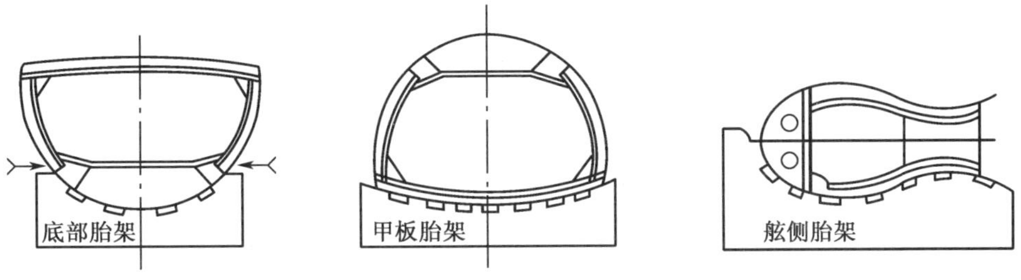

图 5.49　分段制造法（按装焊基准面分）

组成分段的构件，其装焊程序一般是先铺板、划线，然后安装构件并焊接。按构件装焊方式的不同主要有散装法和框架法两大类。所谓散装法是指在拼板后的板列上，依次将纵材、肋板、桁材等构件进行配材、装焊的一种方法。按其构件装焊顺序的不同，散装法可分为分离装配法、放射装配法、插入装配法、拉入装配法等方法，其构件装焊特征及适用范围见表 5.8。在实际分段制造中，根据分段结构特征，往往同时采用两种及以上方法，形成所谓的混合装配法，如分离法和插入法或分离法和放射法的同时使用。

表 5.8　船体分段构件装焊方法（按构件装焊方式和顺序）

分类		特征及优缺点	适用范围
散装法	分离装配法	先安装布置较密的主向构件并进行焊接，再装焊交叉构件，如图 5.50(a)所示，这是一种装配与焊接交替进行的装焊方法，有利于扩大自动焊、半自动焊的范围。其工艺程序：划线 → 纵向构件安装、焊接 → 横向构件安装、焊接	·适用于结构刚性大、钢板厚，以纵骨架式为主的大、中型船舶分段的制造 ·是构成线装法平面分段流水线的主要方式
	放射装配法	如图 5.50(b)所示，是按照从中央向四周的放射状方向，依次交替地装配纵、横构件并焊接	·适用于曲率变化大、钢板较薄的分段制造
	插入装配法	如图 5.50(c)所示，先安装小构件，再从上往下插入大构件，然后进行焊接，可使构件安装时间集中	·适用于中型船舶的分段制造
	拉入装配法	先安装小构件，大构件是从一侧拉入安装，然后进行焊接。 可使构件安装时间集中，但拉入安装难度较大，对 I 型切口及小构件的安装精度要求高	·主要用于大型的油船、货船、集装箱船的平直分段

表 5.8(续)

分类	特征及优缺点	适用范围
框架法	先将所有的纵、横构件在专门平台上组装成箱形框架并焊好,再与板列组装在一起形成分段,如图 5.51 所示。这种方法可变立焊为俯焊,便于框架焊接采用机械化,便于构架焊后变形矫正,有利于缩短分段制造周期,有利于减小分段焊接的变形,但要求有一个水平度较高的框架制作平台	·适用于大型船舶平直部分的双壳分段制造。 ·是构成框架法平面分段流水线的主要方式

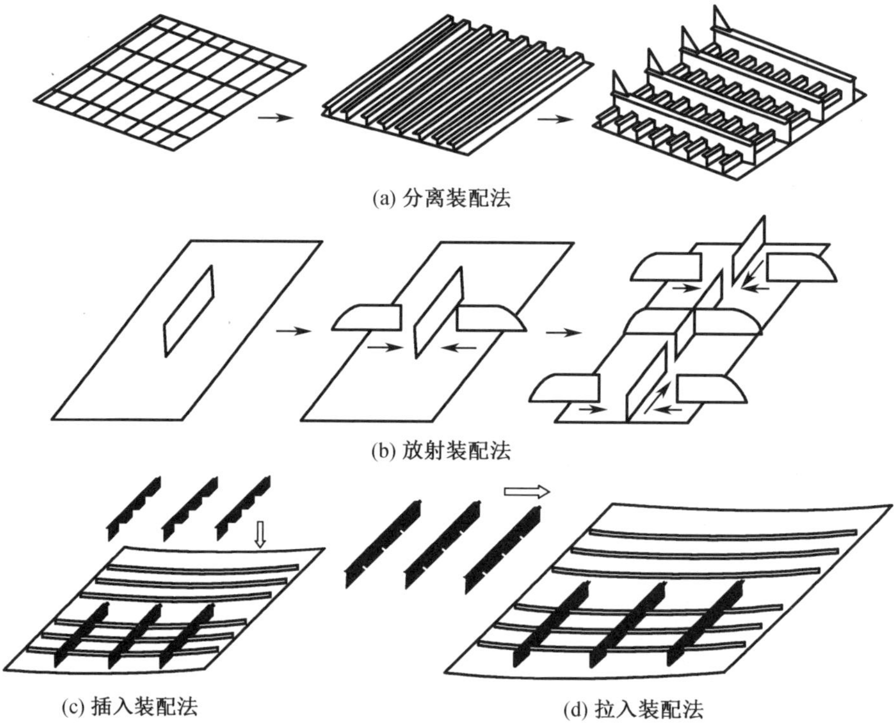

图 5.50　分段构件装配方法(散装法)

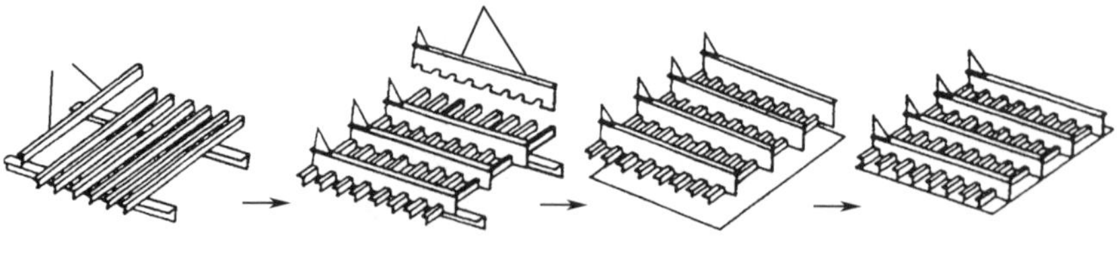

图 5.51　分段构件装配方法(框架法)

此外,按分段组装方式的不同,还可分为片体中组法(也称小分段组装法)和散装法。片体中组法是适应现代造船的一种新的工艺方法。其实质就是将较大的分段划分为若干个相对独立的组件,即片体(或称小分段)。这些片体先行在平台或简易胎架上装焊完工后,再组装成分段(图5.52)。这种制造法可改善施工条件,扩大施工作业面,使复杂分段制造简单化。极大地缩短分段制造周期,有利于采用机械化装焊方法,有利于分段的精度控制,可显著提高生产效率。如立体和半立体分段制造时,往往先将外板、隔壁和甲板分别中组成一独立的片体,然后再组装成分段。

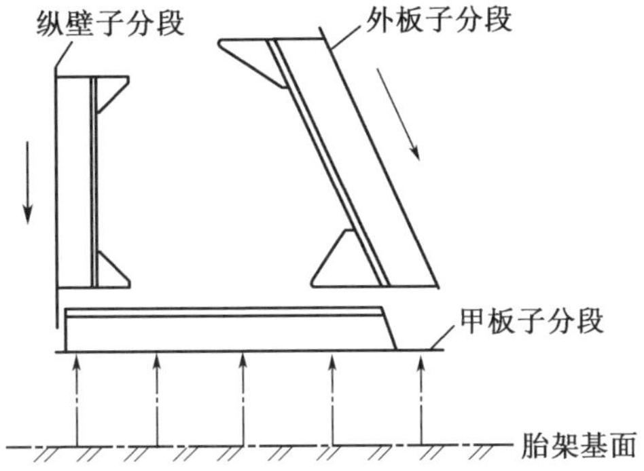

图5.52　片体中组法(小分段组装法)

2.分段装焊工艺设计

由于船体分段的结构形式以及各船厂的设备条件不同,其制造方法和装焊工艺也各不相同。对于一个分段,往往可用几种不同的装焊方法进行制造,而方法不同则其作业环境、施工质量、成本、周期等也是不同的。所以,应该对分段的装焊方法,进行认真的分析和选择,以期获得最佳的制造方法。

(1)分段装焊工艺设计的基本内容和基本原则

分段装焊工艺设计的基本内容主要包含三个方面(也称三个步骤):

①依据分段类型和外形特征,选择分段装焊基准面和工艺装备;

②依据分段的结构形式和构成关系,选定合理的构件装焊顺序;

③提出施工技术要求。

其中,分段装焊顺序的合理与否,直接影响分段制造质量的高低,装焊作业的难易程度、辅助材料的消耗量以及分段制造的周期等。其设计原则:

①在分段装焊基准面的选取上,以分段外形特征为前提,考虑必需的工艺装备,主要是平台和胎架。如果一个分段既有平面又有曲面,在不影响装焊质量的前提下,尽量选择以平面作为装焊基准面。此外,还要考虑分段制造中可能需要的翻身次数。

②在构件装焊顺序的选取上,要考虑制造效率和施工的方便性,扩大自动焊、半自动焊与俯位焊的范围,方便预舾装。此外,还要考虑减少焊接变形。

由于同一分段可有不同的制造和装焊顺序,不同的分段更可有各自不同的制造方法和装焊顺序,因此,决定适合于某一分段的最佳制造方法和装焊顺序是此工艺设计的重要工作内容。

(2)设计合理的判断准则

主要可从下面几个方面进行评估:

①能否保证分段的型线和外形尺寸以及结构尺寸;

②是否便于分段的装配,有利于扩大自动焊、半自动焊与俯位焊范围;

③能否缩短分段的制造周期;

④能否方便、充分地进行预舾装;

⑤能否减少辅助材料和工时的消耗。

三、典型分段装焊工艺

由前述船体分段类型讨论中可知,根据分段在船体结构的位置不同,从分段制造工艺角度来看,比较典型的有底部分段、舷侧分段、甲板分段、边舱分段以及舱壁分段,其中单层舱壁作为组件已在本章第三节的部装中讨论,而双层舱壁分段可归入到双层平面分段类型。至于艏立体分段、艉立体分段以及上层建筑分段可作为特殊分段在本章第七节中专题讨论。

(一)底部分段装焊工艺

底部分段从结构形式上有单底和双层底两大类。其中双层底分段在大中型船舶中占底部分段的90%以上,其结构比较复杂。双层底分段一般由外板、纵横构架、内底板等结构组成,其结构形式如图5.53所示。其中,内底边板又可分为平直、向下折角、向上折角、阶梯形四种形式。

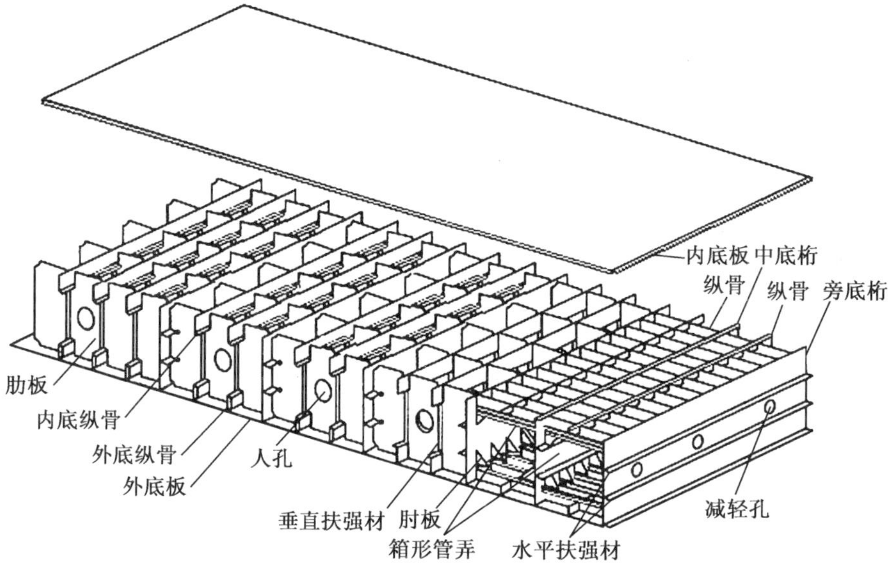

(a) 纵骨架式

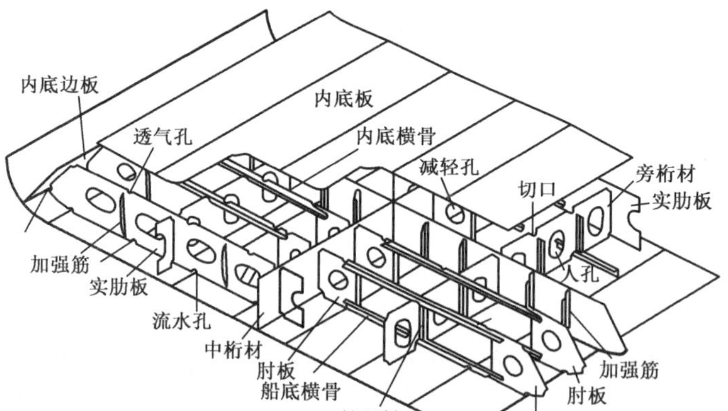

(b) 横骨架式

图5.53 双层底结构

根据双层底分段结构形式的不同,其装焊方法一般有正造、反造和框架式建造。

1. 双层底分段反造法

由于双层底分段的内底板一般为平面,可以选择以内底板为基准面的反造法,并可在型钢平台上进行。大型船舶双层底分段以反造为主。

(1)反造法工艺流程(图5.54)

内底板定位、焊接 → 划纵横构架线 → 装焊纵横构架 → 管子和铁舾件预舾装 → 安装外底板 → 焊接外底板 → 安装吊环、临时加强 → 划分段水平线、分段中心线和肋骨检验线 → 吊离胎架、翻身 →内底板接缝清根、焊接。同时进行外底板与底部纵横构架接缝的焊接 → 火工矫正 → 完工测量与检验 → 焊缝预密性试验。

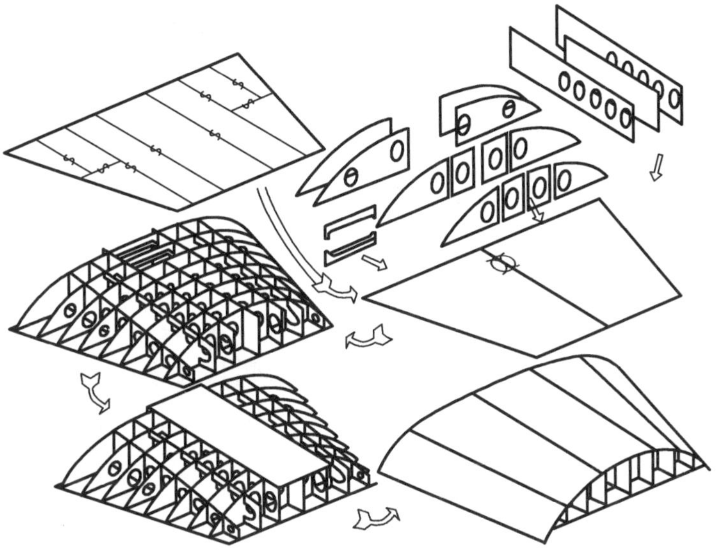

图5.54　双层底分段——反造法

(2)反造法技术要领

①构件安装方法视分段结构状况选用,一般有三种方法:分离法、放射法和插入法。对万吨级以上的船舶,其货舱双层底分段构件的装配常采用分离装配法或拉入装配法。因是反造的,所以在构件安装中要注意区分左右。

分离装配法的装配顺序如下:

安装内底纵骨→焊接→安装侧桁材→依次安装肋板与中桁材→安装外底纵骨→焊接。

②内底板可预先拼焊好;对曲形平坦的外板局部也可预先拼焊好,再吊上分段;曲形较大的外板,应由中间向两侧依次吊装。

③分段舾装作业与分段装焊作业的合理配合,一般分为底板内的舾装作业、外板上的舾装作业以及分段翻身后内底板上的舾装作业。

④反造法一般只需要翻身一次,在分段吊运、翻身过程中要防止变形。

2. 双层底分段框架式制造法

框架式制造法与反造法基本相似,如大型船舶纵骨架式的双层底分段,一般按纵向分为几个区域,以侧桁材和中桁材为框架装配的基准面,在平台上分别将构件组装成框架组件,经焊接、矫正和检验后运往分段装配场地。

(1)框架式制造法(一)工艺流程(图5.55)。

·构架部件制造 → 框架制造 → 形成框架组件。

·分段内底板铺板 → 构架划线 → 框架组件吊装定位 → 焊接 → 管子和铁舾件预舾装 → 安装外底板并焊接 → 安装吊环、临时加强 → 划分段水平线、分段中心线和肋骨检验线 → 分段翻身后外底板与构架焊接 → 火工矫正 → 完工测量与检验 → 焊缝预密性试验。

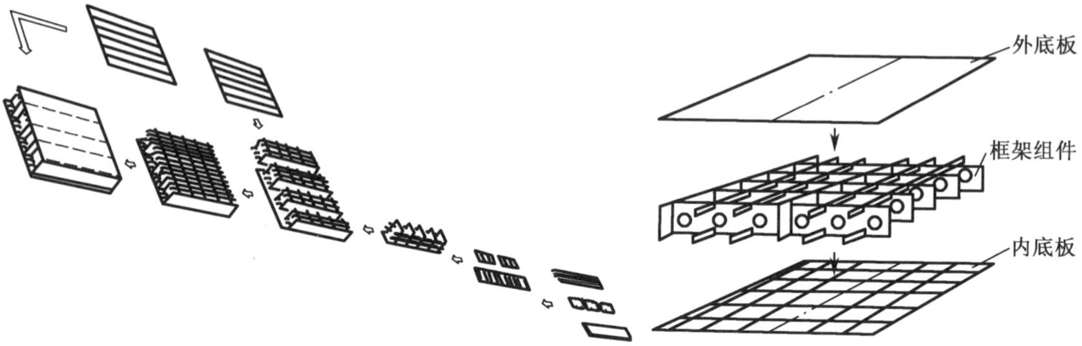

图5.55　双层底分段——框架式制造法(一)

(2)框架式制造法(二)工艺流程(图5.56)。

在胎架上先进行外板的拼接与矫正工作,并划出构架线;再将装有内底板的框架翻身吊到外板胎架上,使各构架对准相应的安装位置线,进行装配、焊接,但这种方法需要面积较大的场地和较大的起吊能力。

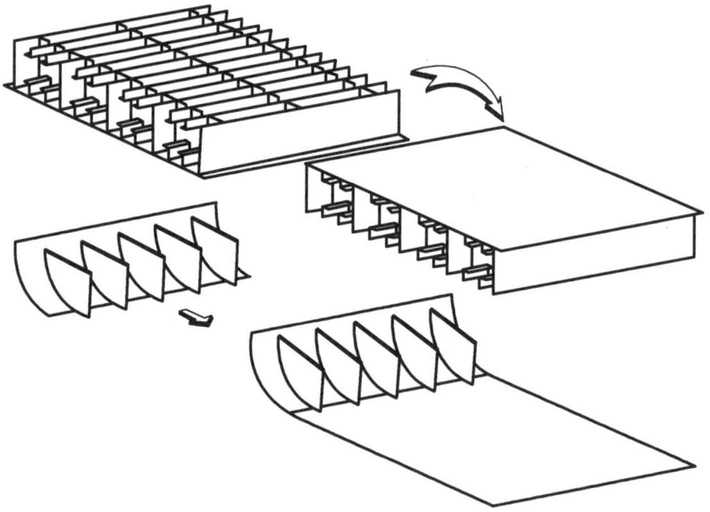

图5.56　双层底分段——框架式制造法(二)

(3)框架式制造法技术要领

①框架制造平台平整度以及框架制作精度控制;

②框架吊装变形控制以及定位精度控制。

3. 底部分段正造法

正造法容易控制分段在制造过程中的变形,能保证分段的正确型线,尤其适用于薄板结构,外板曲度较大的靠近艏艉部的底部分段,如图 5.57 所示。通常以外板为基准面在专用胎架上正造。

(1)正造法工艺流程:

型线胎架制造(图 5.18)→ 铺外底板 → 焊接外底板 → 划纵横构架线 → 装焊纵横构架 → 管子和铁舾件预舾装 → 吊装内底板 → 焊接内底板 → 装焊吊环、临时加强 → 划分段水线、分段中心线和肋骨检验线 → 分段吊离胎架、翻身 → 外板接缝清根、焊接,同时进行内底板与内底板纵横构架接缝的焊接 → 火工矫正 → 完工测量与检验 → 焊缝预密性试验。

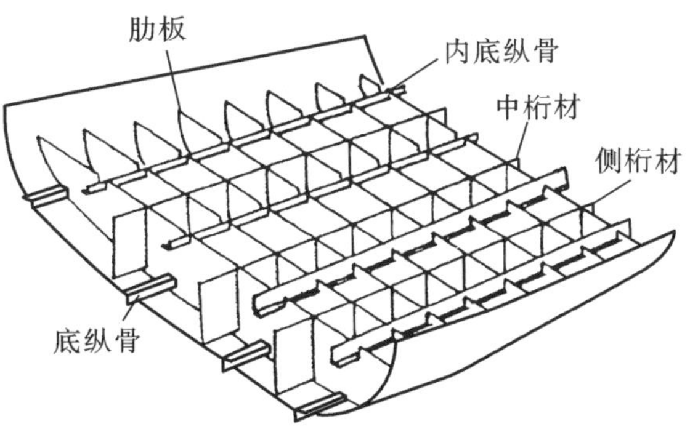

图 5.57　底部分段(拿掉了内底板)

(2)正造法技术要领

①为专用胎架,对曲度较大的分段,应采用桁架式;对曲度相对和缓的大型船舶底部分段,也可采用支柱式,但应做好精度控制。

②结构划线精度控制,其划线方法主要有拉线架吊线锤法、基准线对线法、对角线法以及激光经纬仪划线法等,如图 5.58 所示。现广泛采用精度较高的激光经纬仪划线法。

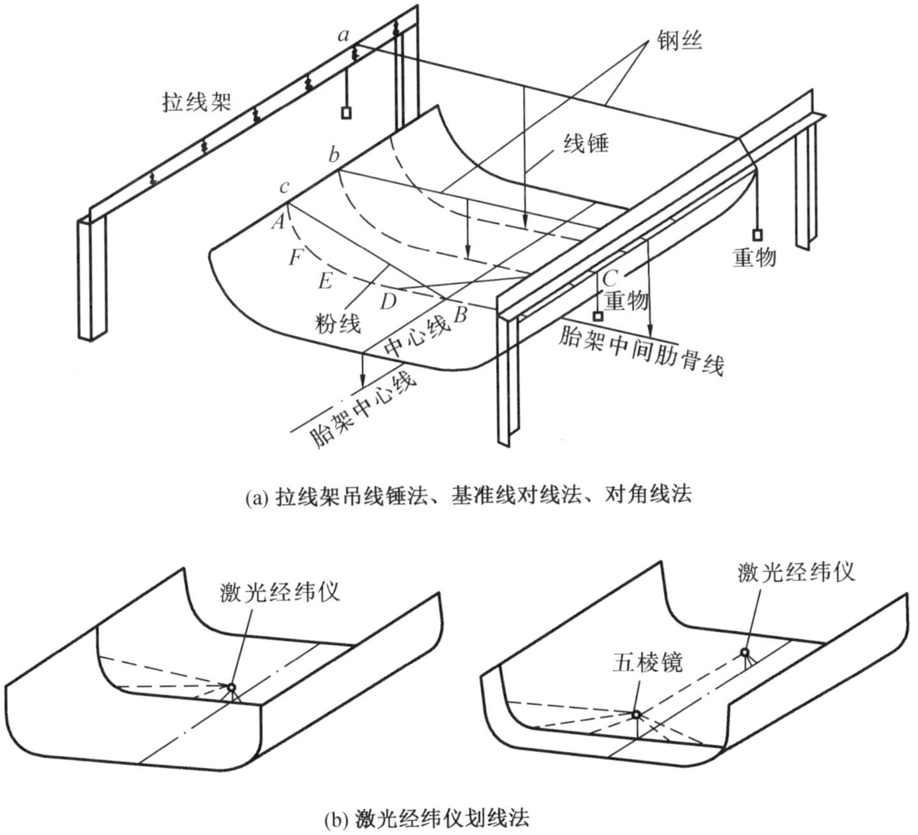

图 5.58　底部分段结构划线

③构件在曲板上的安装方法视分段结构状况选用，对曲度较大的常用放射法或插入法，对曲度和缓的可采用分离法，需要用线锤或水平尺检查构件安装的垂直度。

④内底板可预先拼焊成板列，并矫正平直，吊上分段前，首先要控制好结构装焊后的平整度，以保证内底板的平面度。

⑤分段舾装作业与分段装焊作业的合理配合，一般分为底板内的舾装作业、内底板上的舾装作业以及外板上的舾装作业。

⑥正造法一般需要翻身两次。分段吊运、翻身过程中要防止变形。

（二）舷侧分段装焊工艺

舷侧分段通常可分为单舷侧分段和带纵舱壁的舷侧立体分段。单层舷侧分段为单壳结构，一般由外板、肋骨、舷侧纵桁、肋板等构件组成；带纵舱壁的舷侧立体分段为双壳结构是由舷侧外板，纵舱壁板、甲板边板、纵骨、肋骨、肋骨框及平台板等构件组成，如图 5.59 所示。

还有的舷侧分段带有油水舱、横舱壁、甲板片体等结构，形成 L 形、F 形、P 形等形式。

舷侧分段一般都是采用侧造法制造，根据其结构形式及分段型线的不同，其装焊方式也不同。对型线平直的舷侧分段（如舯部），可直接在平台上进行；而对曲形较大的舷侧分段（如艏艉部），则需要在胎架上进行。不论是平直的，还是曲形较大的舷侧分段，它们的装焊顺序及方法基本相同。

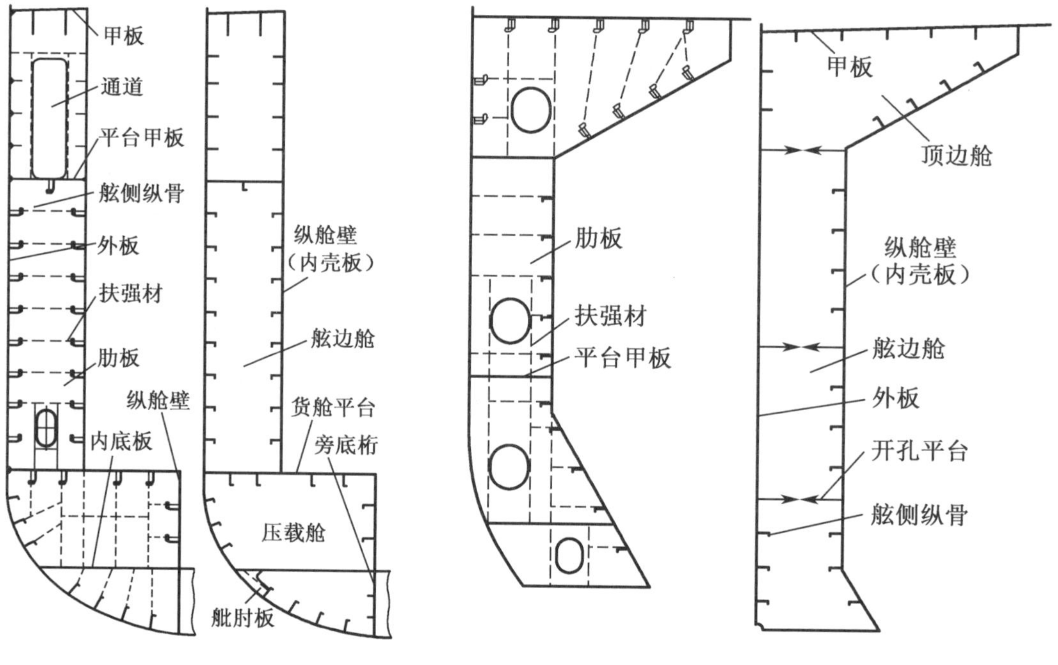

图 5.59　双层舷侧结构

1. 单层舷侧分段装焊工艺

以外板为基准面在胎架上侧造，其工艺流程如图 5.60 所示。

胎架制作 → 吊装外板 → 焊接 → 划构架线 → 安装肋骨 → 安装舷侧纵桁 → 插入强肋骨 → 焊接 → 划分段定位水线、肋骨检验线 → 管子和铁舾件预舾装 → 装焊吊环、临时加强 → 吊离胎架、翻身 → 封底焊 → 火工矫正 → 完工测量与检验。

诸如型线和缓的 L 形和 F 形舷侧立体分段的制造，均可以采用上述工艺流程进行，此时，甲板（或平台）可先预制好后作为单独的片体吊装到舷侧片体上组装成舷侧立体分段。

图 5.60　单层舷侧分段装焊流程

2. 带纵舱壁的舷侧立体分段(双壳)装焊工艺

根据双壳舷侧结构的特点,其制造方法一般有两种:一是以纵舱壁为基准的内侧造法;二是以舷侧外板为基准的外侧造法。以纵舱壁为基准在平台上侧造的工艺流程:

将已拼焊好的纵壁板吊上平台定位、固定 → 构架划线 → 装焊纵骨 → 装焊强肋骨框架、小横舱壁等 → 吊装甲板(平台)→ 管子和铁舾件预舾装 → 吊装舷侧外板 → 焊接 → 火工矫正 → 划出分段检查线、定位肋骨线等 → 装焊吊环、临时加强 → 完工测量与检验 → 焊缝预密性试验。

以舷侧外板为基准在胎架上的外侧造法与内侧造法相似,只是有曲度的舷侧外板应在型线胎架上拼装。

3. 舷侧分段侧造法技术要领

舷侧分段的胎架基面常为正切、斜切,但对艏艉部曲形变化很大的舷侧分段则采用斜斜切或正斜切,这给胎架制作、构架的划线以及结构装焊带来了许多不便。

(1)斜斜切胎架制作要领

由表 5.5 可知,斜斜切胎架基准面既与船体基线面成一倾角,又不垂直于肋骨面,故胎架模板安装中有一纵向倾角 α,这给胎架制作带来了不便,如图 5.61 所示。而在现代大型船舶建造中,已将胎架的模板形式改成立柱式,此时立柱垂直于第二胎架基面,并可由数学放样提供胎架立柱高度型值,由此简化了胎架制作工序。

(2)纵横构架划线要领

在正切或单斜切胎架上装配的舷侧分段,划纵横构架线与底部正造分段的划线方法相同。

在斜斜切(包括正斜切)胎架上装配的舷侧分段,由于肋骨面的倾斜面变得复杂,其划线也比较复杂,可采用双线法、对角线法,冲势型值法和电算坐标式法等进行划线,其中双线法和对角线法划线精度较差,目前较实用的是冲势型值法和电算坐标式法。

①冲势型值法,如图 5.62 所示。

· 在平台上划出检验肋骨的中心点 O 的角直线,铺板后将此角尺线移至外板上;

· 平行于胎架中心线做等间距的辅助线 Ⅰ、Ⅱ 与角尺线相交,在交点上分别量取冲势 K,连接各点,可得外板上实际的检验肋骨线;

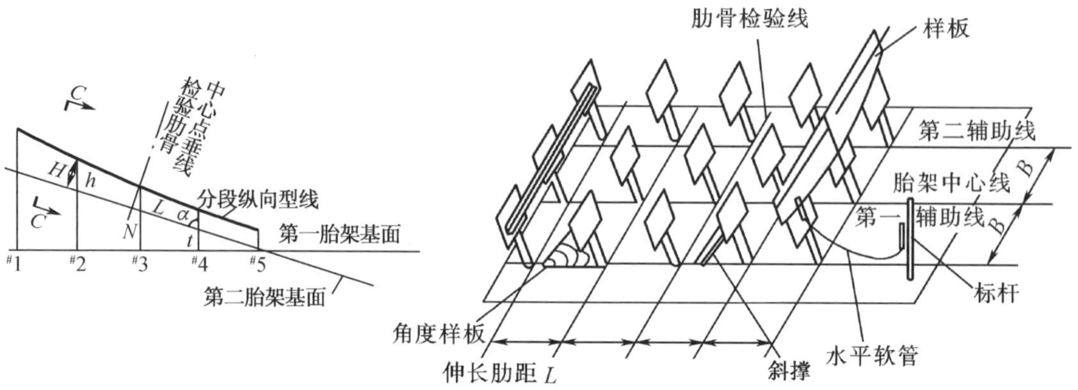

图 5.61　斜斜切胎架制作

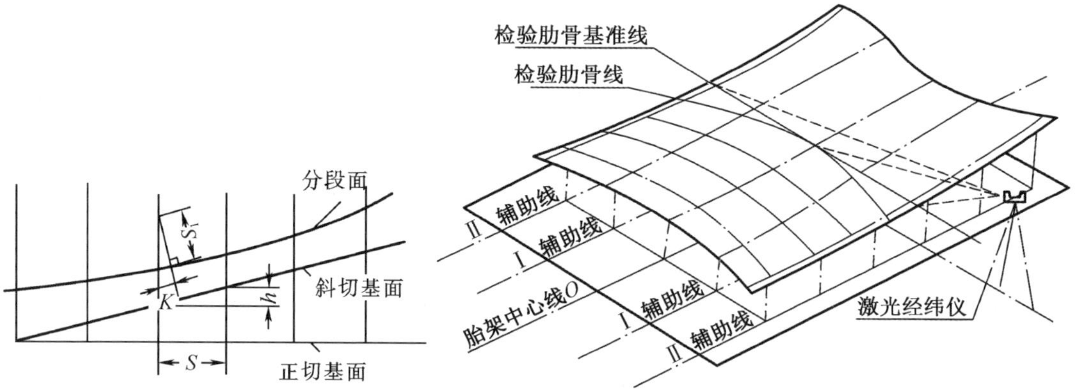

图 5.62　冲势型值法划线

·依次向分段首尾两端在Ⅰ、Ⅱ辅助线、上下缘接缝线和中心线上按肋骨伸长数求出各道肋骨线和分段横接缝线；

·再以中心线为准，在各肋骨线上，按展开型值向上下求出各道纵向构件和分段上下边缘线。

冲势值 K 可通过胎架纵向型线展开图求得：

$$K = S_1 \frac{h}{S} \tag{5-1}$$

式中　S——肋骨间距；

h——第二胎架基面在某一挡肋距内的升高值；

S_1——垂直高度。

②电算坐标式划线法

在坐标立柱式斜斜切胎架上制造的舷侧分段，划构架线的方法与冲势型值法相似，但无须求冲势值和划中间肋骨线。肋位线和纵向构件线的实长数据由数学放样提供。分别以纵向、横向胎架中心线为基准线用定位数据表上提供的数据量出相应的交点位置，连接各点，即可得各号肋骨位置线、纵向构件安装线、上下傍路线。

(3)纵横构架安装要领

在斜斜切(包括正斜切)胎架上进行构架装配中,最复杂的工作是各构架的角度定位,因为构架和外板之间都有不同的夹角。常用的方法是在每根肋骨上制作上、中、下三块夹角样板作为定位的依据,缺点是施工管理繁杂。可采用纵向倾角定位法,虽然斜斜切舷侧分段的构架零件和外板的夹角数值是变量,但是所有肋骨面和第二胎架基面的夹角是一定值,因此可以采用角度水准仪在 α 角度的数值确定后用测量水平度方法进行构架定位,如图 5.63 所示。

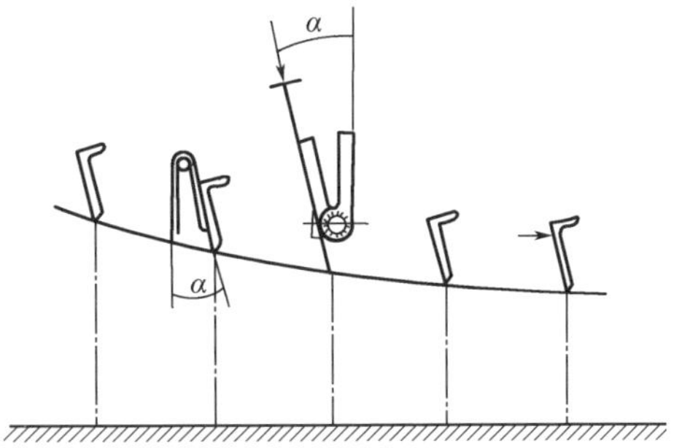

图 5.63　角度水准仪定位图

(三)边舱分段装焊工艺

边舱分段按部位分主要有带顶边舱的 P 形舷侧分段和底边舱分段(包括船底舭部)两种类型。

1.底边舱分段装焊工艺

底边舱分段(也称 D 形分段),一般有外板(舷侧外板、舭列板、外底板)、斜内底板、横框架、纵骨、肋骨等组成,如图 5.64 所示。

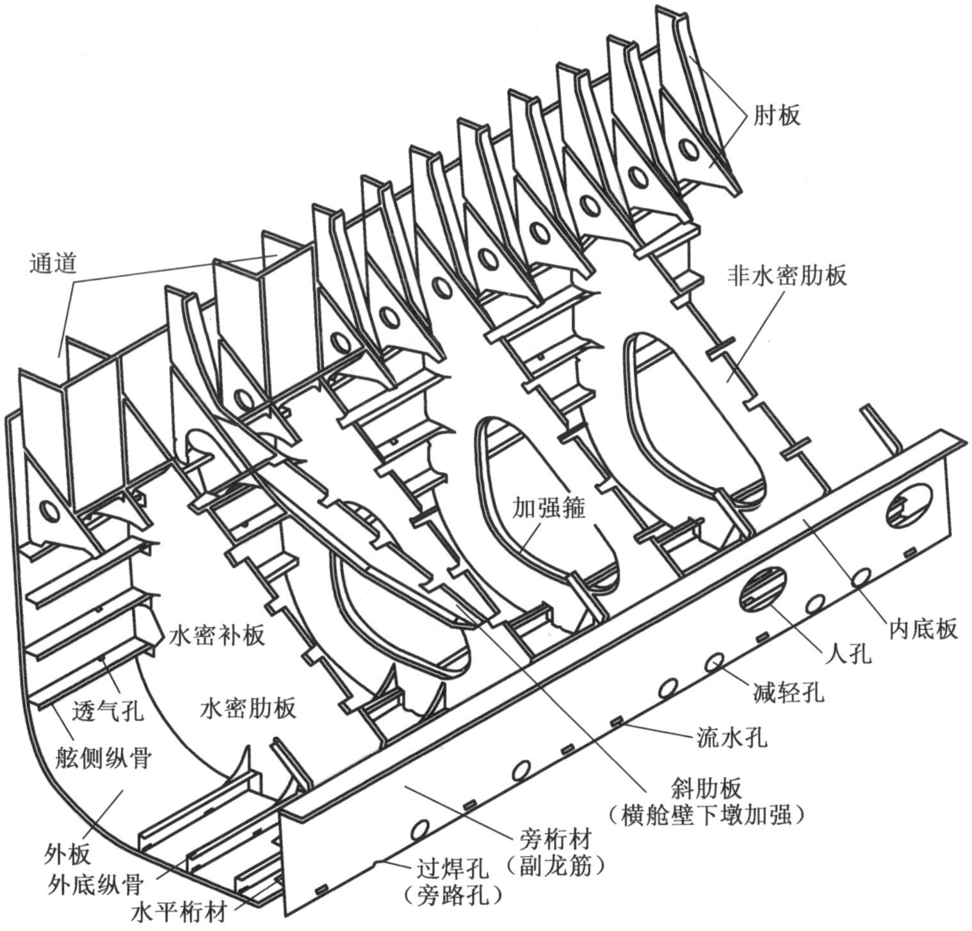

图 5.64　底边舱分段结构图(拿掉了斜底板和斜底纵骨)

根据底边舱分段的结构特点，目前多采用在平台上以斜内底板为基面，横框架为内膜的肋骨框制造法，如图 5.65(a)所示，其工艺流程：

铺设斜内底板、拼焊 → 划构架线 → 安装斜底纵骨、按顺序吊装横框架 → 吊装傍桁材 →装外底纵骨 → 管子和铁舾件预舾装 → 吊装外板 → 焊接 → 火工矫正 → 划出分段检查线、定位肋骨线等 → 装焊吊环、临时加强 → 吊离胎架、翻身、焊接 → 完工测量与检验 →焊缝预密性试验。

也可采用片体中组法，其装焊工艺流程(图 5.65(b))。

2. 带顶边舱的 P 形舷侧分段装焊工艺

带顶边舱的 P 形舷侧分段，一般由甲板、舷侧外板、斜底板、纵骨、横框架、肋骨等组成，如图 5.66 所示。根据其结构特点，目前多采用平面片体制造法和肋骨框架式制造法。

(1)平面片体制造法及工艺流程

将带顶边舱的 P 形舷侧分段结构分解成甲板平面片体、边舱斜底平面片体、舷侧外板片体三个部分，如图5.67所示。这三个片体分别在平台(或胎架)上制造，然后在舷侧外板片体上进行组装。

①平台(或胎架)准备。

②平面片体(甲板、边舱斜底、舷侧)分别制造。

③带顶边舱的 P 形舷侧分段的组装——以完工的舷侧片体为基准进行边舱分段的组装，其工艺流程如下：

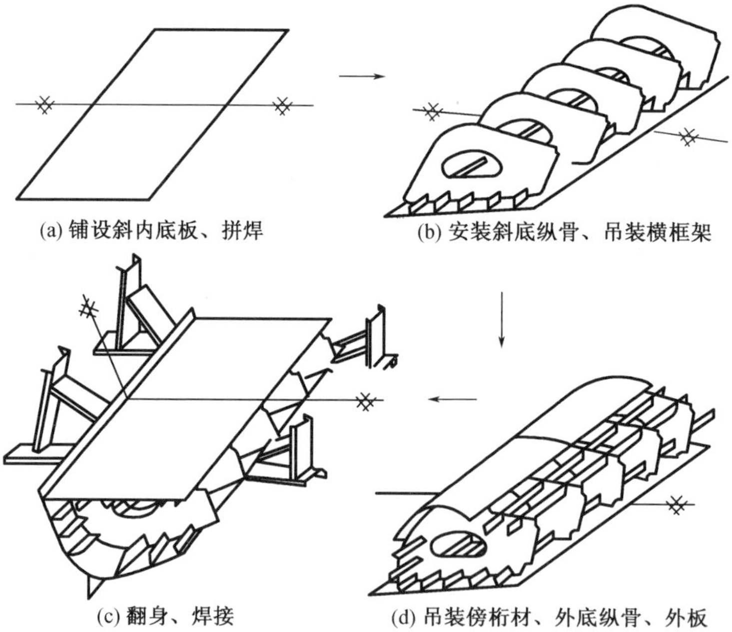
(a) 铺设斜内底板、拼焊　(b) 安装斜底纵骨、吊装横框架
(c) 翻身、焊接　(d) 吊装傍桁材、外底纵骨、外板

图 5.65　底边舱分段肋骨框架制造法

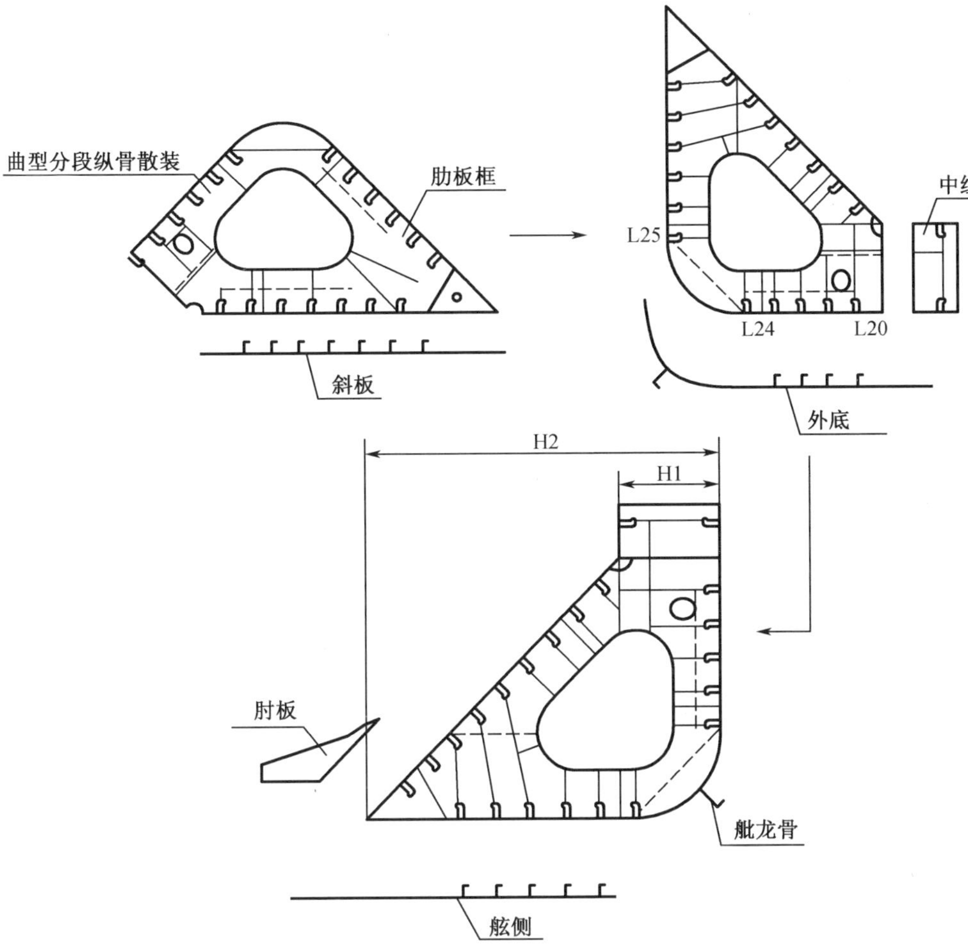

图 5.65　底边舱分段片体中组法

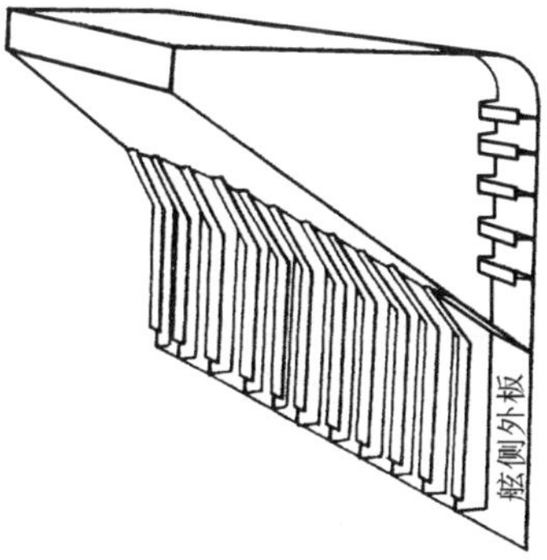

图 5.66　顶边舱分段结构图

吊装甲板平面片体 → 吊装边舱斜底平面片体 → 焊接 → 管子和铁舾件预舾装 → 划出分段的肋骨检验线、定位水平线、甲板直剖线等 → 装焊吊环、吊离胎架、翻身 → 进行舷侧外板接缝的清根、封底焊 → 完工测量与检验 → 焊缝预密性试验。

采用平面片体制造法可缩短分段的制造周期，且大部分焊接作业都处于俯焊状态，也便于采用流水线的方式组织生产。但片体组装时，如何保证边舱分段的外形精度是关键因素。

(2)肋骨框架式制造法

对带顶边舱的 P 形舷侧分段也可采用肋骨框制造法，即顶边舱和舷侧分别形成小分段，然后在舷侧胎架上组装。如图 5.68 所示，先在边舱斜底板上将所有横框架及纵骨装配完毕，然后翻身安装到甲板上，最后翻身安装到舷侧外板上，分三个工位顺序组装而成，故也将其称为三工位制造法。

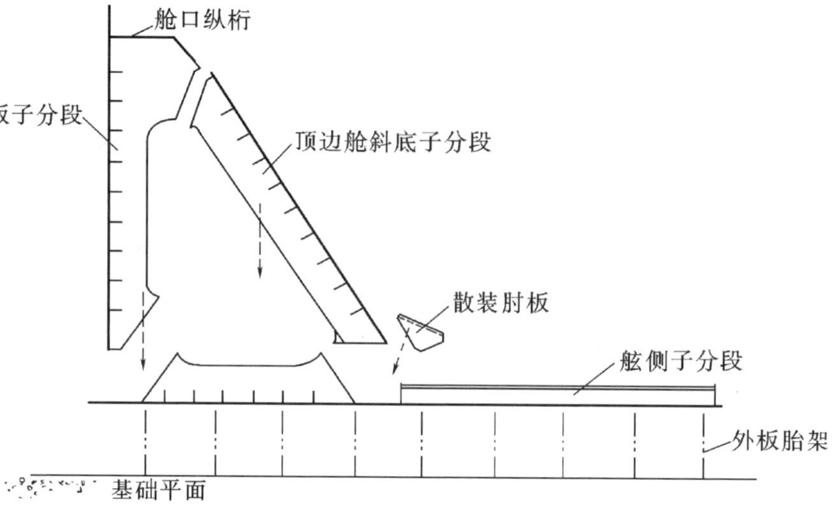

图 5.67　顶边舱分段平面片体制造法

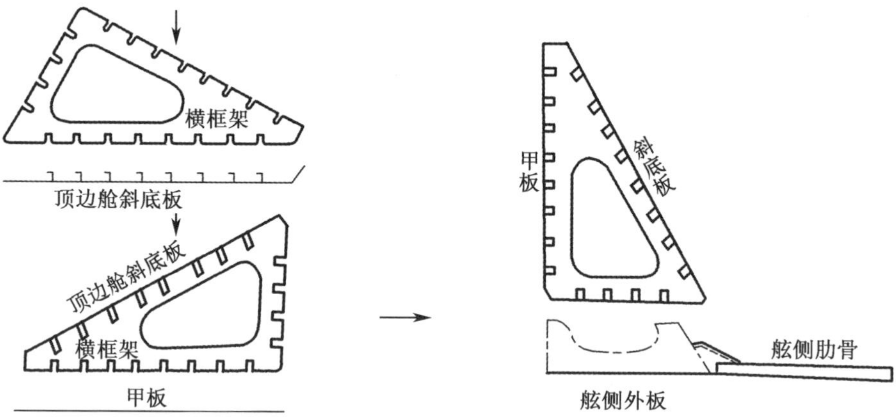

图 5.68　顶边舱肋骨框架制造法

3. 技术要领

①以横框架为内模时,应确保横框架的制作精度;吊装横框架时,应注意三个方向的定位及垂直度;

②采用平面片体制造法时,为保证组装精度,可采取先将横框架进行预拼,之后拆开,再进行各平面片体(甲板片体、斜底平面片体、舷侧片体)的制作。

③带顶边舱的 P 形舷侧分段完工检测,其要点如图 5.69 所示。

(四)甲板型分段装焊工艺

甲板型分段主要有甲板平面分段和甲板立体分段两种基本类型。由于甲板有梁拱和脊弧,所以甲板面是具有双曲度的曲面,但曲率变化和缓,一般选择在支柱式胎架上进行装焊。但对于甲板板较薄的则应采用桁架式胎架为宜。甲板型分段一般是以甲板板为基准面采用反造法。

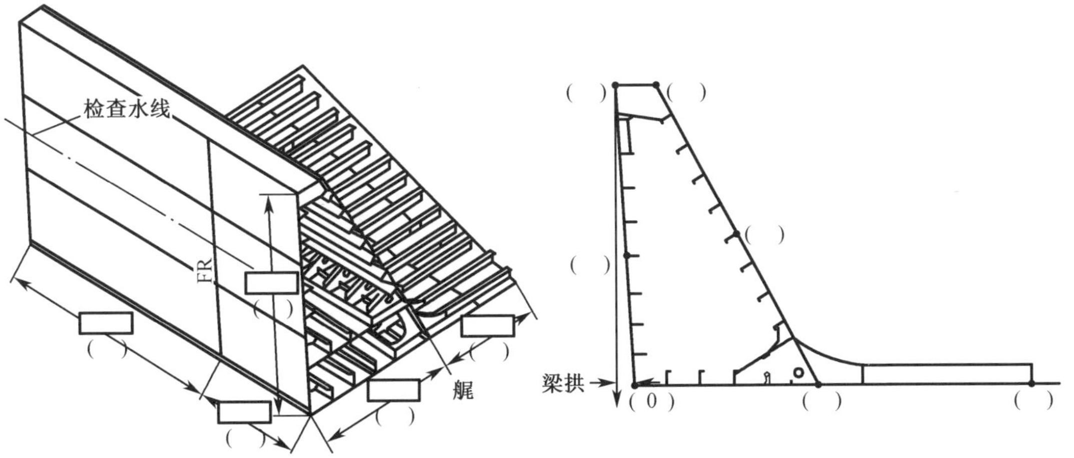

图 5.69　带顶边舱的 P 形舷侧分段完工检测

1. 甲板平面分段装焊工艺流程

甲板平面分段主要由甲板板、横梁、强横梁、甲板纵桁、舱口围板等组成。其一般的装焊工艺流程(图 5.70)如下:

胎架制作 → 甲板板拼焊 → 划纵横构架线 → 纵横构架的装焊(可根据情况采用分离装配法或混合装配法)→ 焊接 → 管子、风管、铁舾件安装 → 火工矫正 → 划出分段检查线、定位肋骨线等 → 装焊吊环、临时加强 → 吊离胎架、翻身、焊接 → 完工测量与检验。

2. 甲板立体分段装焊工艺流程

甲板立体分段除了甲板平面分段的结构外,其上还有诸如围壁、舷侧外板片体、纵横舱壁等结构。按其所在的部位不同,则组成甲板立体分段的零部件名称、数量、大小、形状也有所差异,如带有房舱围壁的甲板立体分段,以及由舷侧外板、横舱壁和甲板组合成的立体分段(图 5.71)。通常也是以甲板为基面采用反造法,其组立方式应根据舷侧外板曲率的情况采用不同的制造方式。

(1)舷侧外板曲形和缓的甲板半立体分段

图 5.72 所示的为带舷侧的 L 形甲板半立体分段,因舷侧外板的曲形和缓,可采用将预制好的舷侧片体现场整体吊装到甲板片体上,但要控制好舷侧片体与甲板的角度。类似地,F 形、P 形甲板半立体分段也可按此工艺制造。

图 5.73 所示的为机舱上部的甲板半立体分段形式,其舷侧片体已在胎架上装焊完,纵横隔板也已形成片体,该分段的大组立是以甲板为基面进行装配,其工艺流程如下:

胎架制作 → 甲板(或平台)拼焊 → 构架划线 → 装纵横结构、吊装纵横舱壁 → 焊接 → 吊装舷侧片体 → 分段舾装 → 火工矫正 → 划分段检查线、定位肋骨线 → 装焊吊环、临时加强 → 完工测量与检验。

(2)舷侧外板曲形变化大的甲板半立体分段

因舷侧外板的曲形变化大,一般采用现场散装的方式,以肋骨框架保证舷侧外板的型线,如艏艉部的甲板半立体分段,以及艉机型船舶的机舱上部的甲板立体分段,其工艺流程:

胎架制作 → 甲板(或平台)拼焊 → 构架划线 → 装半肋骨框及其他纵横结构、吊装纵横舱壁 → 装舷侧纵桁 → 焊接 → 吊装舷侧外板 → 焊接板缝、结构 → 分段舾装 → 火工矫正 → 划分段检查线、定位肋骨线 → 装焊吊环、临时加强 → 完工测量与检验。

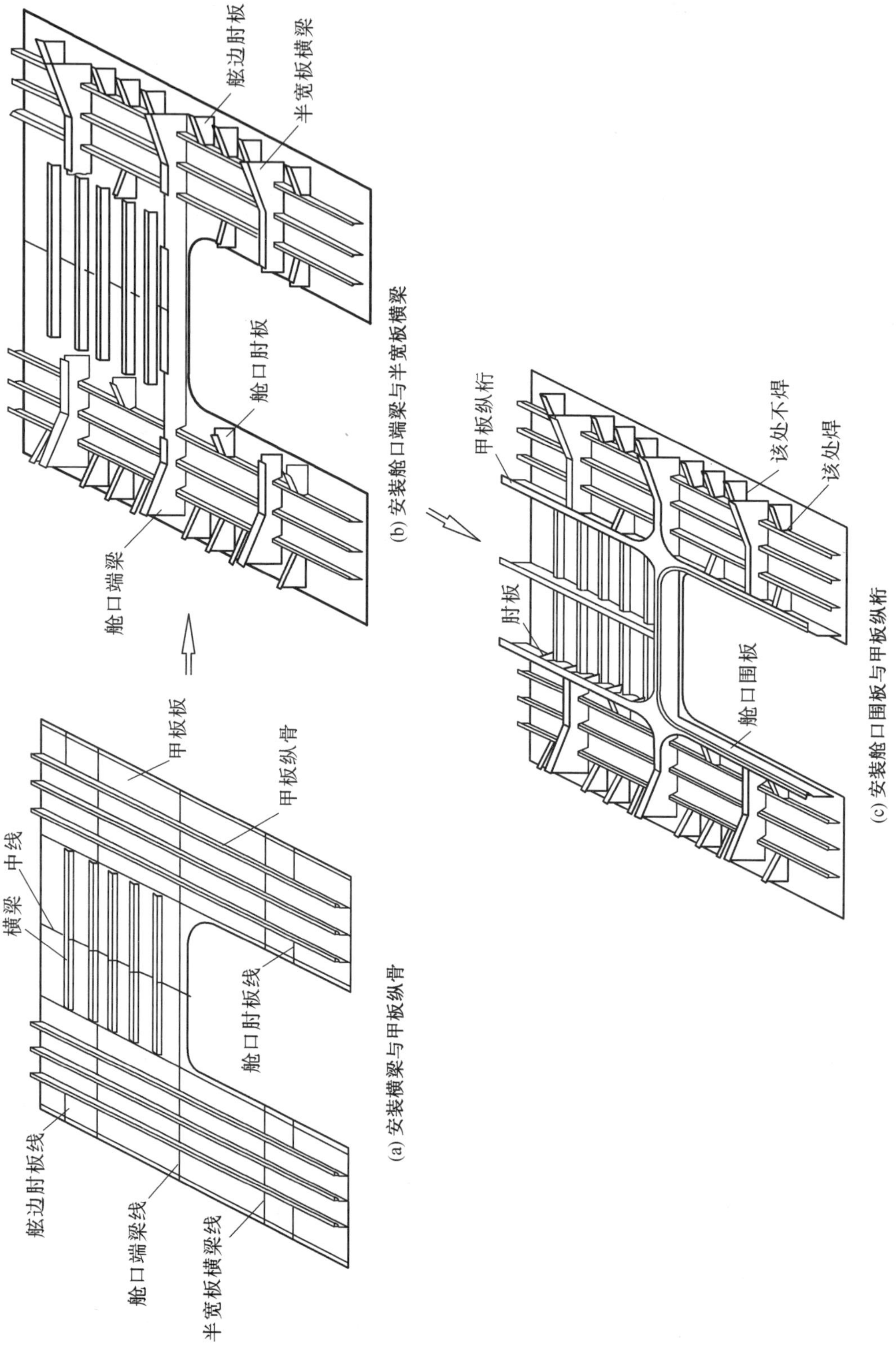

(a) 安装横梁与甲板纵骨

(b) 安装舱口端梁与半宽板横梁

(c) 安装舱口围板与甲板纵桁

图 5.70　甲板平面分段的工艺流程

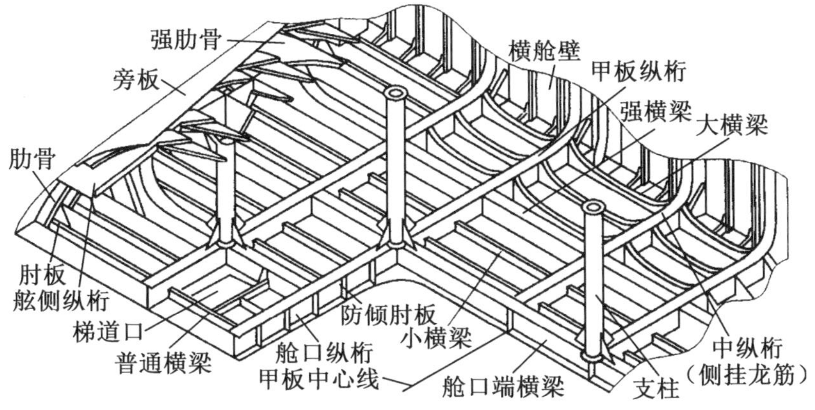

图 5.71 某一形式的甲板半立体分段结构

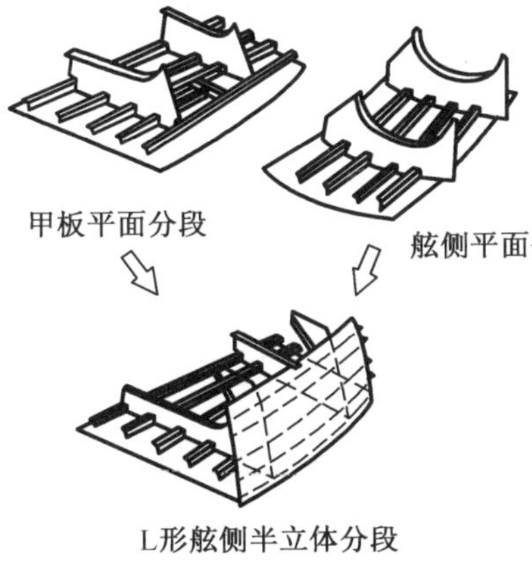

图 5.72 带舷侧的 L 形甲板半立体分段工艺流程

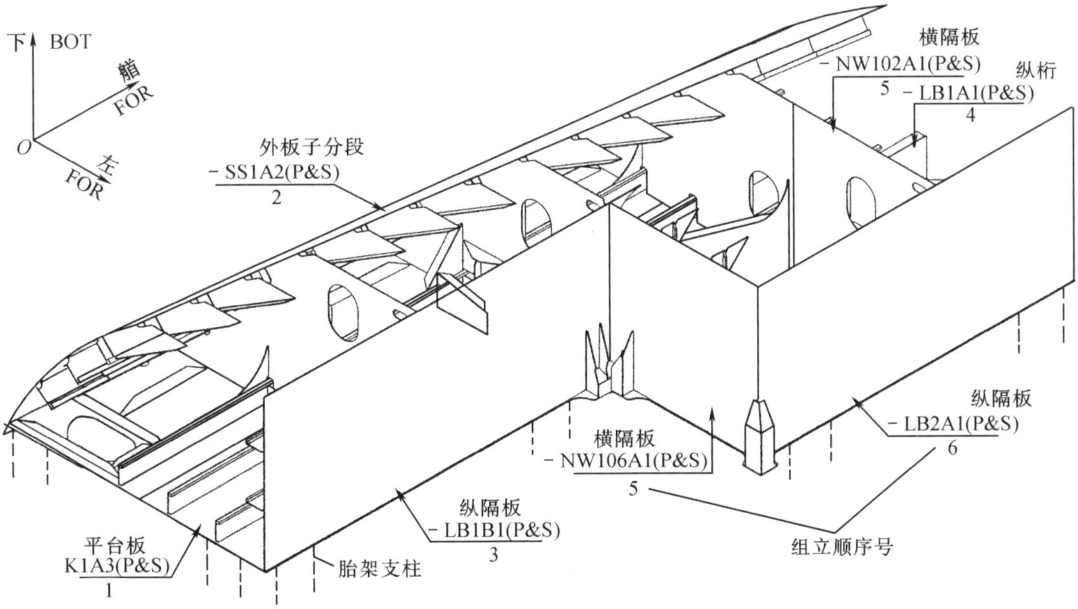

图 5.73 甲板半立体分段大组立（舷侧外板曲形比较和缓）

3. 技术要领

①甲板型分段的甲板板拼装有两种方法:一种是在平台上先行拼好或部分拼好,并采用单面焊双面成形的自动焊把它焊好,然后吊上胎架,另一种是在胎架上进行甲板板及角隅板的拼装焊接。

②甲板按结构形式可分为纵骨架式和横骨架式以及混合骨架式,其装配方法也因结构不同而有差异。可采用分离装配法或放射装配法或混合装配法。

③甲板立体分段一般待总段或船台(坞)装配时才翻身,而外板与甲板(或平台)的上部角焊缝,应在总装或船台(坞)装配后才焊接。

④对某些液货船,为便于清洗液货舱,其甲板上的结构是装焊在甲板外表面的,对此类型的甲板分段,应采用以甲板板为基面的正造法。

⑤甲板半立体分段完工检测,其要点如图 5.74 所示。

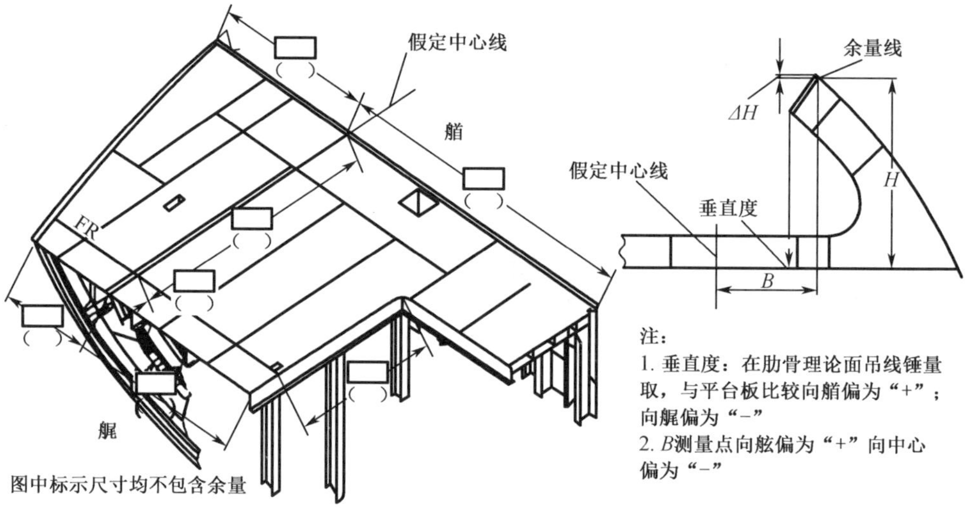

图 5.74 甲板半立体分段完工检测

五、分段装焊变形及其控制

分段焊接过程中的热变形和施焊时焊接结构的刚性及约束条件是影响分段焊接变形的主要因素。分段焊接变形可分为整体变形和局部变形。整体变形就是焊接以后,整体的尺寸或形状发生了变化,包括纵向和横向收缩(尺寸缩短)、弯曲变形(中拱、中垂)和扭曲变形等。

1. 分段变形分析

分段在装焊过程中,将产生纵向、横向的收缩和翘曲等整体变形以及边缘波浪等局部变形。由于各个分段结构不尽相同,焊接程序也不相同,故每一分段变形的大小和现象也不一样。表 5.9 列出了典型分段的变形特点和原因分析。

表 5.9　典型分段的变形特点和原因分析

<table>
<tr><th>分段名称</th><th>变形特点</th><th>示意图</th><th>结构因素</th><th>工艺因素</th></tr>
<tr><td>单底分段</td><td>(1)宽度、长度缩小；
(2)底部中垂；
(3)边缘波浪变形</td><td>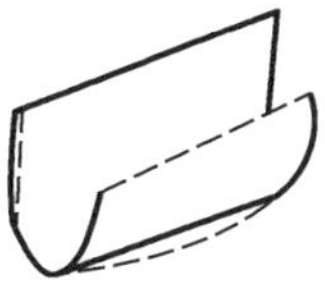</td><td>(1)底板的纵横向焊缝所引起的纵横收缩；
(2)构架角焊缝引起的纵横向收缩，且影响最大</td><td rowspan="4">(1)分段制造的胎架基础不牢固；
(2)分段的胎架本身刚性太差；
(3)胎架虽设置“拉马”但没有拉住或焊前外板与模板型线没有吻合；
(4)装配、气刨质量不好，间隙过大；焊后火工矫正收缩量过大；
(5)未严格遵守合理的焊接程序，焊接参数不正确，焊脚尺寸过大；
(6)装焊分段前没有考虑采取有效的工艺措施，如反变形等；
(7)翻身后焊接时分段搁置不当</td></tr>
<tr><td rowspan="2">双底分段</td><td>反造法：
(1)宽度、长度缩小；
(2)底部中拱(翻身后两端下垂)；
(3)边缘波浪变形</td><td>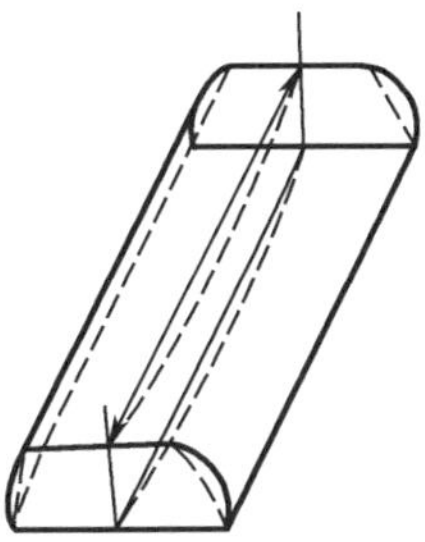</td><td>(1)内底板纵横焊缝引起的纵横向收缩(由于与胎架固定，故数值较小)；
(2)纵横结构角焊引起的纵横向收缩；
(3)由于焊缝不对称于分段截面中和轴，船底板焊缝及其与结构的角缝焊后两端产生向内、向上变形；
(4)分段翻身后焊接，继续产生变形</td></tr>
<tr><td>正造法：
(1)长度、宽度缩小；
(2)底边中垂(翻身后两端上翘)；
(3)边缘波浪变形</td><td>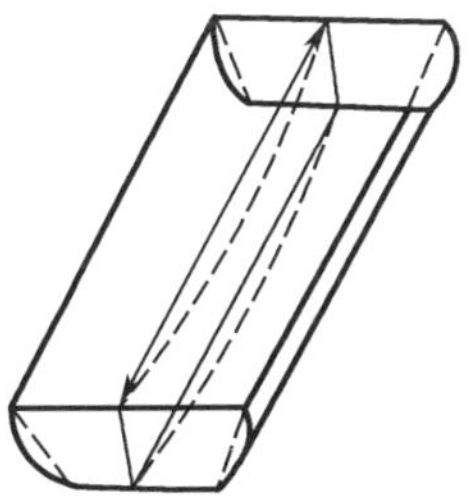</td><td>(1)外板焊缝及结构间的角焊缝引起的分段纵横向收缩(由于胎架固定，故数值较小)；
(2)内底板焊缝及其结构的角焊缝，由于不对称于分段截面中和轴，焊后两端向上、向内变形；
(3)翻身后的外板封底焊使外板变形，结构焊接使外板向内变形</td></tr>
<tr><td>舱壁、甲板、舷侧分段</td><td>(1)长度、宽度缩小；
(2)甲板梁拱减小、舷侧曲率减小、舱壁表面拱出；
(3)边缘波浪变形</td><td>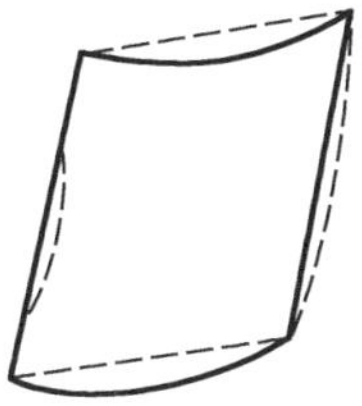</td><td>纵横向焊缝及结构角焊缝所引起的纵横向收缩</td></tr>
</table>

2. 分段变形的控制

分段制造的精度是保证总组和船台(坞)合拢质量的关键,因此,必须有效地控制好分段装焊变形,其原则是预防为主、矫正为辅。在掌握了上述分段变形规律的前提下可从结构装配工艺和焊接工艺两个方面采取相应的措施,尤其是焊接工艺,合理的焊接工艺是减少焊接变形和应力集中的有效方法。

(1)提高零件的加工质量和部件的装焊质量。构架曲形应与外板型线自然吻合,超差严重的应矫正后再装,尽量减小构架与构架的装配间隙。

(2)采用激光经纬仪划线技术。建立完善的零部件尺度的补偿系统。对型线复杂的分段采用正造法。

(3)扩大小组立、中组立的范围,使焊接变形分散在各个部件上,便于控制与矫正。这样既减少了分段的焊接工作量,也减少了分段的焊接变形,如采用框架式装配法、片体组装法等。

(4)广泛使用各种形式的刚性固定法。如采用刚性较好的桁架式胎架,用“马”将外板与胎架拉紧,强制减小分段的变形。又如将分段四周定位焊、采用各种拉马等措施。

(5)采用高效焊接方法(如 CO_2 气体保护焊)。选用合理的焊接参数和装配焊接顺序。焊接操作应以分段的中线对称安排,尽量使焊接量对称分布。在既有对接缝又有角焊缝的结构中,应先焊收缩变形大的对接焊,后进行角接焊。

(6)在分段制作过程中,对已产生局部变形的结构应及时矫正。对于易变形的部位及构件,可采取临时加强的措施。

(7)应采取有效措施,防止分段吊运、翻身、搁置时产生的变形。

(8)根据分段变形的一般规律,在分段制造过程中采取相应的反变形措施。

在结构放样或胎架设置时放出反变形量,用以抵消分段焊接后的弯曲和扭曲变形;在结构间加放焊接收缩补偿量,以抵消分段焊接后的纵向和横向收缩。表 5.10 中为典型分段的反变形措施。

表 5.10　典型分段的反变形措施(供参考)

分段名称	反变形类别	反变形方法	反变形数值的确定	说明
双层底分段	横向反变形	正造法: 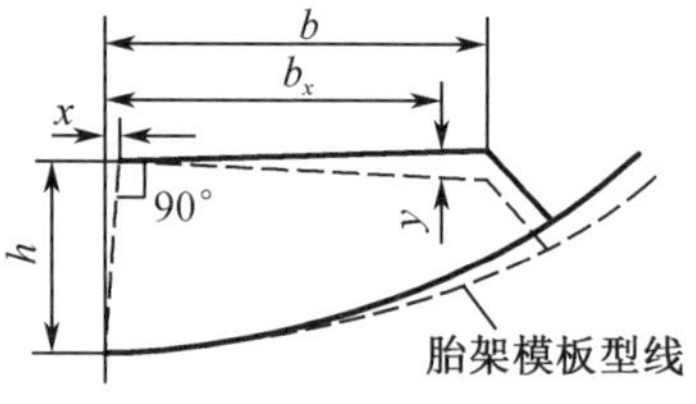 反造法: 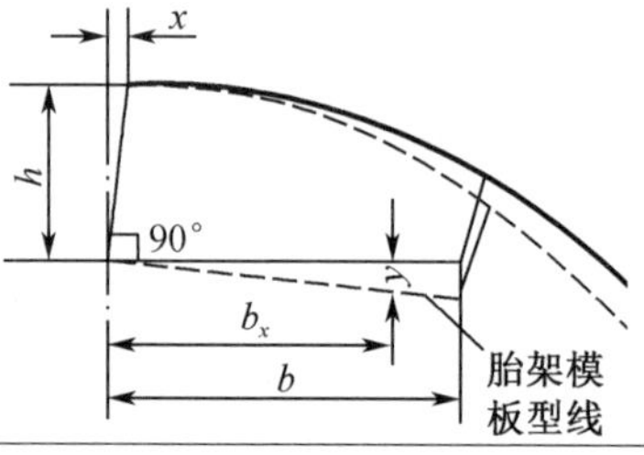	(1)按经验公式估算: 当 $b \leqslant 7\ 500$ mm、$h \leqslant 950$ mm 时, $y=\left(\frac{2}{1\ 000}\sim\frac{3}{1\ 000}\right)b_x$ $x=\left(\frac{2}{1\ 000}\sim\frac{3}{1\ 000}\right)h$ 式中　b——双层底半宽; h——双层底高度; b_x—距中线任意距离; y—分段胎架反变形值; x—号料样板应放尺度。 当 $b>7\ 500$ mm,$h>950$ mm 时,取以上数值的 0.8 倍。 (2)按有关方法估算,如图谱	反变形数值的选取还应视胎架结构形式以及与胎架的固定情况等来定

表 5.10(续)

分段名称	反变形类别	反变形方法	反变形数值的确定	说明
双层底分段	纵向反变形	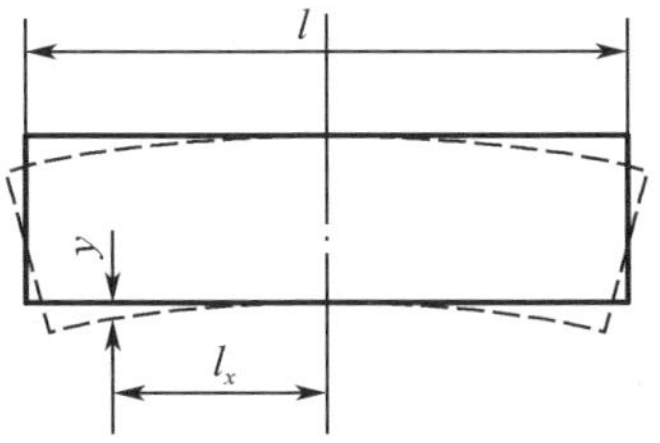	当 $l\leqslant 6$ m 时,不放反变形; 当 $l=6\sim 12$ m 时,取 $y=2/1\ 000\times l_x$; 当 $l>12$ m 时,取 $y=1.5/1\ 000\times l_x$; 式中　l——分段长度; l_x——距分段长度中点的任意距离	对艏、艉部型线复杂的分段,一般仅考虑横向反变形
甲板分段	横向反变形	(1)在制作胎架时,按梁拱样板再计及反变形值 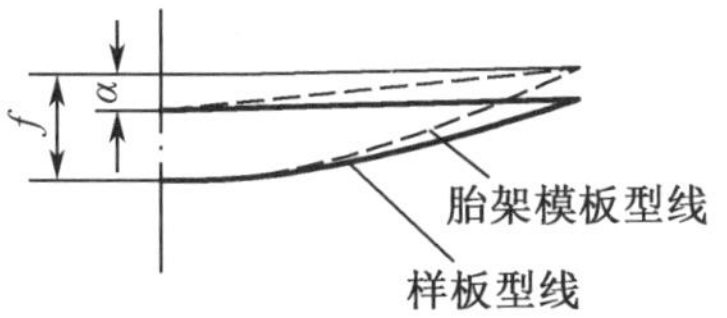 (2)在放样时预先将反变形值增加在梁拱内,即 放样梁拱 = 设计梁拱 + 反变形值 α 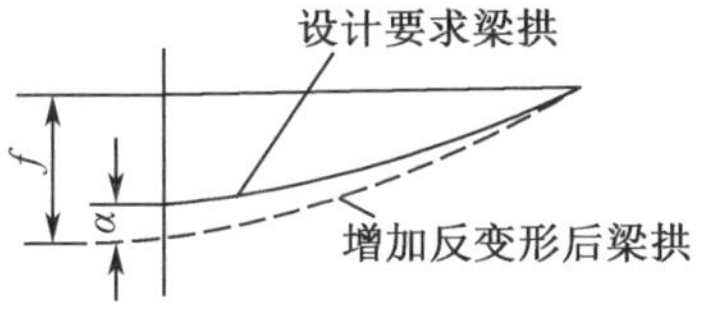	·当 $B\leqslant 10$ m 时,不做反变形; ·当 $B=10\sim 16$ m 时,取 $\alpha=2/1\ 000\times B$; ·当 $B>16$ m 时,取 $\alpha=1.5/1\ 000\times B$ 式中　B——型宽	其他倒装的甲板半立体分段,可不做甲板梁拱反变形
	纵向反变形	脊弧和缓,一般不考虑		
舷侧分段	横向、纵向反变形	处理方法类似底部分段		
各类分段	控制长度宽度方向的反变形	加放结构间焊接收缩补偿量,可在放样或划线时放出	(1)横骨架式结构每挡肋骨间距放 0.5 ~ 1.0 mm 补偿量; (2)纵骨架式结构每挡纵骨间距放 0.3 ~ 0.5 mm 补偿量	薄板结构加放收缩补偿量,可考虑适当取大

(9)采用强力构件端部刚性固定法来控制分段的变形。

大型船舶的分段制造已广泛采用支柱式通用胎架,在分段装配和焊接过程中产生的收缩力,必然要使分段产生各种变形。针对此种情况,一般可采用刚性固定法控制变形,其做法是:将在支柱式胎架上建造的分段四周边缘,调整到水平或理论型值的位置,在构架焊接以前，将强肋骨、强横梁、纵桁和隔壁等强构件的端部用角钢或槽钢刚性固定于胎架下面的混凝土基础平台上，数量应视分段的结构形式而定。

(10)对分段装焊后产生的板材边缘和中部失稳的局部变形，常见的有波浪变形和瘦马状变形等，可采用水火矫正的方法。对分段边缘的局部变形，视情况不同也可采用反变形方法。

综上，由于分段焊接过程的特点和施工工艺的复杂性，产生焊接变形是不可避免的，虽然在船体结构设计和施工工艺上采取措施来控制分段施工中所产生的焊接变形，但完全消除焊接变形是不太可能的。对出现超过设计要求的焊接变形必须进行矫正。要注意的是，矫正工艺一般只限于局部变形，而对于如纵向、横向收缩和弯曲的分段整体变形只能通过在下料或装配时加放余量(补偿量)和反变形的方法来调整。

六、分段制造检验

由表5.4可知，分段制造中的检验主要反映在胎架检验、分段的划线检验以及结构检验，最后是分段完工检验。

1. 胎架检验

胎架直接影响分段、总段制造的精度，因此，在分段、总段制造前，需要对胎架进行检验，特别是曲面分段，要严格按照胎架制作工艺要求，对胎架的水平度、型线、强度等进行确认，要求胎架的制作质量必须达到规定的精度要求。对胎架检验的主要内容见表5.11。

表5.11 胎架检验的主要内容

胎架形式	桁架式/单板式	支柱式
检验内容	(1)模板垂直度及位置偏差； (2)模板中线或水线基准线偏差； (3)四角水平； (4)模板型线与样板型线偏差； (5)模板上外板接缝线偏差	(1)支柱垂直度、支柱间距偏差； (2)胎架水平基准面； (3)每一支柱高度尺寸偏差； (4)外观检查，如支柱的稳定性

2. 结构划线检验

划线位置正确与否，将决定分段、总段中各零部件装焊位置是否正确，尤其在分段、总段大接缝连续构件的位置及外板、甲板、纵横壁上开孔位置与大小的正确与否，更影响船体大接缝质量和外观的美观。划线检验的主要内容见表5.12。

表5.12 划线检验的主要内容

检验内容	精度标准		检验方法
	标准	允许	
中线、结构线、开口线偏差	按CSQS(2016)规定		用分段划线草图或样条检测
构件厚度位置是否正确	正确		按船体构件理论线图检查
端头肋位距大接缝尺寸偏差	按CSQS(2016)规定		检查预修整端头，有余量即可
内底、平台、甲板宽度偏差	按CSQS(2016)规定		用分段划线草图或样条检测

3. 平面和曲面分段检验

平面分段在制造过程中始终处于敞开状态，施工条件好，便于使用高效焊接。而曲面分段通常在胎架上制造，分段型线在脱胎后有所缩小，火工矫正一般仅改善外板型线的光顺性，而难以复位至胎架型线，因此，对曲面分段应采取反变形措施。平面和曲面分段检验的主要内容见表5.13。

表5.13 平面和曲面分段检验的主要内容

分段形式	检验内容		精度标准		备注
			标准	允许	
平面分段	分段主尺度及外形	分段长度、宽度偏差	按CSQS(2016)规定		检测位置按分段检测图
		对角线偏差(D1－D2)	按CSQS(2016)规定		
		分段扭曲	按CSQS(2016)规定		在强横梁、桁材的面上进行测量
平面分段	结构装焊质量	构件安装位置偏差	按CSQS(2016)规定		
		主要构件十字接头/对接接头的错位	按CSQS(2016)规定		
		构件安装垂直度/角度	按CSQS(2016)规定		
		分段端口的型线精度及接缝的处理			按分段工作图的技术要求
曲面分段	分段主尺度及外形	分段两端肋位间长度偏差	按CSQS(2016)规定		检测位置按分段检测图
		分段宽度(全宽)/高度偏差	按CSQS(2016)规定		
		对角线偏差(D1－D2)	按CSQS(2016)规定		
		分段扭曲	按CSQS(2016)规定		在强横梁、桁材的面上进行测量
	结构装焊质量	构件安装垂直度/角度	按CSQS(2016)规定		
		构件安装位置偏差	按CSQS(2016)规定		
		主要构件十字接头/对接接头的错位	按CSQS(2016)规定		
		分段端口的型线精度及接缝的处理			按分段工作图的技术要求

4. 立体分段检验

主要是对分段的外形尺寸、构件尺寸、构件位置、零件数量、装配精度和焊接质量的检验。不同类型的立体分段，其检验内容有所不同。管理好立体分段质量，是保证船体主尺度、大接缝型线光顺以及轴舵系等设备安装的关键。立体分段检验的主要内容见表5.14。

表 5.14 立体分段检验的主要内容

检验内容		精度标准		备注
		标准	允许	
分段主尺度及外形	分段两端肋位间长度偏差	按 CSQS(2016)规定		检测位置按分段检测图
	分段宽度(全宽)偏差	按 CSQS(2016)规定		
	分段高度偏差	按 CSQS(2016)规定		
	上下中线偏差	按 CSQS(2016)规定		
	对角线偏差	按 CSQS(2016)规定		
	同面度(艏、艉)	按 CSQS(2016)规定		
	四角水平度	按 CSQS(2016)规定		
结构装焊质量	两端肋位框架垂直度	按 CSQS(2016)规定		
	构件安装位置及垂直度偏差	按 CSQS(2016)规定		
	主要构件十字接头/对接接头的错位	按 CSQS(2016)规定		
	分段端口的型线精度及接缝的处理			按分段工作图的技术要求

对特殊分段,除常规立体分段的检验内容外,还要增加特殊项目的检验,如艉柱立体分段的艉轴中心线高度偏差、艉轴中心线与船体中心线偏差、轴壳后端与艉尖舱壁间偏差、上下舵承间距偏差、舵杆中心线与轴中心线相交偏差、上下舵承中心线偏差等。

现代造船要求,在分段制造阶段,对分段预舾装中的舾装件安装质量和完整性也必须按照分段预舾装工作图的技术要求进行检验。

5. 分段完工检验

分段完工检验是在按分段工作图的要求完成全部施工,并自检合格后提交的完整性检验,包括对分段进行尺度和外形测量以及结构安装完整性。它是船体制造过程中必须检验的项目,检验分段的数量通常按分段划分图中的分段数量。

分段完工检验包括工厂检验部门的检验和验船部门以及船东的检验。检验按造船质量标准(如 CSQS)的要求,检验内容及相关记录按分段完工检验验收单中所列项目进行。一般采用激光经纬仪、水平尺、线锤等测量仪器进行检测。大中型船厂现已普遍采用全站仪进行三维检测,以便对分段进行预修整。

第五节 分段总组(总组立)工艺技术

现代造船广泛采用在船台(坞)装配前预先把几个分段组合成大分段或总段后,再进行船台(坞)装配的方法。分段总组是指将同一个造船区域内的若干分段,在平台上合成大型或巨型总段,大致可分为立体分段总组和平面分段总组两大类。同时尽可能完整地完成总段内的舾装和涂装作业,然后吊上船台(坞)进行合拢的一种工艺方法。其实质就是将原来要在船台(坞)进行的作业前移至平地完成,这也是“平地造船法”的核心。

分段总组是现代造船模式中的一项重要工艺技术,更有利于预舾装新工艺的推广,可减少船台(坞)工作量,大幅度地缩短船台(坞)周期。

一、分段总组的一般工艺程序

分段总组一般按船舶建造区域分为艏部总段、艉部总段、机舱区总段、货舱区总段、上层建筑总段等，在起重能力允许的条件下，要求尽可能将总段划分得完整。分段总组的方法应根据各造船厂的生产条件来确定，其一般工艺程序：

(1)根据工厂条件和船舶建造方针，确定总组方法(倒装、卧装或正装)。

(2)根据总组工艺流程，确定总组所用的胎架(或平台)或工艺装备的形式。

(3)按组装程序依次将相关分段吊上胎架，将各分段准确定位并有效固定。

(4)完成装配和焊接，并矫正变形。

(5)完工测量和检验，按工艺要求划出各类基准线和参考线，划出总段余量线并割除接头余量。

(6)进行封闭舱室及对接焊缝密性试验。

(7)按工艺要求安装船台(坞)吊装用的吊环，并对易变形部位进行适当加强。

(8)总段舾装、涂装。

二、船体中部环形总段的分段总组

船体中部环形总段是由底部分段、舷侧分段、甲板分段及舱壁分段组成。一般是以底部分段为基准分段的正装法，依次将预先装焊，并经检验合格的舱壁、舷侧和甲板分段吊到底部分段上进行组装。其工艺流程，如表5.15所示。

表5.15　船体中部环形总段分段总组工艺

工艺过程		示意图	工艺要领
1	各个分段的制造	—	在胎架(或平台)上预制底部分段、舷侧分段、甲板分段和舱壁分段，并分别在分段上划上中心线、肋骨检验线及水平检验线等
2	底部分段定位	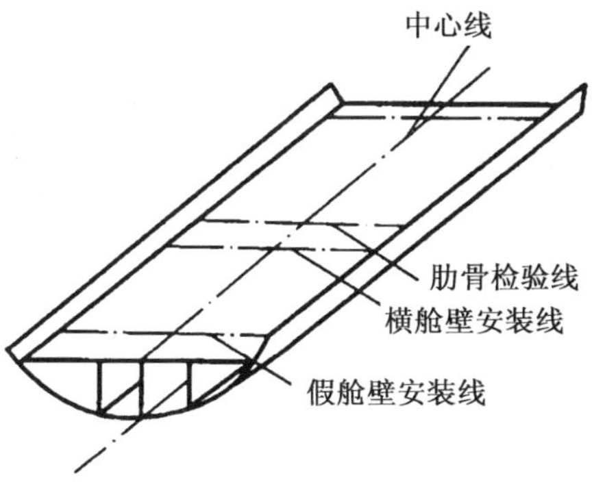	1. 使底部分段中心线与胎架(或平台)中心线对准； 2. 调整分段内底板上四角水平； 3. 在内底板上划出舱壁安装位置线

表 5.15(续)

工艺过程		示意图	工艺要领
3	横舱壁分段组立	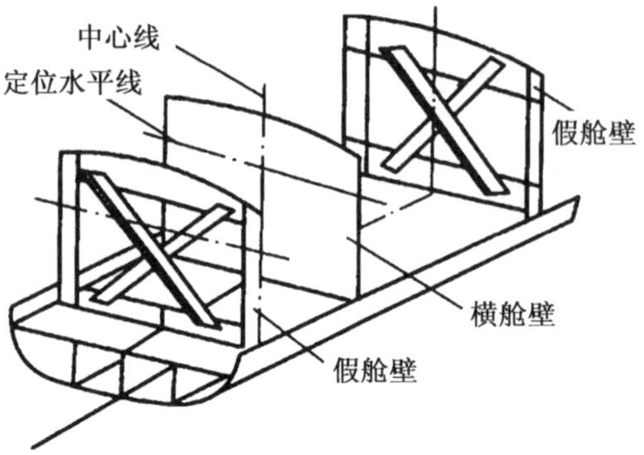	1. 舱壁的安装位置应和内底板下肋板一致,错位不得超过规定; 2. 舱壁中心线应和内底板中心线对齐,并调整舱壁的垂直度和水平度; 3. 舱壁定位水平线的高度应符合图纸要求,据此划出舱壁下缘的余量,并将其割除,使横舱壁下口与内底板接缝符合要求,并定位焊; 4. 若总段上横舱壁较少或没有,可临时在适当位置设置假舱壁,其安装、定位要求同舱壁
4	舷侧分段组立	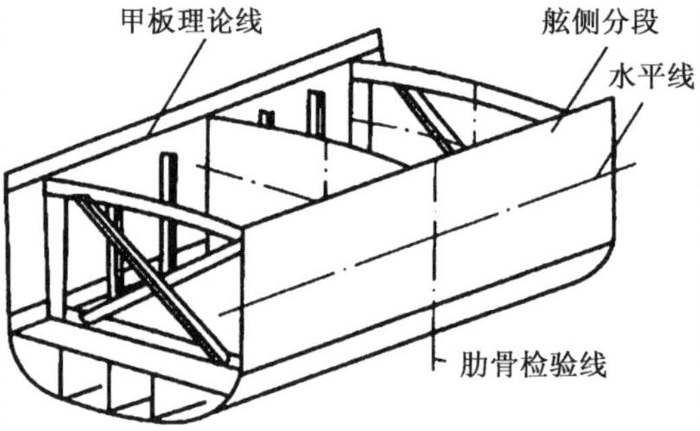	1. 先安装一舷,后安装另一舷,必须使左右舷部肋骨检验线应与底部肋骨检验线对齐,在同一横剖面内; 2. 检测肋骨检验线处以及艏艉顶部的半宽; 3. 舷部水平检验线应与舱壁水平检验线在同一水平面上,其高度应符合图纸要求,据此划出舷侧下缘的余量,并将其割除,使舷侧下口与底部外板的接缝以及舷侧与舱壁的接缝符合要求,并定位焊,安装舭肘板
5	甲板分段组立	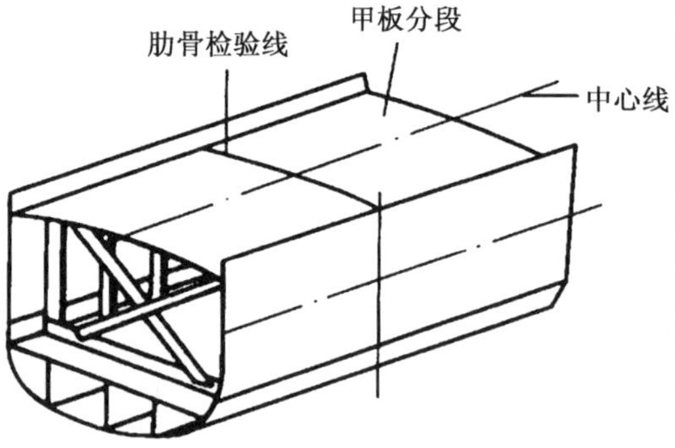	1. 甲板中心线应与内底中心线相吻合; 2. 甲板肋骨检验线应与舷部肋骨检验线对齐; 3. 甲板边缘应与舷侧分段上的甲板位置线吻合; 4. 应保证梁拱高度,当甲板位置全部调整到位后,使甲板与舷侧外板,甲板与横舱壁的接缝符合要求,并定位焊
6	总段焊接	—	按规定的焊接顺序对接缝进行焊接;火工矫正

表 5.15(续)

工艺过程		示意图	工艺要领
7	总段划线和结构性检验	—	1. 总段三维检测、预修整；安装定位线、轮廓线；完工检测； 2. 结构性检验；船体结构密性试验
8	总段舾装	—	安装总段内的舾装单元、各种舾装件及其附件
9	总段吊运	—	吊环安装、焊接

三、货舱区总段的分段总组

货舱区总段的组成形式较多，一般有环形总段、底部总段、舷部总段，以及由甲板与横舱壁合成的总段等几种形式的总组。

1. 环形总段的分段总组

直接将底部、舷部、甲板、舱壁等分段总组成环形总段。一般以底部分段为基准在平台上进行。以集装箱船货舱区环形总段为例，其正态总组工艺流程如图 5.75 所示。

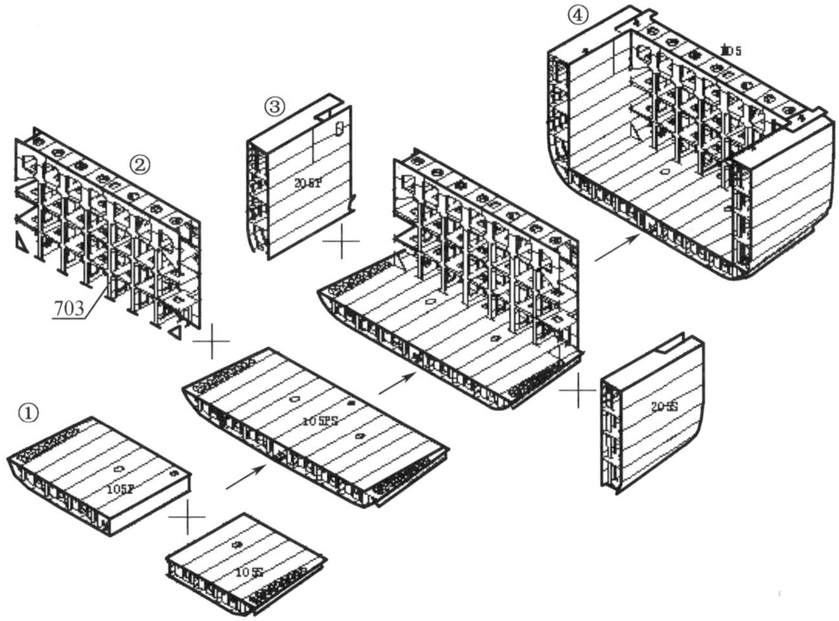

图 5.75　货舱区环形总段的分段正态总组工艺流程(集装箱船)

2. 舷侧总段的分段总组

一般分为“P”型、“C”型、“D”型三种形式，以舷侧外板为基面侧造。其中“D”型总组是在“C”型总组的基础上，吊装定位局部槽形舱壁和局部下墩，并安装相关舾装件。以散货船货舱区舷侧总段(“C”型总段)为例，其总段是由顶边舱分段、底边舱分段、横舱壁分段以及舷侧分段组成，可采用侧造法进行总组，如图 5.76 所示。

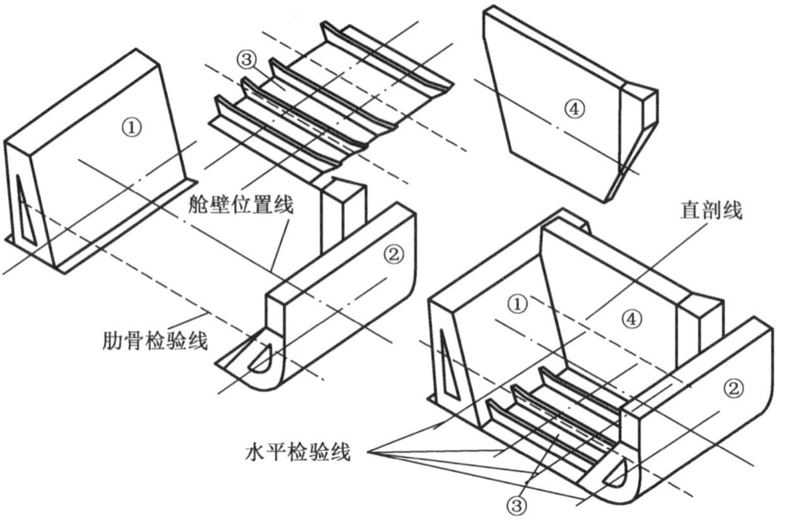

①—顶边舱分段;②—底边舱分段;③—舷侧分段;④—横舱壁分段。

图 5.76　货舱区舷侧总段的总组工艺流程(散货船)

货舱区舷侧总段的总组工艺流程如下:

在平台上划出分段定位所需的各类基准线→ 吊装顶边舱分段①、底边舱分段② → 吊装舷侧分段③ → 吊装横舱壁分段④ → 总段焊接、火工矫正 → 划安装定位线、轮廓线 → 舾装件及其附件安装 → 吊环安装、焊接以及总段的临时加强 → 完工测量与检验 → 船体结构密性试验。

对双舷侧的货船货舱区舷侧总段,其总组工艺流程与此类似。

四、机舱区总段的分段总组

船体机舱区域的舾装工作量大,是实施预舾装技术的重点区域,现主要采用盆舾装技术。因此,为实施盆舾装,机舱部位必须尽可能地形成比较完整的机舱下部船体,即盆状结构,它是由机舱底部双层底分段、左右侧舷侧分段和横舱壁分段等组合而成的立体总段,也称盆舾装总段,如图 5.77 所示。

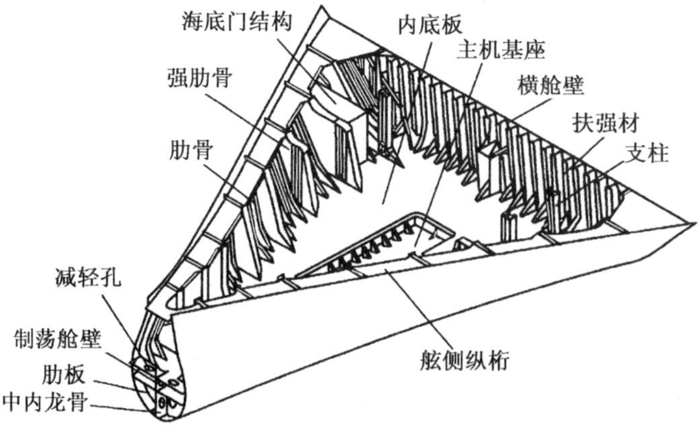

图 5.77　机舱下部总段结构

机舱下部总段一般采用正装法，即机舱双层底分段、左右舷侧分段以及舱壁分段分别制造完成，然后以机舱双层底分段为基准在胎架上（或平台上）进行总组，如图 5.78 所示，其工艺流程：

机舱双层底分段定位 → 吊装舱壁分段 → 吊装左右舷侧分段 → 总段焊接、火工矫正 → 划安装定位线、轮廓线；完工检测；焊缝和结构性检验 → 盆舾装 → 吊环安装、焊接以及总段的临时加强 → 完工测量与检验 → 船体结构密性试验。

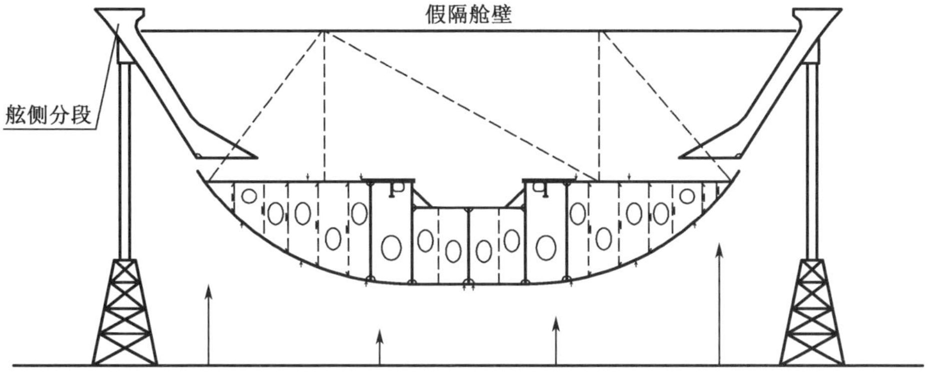

(a) 总组示意图

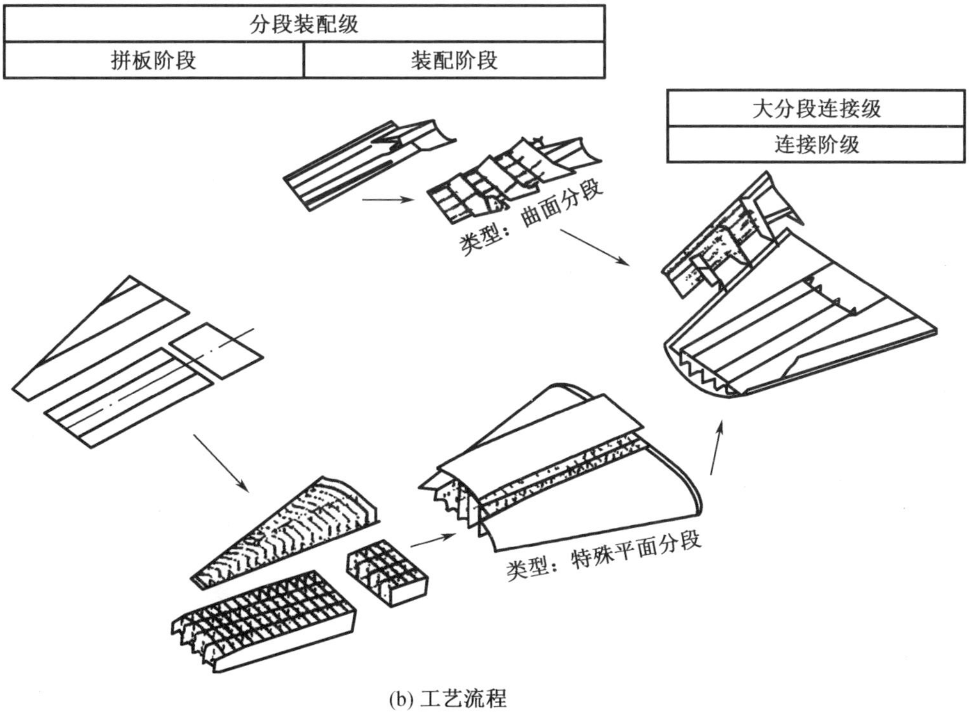

(b) 工艺流程

图 5.78　机舱下部总段的总组

由总段的总组中可以看出，其技术要领：

(1)总段总组中的分段定位作业，是保证总段装配质量的技术关键。若将总段置于空间直角坐标系中，则各个分段的定位可在三维尺度(长、宽、高)方向上选定其安装的基准面，另加左右和前后水平，即可定出各分段的正确位置。

(2)对带有中间甲板的总段，一般有先装中间甲板分段和先装舷部分段两种方法。若采用前者，则需对甲板分段做临时支撑，这有利于舷部分段的定位。此外，还应注意不同阶梯状的接头形式。

第六节　分段的吊运和翻身

分段在制造过程中，为了将焊缝置于俯焊位置或方便舾装作业，需要将分段翻身或移位；在进行船台(坞)搭载时，需要将完工的分段(总段)吊运到船台(坞)上进行装配。由于分段(总段)的尺度与质量都较大，若在吊运和翻身的过程中考虑不周，将会使分段(总段)发生变形，甚至造成严重事故。因此，必须事先做好周密的分析研究。在分段(总段)吊运和翻身过程中，一般要考虑以下几方面的问题：

(1)分段(总段)的质量大小(包括舾装件与加强材)、重心位置及吊车的许可负荷；

(2)分段(总段)吊运和翻身的方式；

(3)分段(总段)的吊环形式、数量、强度及其安装位置；

(4)分段(总段)的临时加强措施，钢索的许可负荷以及钢索间的夹角。

一、分段的翻身方式

分段的翻身方式主要有空中翻身和落地翻身两种。当分段的质量在一台主钩吊车的安全起重量许可范围内时，可采用空中翻身方式。当分段的质量大于一台吊车的起重能力，但在两台吊车联吊的许可范围内时，可采用落地翻身方式。此外，在用门式(桥式)起重机吊运分段时，应注意吊车的起吊高度能否满足翻身要求；在用门座式起重机(高架吊)吊运分段时，需注意力臂和起重量的关系，吊车的起重幅度以及在相应力臂时的起重量能否满足分段的尺寸和质量的要求。

1. 空中翻身法

分段空中翻身的程序如图5.79所示，即在分段的两端设置两组吊环，由两台吊车平行吊起，其中一台为主钩，另一台为副钩，副钩慢慢松钩后，将分段转向，副钩再吊起，完成翻身作业。分段的翻身有纵向翻身和横向翻身两种形式。

空中翻身法明显的优点是空中翻身平稳，不容易损坏分段的边缘结构，只需要设置吊环和一般的加强材，不需要专用工艺装备，成本低，施工方便，作业安全，但分段的最大质量必须控制在一台吊车的安全起吊负荷内。分段空中翻身法的技术要点主要有：

①分段的最大尺寸应小于两个吊钩的最小距离，分段的翻身高度应小于吊钩的有效高度。

②分段在空中翻身过程中，钢丝绳的收紧和放松速度应平稳均匀，严防在翻身时发生冲击现象。

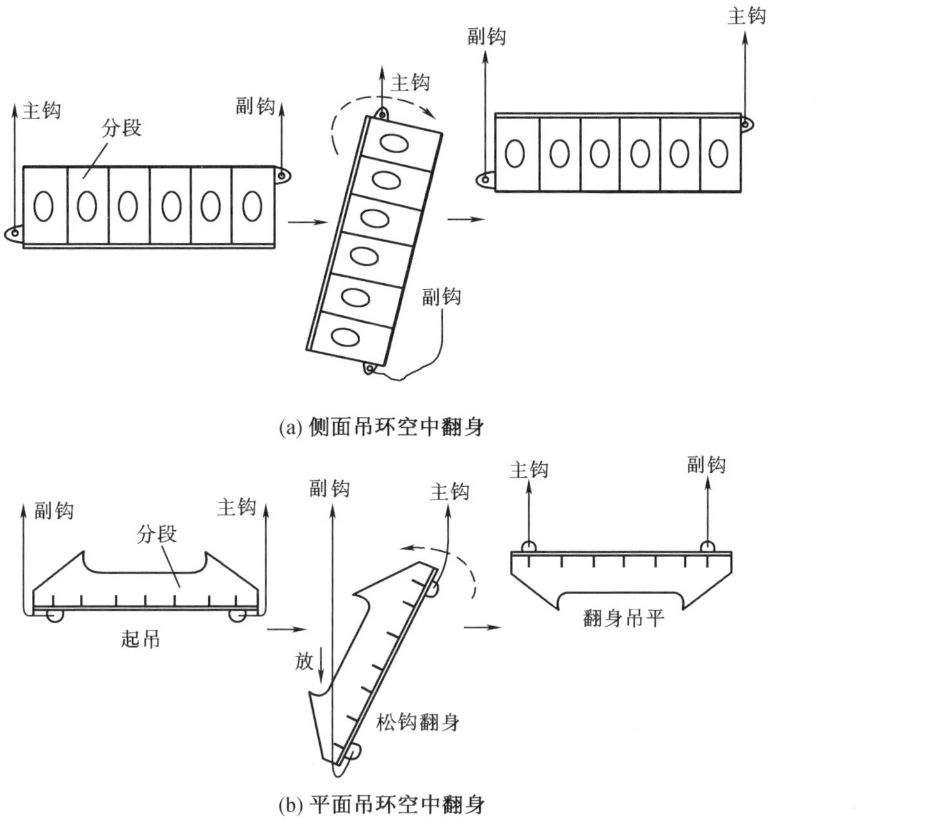

图 5.79　分段空中翻身示意图

2. 落地翻身法

分段落地翻身的程序如图 5.80 所示。当分段的尺度较大，质量超过一台吊车的安全起重量时，就无法将分段起吊而悬空后翻身，必须借助地面的反力减小分段给主钩吊车的荷重，这就要采用落地滚翻方式。为了不损坏分段边缘，一般在分段落地的一端设置滚翻装置。滚翻装置有圆弧式和啮合线式两种形式，圆弧式在分段重心偏离地面支点时，容易产生前冲力；啮合线式在翻身过程中，重心的垂直线一直在地面支撑点上，处于动平衡状态，故翻身平稳，无冲力。

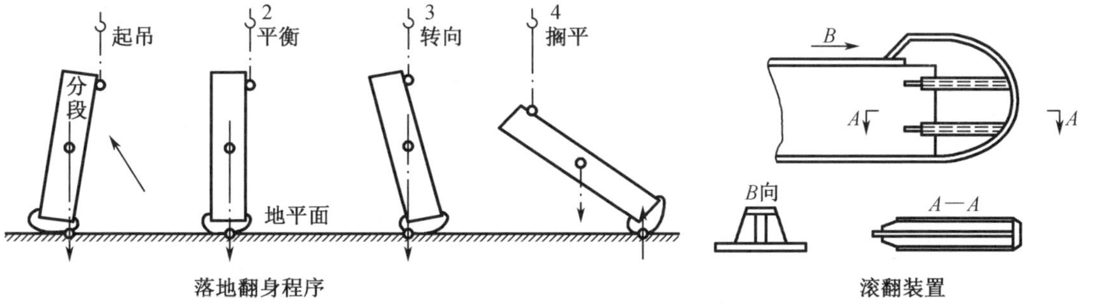

图 5.80　分段落地翻身示意图

但有些分段,由于其结构的特殊性,在一般情况下不适宜采用落地翻身方法,如艏艉部分段以及甲板立体分段、舷侧立体分段等。

分段落地翻身法的技术要点主要有:

①必须安装专用的落地翻身装置,其作用一是作为分段吊运用的吊环,二是在分段落地滚翻时保护分段边缘的结构避免由于集中受力而发生变形。为此,落地翻身装置必须具有足够的尺寸和强度,一般要求单个装置能承受整个分段的质量。

②应设置专用的翻身吊环,特别注意吊环安装位置与分段重心平面位置的关系,这将影响分段翻身的稳定性。在翻身过程中,由于受到力矩的作用,分段会随着吊车的移动而一起移动,增加翻身的困难。为此,翻身时吊车应向翻身的方向适当移动,以免移动不当而使分段与地面接触处发生滑移现象,必要时可在分段的支承点处设置止滑装置。

此外,按吊环设置的位置情况,分段(总段)翻身方式还可分为平面吊环翻身法和侧面吊环翻身法(图 5.79)以及三向吊环翻身法。图 5.81 为艏立体分段的三向吊环翻身过程。

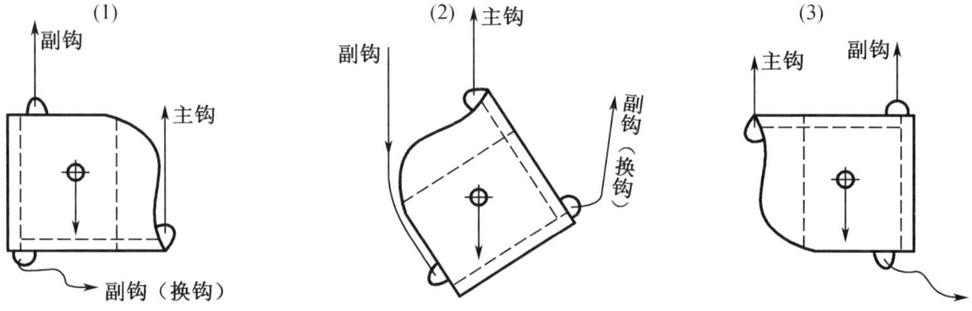

图 5.81　艏立体分段的三向吊环翻身示意图

除上述常用的分段翻身法外,在自动化程度高的船厂,还有采用专用工艺装备进行分段翻身的,如采用大型回转架,此翻身方法效率高且不会产生变形,尤其适合薄板分段,但装备投资大。

二、吊环的类型及设置原则

1. 吊环的类型

吊环是分段(总段)吊运和翻身的主要属具,一般由钢板制成,可分为有肘板和无肘板两种基本形式。有肘板的吊环各个方向的刚性都比较好,一般垂直安装在分段(总段)表面上;无肘板的吊环(如平面型吊环)则只有两个方向上呈现较好的刚性,一般用于较轻的分段,平面型吊环采用搭接安装形式。

所有分段(总段)的吊运和翻身,都必须安装吊环。而由于船体构件和分段的形状、质量差异极大,对吊环的形式和尺寸要求也随之变化很大,故至今未能形成正式的吊环产品,船厂大多根据自身的经验和实际需要自行制备。近几年来,有些船厂已将吊环初步进行了系列化,并形成了企业标准。为了满足新船型的特殊分段(总段)和特殊结构件的吊运和翻身需要,研发了许多新型吊环。

吊环按结构形式的不同可分为平面型和组合型吊环以及特殊功能的吊环。每种类型的吊环按设计载荷的不同有多种规格,以适用不同类型和吨位的分段(总段)。

(1)平面型吊环(图 5.82)。属于无肘板吊环,由平板割制而成,吊环的横向受力差,一般用于拼板、小部件及片体的翻身和吊装。为了保持吊点的稳定性，可在吊环两侧用肘板加强。

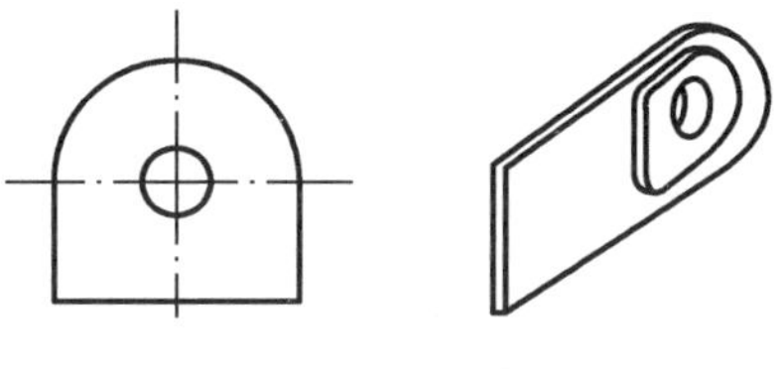

图 5.82　平面型吊环

（2）组合型吊环（图 5.83）。属于有肘板吊环，其结构由竖板、腹板和加强肘板组成。根据其组合形式的不同分为多种类型，适用于不同类型分段的吊运和翻身。

（3）特殊功能的吊环，是为了满足不同类型分段（总段）在吊运和翻身过程中的工艺操作，是根据其结构的特殊性和特殊要求而专门设计、制作的吊环。有不同的结构形式，种类较多。图 5.84 为用于分段（总段）翻身中副钩用的双孔吊环和用于侧吊场合的单侧吊环。

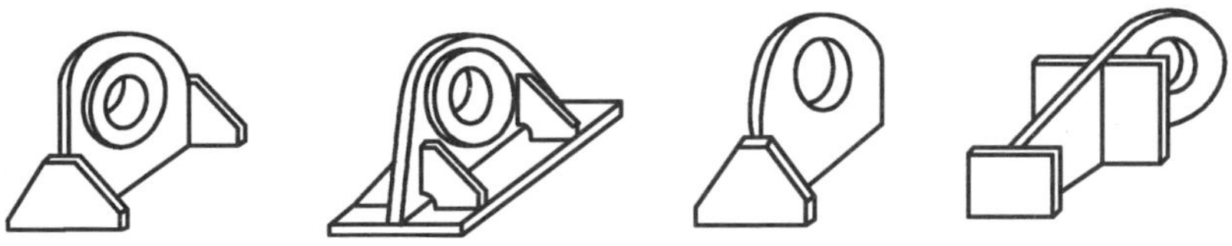

图 5.83　组合型吊环

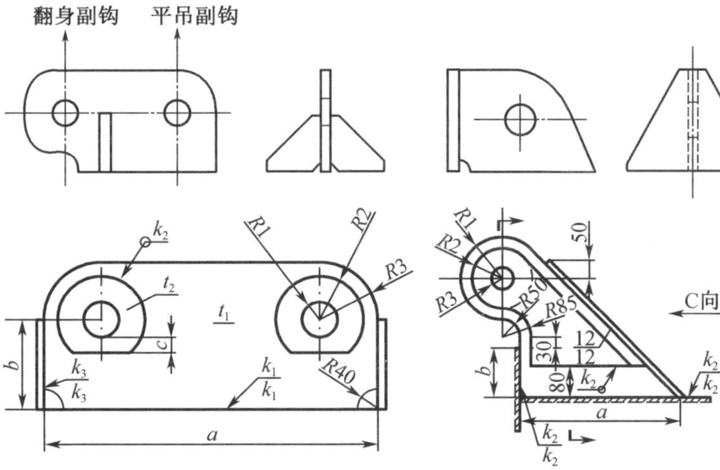

图 5.84　特殊功能的吊环

2. 吊环的合理设置

为了保证分段（总段）吊运和翻身的绝对安全，应在对分段（总段）的受力情况做精确计算后选择和布置吊环。正确地选择吊点，这是保持分段（总段）在吊运和翻身过程中平衡稳定，保证安全的基本条件。

（1）选择吊点的主要依据是分段（总段）的形状特点和重心位置，一般根据计算得出其重心位置分配吊点，在吊点上安装吊环。吊环的安装布置应与分段（总段）重心对称，以保证吊环负荷的均衡。吊环的设置间距应和钢索长度匹配，保证两根起吊钢索间的安全张角小于 60°。

（2）吊环类型和尺寸以及吊环的数量应根据分段（总段）结构形状及吊运和翻身的要求

来确定。

(3)吊环的安装位置一般设置在分段(总段)的纵、横骨架交叉处或至少在分段的一根刚性构件上,并进行适当的加强,防止该处的船体结构因受集中力的作用而被损伤,以保证吊力能够通过构件顺利传递到分段(总段)的各个部位。

(4)吊环安装方向应与受力方向一致,以免吊环产生扭矩。

(5)吊环安装处的船体内部构件应有长约 1 m 的双面连续焊,其焊脚高度和构件材料厚度,应根据负荷相应增强。

3. 吊环的强度校核

吊环强度主要校核其剪切强度,一般不考虑其抗拉强度。应对分段(总段)的吊运状态、翻身状态以及吊装状态分别进行校核。吊环的焊缝按规定工艺要求施焊时,可不做强度校验。

吊环的允许负荷可按下式计算:

$$P = \frac{CW}{n} \tag{5-2}$$

式中 P——吊环允许负荷;

W——分段(总段)总质量(含临时加强材);

C——不均匀受力系数,取 $C = 1.5 \sim 2$;

n——同时受力吊环数。

吊环剪切强度校核公式为

$$\tau = \frac{P}{A_{\min}} < [\tau] \tag{5-3}$$

式中 $A_{\min}$——平行于力 P 方向的最小截面积(mm^2);

$[\tau]$——材料许用剪应力,$[\tau] = 0.6[\sigma]$;

$[\sigma]$——材料许用正应力,$[\sigma] = \frac{\sigma_s}{k}$。

式中 σ_s——材料屈服极限(N/mm^2);

k——安全系数,取 $k = 2.5 \sim 3.0$ 。

三、分段(总段)吊运和翻身中的加强措施

由于各种分段(总段)的结构形式和内部骨架布置的不同,某些分段在纵向或横向的刚性较弱,或在高度方向上存在刚性较弱的自由边等。为了防止分段(总段)在吊运和翻身过程中产生变形和丧失稳定性,必须采取措施,一般有两种方法:

1. 安装临时加强材

通过安装临时加强材来增大分段(总段)的刚性,使其能承受吊运、翻身和搁置时的外力而保持分段(总段)的正确形状。临时加强材的布置需要根据分段(总段)的形状、结构特点及翻身方式确定,一般原则是在分段(总段)结构刚性较弱的方向和位置上设置加强材。如带甲板边板的舷侧半立体分段(L 形或 F 形或 P 形),该分段的纵向刚性较好,不必做纵向加强,但横向必须做临时加强,以保证其旋转时不致产生甲板与舷侧之间的角变形,其加强方式如图 5.85 所示。

2. 采用适当的吊运辅助工装

比较常见的是采用专用吊梁和吊框吊运分段，如用吊梁来吊运舱壁分段，用吊框吊运上层建筑分段(包括薄板舱室分段)。吊梁的吊索相互平行而不产生水平分力，可避免分段在刚性较弱的方向上丧失稳性。吊框的框架结构可避免分段吊运中产生扭曲变形。图5.86 为采用吊梁进行分段的吊运和翻身以及用吊框进行总段吊运的示例。

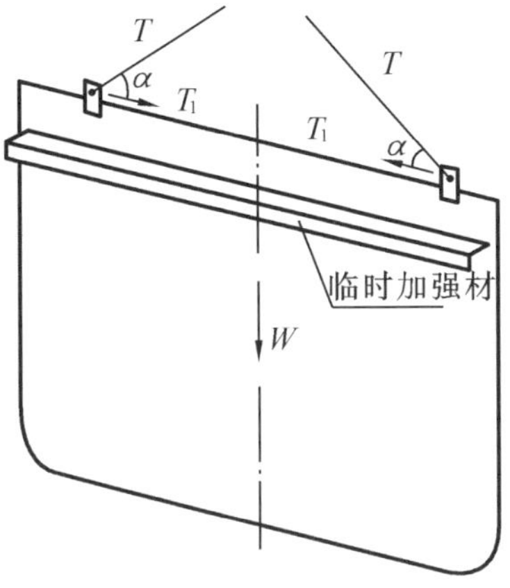

(a) 舱壁分段的加强方式

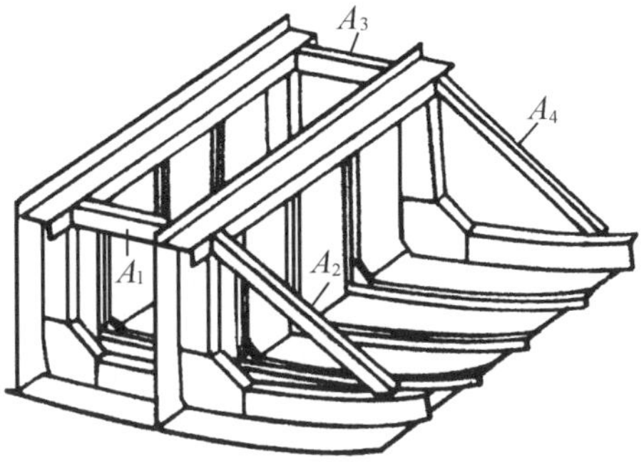

(b)F 形分段的加强方式

图 5.85　分段的加强方式

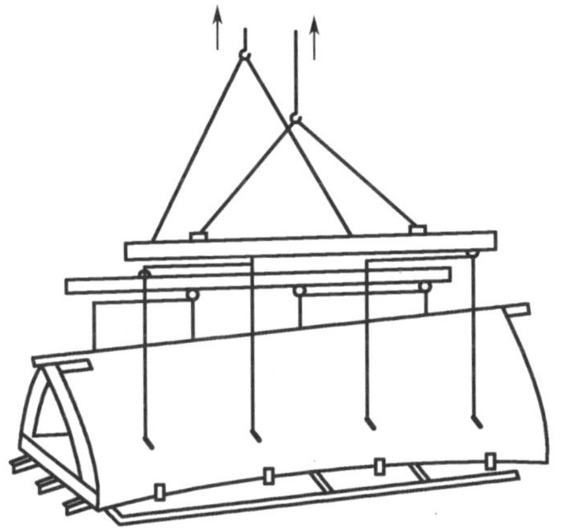

图 5.86　用吊梁进行分段的吊运和翻身以及用吊框进行总段的吊运

四、典型分段(总段)吊运和翻身

1. 吊运和翻身前的各项准备工作

(1)根据起重能力、起吊高度及分段的质量、形状和尺度，确定分段吊运和翻身的方法。

(2)根据分段质量、重心位置和吊运、翻身的方法，确定吊点位置。

(3)根据分段质量、吊点位置和吊运、翻身的方法，选用吊环的类型和规格，确定吊环的数量及其安装位置，并进行必要的分段临时性加强。

(4)根据分段质量和吊运、翻身方法，确定钢丝绳和卸扣的规格。

(5)根据分段的翻身方法,确定是否需要辅助装置,如落地翻身中的滚翻装置等。

(6)对大型和形状复杂的分段的吊运、翻身,应制定专用的作业方案和操作规程。

2. 船体典型分段(总段)吊运和翻身的技术要点(表5.16)

表5.16 船体典型分段(总段)的结构特征及吊运和翻身的技术要点

分段类型	结构特征	吊运和翻身的技术要点
双层底部分段	形状规则,纵横向结构均较强,刚性好;分段质量较大	1. 吊运和翻身时一般不需加强; 2. 半宽划分的分段,可做横向翻身;全宽划分的分段,可做横向翻身,也可做纵向翻身; 3. 当分段质量超过起重机的翻身能力(但在许可起重载荷范围之内),可采用落地翻身方式
单层舷侧分段	分段尺寸较大,长度通常为一个板长,结构刚性较差	1. 分段下胎和翻身要做临时性加强; 2. 多为横向翻身,一般仅做一次翻身
甲板分段	分段尺寸大,且多数带有甲板开口,结构刚性差	1. 分段下胎和翻身应采取加强措施,特别在舱口处; 2. 根据分段的长宽比以及骨架形式来确定采用翻身方式。翻身方向均需考虑做临时性加强。一般仅做一次翻身; 3. 为避免吊运时发生变形,必要时可用吊框吊运
舱壁分段	舱壁两个方向的结构刚性差别大	1. 在刚性差的方向做临时性加强; 2. 吊运时应特别注意防止两端板边发生变形,可用吊梁吊运
半立体分段	分段形状多不规则,结构刚性一端较强,一端较弱,如L形、F形、P形等	1. 在刚性较差的一端可根据结构情况做局部加强; 2. 一般用横向翻身方法,不用落地翻身。主吊环一般位于甲板边板上
艏、艉部分段	分段形状复杂,上下或前后的尺寸相差很大,重心不易估计	1. 主要采用空中翻身,但翻身难度较大,应特别注意操作安全; 2. 虽分段总体刚性较大,但局部(如艉柱外露部分、挂舵臂部分)仍需做加强
环形总段	形状规则,结构刚性较强	1. 一般不需做临时性加强; 2. 边舱分段常需做多次翻身,故舷顶、舷侧和甲板面都需安装吊环。用正装法建造的中部环形总段一般不再翻身
甲板室分段	分段体积大,板薄,内部围壁、平台不连续,结构刚性差	1. 下胎前在内围壁和外围壁近围脚处均需采取加强措施,围脚处(底面)还需做交叉加强,直至翻身和吊装结束方可拆除。 2. 吊环布置在甲板上,重点防分段翻身时发生扭转,一般仅做一次翻身。 3. 为避免吊运时发生变形,必要时可用吊框吊运

第七节　有关专题简介

一、艏艉段装焊工艺

艏艉部与舯部相比，型线变化大，结构复杂，其制造工艺相对也复杂。根据船舶的不同类型和性能要求，其艏艉形状和结构形式有多种类型。船首按结构形式可分为带球鼻的和不带球鼻的两种基本类型。船尾按结构特征可分为带艉柱的总段、带挂舵臂和轴毂的总段两种基本类型。

（一）艏总段装焊工艺

对不带球鼻的艏总段，根据其结构形式，可将其划分为上下两个分段（上甲板分段②和底部托底分段①）分别制造，然后再合拢成艏总段，如图 5.87（a）所示。

对带球鼻的艏总段，一般根据其结构形式和船厂的起重能力可将艏段划分为若干个分段分别制造，而后组装成艏总段。其划分方式如图 5.87（b）所示，一般由上段（艏部上部立体分段，如图中之④）、中段（平台立体分段，如图中之②）、球鼻艏分段（如图中之③）和下段（艏部底部分段，如图中之①）组成。

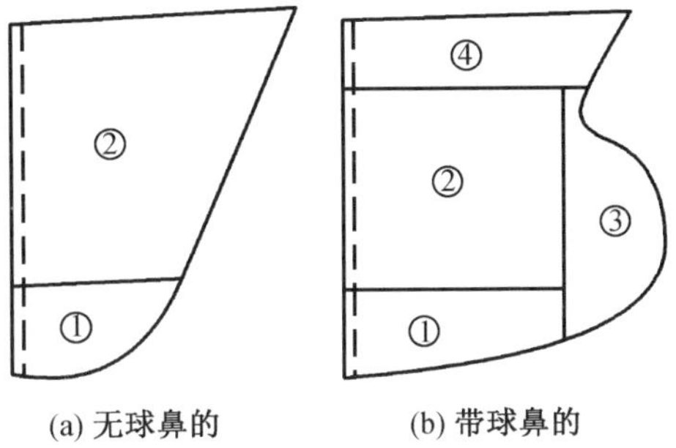

图 5.87　艏总段及分段划分

艏柱是主船体的首段结构，是组成艏总段的重要部件。按成形工艺不同可分为铸造艏柱、钢板焊接艏柱和由铸钢加钢板焊接混合组成的艏柱（简称混合式艏柱）等几种形式。作为部件的艏柱，其装焊成形后，可直接安装于对应的艏立体分段上。

1. 钢板艏柱装焊工艺

钢板焊接艏柱是由钢板拼焊而成。由于其质量较小，又便于维修，是众多船型的首选结构，但在曲率变化较大的部位加工难度大，接缝多。钢板艏柱的装配在胎架上进行，有正装和侧装两种方式。正装的胎架基面垂直于中纵剖面，这种方法适用于较平直的艏柱。侧装的胎架的基面平行于中纵剖面。钢板焊接艏柱侧装法工艺流程如图 5.88 所示。

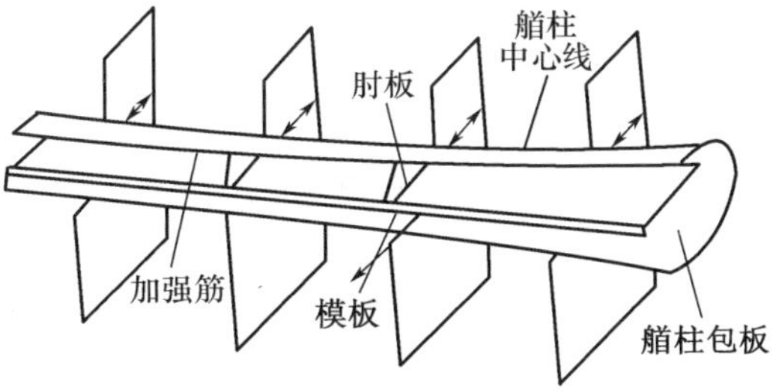

图 5.88　钢板焊接艏柱的装焊（侧装法）

平台划线 → 竖立艏柱安装模板 → 吊装艏柱包板 → 焊接 → 结构划线 → 内部结构装

焊 → 下架、翻身、焊接 → 火工矫正 → 完工测量与检验。

其技术要领：

①在装配之前，用内卡样板对艏柱包板的形状进行复查，所有横向加强肘板都要用样板重新划线；

②肘板及加强筋装上艏柱包板时，不能使艏柱包板有局部凸出或凹陷，不能有扭曲现象，要保持艏柱型线的光顺。

对混合式艏柱，可采用侧装法分别进行铸钢艏柱段（下段）的拼接和钢板艏柱段（上段）的装焊。

2. 不带球鼻的艏总段装焊工艺

中小型船舶的前端通常不带球鼻，是封闭形总段，其型线变化比较大，底部又较瘦削，一般都采用以甲板为基面的反造法制造。由于其型线变化大、高度大，构件数量多，故底部结构往往采用托底小分段的方法，先在胎架上制造后，再吊上主立体分段安装，从而减少总段安装时的高空立体作业。

（1）不带球鼻的艏总段装焊工艺流程，见表 5.17。

表 5.17　不带球鼻的艏总段装焊工艺流程

工序说明		示意图	工艺要求
1	胎架制作	—	甲板胎架；底部托底正造胎架
2	甲板板列的装配焊接	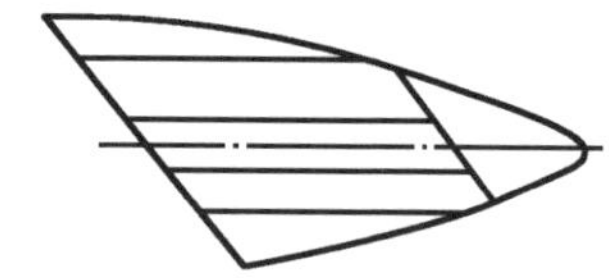	在胎架上准确定位；甲板预拼
3	划甲板骨架安装线	—	1. 甲板中心线；肋骨检验线； 2. 纵横骨架线；外形轮廓线
4	舱壁、肋骨框架和纵桁材的安装	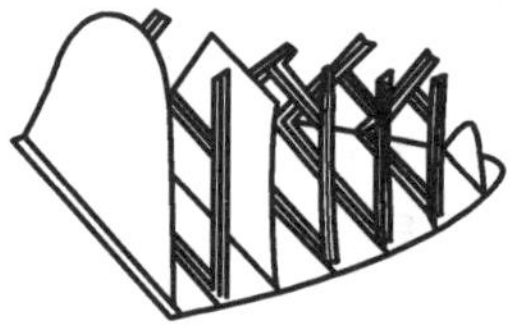	1. 中心线与甲板中心线吻合； 2. 水平检验线应在同一水平面内； 3. 纵桁材的安装位置的舱壁前后应对齐； 4. 肋骨框的垂直度和肋骨间距
5	吊装舷侧顶列板	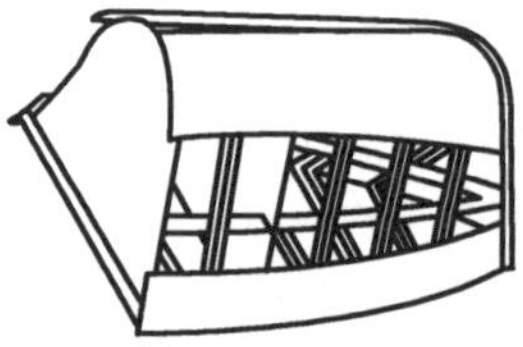	注意与甲板的相对位置
6	舱内舾装件及其附件的安装		—
7	吊装托底分段		1. 托底中心线应与甲板中心线吻合； 2. 托底前、中、后至甲板的高度应正确

表 5.17(续)

工序说明		示意图	工艺要求
8	外板安装	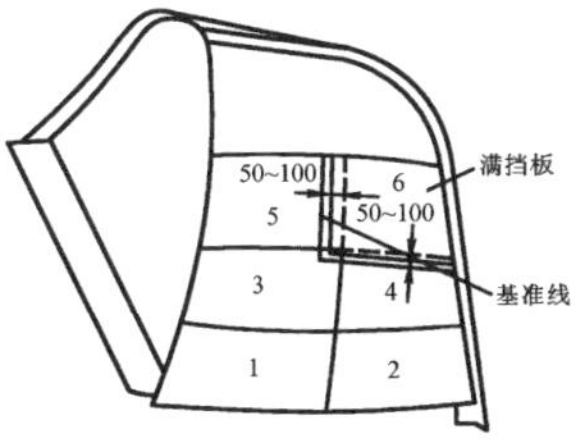	1. 外板吊装顺序； 2. 应保证肋骨间距的正确
9	总段焊接		1. 焊接骨架间接缝，骨架与甲板间的接缝； 2. 焊接外板的对接缝； 3. 焊接骨架与外板的接缝，骨架与托底骨架的接缝
10	满挡板的装配焊接		满挡板的装配方法(套割法、或准线法)以及精度控制
11	总段翻身，甲板封底焊和满挡板封底焊	—	翻身前总段吊环装焊
12	完工测量和检验	—	划安装定位线、轮廓线、焊缝和结构性检验
13	总段正态舾装	—	安装舱面舾装件及附件

(2)不带球鼻的艏总段装焊技术要领：

①艏总段托底小分段预先在胎架上制造，一般采用正造法，为保证型线，一般采用模板胎架(或框架式胎架)，如图 5.89 所示。应对装焊完工后的分段进行火工矫正并安装分段吊环，完工检测后划出分段相关基准线。

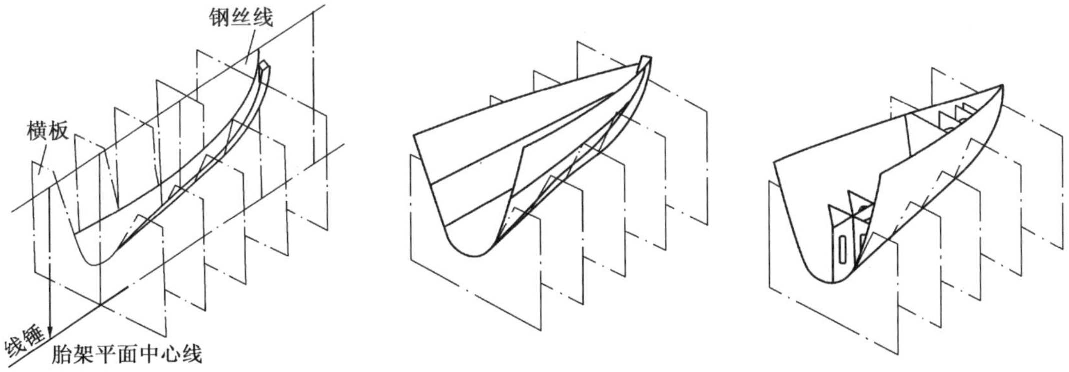

(a) 艏托底小分段胎架及艏柱定位　(b) 安装艏托底分段大的外板　(c) 安装纵横构件

图 5.89　托底小分段(正造法)

②肋骨框架装配好后，应从侧面观察其平顺度，在贴装甲板边缘的企口旁板(舷顶列板)后进行构架焊接。对舷侧曲率比较和缓的，也可采用舷侧片体的方式进行组装，此时应采用夹角样板定位，或通过测量半宽型值来定位舷侧片体。

③满挡板的合理设置。

④对带有反弯势型线的外板和构架的定位焊，应该局部加强，以免因外板主焊缝焊接收缩时崩裂变形，从而造成装配间隙超差。

3. 带球鼻的艏总段装焊工艺

带球鼻的艏总段型线复杂，其结构如图 5.90 所示。划分后的各类型分段分别制造，然后以底部分段为基准组装成总段。

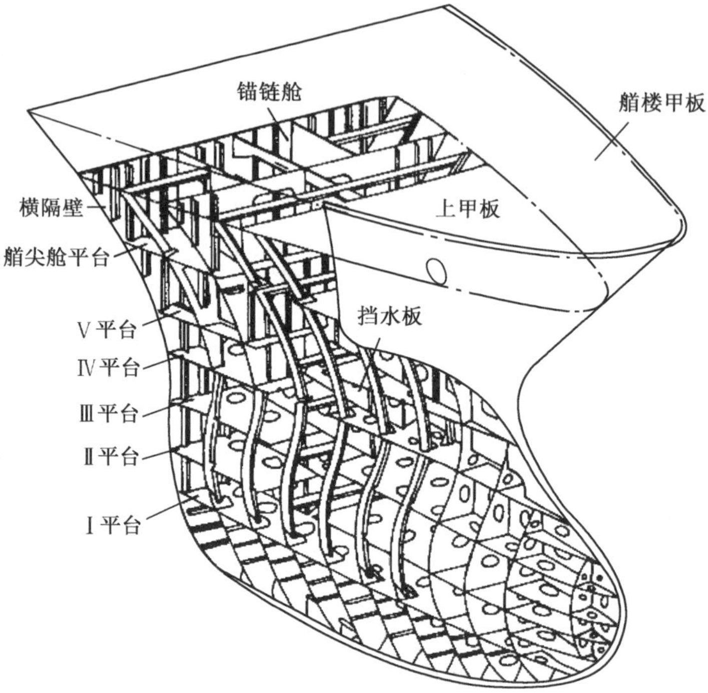

图 5.90　带球鼻的艏总段结构

(1) 艏部底部分段(下段①)的装焊工艺流程

艏部底部分段(下段①)可采用以内底板为基准面的反造法，其装配工艺类似于反造法的双层底分段(参见图 5.54)。也可以外底板为基准在型线胎架上正造，如带艏侧推结构的底部分段，采用正造法更便于艏侧推装置的安装。

(2) 艏部上部立体分段(上段④)的装焊工艺流程

艏部上部立体分段(上段④)一般还要分上下两部分，其上部分段以艏楼甲板为基面反造，下部分段以主甲板为基面反造，最后以上部分段为基准与下部分段组合，并安装锚链筒和艏柱结构。上部分段和下部分段组合时，应保证船体中心线、肋骨位置线的一致性，并保证高度值和水平度。上部分段、下部分段的制造以及组合，工艺流程如图 5.91 所示。

甲板胎架准备 → 拼装甲板→ 划线 → 切割余量 → 安装纵横构架 → 吊装舱壁→ 吊装艏柱结构等→ 吊装舷侧片体(若舷侧曲形较大，可采用散装法，即肋骨框架安装 → 依次贴装舷侧外板，如图 5.91 所示)→ 吊装散装外板及艏柱板 → 焊接 → 火工矫正 → 预舾装(包括锚链筒结构)→ 划出分段基准线 → 完工测量与检验。

(3) 平台立体分段(中段②)的装焊工艺流程

对于有多层平台的平台立体分段，一般以艏尖舱平台为基面反造，或以横舱壁为基面卧造。由于艏部曲形变化较大，采用散装的方法进行构件安装。舷侧外板安装中要保证内外冲势值，要保证左右舷同步，避免端接缝余量不足。采用散装的方法进行构件安装的反造法工艺流程如图 5.92 所示。

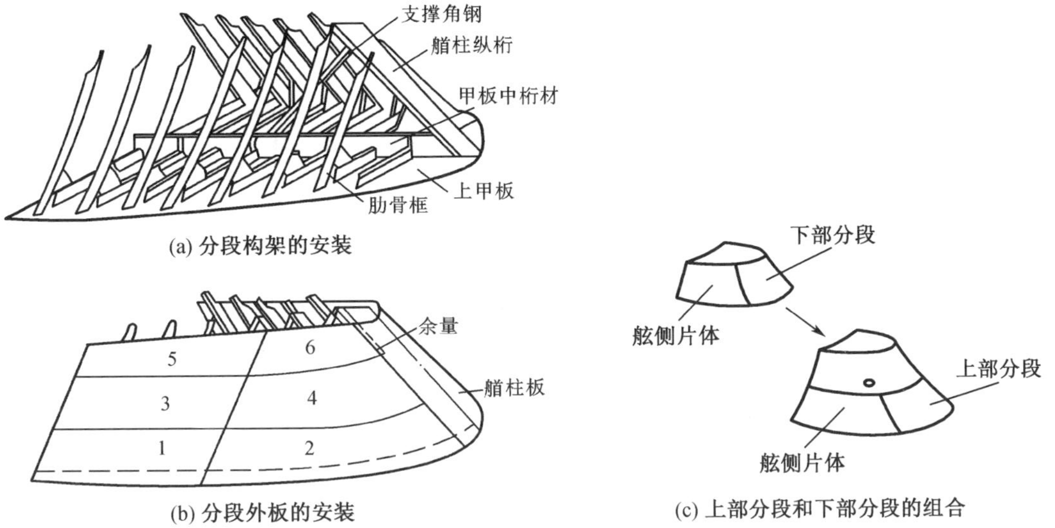

图 5.91 艏部上部立体分段(上段④)的制造(反造法)

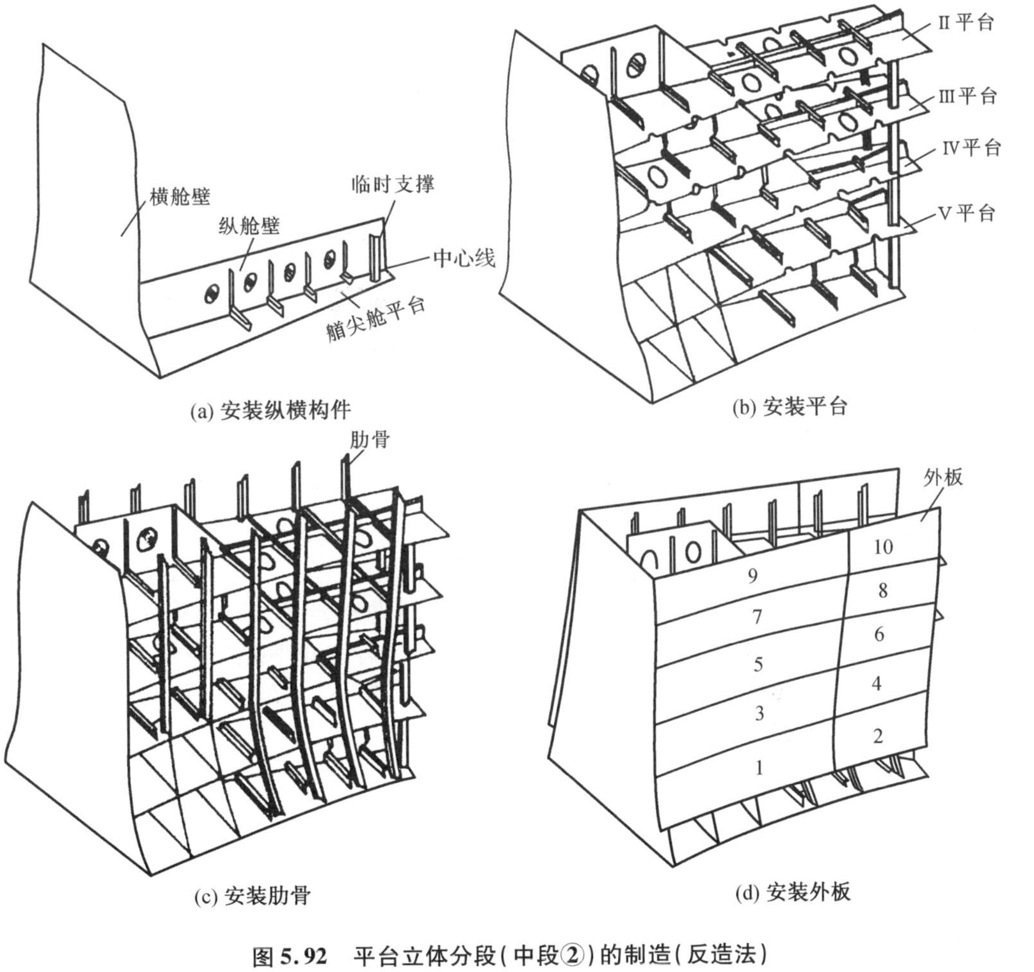

图 5.92 平台立体分段(中段②)的制造(反造法)

平台板定位 → 划线 → 纵横构架安装 → 吊装各层平台 → 嵌装肋骨 → 焊接 → 贴装外板 → 焊接 → 火工矫正 → 划分段基准线 → 预舾装 → 装焊吊环 → 完工测量与检验。

(4)球鼻艏分段的装焊工艺流程

球鼻艏分段有卧造法(以横舱壁或肋板为基面)、侧造法(以外板为基面)两种方法,多为卧造法。卧造法装配工艺流程,如图 5.93 所示。

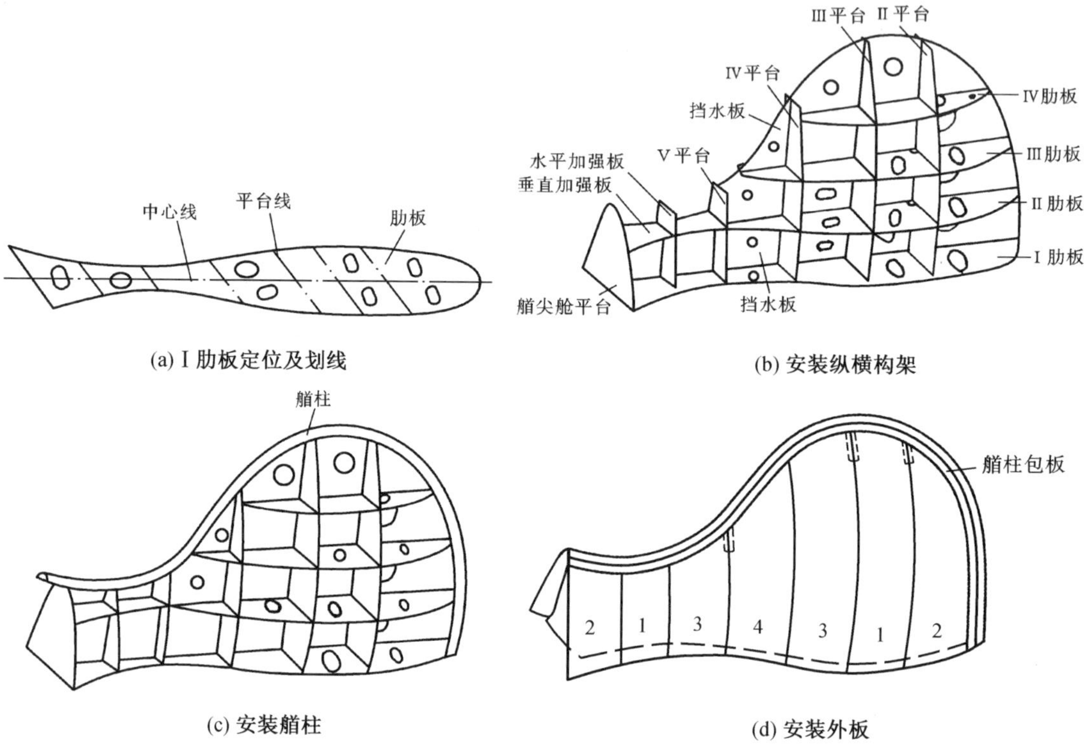

图 5.93 球鼻艏分段③的制造(反造法)

横舱壁或肋板定位划线 →吊装中组立部件(中纵桁、平台板、肋板或至制荡舱壁)→ 装艏柱 → 焊接 → 装艏柱包板 → 焊接 → 装外板 → 焊接 → 划分段基准线 → 装焊吊环 → 下胎架、翻身、焊接 → 火工矫正 → 完工测量与检验。

球鼻艏分段装焊技术要领:

①安装外板时应注意顺序,曲率较大、定位困难的先安装,曲率较小、面积相对较小的放至最后,在安装外板时要装对板缝,避免累积误差造成后续分段板缝错位。

②要保证肋板的垂直度,从侧面观察各肋板(舱壁)组成的平顺度,以保证球鼻艏分段纵横向型线的光顺。

③艏柱安装时要测量冲势值。

(5)艏部总段的分段总组

各分段分别制造完成,然后以底部分段为基准分段,按工艺要求在底部型线胎架上或平台上进行总组,如图 5.94 所示。其工艺流程如下(参阅图 5.87(b)):

底部分段定位(下段①)→ 吊装平台立体分段(中段②)→ 吊装球鼻艏分段③ → 吊装艏部上部立体分段(上段④)→ 焊接 → 划总段基准线 → 预舾装 → 装焊吊环 → 完工测量

与检验→船体结构密性试验。

艏总段完工测量项目主要有甲板或平台中心线处高度偏差；甲板艉端或平台艏艉端及肋骨检验线处宽度偏差；甲板、平台四周水平度；艏柱中心线的偏差等。

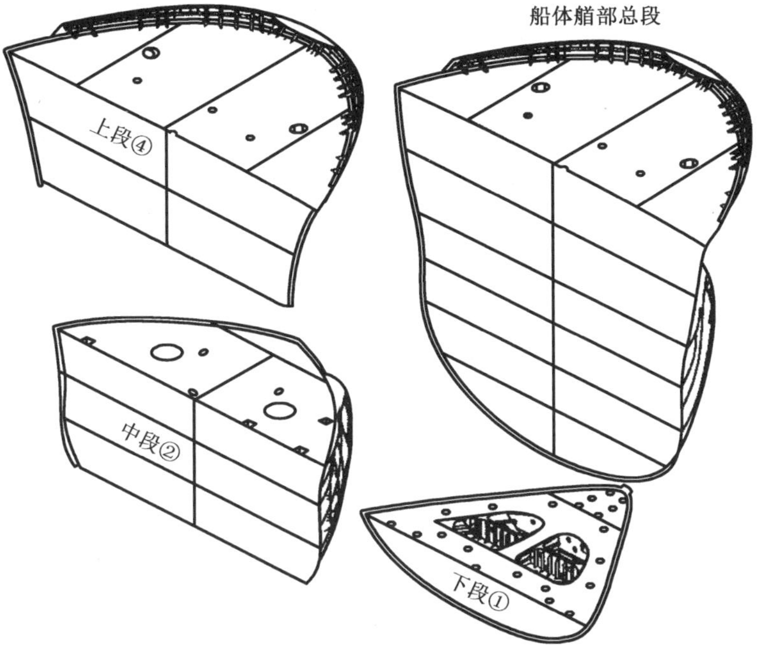

图 5.94　艏部总段的分段总组

（二）艉总段装焊工艺

艉总段常见的划分情况如图 5.95 所示，同样也要视船厂的起重能力和艉总段的结构情况而定。一般划分为上段（如图中之②、④）、中段（如图中之③）和下段（如图中之①）。上段为艉楼立体分段和上甲板立体分段；中段为带挂舵臂（或舵柱）的立体分段；下段为带艉柱（或轴毂）的立体分段。

(a) 中小型船舶的艉总段　　(b) 大型船舶的艉总段

图 5.95　船体艉总段的分段划分

1. 带艉柱的总段装焊工艺

中小型船舶的艉部为封闭形总段，比较典型的是带艉柱的总段，其型线变化大，底部又较瘦削，如图 5.96 所示，主要是由甲板、舵机舱平台、肋骨框、甲板纵桁、艉柱等组成。其制造方式与不带球鼻的艏总段类似，可将其划分为上下两个分段（艉甲板立体分段和含艉柱的托底分段）分别制造，然后再合拢成艉总段。

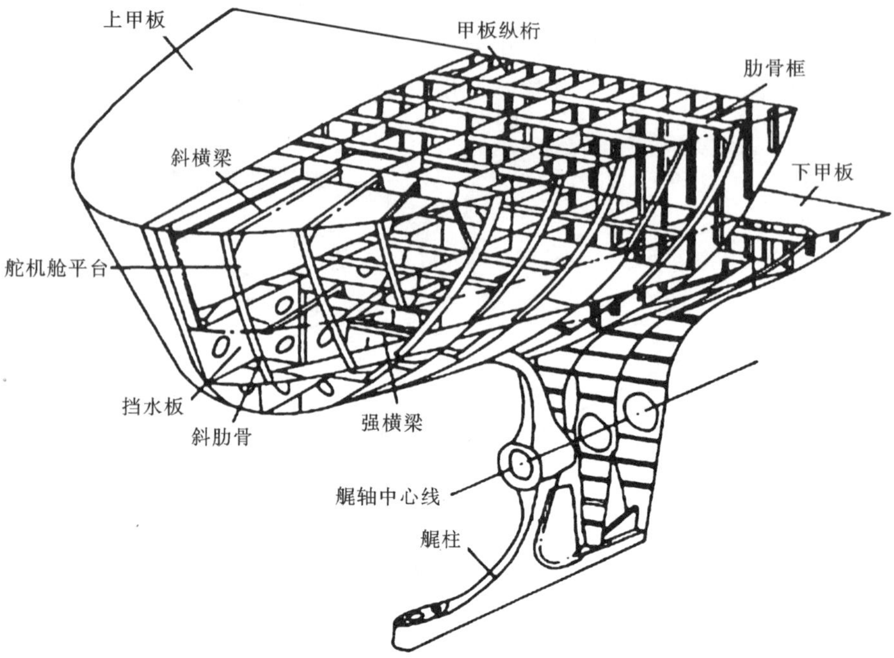

图 5.96　带艉柱的总段结构

(1)带艉柱的托底分段(下段)装焊工艺

带艉柱的托底分段可采用卧造法,也可采用侧造法。一般中小型船舶采用以外板侧造,大型船舶采用以舱壁板卧造。采用侧造的装焊工艺流程,如图 5.97 所示。

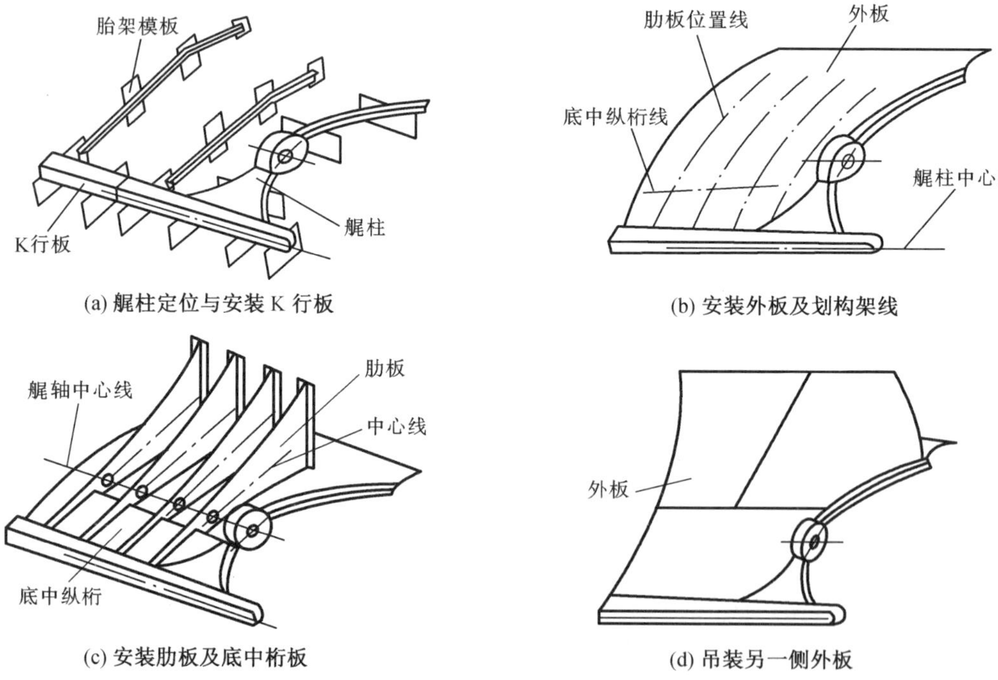

图 5.97　含艉柱的托底分段侧造工艺流程

型线胎架制作 → 艉柱定位、安装 K 行板 → 安装侧外板 → 焊接 → 划构架线 → 吊装构架 → 焊接→ 装另一侧外板 → 焊接 → 测量划线 → 装焊吊环 → 吊离胎架、翻身、外板接缝焊接 → 火工矫正 → 完工测量与检验。

(2)艉甲板立体分段(上段)装焊工艺

以上甲板或舵机舱平台为基面采用反造,胎架的形式与甲板胎架同。其装焊工艺流程如图 5.98 所示。

胎架准备 → 吊装甲板 → 焊接 → 划构架线 → 安装艏端横舱壁 → 竖肋骨框架(肋骨与横梁预先在平台上拼成肋骨框)→ 吊装其余构架 → 焊接 → 安装舷侧顶板 → 焊接 → 舱内舾装。

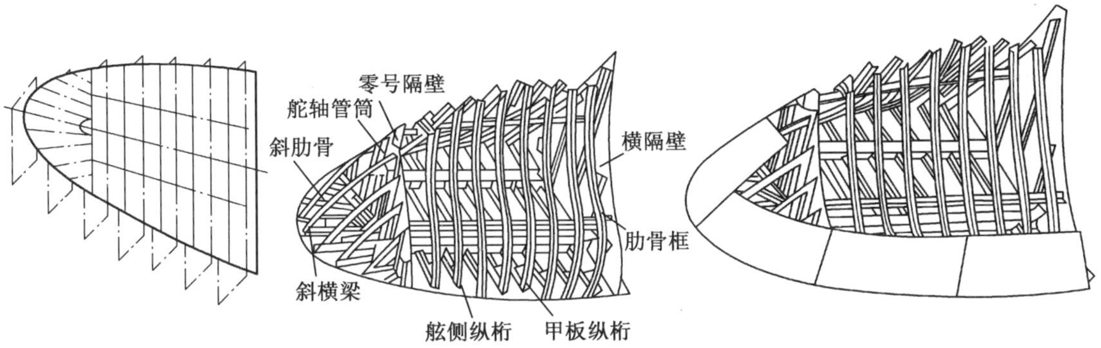

(a) 甲板拼板及划线　(b) 安装构架　(c) 安装舷侧外板

图 5.98　艉甲板立体分段工艺流程(反造法)

其技术要领:

①斜肋骨框架安装中,注意对准位置线及保证其垂直度,以确保艉外板安装后的型线。

②舵轴管应预先单独定位,轴管中心对准甲板上相应中心点,与甲板垂直。

对曲形平坦的艉段,也可将艉甲板立体分段划分为甲板片体、舱壁、平台、舷侧片体等,分别制造,然后以甲板片体为基准,在甲板胎架上按照一定的程序进行组装。

(3)带艉柱的总段合拢,如图 5.99 所示,其工艺流程如下:

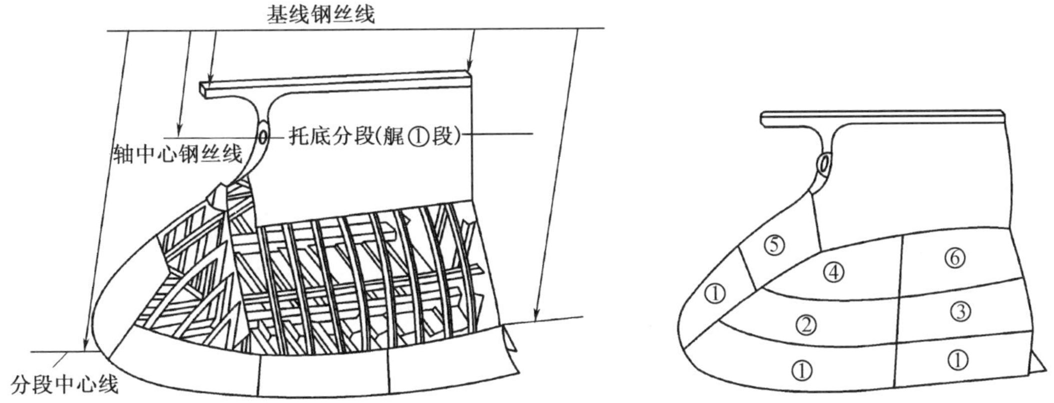

(a) 吊装托底分段　(b) 吊装外板

图 5.99　带艉柱的总体合拢

吊装含艉柱的托底分段 → 安装外板(从下向上装)→ 内部结构焊接、外板接缝焊接 → 划出肋骨检验线、定位水平和分段中心线 → 完工测量 → 装焊吊环 → 下胎架、翻身、焊接 →火工矫正 → 完工测量与检验 → 总段舾装(舱面)。

其技术要领:

①肋板要根据肋板上中心线、艉轴中心线和艉柱上的艉轴中心线进行定位,并校正垂直度;

②含艉柱的托底在分段合拢中,要校对舵杆中心线位置,艉柱中心线、艉轴中心线及甲板中心线应在同一垂直平面内;要校正艉柱基线及艉轴中心线高度。

2. 带挂舵臂和轴毂的总段装焊工艺

带挂舵臂和轴毂的总段装焊工艺一般分为艉甲板立体分段和立体艉部分段。其中,下部的立体艉部分段施工十分复杂,故往往将立体艉部分段再分为挂舵臂小分段(上段)和轴毂小分段(下段)。其结构如图 5.100 所示。其总组工艺程序是各分段分别制造完成后,先将挂舵臂小分段(上段)和轴毂小分段(下段)组合成立体艉部分段,然后再吊装艉甲板立体分段,组合成带挂舵臂和轴毂的总段。

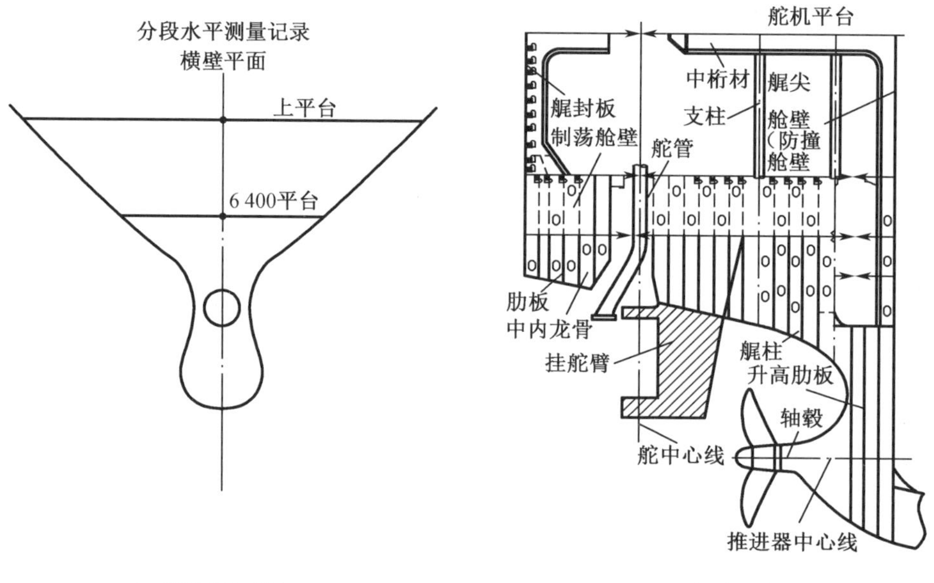

(a) 艉总段横剖面　　(a) 艉总段中纵剖面

图 5.100　带挂舵臂和轴毂的艉总段

(1)挂舵臂小分段(上段)装焊工艺

挂舵臂小分段一般采用以舵舱平台为基面的反造法,其工艺流程如图 5.101 所示。

平台准备 → 铺舵舱平台板、焊接 → 划线 → 安装纵横构架 → 焊接 → 吊装挂舵臂 → 挂舵臂与构架焊接 →管子、铁舾件预装 → 艉封板、外板安装 → 焊接 → 划出肋骨检验线、定位水平和分段中心线 → 完工测量 → 装焊吊环 → 下胎架、翻身、焊接 → 火工矫正 → 完工测量与检验。

其技术要领:挂舵臂和分段焊接时,要随时监控舵杆中心线线锤偏差,用调整焊接程序来纠偏。

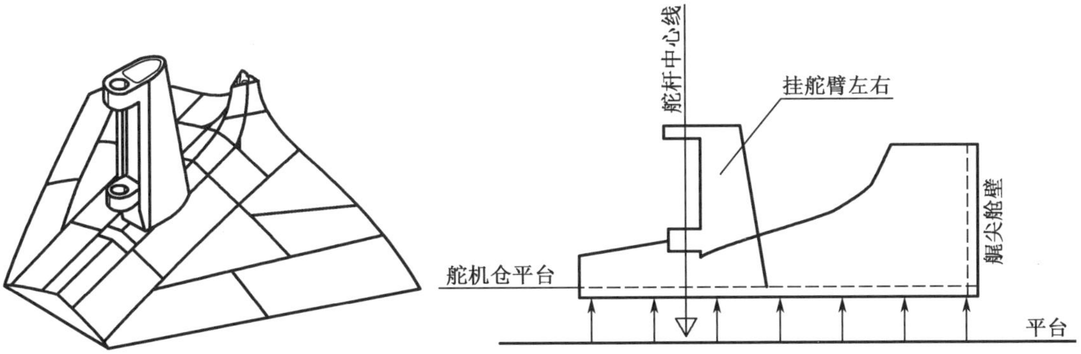

图 5.101　挂舵臂小分段示意图(反造法)

(2)轴毂小分段(下段)装焊工艺

轴毂小分段一般以艉尖舱舱壁为基面采用卧造法,其工艺流程如图 5.102 所示。

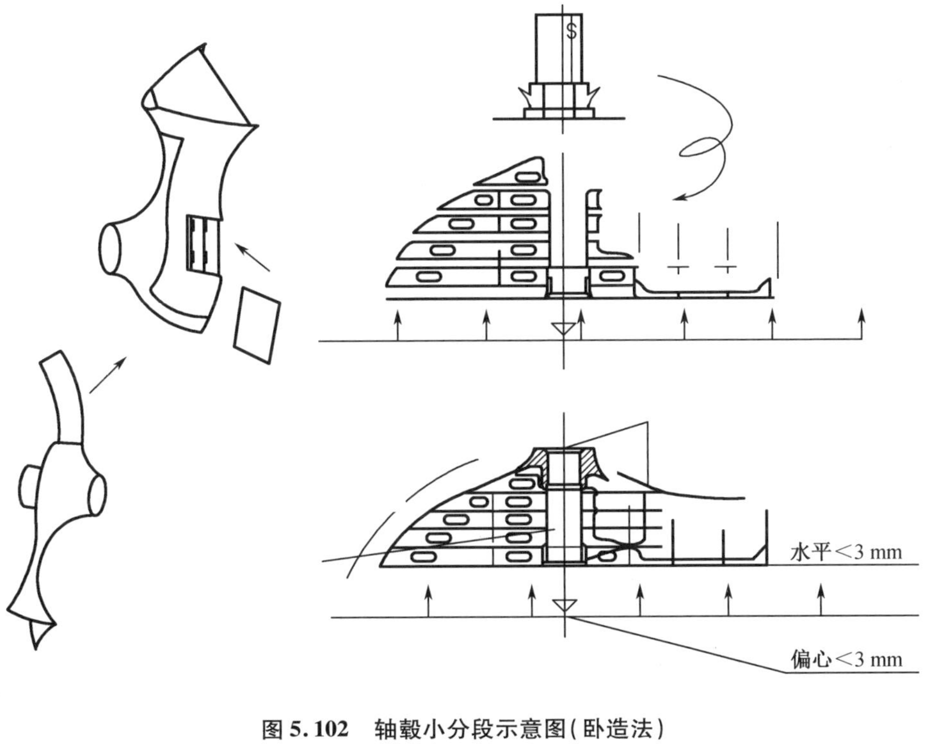

图 5.102　轴毂小分段示意图(卧造法)

平台准备 → 艉轴管前铸钢件定位 → 艉尖舱壁定位 → 各肋板安装 → 艉轴管/毂安装 →构架焊接 → 艉轴管密性试验 → 舾装 → 外板安装 → 焊接 → 划出肋骨检验线、定位水平和分段中心线 → 完工测量 → 装焊吊环 → 下胎架、翻身、焊接 → 火工矫正 → 完工测量与检验。

其技术要领:制造过程中,要控制艉轴毂后端面与后尖舱的距离,必须保证轴线与艉尖舱的垂直度以及与基线的平行度。

(3)立体艉部分段合拢

立体艉部分段合拢即上下段组合,以反造的挂舵臂小分段(上段)为基准,吊装轴毂小分段(下段),如图 5.103 所示。

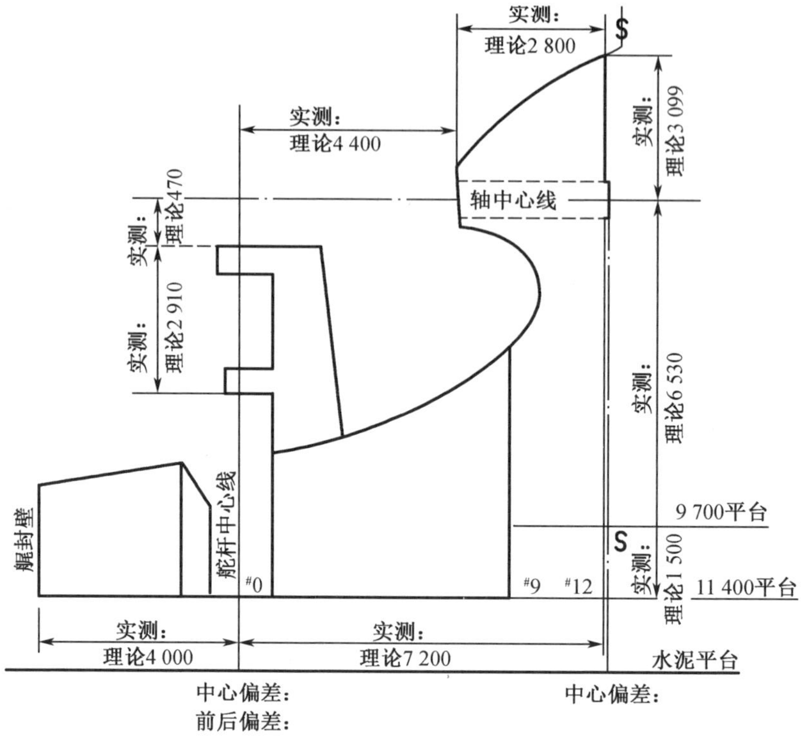

图 5.103　立体艉部分段(上下段)组合

其技术要领:上下段组合时,必须保证艉轴中心线与舵杆(舵柱)中心线的同面性。

艉总段完工测量项目主要有甲板中心线上总段的长度偏差;靠首方向横舱壁处甲板半宽尺寸偏差;甲板艉端中心线距基线的高度偏差;甲板边线距基线的高度偏差;轴系中心线距基线的高度偏差;舵杆中心线前后、左右的偏差;轴中心线与舵杆(艉柱)中心线的同面性等,如图 5.104 所示。

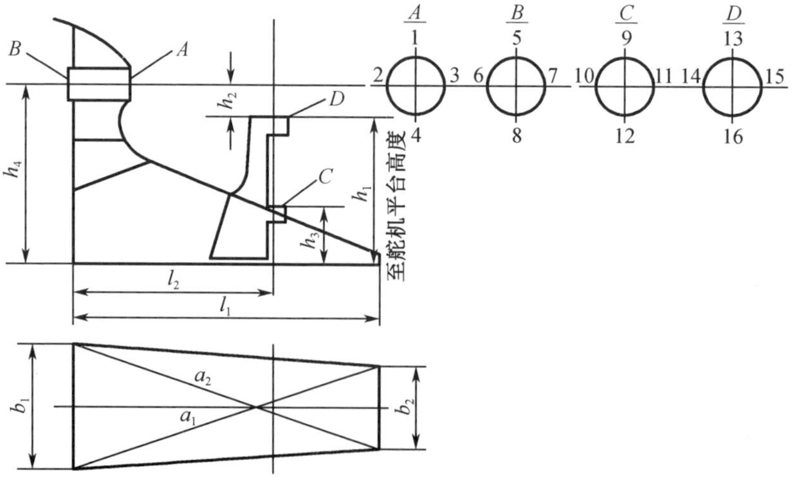

图 5.104　立体艉部总段的检测

二、上层建筑装焊工艺

上层建筑主要包括船楼（艏楼、艉楼、桥楼）和多层甲板室。在船舶建造中，一般艏楼和艉楼已作为艏艉段的一部分。而桥楼或甲板室则作为一个独立的区域单独进行制造，完工后再与主船体合拢。

作为上层建筑主体的每一层甲板室分段的制造，其一般在胎架上反造。每一层甲板室分段完工后有两种途径，一是顺次逐层吊上主船体进行合拢；二是先预合拢成为甲板室总段，再整体吊上主船体进行合拢。无论采用哪一种方式，都应充分考虑船厂的生产能力和工艺的合理性。现代造船，大都先形成甲板室总段，以便扩大舱室舾装，缩短船台（坞）周期，这也是缩短造船周期的一个重要手段。

作为上层建筑主体的甲板室主要是由顶甲板和众多的围壁等组成，围壁的高度就是甲板室的层高，围壁板大都为 10 mm 以下的薄板结构，强度相对较弱，施工中较易引起各类变形，尤其是焊接变形，控制变形是甲板室分段制造中的重要内容之一。

（一）甲板室围壁装焊工艺

甲板室围壁按结构位置可分为外围壁和内围壁（即轻围壁）。外围壁作为强度构件而设置，内围壁一般是房间的分隔围壁，强度相对较低。按结构形式可分有平面围壁和槽形压筋围壁。围壁一般在钢板平台上制作，其工艺流程如下：

拼板焊接 → 划线（图 5.105）→ 构架安装、焊接 → 在围壁下口距甲板高 400 mm 处安装临时加强材 → 完工检验修正后送分段区。

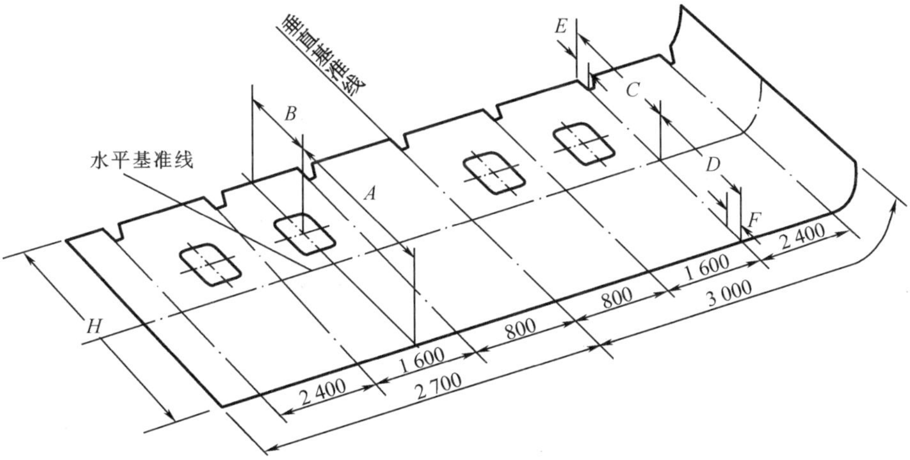

图 5.105　甲板室围壁划线图

其技术要领：

①应注意围壁的纵向昂势（舷弧）和横向抛势（梁拱）值的方向，围壁的上缘为正足端，下缘留有船台（坞）或总装修正余量。

②若门、窗孔在切割阶段时割出，则应做相应加强。

③由于板材较薄，一般不做火工校正，待分段制造、分段总组或船台（坞）安装后再分别进行完整的校正工作。

(二)甲板室分段装焊工艺

甲板室分段一般由甲板板、围壁板、扶强材、甲板横梁、甲板纵桁、肘板等结构组成,如图5.106所示。室内布置着各种居住舱室和工作房间,且分段尺度较大、刚性差,吊运翻身时极易发生变形。故在制造中,对胎架制造、分段装焊、余量切割和分段加强等环节必须采取有效措施,防止其变形。一般多采用以甲板为基面的反造法,其工艺流程如下:

胎架制作 → 吊装甲板 → 焊接、矫正 → 划构架和围壁安装位置线 → 切割余量 → 安装纵横构架 → 焊接 → 吊装内隔壁及外围壁(图5.106)→ 焊接 → 划分段中心线、肋骨检验线及定位水平线 → 舾装 → 临时加强、装焊吊环 → 吊离胎架、翻身、焊接 → 完工测量与检验。

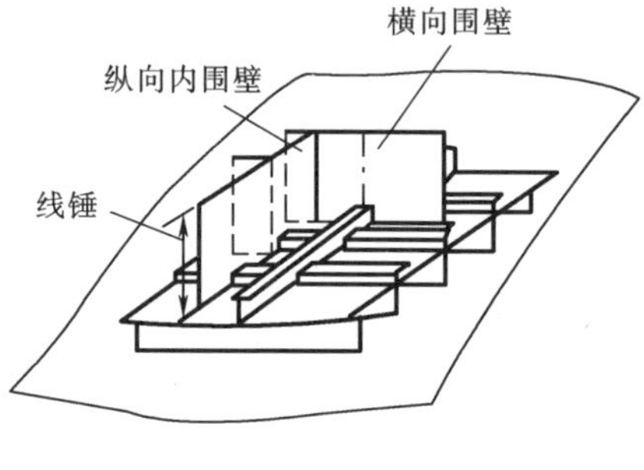

(a) 吊装内围壁

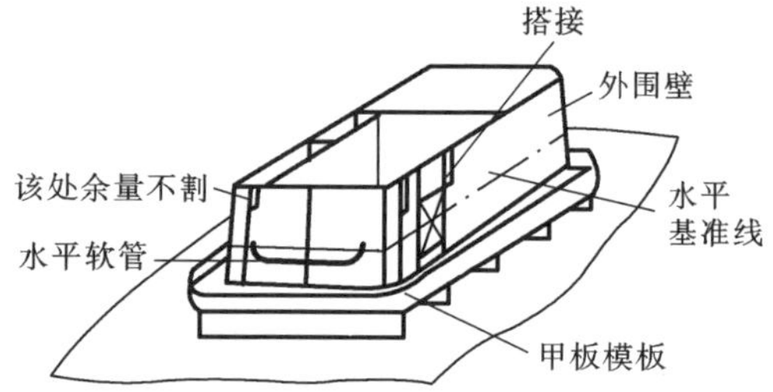

(b) 吊装外围壁

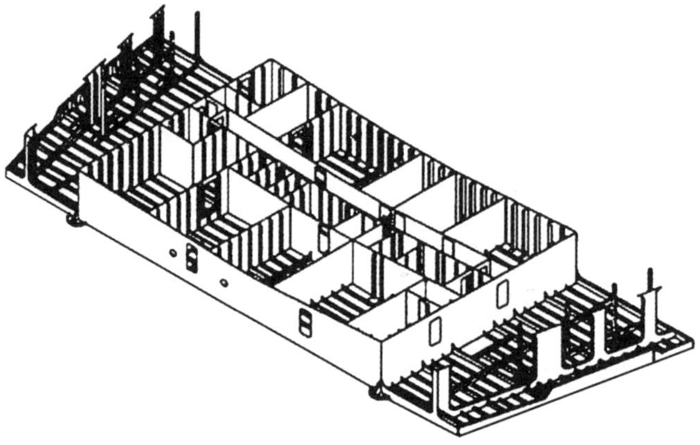

(c) 甲板室结构

图5.106 甲板室结构及示意图(反造法)

其技术要领:

①分段的胎架形式与甲板胎架相同,由于甲板比较薄,应采用桁架式胎架。

②一般是先装内隔壁,后装外围壁;先装横向隔壁,后装纵向隔壁;内部隔壁全部装完后,再装外围壁,如图5.107所示。安装中应确保纵横围壁的垂直度,尤其是纵、横舱壁交界处。

③分段装焊完毕,如果局部变形较大,则须用火工进行初步矫正,尤其是围壁的下口,控制其平直度。

④按要求进行临时加强,其位置如图5.107中所示的双点划线。

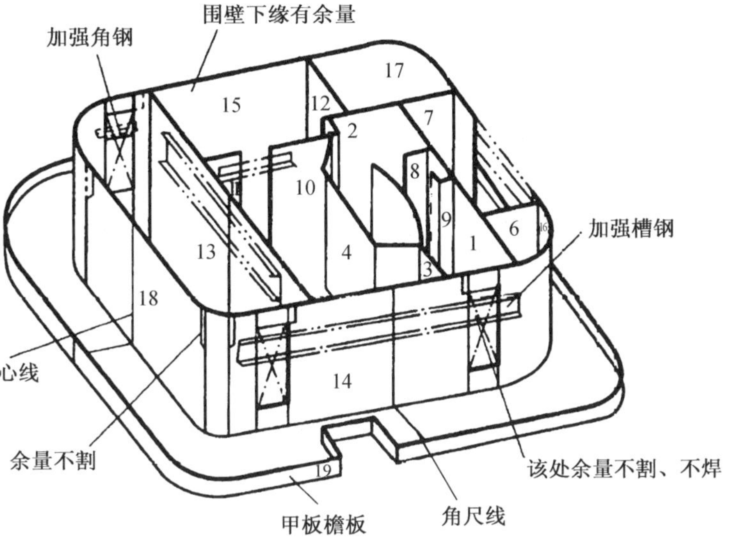

图 5.107　甲板室围壁安装顺序及临时加强

(三)甲板室分段总组

为了尽量扩大居住区的预舾装,在平台上进行甲板室分段总组。其基本方法是将船体艉楼或主甲板以上的甲板室结构,依据船厂的起重能力和工艺要求划分为一个或两个总段,在船台(坞)附近的平台上或码头区的专用平台上进行总组,完成后进行总段预舾装,然后将多层甲板室总段一次吊装。甲板室分段总组时可采取由下向上逐层吊装的方法,其工艺流程如图 5.108 所示。

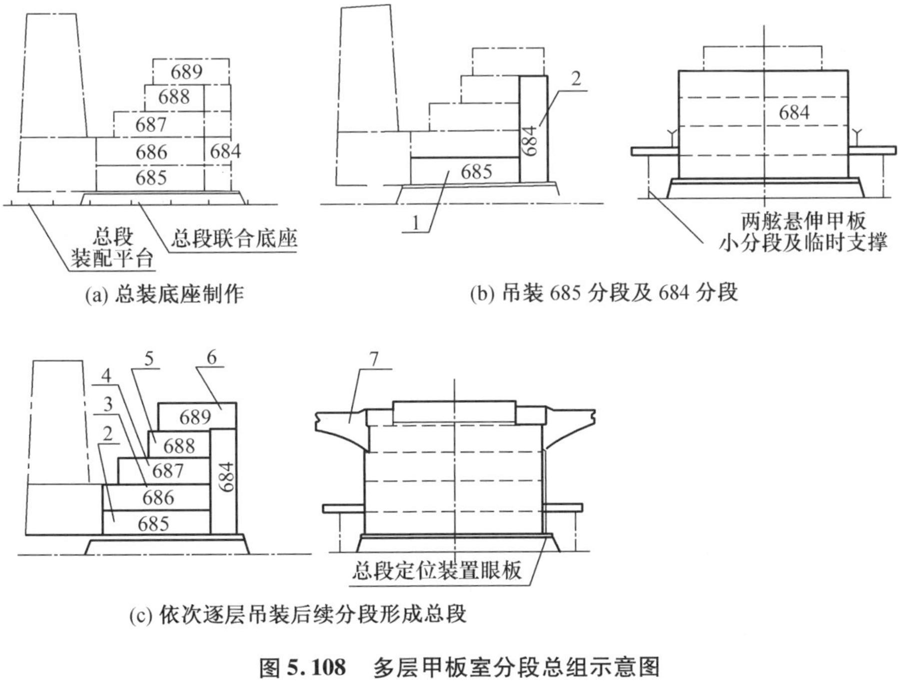

图 5.108　多层甲板室分段总组示意图

平台准备、总装底座制作(图 5.108(a))→ 划第一层甲板围壁位置线 → 吊装 685 分段(图 5.108(b)),定位后再吊装 684 分段 → 划第二层甲板围壁位置线 → 吊封舱件 → 686 分段吊装定位、装配、焊接 → 划第三层甲板围壁位置线 → 吊封舱件 → 依次逐层吊装(687 分段、688 分段)(图 5.108(c))→ 最后吊装 689 分段 → 舾装 → 临时加强、装焊总段吊环 → 划总段基准线 → 完工测量与检验。

其技术要领:

①底座模板的设置应与底层分段的各主要纵、横围壁位置相对应,底座应具有一定的强度,为了扩大分段围壁与底座模板的接触面,以利于甲板室分段的装配定位,底座模板上表面可设置面板,宽度以 150 ~ 200 mm 为宜。

②先定外围壁,再定内围壁,后定围壁上的骨架。上下层外围壁应互相对准,偏差应符合要求。

③在吊装上一层甲板室前,应对安装区域的甲板进行必要的矫正,尤其是围壁位置。

④总段的火工矫正工作应从上向下进行,围壁平整后进行舱室舾装工作。

⑤总段吊环的设置、总段的加强等整体吊装工作穿插在总组工作中进行。

(四)多层甲板室的整体吊装

对于薄板结构的多层甲板室总段,其整体的吊装相比其他船舶分段、总段吊装,对吊装方式及结构提出了更高的要求。对于已经完成了大部分舾装工作的多层甲板室总段而言,其结构的弹性变形也可造成对总段的不利影响,因此,对其变形标准要更加严格,在吊装前需要经过严格的计算,对吊点进行合理的布置,并对结构进行相应的加强。

对一个特大型总段(在尺度和质量上)实施吊运和安装作业,其重要性和作业难度是不言而喻的,因此,必须设计合理的吊装方案。吊装的方式主要有侧吊和艉吊两种,应针对所采用的吊装方式进行周密的准备,主要包括:吊装总段的受力计算(包括重力、重心、结构强度等),吊点位置的确定,吊索长度的确定,吊环结构形式的确定以及结构加强措施等内容,其中吊环的设置和安装是十分重要的工作。图 5.109 为某多层甲板室的整体吊装示意图。

1. 吊点设置要点

由第六节所述,吊点应尽可能对称于总段的重心布置;应布置于纵、横连续强构件的汇交处,且最好布置于左右围壁或前后端壁的延伸部分,以利于力的传递。根据总段的外形及结构特点,一般应设置 4 个吊点,特殊需要时也可设置 6 个吊点或 8 个吊点,如图 5.110 所示,以保证吊重负荷的均衡。

吊环的肘板和下侧均应进行加强,吊环和吊索均应进行强度校核。吊环的下侧第一层围壁上的窗孔、门孔,在分段上不宜开,待吊上船后再开设。

2. 吊环的选择

总段吊装用的吊环,其结构形式和负荷能力均应做特定设计,目前常用的是 4 眼吊环。但从吊运安装的稳定性考虑,最好采用 6 眼吊环,中间 4 眼为正常使用,两端孔眼用于平衡调整;当重心偏艉时,可改用后 4 个孔眼;当重心偏艏时,则改用前 4 个孔眼,如图 5.111 所示。

3. 吊环的连接形式

可根据总段结构特点选择相应的连接形式。主要有将吊环直接焊接在甲板上;将吊环搭接在总段的外围壁上;将吊环穿过甲板,与甲板构件及加强构件焊接;将总段外围壁局部加厚并延伸制成等方式。

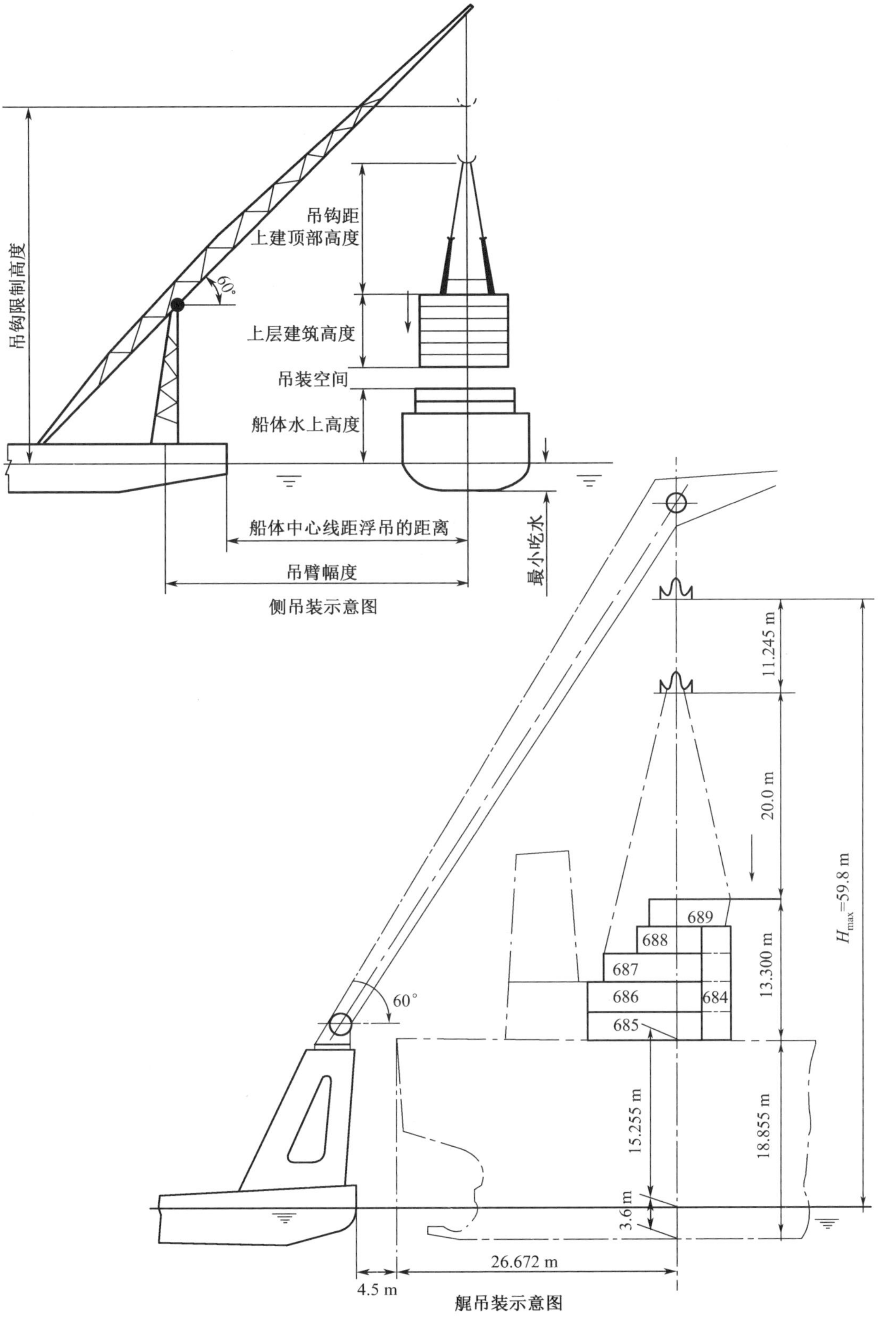

图 5.109　多层甲板室的整体吊装示意图

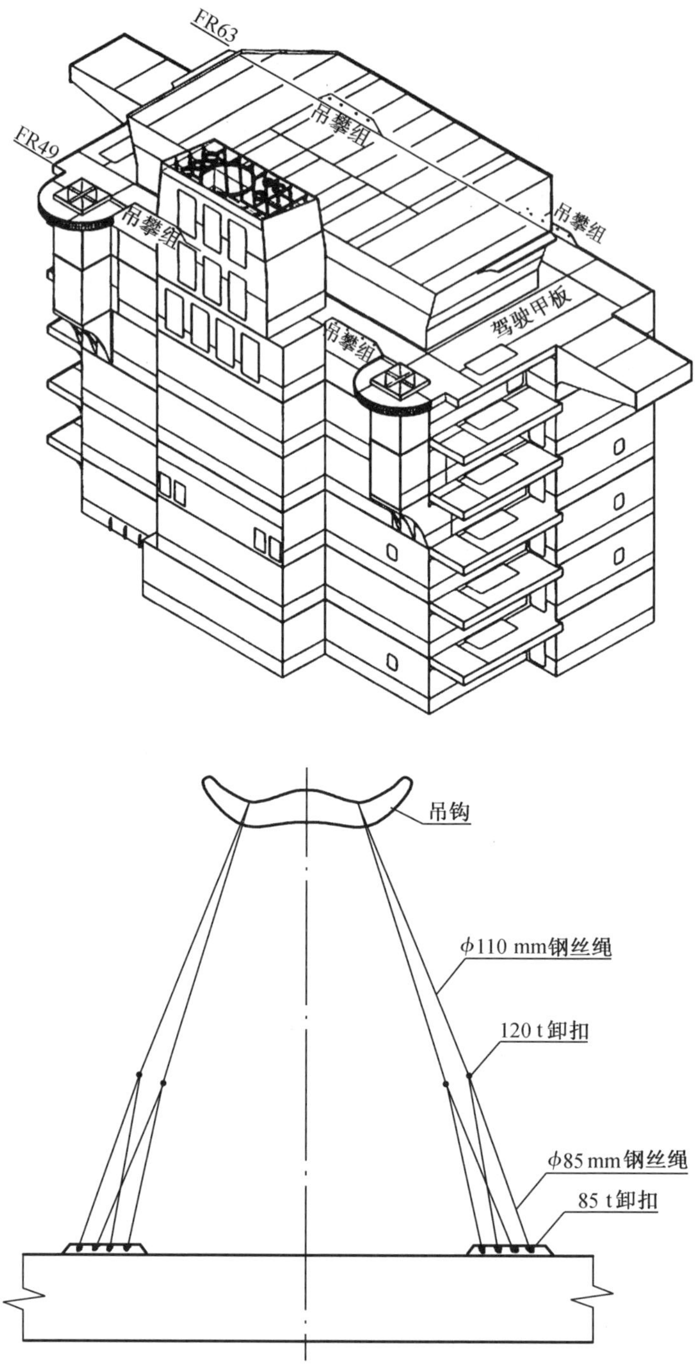
FR63
FR49
吊攀组
吊攀组
吊攀组
吊攀组
驾驶甲板
吊钩
φ110 mm钢丝绳
120 t卸扣
φ85 mm钢丝绳
85 t卸扣

图 5.110　吊点设置

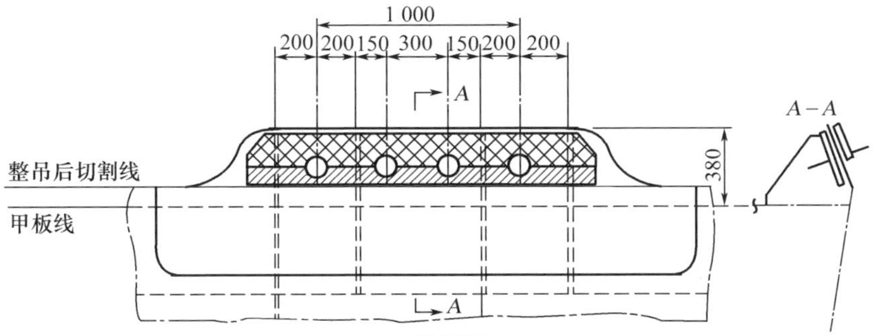

(a)4 眼吊环

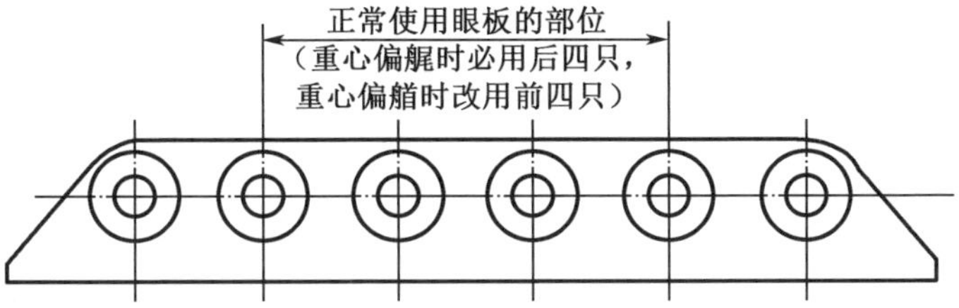

(b)6 眼吊环

图 5.111　单组吊环

4. 多层甲板室总段结构的加强措施

主要有两种方式：

(1)在不改变总段原结构的前提下，采取临时性加强措施，以满足安全吊装的需要。此种加强措施或在吊装作业完成后拆除，或保留在结构上，但这种加强措施费时费料，且影响预装工作。根据吊环设置位置的不同，临时性加强措施的常用做法：一是甲板平面的加强，在吊环长度的范围内，设置若干短横梁和一根短纵桁，并使其相互有效焊接；二是围壁的加强，在吊环长度的范围内，增设垂向加强材和水平加强材，并使其相互有效焊接；三是甲板横向构件与围壁垂向构件之间设强肘板，并使其相互有效焊接；四是将吊环甲板与下层甲板间的围壁板适当增厚等措施。

(2)根据吊装工艺方案，从详细设计开始即考虑局部改变原结构的形式和尺寸，使之不仅能满足规范的要求，同时也能满足吊装对强度的需要，从而既减少了临时性加强，又保持了结构的完整性，缩短了吊装的准备时间。应尽可能采用此种方法，以实现设计和工艺的一体化。

5. 对多层甲板室总段整体吊装结构强度的校核

应当指出，除批量建造的船舶或结构类型相似的总段，在已有吊装经验的基础上，可根据确定的吊装参数和工艺方案直接进行作业外，对于新建船舶的多层甲板室总段，当吊装参数和工艺方案基本确定以后，应对其整体结构强度进行校核。这是由于安装吊环的船体部位承受整个总段的重力，如该部位强度不够，可能产生局部屈服，导致塑性变形，严重时会产生撕裂；同时，对多层甲板室总段整体而言，吊环部位拉力向上，而多层甲板室总段重力方向向下，使结构产生附加弯矩，当弯矩超过结构所能承受的载荷时，结构会产生弯曲变形，严重时会导致产生无法恢复的塑性变形。为此，有必要对多层甲板室总段结构强度的整体进行校核。其受力计算可按常规方法进行初步估算，精确计算应采用有限元分析方法。

三、舵叶装焊工艺

除船体结构部件外，还有一些特殊的舾装部件，典型的有舵叶、烟囱、桅杆等。本书现以舵叶为例讨论其装焊工艺。舵通常布置在船尾部，有多种类型。按舵的剖面形状分为平板舵和流线型舵两种，目前普遍采用的是流线型舵，流线型舵有不平衡式、平衡式以及半平衡式。

1. 流线型舵叶的结构

由图5.112所示的流线型舵叶结构可以看出：舵叶截面呈流线型，舵板的一侧与水平隔板、垂直隔板以焊接相连。舵叶的尾端材由扁钢（或圆钢）制成，以增加尾端的刚性，又起连接作用。在舵叶的端与舵板相接处，有一弧形的前端包板。舵叶与舵杆是通过舵杆套筒（铸钢）相连接，连接处有活动盖板，四周的纵横隔板要求水密。在上顶板与下底板上有放水塞，供注水或充气试验其密性之用，或灌注防腐漆等用。另外还有吊索套管，供起吊舵叶所用。

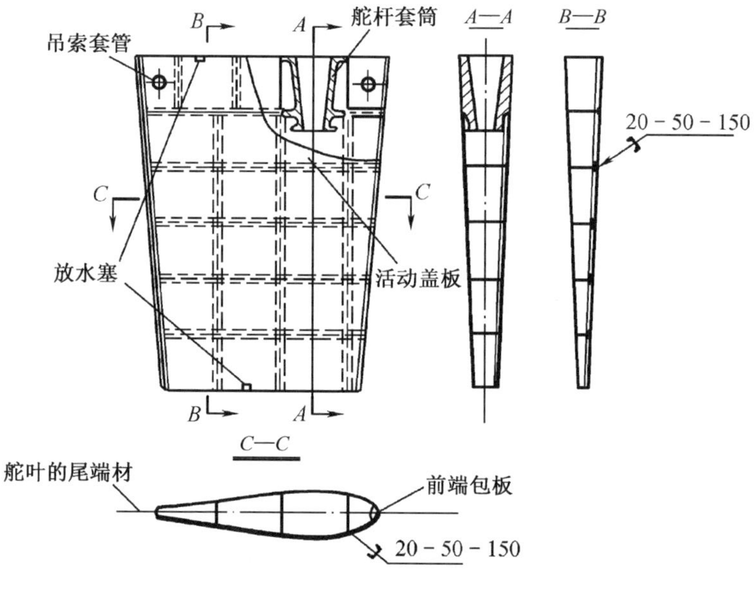

图5.112　流线型舵叶的结构

2. 流线型舵叶的技术要求

舵叶的结构、强度、面积、对称性和水密性是考核舵叶质量的四大要素。反映在舵叶制造中主要有：

（1）舵叶的横剖面必须对称于中心面，否则，左右两侧的水流压力就不相等，会产生一个附加力矩，直接影响对舵的使用性能；

（2）舵叶表面必须光滑，无局部凸出或凹陷；

（3）整个舵叶中心面无扭曲，即四角平整，保持同一平面；

（4）舵叶应具有密性。

3. 流线型舵叶的装配与焊接

流线型舵叶一般都采用侧装法，以一侧的舵板为基面在胎架上进行。

(1)胎架制作

胎架制作一般选取平行于舵叶中心面的平面作为胎架基面。胎板的形状如图 5.113 所示,其位置应与舵叶水平隔板位置相对应,胎板的工作表面为舵叶一侧的舵板外表面。胎板上标有水平线(舵叶中心线)、舵杆中心线和舵板接缝位置线。另在胎架平台上绘有舵叶外形轮廓。

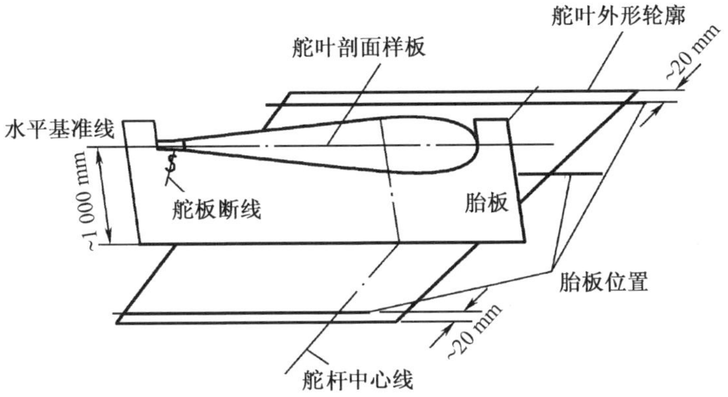

图 5.113 胎架的制作

(2)水平隔板、垂直隔板的部装

舵叶的水平隔板和垂直隔板都是由腹板和面板组成的 T 形部件,应先进行装焊。装焊之前,需按样板划出中心线及构架对合线等(如图 5.114),需要注意的是,隔板的腹板与面板的交角不一定是直角。

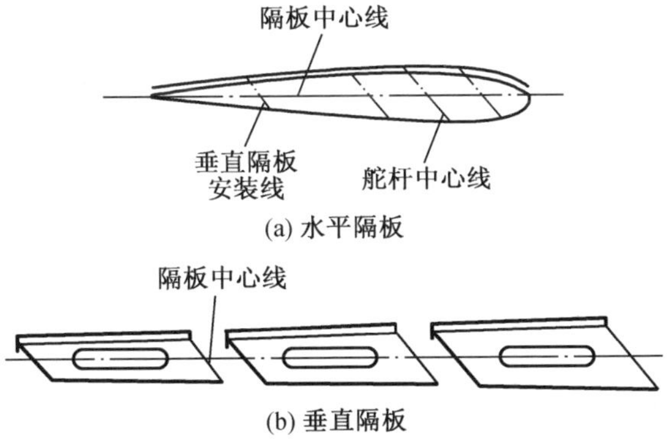

图 5.114 隔板的部装

(3)舵叶装焊

在胎架上装焊舵叶的工艺流程如下:

在胎架上拼装舵叶左侧的舵板 → 构架划线 → 铸钢件定位 → 隔板安装、焊接(图 5.115)→ 安装舵叶前端的弧形包板以及尾端扁钢 → 火工矫正 → 舵叶右侧的舵板安装、焊接 → 舵叶上、下端的顶板和底板安装、焊接 → 舵叶外形测量、划线 → 吊离胎架、翻身、焊接 → 密性试验。

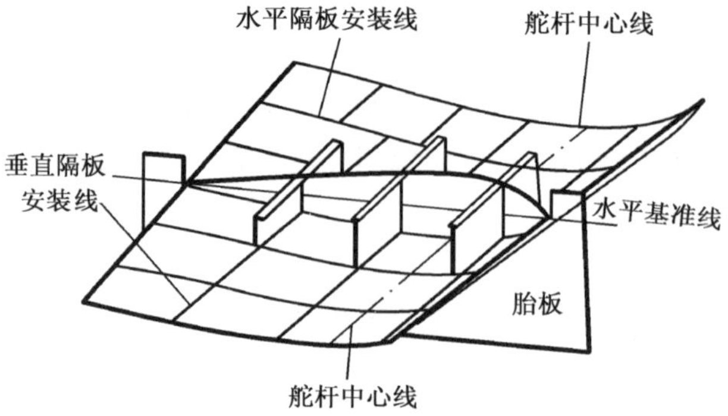

图 5.115　舵叶装焊构件安装

其技术要领:

①铸钢件用拉钢丝法进行第一次定位,其中心线必须与舵叶中心线为同一条直线。定位时必须注意铸钢件上、下端面的位置和加工余量。

②隔板安装的顺序是,一般先装中间水平隔板,然后向上和向下装垂直隔板,再装水平隔板、垂直隔板。安装中注意隔板的垂直度,以及水平隔板与垂直隔板的连接光顺性。并注意构件间连接的形式和剖口形式是否符合要求。

③舵叶右侧的舵板与水平隔板、垂直隔板是以塞焊相连接的,因此,需根据隔板的实际安装位置对舵板上塞焊孔的位置进行核准,以免产生脱孔情况,同时注意舵板与隔板的装配紧密性。

(4)舵叶的完工测量

舵叶的完工测量主要指标有平面度、舵杆中心线偏差、舵宽偏差、舵高偏差、上下封板与舵杆中心线的垂直度、左右对称偏差、尾端扁钢直线度以及与中心线偏差等。

第六章　船体分道建造技术

第一节　概　　述

船舶建造是以船体制造为基础，现代造船生产流程的组成基础是船体分道建造。船体分道建造技术是建立现代造船模式的重要组成部分，是现代造船模式的基础技术；同时，与船体分道技术相关的是区域舾装技术、区域涂装技术、高效焊接技术、信息控制技术及精度控制技术，这些技术的顺利应用离不开船体分道建造技术。船体分道建造技术在很大程度上决定了舾装、涂装及高效焊接的场所、时间、范围、内容和效果。船舶建造按照分道的原则，将各项施工作业有机结合，有利于实施空间分道、时间有序、壳舾涂一体化的现代造船。

1. 船体分道建造技术的内涵

由本书第二章中可知，船体分道建造技术是应用了成组技术的基本原理，在造船全过程中，将构成船舶中间产品的制造不按船舶系统分类，而是按特征的相似性分类成组。通过分道设计，实施以中间产品为导向，按零件加工、部件装配（小组/中组）、分段装配（大组）、分段总组（总组）的建造过程，合理地配置场地、设施、人员，组成几个相对独立、最大限度平行推进作业的生产单元或流水生产线，形成逐级制造的设计、作业和管理一体化的船舶建造新的工艺流程，以实现有序、连续、均衡的总装造船。船体分道建造示意如图 6.1 所示。

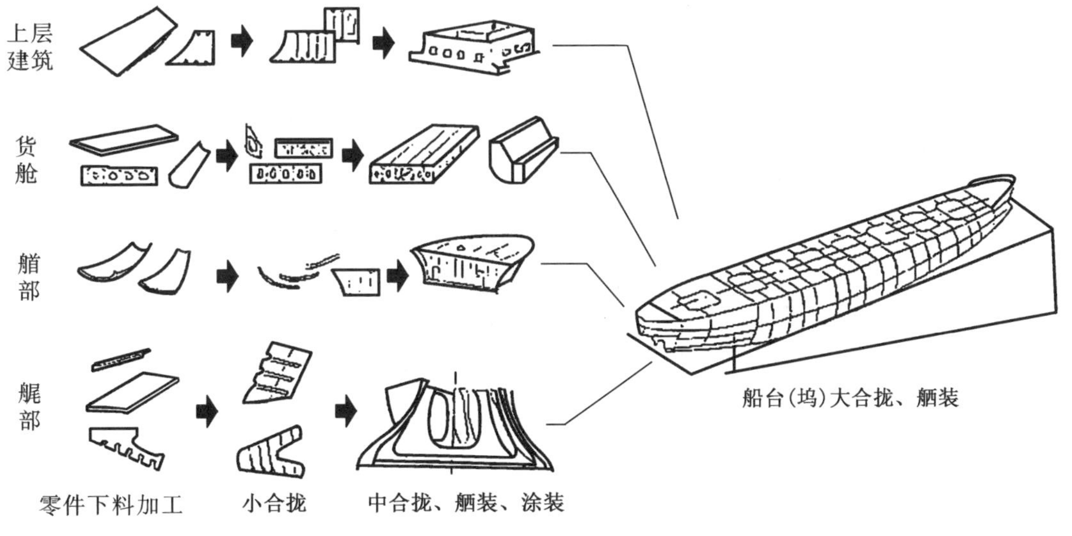

图 6.1　船体分道建造示意图

船体分道建造技术的基本特征：

(1)中间产品是分道建造的生产单位逐级制造的产品，也是分道技术的基本载体；

(2)对于各类中间产品，按其工期相同要求设计，以便平行作业，推进工程实施；

(3)以相对独立的空间(各个制造工位、各个生产作业区)实施工程管理；

(4)以全船有序的大合拢(搭载)为最后归总的目标，实现各个分道均衡、协调的作业；

(5)根据对零件、部件和分段的相似性分析，形成各个分道作业最大限度相似，并实施作业的标准化和专业化。在建造不同类型的船舶时，也可通过柔性化处理，实施标准化和专业化的生产；

(6)实行上下分道，一一对应的原则。

其中，中间产品是造船成组技术中的一个重要的概念。中间产品是由各种零部件组装而成，区别于中间部件，其最重要的特征是具有相对的独立性和完整性。如将一个船体分段以中间产品来衡量，应该完成装、焊、割的全部作业，一般不留余量，焊接坡口全部加工好，且分段涂装完，管子舾装等安装完，以一个完整产品转至下道工序。

2. 船体分道的典型制造级和作业流程

船舶建造的过程，应根据成组技术相似性原理和通用船舶建造技术，以分道建造为主要特征进行统筹安排。基于成组技术原理的船体分道建造可以分解为零件加工、部件装配(小组立)、小分段/片体装配(中组立)、分段装配(大组立)、分段总组(总组立)、船体合拢(搭载)等六个典型制造级，其层级关系如图6.2所示。其中零件加工、部件装配(小组立)、分段装配(大组立)、船体合拢(搭载)为四个基本制造级。

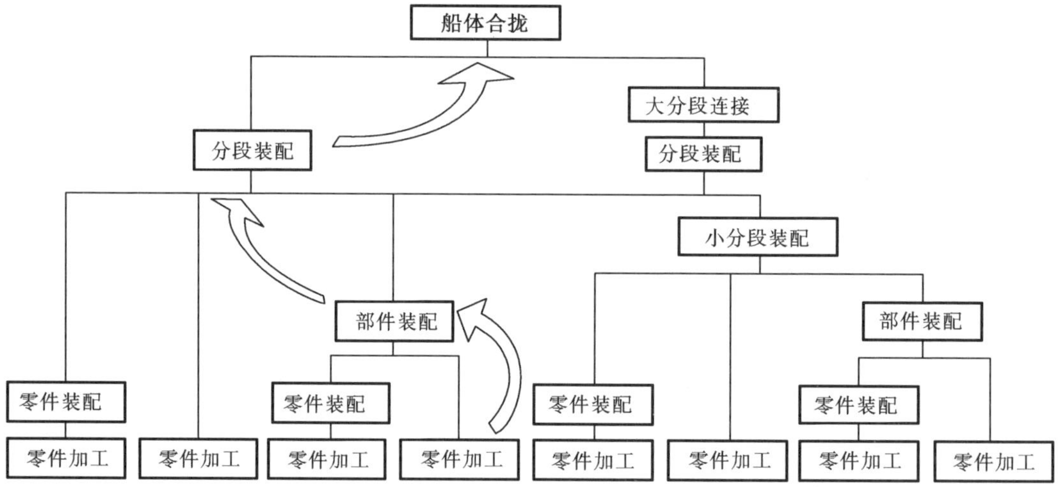

图6.2　船体分道的典型制造级

按照典型制造级，聚集具有相似工艺过程的零件、部件、分段和总段(或大型立体分段)，形成批量，即可凭借现代化的制造技术，组建既具有柔性，又是高效率的流水生产线或虚拟成组工艺流程，以适应各种船舶中间产品的分道生产。即可实现工件流动、人员固定的专业化生产，以及与流水生产线相适应的物流和信息化的管理体制。船体分道作业流程如图6.3所示。

分道生产过程中的各项作业，应该充分考虑各类中间产品在加工、装配、安装及组合等工艺过程中所需要的材料、零件、部件，以及上一阶段中间产品的具体入口及其工艺流向。同时还必须考虑上述工艺过程相应设施的合理配置以及按工位作业所需的作业人员配置，以形成各类中间产品的生产作业线，建立固定的工艺流程和相应固定的操作工位以及相应的作业标准和管理标准，并且要有各类中间产品的运输系统，以便持续地由上一阶段向下一阶段输送中间产品，建立单向、有序、连续、稳定的工艺流程和合理的建造程序，实现互不干涉、各行其道的分道建造技术。

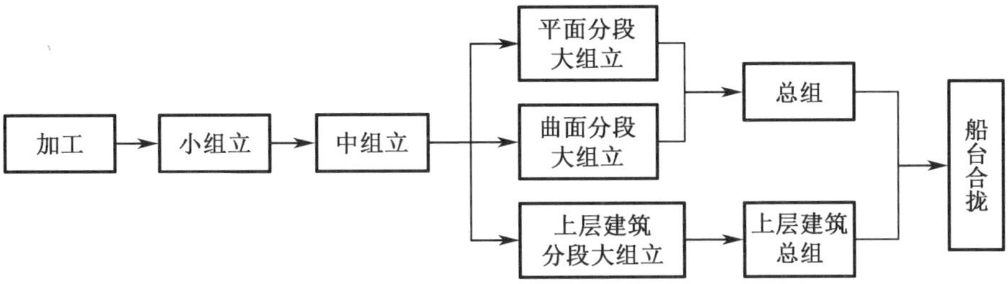

图 6.3　船体分道作业流程

其中，分段作为中间产品可以直接上船台（坞）大合拢，也可以组成总段后再进行大合拢。分段、总段的划分是造船生产设计中很重要的内容，它关系到舾装和涂装作业是否能合理进行。因此，分段、总段的划分应根据其结构和形状的特征分类成组，对每一组分段、总段采用相同的工艺方法实行分道建造，在规定的作业区域内完成，然后有序地进入下一阶段建造，最后组合成船舶产品。

综上所述，分道建造技术是以成组技术相似性理论为依据，以中间产品专业化生产为导向的建造技术。所有不同类型船舶的某组中间产品均由同一生产线的成组生产单元进行生产，按中间产品专业化生产的需要调集人员、场地、设备、信息、物质等一切生产资源，按照大批量生产的，实行短循环的流通量控制，通过集配管理和定置管理，高效地制造本级中间产品并满足更高一级中间产品的施工需要。各成组生产单元的作业应充分协调、有条不紊、合理衔接、高效运行，从而达到加快建造速度，确保产品质量，实现高效率的现代造船。

3. 船体分道建造的策划

（1）分道建造技术研究的内容主要有

①按照成组技术的基本原理和生产组织的要求，实行分道生产原则和要领的研究；

②按照船体分道生产的原则，确定中间产品的划分、分类、逐级组合的研究；

③为适应分道生产和中间产品制造的要求，进行科学、合理的工艺流程和相关工艺技术的研究；

④为适合分道生产和中间产品制造的需要，进行优化设备和设施配置的研究；

⑤根据分道生产的特征及其要求，研究分解和确定分道设计、分道作业的程序和方法；

⑥进行舾装和涂装分道建造技术的研究；

⑦进行分道建造的工程管理研究，包括计划作业单元、计划形式、计划跟踪和计划控制等方面；

⑧按照分道生产的要求,进行合理的劳动组织和人员配置的研究。

通过研究,在深化造船生产设计的基础上,结合船厂的技术改造,组建各类中间产品(如分段、管加工等)的分道生产线,制定与其适应的制造方案,建立以中间产品为导向的生产体制,通过作业过程的标准化控制实施壳舾涂一体化的造船生产。

(2)船体分道建造设计的内容主要有

①数学放样/套料和托盘集配的分道设计;

②船体零件加工分道设计;

③船体小组立分道设计;

④船体中组立分道设计;

⑤船体大组立分道设计。

第二节　数学放样/套料及托盘集配的分道设计

数学放样/套料以及托盘集配的分道设计是实施分道建造技术的重要基础,也是分道建造的首要环节。这一分道设计明确了船体零件切割、加工和装配组合的分道。

1. 船体分道设计

套料是在船体结构和船体型线给定之后,且分段、总段合理划分的前提下进行的。根据船厂的实际情况,一般可按照艏艉部分、船中部分和上层建筑进行三个分道的数学放样和船体结构零件的套料。通过计算机辅助套料,提供船体零件的套料图及其切割信息,并以代码表示。船体零部件代码是描述分道建造要求的重要手段,表明了加工及管理信息。

通过零部件代码的识别,表达和传递各种零件切割、加工以及装配的工艺过程信息。代码一方面指出了切割场所、使用的设备及切割要求,由此可将相似尺寸形状和切割要求的一族零件集中切割,形成批量生产,进而形成切割分道。另一方面通过规定的加工要求,将相似尺寸形状和加工要求的一族零件集中加工,形成批量生产,进而形成了与切割分道相衔接的、不同类别的加工分道。

通过零部件代码的识别,还可明确零部件的工艺流程,即该零部件属于哪个组件,或者属于哪个阶段装配,或者是直接去船台(坞)安装。船体零部件通过集配成为托盘,进入确定的工位,进行定置管理,以提供给各制造级进行中间产品的制造。

2. 舾装托盘分道设计

舾装作业是以托盘为单位按工序的先后进行,它是船体分道建造中的重要内容之一。在船体分道建造过程中,按区域、工艺阶段和作业顺序进行的舾装生产称为舾装托盘分道,它是根据舾装作业的性质和特点,按照船体建造分道要求进行设计。舾装托盘的设计、集配及其施工管理,与船体零件切割、加工和装配的生产管理一样,也是借助托盘代码辅助进行的。舾装托盘代码描述了舾装作业的地点、时间、作业的方式和工种,以及作业工序及工艺顺序。作业地点对应于船体分段、总段;作业时间规定了工艺阶段,即按分段、总段制造确定的时间作业。工位及工序是指作业的具体位置及先后顺序。

第三节　船体构件加工的分道技术

一、船体结构零件的分类

由本书第四章中可知，不同类别的船体结构零件，采用的加工方法是不同的，因此，应基于成组技术的原理对船体结构零件按照一定的划分规则进行分类成组。其主要是按形状特征和边缘特征进行分类。

1. 按形状特征分类(表 6.1)

表 6.1　船体结构零件按形状特征的分类

分类名称			形状特征	零件图形	结构名称及所在部位
板材	平直零件	大型	·表面平 ·边缘直	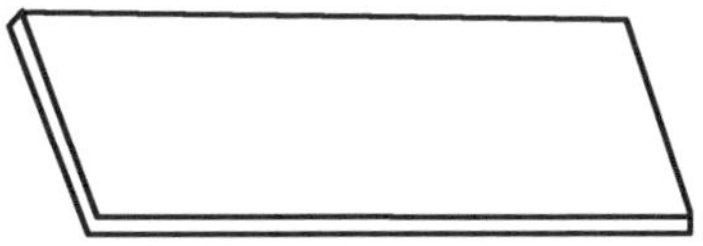	船体中部外板，厚度 < 22 mm 的甲板板(当梁拱为折线形时无此限制)，平台板、内底板、舱壁板、房间及上层建筑围壁板等
		中型		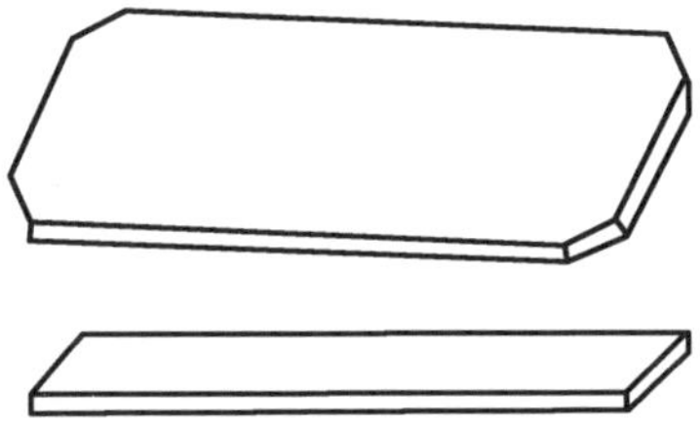	中内龙骨、底纵桁、基座纵桁、板条、T 型材的腹板与面板等
		小型		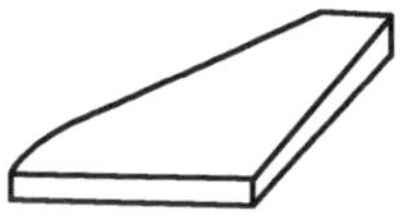	小肘板
	平面不直零件	中型	·表面平 ·边缘不直	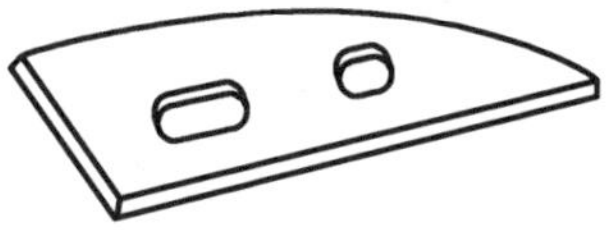	肋板
					舷侧纵桁、甲板纵桁、强横梁、强肋骨等
		小型		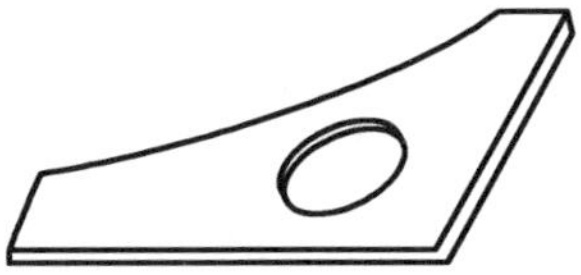	肘板、肋板等

表 6.1（续 1）

分类名称	形状特征	零件图形	结构名称及所在部位
单向曲度零件	·横向不变曲度 ·边缘直	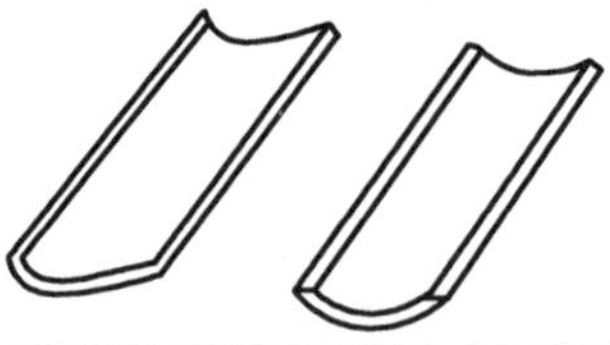	位于平行中体的舭部外板、围壁转圆板等
	·横向变化曲度 ·边缘直	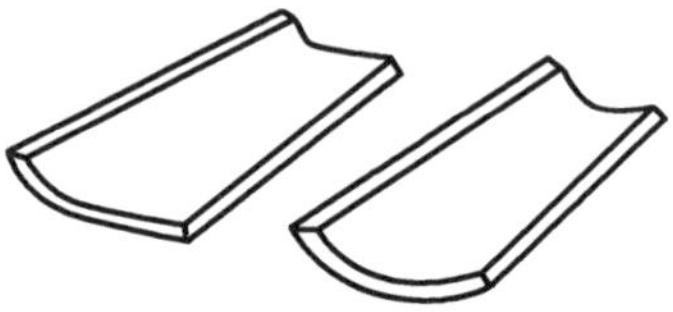	艏柱板、位于平行中体以外的舭部外板、烟囱板等
双向曲度零件	纵横异向曲度	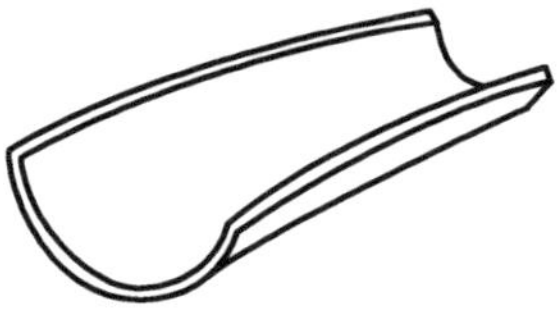	艏、艉端中间部分的包板
	纵横同向曲度	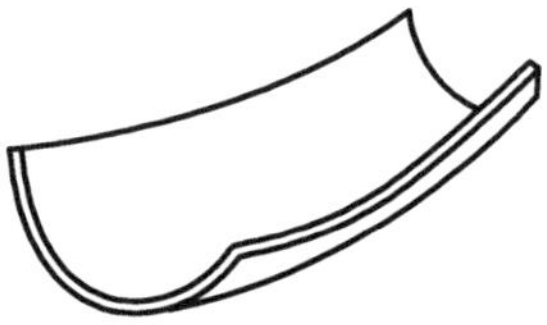	艏柱下部包板
	横向波形曲度		轴包架外板
	简单扭曲		艏、艉上部外板
复杂（空间）曲度零件	球面曲度		巡洋舰艉部的艉包板、上层建筑及烟囱的流线型封头板等
	纵横双向波形曲度		轴包架外板
	扭曲及横向变化曲度		轴毂包板

表 6.1(续 2)

分类名称		形状特征	零件图形	结构名称及所在部位
	具有折角的单向曲度零件	·单折角 90° ·边缘直	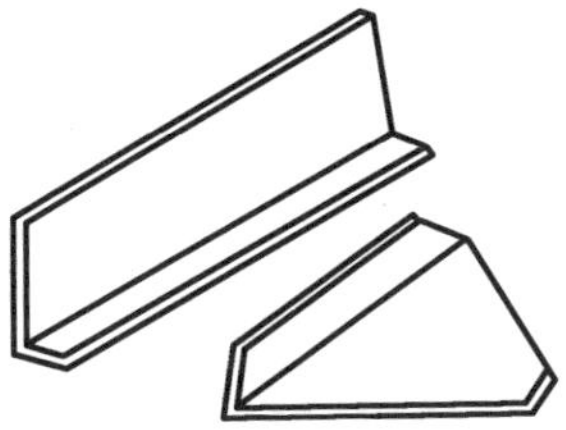	折边的肋板、旁内龙骨、甲板纵桁、舷侧纵桁、强横梁、强肋骨、肘板等
	具有折角的单向曲度零件	·双折角 ·边缘直	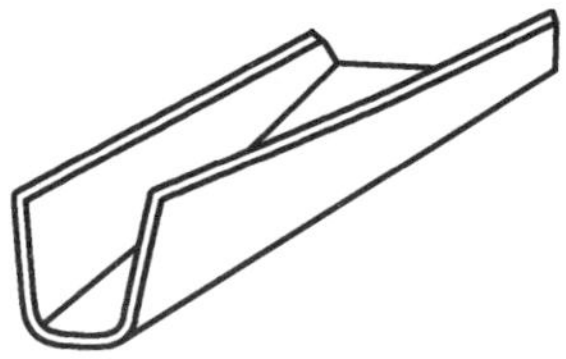	平板龙骨(K 行板)
	具有折角的单向曲度零件	·多折角 ·边缘直	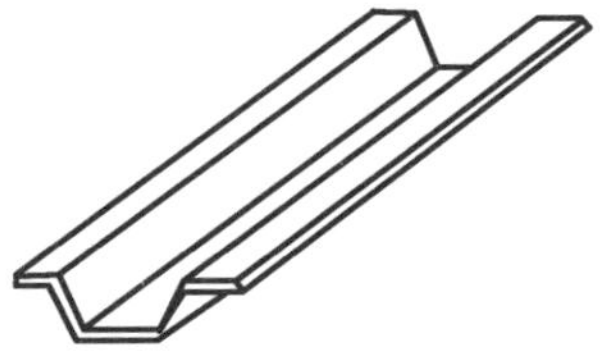	槽形舱壁、压筋围壁
	具有折角的复杂曲度零件	曲折角及扭		艏部舷侧顶板
	具有折角的复杂曲度零件	双折角及二翼曲度	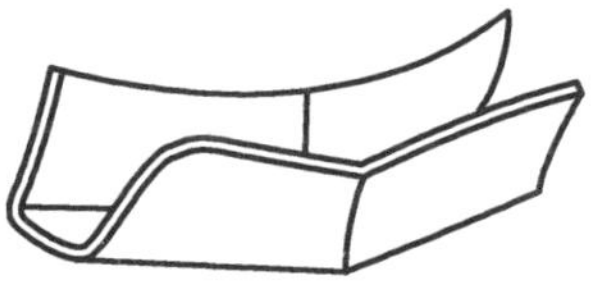	艉部平板龙骨(K 行板)
型材	平直零件	平直	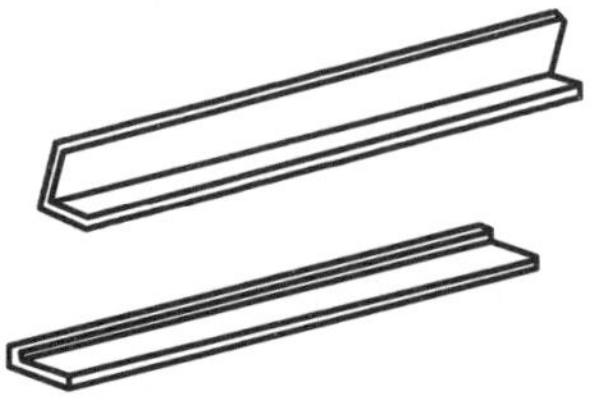	平行中体部位的肋骨、舱壁与围壁扶强材、平台横梁、甲板纵骨等
型材	单向微弯零件	单向曲度		甲板横梁、艏部及平行中体以外的肋骨、底部纵骨等

表 6.1(续 3)

分类名称		形状特征	零件图形	结构名称及所在部位
	复杂曲形零件	大曲度或双向扭弯		轴包架处的肋骨、艉部肋骨、艄艉部位的底部纵骨与舷侧纵骨等

注:此表引自黄浩主编《船体工艺手册》(第 3 版)。

2. 按边缘特征分类(表 6.2)

表 6.2　船体结构零件按边缘特征的分类

类别	第 1 类 带直边的大型零件	第 2 类 带曲边的大型零件	第 3 类 带直边的小型零件	第 4 类 带曲边的小型零件	第 5 类 用轧制型材制成的零件
	无开口和坡口的平面零件	同左	同左	同左	无开口和坡口的直形零件
	带开口的平面零件	同左	同左	同左	带开口的直形零件
	无开口和带坡口的平面零件	同左	同左	同左	带坡口的直形零件
	带开口和坡口的平面零件	同左	同左	同左	同左
组别	带简单曲度和无坡口的弯曲零件	同左	折边,无开口和坡口	折边,无开口和坡口	无开口和坡口的弯曲零件
	带简单曲度和坡口的弯曲零件	同左	折边,带坡口	折边,带坡口	带坡口的弯曲零件
		带折角或复杂曲度和无坡口的弯曲零件	折边,带开口,无坡口	同左	带开口的弯曲零件
		带坡口的复杂弯曲零件	同左	同左	同左

注:此表引自黄浩主编《船体工艺手册》(第 3 版)。

二、船体构件加工的分道

由表6.1、表6.2可知，船体结构零件分别由板材和型材制成，各类零件又有不同的边缘形状和空间形状。这些特征大致决定了船体结构零件所用的加工方法与加工设备。因此，可以根据船体结构零件形状的种类，运用成组技术的原理，对其工艺过程进行恰当的分类，从而划分不同的加工工艺流程，以便合理地组织生产。显然，从广义上分析，加工工艺流程决定了设备的使用和加工流向，是船体加工车间进行平面布置设计的基础。

1. 船体钢料切割的分道

船体钢料切割可分为直边构件的边缘切割和曲边构件的边缘切割，其主要方法是热切割和机械剪切。机械剪切仅适用于薄板和中等厚度板的直边平直构件。在大中型船厂，船体钢料的切割主要是热切割。

(1)板材数控切割的分道

板材数控切割主要有数控火焰气割机、数控等离子切割机、门式切割机以及数控激光切割机等切割设备。将相似尺寸、形状和切割要求的一族零件，指定其切割的场所以及使用的设备，集中切割，形成一定批量的切割分道。其分道工艺流程如图6.4所示。

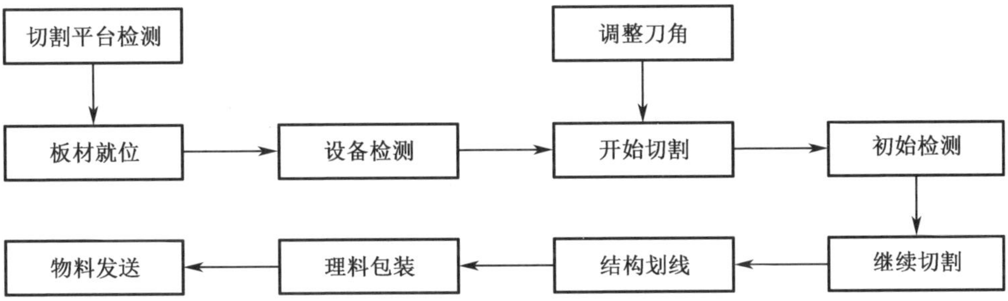

图6.4　板材切割的分道工艺流程

①带型线的外板、各种开孔的桁材、肋板等带曲形边零件的切割分道。经数学放样套料并生成切割文件，再根据材质、板厚及切割边缘要求分为数控火焰气割机切割和数控等离子切割机切割，对薄板可采用数控激光切割机切割，即自动切割成所需的零件。

②外底板、内底板、甲板、舷侧板等带平行直边的平直板材切割分道。一般均可在门式切割机上自动切割。

(2)其他切割方法的分道

①作为数控切割的补充，为提高钢材利用率，充分利用余料，对尺寸较小、形状复杂、数量较多零件的切割，可采用光电跟踪切割设备，形成光电跟踪的切割分道。

②对少量形状复杂、大小不等零件，如基座、艏艉柱等，可采用人工号料后切割(半自动切割和手工切割)，形成手工切割分道。

③对直边平直薄板和中等厚度板的零件，也可采用剪板机剪切的方式，形成机械剪切分道。

此外，对需要拼焊的板件以及有坡口要求的零件，切割后还应考虑焊接坡口的加工方式(如刨边机或半自动切割等)，即还应考虑零件的坡口加工的分道。

2. 船体构件成形加工的分道

船体零件成形加工是继号料切割之后的工序。部分零件可以直接进入部件装配，但有相当数量的成形零件需要经过加工后才能进行部件装配。按板材零件和型材零件分类，将相似尺寸形状和结构特征的一族零件，根据其加工工艺，指定其加工的场所以及使用的设备，集中加工，形成一定批量的加工分道。

(1)型材零件成形加工的分道

型材零件成形加工是指型材号料、接长、冷弯、校对、开孔、断料、打磨、理料、发送等过程。其分道工艺流程如图 6.5 所示。

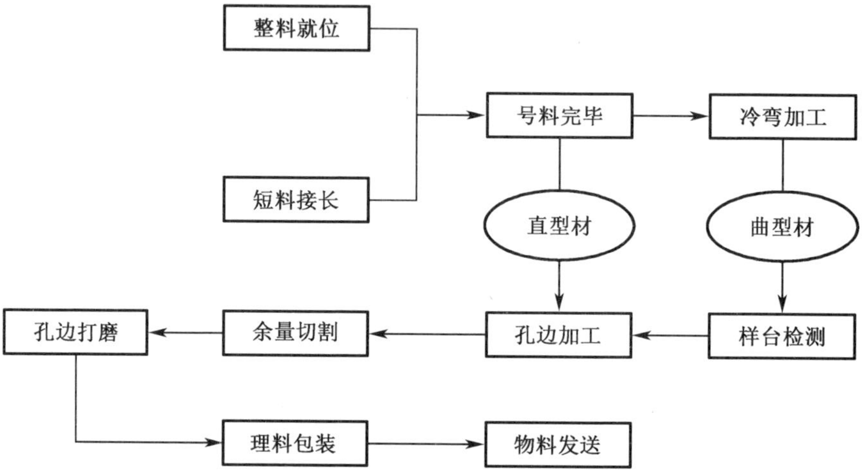

图 6.5　型材零件成形加工的分道工艺流程

使用最广泛的型材冷弯成形设备是逐段进给式肋骨冷弯机。较小规格的型材或扁钢采用型材矫直机。较大规格的型材有时也在液压机上模压成形。

①肋骨和部分型材弯曲加工的分道。根据肋骨和型材尺寸大小安排在不同吨位的肋骨冷弯机上进行成形加工。

②尺寸不大且较小曲率型材加工的分道。可安排在型材矫直机上进行，如甲板普通横梁。

③尺寸较大型材弯曲加工的分道。根据型材规格大小，分别安排在相应吨位的液压机上进行成形加工。利用数学放样提供的加工型值，采用逆直线法使其达到规定形状的要求。

(2)板材零件成形加工的分道

①单向曲度板加工的分道。单向曲度板可采用机械冷弯法加工，有辊弯、压弯和折弯等方法。其分道工艺流程如图 6.6 所示。

a. 一般单曲度板件成形加工的分道。根据板材大小及弯曲的曲率大小选择辊弯加工设备，如平行中体的外板以及其他较大弯曲半径的圆柱形板材，可以分别在大小三辊弯板机上进行，通过反复辊弯加工而达到成形的要求。

b. 艏艉区域的外板以及较小曲率和折角的单曲度板件成形加工的分道。类似单曲度板材的成形加工，一般采用液压机进行压制，通过样板检测、逐步压制使其达到规定形状的要求。

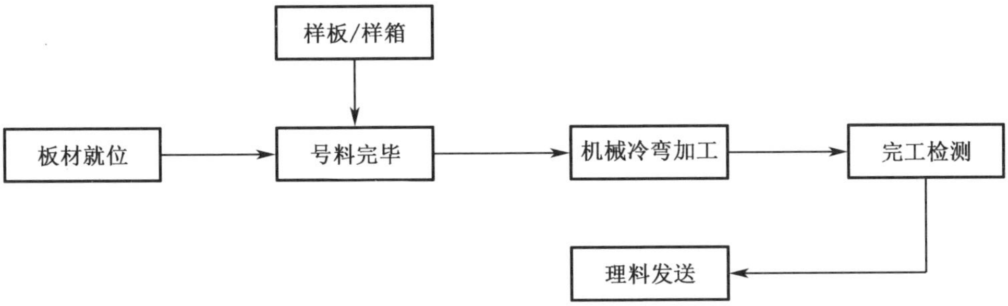

图 6.6　单向曲度板加工的分道工艺流程

②双向曲度板加工的分道。双向曲度板件成形加工，除了先在一个曲度方向上采用液压机或弯板机进行初步加工外，还必须进行第二次另一曲度方向的加工，即采用水火弯板法进行加工。其分道工艺流程如图 6.7 所示。

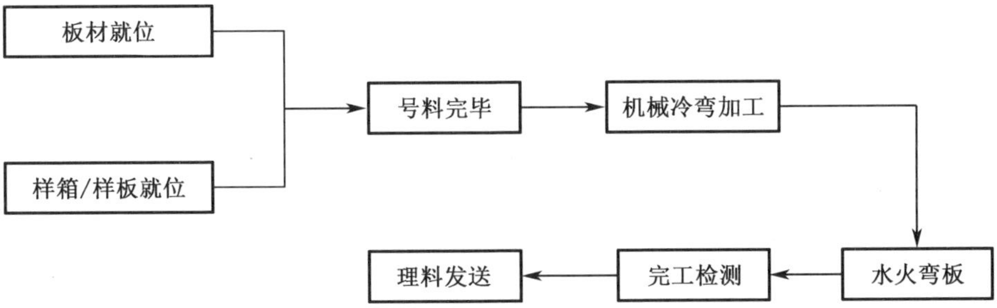

图 6.7　双向曲度板加工的分道工艺流程

综上所述，船体零件加工分道是根据零件的成形要求，通过不同加工设备所设置的区域来实现分道的。即型材加工分为切割下料 → 肋骨冷弯机；切割下料 → 液压机两个加工道。板材加工分为弯板机；液压机；弯板机（或液压机）→ 水火弯板三个加工道。其中零件成形加工前的号料工序，其内容主要包括加工线的勘划工作，如肋骨成形的逆直曲线勘划、外板成形的冷加工线勘划以及水火弯板的加热线勘划。

3. 船体零件的典型加工分道工艺流程

(1) 船体零件加工分道工艺流程的构建

根据船体零件相似性分类，其加工工艺流程的构建见表 6.3 所示。

表 6.3　船体零件的典型加工工艺流程（仅供参考）

分类名称	加工方法要领	主要工艺流程										使用主要设备及工具
		辊平或矫直	号料	边缘切割	割孔	刨边	冷弯	热弯	矫形	二次号料	切割	
大型平直板材零件	切割与刨边	(→)	→	→		(→)						门式切割机、半自动切割机（刨边机、矫平机）

表 6.3(续 1)

分类名称	加工方法要领	主要工艺流程										使用主要设备及工具
		辊平或矫直	号料	边缘切割	割孔	刨边	冷弯	热弯	矫形	二次号料	切割	
中型平直板材零件	切割与矫平		→	→					(→)			门式切割机。(剪板机、半自动切割机、矫平机)
小型平直板材零件	切割与矫平		→	→					→			门式切割机、手工及半自动切割机、剪板机、矫平机
平面不直板材零件	切割与矫平割孔		→	→	(→)				(→)			光电跟踪或数控切割机、手工及半自动切割机(剪板机、矫平机)
单向曲度板材零件	辊弯		→	→			→		(→)			门式切割机及半自动切割机、弯板机
双向曲度板材零件	辊弯与水火弯板		→	→			→	→	→			各种切割机、弯板机或液压机、火工工具
复杂曲度板材零件	压制或热弯		→	→			→	→	→	→	→	各种切割机、液压机、火工工具
具有折角的单向曲度板材零件	折边		→	→			(→)		→			剪板机(门式切割机)、折边机或液压机
具有折角的复杂曲度板材零件	压制并热弯		→	→			→	→	→	→	→	各种切割机、液压机、火工工具
平直型材零件	矫直	→	→	→					(→)			手工切割、矫直机

表 6.3(续 2)

分类名称	加工方法要领	主要工艺流程										使用主要设备及工具
		辊平或矫直	号料	边缘切割	割孔	刨边	冷弯	热弯	矫形	二次号料	切割	
单向微弯型材零件	冷弯		→	→			→		(→)	(→)	(→)	手工切割、肋骨冷弯机或型材矫直机
复杂曲形型材零件	冷弯并热弯		→	→			→	→	→	→	→	手工切割、型材矫直机、火工工具

注:
1. "( )"内的工序和设备表示需要时选取;
2. 此表引自黄浩主编《船体工艺手册》(第 3 版)。

(2)船体典型零件加工分道工艺流程

①平直板加工分道工艺流程(图 6.8)

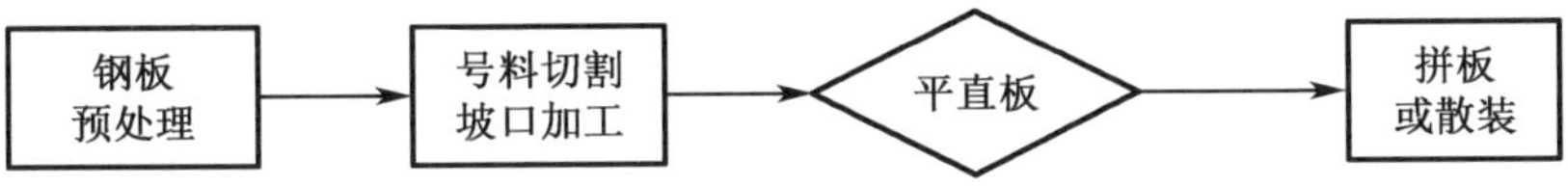

图 6.8　平直板加工分道工艺流程

②曲板加工分道工艺流程(图 6.9)

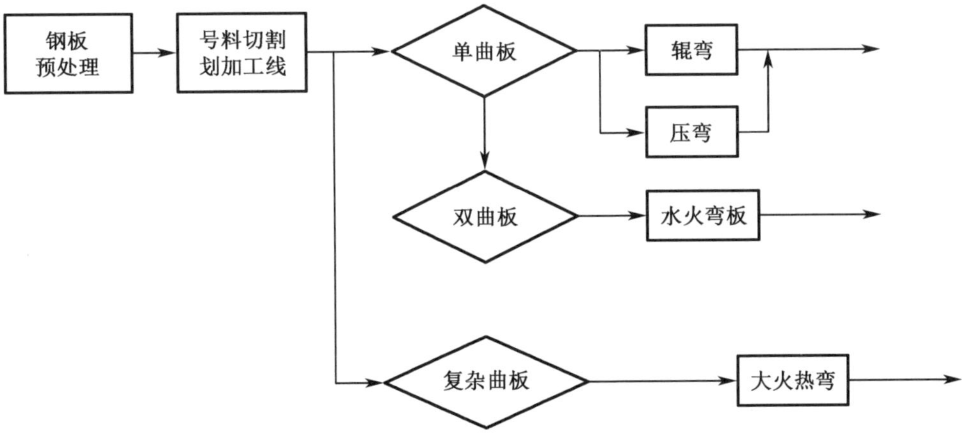

图 6.9　曲板加工分道工艺流程

③型材加工分道工艺流程(图 6.10)

根据零件的分类特征和确定的工艺流程,即可规划加工分道,并配置相应的加工设备,见表 6.4 所示。

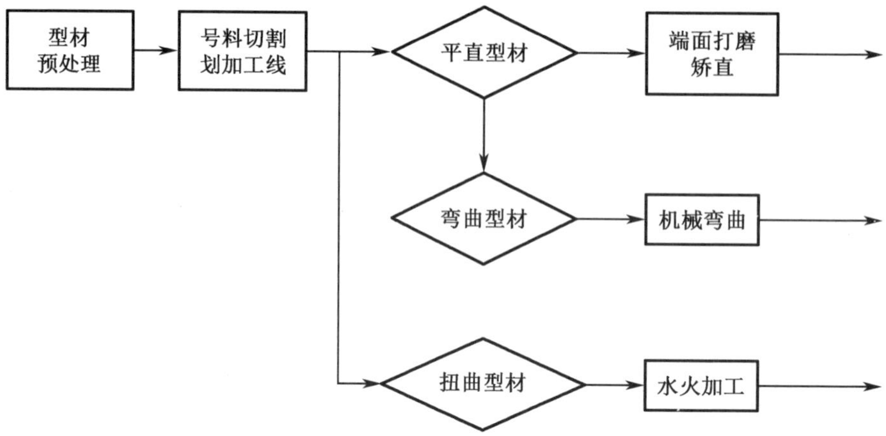

图 6.10　型材加工分道工艺流程

表 6.4　船体车间内场加工工艺流程的分区(仅供参考)

零件分类的基本特征		主要加工设备
板材	表面平,且边缘直的大、中型零件	门式切割机及半自动切割机 (剪板机、矫平机、刨边机)
	表面不平,而边缘直的曲形零件	门式切割机及半自动切割机、弯板机、液压机
	表面平,且边缘直的小型零件	多头自动切割机或光电跟踪切割机
	表面平,而边缘不直的零件	数控切割机、激光切割机
	表面不平,且边缘不直的零件	数控切割机、弯板机、液压机、火工设备
型材	直边零件	切割机
	弯曲零件	切割机、型材弯曲机(型材矫直机)、数控肋骨冷弯机

注:此表引自黄浩主编《船体工艺手册》(第 3 版)。

船体加工车间的作业是船体制造的第一阶段,其中间产品是船体结构零件。而零件的制造质量、生产效率及配套的完整性和科学性,都将对船体的后续建造产生重要影响,因此,在确定加工分道工艺流程和加工车间的布置时,除了主要考虑结构零件的分类外,还应遵循下列原则:

①加工车间的设备布置和生产区域的划分,应严格遵照分道建造的原则。同时应根据船厂规模和生产特点,确定加工工艺流程的专一性和通用性;

②建立合理流畅的生产流程,避免零件在加工过程中倒流或交叉转运;

③合理利用车间面积,提高单位面积产量,平衡各工序(位)之间的生产节拍,以提高劳动生产率;

④不仅要满足当前生产的要求,还要适应向加工机械化和自动化发展的需要。有必要在目前的基础上,考虑产品品种的改变、结构零件的分类特征,以及生产节奏要求等因素的变化。应根据分道制造的原则,进行合理的技术改造,适时调整加工工艺流程,使之适应现代造船模式的需要。

第四节 船体构件组立的分道技术

分段制造是按照小组立、中组立、大组立次序组成的工艺组合。即小组立后成为部件、中组立后成为小分段或片体,大组立后成为分段,分段再组合成总段,最后将分段、总段合拢成为一艘船舶。

一、部件分道制造

零件加工之后,按照部件装配要求进行装焊而实现各类中间产品的制造。这是继零件切割加工之后的第二制造级。这种部件装配工作,一般称为小组立和中组立。小组立、中组立是分段成形即大组立之前的重要工艺阶段。

船体部件通常可归类为拼板、T型材组合件、框架、平面分段内部构件、曲面分段内部构件等类型。为了获得大批量的生产效益,应根据成组技术相似性原理,实现部件族的批量生产,按作业日程计划进行各族部件的制造。按照部件族的工艺要求,将制造设备成组布置,作业人员按工位设定,采用成组生产单元,或部件装配流水线,在不同生产区域内进行作业。

1. 小组立作业分道

一般按拼板、组合型材(T型材)、桁材、加强腹板、框架等进行归类,形成各部件分道生产线,如T型材制造生产线;平直腹板及相似构件生产线。小组立的装配过程可由一次作业完成,也可分为先后两个工序。先后两个工序完成的部件会有一个先行小组立的工艺过程,这个先行小组立在分道生产中必须加以明确规定。小组立后即进入中组立的制造阶段。

2. 中组立作业分道

中组立是小组立的后续生产。一般按平面片体、曲面片体、大型立体框架等进行分道,如框架组件,可采用专用工位和流水作业方式。中组立的装配过程可由一道工序完成,也可通过2~3道工序完成。对于分工序制造的部件,也有一个先行组立的工艺过程。

3. 由小组立和中组立联合组成的生产线

如由拼板、部件制造至平面板架(组件)制造,组成平面片体生产流水线;由曲形桁材及相似构件制造至曲面板架(组件)制造,组成曲面片体生产线。比较典型的就是构成平面分段内部结构部件和曲面分段内部结构部件的两条分道生产线,其工艺流程如图6.11所示。其部件制造一般在平台上进行,采用机械化装焊设备、辊道输送,大批量生产可组建自动化装焊生产线(或智能化装焊生产线),或将部件生产线组成为某一分段流水线的一部分,如平面分段生产流水线。

二、分段、总段分道制造

1. 分段制造的分道

在传统的生产方式中,船体分段的生产都是离散制造,每个分段所有的工作都在一个胎位(平台)上完成。为了提高生产效率和产品品质,利用成组技术,把具有相同或相似特性的分段集中在一起进行批量生产,充分利用自动化机械设备,把分段制造分解成一道道工序,分在不同的工位上进行加工,形成流水作业,由此产生了分段生产流水线。

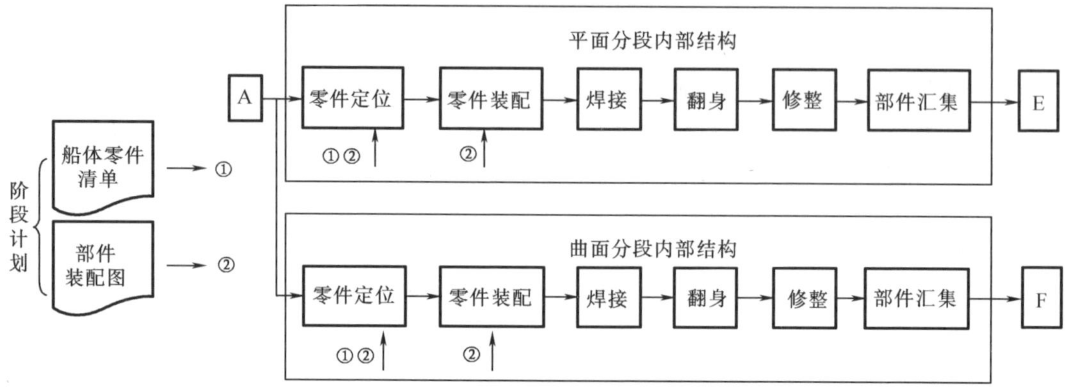

图 6.11　典型结构部件分道制造工艺流程

分段按照形状和作业类型的不同,分段制造可分成平面分段和曲面分段两个基本生产区域。一般按平面分段、曲面分段、上层建筑分段进行分道,还可将平面分段再细分为单壳分段和双壳分段,如图 6.12 所示。

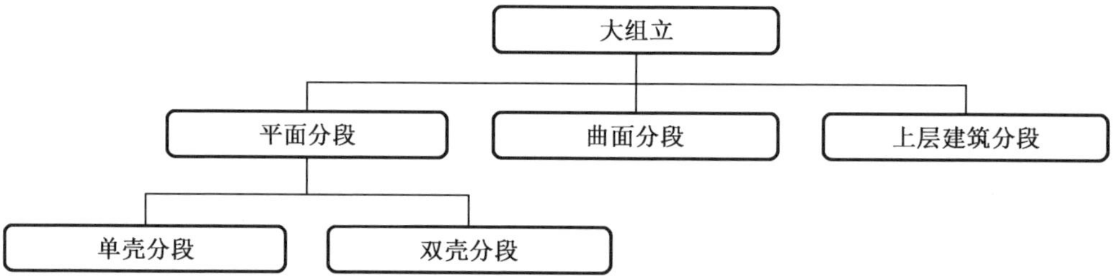

图 6.12　分段制造(大组立)分道

分段制造(大组立)分道一般由:

(1)平面分段制造分道,又可分成两条生产线:单壳分段制造生产线和双壳分段制造生产线;

(2)曲面分段制造分道;

(3)上层建筑分段制造分道。

对每一类型的分段制造采用流水线或成组生产单元,在不同生产区域内进行生产,这样,各类型分段制造的物流互不干涉,各行其道,形成船体分段分道建造的生产方式。

2. 分段总组的分道

为了提高船台(坞)总装的效率和改善作业条件,也为了扩大舾装作业面,常把两个或两个以上分段在地面上装配成大型分段(或总段)。根据各船厂的生产条件以及船舶类型的不同,一般按艉部区域、机舱区域、货舱区域(舯部区域)、艏部区域以及上层建筑区域等进行相应分段的总组,如图 6.13 所示。根据分段的不同类型,其总组形式主要有:平面分段总组、曲面分段总组、平面和曲面分段总组以及上层建筑分段总组等。由此可形成由分段制造(大组立)和分段总组联合组成的各分道生产线,如上层建筑分段制造及总组分道生产线。

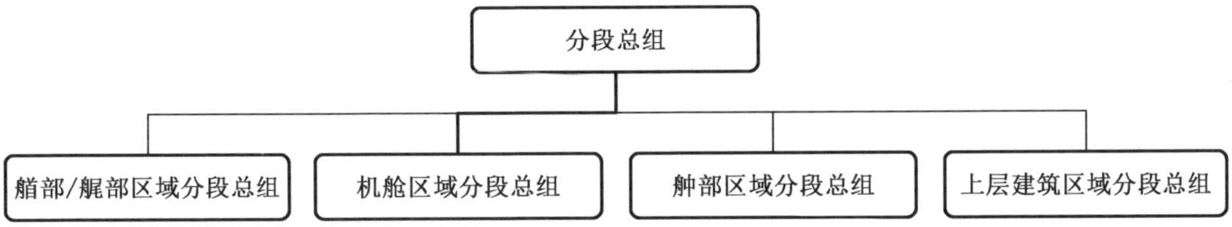

图6.13　分段总组(总组立)分道(或作业区域)

3.上层建筑分段制造及总组的分道

船舶的上层建筑一般为薄板结构,主要由甲板平面片体、围壁平面片体等结构组成,其分段制造有其特殊性,故一般在专用场所组建单独的分段制造分道生产线。现代化船厂在制造上层建筑时,一般以一层为一个分段,也有将一层分为左右两个分段,以甲板为基准面反造,可按工位形成生产流水线。分段制造结束后,直接送至总组装场所,进行上层建筑总段的总装,以形成完整独立的上层建筑分段制造及总装分道生产线。

(1)平面片体(中组立)生产流水线

其主要工位有:

①铺板定位工位;

②板材焊接工位;

③划线切割工位——划出结构线、余量线、切割余量;

④安装加强筋工位;

⑤加强筋焊接工位——用自动焊或半自动焊进行焊接;

⑥零部件安装焊接工位,形成平面片体。

(2)上层建筑分段制造区域(大组立)

平面片体进入分段装配区域,此区域设分段装配、焊接、舾装件安装三个独立工位,它们是在专用胎架上进行的。

(3)上层建筑总段总组区域

将完工的分段吊运到总装场地进行总组装(逐层吊装)、焊接、区域舾装。

三、分段制造生产线

分段制造在船体制造中占很大比例,因此,实现分段装配与焊接工作的机械化和自动化,形成流水线生产方式,对缩短造船周期、降低成本、降低劳动强度、提高产品质量有着极其重要的意义,也是实现数字化、智能化制造的重要内容之一。船体分段可以划分为平面分段和曲面分段两类,对于平面分段,一些先进的船厂采用流水线生产方式。而对于曲面分段,由于其结构相似性低、工艺复杂,一般采用固定工位生产模式,即将曲面分段安置在固定的专用胎架上进行制造。

(一)平面分段制造流水生产线

据不完全统计,大型船舶的平面分段占全船钢材质量的50%以上,其制造效率对整个船舶建造过程的影响十分显著。因此,世界各国造船业对平面分段机械化、自动化生产十分重视,各国纷纷组建了平面分段制造流水生产线。目前,国外的平面分段流水线主要可分为“欧式”和“日式”两种形式。“欧式”的主要特点是采用拼板双面焊和主向构件先装法;“日式”的主要特点是采用拼板单面焊双面成形工艺和框架式安装法。我国在20世纪

70 年代初开始研制平面分段流水线，现各大中型船厂均组建了平面分段制造流水生产线，并创立了“单板法”“纵骨先装法”等新的流水线形式。这些流水生产线使船厂生产效率提高了 40% ~60%，不仅使船厂的劳动条件大为改善，产品质量也得到了提高。

平面分段结构由平直板列和平直交叉构件组成，可分为单壳平面分段和双壳平面分段。对双壳平面分段，要求至少有一个面完全平直，另一个面平直或近似平直，且分段的长度要明显大于分段厚度(约 3 倍以上)。在通常情况下，平面分段的生产包含部件装配、拼板焊接和分段内部结构装焊三个主要方面的内容。从国内外平面分段生产线的应用情况来看，单壳平面分段和双壳平面分段趋向于分道制造，以提高效率。

所谓平面分段制造流水生产线，就是根据平面分段制造工艺流程特点，划分出各生产工位，合理布局生产，并将设备、人员和物料等资源合理地配置在各个工位上，各工位间通过输送系统将工件从前一个工位往后一个工位移动，直到流水线的末端。平面分段零部件按一定的时(生产节拍)序(工艺规程)依次经过各个工位，直至形成完整的平面分段。由于拼板焊接方法和构件装焊程序的组合不同，可派生出各种类型的平面分段制造流水生产线。根据流水化程度的不同还可分为全流水线形式和不完全流水线形式的平面分段生产线。

1. 单壳平面分段制造流水生产线及工艺流程

单壳平面分段制造流水生产线主要由自动化拼焊列板和自动化装焊交叉骨架两大部分组成。在实际生产过程中，有时是由主生产线和具有从属关系或并列关系的多条小的生产线(区)组成，本书只讨论主生产线。

(1)机械化拼焊板列的工艺流程

机械化拼焊板列的工艺流程主要包括板材的输送 → 整平 → 定位 → 施焊固定等工位。按采用的焊接方法可分为双面埋弧自动焊接和单面焊双面成形自动焊接。前者在拼板流水线上要增设板列翻身工位，以便进行板列的翻身以及封底焊。后者一般要设置修补工位，以便对焊缝缺陷进行修补。

(2)机械化装焊交叉骨架的工艺流程

机械化装焊交叉骨架的工艺流程按构架装焊顺序主要可分为纵骨先装法(简称线装法)和箱形框架组装法(简称框架法)。

①纵骨先装法的工艺流程，如图 6.14 所示。是在完工的拼板上先装焊纵骨，再进行肋板和纵桁的装焊(肋板装焊通常有插入法和拉入法)。可充分利用自动焊接技术来批量焊接纵骨。

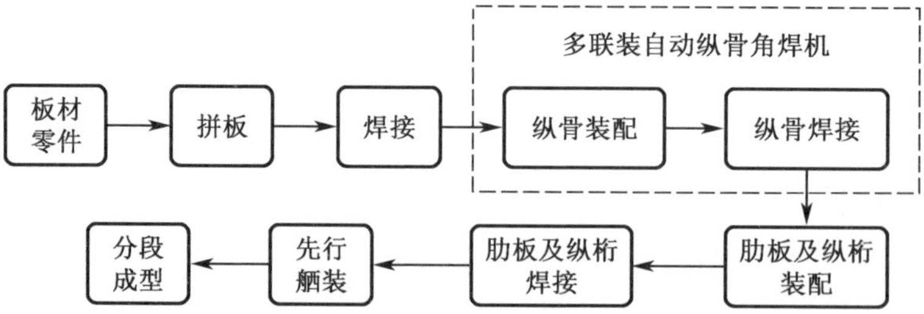

图 6.14　纵骨先装法工艺流程(线装法)

此外，还有在纵骨先装法基础上改进而来的单板法，如图 6.15 所示。在拼板之前，先将纵骨安装在单列板上，形成片体（即带有纵骨的平直单列板）。该片体可以在专用工位上完成，可不设在平面分段流水线上，以减少流水线的工位（即省去了纵骨装配工位和纵骨焊接工位），有利于精度管控；有利于流水线的控制与管理。

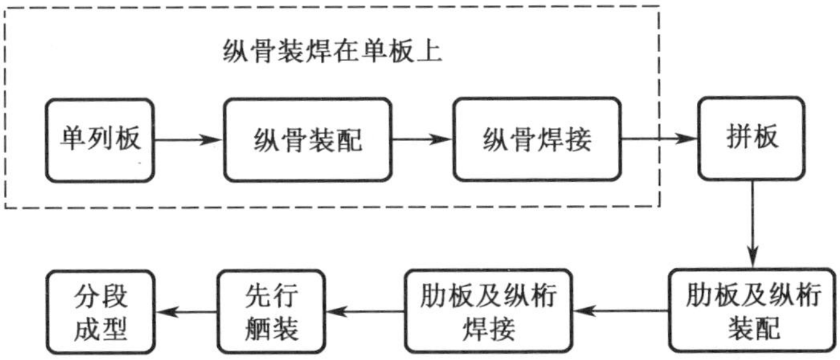

图 6.15　单板法工艺流程

②箱型框架组装法的工艺流程，如图 6.16 所示。先将平面分段的纵、横构件在专用工位上组装成箱型框架并焊接好（如果框架结构较大，可以将框架分解为若干个小型框架），然后将框架吊装到已拼焊完成的拼板上完成分段装配。

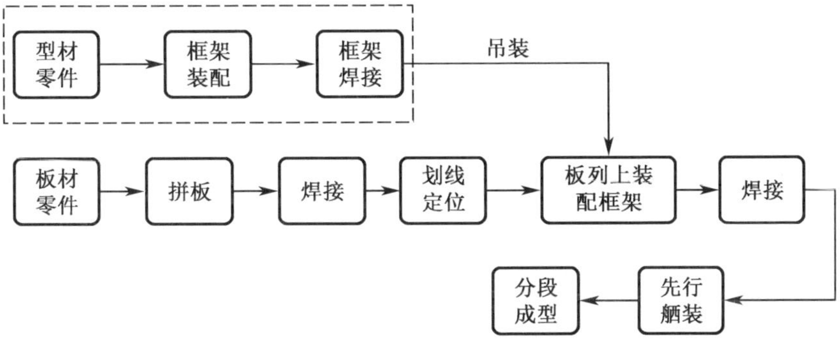

图 6.16　箱型框架组装法工艺流程（框架法）

使用线装法和框架法两种形式的流水线各有利弊，应按实际需要决定。在实际应用中，对于分段流水线的选型，必须在分析小组立和中组立的实际情况后确定。如果中组立已将纵桁、横肋板及其他结构装焊成框架、小分段等，则以采用框架法的分段流水线为宜。当采用线装法分段流水线时，其部件装配工作必须与小组立、中组立的作业相协调。

2. 双壳平面分段制造流水生产线及工艺流程

对于双壳结构的底部和舷侧平面分段，一般先用框架法完成内底部分（或舷侧里侧）的单壳平面分段，用单板法或纵骨先装法完成外底或舷部外侧部分，最后将单壳平面分段翻身至外底（或舷部外侧）分段上，并完成底部（或舷侧）双壳平面分段的制造（参见图 5.56）。如大型货船的货舱双层底分段是典型的双壳平面分段，只要适当地进行划分，就可将它划分为外底板列、内底平面分段和舭部曲面分段，先分别制造这些分段，再将它们组装成双层底分段，其装焊流水线及工艺流程如图 6.17 所示。这不仅扩大了施工面，还改善了作业条件。

目前,除了单纯的平面分段制造流水生产线外,还出现了在平面分段制造流水生产线的基础上组建货舱或货油舱等平直部位立体分段(如顶边舱分段)的流水生产线,以及适宜于船体曲面分段制造的流水生产线,使流水线制作分段的范围和效率得到更进一步的提高。

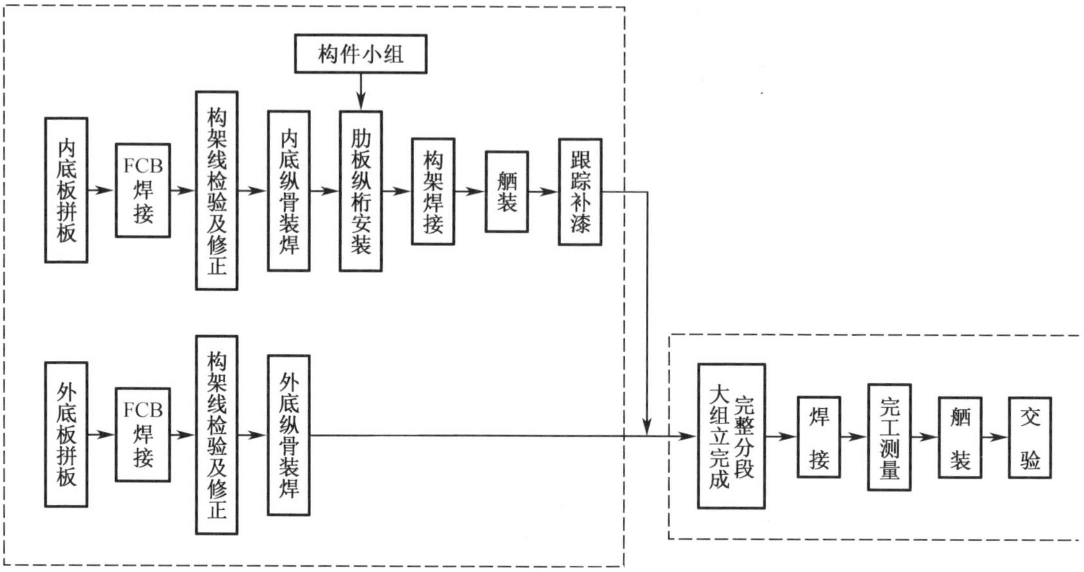

图 6.17　大型货船货舱双层底分段装焊流水线及工艺流程

3. 平面分段流水生产线的工位及生产节拍

(1)平面分段流水生产线的工位设置

平面分段流水生产线是根据其制造工艺流程划分各生产工位的,并设定了各工位的作业内容。为能达到均衡有序的生产,应根据各工位不同的作业量设置不同的工位长度,如纵桁/肋板焊接工位因作业量较大可设置 2 ~3 个工位长度。

线装法平面分段流水线一般设定的工位主要有拼板定位、单面焊或双面焊、划线和切割、缓冲工位(即焊接缺陷修补)、骨架安装、骨架焊接、纵横向强结构安装、纵横向强结构焊接、舾装、检查及运输。图 6.18 所示的为某形式的线装法平面分段制造流水生产线,共设置了 6 个工位,采用纵骨先装法;采用 FCB 单面焊焊接列板对接缝和 CO_2 气体保护自动角焊焊接骨架为主要的焊接工艺。一、二工位完成拼板焊接并进行焊接缺陷修补,形成列板。三、四、五、六工位完成结构划线和纵骨的装焊工作以及其余骨架的装焊等工作。

框架法平面分段流水线一般设定的工位主要有拼板定位、单面焊或双面焊、划线和切割、缓冲工位(即焊接缺陷修补)、框架安装、焊接、修正、舾装、检查及运输。

(2)平面分段流水生产线的节拍

平面分段流水生产线可以有效地提高工作效率,但就整体工作而言,缺乏一定的灵活性,也就是柔性不够,中间任何一个环节出现问题对生产都将产生较大的影响,且不同的船型对平面流水线运行的形态和生产节奏也有一定的影响。所以如何控制好流水线的生产节奏,以达到一个均衡有序的生产是提高平面分段流水线效率的一个重要内容。

反映平面分段流水生产线的均衡性,可以用流水线的生产节拍(简称节拍)来衡量,节拍是流水生产线是有效运行的重要衡量指标。将整条流水线的生产节拍称为生产线节拍

(assembly line cycle time),而流水线上各个相对独立工位或工作站的生产节拍可以统称为工位节拍(station cycle time)。在通常情况下,生产线上的工位是按照一定的生产节拍完成生产线分配给它的作业任务,如若分配的任务不能按时完成,则下个工位将受此影响,严重时将导致整条生产线运转出现停滞。因此,按照生产节拍生产,是生产线高效运转的一个基本前提。运行良好的流水生产线,其各工位节拍基本是一致或相等的,此时流水线具有较高的平衡率,可以将其生产节拍视为流水线的生产速度。当各工位节拍出现较大差值时,流水线的生产节奏就会出现不均衡甚至停滞的现象。对节拍产生影响的主要因素有人员因素、设备因素、物料因素和组织管理因素以及环境因素等,有时是一种或两种因素起主要影响作用,有时是多种因素共同产生影响,具体应视实际生产情况判定。

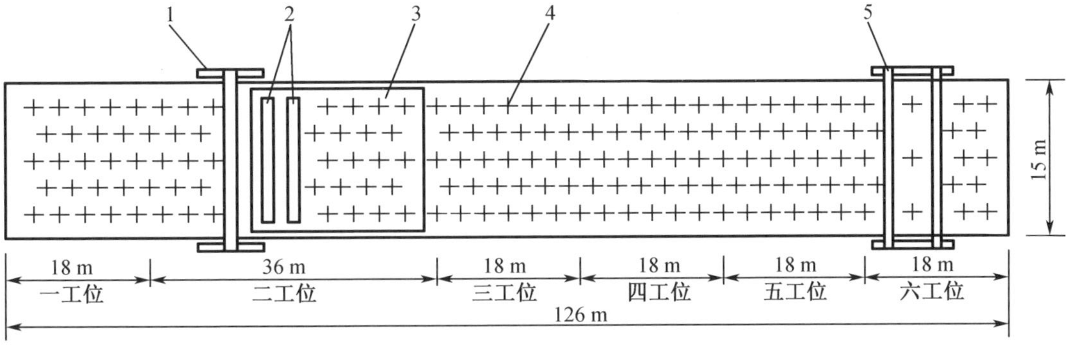

1—埋弧焊机吊车;2—FCB 衬垫行车;3—地坑;4—传送滚道;5—自动角焊机行车。

图 6.18　线装法平面分段制造流水生产线示意图

要保证平面分段流水生产线按照一定节拍有序生产,必须要把握住四个关键部分,即"鼓点"、瓶颈、缓冲和"绳索"。"鼓点"代表了整条生产线的节奏变化,是指生产系统的节奏,也就是生产线的节拍,它可以使生产线按照一定节奏有序生产。瓶颈是限制生产线产出的闸门,从工序/工位的角度看,作业时间最长的工序/工位便是流水线的瓶颈。缓冲是指缓冲库存区,它可以帮助生产线按"鼓点"运行,为生产线连续生产提供一定保障,但缓冲库存区(位置、大小)如何合理设置是必须要认真考虑的。"绳索"则是指通过生产线的生产信息将各工位有序组织起来,由"绳索"来提供生产所需的信息,可以看作各工位间的信号传递。对于生产线上的瓶颈,可利用"鼓点"、缓冲和"绳索"来管理。

因此,为了保证均衡有序的生产,即保持各工位相同的生产节拍,可设立缓冲工位,合理选用设备和配置人力及其他资源,此外还可在流水线的物流入口、出口间增加平行作业工位的办法来取得平衡。

(二)曲面分段制造生产线简介

曲面分段在船体分段中也占有相当大的比例,且具有多样性、复杂性等特点。曲面分段的形状和构件的配置随分段所处于船体部位的不同而异,且分段零、部件的装焊位置又非常复杂,其装焊基准面是空间曲面。又由于曲面分段制造所需的装备投资较大,工艺要求很严,故实现其制造的机械化要比平面分段困难得多。对于曲面分段制造,一般有固定工位和移动工位两种方式,国内普遍采用固定工位生产模式,但其生产效率不高。

1. 固定工位的生产方式

图 6.19 所示的为固定工位制造曲面分段的方式,即划分若干作业区,设置一定数量的

作业平台，形成不同类型曲面分段成组制造的分道，如单壳曲面分段、双壳曲面分段以及曲面立体分段等类型。

图 6.19　典型曲面分段固定工位制造方式

固定工位方式制造典型曲面分段的工艺流程，如图 6.20 所示。

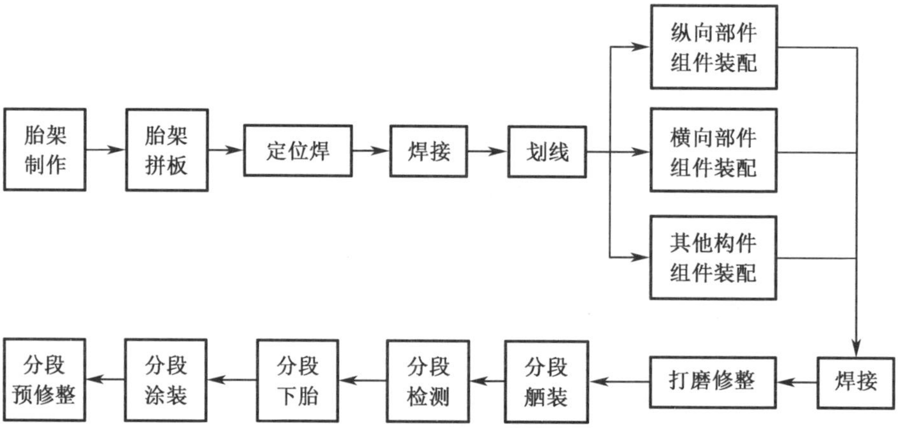

图 6.20　典型曲面分段制造工艺流程

可以根据曲面分段的生产特点，将固定工位生产与流水线作业模式结合起来，在生产过程中采用流水线作业的组织形式，即形成虚拟流水线生产作业模式，该模式通过设备流动和人员流动相结合的方式，间接实现工件的流动；通过生产组织的变更，采用软节拍的形式组织生产来提高生产的组织效率。这其中要解决的主要问题有：

（1）分段制造中的所有作业都围绕胎架进行，对场地和设备等资源占用时间较长，若某一道工序中断或延长，势必影响整个曲面分段的制造进程，因此，如何有效地生产控制就很重要，如采用看板控制。

（2）由于是曲形外板，其结构装焊作业的自动调整及如何实现机械化和自动化等。图 6.21 所示的是日本研究试验时采用的曲形外板自动装焊方式示意图。其装焊工艺流程：用数控装置调整好胎架曲面的型线，然后铺放加工好的外板，对准位置后用电磁吸头使之固定，同时在板缝地方安装好衬垫，以备焊接；此后，一面调整回转焊接台（又称摇摆胎架），使所焊接缝处于水平位置，一面进行焊接。外板焊接完毕，便可进行内部骨架的装焊。

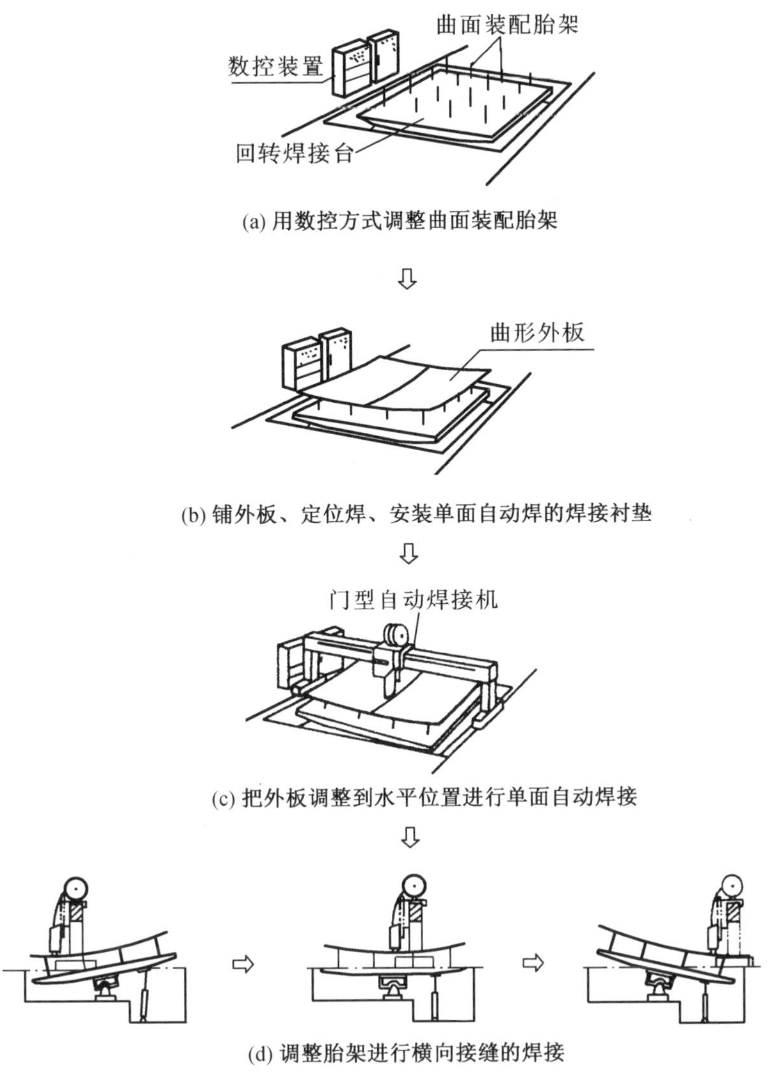

图 6.21　曲形分段自动装焊示意图

可以看出，在研究机械化生产曲面分段中，首先要解决的是装配基础（胎架）的通用化及其工作曲面的自动调整曲形列板拼装，以及焊接的机械化和自动化等问题。

2. 移动工位的流水线方式

20 世纪 90 年代，日韩和欧美等国造船企业都进行了曲面分段流水线的研究和应用。图 6.22 是一种采用移动工位流水线作业方式的示意图，它是将曲面分段放置在胎架上，再把胎架固定在移动小车上，分段的移动随着小车的移动来实现，而作业人员一般是固定在工位上的。与平面分段流水线一样，曲面分段也有专门的拼板焊接和纵骨焊接工位，但由于是曲面焊接，故所需焊接设备比较复杂，对焊接工艺的要求较严，对装配质量的要求更高。

随着研究的深入，现已研制出既适合造船生产条件又接近于批量专门生产某种类型曲面分段的生产线或作业区，以适应产品不断变化的需要。在该生产线或作业区内可以制作分段尺寸和结构不同的同类型曲面分段，使作业方式接近于专业化，从而达到大幅度降低生产成本和提高生产效率以及产品质量的目的。

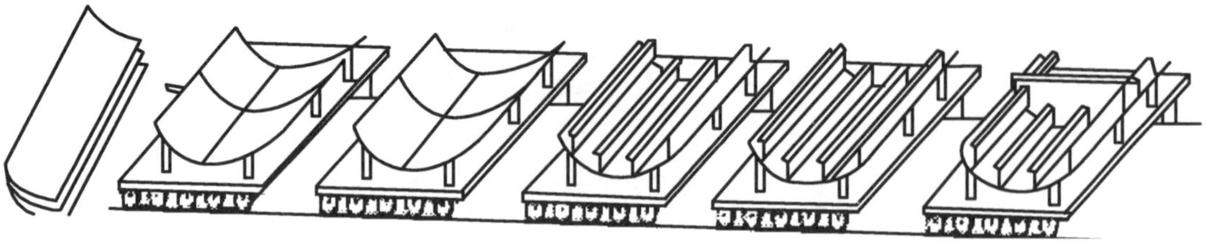

图 6.22　曲面分段制造流水生产线示意图

（三）薄板分段制造流水生产线简介

以豪华邮轮舱室为代表的薄板分段一般由甲板板、围壁板、扶强材、甲板横梁、甲板纵桁、肘板等结构组成，甲板和壁板以平直薄板结构为主，通常使用 4 ~ 6 mm 薄板制造，薄板装焊物量巨大、制造精度要求极高，传统的装配焊接方法已不能满足大量薄板制造的精度和周期要求。

1. 薄板分段制造流水生产线的组成

薄板分段制造流水生产线一般是由钢料堆场、钢材预处理区、切割预制区、部件制作区、分段制作区以及配套工程组成。一般分为主流水线和配套工位。配套工位应根据主线的节拍按需为主线工位提供构件。为确保主流水线的正常运行，在配套工位和主流水线工位之间设置库存缓冲区。钢材预处理区分别设置有板材预处理线和型材预处理线。

（1）主流水线

主流水线主要有拼板零件切割 → 铣边/拼接 → 切割/划线 → 型材装焊 → 大板拼接 → T 型材装配 → T 型材焊接 → 围壁部件装配 → 围壁部件焊接 → 分段舾装 → 分段翻身 → 分段总组等工位。

其中，大板拼接工序的设置是因薄板平面分段划分中确立的甲板拼板尺寸较大，受设备加工能力及纵骨安装工艺的限制，故在拼板制作工艺上将其拆分成 2 个独立小板架，单独进行板材的拼接和型材的装焊，完成后再将 2 个小板架拼接成 1 个大板架。

（2）配套工位

其一为主线配套的工位，主要有型材零件切割加工、T 型材制作、围壁制作、部件制作等，相应的辅助生产线主要有型材切割线、T 排制作线、围壁制作线、小组立制作线、波纹壁制作线等。如主要用于横构件为主的 2D 类部构件的装配、自动焊接、修补作业的横向专机线，以及主要用于纵构件为主的 2D 类部件构件和异型 T 排的装配、自动焊接、修补作业的纵向专机线。

其二为主线分段舾装配套的物料托盘，主要有铁舾托盘、管舾托盘、电舾托盘、空冷通托盘等。相应的有单元预制车间、舾装件集配中心等。

图 6.23 为国内某船厂的薄板平面分段流水生产线的主体部分。

2. 薄板分段制造的关键技术

不同于常规平面分段制造流水线，由于板薄及骨材规格较小，组成的板架结构相对较弱；装配精度、焊接以及吊运翻身变形的控制需要，薄板分段制造流水线上采用了激光切割、机器人激光焊接、自动化的分段翻身装置等新装备和新技术，并以 MES（制造执行系统）为核心，借助工业物联网技术实现智能管理。

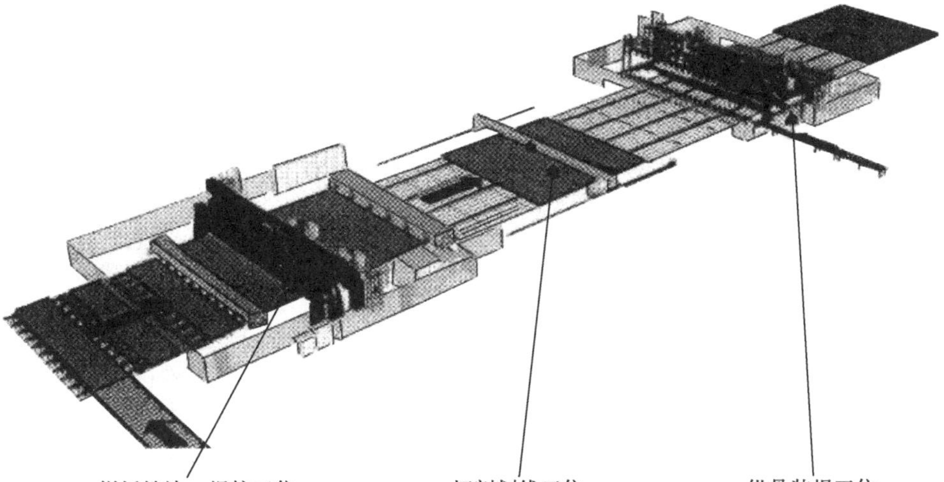

图 6.23 薄板平面分段流水生产线(局部)

为保证甲板和舱壁板的平整度,薄板分段制造中主要采用先进的切割加工、装配和焊接工艺以及结构件吊运翻身工艺等主动控制的方法,来控制制造过程中的结构变形,从而确保分段精度的目的。薄板分段制造中的关键技术主要体现在以下几个方面:

(1)零部件设计制造工艺流程的重新规划

常规船舶是以零件为基本单位开始平面结构的制造,即生产设计人员先在三维建模软件系统中构建出不同规格形状的零件模型,再按一定规则将零件套在相应规格的版图上,形成切割指令。车间制造人员按照切割指令,将钢板切割成零件,再配送给下道工序,将零件装配和焊接成部件。但在薄板平面分段流水生产线上,是以单张钢板的平面结构制造为基本单位,装焊成更大尺寸的平面构件,然后再对需要开孔的位置进行切割。因此,为推进先进焊接技术和充分发挥出激光焊接生产线的资源优势,需要对零部件设计和制造工艺流程进行重新规划,生产设计理念由以零件为基础向以单张钢板的平面结构为基础转变,制造工艺由先切割后装焊向先装焊后切割转变。

(2)零部件配送工艺流程的重新规划

激光焊接生产线设置了纵骨激光焊接工位,对骨材零件装配质量和效率提出了更高的要求,常规托盘内的零件是无序摆放的,到位后再摊开分拣的模式已不能满足生产线的高自动化生产要求。因此,需要对托盘设计和零件入托流程进行重新细化梳理,重新规划零部件配送工艺流程,实现精细化按需有序配送。在托盘设计阶段,详细考虑结构制造工艺,识别出零件装配的先后顺序,并对每个托盘中的零件进行装配顺序编码,供车间分拣零件使用,而这需要强大的信息化工艺设计系统作为支撑。在骨材零件装托盘阶段,对零件的叠放顺序进行严格的控制,保证叠放在最上面或最前面的零件,一定是需要最先安装的零件,实现零件的有序入托。

(3)为控制焊接变形,采用激光焊接技术

目前,国内主流船厂中普遍采用的,也是比较成熟的焊接方法是埋弧焊和气保焊。由于焊接自动化程度低,焊接热输入量大,使得船体结构焊接后产生较大的热变形,只能依靠焊前加放反变形、焊中控制焊接顺序或施加强制约束、焊后机械校平或火工矫正等方法来缓解,但效果并不理想。

激光焊接是一种以高能量密度激光束作为焊接热源的高效精密焊接方法,所产生的焊脚和余高非常小,与传统焊接方式相比,由于其焊接速度快、效率高,且焊接变形小、质量稳定等优点,具有诸多优势。激光焊接作为一种高质高效的先进焊接方法,可有效控制薄板结构装焊变形和保证分段制造精度,现已在薄板分段生产线上得到了应用。配置有激光焊接的生产线包括激光焊接拼板、纵骨激光焊接等工位,均为全自动焊接生产线,但零件的边缘修割、装配和焊接都需要通过数据驱动设备来实现,以除去人工操作不确定性因素的影响。

(4)激光焊接工艺数据库的构建

激光焊接的焊缝成形与传统电弧焊有较大区别,质量检验和评判标准也需要进一步拟定和评审。因此,在生产线上推进激光焊接的同时,需通过试验探索,编制出适合生产线上的激光焊接工艺参数,并进一步编制成利于机器人调取的焊接工艺数据库。通过对比等方式证明通过该系列参数焊接出的焊缝质量能满足船舶建造和使用要求,并且还要得到船级社的认可。

此外,配置有激光焊接的生产线是由多个工位组成,涉及诸多传动机构、机器人系统、集成控制系统、设计软件、转换软件等,但各工位之间缺乏标准的开放式数据接口,不同品牌设备间数据传递困难。若要保证集成后的生产线顺利运转,就需要充分考虑软件系统的构建与集成。

(5)薄板分段翻身装置的应用

为有效控制薄板分段的翻身变形,在薄板分段的主流水生产线上设有专门的分段翻身装置。分段翻身装置是由翻身平台机构、液压提升装置、翻身驱动装置以及智能锁持装置等构成。图6.24为国内某船厂采用的一种薄板分段翻身装置,可将成形的平面片体和薄板分段在整体固定的情况下翻转180°,整个翻身过程可实现自动化,可控制和减少分段的翻身变形。

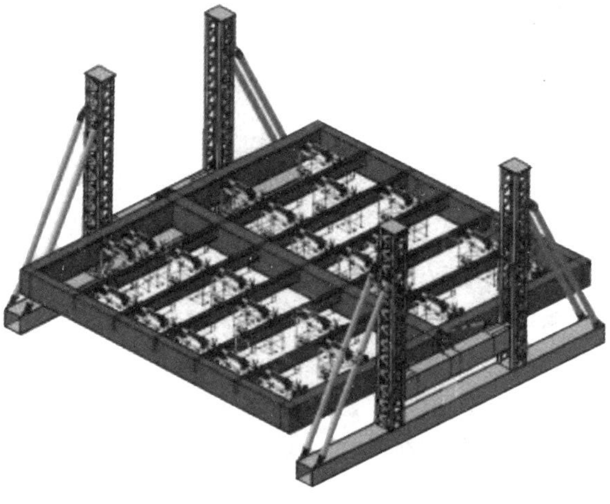

图6.24　薄板分段翻身装置

第七章　船舶总装技术

船舶总装是船体结构零件经过部装、分段装焊和总段装焊，以及预舾装、预涂装后，成为若干数量的船舶分段和总段，将它们吊运到船台（坞），最终完成船舶整体的组装，以及舾装和涂装的工艺阶段。船舶总装俗称大合拢，是船体制造的最后一道工序。这个阶段的作业特征是，一般以露天作业为主，受天气影响较大，高空作业多，垂直焊和仰焊较多，较难推行自动焊接。它对保证船舶建造质量，缩短船舶建造周期有着很大的影响。

第一节　船舶总装设施及工艺装备

作为总装场所的船台（坞），具有坚实的基础，配有大型吊车、焊接设备、各种能源供应设施以及辅助设施，并具有将完工的船舶送入水中的下水装置。船台（坞）一般设置在船体装焊车间附近同时又靠近船舶下水水域的地方，以缩短分段、总段的运输路线，便于船舶下水。

1. 船台（坞）类型

主要有船台和船坞两种基本类型。其中船台根据其工作面可分为倾斜船台和水平船台。倾斜船台又可分纵向倾斜船台和横向倾斜船台。

（1）纵向倾斜船台

纵向倾斜船台是一种船台平面与水平面呈一定角度（即船台坡度）的船台，倾斜度通常取1/14～1/24。沿船台的一侧或两侧铺设平行的起重机轨道，配置起重能力较大的门式起重机或门座式（高架吊）起重机，以便吊装各种分段和总段，如图7.1所示。有时为了缩短船台长度、降低船台标高和船台安装时的分段、总段的起吊高度，在船台尾端加一闸门，这种形式称为半坞式船台。建造时，只要关闭闸门将水抽干，即可进行船台总装作业。这种船台适用于各类船舶的建造，是目前船舶总装和下水采用最普遍的一种形式。其优点是船舶总装与下水在同一位置，建造场地比较紧凑；一般情况下不需要移船，船舶能在自身重力的作用下滑入水中，因而不需专门的移船装置。但船舶在倾斜状态下建造，其施工操作不如水平船台方便。

（2）水平船台

水平船台是船台平面与水平面平行的船台。地基上铺设供船台小车（随船架）移动的钢轨，通常与机械化下水滑道（或浮船坞、升船机）配套使用，以满足下水需要。这种船台适用于建造5 000吨级以下中小型船舶，其优点是船舶处于水平状态建造，施工方便；下水安全可靠；可以双向使用，能下水也能上排。

由于船舶是处在水平状态下建造的，所以船台装配中的划线、定位、安装、测量和检验等工作都比倾斜船台方便，而且还有利于实现装配过程的机械化。且可布置较多的船位，经济性好，使用灵活。但需专门设置下水横移区，配备移船装置。近年来，由于平地造船技术的推行，一些大型船厂在建造大型船舶时也采用水平船台，但需要专门的下水辅助工装等设施。

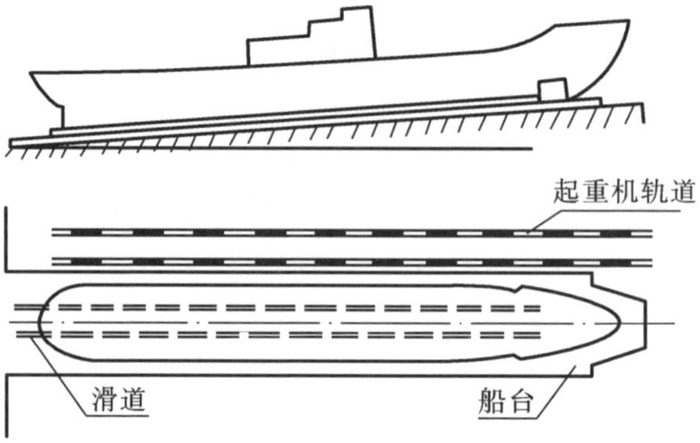

图 7.1　纵向倾斜船台

(3)船坞

船坞是低于水平面,端部设有闸门,在闸门关闭后能将水排干以从事船舶修造的水工建筑物。根据坞的深度,可分为浅坞和深坞两种。浅坞用于造船,称为造船坞(图 7.2);深坞既能用于造船又能用于修船。造船坞一般都配置了横跨船坞的大跨距大举力的门式起重机,而坞侧有大面积的预装配区。船坞具有水平船台的一些优点,船舶也是呈水平状态建造,且由于坞底低于地平面,降低了分段、总段的起吊高度。采用船坞下水方式能大大简化船舶下水工艺,故其是大型船舶总装和下水的主要设施。

图 7.2　造船浅坞

2. 船台(坞)的工艺装备

为了保证船舶总装作业顺利进行,在船台(坞)上必须配置的工艺装备主要有以下几种:

(1)墩木

墩木是船台(坞)上支承船体的主要装备,分固定式和可调式两类。固定式墩木类型如图 7.3(a)所示,可调式墩木类型如图 7.3(b)所示,可调式墩木是为了改善铺墩和拆墩的方便性,从而提高作业效率。墩木按布置位置可分为龙骨墩和边墩;按材料可分为木墩、混凝土墩和金属墩。混凝土墩和金属墩用作墩位的基础,不与船底直接接触。

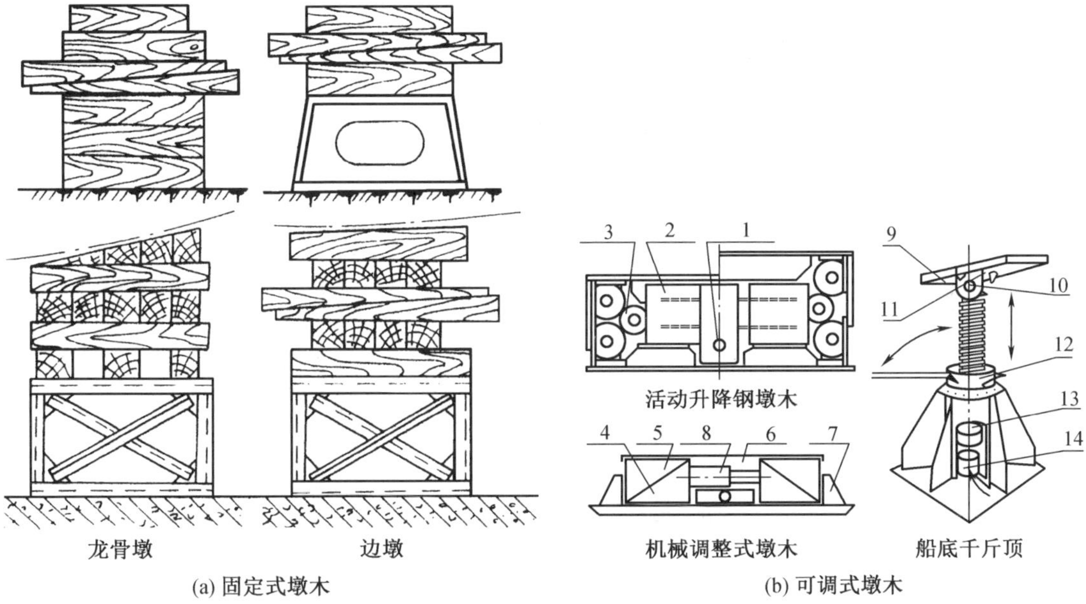

1—作用蜗杆轴;2—作用螺母;3—作用滚轮;4—下斜架;5—上斜架;6—拉紧板;7—支撑板;8—液压千斤顶;9—船底支撑台;10—头球部;11—支撑;12—安全螺母;13—螺杆;14—可移液压千斤顶。

图 7.3　墩木

龙骨墩铺设在中底桁下方的船体平板龙骨处,是主要的受力墩位。一般是由混凝土墩(或金属墩)上安放木墩组成,其高度为 1 ~ 1.8 m,以便在船底进行作业。边墩也是由混凝土墩(或金属墩)上安放木墩组成,一般应尽可能左右对称的布置在船体底部的纵横结构处(舱壁、旁底桁、肋板等),根据船宽的大小,可分设第一边墩、第二边墩、第三边墩,其高度随船型而定。墩位布置及数量由船长、船宽、下水重力、船舶重力沿船长的分布情况确定,应根据分段、总段定位安装时安全和稳定性的要求,支承反力在结构上的合理传递要求以及施工方便等要求进行布置,需按墩木的额定承载能力进行核算。图 7.4 为某船在船宽方向的墩木布置示意,墩位应避免布置在船体大接缝、未经密性试验的焊缝和船底放水塞位置。对型线变化以及高度较大的船舷或艏艉部,可用专门定制的撑柱来代替。

墩位布置一般按船台(坞)墩木布置图及数学放样提供的型值来确定布墩位置、高度、墩木形式(墩木类型和组合形式)以及各区域布墩数量,因为其相当于主船体的胎架,必须准确布设。

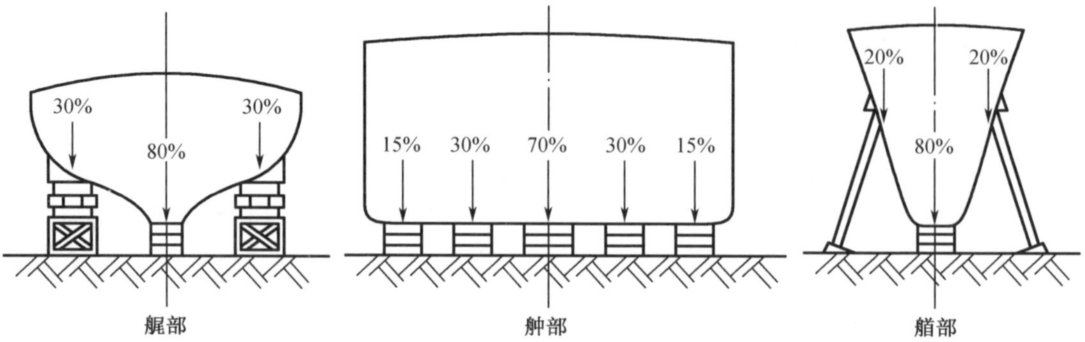

图 7.4　墩木布置(船宽方向)

(2)脚手架(或作业台)

船舶总装作业多数是高空作业,必须设置供人员往来和作业用的工作台架,被称为脚手架或作业台。通常有舷外脚手架和舱内脚手架两种,如图 7.5 所示。这类脚手架敷设和拆除工作量大,使用不是很方便。近年来设计人员研制了多种形式的脚手架和可调控的作业台,图 7.6 所示的是一种可调节脚手架和作业台,通过调节装置,可使其到达所需的作业位置。

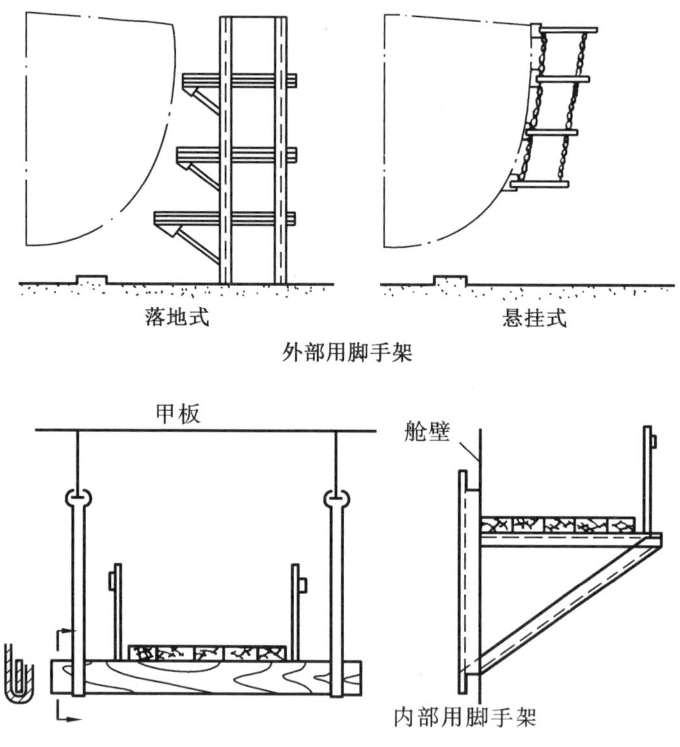

图 7.5　脚手架

(3)分段、总段搭载定位用标杆

为了保证船舶总装作业顺利进行,在船台(坞)上必须配置供分段、总段搭载定位用的工艺装备,如图 7.15 中所示,主要有:

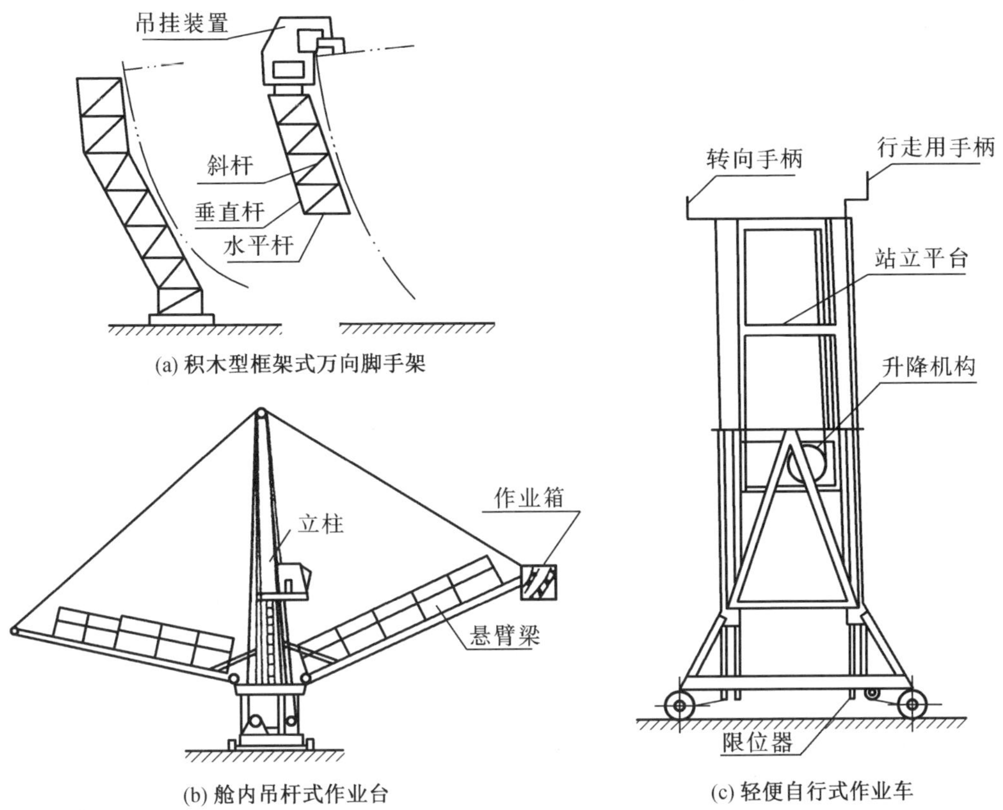

图 7.6　可调节脚手架和作业台

①中心线槽钢。供勘划中心线和肋骨检验线使用,其长度要比所建造的最大船舶的船还要长 6 ~ 10 m,宽度为 100 ~ 150 mm。

对水平船台,还应沿全船的基准肋骨线,横向嵌埋在中心线槽钢两侧的肋骨检验线槽钢,作为分段、总段安装定位时,确定其纵向位置。

②高度标杆。垂直于水平面设置在船台(坞)两侧,标杆上刻有基线、水线、甲板边线以及其他高度理论线,作为应用激光经纬仪和激光水准仪进行船台(坞)铺墩、分段/总段定位和检验的高度标准。分为塔式标杆和杆式标杆两种。对大型船舶,有时还要设置照光标杆(又称望光柱)。

此外,还在船台(坞)两侧及中心面处埋置了拉桩,供分段、总段定位时拉曳用。

(4)水平船台上的牵移设施

对水平船台,还应配置供分段、总段以及船舶牵移的设施,一般由船台小车和钢轨组成(也有用钢柱滚道代替船台小车)。船台小车是承载船舶在水平船台及横移区移动的专用装置,有纵移和横移两种运动方向,根据驱动特点可分为自动船台小车和非自动船台小车两种,如图 7.7 所示。

3. 船台(坞)吊车

为保证船舶总装作业,船台(坞)上必须配置有足够起重能力的高架吊车,供分段、总段搭载定位用。主要有门座式起重机(高架吊)和门式起重机两类。配置要点主要体现在下列两个方面。

(1)起重能力及配置数量

船台(船坞),以及分段总组区,其起重能力是船厂最重要的生产要素之一,是决定分段总组以及分段、总段搭载能力的关键,对缩短船台(坞)周期具有重要影响。但过大的起重能力会大大增加投资成本,且使用经济性和灵活性较差。因而应以纲领产品为基础,兼顾发展需要,进行综合配套。大、中型船厂每座船台(坞)一般可配置 1 台 300 ~ 600 t 级的门式起重机和数台 100 t 级的门座式起重机,分段总组区也可另配 100 t 级或稍大的门式起重机,具体数量视场地面积而定。近来,船台(坞)起重机似有进一步大型化的趋势,有的船厂已配置了已达 1 200 t 的门式起重机。

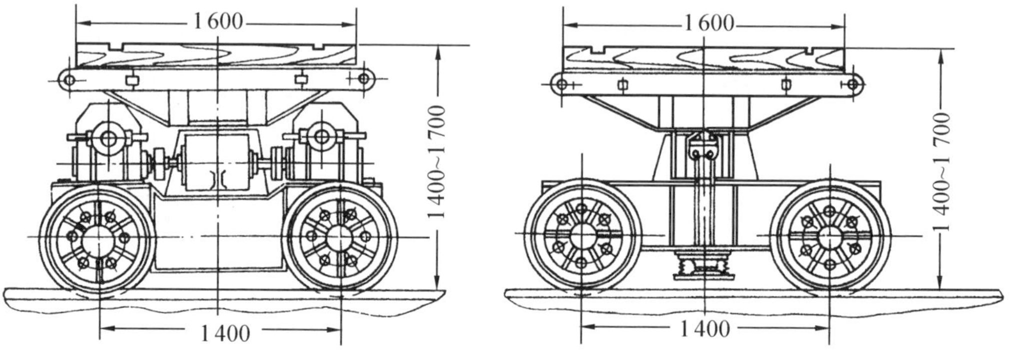

(a) 自动小车　　(b) 非自动小车

图 7.7　船台小车

(2)跨度、高度以及工作幅度

船台(坞)区的起重机,由于起重量很大,有效跨度和有效高度均有特定要求,故通常都需结合分段总组以及分段、总段搭载的最大质量和最大尺度进行专门设计。

①对门式起重机,其主要参数有额定起重能力、有效跨度以及有效起升高度等,如 7.8 (a)所示。

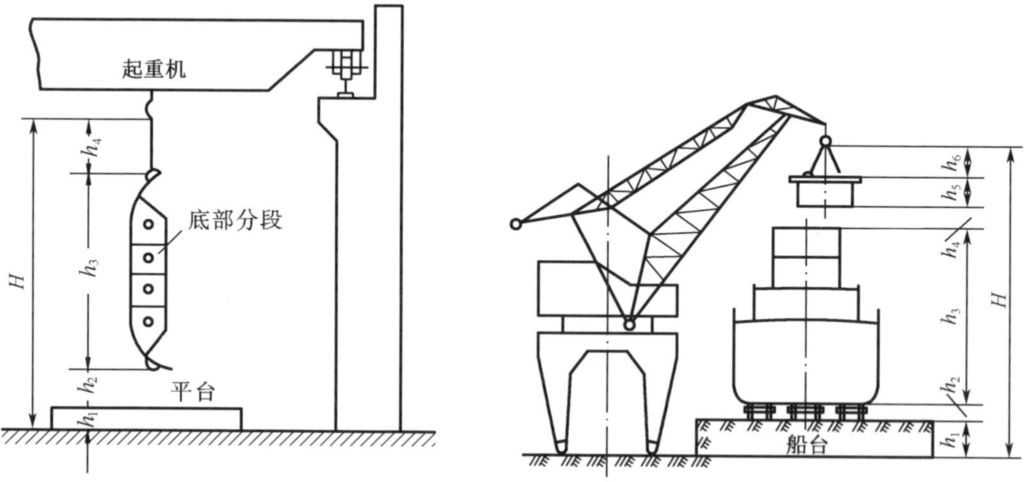

(a) 门式(桥式)起重机起重高度　　(b) 门座式起重机起重高度(某一工作幅度)

图 7.8　起重机起重高度示意图

②对门座式起重机，其主要参数有最大工作幅度下对应的额定起重能力和有效起升高度；最小工作幅度下对应的额定起重能力和有效起升高度等。图 7.8(b) 为其在某一工作幅度下的吊装示意图。

此外，还有与此配套的运输分段的动力平板运输车，其主要参数有额定载运能力；主要尺度（长度、宽度、结构高度）等。

第二节　船台（坞）总装工艺

一、船舶总装方式

由于产品对象和船厂生产条件不同，船舶总装方式（又被称为建造法）也各不相同。这些方式都是根据船舶类型、尺度、结构特点，以及船厂生产条件和管理方式，按有利于平衡生产负荷、提高效率、缩短造船周期和改善劳动条件等原则确定的。单船的船台（坞）建造方式常用的有总段建造法、塔式建造法、岛式建造法和层式建造法。当在船台（坞）上同时进行多艘船同时建造时，常采用串联建造法（又被称为一条半船建造法）。

1. 总段建造法

总段建造法如图 7.9 所示，是将总段作为船体总装单元的建造方法。首先将船中部（或靠近船中）的总段（基准段）吊到船台（坞）上定位固定，然后依次吊装前后的相邻总段。这其中，定位基准段的选择是关键，可根据船舶类型和建造工艺来定，一般应以舾装工作量最大的机舱区域能提前进行为首选因素。

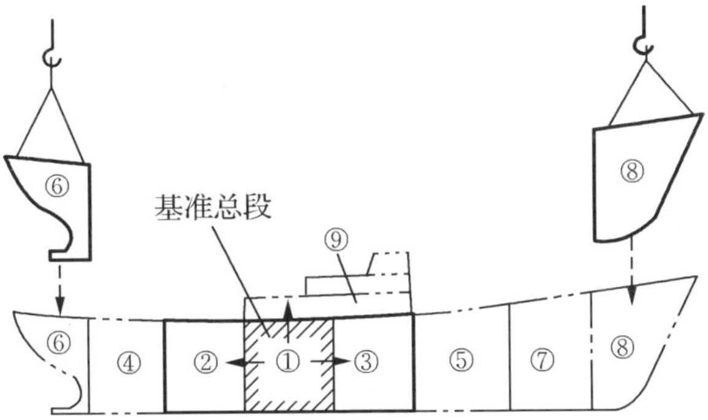

图 7.9　总段建造法

由于总段较大、刚性好，所以便于控制焊接变形。可提前进行船体舱室的密性试验；可提高预舾装和预涂装作业的完整性，减少了船台（坞）工作量，可大大缩短船台（坞）建造周期。但总段的大小和质量一般受到船台（坞）起重能力的限制。对于采用水平船台造船的船厂，可使用船台小车作为总段的运送工具。

2. 塔式建造法

在船台（坞）上以某一底部分段为基准分段，由此向艏艉和左右两舷，自下而上依次吊装各分段。由于建造过程中所形成的安装区域呈下宽上窄的宝塔形状，故称为塔式建造法，如图 7.10 所示。一般以中间偏后的底部分段为定位基准段（也可取在机舱位置的底部分段）。

这种建造方法的分段安装较简单,机动性较大,但由于合拢缝较多,其焊接变形不易控制,完工后艏艉上翘较大。在斜船台上建造中、大型船舶时,普遍采用此建造方法。

3. 岛式建造法

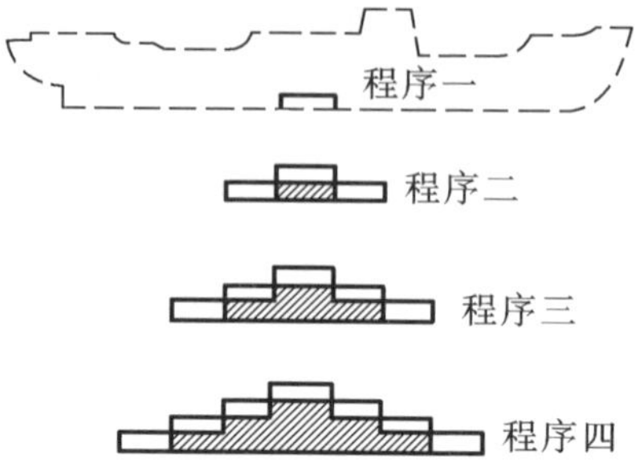

图 7.10 塔式建造法

有两个或两个以上基准分段同时进行船体总装的建造方法。即以船舶建造区域为依据,将船体划分为2~3个建造区(俗称"岛"),每个岛各由若干分段和总段组成,可分别按塔式建造法进行建造。各岛分别装焊完成后,借嵌补分段连接成整个船体,如图7.11所示。一般常见的是两岛法。

能充分利用船台(坞)面积,扩大施工面,在平行作业的基础上缩短船台(坞)建造周期,且船台(坞)上的工作负荷也比较均衡,但嵌补分段的装配定位作业比较复杂,大型船舶普遍采用岛式建造法。

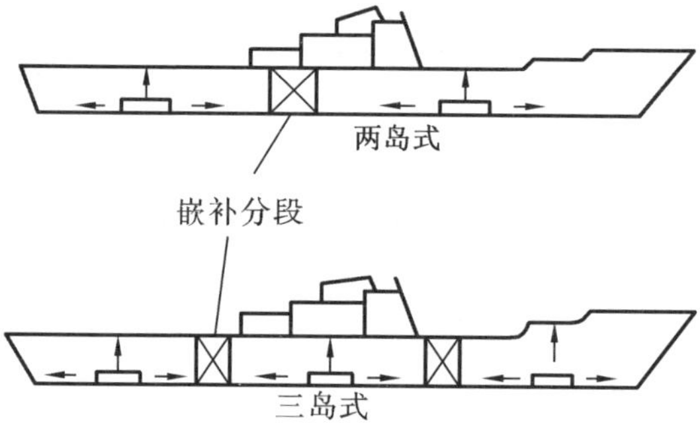

图 7.11 岛式建造法

4. 层式建造法(也称水平建造法)

在船台(坞)上先将船底分段装焊完毕,再向上逐层装焊直至形成船体的造船方法。它是由整体建造法演变而来的,将零部件上船台(坞)散装改为以分段为单元上船台(坞)安装,如图 7.12 所示。

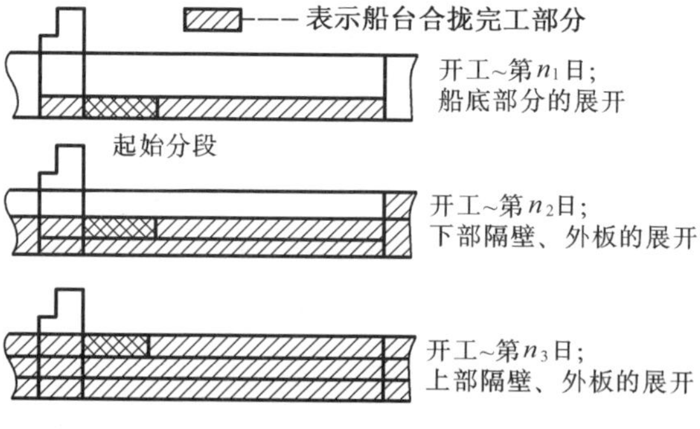

图 7.12 层式建造法

这种建造方法操作方便,安装程序较机动,工作负荷也比较均衡。但船台(坞)周期较长、焊接变形较大,预舾装率不高。装备条件较差的船厂以及船台(坞)散装件较多的船多采用此建造方法。

5. 串联建造法(也称一条半船建造法)

所谓串联建造法,是在船台(坞)尾端建造第1艘船舶的同时,就在船台(坞)首端建造第2艘船的尾部,待第1艘船下水后,将第2艘船的尾部移至船台(坞)尾端,继续吊装其他分段形成整个船体,与此同时,在船台(坞)首端建造第3艘船的尾部,依次类推,如图7.13所示。此法的实质是将船体分为前后两个不同的建造区(岛),后艘船岛(艉部)按塔式法建造,然后移位。

图7.13 串联建造法(在斜船台上)

串联建造法能提高船台(坞)利用率,缩短船舶建造周期。且艉段提早形成有利于早期舾装工作的开展。但在倾斜船台上采用此方法建造时,必须配置艉总段的位移装置,且移位要求较高。对批量建造的大、中型船舶,尤其是尾机型船,当船台(坞)长度大于船长的1.5倍时,就可采用串联建造法来组织生产。

在船坞造船时,根据船坞的大小及所造船舶的尺度可采取"串并联"形式,即除坞长方向按串联建造法外,还可以在坞宽方向上同时布置两条船,以充分利用造船设施。

除上述介绍外,还有其他方式的建造法,如利用小船台(坞)来建造大型船舶的两段建造法,即将船体分为艏半段和艉半段,在船台(坞)上分别建成后,在水下或坞内合拢成整个船体。在实际生产中,各船厂由于具体的生产条件不同,建造的船型和尺度的不同,常常不能单纯采用某种方法,往往结合具体情况采用混合建造法,即采用两种及两种以上的方法,如总段建造法和塔式建造法的组合使用。

现代造船下的船舶建造法正向着以统筹优化理论为指导,应用成组技术,以中间产品为导向,按区域组织生产,壳舾涂作业在空间上分道,时间上有序,实现设计、生产、管理一体化,均衡、连续地总装造船模式的转变。但无论何种造船模式,在船舶建造工艺上,均是以已阐述的常用船舶建造法为基础,在时间和空间上做进一步优化组合,以达到扩大生产规模,提高生产效率,降低制造成本的目的。

二、船台(坞)总装工艺的主要内容及质量控制要点

1. 船台合拢(船坞搭载)工艺的主要内容

(1)决定船台(坞)合拢方法,包括总段建造法、塔式建造法、岛式建造法或串联造船法等。

(2)设定船台(坞)合拢程序,即船台(坞)合拢网络图。

(3)提出合拢分段、总段的精度管理要求,包括大接缝的余量和补偿量处理原则。

(4)确定大接缝的焊接方法,并设定焊接工艺规程,提出预防焊接变形的措施。

(5)绘制船台(坞)布置图和船台(坞)铺墩图。

(6)提出船台(坞)定位线、标志线的要求。

(7)提出船体主要尺度的精度控制目标。

2. 各类型分段(或总段)在船台(坞)的定位

空间的任何物体在未被定位之前,都具有六个在空间活动的自由度。以船台(坞)上的底部分段为例。这六个自由度如图 7.14(a)所示,即,三个平移方向(沿船长 x、船宽 y、船舶高度 z);三个转动方向(绕 x 轴的横向、绕 y 轴的纵向、绕 z 轴即相对于中线面的偏离)。

反映在船台(坞)的搭载中,一般是借助该分段(或总段)在船体中长度、宽度和高度方向所处的位置,以及水平检验线等四个要素来决定分段(或总段)在船体中的正确位置,如图 7.14(b)所示。同时还应校核分段(或总段)的垂直度、扭曲度等。

(1)用肋骨检验线决定分段(或总段)在长度方向的相对位置;

(2)用中心线(或纵剖线)决定分段(或总段)在宽度方向的相对位置;

(3)用水平检验线(或某一水线)决定分段(或总段)在高度方向的相对位置以及分段(或总段)水平。

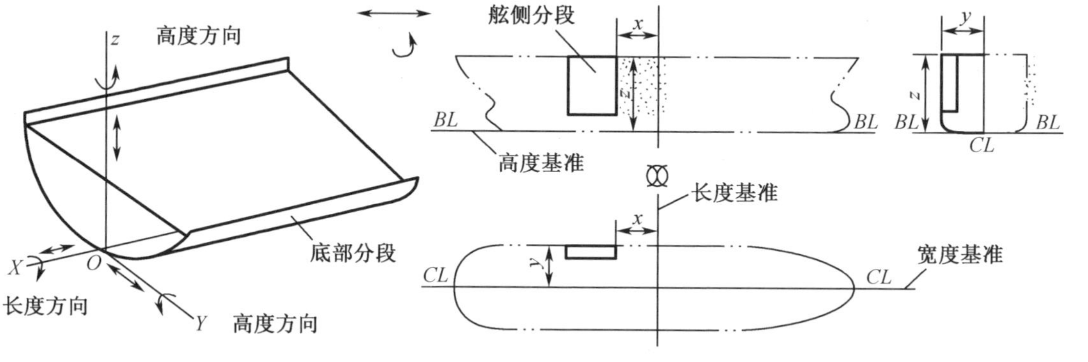

(a) 分段具有六个在空间活动的自由度　　(b) 分段在船台(坞)上的定位

图 7.14　分段在船台(坞)上的定位原理

3. 船台(坞)装配的质量控制要点

《中国造船质量标准》(GB/T 34000—2016)中,针对船台(坞)装配的特点,设定了如下质量控制点,主要有:

(1)船台(坞)划线精度;

(2)基准段定位准确性;

(3)合拢缝肋骨、纵骨间距;

(4)结构对接、角接精度,焊接结构的结构对位精度;

(5)船体龙骨中心线扰度;

(6)轴系基点定位;

(7)船体载重线标志和吃水标志的划线精度;

(8)船体主尺度。

三、船台(坞)总装的准备工作

船台(坞)作业时专业、工种和时间的集中度最高,必须充分做好生产准备和计划协调工作。船台(坞)总装的准备工作是保证分段、总段的顺利搭载和保证产品质量的重要环节,可分为船台(坞)上的准备工作和分段、总段上的准备工作两部分。

(一)船台(坞)上的准备工作

1. 船台(坞)总装基准线和格子线勘划

主要是按照船台(坞)总装格子线图勘划好船台(坞)基准线和格子线,如图 7.15 所示。主要有:船体中心线、船体半宽线、分段两端肋位线(或肋骨检验线)、垂线间长和最大船长以及高度标杆上的高度基准线,为船台(坞)总装建立有关定位基准以及作为检测依据。

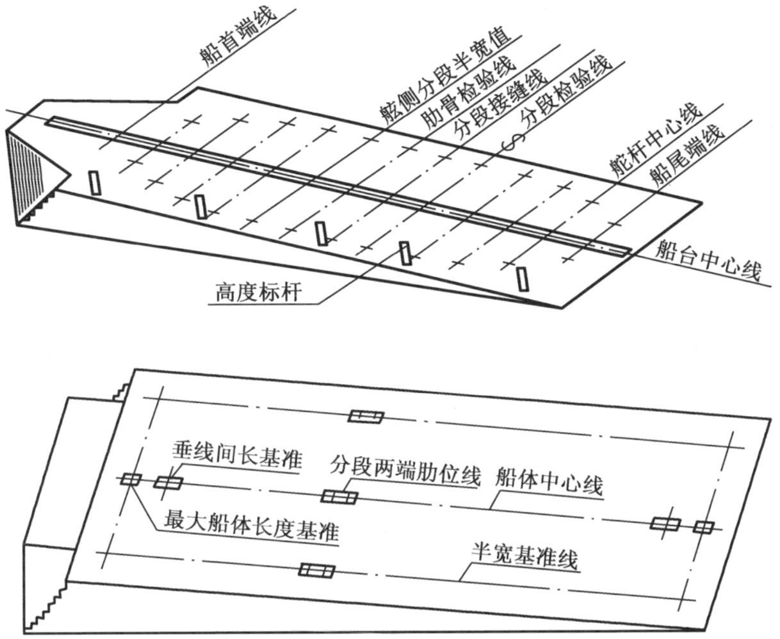

图 7.15　斜船台上的基准线和格子线

(1)船台(坞)中心线的勘划

确定船台(坞)中心线的方法有照光板法、拉钢丝吊线锤法、望光柱法以及经纬仪法。前三种方法因为精度低、操作麻烦且效率低、受环境影响较大等原因逐渐淘汰。目前国内大、中型船厂均使用激光经纬仪在船台(坞)中心线槽钢上划出船台(坞)中心线,如图 7.16 所示。

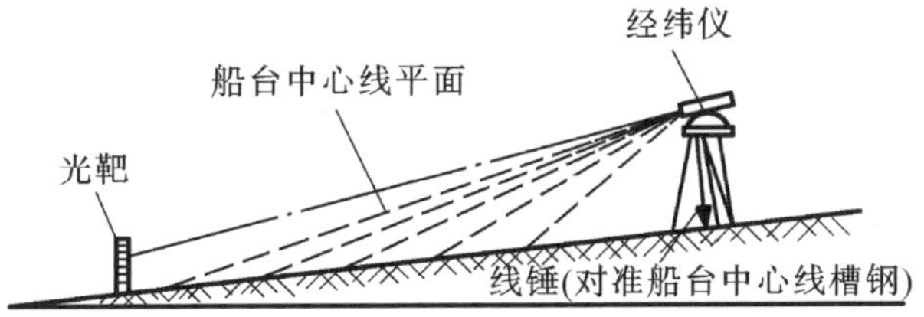

图 7.16　使用激光经纬仪划船台(坞)中心线

船台(坞)中心线划好后,要在船台(坞)中心线上确定首、尾端点,划出首、尾端点位置线。按船台(坞)划线数据和草图,将分段(总段)大合拢接缝前/后肋骨位置、舵杆中心、艉轴后端面等位置划在船台(坞)中心线上,并做出标记。

(2)船台(坞)半宽线的勘划

为方便船台(坞)合拢对宽度的测量,应绘制船台(坞)半宽线。船台(坞)半宽线通常也是采用激光经纬仪来绘制的。船台(坞)半宽线除了型宽线外,因船体沿船长方向宽度的变化,还要绘制不同船宽处分段(总段)定位用的半宽线(其宽度为该处分段或平台、内底等宽度),在半宽线上也要划出合拢缝前/后肋位线,并做出标记。

(3)船台(坞)肋骨检验线和分段接缝线的勘划

按船台(坞)总装定位图,在船台(坞)中心线上划出各分段(总段)首尾端的肋骨位置,并标上肋位号码,作为分段(总段)纵向位置的定位。当船体基线坡度与船台坡度不相等(不平行)时,则应根据两者之间的几何关系通过换算后再确定分段(总段)肋骨线位置。

(4)高度标杆上的高度线的勘划(船体参考基线)

根据生产设计提供的数据(高度型值),在船台(坞)的高度标杆上划出基线、水线、甲板边线等全部理论高度线,作为水平软管、激光水平仪或激光经纬仪进行船台(坞)铺墩,分段(总段)吊装定位和检验高度的基准。

在倾斜船台上,船体和水线等都是倾斜的,为了便于测量,高度标杆都是垂直于水平面设置的,所以应根据两者之间的几何关系通过换算后再确定其高度值,如图7.17所示。

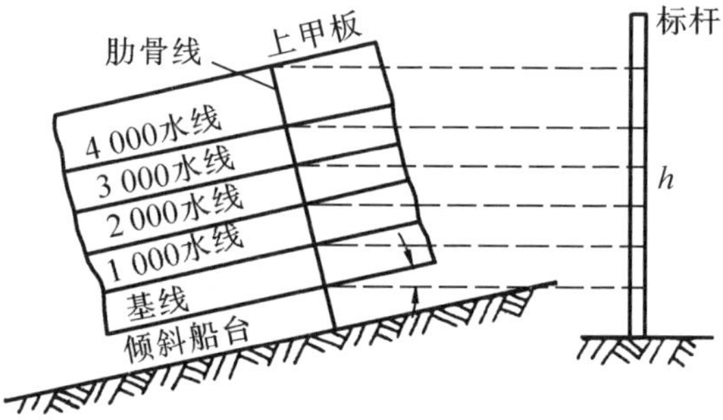

图7.17 倾斜船台上高度标杆与船体各高度线的关系

2.墩位布设及相关设施准备

按船台(坞)布置图和铺墩图布置好墩位,准备好拉桩,以及安全、适用的脚手架等设施。

(二)分段、总段上的准备工作

1.分段、总段定位线、对合线的检查和勘划

为保证分段、总段在船台(坞)上的位置准确性,在船台(坞)总装前必须检查各分段、总段上的船台(坞)装配定位线及对合线是否勘划完整和正确。

(1)各典型分段的定位线如下:(总段上的定位线可参照确定)

底部分段:分段中心线、分段肋骨检查线、分段水平检查线、内底板上舱壁位置线。

舷侧分段:水线1~2根(高的舷侧分段上下边各划1根)、甲板边线、分段肋骨检验线(与船底同号肋位)、舱壁位置线。

甲板分段:分段中心线、分段肋骨检验线(与舷侧同号肋位)、舱壁位置线。

舱壁分段:分段中心线(横舱壁)、水线1~2根、肋骨检验线(纵舱壁)。

(2)分段对合线的勘划

分段对合线是作为各分段、总段对接时对准用的。通常在分段左右(或上下)各划一根

与分段大接缝线垂直的短直线，图 7.18 所示的是某甲板分段的对合线。对接的两个分段对合线的位置应统一，以便对准定位，

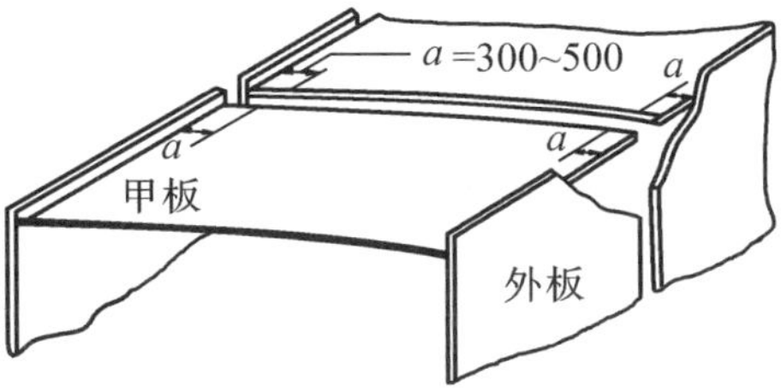

图 7.18　甲板分段对合线

2. 分段、总段的临时支撑及定位用工装的准备

临时支撑的作用在于保证分段、总段在船台（坞）装配时的位置和型线，作为分段、总段的支撑装置。如未跨及舱壁的舷侧分段合拢时，则需要安装 1 ~ 2 道假舱壁（或支撑装置）；没有支撑结构（舱壁、支柱或甲板边板）的甲板分段合拢时，则需要设置适当数量的临时支撑装置；底部线型瘦削的艉部分段合拢时，则需在外部设置支撑装置及定位用的工装。为满足船台（坞）的快速搭载，针对相关分段、总段的型线、结构特点以及合拢要求，研发相应的工装是船舶总装工艺技术的重要内容之一。

3. 分段、总段的吊装准备

分段、总段的吊装是指在组装区将分段进行总组，或在船台（坞）将分段（总段）进行合拢时的起吊安装作业。应根据定位要求确定分段（总段）的吊装状态（或姿势），保持在吊装过程中平衡稳定、安全的前提下计算分段（总段）的吊装参数（如吊环位置、吊绳长度、吊环和吊绳的受力状况等）。通常是给定了分段（总段）的吊环位置、数量及类型，但为保证分段（总段）起吊后具有要求的纵倾角，需要计算吊绳的相关参数（如长度、数量、破断负荷及连接附件等）。

四、船台（坞）总装工艺及要点

分段、总段在船台（坞）搭载中，按其先后吊装顺序分为基准分段（总段）和后续分段、总段。所谓基准分段（总段）就是指第一个上船台（坞）的分段（总段），它是作为全船定位、装配的基准点。除基准分段（总段）外皆为后续分段、总段。一般后续分段（总段）在分段（总段）接缝处皆有单端余量，如采用无余量装配新工艺，则分段（总段）全部无余量，仅设补偿量。

（一）船台（坞）总装工艺流程

船舶总装虽然在建造方法上有所不同，但在一个建造区内的分段、总段吊装顺序和分段（或总段）定位固定方法却是相同的。故可通过对某一建造法中的分段（或总段）吊装工艺的讨论来寻求其技术要点。图 7.19 是用图表形式表示的某货船船台（坞）总装（搭载）程序图，其双岛式建造法的船台（坞）搭载顺序为（艏总段建造区和艉总段建造区的搭载可同时进行）：

（1）基准分段定位；

（2）吊装基准分段上的舱壁分段和前/后的底部分段；

（3）吊装舷侧分段，向首/尾方向继续吊装底部分段和舱壁分段；

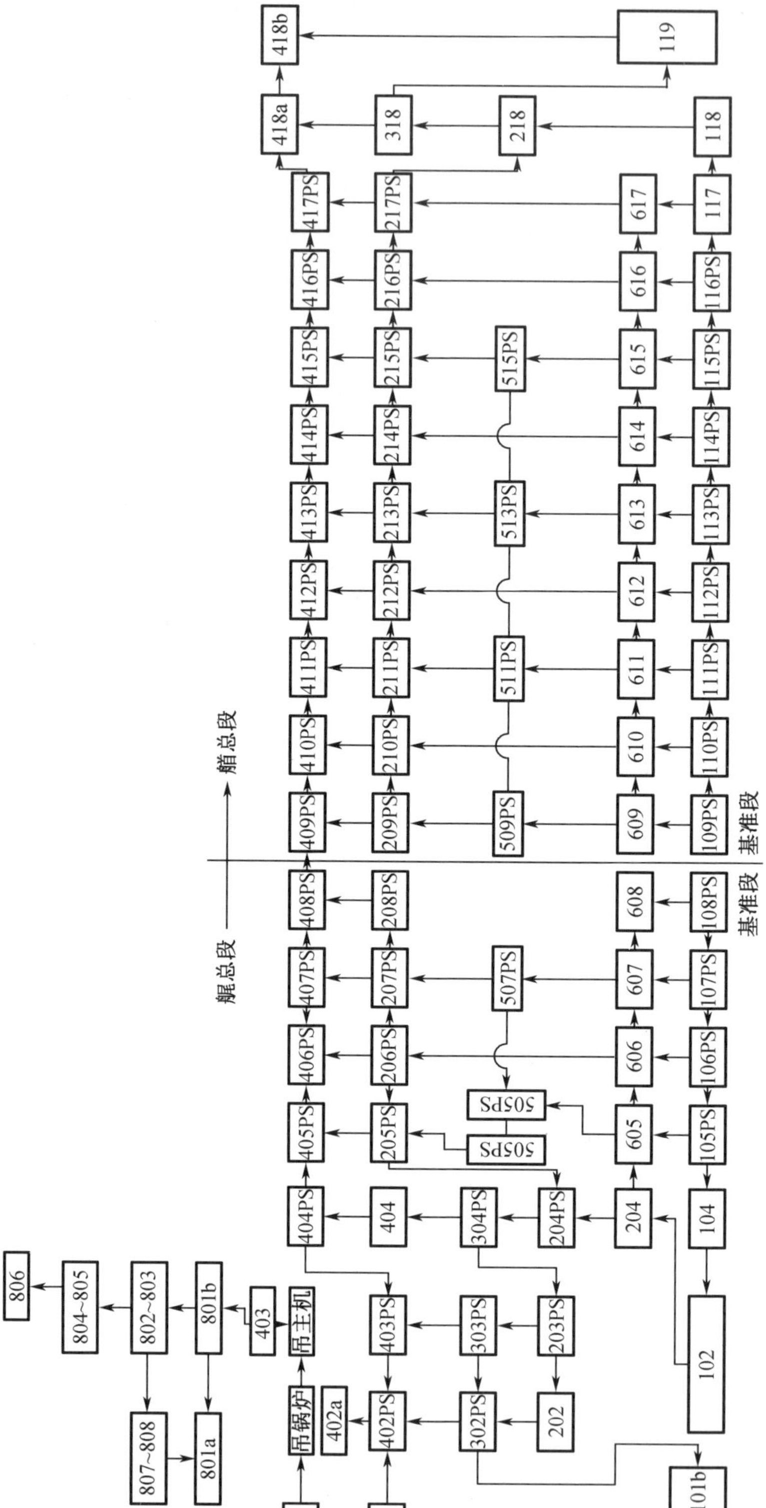

图 7.19 某货船船台（坞）总装（搭载）程序图

(4)吊装甲板分段,继续吊装底部分段、舱壁分段和舷侧分段,对已形成的环形船体部分,进行分段(总段)大接缝的焊接;

(5)继续向首/尾方向吊装底部分段、舱壁分段、舷侧分段和甲板分段,继续对装配完工的分段大接缝进行焊接,并对分段大接缝已施焊结束的舱室开展舾装作业;

(6)吊装艏/艉分段,继续完成分段大接缝的焊接工作和舱内舾装作业;

(7)对艉总段建造区,吊装及焊接上层建筑,继续进行舾装作业。

每个建造区(如图7.19中的艏总段和艉总段)的分段搭载顺序同塔式建造法,各建造区可直接连接,也可通过设置的嵌补分段来连接,但嵌补分段的吊装工艺相对复杂一些。

船台(坞)总装程序图反映了基准分段(总段)的位置,全船各分段、总段的吊装顺序和相互逻辑关系以及其他相关信息。该图也可以用分段划分图的形式或网络图的形式表达。船台(坞)搭载基本工艺流程如图7.20所示。

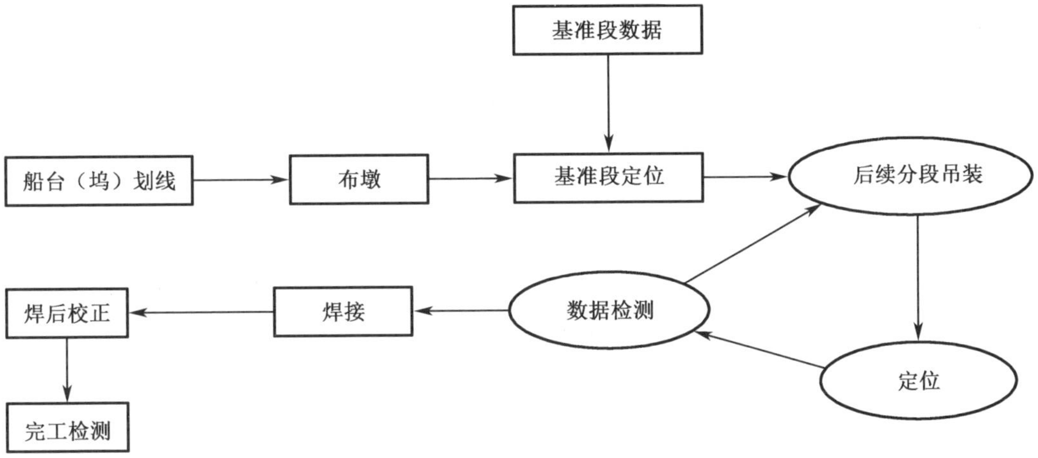

图7.20　船台(坞)搭载基本工艺流程

从上述搭载工艺流程可知,船台(坞)总装,实质上就是各类分段、总段在船台(坞)上的吊装、合拢和焊接方法。这其中,分段(总段)的吊装定位、余量划线及切割、大接头固定要求、大接缝焊接等是船台(坞)装焊中具有共性的技术问题。

分段(总段)在水平船台定位装配与在倾斜船台定位装配的技术要求相同,但在倾斜船台上,分段、总段的定位要考虑船台坡度对定位测量的影响。

(二)基准分段(总段)的定位要点

将基准分段(总段)吊上船台(坞)相应位置处按四个要素进行定位,如图7.21所示。定位分段(总段)位置固定后,即可吊装相邻的分段(总段)。

其技术要点如下:

①基准分段(总段)横向大接头一般不留余量,但应按工艺要求进行预修整。

②基准段精确定位是船台(坞)搭载的基础,应严格按技术工艺要求,将定位段调整至最佳状态,尤其是水平,经检查确认满足精度标准后,才能吊装其余分段(总段)。主要是按四个要素进行准确定位,即使分段(总段)上的肋骨检验线对准船台(坞)上相应的肋骨线以确定分段(总段)沿船长方向的位置;使分段(总段)中心线对准船台(坞)上中心线以确定宽度方向的位置;以高度标杆为基准确定分段(总段)高度方向的位置(如双层底内底板的

高度/船底基线的高度);测量分段(总段)左右水平检验线,校准分段(总段)左右水平(如双层底内底板的水平度)。

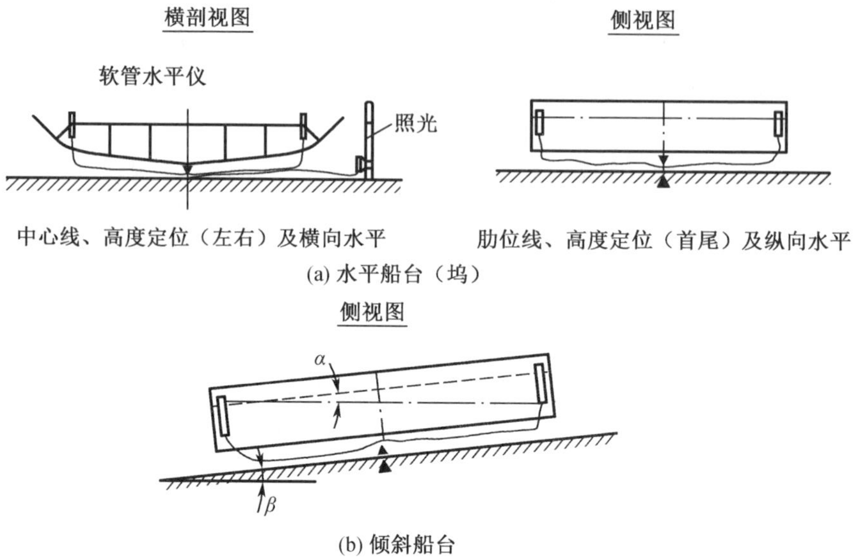

图 7.21　基准分段(总段)船台(坞)定位示意图

③用激光经纬仪调整分段(总段)纵倾度时,应注意由船台坡度而产生的读数差。

(三)后续分段、总段的定位及装焊技术要点

后续分段、总段的定位精度将直接影响船体的尺寸精度及变形,为此,在合拢焊接前应确保定位精度满足精度标准。按"搭载定位基准"施工,一是检测各分段、总段的定位数据;二是大接缝区域的结构组合,主要有主板装配精度、板与骨架的装配精度、骨架与骨架之间的装配精度等。现随着分段、总段的三维检测以及计算机模拟搭载技术的应用,已能够进行分段、总段的预修整,以实现船台(坞)的精确搭载。

1. 分段、总段的定位

定位方法与基准分段(总段)的定位基本相同。定位依据:分段、总段划分及精度计划图、数学放样提供的型值等。根据分段(总段)大接头有无余量情况可分两种情况:

(1)无余量(仅设补偿量)分段(总段)的定位

可直接借助该分段(总段)在船体中长度、宽度、高度方向所处的位置以及水平检验线等四个要素来决定分段(总段)在船体中的正确位置,即一次就可定位。

(2)有余量分段(总段)的定位

如果分段(总段)大接头带余量上船台(坞)进行装配,则为了处理余量,往往需要二次定位。

2. 大接头边缘处理

根据精度测量结果,对大接头边缘进行处理。同样可根据分段(总段)大接头有无余量情况可分两种情况讨论:

(1)无余量(仅设补偿量)分段(总段)的吊装

在实施精度控制的船厂,都是采用分段(总段)无余量上船台(坞)进行装配,这样就可取消余量划线、切割及分段(总段)二次定位等作业,从而减轻了船台(坞)装配作业量和作

业难度，缩短了船台（坞）总装周期。实行船台（坞）无余量装配，主要有两条途径：一是通过分段、总段预修整来达到船台（坞）无余量装配；二是通过分段、总段无余量制造来达到船台（坞）无余量装配。

我国大多数船厂采用的是通过分段、总段预修整的方法来达到船台（坞）无余量装配。与此同时，船厂也在积极探索推进通过精度管控，实现分段、总段无余量制造来达到船台（坞）无余量装配的方法。目前先进的船厂，在建造大型船舶时，通过控制各道工序的施工误差，实现舯部分段、总段的无余量制造和船台（坞）无余量装配，即舯部不设大数值余量，只设补偿值，船台（坞）对接时，对接缝进行部分修整。但对型线复杂的艏、艉部分段（总段）仍采用在一端加放 20 ~ 50 mm 余量，通过预修整来实现船台（坞）无余量装配。

（2）有余量分段（总段）的吊装

有些船厂因技术条件和管理方式的限制，还不能有效地实施船台（坞）装配的精度控制，它们仍采用在分段、总段一端加放 20 ~ 50 mm 余量，吊上船台（坞）二次定位、划线、切割、合拢的工艺。这种工艺费时多、劳动强度大、工作环境差、严重影响船台（坞）周期和船体质量。

①对有余量的分段（总段），余量的布置一般遵循下列原则：

· 两个分段对接的大接头边缘一边留余量，另一边不留余量。如舷侧分段与底部分段对接的纵向接头，底部分段不留余量，舷侧分段留余量；

· 后续分段（总段）均在朝向基准分段（总段）的一端留有余量，另一端不留余量；

· 岛式建造法中的嵌补分段两端均留有余量；

· 舱壁分段与底部分段的下口边缘留余量，其余边缘不留余量。甲板分段两舷不留余量，但当甲板边板划归为舷侧分段时，则中间甲板分段两侧的纵向大接头应留余量。

②分段（总段）余量的划线方法，常用的有叠盖法和分离法：

· 所谓叠盖法，是将一个分段的大接头叠盖在另一个分段上，在被叠盖的分段上事先划出大接头的辅助线，当分段定位好后，即按辅助线划出余量线并割除余量或采用套割的方法，如图 7.22(a)所示。常用于中小型船舶的单壳分段合拢定位中。

· 所谓分离法，是将对接的分段（总段）离开 30 ~ 50 mm，其接缝余量必须根据两分段（总段）肋骨检验线间的距离与船台（坞）上两肋骨检验线间的距离差求出，余量确定后，在留有余量的分段（总段）上划出余量线，切割余量，如图 7.22(b)所示。此时还应检查大接头区域肋距是否在标准范围内。

3. 大接头合拢、固定

分段（总段）余量切割后，对坡口进行准确加工，然后拉拢分段（总段），进行分段（总段）装配位置及接缝间隙的检查，符合定位焊要求后，进行定位焊。为了保证大接头处型线光顺，防止焊接变形，定位焊后在分段（总段）大接头处加装“梳状马”，使分段（总段）与分段（总段）相互固定。并安装大接头区域的内部结构（散装件）。

4. 大接缝焊接

分段、总段大接缝的焊接作业，是与分段、总段吊装作业平行进行的，装配好若干个分段、总段后再开始焊接，以增大船体刚性，这不仅有利于合理组织船台（坞）装配焊接的生产过程，而且在建造区长度较短的情况下进行施焊，还能减少船体的焊接变形。焊接作业应在已形成环形船体段的区域内，左右对称地同时进行，内面先焊，后外面封底焊。

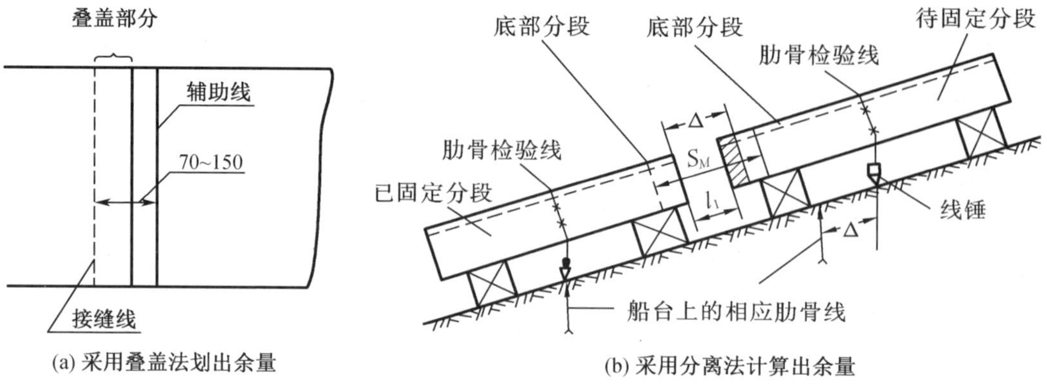

(a) 采用叠盖法划出余量　　(b) 采用分离法计算出余量

图 7.22　后续分段(总段)的余量处理

(1)纵向大接缝的焊接顺序

先焊横向构件间的连续焊缝,再焊板与板的舱内纵向大接缝、骨架与板材的角接缝,最后在外表面焊接板材纵向大接缝。

(2)环形接缝的焊接顺序

先焊总段间纵向构件的对接焊缝,再焊环形接缝,最后焊内部构件与船体外板、甲板、内底板等的角接焊缝。

随着造船工装设备自动化程度不断提高,有的船厂在船体大接缝的焊接中已使用垂直焊接机器人,大大提高了船台(坞)合拢缝焊接的效率,焊接质量也得到了保证。船台(坞)焊接质量是船体建造质量的重要组成部分,按规范要求,主船体焊缝的 X 光片和超声波探伤片的一次合格率应达到 85% ~90% 以上。

五、典型分段、总段的船台(坞)搭载工艺和技术要领

(一)底部分段搭载及技术要领

1. 搭载作业工艺流程

将底部分段吊上船台(坞)→ 按四要素进行定位、检测→ 划出并割去分段端口余量(修整)→ 大接头对接、固定 → 焊前测量 → 大接缝焊接 → 大接头区域散装结构装焊 → 火工矫正 → 完工测量和检验。

2. 搭载作业要点,如图 7.23 所示。

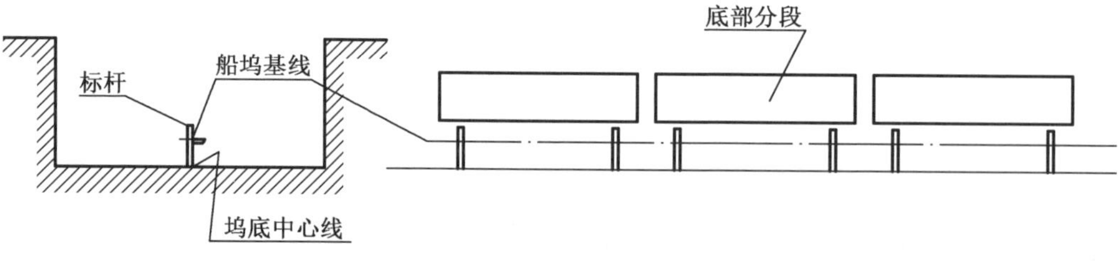

图 7.23　底部分段的搭载示意图

(1)底部分段搭载定位四要素:中心线偏差、定位肋骨线偏差、船底基线高度(或内底板高度)偏差、分段四角水平偏差。

(2)相邻分段对接时大接头装配要素:大接头处肋距、接缝剖口形式和间隙、补偿量的设置。

(二)横舱壁分段搭载及技术要领

1. 搭载作业工艺流程

将横舱壁分段吊上船台(坞)→ 按四要素进行定位、检测 → 划出并割去分段下口余量 → 大接头对接、固定 → 焊前测量 → 大接缝焊接 → 大接头区域散装结构装焊 → 火工矫正 → 完工测量和检验。

2. 搭载作业要点,如图 7.24 所示。

(1)横舱壁分段搭载定位四要素:中心线偏差、高度偏差、左右水平偏差、垂直度。校正舱壁垂直度时,吊锤的斜度或斜度样板根据基线坡度得出;

(2)垂直壁下口和内底水密肋板下口错位(与舱壁位置线的对位精度);

(3)舱壁在内底舭板处划余量时应特别注意垂直进行划线、接缝剖口形式和间隙、补偿量的设置。

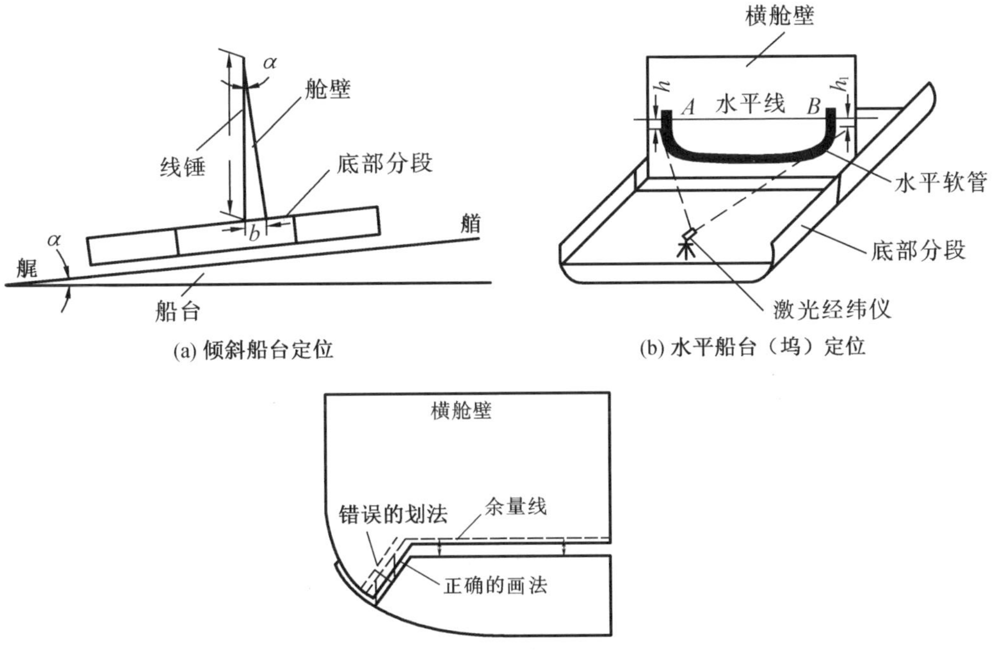

(a) 倾斜船台定位　　(b) 水平船台(坞)定位

(c) 划下口余量

图 7.24　横舱壁分段的搭载示意图

(三)舷侧分段搭载及技术要领

舷侧分段搭载主要有舷侧平面分段和带有甲板、纵壁的舷侧立体分段以及带顶边舱的舷侧分段(P 型)三种类型,它们的搭载工艺基本类同。对于由顶边舱、底边舱、舷侧平面分段和横舱壁分段总组成的舷部总段,其吊装程序基本与此相同,且更为简便。

1. 搭载作业工艺流程

支撑装置设置 → 将左右舷侧分段分别吊上船台(坞)→ 按四要素进行定位、检测 → 划出并割去分段下口余量 → 大接头对接、固定 → 焊前测量 → 大接缝焊接 → 大接头区域散装结构装焊 → 火工矫正 → 完工测量和检验。

2. 搭载作业要点(图 7.25)

(1)舷侧分段搭载定位四要素:定位肋骨线偏差、高度偏差、分段两端甲板边线处半宽偏差(货舱开口距中半宽)、纵向水平偏差。

(2)吊装两舷半立体舷侧分段时,在左、右分段上预先选定一半宽检查线,用于校正分段半宽。对于大型船舶,其型宽应由甲板或舱壁分段保证。

(3)在斜船台上合拢的舷侧分段,上船台前,应按工艺要求处理余量,如预修整。

(4)相邻分段对接时大接头装配要素:端部大接头处肋距、接缝剖口形式和间隙、补偿量的设置。

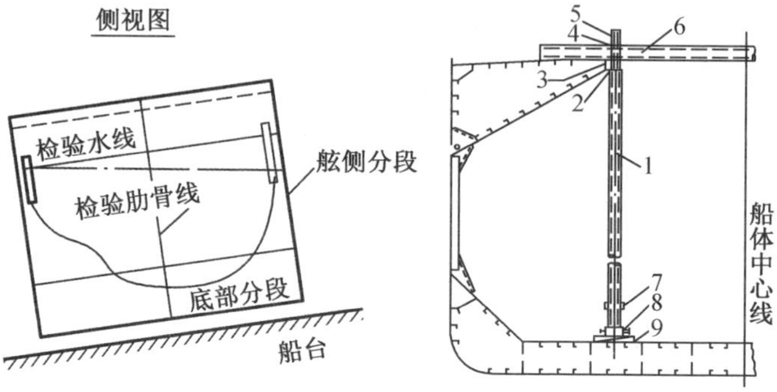

(a) 倾斜船台定位

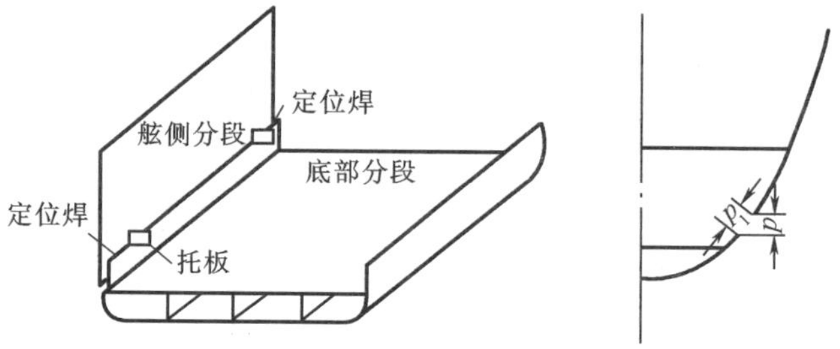

(b) 划下口余量

1—立柱;2—固定螺栓;3—支撑座;4—定位导板;5—定位拉手;
6—水平钢梁;7—固定耳板;8—组合式调整铁楔;9—木楔。

图 7.25　舷侧分段的搭载示意图

(四)艉立体分/总段搭载及技术要领

1. 搭载作业工艺流程

预先设置支柱、花架 → 分段(总段)吊上船台(坞)→ 按相关要素进行定位、检测 → 划出并切割余量 → 大接头对接、固定 → 焊前测量 → 大接缝焊接 → 大接头区域散装结构装焊 →火工矫正 → 完工测量和检验。

2. 搭载作业要点(图 7.26)

(1)艉立体分段(总段)一般上宽、下窄,在吊装以前应先在下舵承支臂位置设置墩木和刚性托架以及左右舷的固定式脚手架。

(2)艉立体分段(总段)搭载定位要素:中心线偏差、定位肋骨线偏差、船底基线高度偏差、轴中心线高度及轴毂前后端的高度偏差、艉端点高度及位置偏差、左右水平偏差、舵系中心线偏差、舵杆中心线垂直度偏差、舵系中心线和对应轴中心线的重合度偏差。

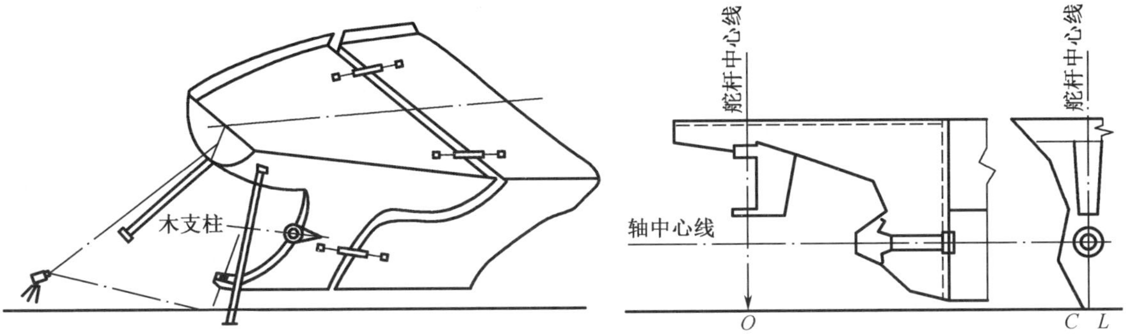

图 7.26　艉立体分段(总段)的搭载示意图

(3)不但要考虑与船体相邻分段的对接质量,还必须考虑轴系和舵系的定位精度,一般处理原则如下:

①分段(总段)的中心位置,当分段(总段)中心与轴中心、舵杆中心不在同一平面时,一般以轴中心为定位依据,应设法使轴中心线与舵杆中心线在一个垂直平面内,且对准船台(坞)中心线。

②分段(总段)的前后位置,当定位肋骨线、舵杆中心与艉端点的位置相矛盾时,一般以舵杆中心为定位依据;

③分段(总段)的高低位置,当艉端点、轴中心线与基线高度相矛盾时,一般以轴中心线高度为定位依据,其余数据作为参考;高度定位时应计及基线的反变形。

(4)由于船舶的艉部区域曲度变化较大,合拢时应注意大接头区域外板型线的光顺性。

(5)艉立体分段(总段)船台(坞)检测项目与精度控制要求如表 7.1 所示。

表 7.1　艉立体分段(总段)船台(坞)装配检测项目表

项目	肋位	允许偏差/mm	测量值/mm	
			焊前	焊后
肋骨检验线位置偏差	FR	±4		
舵杆中心线偏差				
艉端点前后位置偏差				
舵平台四角水平/左右水平				
中心线偏差	前段 FR	±3		
	艉端点	≤5		
距基线高度	前段 FR	±4		
	轴中心线	±5		
	艉端点			

表 7.1(续)

项目	肋位		允许偏差/mm	测量值/mm	
				焊前	焊后
轴孔中心	上		±5		
	下		±5		
	左		±5		
	右		±5		
大接头肋距	FR ~ FR	左	+20 ~ -20		
		中			
		右			

(五)艏立体分段(总段)搭载及技术要领

对艏立体分段(总段),其搭载定位的作业与艉立体分段(总段)大致相似。在艉立体分段(总段)搭载定位中主要是控制舵轴系中心线和纵横倾值,而艏立体分段(总段)搭载定位中主要是控制艏端点的位置和纵横倾值,当艏端为球鼻艏型时,无法用线锤检查中心线,可以采用激光经纬仪配合定位,其搭载作业要点,如图 7.27 所示。

(1)分段(总段)的前后位置,当定位肋骨线与艏端点位置发生矛盾时,一般以艏端点作为定位依据;

(2)分段(总段)的高度位置,当艏端点高度与船底基线发生矛盾时,应先检查产生的原因,若确为艏立体分段(总段)的尺寸变化,则一般以艏端点高度为定位依据。在高度定位时同样应计及基线反变形值。

(3)由于船舶的艏部区域曲度变化较大,合拢时应注意大接头区域外板型线的光顺性。

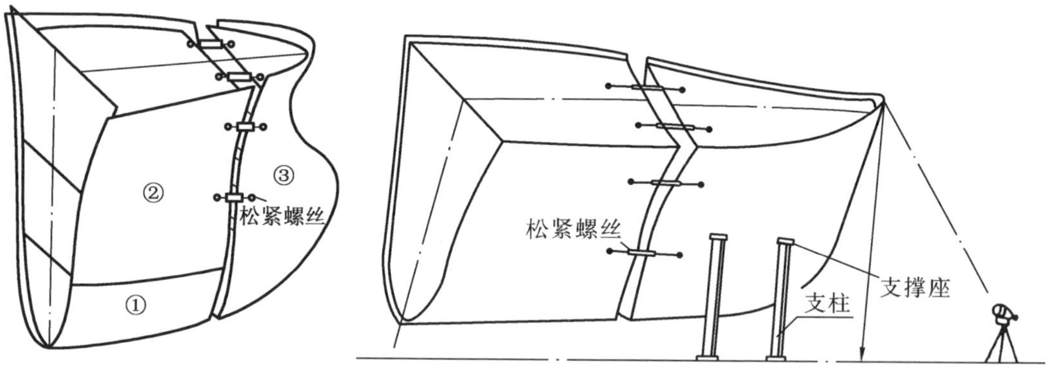

图 7.27 艏立体分段(总段)的搭载示意图

(六)嵌补分段的船台(坞)装焊工艺

嵌补分段是将各个建造区连接起来的特殊分段。甲板、舷侧嵌补分段比较简单,其装配并不困难,主要是双层底嵌补分段,在节点的处理和吊装作业上要采取一定的措施。

1. 结构处理原则

(1)分段的构架和板材均应做阶梯式布置。在一般情况下,板和骨架均应错位 100 ~ 150 mm。

(2)先割除分段一端内、外底板及构架的余量,另一端仅割构架余量(为便于吊装,也可将另一端纵骨割去 300 ~ 400 mm 作为嵌补,或将纵骨开成倾斜的切口形式);或按工艺规程规定的方法处理分段余量。

2. 搭载作业工艺流程

必须待相邻两区域的焊接工作完毕后才能进行,但邻近嵌补分段接头的舱壁应暂时不装,以免造成沉陷不一致,而影响嵌补对接。

(1)有余量嵌补分段的安装方法

①吊分段上船台(坞),使分段定位肋骨线与船台(坞)上相应的肋骨线对准;

②将分段横向平行于中线偏移一段距离,割除分段另一端内、外底板余量,然后垂直嵌入;

③移对分段横向位置,先将一端外底板定位、焊牢;

④将分段两端内、外底板及构架的接缝接好,焊接分段另一端外底板接缝;

⑤同时焊接分段两端内、外底板接缝;

⑥焊接分段两端构架接缝;

⑦安装内底边板的嵌补板并焊接(如有)。

(2)无余量嵌补分段的安装方法

①用全站仪精确测定嵌补段前后两个分段的板缝、结构间距以及高度、半宽等数据;

②根据所测数据决定嵌补段的尺度,并用全站仪进行精确划线;

③割除余量,并开出坡口;

④吊上船台(坞),进行嵌补安装。

(七)上层建筑分段(总段)搭载

目前,船厂在船台(坞)起重能力允许的情况下,往往采用整个上层建筑在胎架上制造并舾装好后,再整体吊装船台(坞)合拢的新工艺。但起重能力不足或船厂工艺水平不高时,只得采用上层建筑分层吊装的工艺。

1. 分段吊装时的安装方法

(1)在甲板上划出围壁位置线和中心线,并在适当的位置设置若干定位挡板,如图 7.28 所示。

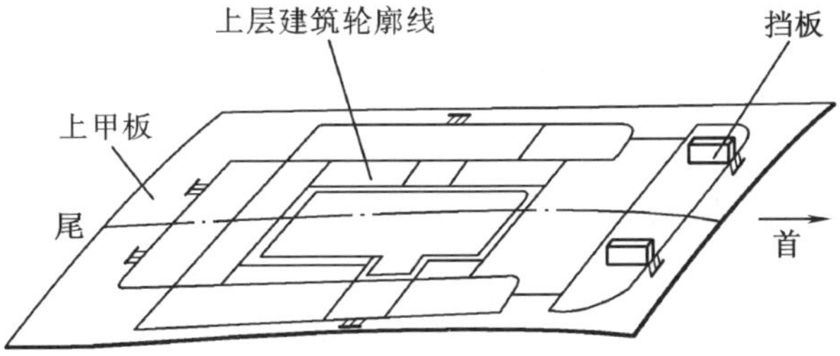

图 7.28　上层建筑分段安装位置线及定位挡板的设置

(2)将上层建筑分段吊上甲板。下口因留有余量,所以分段放置高度比定位高度略高。

(3)定位。对准中心线、肋骨线、围壁位置线,并调整左右水平、前后高度等。

(4)根据高度差划出下口余量切割线。

(5)割去余量,落位,定位焊。一般先定外围壁,再定内围壁,后定围壁上的骨架。

(6)分段接缝的焊接。

若同一层甲板上的上层建筑是由几个分段在船台(坞)上对接,应注意后装分段的定位高度,以确保同一层分段光顺过渡,同时应保证围壁板连接平直光顺。

2.总段吊装作业要点

上层建筑的整体吊装,应尽可能在船台(坞)利用大起重量的门式起重机或门座式起重机进行;当起重条件不足时,也可在船舶下水、停靠码头后,利用大起重量的起重船(浮吊)进行。

总段和主甲板的对合精度是安装质量的关键。由于总段的质量和体积一般都很大,受风面积也大,故安装定位作业的难度较大,特别是在水上进行吊装时尤甚。为使总段能准确、快速地进行定位,除在上甲板上划出上层建筑总段安装位置线外,还必须要在安装甲板面上适当部位装设定位挡板或定位销,安装前应将上层建筑总段内外围壁的下口矫正平顺,对上层建筑安装区域的甲板进行必要的矫正。应准确测量总段的高度,同时用有效的方法测得围壁安装处甲板面的实际形状(包括梁拱、舷弧及实际变化),然后划出围壁下口的实际余量线,并割除。然后使总段沿着定位导销或定位挡板缓缓下落就位,同时可对边缘进行局部修正。

六、船台(坞)装焊变形及其控制

1.船台(坞)总装主要变形形式

在船体分段(总段)合拢、焊接及主船体成形的过程中,由于选择的建造法不同,施工中装配精度的差距,焊接工艺措施的不同,焊缝不对称于船体中和轴以及预制分段(总段)的变形等,总装受到多种因素影响,必然会造成船体的变形和船体局部的变形。常见的变形形式主要有以下五种:

(1)主船体龙骨底线挠曲;

(2)艏、艉两端上翘(在结构特点或建造工艺比较特殊情况下,也会出现艏、艉端点下垂现象);

(3)船体总长度缩短以及货舱口尺度超差;

(4)沿船体中纵剖面左右型线不完全对称;

(5)船体分段(总段)接缝处局部凹凸变形以及甲板面的波浪变形。

2.船体变形的主要原因

(1)引起艏、艉上翘以及龙骨底线挠曲的原因

①船体结构上弱下强,船体的中和轴偏于船体下部,焊接量上多下少,分段(总段)装焊过程中产生弯曲变形,使船体产生两端上翘变形。

②船体中和轴上部甲板、上层建筑等板材与下部相比较薄,焊后变形大,特别是火工矫正引起的收缩量。对于中、小型船舶,火工矫正收缩而引起的变形,往往比焊接收缩的影响更大。

③不同等级的船台(坞)每平方米上的承压负荷不同、船台(坞)的坚实程度不同,以及

船体本身重力沿船长方向的分布不均,造成了船体基线的下沉量不同。一般舯部的重力较艏艉两端大(艉机型船除外),更易形成艏艉两端上翘。

④船台(坞)墩木结构的不同,有刚性较好的铁墩木和混凝土墩木,也有砂石墩木和木墩木。由于受力不均可能出现船体下沉变形。另墩木布置的不均匀,间距过大,也可能引起艏、艉上翘。

(2)引起船体总长度缩短的原因

①船体环形大接缝焊后收缩变形,如果环缝补偿量设置偏少,将导致船体总长度缩短。

②艏、艉上翘所造成的船体总长度缩短。

③分段(总段)长度不足,造成大接头区肋距为负公差。

(3)大接缝处局部凹凸变形的原因

①装配程序不当造成大接缝处不光顺,特别是在舭部转圆板和艏、艉型线复杂处。此外还有相邻分段型线曲率变化较大处。

②焊接收缩变形。一般正圆势接缝焊接后,型线向内凹;反圆势焊缝则向外凸出,如图7.29所示。

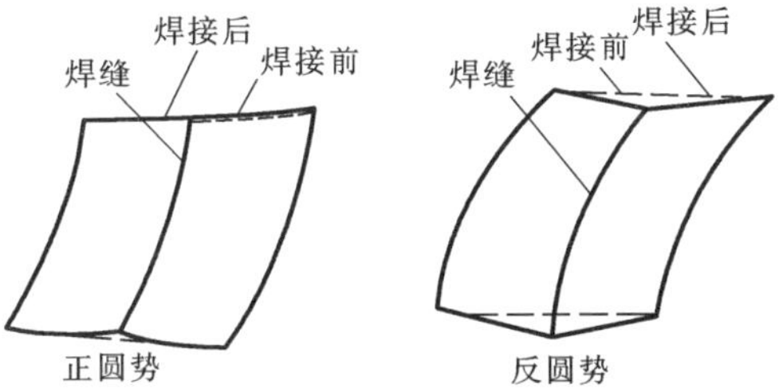

图 7.29 大接缝的焊接变形

3. 船体变形的控制

船台(坞)合拢阶段产生的总体变形,其矫正的难度极大,有的几乎难于矫正,故应重在预防。对已经形成的变形,在一般情况下则不予处理。当某些变形影响使用或强度受损时,可进行一定的处理或调整,必要时应征得验船部门的同意。

(1)基线挠曲及艏艉上翘的控制

最常用的方法是基线处预先加放足够的反变形量。其方法是:以中间(或靠后)底部分段为定位段,向首尾由小至大逐渐设置反变形,如图 7.30 所示。反变形数值是在已经建造过的船舶变形量数据统计的基础上得出的。

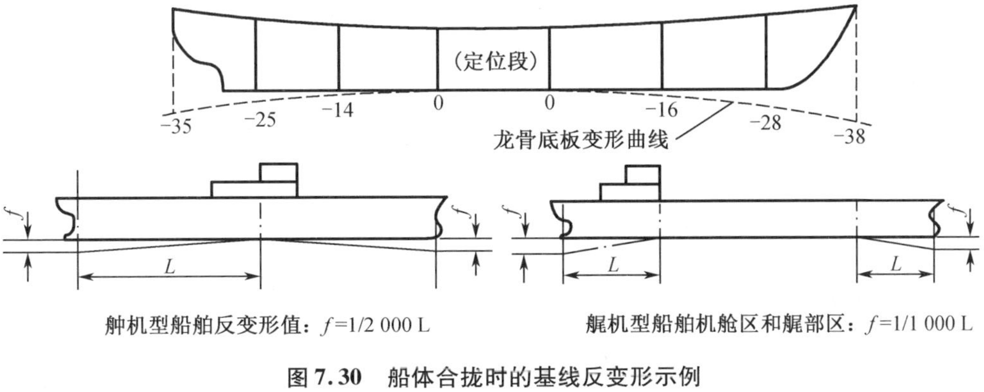

图 7.30 船体合拢时的基线反变形示例

①舯机型船舶应该从舯部定位分段(总段)开始向艏艉加放反变形值。

②艉机型船舶应该从机舱前壁向尾、首端防撞舱壁前后的分段(或总段)向首开始加放反变形值。

③对具有上层建筑的船舶,反变形数值(尤其是艏、艉端点反变形),变形数值可适当取大些。

(2)船体长度、型宽、型深的控制

船台(坞)总装中,各分段(总段)的长度方向是按肋骨检验线定位的,经过装配焊接以后,船体总长度有缩短的趋势。因此,为保证船体总长度,控制各分段(总段)的装焊误差,就必须在分段(总段)上合理地设置补偿量。

①大接缝处的肋骨间距可适当加放补偿量,以抵消焊后的总长缩短。目前,其补偿量数值的大小还不能用纯粹的计算方法求得,需根据分段(总段)的结构特点、焊接工艺方法和分段(总段)的装焊程序等因素,按分段(总段)的长度值选取合适的系数进行估算。

②在每挡肋距间加放补偿量。分段(总段)制造时,在每挡肋距内预先加放补偿量,即在焊接以前铺板划线时,每挡肋距加放一定的伸长量,待焊接收缩后,使分段(或总段)尺寸能理想地落在允许的偏差之内。

同理,由于舷侧、隔壁和甲板分段的焊接,所产生的收缩值较大,可造成船宽和型深方向的尺度缩小,因此,必须在舷侧分段定位时,向外侧加放 5 ~ 10 mm 半宽反变形量,并相应加放高度方向补偿量,使得船体完工后的型宽和型深值落在允许的偏差范围内。

(3)大接头处局部变形的控制及处理

①可先将大接头肋距内外板边缘预先加热成反变形,并在构架内侧安装梳状马,以平衡外侧封底焊时产生的向内收缩力,减少内凹现象。

②对大接头肋距内外板产生的凹陷,可采用在外板外侧用水火矫正的方法。变形严重时可同时用机械校正的方法,如使用千斤顶加梳状马,直至校平。

③对单底或双层底分段,如果分段宽度缩小太多而影响船台(坞)对接时,可对其邻近分段大接头处的肋板、内底板和外板的接缝切开部分焊缝,使船体外板对接处型线光顺。

(4)货舱口尺度的控制

典型的货舱口,如集装箱船的货舱具有大型舱口,其甲板上还需要安装舱口围板和舱口盖。由于分段(总段)吊装顺序不同,往往使分段(总段)最后吊装区域的舱口尺度超差,这是由于先安装区域焊接收缩量的叠加使舱口长度和宽度增大所至。为此可在该区域的有关分段(总段)处向舱口位置加放补偿量,保证舱口盖的最终尺寸及安装质量。

(5)减少船台(坞)总装时定位误差的辅助措施

船台(坞)总装工程是典型的高空立体作业,随着船舶吨位的增大,总装作业的难度也相应增大。另由于船舶结构的特征不同,分段(总段)划分方法的差异,许多分段(总段)是处在不平衡的形态下搭载的,要提高船台(坞)定位精度,还必须采取以下几方面的工艺性辅助措施。

①为保证分段(总段)的准确定位,应合理地设置工装。结合分段(总段)结构的特点,设置临时性支撑构件,如刚性支柱、托架、固定钢梁和假隔壁等,它们都可以使分段(或总段)在搭载时获得可靠的支撑点。同时,在合拢中将墩木随时垫紧、坚实。

②依据分段(总段)实际完工型值进行定位。一般船台(坞)搭载时,分段(总段)均应

该按理论型值定位，但是在实际施工过程中，双层底、艏艉立体以及结构复杂的半立体分段，由于焊接量大，分段（总段）完工时的变形量也相对增加。要使船台（坞）大接头对合良好，就必须在吊装本分段（总段）时要参照后续分段（总段）的实际完工型值修正后再定位。合拢过程中随时测量已完工分段（总段）的总体变形量，为后续分段（总段）定位提供基准。现计算机模拟搭载技术的应用提供了这方面的技术支持。

③全面采用激光经纬仪及全站仪进行划线、检测、配合定位。激光经纬仪精度高，操作、使用方便，已被广泛应用于造船的各个工艺阶段。全站仪的应用解决了分段（总段）的三维检测及预修整问题，实现了分段（总段）的模拟搭载，为分段（总段）的精确定位提供了保障。

七、船体主尺度及船体龙骨中心线挠度的测量

船台（坞）总装质量是船体制造质量的集中体现。因此，在船体制造完成下水前，必须对船体的主要尺度进行测量，最终测出完工后船体的实际尺度与设计尺度的相差数，以考核船体的制造质量并为以后建造同类型船舶提供数据。

1. 检测标准

船体主尺度是船体外形尺寸的基本量度，即船的长度、宽度和型深。船体主尺度和形状超差将会影响船舶的排水量、舱容、快速性、强度等性能；船宽和型深的偏差会改变船体梁的截面，船长的偏差和船体梁的直线度会影响弯曲力矩，这些将会影响船体梁的总纵强度；板缝对接处的错位和凹凸不平以及结构的偏移会降低船体的局部强度。因此，船体主尺度和外形检验至关重要，它的检测值将列入交船完工质量报告，也是评价船舶产品质量的主要项目。

船体主尺度的测量应该在船体制造完成，拆除刚性支撑后在船台（坞）上进行。按《中国造船质量标准》（GB/T 34000—2016）中的有关规定进行检验，船体主尺度偏差标准见表7.2，船体变形量标准见表7.3。

表7.2　船体主尺度偏差　　单位：mm

项目		标准范围	允许极限	备注
总长或两柱间长 L	$L<100\,000$	$\pm L/1\,000$	—	参照总长或两柱间长定义
	$L\geqslant 100\,000$	$\pm\left(100+\dfrac{L-100\,000}{1\,500}\right)$		
型宽 B		$\pm B/1\,000$		参照型宽定义
型深 H		$\pm H/1\,000$		参照型深定义

船台（坞）总装过程必须根据标准的要求制定相应的工艺措施，从而对船台（坞）总装质量进行有效的控制，以防止船体主尺度和外形的超差。

表 7.3　船体变形量

单位：mm

项目			标准范围	允许极限	备注
船体龙骨中心线挠度	艏艉尖舱之间的全长范围内挠度	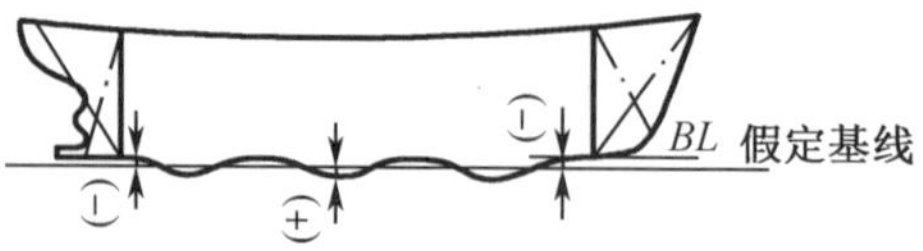	±25	±50	每 100 m 以龙骨中心线为基准
	相邻横舱壁之间挠度		±15	—	相对基线的误差
艏艉上翘	艏上翘量	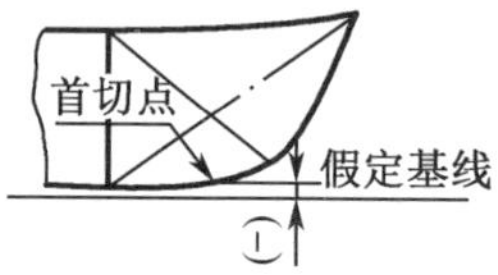	±30	—	相对基线的误差
	艉上翘量	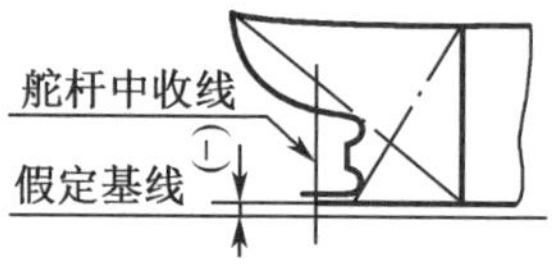	±20	—	
	横向上翘或下垂量	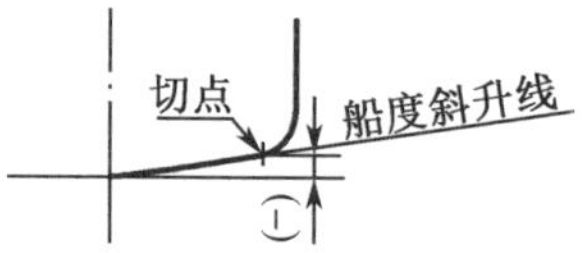	±15(以每 10 m 宽计)	—	相对基线的误差

2. 主要检测项目

由上述表 7.2、表 7.3 可知，主船体主尺度检测项目主要有船长（包括总长 L_{oa} 与两柱间长 L_{pp}）、型深 H、型宽 B 等。外形检测项目主要有船底纵向挠曲度、艏艉端高度（包括艏艉端舷墙高度及上甲板艏、艉端高度）与艏艉柱中心线等，见表 7.4。

表 7.4　船体主尺度测量图表

项目	总长 L_{oa}	两柱间长 L_{pp}	型宽 B	型深 H	艏端点高 H_F	艉端点高 H_A
理论值/m						
实测值/m						

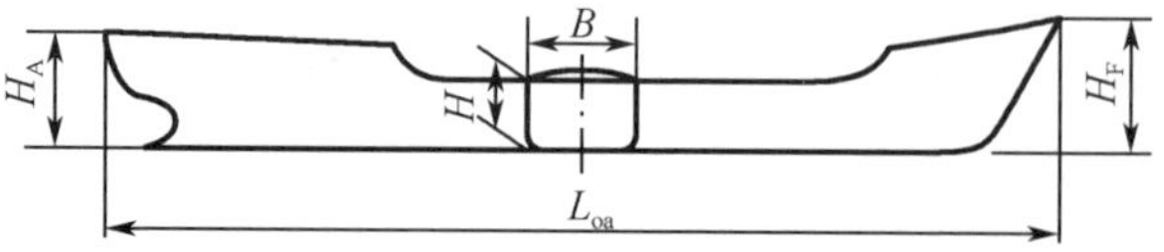

3. 检测方法

由于船体尺度大，且被测几何量间一般存在障碍，所以多采用间接测量法，通常以船台(坞)基准线为基准，用激光经纬仪或经纬仪、水平软管、线锤及钢皮卷尺测量，如图 7.31 所示。各测点位置应按船体图样上所标注的位置对应。检测要点：

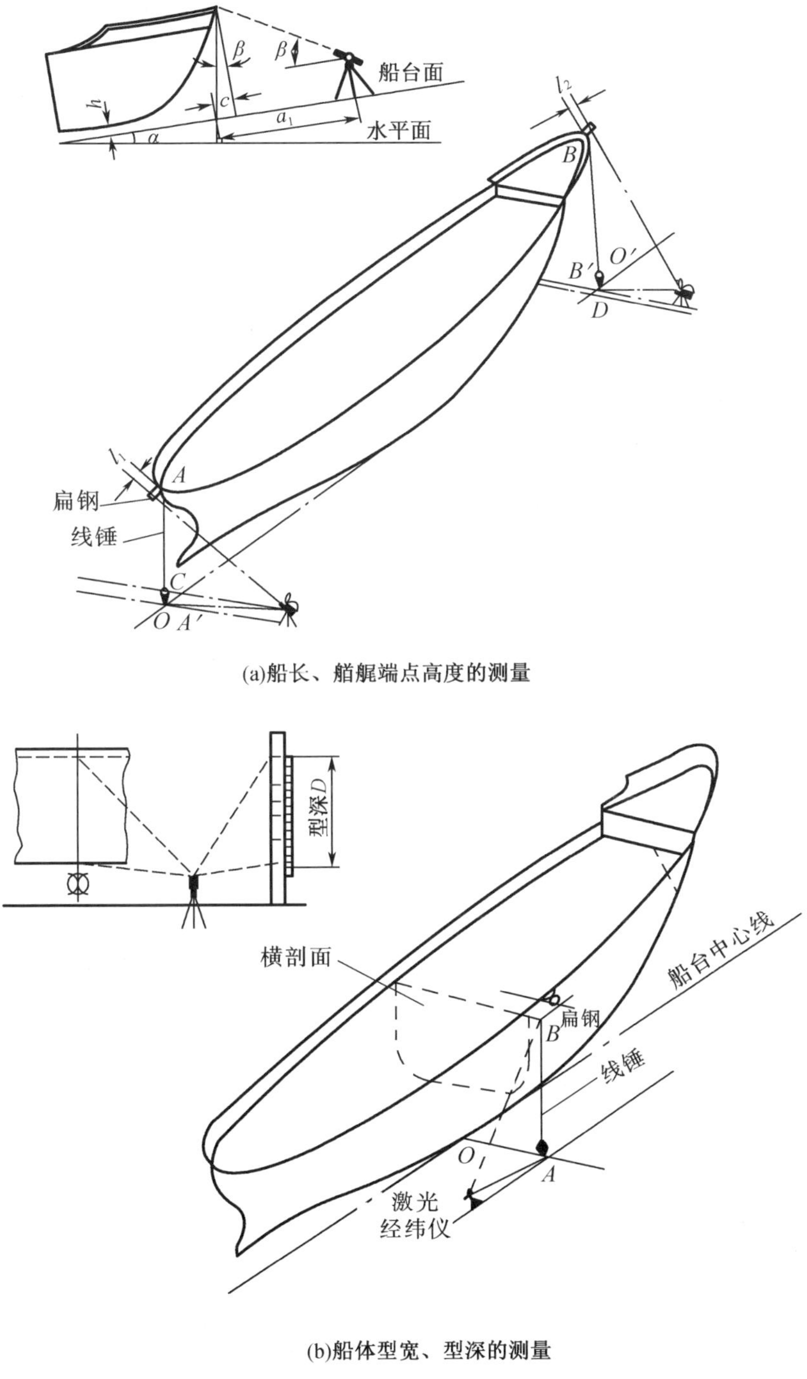

图 7.31　船体完工测量

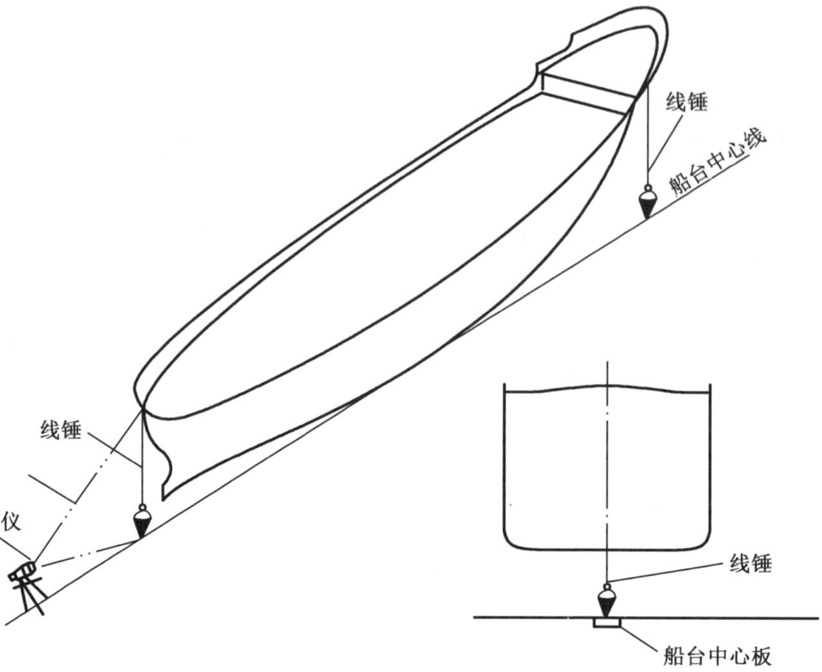

(c)艏艉柱中心线及船体中心的测量

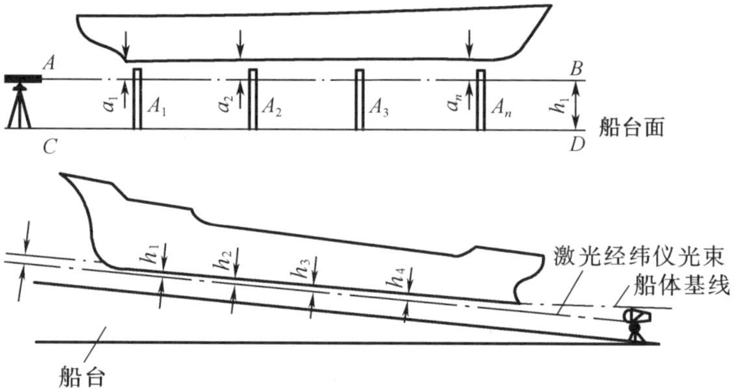

(d)船体龙骨挠度的测量

图 7.31(续)

(1)垂线间长的检测要待载重水线勘划后测量。

(2)在倾斜船台上,检测型深应按垂直基线方向量取尺寸;检测总长应按平行船体基线方向量取尺寸,一是基线(或龙骨)坡度 β 与船台坡度 α 一致的情况,二是基线(或龙骨)坡度 β 与船台坡度 α 不一致的情况,即 $\alpha \neq \beta$,其理论计算极为不便,实际操作时可不考虑船台坡度 α。

(3)对于船体梁扭曲的情况,可通过检测相关参数来评判。

第三节　船体密性试验

在船体制造完毕或船体某一区域的装配、焊接及火工矫正等工作全部结束后，按照船舶建造规范的要求，对船体重要受力结构焊缝必须（全部或按比例）进行射线或超声波探伤方法来检验焊缝内部缺陷，合格后再对船体外壳、结构上的油水舱和箱柜进行密性试验，目的是检查外板、甲板、舱壁、双层底等结构和焊缝有无渗漏现象，同时要检查在正常的装载状态下，各液舱在静负荷压头下，是否有足够的强度，是否能保证船舶在航行中的安全。通过密性试验，还可分析焊接缺陷产生的原因，为某些工序提供改进意见。

一、密性试验的方法

1. 常用的方法

在我国造船业中，密性试验常用的方法主要有水压试验、冲水试验、气压试验、煤油试验、冲气试验和油雾试验等。

（1）水压试验

水压试验是各国船级社认可的密性试验方法之一。是利用水压所产生的渗透力来检查焊缝的密性。即向舱内注水，水量达到规范所要求的高度，15 min 后，在该压头下检查有关结构和焊缝处有无变形和渗漏现象，故也称静水压试验。其中加压的灌水又称“压水”，不加压的灌水又称“摆水”。水压试验同时可收到强度试验的效果。且其渗漏效应比较直观和明显，因而安全可靠。其技术要点为

①试验压头必须满足规范要求；

②试验时，当外界气温低于 0 ℃时，则应采取加热措施，使试验介质温度保持在 5 ℃；

③必须在舱室装焊完整的情况下才能进行；

④舱室注水时需对船体附加墩木和临时支撑，且避开受检部位；

⑤相邻舱室应交叉注水，以便检验。

不足之处：每一舱室的注水和排水都要消耗很长时间，其间舱室内不能进行其他工作；舱室注水后，若发现严重的渗漏缺陷，必须排水，修复缺陷后，还需重新注水检查；试验完毕排水后，在骨架之间易留有未排净的积水；试验时会受脚手架、照明、天气、温度等影响。因此，水压试验现仅用于新设计的新型船舶需要做强度试验的舱室，此时密性试验和强度试验可一起完成。而作为单纯的密性试验，船厂已不大采用了，而由气压试验或气－水组合试验方法来代替。但对上层建筑内的厨房、厕所、浴室、洗衣间等湿房间和配膳间、蓄电池室，以及冷藏库、空调室等，应做灌水（摆水）试验，高度至门槛。

（2）冲水试验

冲水试验也是各国船级社认可的密性试验方法之一。是以一定压力的水柱射向船体的焊缝或舷窗、舱盖、水密门等结合部位，以检查其是否渗漏的试验。即在板缝一侧冲水，在另一侧观察焊缝处有无渗漏现象。其技术要点为

①在喷水出口处的压力应不小于 0.2 MPa，即从试验地点向上喷水的高度不少于 10 m；

②喷头至试验部位的距离不大于 1.5 m。

凡是属于开启式的舱内结构，而无法在密闭后进行气密和水压试验的结构部位，可以采用冲水试验，如水密横隔壁、艏楼甲板空间及其后端壁、艉楼甲板及其前端壁、非液舱部

分的船壳外板、甲板室、货舱口围板、甲板室外围壁、甲板露天部分的对接缝以及风雨密关闭装置。由于冲水使得大量自来水散失,造成船舶及船台(坞)上环境污染,现逐渐被冲气试验所代替。

此外,还有一种淋水试验,是将水浇淋在被试焊缝或接缝上,在另一面检查其是否泄漏的试验。主要用于露天甲板或甲板室、驾驶室外围壁等部位。

(3)气压试验

气压试验同样是各国船级社认可的密性试验方法之一。即用压缩空气充入舱内并保持规定的时间和压力,以检查密性舱室焊缝是否漏气的试验。其技术要点为

①试验的压力取 0.02 ~ 0.03 MPa。当舱内空气压力在保持约 1 h 后,其压力下降不超过 5%;

②相邻舱室不得同时进行气压试验,以便检验;

③当外界气温低于 0 ℃时,应采用不冻起泡剂,或将起泡剂加热后使用;

④对厚度 <6 mm 的薄板结构,使用时要慎重,以防引起变形。

与水压试验相比,采用气压试验可以大大简化密性试验过程,成本降低,生产效率高,多用于大、中型船舶,对于密闭舱室更适宜,目前已被普遍采用,但一定要在舱室装焊完整的情况下进行。试验前要对船体结构最弱部分的受力情况进行核算,以避免试验压力过高而发生舱室破损事故。不足之处是无法对舱室做强度试验。

(4)煤油试验

煤油试验也是各国船级社认可的密性试验方法之一。是利用煤油渗透能力强的特性来检查焊缝是否有渗漏的试验。即在焊缝的一侧先涂白粉,然后在另一侧涂上煤油,过一段时间后观察白粉上有无油渍,在白粉层上不出现煤油痕迹者为合格。其技术要点为:

①船体结构中煤油试验的作用时间应符合规定(分水平焊缝、垂直焊缝),试验时周围气温低于 0 ℃,或焊缝为双面焊时,煤油作用时间应比规定的时间增加 1 倍;

②焊缝厚度在 6 mm 以下时,应在涂煤油后立即进行一次检查,并按规定时间进行第二次检查;焊缝厚度在 6 mm 以上时,在涂煤油 15 min 后进行第一次检查,并按规定时间进行第二次检查。

由于煤油试验时间较长,试验前要做充分的准备工作,试验后还得清除白粉,大面积采用显然不经济,多用于中、小型船舶和焊缝的二次检验。一般仅用于检查非密闭舱室(不承受水柱压力)及灌水位置以上的焊缝,不适合厚板结构的焊缝检漏。可用于分段、总段焊缝的预密性试验。

(5)冲气试验

冲气试验是在焊缝的一侧冲气,在另一面涂上起泡剂(如肥皂液),若发现起泡,即表明该处焊缝存在缺陷。其技术要点为:

①我国规范规定,冲气试验用的气压不应低于 0.4 ~ 0.5 MPa,空气软管末端应有喷嘴,喷嘴离焊缝距离 50 ~ 100 mm,喷嘴移动速度为 5 ~ 10 m/min;

②气流应直冲焊缝,喷嘴必须反复来回 5 次以上,逐段冲气。涂起泡剂者必须与冲气者协调一致,并仔细检查焊缝上是否有气泡产生,起泡处做出标记,以便修整;

③起泡剂应有适当浓度,即 20 ℃时,表面张力系数 4×10^{-4} N/cm;如气温低于 0 ℃时,则应采取防冻措施后,才可进行冲气。

实践证明,冲气试验检查焊缝缺陷的敏感性胜过煤油试验,用冲气试验代替冲水试验

是完全可靠的。冲气试验除在检查角焊缝、对接缝时有较好的敏感性外，对检查水密舱纵骨穿过处的补板焊缝同样具有良好的敏感性，并有其独到之处。

(6)油雾试验

油雾试验，又称冲油试验，是用煤油和压缩空气通过喷雾装置产生出具有一定压力的油雾，利用压力油雾的强渗透作用检查焊缝是否有渗漏。试验时，将油雾喷射到被试验焊缝上，在焊缝反面检查是否有煤油渗出。该试验操作简便，试验效果比冲水试验和煤油试验好，可以像冲水试验那样进行，可应用于分段制造中。其技术要点为：

①所用的煤油须经过滤，清除杂质；

②试验前须除去焊缝处水渍、油漆、焊渣及其他覆盖物；

③喷嘴离焊缝距离 50 ~ 100 mm，喷嘴移动速度为 5 ~ 10 m/min；

④油雾试验时的喷射压力以 0.3 ~ 0.4 MPa 为宜。

⑤喷油后 3 ~ 5 min(气温在 20 ℃以上)或 10 ~ 15 min(气温在 20 ℃以下)，在焊缝另一面检查其有无渗漏现象。

除上述介绍的常用密性试验方法外，还有将水压试验和气压试验两者组合起来形成的静水压 - 气动试验。近年来，还出现了适应分段、总段预舾装要求的负压试验、着色渗透试验、超声波渗透试验等方法。

2. 密性试验方法的选择及替代原则

(1)对于板厚大于 6 mm、按规定应做水压试验的舱室，若强度许可，可用充气试验替代。

(2)对于按规定应做水压试验但容积很大的舱室，在取得验船部门同意后，可用静水压 - 气动试验替代。

(3)对于全部液舱均采用充气试验的船体，在完成充气试验后，应至少对每种结构形式液舱的其中一个做水压试验。但对于货船中标准高度的双层底舱和液货船中远离货舱区域的液舱，如验船部门认可充气试验结果，则可免做水压试验。

(4)冲水试验可用煤油试验代替。但对于用橡皮衬垫保证水密的结构，以及铆接和螺栓连接的结构，则不允许采用煤油试验。

(5)如预见冲水试验可能会损坏已安装的舾装件时，在取得验船部门同意后，可采用对所有焊缝进行仔细目视检查代替冲水试验；若目视检查有困难或不能有效进行检查处，可用着色渗透、超声波等方法，也可用其他等效试验来替代。

(6)对于对接焊缝和角接焊缝的密性试验，可采用抽真空试验(即负压试验)等方法进行。

(7)当在船台上或船坞内进行静水压试验有困难时，可在船舶下水后进行。但对船体的水下部位以及下水后无法检查的部位，在取得验船部门同意后，应在下水前用其他适宜的方法进行检查。

(8)对于部分舱室不能按规定方法进行结构试验(水压法、气压法和气 - 水组合法)时，在取得验船部门同意后，可采用同一试验类型中的其他方法替代。

(9)用作渗漏试验(冲水法、冲气法、油雾法和煤油涂检法)的各种公认的方法，除个别特别限定的部位外，均可通用。

二、船体密性试验条件

船体密性试验工作至关重要，且工作量大，其质量直接影响船体下水后的安全性与交船后营运寿命,必须认真对待。船体密性试验前,应有完整的船体密性试验图,图中应明确表达各舱室或部位的名称,所采用的密性试验方法,应达到的技术要求等;先预查舱室的完整性是否符合要求。

1. 对密性试验时机的要求

(1)船体水下部分以及下水后无法检验的部分,应在船舶下水前做密性试验;其他部位的密性试验应在船体制造完工后进行。

(2)密性试验可以在船体分段、总段完工后进行(即分段、总段预密性试验),也可在某一舱室的工程完工后进行(即单个舱室密性试验)。

(3)具有覆盖物的钢质甲板和围壁,应在其覆盖物安装前进行密性试验。尤其是船体密性焊缝通常不得涂刷油漆、水泥或敷设绝缘材料等。对易受大气腐蚀的部位,可以涂上一层薄的不影响密性试验的底漆。

(4)密性试验时的环境气温若低于 0 ℃,则应采取相应的防冻措施。

2. 对试验舱室工程完整性的要求

(1)密性试验舱室内的结构完整,焊接与矫正工作完工,且验收合格。

(2)位于舱室密性构件上放水塞、人孔盖座板、各类座架、管子与电缆支架、管系通舱焊接件、阀座、水密舱口盖围板、通风管、钢质踏步及直梯等,均应装焊完整,且经验收合格。

(3)测深仪舱、计程仪舱通常先空舱进行密性试验,然后待设备安装后对密性焊缝再补做密性试验。

3. 特殊船型液舱的附加密性试验

对诸如液化气体运输船和化学品运输船的特殊船型,其密性试验要求除必须符合常规钢质海船舱室密性试验标准以外,其液货物区域内的某些舱室尚须符合相关规范的要求,表 7.5 中列出了两种典型船型液舱的附加密性试验要求。

表 7.5　特殊船型液舱的附加密性试验要求

船舶类型	试验的结构	试验要求
液化气体船	整体液舱	对整体液货舱进行水压或静水压－气动试验。试验时应尽可能使其应力接近设计应力,并使其液货舱顶的压力至少达到释放阀的最大设定压力值
	支承薄膜或半薄膜液舱的船体结构	对其隔离舱和在正常情况下,可能装有液体并邻接于支承薄膜的船体结构的所有处所,均应进行水压或静水压－气动试验。此外,应对支承薄膜的其他货舱结构进行密性试验。
	A 型独立液舱	应对每个独立液货舱进行静水压－气动试验。试验时应尽可能使其应力接近设计应力,并使其液货舱顶的压力至少达到释放阀的最大设定压力值
	B 型独立液舱	应按 A 型液舱的要求进行试验。同时,在试验状态下,主要构件的最大主薄膜应力或最大弯曲应力不能超过在试验温度时该材料屈服强度的 90%;当计算的应力超过屈服强度的 75% 时,要用应变仪或适合的设备进行原型试验

表 7.5(续)

船舶类型	试验的结构	试验要求
	C 型独立液舱	·应对每个液舱(压力容器)进行水压试验。试验压力相当于舱顶的压力,且不小于 $1.5P_0$。(P_0——设计蒸汽压力)。试验时计算出的主膜应力在任意一点都不能超过材料屈服强度的 90%;当计算的应力超过屈服强度的 75% 时,要用应变仪或适合的设备在压力容器里进行原型试验,但对于简单的圆柱形和球形压力容器可除外 ·试验的水温不得低于 30 ℃,并高于无延性转变温度。试验压力每 25 mm 厚度的保持时间不得少于 2 h
化学品液货船	整体或独立液舱	至少从液舱边界一侧进行结构试验,其压力取下列之大者: (1)至舱顶最高点以上 2.4 m 的水压头; (2)安全阀的没定压力(如设有)

·化学品液货船还应考虑装载货物的密度
·结构试验是指用于证实液舱的密性和结构设计的合适性所进行的水压试验
·静水压-气动试验是指先灌水至被试舱室的一定高度,再充气至一定压力。充入舱内的空气压力保持一定指标和一定时间,在受试焊缝的外侧涂以肥皂水,然后进行检查。可代替水压试验
·原型试验是指在相同环境、同样试验条件下,按适当的比例所做的模型试验

三、适应壳舾涂一体化要求的分段预密性试验工艺

分段预密性试验是指船体密性试验提前至分段制造甚至部件制造阶段进行的一种工艺方法。现代化船厂的主要生产目标之一,就是要缩短船舶建造周期,特别是要有效地缩短船台(坞)周期,以提高生产效率,降低建造成本。而实现这一目标的主要途径之一,就是壳舾涂一体化。为此,现代造船模式提出了工序前置的思路。按照这一思路,作为船舶建造中重要工序之一的船体密性试验,应尽可能地将常规的船台合拢阶段甚至下水后进行的工作提前至分段制造阶段或之前完成,以适应壳舾涂一体化的需要。可以说,分段预密性试验工艺的应用,正是船体密性试验方法的一项重大技术进步。实施分段、总段预密性试验的优越性主要体现在:

①可以将大部分在船台上或船坞内进行的难度较大的密性试验作业,移到分段、总段装配阶段中进行,大幅度地减少船台(坞)密性试验范围,对缩短船台(坞)周期极为有利;

②由于密性试验在工作条件良好的内场或平台上进行,故能提高密性试验的质量,同时还能减轻劳动强度;

③分段密性试验完成的地方即可进行涂装,可使涂装工作的效率得到提高,且涂装质量也能保证。

如对分段(总段)的水密焊缝采用冲水试验,然后再进行分段(总段)除锈、涂装工作,只需在分段(总段)大接头处留出一定宽度(一般在 200 mm 左右)不涂油漆,待分段(总段)上船台(坞)大合拢后,只需进行大接头区域的密性试验即可。

目前,常用的分段预密性试验方法有充气试验、负压试验和着色试验三种。此外,还可采用冲气试验,或冲油(油雾)试验法对水密焊缝进行预密性试验。

1. 充气试验

充气试验的基本原理:向角焊缝根部(充气点)注入压缩空气,在母材无裂缝的条件下,使气体充满焊缝空隙。达到规定的压力和持续时间后,通过向被检验的焊缝表面喷涂检验液(如5%肥皂溶液),检查焊缝渗漏情况。

充气试验的适用范围:适用于组件和分段制造阶段的角焊缝。做充气试验的角焊缝必须是船体水密构件(如水密肋板、隔舱壁等)双面不开坡口的连续角焊缝,且焊接板材厚度不小于12 mm。此外,充气试验也可用于通舱管件的预密性试验。图7.32为一艘散货船顶边舱的顶端角接缝,利用分段上结构的角接缝间隙进行泵气。在角接缝的一端电焊密封,另一端焊空气接管,用正常的充气方法和涂刷肥皂水检查双面角焊缝的渗漏情况。

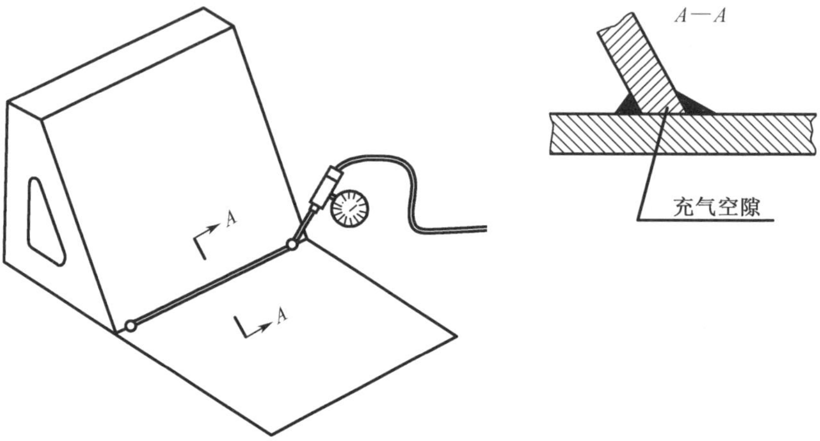

图7.32 焊缝泵气图

2. 负压试验

负压试验的基本原理是使用特制的真空盒(罩),在受试的涂有检验液的焊缝面形成负压并达到真空,在此状态下检验焊缝渗漏情况,如图7.33所示。

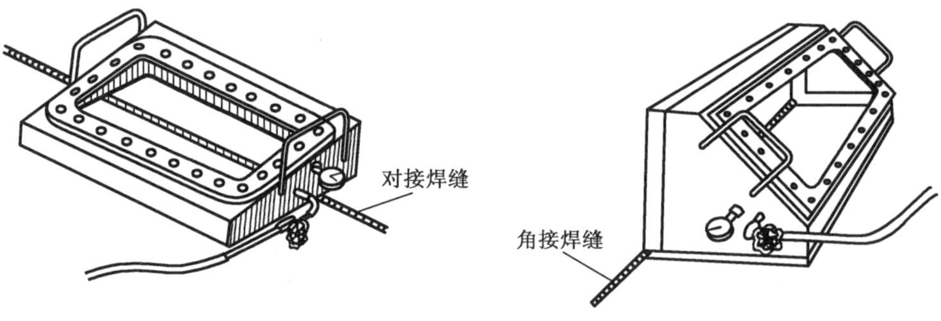

图7.33 负压密性试验罩

其中负压密性试验罩(即真空盒)是直接影响试验结果的关键工装,其边缘不仅要装有弹性很好的密封胶条,而且要根据不同的焊缝角度和形状选用不同的真空盒形式。

该方法对试验板材厚度无特殊要求。适用于部件和分段制造阶段的角焊缝或对接焊缝,其所处结构必须是构成舱室边界的船体水密构件。

3. 着色试验

着色试验属于金属无损检测中的一种探伤方法，只在充气、抽真空等试验方法无法覆盖的部位实施。试验时应对被检验的焊缝表面进行清洁，待焊缝表面干燥后，施加可清洗的渗透剂，保持一段时间后，将焊缝表面的渗透剂拭除，同时在焊缝表面喷洒显像剂，以检验焊缝表面是否有缺陷。

第四节　有关专题简介

一、分段、总段快速搭载技术简介

船台（坞）是船厂的核心资源，要实现多接船快造船，则必须提高这个核心资源的利用率，其关键就在于实现快速搭载，以缩短船台（坞）建造周期。要实现快速搭载是和船台（坞）无余量装配技术、高效焊接技术、自动切割技术、先进工装技术等方面的发展进步以及吊装顺序和总组范围等方面是密不可分的。

1. 船台（坞）无余量装配技术的应用

在船体制造中，船台（坞）装配是一道技术性强、质量要求高的关键工序。长期以来，一些船厂一直采用在分段、总段一端放 20 ~ 50 mm 的余量，吊上船台（坞）后定位（至少需两次）、划线、切割、合拢的工艺，这种工艺工作环境最差、劳动强度最大、费时最多，对船台（坞）周期和船体制造质量有着很大的影响。

（1）船舶精度控制系统

船台（坞）无余量装配，即分段、总段无余量上船台（坞）合拢工艺就是在这种探索中发展起来的。比较典型的就是采用了分段、总段预修正技术和分段、总段模拟搭载技术，而支撑该技术的数字化造船精度控制设备和软件，是从余量造船到无余量造船过渡的一个重要手段。应用较为广泛的是 DACS 精度控制系统。所谓船舶精度控制系统就是将三维船舶设计模型与船舶精度测量分析相结合，实现船体制造的精度测量和控制，提高分段制造精度，实现无余量上船台（坞）。该系统主要完成分段（总段）完工精度测量分析、分段（总段）模拟搭载精度分析，同时建立精度管理数据库，分析影响建造精度的关键因素。其工艺步骤及技术要点：

①读取三维设计模型，即导入三维设计软件生成的船体结构模型，在系统中生成几何模型，并对模型进行测量、标注等。

②测量草图生成，即在几何模型上捕捉精度控制点，标注三维坐标及控制（测量）点。生成测量草图供现场全站仪测量使用。

③实测数据转换与导入，即将全站仪测量数据通过坐标变换转换到设计坐标，通过 PDA（掌上电脑）导入系统。

④建立分段工程，即将分段（总段）模型、精度控制点设计数据、实测数据建立分段工程。通过坐标变换调整分段测量值，使设计值、测量值的对比误差达到最佳修正状态，生成分段三维精度报表，指导分段精度修正。

⑤建立搭载工程，即通过对基准分段及搭载分段的测量，建立模拟搭载工程。通过坐标变换调整搭载分段测量值，使基准分段测量值、搭载分段测量值的对比误差达到最佳状态，生成搭载三维精度报表，指导搭载分段预修整及搭载定位，确保船台（坞）一次搭载

成功。

此外,还可通过该系统的辅助计算功能对测量点距离、平面度、直角度、直线度、线面夹角、面面夹角等的计算,同时与设计值相比较,精确分析分段精度状态。并通过对精度数据进行统计分析,找到影响建造精度的关键因素。对设计及工艺规范进行相应改进。

(2)DACS 精度控制系统简介

DACS(dimensional & accuracy control system)精度控制系统是以系统软件为核心,集成现代高精度全站仪及各种附件于一体,能够快速、精确、自动地对各种船体分段或总段、船体合拢进行精度检查及控制的专用系统。可以结合设计模型,对分段或总段进行三维坐标测量并进行三维误差分析,出图形报表及数据报表以便查看;在分段或总段上船台(坞)前,在计算机上进行模拟搭载并分析搭载误差,最终以报表形式存挡。图 7.34 为全站仪现场测量分段或总段的示意。

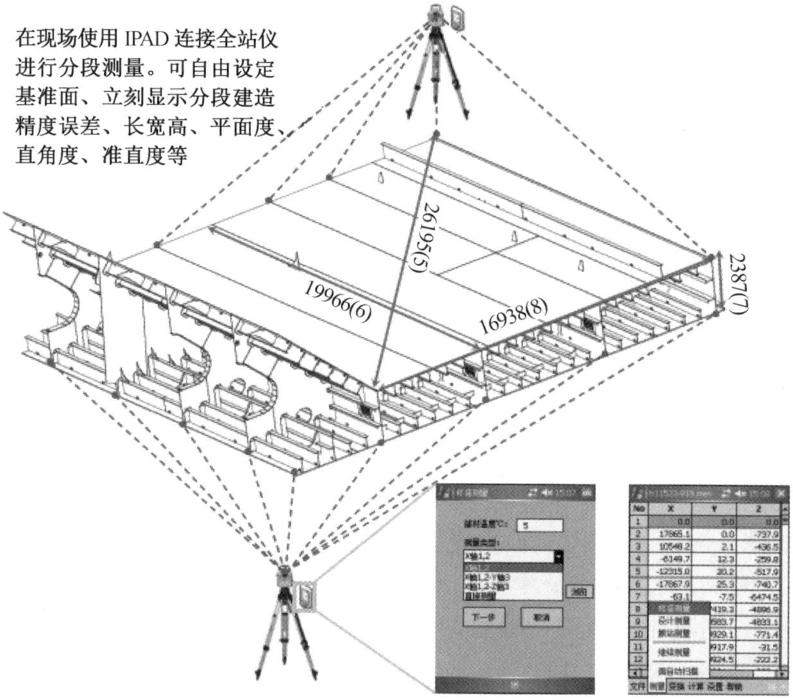

图 7.34　全站仪现场测量分段或总段

DACS 精度控制系统主要有三个部分,包括分段或总段测量及现场分析手簿软件(IPAD 测量子系统)、三维分段或总段精度管理软件(OFFICE 精度分析子系统)和三维模拟搭载软件(SIMULATION 模拟搭载子系统)。通常使用 OFFICE 精度分析子系统中的匹配功能来实现间接点的匹配。

DACS 精度控制系统的工艺流程及其技术要点:

①分段(总段)精度控制点的选取。根据要求标注分段(总段)上的顶点、中点、任意点线线交点、线面交点等特征点。

②现场采集分段(总段)数据。全站仪结合 DACS - IPAD 软件,进行数据采集。应根据事先确定的设计点的位置来精确测量实际点。如果遇到少数目标点不通视的情况,可以使

用隐蔽杆进行测量。

③在 DACS - OFFICE 软件中进行分段三维精度分析。系统会自动将实测数据和设计数据进行比较,计算出三维误差,并且将误差标注在设计数据后。实测点与设计点位置必须一一对应。

④误差优化。即实测数据与设计数据匹配优化。

⑤几何量计算。三维精度为自动计算,如两点距离,选择好后系统会自动计算实测距离,并与设计距离进行比较,显示误差。又如平面度计算,以三个点确定的平面为基准,检查其他点相对于此平面的高差。另外可以通过实测点拟合一个新的平面,各个点相对于拟合的平面进行差值计算。

⑥生成报表。通过 DACS 进行三维误差分析及所需几何量计算后,可以生成精度检查数字报表和图形报表(图 7.35)。

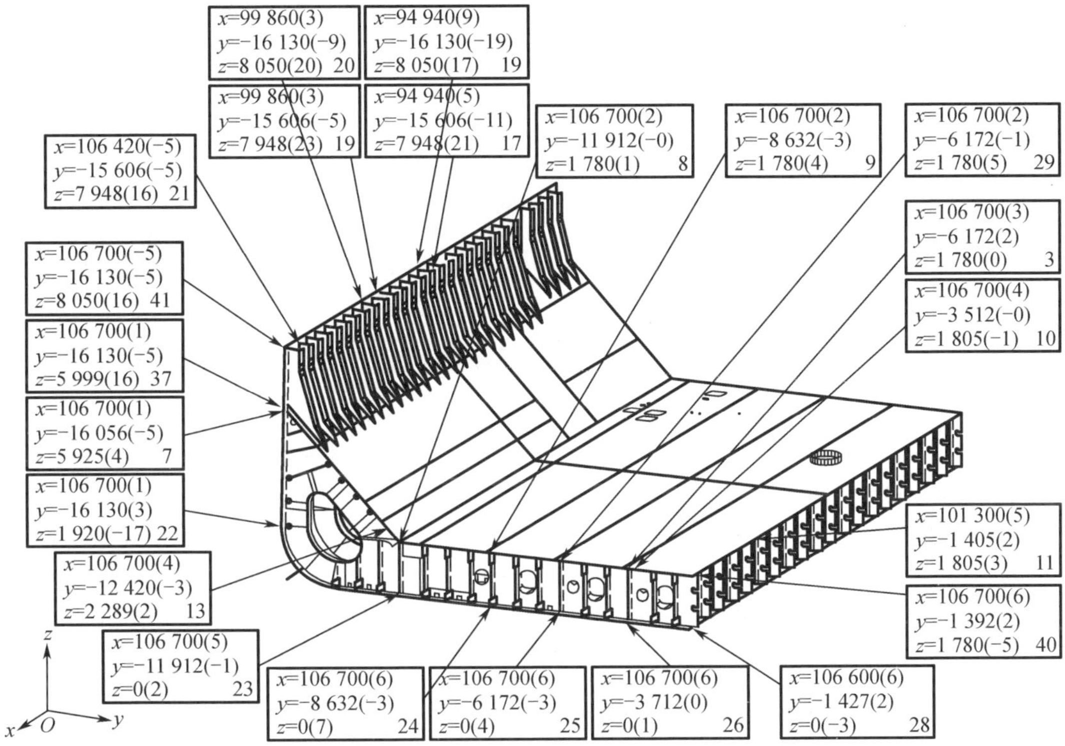

图 7.35　生成的精度检查图形报表

⑦分段或总段预修正。根据三维误差分析报表的数据进行分段或总段预修正,修正完毕后重新测量修正结果,符合要求即可存档。

⑧分段或总段模拟搭载。一般情况下,上船台(坞)的分段或总段不会再去修正,故以船台(坞)上分段或总段为基础将另一分段或总段往上模拟搭载,检查此分段或总段存在的问题。可自动生成搭载精度检查图。

⑨依据搭载精度检查图,进行分段或总段的现场合拢定位,如图 7.36 所示。

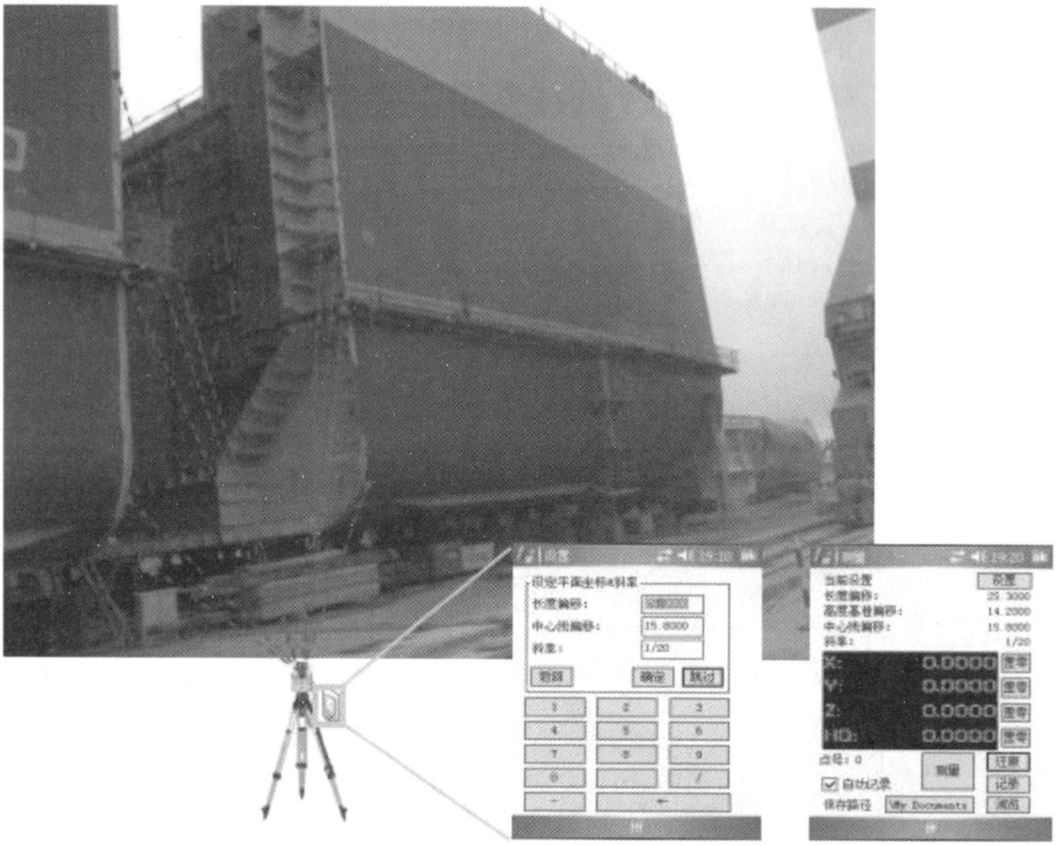

图 7.36　舷侧分段现场合拢定位测量

(3)分段、总段预修正技术

数据采集回来后,可以将数据导入计算机进行分段或总段模拟搭载,利用三维精度分析软件:DACS - OFFICE,可对分段或总段进行精密分析,检查分段或总段 CUT/WELD 值、形成精度检查表等,其过程如图 7.37 所示。通过与设计数据进行准确直观的对比,严格控制了各分段或总段的精度。

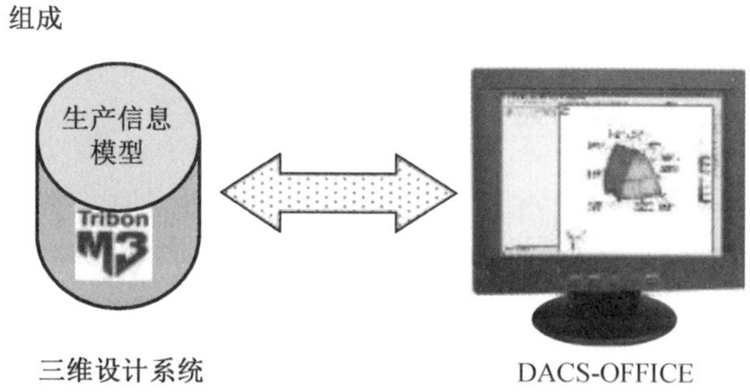

图 7.37　分段或总段进行精密分析过程

①读取 TRIBON(AM、CADDS5)中的等多种设计模型。

②计算各种几何量。

③自动提取设计坐标,自动匹配和计算分段或总段的三维偏差。

④进行精密分析,找出分段或总段的问题所在。

⑤分析和计算合拢口切割量、加强筋错位、对接面错位等。

⑥生成直观易懂的图形和数据表格,指导现场修正。

综上,通过所测数据与三维设计模型的比对,可以清晰地分析分段或总段各个位置的余量、错位、型线偏差等等,更加立体,更加直观,完全数字化。

(4)分段、总段模拟搭载技术

在分段或总段上船台(坞)搭载之前,利用三维搭载模拟软件:DACS - SIMULATION,在计算机里对任意搭载分段或总段进行三维模拟搭载和分析,其过程如图 7.38 所示。以确保分段或总段能够一次合拢,避免在船台(坞)时间过长以及返工。

图 7.38　分段或总段三维模拟搭载和分析过程

①参考设计模型,以实测数据为基础进行模拟。

②通过坐标变换,精确分析搭载状态。自动计算分段或总段间的重叠、段差及搭载切割量。

③以搭载面为单位进行搭载分析管理并提供模拟预切割功能。

④自动生成直观易懂的图形、数据报表。

综上,在计算机里模拟分段或总段搭载过程,可预先发现搭载过程中存在的问题,进行预修正,最终达到一次性搭载成功的目的。

(5)建立数字化船坞(台)系统

数字化船坞(台)系统相当于给船坞(台)安装了三维刻度尺,可以随时采集船坞(台)内分(总)段的三维坐标,通过与预设坐标点的对比,从而可以实现快速定位,提高合拢效率和合拢精度。若将整个船坞(台)系统录入设计软件中,就可建立更具体、直观、精确的模拟搭载平台。通过建立船坞三维测控网,形成船坞数字化坐标系统(图 7.39)。较传统船坞具有以下优势:

①保证船舶搭载测量处于统一的坐标系中。避免由于测量基点、基准不统一带来的累积误差问题,从而提高了定位精度。

②实现船坞三维坐标体系与船舶设计三维模型坐标体系的对比印证,分(总)段搭载更快、更精准。甚至可以使一些过去不可能完成的搭载工艺成为现实。

③大大降低船舶搭载测量工作量。传统的船坞搭载中测量是二维的、需要多次测量,而数字化船坞的测量是三维立体的,一次测量即可获取全部数据。

数字化船坞(或船台)可大大提升船舶搭载质量和效率,提高船企经济效益。

2. 高效焊接技术的研发和应用

在船体制造中,焊接是其中的关键和支撑技术,焊接工时和成本各占船体制造工时和成本的 30% ~50%,焊接的质量是反映船体制造质量优劣的重要指标。因此,研究开发机械化、自动化的高效焊接技术就成为提高造船质量、提高生产效率、降低建造成本、缩短造船周期的有效技术途径。

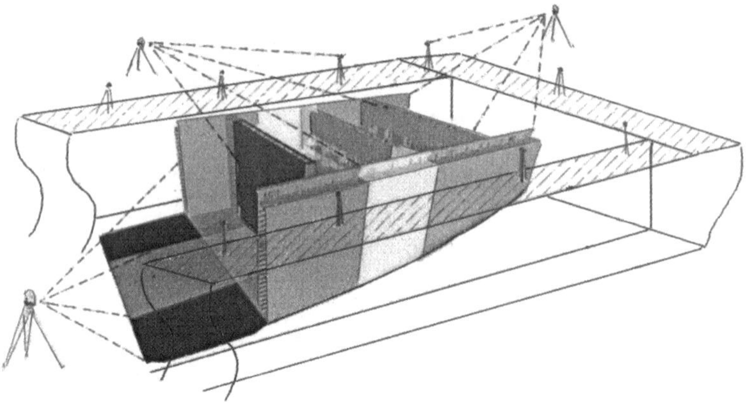

图 7.39　数字化船坞系统

针对船台(坞)搭载阶段中大接头区域焊缝位置及作业环境的多样性和复杂性,其机械化、自动化的高效焊接方法主要采用单面埋焊自动焊、单面 CO_2 半自动焊、单面 CO_2 自动焊、垂直/横向自动气电焊以及焊接机器人等。尤其是应用于船台(坞)大合拢接缝的垂直/横向自动气电焊接技术,焊缝内部质量好、外形美观,其效率远高于手工焊,为分段、总段快速搭载奠定了坚实的基础。

垂直自动气电焊工艺是在背面使用了强制成形的衬垫,正面使用随机头一起上升的水冷滑块,依靠纯 CO_2 气体保护,使用专用药芯焊丝,能随坡口和间隙的变化而变化,并根据焊丝伸出长度自动调节上升速度,其工作原理如图 7.40 所示。

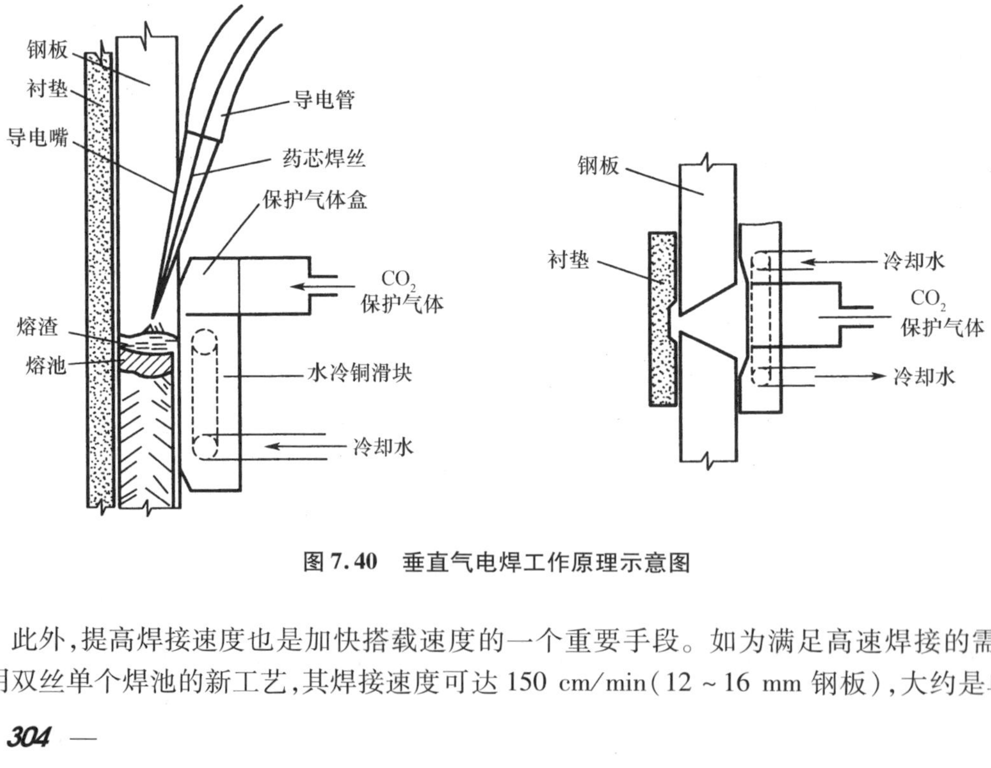

图 7.40　垂直气电焊工作原理示意图

此外,提高焊接速度也是加快搭载速度的一个重要手段。如为满足高速焊接的需求,采用双丝单个焊池的新工艺,其焊接速度可达 150 cm/min(12 ~ 16 mm 钢板),大约是单丝的2倍。

3. 自动切割技术的研发和应用

尽管通过从钢板切割开始，到拼板、部装、分段制造、分段总组等各环节实施全过程的精度控制，提高了分段、总段的完工精度，但一般在分段（总段）上仍会留出一定的余量，以便调整船体在合拢过程中产生的变形，尤其艏艉部分段（总段）。在分段（总段）预修正中，其上不同结构的切割要求是不同的，再加上作业条件的差异，往往会导致边缘（包括焊接坡口）质量不稳定。探讨专用于分段（总段）预修正和搭载过程中的自动化切割系统是必须要考虑的，一种是用于水平切割，另一种是用于垂直切割。旨在减少切割时间、提高切割质量、减少二次修割量，以提高搭载的精度和效率。

4. 先进工装技术的研发和应用

在大型分段、总段的搭载中，采用专用吊架、液压支撑、定位划线等工装技术，针对船舶系统复杂，开发多维度、高精度自动化顶升、移动、定位装备，以实现大型总段的移位和合拢，也是分段、总段实现快速搭载的重要环节。目前，在分段（总段）搭载中，多采用各种形式的可调支撑工装（如活络支墩），以便更好地进行分段（或总段）的定位和精细调节。图7.41为用于机舱底部的支撑结构，对于机舱底部区域大型线的部位，仅仅依靠活络支撑已经不足以应对更大的型线变化范围，同时此区域支撑受力要求更高，因此，采用固定支撑与活络墩相结合的方法，取二者优点。此外，还有轨道式、滑移式、步行式船体移动定位系统以及尾部作业平台等工装。船厂通过使用先进的工装，可实现分段、总段的快速搭载，同时也改善了现场施工的作业环境。

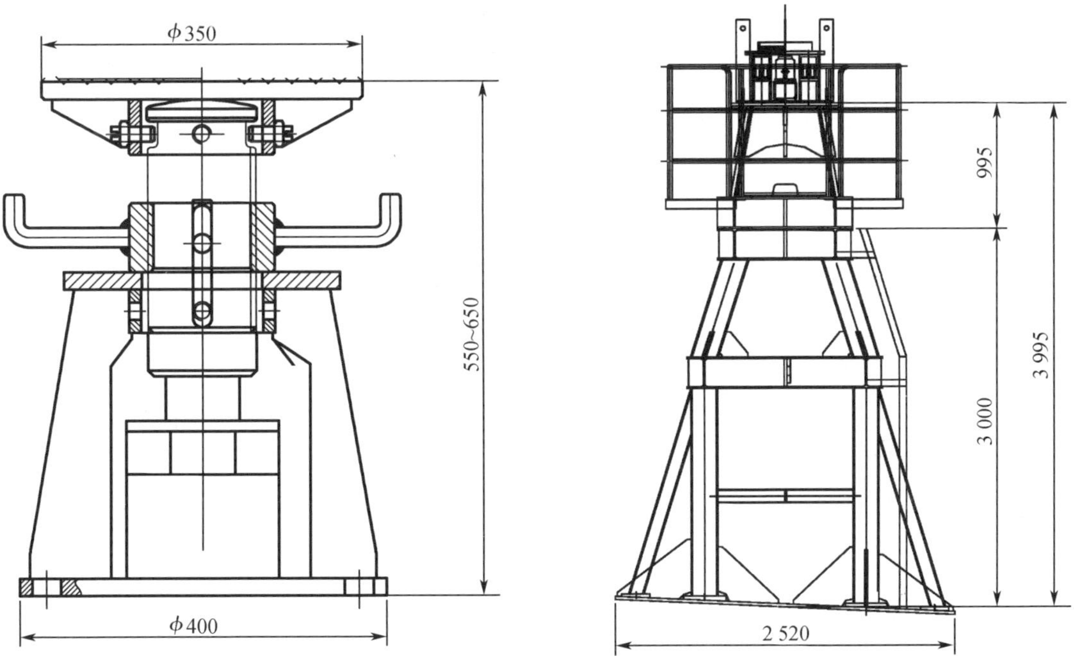

可调式　　　　固定式

图7.41　用于机舱底部的支撑结构

5. 扩大分段总组范围

为减少船台(坞)搭载工作量,在船台(坞)起吊能力范围内,扩大分段总组范围,实施大型总段吊装,以达到快速搭载的目的。典型的有:通过对机舱分段重新划分和总组,进一步提高机舱预舾装的完整性,而且将轴系安装放在总段阶段完成,为主机和机舱设备管系提前安装创造了条件,如图7.42所示。

图7.42　机舱总段及预舾装

二、超大型总段建造法简介

分段已经实行了并行制造,常规的分段造船模式如图7.43所示。即分段完工后运到船台(坞),利用船台(坞)的大型吊车吊装合拢,由于每个分段的吊装合拢都会一直占用大型吊车资源,吊车利用效率低,且分段数量又多,所以合拢速度慢,造成船台(坞)建造周期长。另由于分段并行制造的速度大于合拢速度,造成分段的堆放积压,因此占用了大量的场地资源。

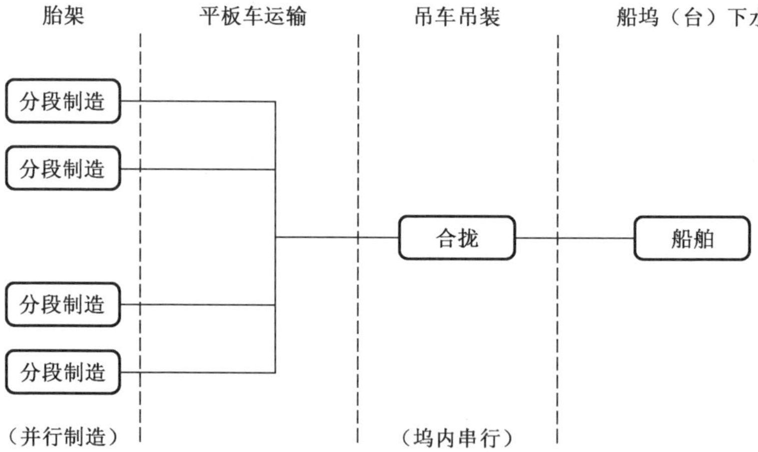

图7.43　常规的分段造船模式

现代造船模式的基础是按区域/阶段/类型组织生产,以中间产品为导向的总装造船。为了加快造船速度,各船厂都在积极推进工序前移的措施,即在船舶总装前最大限度地完成中间产品的壳舾涂工作量,缩短船台(坞)周期。一般说来,形成的中间产品越大,能够前移的工作量越大，造船速度也就越快。

超大型总段建造法（也称为巨型总段造船法）的造船模式如图 7.44 所示。即首先将分段组装成1 000 吨级左右的总段，再将总段组装成5 000 t 以上的超大型总段，最后将下水后的超大型总段在船坞内实现大合拢（也可采用水上湿式合拢）。在这种建造模式中，总段和超大型总段同样实行了并行制造，并与分段制造的节拍相协调，使分段堆放等待时间短。而且总段和超大型总段的制造可以充分利用船厂的各种吊车资源和装焊场地，减少了对船台（坞）大型吊车资源的占用，并提高了预舾装率和涂装的完整性。

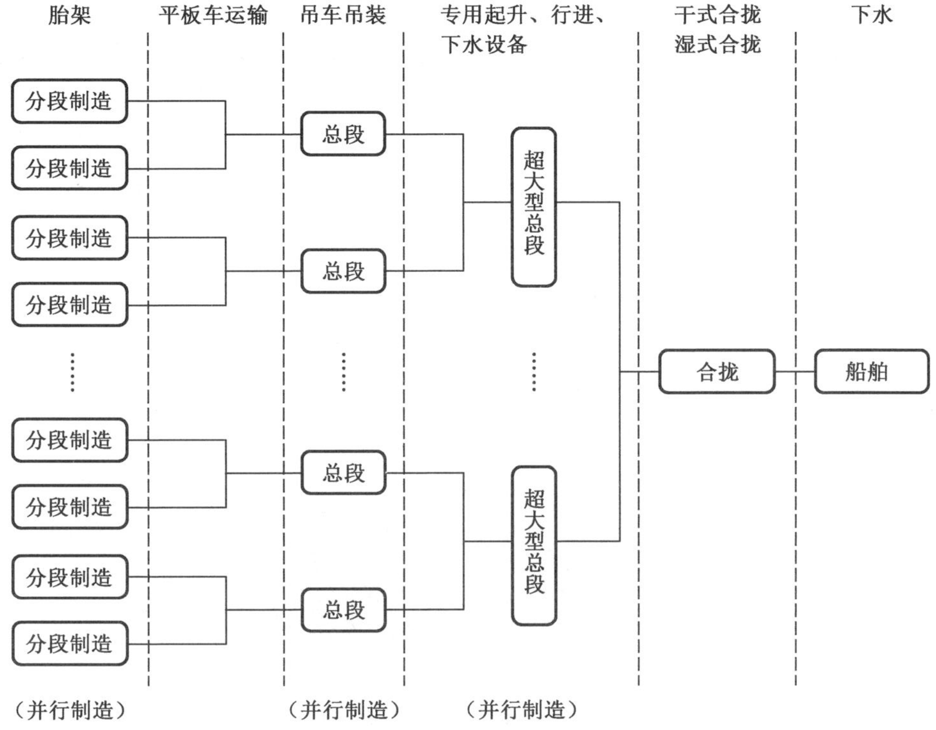

图 7.44　超大型总段建造模式

在采用常规分段建造法的情况下，一艘 10 万吨级船舶的分段数量超过 200 个；在采用超大型总段建造法的情况下，按总段质量 5 000 t 计，一艘 10 万吨级船舶的超大总段只有 3 ~ 4 个。巨型总段造船法的应用可进一步缩短船坞周期，大大提高了造船产量。

超大型总段建造法是由总段造船法发展起来的，其特点是总段巨型化。为推行超大型总段建造法，需要采取一系列保障措施。一是将平地建成后的超大型总段吊入船坞，通常可由超大型浮吊或其他方式完成。二是超大型总段既可以在船厂内制造，也可以由厂外专业分段制造厂制造，总段制造完成后，通过水路运到船坞边，直接吊入船坞。三是超大型总段建造法可以方便地与“平地造船法”“浮坞造船法”“驳船造船法”结合使用，以进一步提高造船效率和产量，并具有减少投资费用、较快形成产能等优点。

三、平地建造法简介

船台（坞）是造船必需的、且最主要的生产基础设施，其间接反映了船厂的产能。在现有条件下，如何在不增加船台（坞）等造船设施的前提下，扩大造船总量，这就需要对建造技术进行创新,而平地建造技术的开发和应用就是一种很好的辅助手段。

常规的造船方式是围绕船台或船坞为中心进行产品建造和下水工作。而平地建造技术则围绕除船台或船坞外的平地区域为中心,以船舶或海洋结构物的分段(或总段)为单元,进行整体建造、合拢和舾装工作,在通过专用拖移和滑动设备,结合半潜驳船、浮船坞等下水设施下水。船舶总段的运移及环段的对接系统开拓了平地造船的新模式。

平地建造法的基本核心思想是:减少和不占用船台(坞)资源,利用新增平地造船的设备资源,结合整船、半船或海洋结构物的平地建造、高效建造和合拢技术的开发应用、拖移装备的合理选用和专用工装的设计、半潜驳船的技术开发等,形成一整套的平地造船技术,实现产品的分批、分区建造,提高造船效率和资源利用率,从而达到扩大造船总量的目的。

1. 总段对中系统

用于总段对中的数控对中系统已经采用,在总段的对中合拢中,通过集中控制可实现总段的多方位精确姿态调整。总段数控对中系统由数控对中小车、数控对中系统操作台和各型纵梁等组成,如图 7.45 所示。

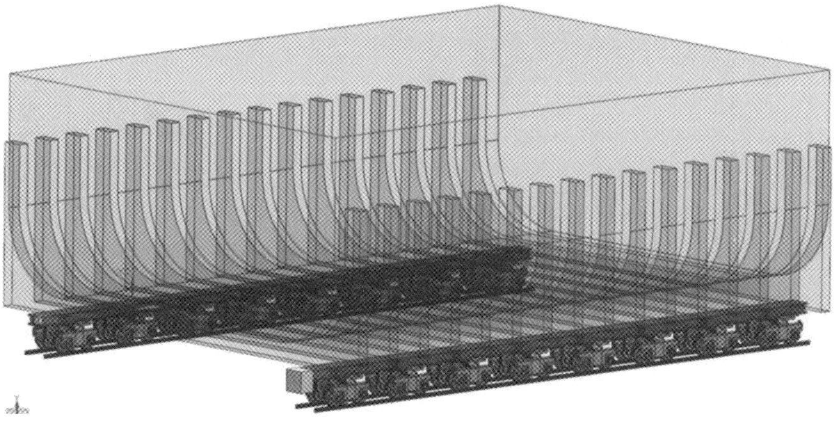

图 7.45　总段数控对中系统的应用

该系统可实现总段六自由度姿态调整、多点联动控制、高压油缸高精度伺服控制等关键技术。

2. 平地造船的拖移设备

平地造船的拖移设备通常包括卷扬机及配套设备、跟进式液压顶推及配套设备。其移动过程是:通过液压顶升设备将船舶托起,然后在跟进式液压顶推设备的作用下,同时通过卷扬机在钢丝绳的牵引下带动船舶在滑道上平移。采用的摩擦方式包括滑动摩擦和滚动摩擦两种。滑动摩擦式拖移常用的摩擦介质为油脂、高分子材料等。其装置如滑靴滑移系统、气垫/液垫滑移系统。滚动式拖移常用的摩擦介质为滚轴式工装滑道、滚珠、气囊等。此外,还有自行式液压模块组合运输车,简称 SPMT,是由数量不等的独立模块平板车组合而成。可以运输各种大型构件。

3. 平地造船的下水方式和设施

从建造工艺的角度看,平地建造法与常规的造船工艺流程并无大变化,其核心技术是船舶在平地建造完工后的下水技术,常用的下水方式主要有以下几种:

(1)在平地建造区域整体滑移至半潜驳船,通过半潜驳船下潜完成下水。但需要根据目标船型进行驳船造型，且驳船的调载能力成为关键因素，图 7.46 为平地造船结合半潜驳下水过程；

(a) 半潜驳靠近码头并调整浮态； 将船舶拖移至半潜驳上

(b) 拖移到指定水域； 半潜驳下沉、船舶漂浮

图 7.46　平地造船结合半潜驳下水过程

(2) 在平地建造区域整体滑移至浮船坞内，在浮船坞进行后续建造和漂浮出坞完成下水；

(3) 在平地建造区域整体滑移至临时修建的倾斜混凝土地面，变更拖移滑道为下水滑道、利用重力产生的下滑力完成下水；

(4) 在平地建造区域使用气囊整体拖移至临时修建的倾斜混凝土地面，使用专用拖移装备，直接拖移入水完成下水；

(5) 在平地建造区域使用专用下水设施装备，直接完成下水。仅应用于小型船舶或海洋结构物。

这几种下水方式各有利弊，具体实施措施需结合船厂自身情况而定。

平地建造法在较多造船和海工企业得到了应用，打破了在船台(坞)内造船的常规操作。其优点：一是在建造海洋工程产品中，过去要长期占用船台(坞)的问题得到了解决，从而提高了船台(坞)的使用效率。二是可以充分利用企业现有的生产设备和资源在陆地建造船舶产品。

第八章　船舶舾装技术

第一节　概　　述

一、船舶舾装的内容、分类及作业特点

1. 船舶舾装的内容

船舶舾装是指船体结构之外的船舶所有设备、装置和设施的安装工作，也可定义为是对船体进行系统化处理和安装的生产活动。由于船舶舾装的多样性，决定了舾装技术的复杂性和各专业舾装技术的独立性。根据船舶舾装的内容可归类：

(1)船体舾装件类，主要包括门、窗、梯、盖、扶手、栏杆、系缆桩等，大都属于船体铁舾件范畴。

(2)动力装置类，是指船上产生动力用的各种设备和附属设施，主要包括主机、轴系、柴油发电机、锅炉，以及为它们服务的泵、箱柜、热交换器、分油机等，大都设置在机舱区域，属于机舱区域舾装范畴。

(3)甲板机械类，主要包括起货设备、锚设备、舵设备、系泊拖曳绞车、舱口盖系统、救生艇/架及起艇机以及消防设施等，一般属于甲板区域舾装范畴。

(4)电气舾装件类，主要包括电气设备、支/座架、导架、衬圈、接头等，以及船舶航行用的各种设备；还包括各种航海仪器，通信设备、声/光等信号装置。

(5)房舱舾装件类，是指船员和旅客生活用的各种设施和设备，主要包括里子板、绝缘材料、家具、厨房设备、冷藏空调设备以及房舱内各种焊接件等，属于住舱舾装范畴。

(6)管系类，主要包括动力系统(燃油系统、滑油系统、冷却水系统、压缩空气系统和排气系统)、船舶系统(压载水系统、舱底水系统、消防系统、空测注系统、生活水系统等)、冷藏空调管系、通风管系等，属于管舾装范畴。

船舶舾装涉及多个专业舾装领域，每个舾装专业都有自己的施工工艺。

2. 船舶各区域舾装作业特点

船舶舾装作业内容还可根据其所在区域分为船体舾装(简称船装)、机舱舾装(简称机装)、电气舾装(简称电装)。其中船体舾装又可分为甲板舾装(简称甲装，也称舱面舾装或外舾装)和住舱舾装(简称居装，又称内舾装)。各区域舾装作业特点如下：

(1)甲板舾装作业特点

甲板舾装是指除机舱区域和住舱区域以外所有区域的舾装工作，包括船体舾装件和甲板机械及附属管系等的安装调试，主要有操舵装置、锚泊装置、系泊装置、起货装置、货舱盖、通道装置和管系，以及救生消防等设施。它所安装的设备和装置是多种多样的，随着船舶种类和用途的不同而有很大差别。甲板舾装作业遍及全船，大部分是敞开作业。

(2)住舱舾装作业特点

住舱舾装是指上层建筑内各种船员或旅客住室和各种专用舱室内的舾装件或舾装单元的安装作业,包括房舱舾装件及附属管路、生活设施、航海仪器、通信装置等安装作业,如防火绝缘处理、舱室分隔、家具与卫生设施、厨房/冷库和空调机房舾装以及舱室装饰处理等。它具有作业种类多、工作量大和工作空间狭小等特点,因此,既要尽量扩大分段舾装和总段舾装的工作量,还应对舾装作业做出合理安排。如采用的上层建筑整体吊装工艺,其目标之一就是为了能及早开展舱室舾装工作,扩大地面舾装作业量、改善作业环境和缩短舾装周期。

(3)机舱舾装作业特点

机舱舾装主要是指机舱内各种设备的安装与调试,主要包括动力装置及其附属管路。大致可分为机械安装调试和舾装件装焊两类,前者如主机、轴系装置、发电机和锅炉等大型机械设备的安装、调试和试验,其技术复杂,要求高;后者如管系、通风装置、基座、箱柜和通道装置等安装和焊接,以及机舱和设备的绝缘工作等。

(4)电气舾装作业特点

电气舾装主要是全船电气设备的安装、接线、调试,以及电缆敷设等。电气设备的工作环境必须要考虑其防振性、防潮性和防蚀性等要求。电气舾装通常可分为内场准备和外场安装,其中外场作业环境比较恶劣,比较分散,如狭窄空间的电缆敷设。所以电气舾装同样应尽量扩大单元舾装、分段舾装和总段舾装的工作量。

船舶舾装按区域分类是为了便于组织生产。此外,为便于详细设计和成本估算,还可按专业、功能分类。总而言之,除了船体结构及涂装以外的一切设施都可归属于舾装的范围,其作业面广、工程量大,占船舶建造总工程量的50%～60%,且具有工种多、工序多、品种多、协作面广、综合性强、施工条件差、安装交叉作业多、周期长等一系列特点。因而,舾装技术的水平对提高舾装效率和舾装质量、改善劳动条件、实现安全生产、降低建造成本、大幅度缩短建造周期等方面具有重大影响。

3. 船舶舾装技术的内容

船舶舾装技术主要包括以下内容:

(1)舾装件采办,包括舾装件的订货、外协和自制等工作。舾装件采办入库后,根据所属单元、分段、总段、船上的区域,按托盘出库指示来集配和装入托盘,并按指定日程运往施工现场。

(2)单元舾装,即将若干个舾装件在专门的舾装平台上组装成适当大小的舾装组合体。

(3)分段、总段舾装,即在分段、总段制造的适当阶段,将分段、总段所属的舾装件或舾装单元安装在分段、总段上。

(4)船上舾装,分船台(坞)舾装和码头舾装。所谓船台(坞)舾装是指在船台(坞)上船体合拢后进行的舾装作业;所谓码头舾装是指船舶下水后在码头进行的舾装作业。

4. 舾装技术体系

船舶舾装技术体系如图8.1所示。

本书只对区域舾装技术和专业舾装技术中的管子舾装工艺有关内容进行讨论,专业舾装技术中的其他专业技术内容可参阅相关文献。

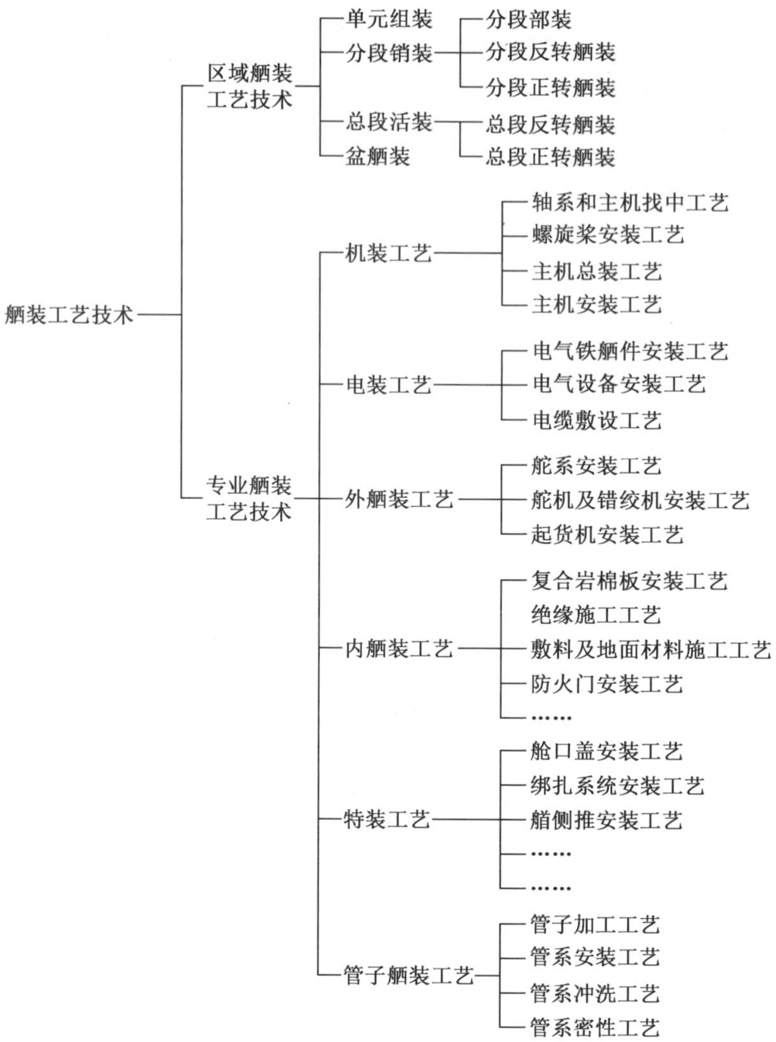

图 8.1　船舶舾装技术体系图

二、船舶舾装技术的发展及趋势

1. 船舶舾装技术的发展

日本在 20 世纪 60 年代初开始预舾装工艺,目前的趋势是单元组装和船体总段相结合,并发展了“盆舾装”或“主体舾装”等工艺,分段的划分、单元的划分、单元的组成、设备的安装也开始走向标准化。韩国的舾装发展模式与日本基本相同,且还显示了其规范性。欧美国家的造船也普遍采用了预舾装和单元组装工艺,在船舶下水前完成量可达 70% 左右。

我国从 20 世纪 60 年代的模型法,到 70 年代的综合放样法,再到 80 年代开始逐步实施区域舾装法,特别是进入 20 世纪 90 年代,各大船厂业已坚定了先行舾装的船舶制造技术原则,开展了船体分段、总段预舾装、单元舾装、盆式预舾装、二次预舾装、正反转预舾装等多种灵活的方式,使区域舾装的方法走向多样化、目标化。船舶舾装技术的发展大致可分为传统舾装技术、预舾装技术、区域舾装技术三个阶段。

(1)传统舾装技术阶段

即先进行船体制造,船体完工后才开始舾装,舾装工作都集中在船上进行。设计部门各专业都是按各自的系统单独设计,没有进行协调,结果在安装位置上出现现场争抢空间的现象。因为没有进行作业合理性分析,所以造成施工现场作业环境立体交错,事故隐患严重,安全生产很难保障。显然,这是一种落后的施工方法,已逐步被新的舾装技术所取代。这种落后的舾装方法其主要缺点在于:

①船体和舾装工作先后串联进行,生产周期特别长。

②管系的安装工作要经过三上三下的过程,其作业周期长、劳动强度大。

③各舾装作业以及同专业工种不同系统的作业人员同时在船上同一区域进行施工,给合理的组织生产带来了困难,且难以协调。

④图纸中存在的问题一直到安装现场才能发现,特别是各系统之间的冲突,这将造成大量的返工,既浪费了人力物力,又延缓了工程进度,且舾装质量还得不到保证。

目前我国的一些小型船厂和修船厂还在使用这种施工方法。

(2)预舾装技术阶段

所谓预舾装技术就是对系统提前舾装的方法,即将传统的船上舾装作业提前到分段、总段上船台(坞)前进行的一种舾装技术。预舾装也叫地面舾装,包括单元组装、分段预舾装和总段预舾装三项基本内容。

预舾装技术的特点表现在运用了舾装综合放样技术,在图面上预先协调了各系统间的相互位置关系,从而能对一部分舾装件(如管子)可以进行预制预装,改善了工作条件,提高了工作效率,缩短了生产周期。但仍然是按功能系统进行的,因而预舾装率不高。这种舾装方法的主要缺点在于:

①综合放样是以系统进行的,各专业协调不充分,难以考虑周全,且还不能对所有系统进行预先协调。尤其是电气舾装和铁舾件的安装,大量的工作还是靠现场施工确定。

②由于还没有对舾装件实施托盘管理,因而物资采购和生产准备情况还是比较混乱,这给生产准备及过程管理带来了困难。

(3)区域舾装技术阶段

随着造船生产设计、成组技术的推广和应用,造船技术从传统的按系统导向的造船方法逐步按区域造船的方法发展,逐步形成了区域舾装方法,即按区域预制预装舾装法。

区域舾装技术是按不同区域采用最合适该区域的设计和制造工艺,将设计、计划、生产以“地理区域”紧密结合的造船方法。舾装按区域进行设计,绘制综合舾装图,将各种设备、管系、电缆等舾装件,分区域在图纸或模型上进行全面规划、协调,然后编制详细的机装、船装、电装等各专业的预舾装施工要领,绘制安装图、零件图,编制舾装件托盘等,并对预舾装日程、物量、工时、周期、场地等因素进行综合考虑,达到各专业的统筹和协调。它突破了传统的按船舶功能系统进行设计和制造的方法,而是按区域进行设计建造,将舾装件分别在分段、总段进行安装,使舾装与船体制造形成平行作业,改变了舾装是船体制造后续工序的传统工艺,提高了工作效率。区域舾装技术具有如下特征:

①综合考虑分道建造中分段的设计、均衡生产等因素,对船舶进行空间/时间上的划分,解决好空间区域和时间进度问题,使区域舾装按照进度、区域有条不紊地进行。

②区域舾装要求按区域进行预制预装,其目的和手段是先行舾装,而先行舾装的前提就是预制。预装是指单元舾装、分段/总段预舾装。

③区域舾装要求俯向作业和青空作业,以改善工作条件,提高工作效率。

④区域舾装要求以托盘管理为基础,建立采购、集配、管理一体化的集配中心。舾装设计、采购、集配和管理都要按托盘管理的要求进行。

⑤区域舾装要求定工位管理和定置管理,要求在每个空间/时间区域中,必须完成此阶段的作业内容,在此阶段中只设工位不分工种。定工位管理是指对作业者的生产组织管理,其要求定岗位、定人员、定设备、定作业范围、定工作标准。定置管理是对物流和物位的管理,解决作业者、舾装件及设备工位、场地的最佳结合关系。

2. 船舶舾装技术的发展趋势

当前,在国家"智能造船"方针的指引下,造船模式正在与信息化进行着深度融合,舾装技术的发展也表现出以下的发展趋势。

(1)全船模型的数字化

三维建模技术的应用极大地促进船舶舾装技术的发展。通过计算机三维建模技术,实现全船模型数字化,使机舱等复杂区域的船体结构、设备、管系、电缆、通风等布置具有立体化,真正反映出各实体的空间。如豪华游船上的房舱内装设计,集艺术与工艺性于一体,其中包括房舱造型、装饰材料的选择、家具的造型与布置、灯光的配置等。还可借助可视化(如 VR)技术实现沉浸式场景,使船舶舾装设计质量大幅度提升,从而改变船东在建造过程中提出舾装布置方面的问题而导致现场返工进而影响建造进度的现状。

此外,还可依据全船的数字化模型实现建造过程的仿真,一方面有助于制定合理的区域舾装方案,另一方面可以更直观地表达出施工工艺要求。同时,区域舾装的数字化实现了舾装物资信息的准确传递,便于舾装物资的及时采购和舾装件生产、集配的有序开展,以实现舾装准时化运作。

(2)设计制造的模块化

推行舾装件的标准化设计和模块化制作是区域舾装的一个重要趋势,它可使生产工序前移、降低造船成本和改善工作环境,从而达到提高建造质量的目的。

模块化设计与制造,使得原来在船台(坞)的工作提前到室内或外场平台,降低了辅助工装和人力成本,极大地改善了工作环境。如推行模块化后机舱底层花钢板区域的大量舾装作业由原来的船台(坞)阶段散装变成了与船体分段、总段制作同步进行的内场制作,在船上只留下了模块的定位作业。推行模块化造船后,由于大量设备提前形成了模块,在车间内就经过了质量检验,这就使得在船上出现问题的可能性降低。

此外,通过对系列船推行模块化设计,可使舾装件加工安装达到大批量的效果。对于已形成标准化的小模块,由于其通用性较强,船厂就可以和相关配套厂形成长期合作关系,在减少设计选型工作量的同时也可以降低设备厂商的运营成本,从而进一步降低船厂的采购成本。

(3)区域舾装的精益化

精益造船一直是我国船企追求的目标,随着制造执行系统(MES)在各船厂的落地,舾装车间通过智能制造系统陆续实现了精益生产,区域舾装的精益化将是各大船企进行技术革新的方向。

目前,国内大多数船厂在进行区域舾装时采用托盘进行物资集配,但在实际进行舾装件安装时没有明确安装顺序和技术要求,还是依赖工人的经验,这就导致区域舾装的质量不稳定、舾装件安装不及时,且舾装工时评定只能按托盘内舾装件的数量或质量来进行,所以区域舾装目前还是处于粗犷式的状态。

要实现区域舾装的精益化，首先要做到对舾装对象进行合理的中间产品导向型工程分解，在详细组立要领（detailed assembly procedure，DAP）和搭载计划的基础上，制定建造综合工程图（working sequence diagram，WSD），从而在船舶开工前就能详细规划各组立阶段的舾装作业内容，真正实现设计、生产、管理一体化。此外，要实现区域舾装的精益化，还要做到派工的精细化，在 WSD 的阶段划分和固定安装顺序的基础上就可以获得准确的施工物量信息，从而实现精细派工。

（4）舾装的绿色化

随着人们对环保的重视，绿色造船是造船行业发展的必然方向，舾装也要向绿色化方向发展。一是要做到舾装材料的无毒化，特别是绝缘材料和舾装敷料；二是在舾装设计时要进行优化设计，使舾装产品趋向轻盈化，减少舾装件质量、简化舾装件形式，在节约材料的同时减少能源消耗；三是通过制定合理的舾装件安装顺序，减少舾装对结构涂层的破坏，以避免后期打磨造成的环境污染和补涂作业造成的涂料浪费。

第二节　管件族制造技术

一、管件加工工艺流程

船舶管路系统的加工和安装是造船工程中的一项重要内容，管系工程的特点是多规格、多品种、多数量。对于常规船舶来说，管系施工作业量约占舾装作业量的 40%，一艘 6 万吨散货船上需内场加工的管路约有 8 500 根，管件内场加工的生产效率除了会影响成本外还决定了舾装件托盘集配的能否及时配送，进而影响船舶整体建造进度。

管子形状有直管、弯曲管，其中有含支管和不含支管的。弯曲管有冷弯、热弯和拼接定型弯等。管子加工后还要进行不同要求的表面防护处理。在管件加工上，不同的船厂由于加工设备的差异以及精度控制水平的差异，在管件内场加工时采取了不同的工艺，主要有先弯后焊工艺和先焊后弯工艺两种。为了提高管子加工效率和降低成本，应大力推广应用先焊后弯工艺。

1. 先弯后焊工艺

此种工艺的工序为下料 → 弯管 → 校管 → 焊接 → 打磨 → 试压 → 表面处理。

（1）下料

船厂对钢管的采购分为定长和不定长两种方式，定长是指钢管按 6 m 一根采购入库，这种方式的钢管价格会略贵一些，但便于设计人员提前进行钢管套料，钢管利用率较高。不定长是指采购的钢管长度不统一，不便于提前进行钢管套料，但按这种方式采购的钢管价格便宜一些。

管件加工时，先根据钢管套料图在钢管上划线，并标记钢管所属的托盘号和零件号，对于有色标的管子一般从无色标的一端开始切割，以便余料保留色标。对通径 ≤100 的钢管，一般采用砂轮机或锯床切割；对通径 >100 的钢管，一般采用火焰切割机或等离子切割机切割。

(2)弯管

钢管弯曲加工一般分为冷弯加工和热弯加工,或采用定型弯头的组合方式。

对于通径≤125 的钢管且弯曲半径大于 3 倍管径的弯管,一般采用在弯管机(图 8.2)上冷弯,弯管前先在钢管上划出每个弯角的起弯点,前夹头和弯模夹紧后,弯模旋转从而将钢管弯曲。前后夹头及弯模上有弧形槽,芯棒可以有效减小弯管时钢管因受力不均导致的椭圆变形。

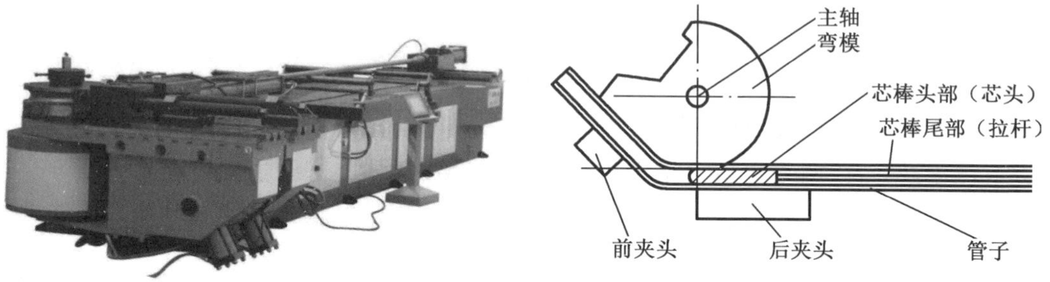

图 8.2　液压弯管机及冷弯加工

对于通径 >125 的钢管,有的船厂会采用中频热弯工艺(图 8.3),通过中频电流加热线圈进行加热,加热宽度约为 30 mm,当钢管加热区升温至 800 ~ 950 ℃时施加外力使加热区钢管发生弯曲,在钢管加热区外用水进行冷却。中频热弯工艺的钢管弯曲半径比冷弯工艺要大。

对于通径 >125 的钢管或弯曲半径不能满足大于 3 倍管径的弯管,还可以采用定型弯头的组合方式来实现管路弯曲。定型弯头是采购的成品零件,有弯曲半径是 1 倍管径和 1.5 倍管径两种。采用定型弯头组合工艺可以节省管路占用的空间,但由于弯头和管路是焊接的,所以增加了焊接工作量。

图 8.3　中频热弯

(3)校管

一根管件除了钢管外还有法兰、套管、异径、支管等附件。校管工序就是将这些零部件装配(点焊)成形。目前,船厂有校管机校管和平台校管两种(图 8.4),前者用于法兰和钢管的装配,它对于法兰转角的装配精度控制较好;后者用于弯头、异径、支管的装配,其通用性比较好。

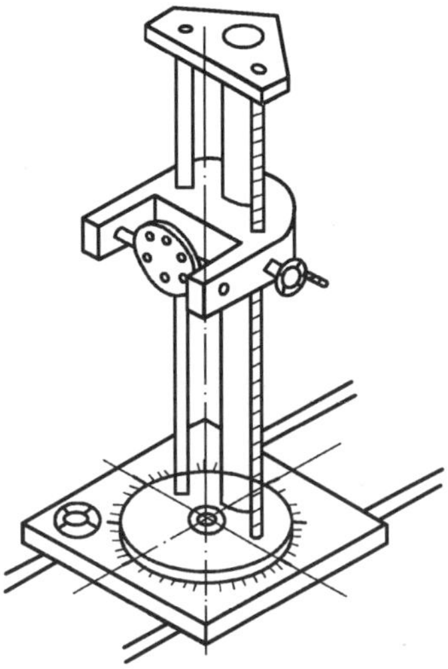

(a) 校管机校管

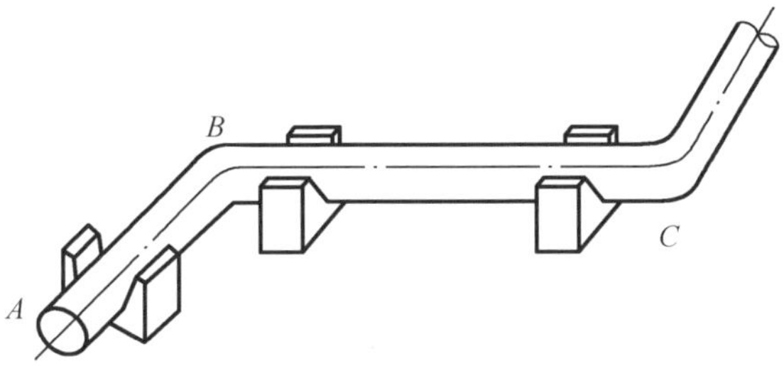

(b) 平台校管

图 8.4　校管

(4)焊接

装配后的管件将移至焊接工位进行接缝的焊接,搭接装配一般是先焊内圆再焊外圆;对接装配应事先加工好坡口。管径≥300 时每焊接 1/4 圆周就应更换焊接位置,多道焊缝时起点和终点应错开至少 50 mm。

(5)打磨

焊接后的管件将移至打磨工位进行焊缝的打磨和清洁,主要是清除熔渣和飞溅物,保证焊缝内外表面均匀,对于有特涂要求的管件,每道焊缝应打磨出 3 mm 的圆角。

(6)试压

打磨好的管件还需要进行压力试验,以检查焊缝的质量,试验压力一般为管路设计压力的 1.5 倍。非船级社和船东验收的管路只需向管路内注水,排出空气后用榔头轻敲焊缝,观察有无渗漏。需船级社和船东验收的管路需按图 8.5 的要求向管路内注水,排出空气后加压并维持 1 h,观察压力下降情况及有无渗漏现象。

(7)表面处理

试压后的管件需要进行表面处理,以防止管路锈蚀。一般水、空气介质管路采用镀锌处理;油类介质管路采用酸洗处理;蒸汽介质管路采用磷化处理。对于海水介质的管路,由于海水腐蚀性较高,管路也要采用涂塑处理。

2. 先焊后弯工艺

由于钢管具有延展性,管件在弯曲后的轴线长度会比弯曲前的要长,先弯后焊工艺是通过校管工序修正了钢管的延展误差。但是管件在弯曲成形后在各工序间流动的难度增大,而且也不利于自动化设备的应用。因此,一些精度管理水平比较高的船厂就会先计算出每个弯角的延展量及每道焊缝的收缩量,在下料阶段就将管段切割成正足值(无余量下料)，在管件经过各加工工序后达到设计尺度，这就是冷弯管的先焊后弯工艺，即管子在弯曲加工前，将管子连接件焊接在直段管子上后，再进行管子弯曲。其主要工序为下料 → 法兰装配 → 法兰焊接 → 打磨 → 试压 → 弯管 → 表面处理。可见，采用先焊后弯工艺加工的管件在弯管前都是直管，这样就有利于管件在各工序间的流动，便于实现流水线生产。

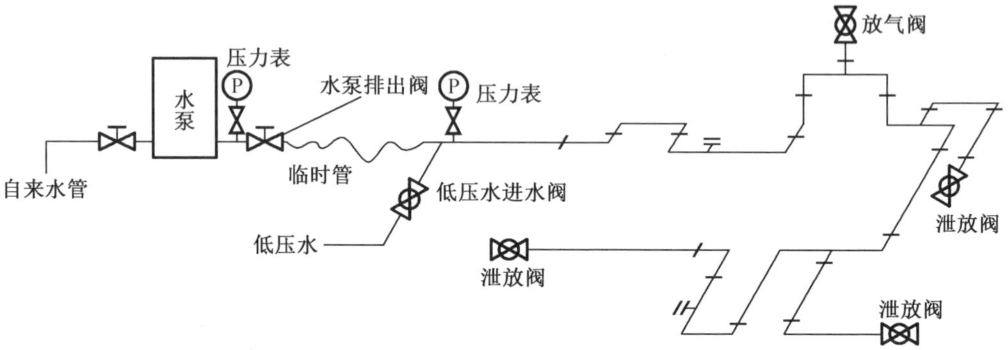

图 8.5　水压试验

二、管件族制造法

管件制造和安装按现代造船模式的要求，实施“管件族制造法”。管系的安装不再是按系统进行，而是按船舶的区域进行。由于安装方法的改变，就要求管系按区域/类型/阶段进行设计；按管件族组织加工；按舾装区域将各管件族的管件进行归类。并根据船舶建造进度的要求，及时地向舾装区域提供种类繁多、数量不一的管子零件。

20 世纪 80 年代，日本出现了管件族制造法。它是一种综合方法，是成功地应用成组技术的又一种形式。它简化了混合品种、混合批量的产品制造过程，是高度组织化的工作，以确保在指定时间、指定区域进行安装作业。

我国也开展了船舶管子生产应用成组技术的系统研究。设计了管子加工工艺流程和设备平面布置；设计了含 4 段 21 个码位的“管子加工与安装编码系统”和与之相适应的管子生产计算机信息处理软件；编制了船舶管系的管段划分原则、各类标准管尺寸、管子要素的标准尺寸、先焊后弯管的设计要领、无余量下料工艺数据和成组工艺规程等系列标准文件；提出了车间组织体制、生产进度编制方法、进料、出料、管子集配、信息形式和各种管理图表等。通过应用，使品种繁杂的船用管子能采用大批量生产方式，使管系零件设计、制造工艺和生产管理趋于合理；使管系工程更加有助于造船生产率的提高，同时也提高了管件制造本身的生产效率。

1. 管件族制造法的原理

成组技术是一种管理原理，其特点在于：对于共同的问题，通过一定的生产组织方式，采用共同的解决办法。成组技术为多品种、少批量生产提供了一套能取得批量生产效益的公认的方法。通过对有关制造问题的相似性鉴别，把具有工艺相似性的不同产品的零件归类成组，这种成组并配予一套解决办法的各种中间产品称为一个“族”。因此，当成组技术应用于制造作业时就称为“族制造”。基于“族制造”原理的管件族制造的思想如图 8.6 所示。即设计人员根据管件安装的先后顺序制定了不同的安装托盘，此时，每个托盘内的管件形状和加工工序是不一样的，管件内场车间生产时先将该批次不同托盘管路混合，从中寻找出直管类管件、弯管类管件等不同加工工艺过程的管件并分类成组，按组进行加工生产，最后再按设计要求的安装托盘重新集配。

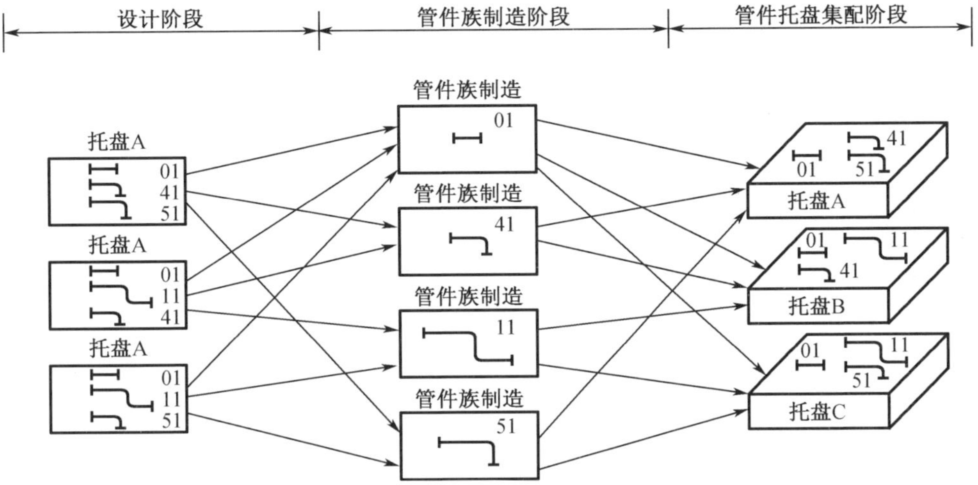

图 8.6　管件族制造原理

运用成组技术原理，把具有相似工艺过程的管子集聚为族，按"族"组织流水线生产以形成足够的制造批量，使管件安装的下一个循环期所需的各族管件在本循环期完成，并以"托盘"形式集配，准时提供给各个舾装现场，这种方法就称为"管件族制造法"。其核心思想是：

(1)分族。把具有相似工艺过程的不同管件集为组，对每个组配备一套解决方法，组内的各个管件被称为一个"族"。

(2)成线。规定制造某族管件的标准化工艺过程，固定相应的工位、设备和操作人员，工件按固定的路线输送，形成专业化生产线。

(3)运行。按管件安装阶段需要编制生产计划，以管件族分类组织生产。

2. 管件族制造法的应用

采用管件族制造法可以使制造族内各种管件合理分布在分道作业线中的同一机器和工夹具上加工，其好处是可以大幅度提高设备利用率，简化分道作业线中各工序间的材料搬运。管件在作业线中按工序有节奏的移动，生产管理大为改善。但采用管件族制造法时不能为了追求同族管件的数量而扩大加工批次范围，这会导致生产资源的过早占用和集配难度的增加，而是应该根据实际开工批次托盘中合理寻找管件的相似性，建立分道作业线。

(1)管件族的划分

不同的船厂由于建造船舶类型的差异和加工车间硬件设备的差异会导致实际建立的管件族生产线也存在差异，但设计管件族的思想是一致的。图 8.7 是某船厂在手工作业和自动化作业组织生产线和工艺流程时所使用的典型制造级及其基本关系：

从图 8.7 中可以看出，管件族的划分可以根据管件加工的复杂度进行，每一类管件的流程中都要经过"表面处理"和"托盘集配"，它们各为一个独立的制造级，这七个制造级的明确划分对梳理管件加工分道线和支持船舶区域舾装来说是必要的。此外，船厂在实施管件分族时除了根据管件的加工特性外，还要考虑材质、管径、长度等因素，以及船厂管控流程和设备布局。

从管件族制造的理论可以看出，每族的管件相似度越高，也就是说分族越多的话其生产效率是越高的，但分族越多又会导致每族的数量减少，设备的利用率降低，所以，除非船厂有持续充足的船舶订单，一般船厂的管件分族主要还是考虑材质、管径和是否弯管。

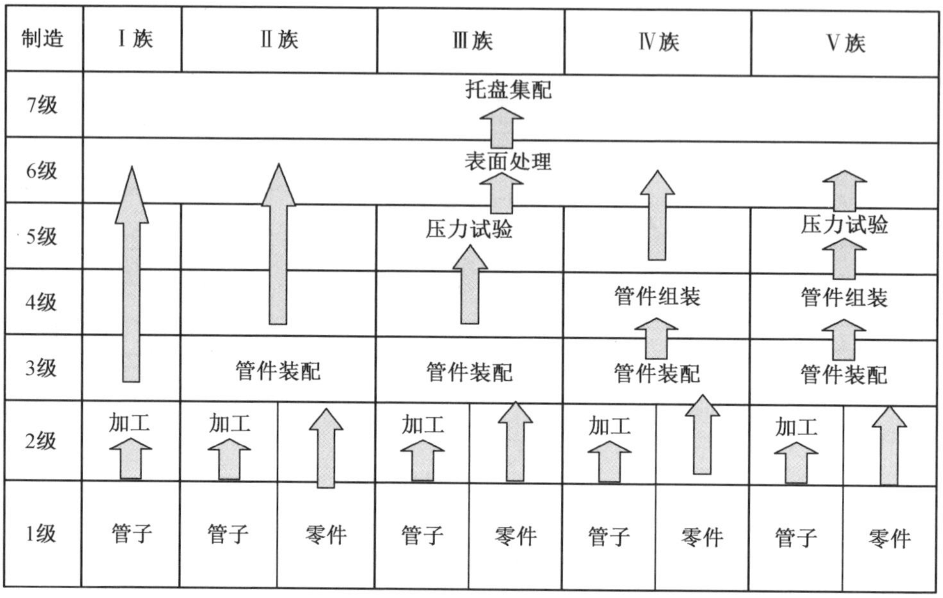

图 8.7　某船厂的管件族制造法典型制造级

(2)工艺路线的规划

按工艺过程分类的每一类管子的总量，通常不能充分利用每条独立运行的生产线的设备能力。这样，在考虑两个或两个以上管件族的预定工序时，可以使几条生产线的某些工序合并，以便充分利用单机生产能力。如一台弯管机可为几条生产线所共用。有了这样编组的设备、这样预定的工序，某一族管子零件制造的平均持续时间就容易确定。分析每个工序的作业，分析每个工序以及两个工序之间所需时间的总和，是决定一条分道生产线在给定时间内所能制造管件数量的基础。由此可以按批控制某一期间(通常为一周)的生产。

(3)生产线的建立

建立管件族加工生产线时需要考虑因素如下：

①工艺过程的标准化。工艺的标准化是为了在保证产品质量的同时又能提高效率、降低消耗。可通过梳理各类管件的加工工序，形成固定的工艺文件和操作规程。

②操作的简单化和专业化。在对管子加工各工序标准化梳理的过程中，为了实现节能增效，就需要实现操作过程的简单化和专业化。

③建立固定工位。专业化生产需要专业的设备，船厂在进行管件族加工时会根据每个工位的加工需求定制专业化的设备，当然，考虑到建立柔性化生产线的需求，设备的功能应具备一定的通用性和扩展性，但在生产线上，设备的工位应当是固定的。

④工件沿着固定工艺路线输送。工件的流动可以是通过建立流水线来实现工件自动流转，也可以是设备不动通过行车或运输小车来实现工件在各工位间流转，但不管是哪种

方式,工件流动的路线是不变的,且是单向的。

⑤指定工人或生产小组的工作位置。按照定置管理的要求。通过整理,把生产过程中不需要的环节清除掉,不断改善生产现场条件,科学地利用场所,向空间要效益;通过整顿,促进人与物、人与作业环境的有效结合,从而实现生产现场管理规范化与科学化。

第三节　区域舾装技术

一、区域舾装法简介

现代造船采用以区域/类型/阶段为导向的壳舾涂一体化的区域造船法,其舾装作业是按区域/阶段/专业进行的。按区域就是将生产作业对象在产品中所处的空间部位分类成组的作业方法。这种按区域去组织舾装安装工程的方法便称为区域舾装。

1. 区域舾装法的内涵

舾装在进行工程分解时采用与船体分道相同的逻辑,因此区域舾装应称为区域阶段舾装更确切些,这里的"阶段"是指除了空间要有划分外,在时间上也要有划分,才能使区域舾装的概念更加完整。首先按船舶的大区域和作业内容将船舶舾装划分为甲板舾装、住舱舾装、机舱舾装和电气舾装。舾装设计和舾装生产都采用区域导向型的组织方式,如图 8.8 所示,这种方式便于按区域协调设计和生产的关系。

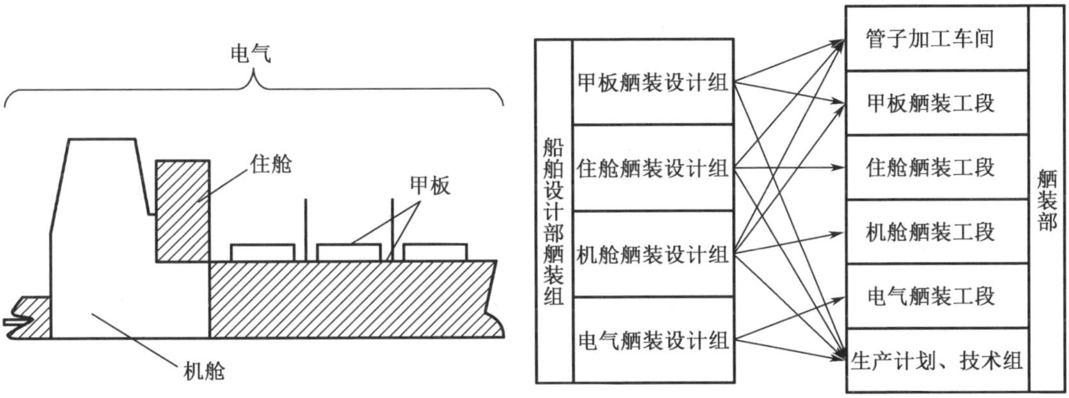

图 8.8　区域舾装法

舾装作业也需要分解成多个制造级,故根据区域舾装法将作业任务划分为几大类之后,每一大类再按中间产品导向型的原则进行作业分解,将舾装任务分解到相对应的舾装单元、部件舾装、分段舾装、总段舾装、船上舾装等各个制造级上,然后进一步细分为各种舾装托盘,最后分解出组成每个托盘的各种舾装件。其组合方式则以舾装托盘为单位,根据壳舾涂一体化和区域舾装法的原则,按舾装制造级逐级进行组合,其组合流程和工艺阶段划分如图 8.9 所示,这就构成了船舶舾装的作业模式,即,区域舾装是以托盘为单位,根据壳舾涂一体化和区域舾装法的原则,按舾装制造级逐级进行组合,其中舾装件集配 → 分段预装 → 总段预装 → 船上安装是其主流程。

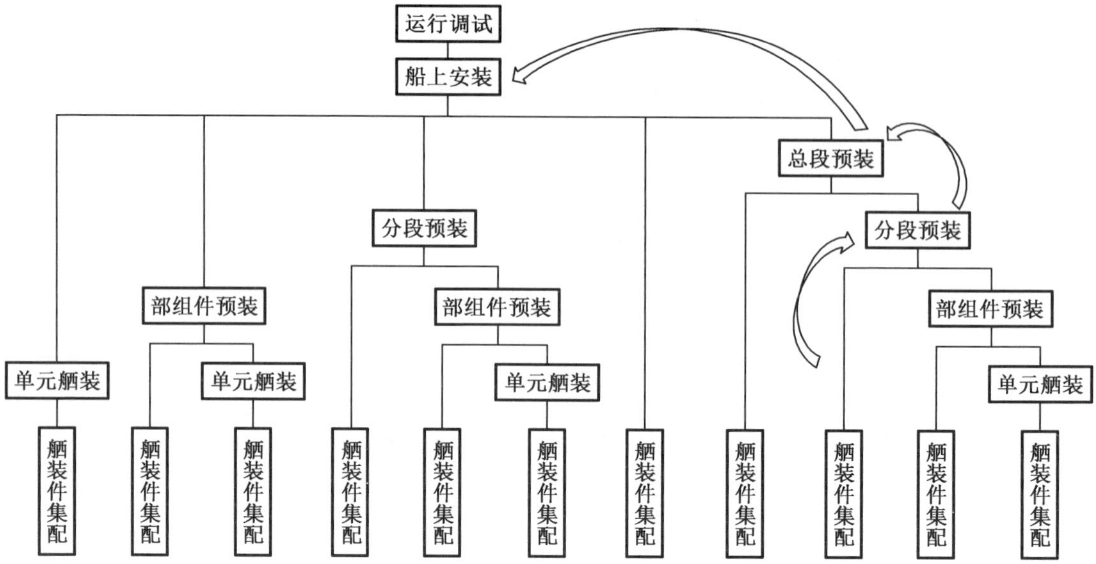

图 8.9　区域舾装的制造级划分

由此可知,要实现高效造船的舾装,其内在含义应是“先行舾装”,即将传统模式下在船台(坞)和下水后的船上舾装作业量降到最低限度,使舾装作业与船体部件、分段、总段等中间产品匹配,实现工序前移或者工序上优化、最大限度扩大中间产品的完整率、实现预制预装。故先行舾装又称预舾装,是指将传统的船上舾装作业提前到分段、总段上船台(坞)前进行的一种舾装方法。它不仅是现代造船模式观念中不可缺少的组成部分,而且是现代造船居中心地位的组成部分。据统计,同一舾装工程如果实现先行舾装则可以提高效率、缩短作业周期,所用工时与船上舾装工时之比为 1:3 ~ 1:4,甚至还要高。

2. 区域舾装的基本特征

区域舾装在管理学上属于成组技术的范畴,基于中间产品导向型工程分解(PWBS)原理,在船舶建造过程中把每一个部件、工件都要放在三维空间和建造时间线上进行考虑。因此,区域舾装的设计者必须参与船体制造的分解和组合方案的制定,还应具备寻找最能适合舾装作业时间节点的能力。区域舾装的基本特征可归类如下:

(1)区域舾装要求按区域组织施工。舾装不再是船体的后续作业,而是与船体作业并行,实行空间分道、时间有序。

(2)综合布置图是开展区域舾装的依据。应推行综合区域设计,通过贯彻船舶建造方针,在详细设计的后阶段就要进行规划,充分协调设备、管系、通风、电气、铁舾等各专业的布置,在生产设计阶段进行细化设计,最终完成综合布置图,这就是舾装生产设计。

(3)在综合布置图上应表示出一个区域内的所有系统和设备,由一个综合施工组织或者复合技能工完成该区域内的一切舾装作业。且每一区域、每一阶段中的每一个生产单元都实施托盘舾装化。把舾装体、舾装区域、舾装阶段和生产管理一一相互对应。

(4)尽可能扩大分段、总段舾装和单元模块的舾装率,尽量减少船上舾装作业,以缩短造船周期。

(5)按区域设计和按区域生产,促使舾装生产组织合理化,使得区域舾装的施工环境、通风、照明等作业条件得到改善,有效地保证安全生产,减少事故发生,提高船舶建造质量,减少返工和浪费。

3. 区域舾装的划分

区域舾装划分中尽量使舾装作业与船体制造同步或并行施工，以缩短舾装总周期。必须要考虑船体制造的分段、总段区域，甚至还应参与其划分，应设计出适合舾装作业的区域，一个制造级的舾装区域可以与其前或其后的制造级的区域无关。

舾装区域的划分需要突破空间的局限。如舾装件安装在一个倒置分段的平台板上，这就成为一个区域，当分段翻身后在同一平台板的正面再安装舾装件那就成为另一个区域。而在船上舾装时，应避免分散和频繁地重新舾装。因此，理想的船上舾装区域甚至整个货舱、液舱、机舱、上层建筑、甲板或者露天甲板都可作为一个舾装区域。此外，还应根据船厂实际生产情况制定一个优化组合方案。如有的船厂会要求在船体装焊板架部件时将板架上的人孔盖、直梯等舾装件也安装到位，这就要求设计出部件级的舾装托盘；而有的船厂为减少集配环节，只在分段预装场地上才开始进行舾装件安装，那就不会设计部件级舾装托盘。而一些仪表类舾装件，虽然也可以在分段上安装，但考虑到安装后的防护成本，这些舾装件的最佳安装时期应该是在船上舾装。舾装区域的划分原则可归类如下：

(1) 考虑船上所有系统的舾装零件，尽量扩大分段、总段舾装的作业量，尽量减少船体合拢时和合拢后的舾装作业量；

(2) 考虑分段、总段内所有系统的舾装零件，尽量增大单元舾装的作业量；

(3) 改善舾装作业，特别是焊接的位置，使难以施焊的位置改变为易于焊接的俯焊位置，减少焊接难度，以提高舾装作业的便利性；

(4) 选择和设计零部件，以便组成独立于船体结构之外的宜于单元舾装的舾装件组；这样在最早几个制造级中就可将不同的作业类型分开，以简化计划和作业日程的安排；

(5) 将封闭的、狭小的、高处的或其他不安全位置的作业转移到敞开的、宽敞的和低处进行，以提高安全性和便于配送材料。

4. 托盘管理技术

由图 8.9 可知，划分的每一个区域、每一个阶段中的每一个中间产品都叫作一个托盘。所谓托盘，就是把舾装件、舾装区域、舾装阶段和生产管理一一相互对应。即确定以每一个作业小组在同一作业场所，使用同一张工作图，在同一作业阶段中完成一个小单位的舾装工作量，它是将物量、日程、使用的工具设备、作业人员、信息集成在一起的作业单元。同时托盘又是一个供安装用的器材集配单位，这其中，集配中心作为托盘管理系统中的一个中间环节，把舾装件的设计、采购、制造和安装连接成一个整体。采用托盘化管理的舾装品按预先计划直接送到现场，再由工人安装到分段或总段上。托盘集配送流程如图 8.10 所示。

该项工作具体表现在以下几个方面：一是按照区域划分进行舾装设计；二是按照工序前移思想确定效率最高的舾装阶段；三是按照舾装件类型进行托盘化管理。它促使了舾装生产设计的深化，严格按托盘管理系统编制托盘管理表；推动生产节点安排，按托盘组织生产，按区域进行舾装作业。

二、各舾装阶段的内容、施工工艺及作业要点

根据区域舾装法将作业任务划分为几大类之后，每一大类再按中间产品导向型的原则进行作业分解，将舾装任务分解为舾装单元(U 阶段)、部件舾装(K 阶段)、分段舾装(B 阶段、C 阶段)、总段舾装(P 阶段)、船上舾装(D 阶段)等几个不同的工艺阶段，各舾装阶段的

内容、施工工艺及作业要点有所不同。

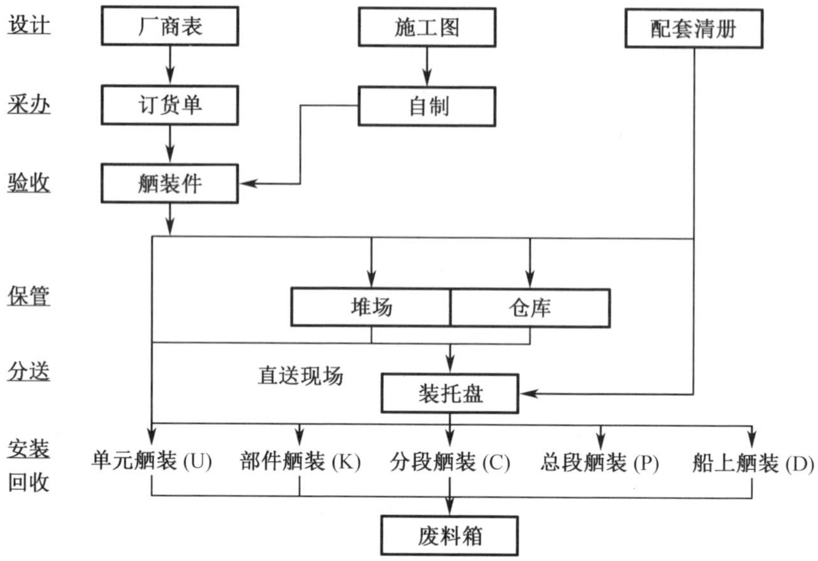

图 8.10　托盘集配送流程

（一）单元舾装

单元也是一个区域，它确定了一系列舾装件在单元车间内装配而与船体结构无关，是壳舾分离的施工过程。它以某一舾装件为主体，其他舾装件依附其上而形成的一个组合体；或者以一定构架、基座或其他连接件将若干舾装件连成的一个整体，这种舾装件装配称为单元舾装，也叫 U 阶段舾装。单元舾装能提高工作安全性、减少工时、缩短舾装周期。单元在车间内完成制作后再送至分段、总段或船上进行安装。

1. 舾装单元的分类

一般来说，船舶舾装单元可归纳为以下常见的几种类型。

（1）零部件单元。将相同的两组或两组以上的零件或部件，通过一定的连接方式固定在一起的集合体称为组件，它是最简单的一种单元。组件分为同类组件和异类组件两种。例如典型的管子组件、风道组件、电缆托架组件、直梯/斜梯、住舱模数板等，图 8.11 所示的为某个电缆托架组件。

（2）管束单元。以管子为主，以管支架、阀件及附件等为辅组成的集合体。例如燃油舱加热盘管单元，以及机舱、走道等局部管路集中的区域的管束单元。图 8.12 所示的为某个管束单元。

（3）阀组单元。以减压阀、凝水阀、蒸汽阀等功能性阀件为主，再集成其他辅助阀件和管路形成的单元。如蒸汽分配阀组单元、减压阀组单元等。图 8.13 所示的为一阀组单元。

（4）设备功能性单元。把负责同一系统功能的设备、箱柜、基座、管子、阀件及附件、卫生器具、绝缘敷料、电气设备及电缆等组合起来，形成一个具有独立功能特征的功能性单元。例如卫生单元、供油单元、分油机单元和压力水柜单元等。这样的单元一般由专门的制造厂提供，也可由船厂或协作厂制造，在管理上可作为一个设备编入托盘。也可以若干台同类型或相似、相近安装的辅机设备与其公共基座作为单元的主体，并将其进出口管子、管子支架、阀门及附件、格栅及通道等组合成一个单元进行安装的方法。例如主机缸套冷却水泵单元、主机燃油供给泵/循环泵单元等。图 8.14 所示的为一中央冷却器单元。

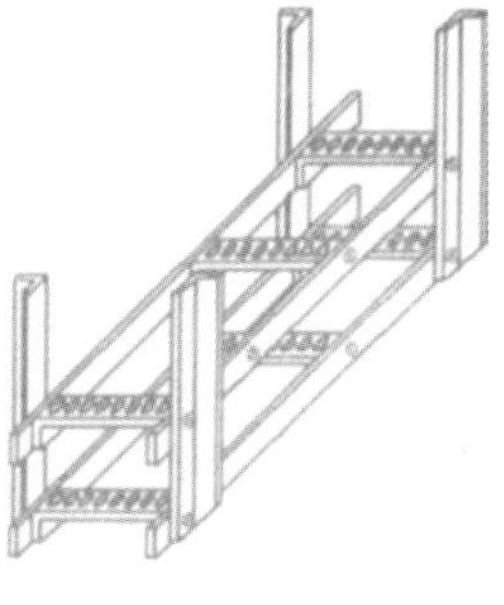

图 8.11　电缆托架组件

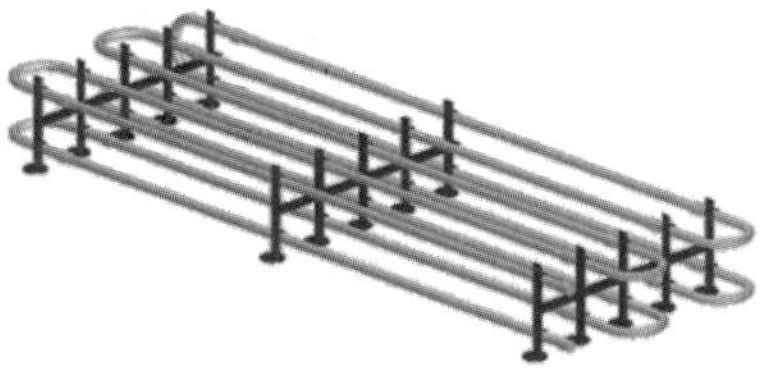

图 8.12　管束单元

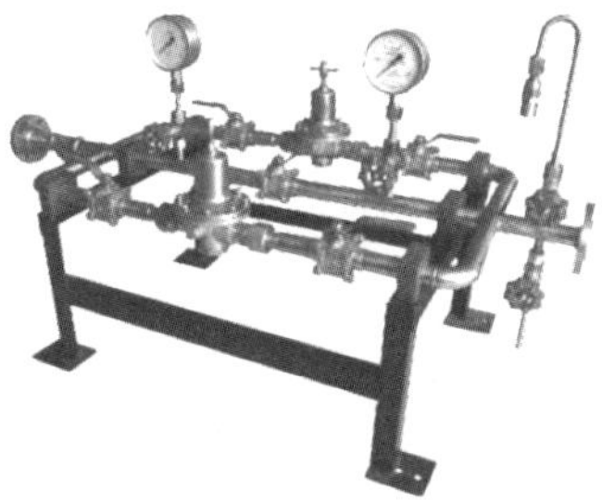

图 8.13　阀组单元

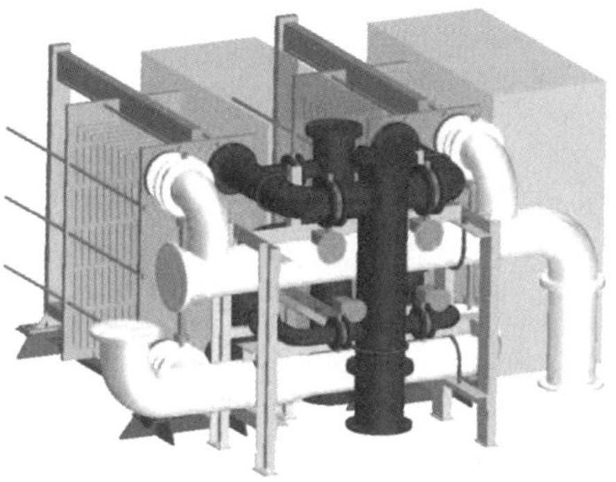

图 8.14　中央冷却器单元

(5)箱柜单元。以船厂自制油水柜为主体,将辅助设备、管路、支架、阀件和附件、构架等组合在一起形成单元,然后在分段、总段或合拢后船体舱室内安装。例如主机空冷器化学清洗柜单元、锅炉热井单元、甲板接油槽单元等。图 8.15 所示的为某个箱柜单元。

(6)花钢板通道单元。以花钢板框架为主,兼顾花钢板范围内的设备、管路、支架、托架、梯道等形成花钢板通道单元。如机舱底层主机周围通道单元、发电机组周围的通道单元。此类单元要求完整性高,甚至花钢板也要安装到位,这类单元是节省船台(坞)舾装周期的主力。图 8.16 所示的为某个机舱底层花钢板通道单元。

(7)区域性大单元。选择机舱或甲板上某个特定区域,将该区域内的所有设备、基座、管路、阀件、附件、支架、构架等组合在一起,形成综合性大单元。区域性大单元舾装可以是以上单元的组合或集成,如图 8.17 所示的甲板管子单元与甲板走桥形成的某个甲板区域性大单元。

图 8.15　箱柜单元

2. 舾装单元/模块的设计原则

舾装单元在设计时灵活度较高,但一般遵循以下原则:

(1)从小到大、由简及繁的原则。即先从小的组件做起,再到常规的单元,最后实现功能性大单元。

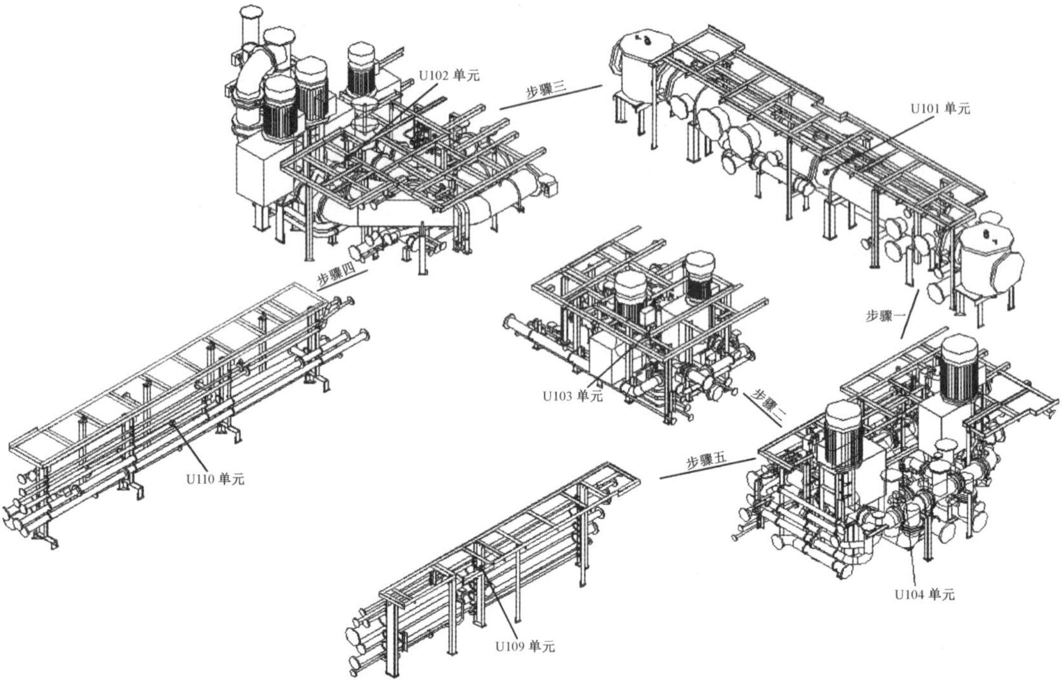

图 8.16 机舱底层花钢板通道单元

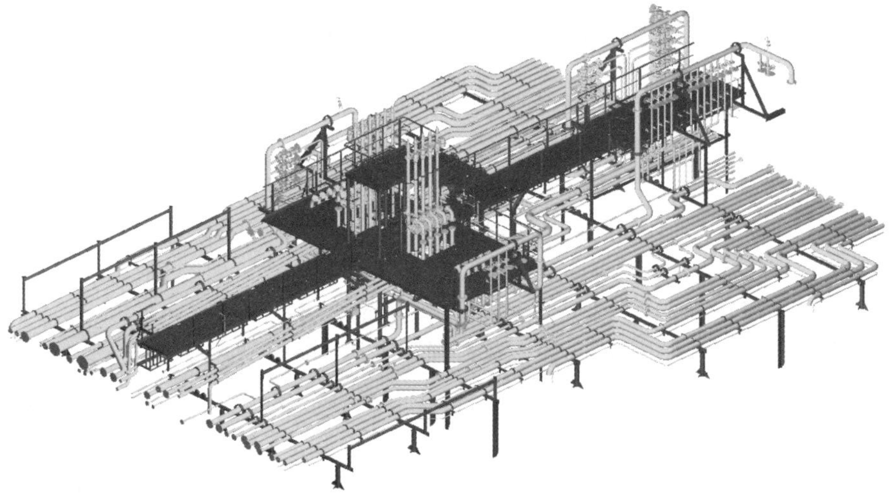

图 8.17 甲板区域性大单元

(2)完整性原则。模块应是一个完整的产品,在安装后不需要对其内部再进行施工,因此,在设计时要特别注意仪表等控制原件的完整性,最好能将电气设备和附件也安装到位。

(3)便于高效灵活制造的原则。单元内各部件应由标准部件或宜加工件组成,能快速组装。单元也是由很多小组件组成的,由于其对空间利用率要求较高,所以小组件应尽可能形成标准化。

(4)易于运输吊装就位的原则。单元应结构稳定,起吊方式简单。特别是框架单元,由于重力分布不均和尺度较大,在吊运时很易产生变形和撕裂,所以这类单元要特别注意临时加强,以提高其刚性。

(5)利于快速安装的原则。单元的制作精度应较高,定位基准便于测量,分段(总段)上以及船上安装工作量应最小化。单元的对外接口位置也应便于施工,特别是有单元对接时,单元间接口应保持平齐或阶梯状。此外,模块在船上安装时一般船体已经进行了涂装,为减少对涂层的破坏,模块的支撑处应设置有垫块,垫块在分段预制时就要安装到位。

(6)紧凑性原则。一般管路在布置时要求尽量采用冷弯弯头以减少流动阻力,但在单元设计时为使单元更加紧凑,除液压、滑油管外可采用定型弯头。组成单元的各部件在保证必要空间的前提下也要尽可能紧凑布置。

(7)标准化原则。中小型单元设计时应考虑标准化,易于形成定型产品,方便批量生产。

3. 舾装单元/模块的制作与精度控制

(1)单元/模块制作工艺流程及其技术要点

单元/模块的一般制作工艺流程,如图 8.18 所示。

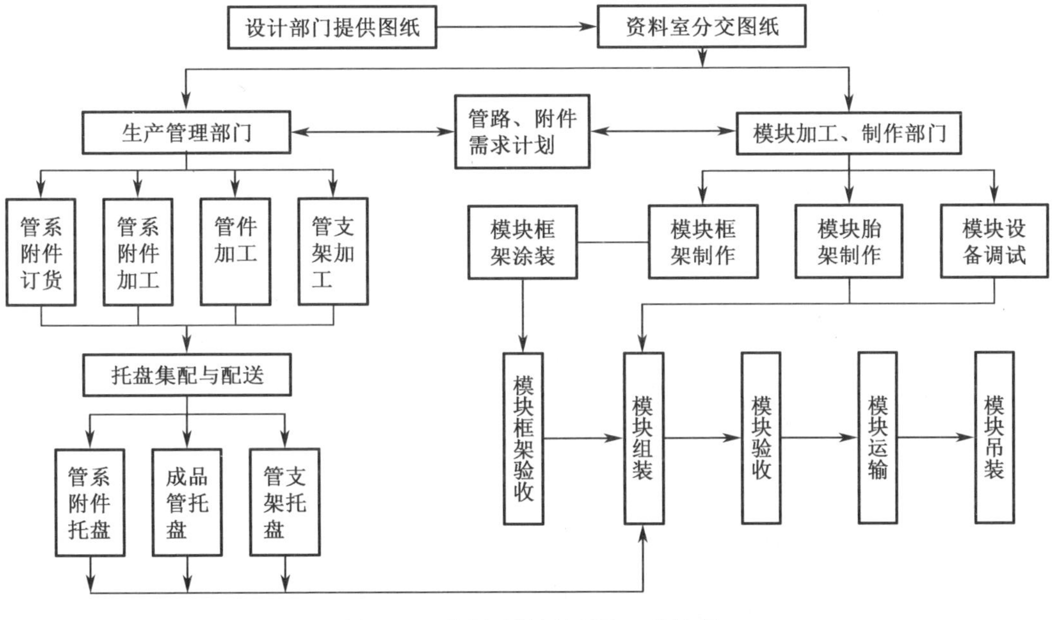

图 8.18　单元/模块的制作工艺流程

单元/模块制作的技术要点:

①管路的制作要到表面处理完成,铁舾装件的制作要到防锈漆完成为止。

②单元的加工要在专门的车间进行。小型单元(如管束单元、阀组单元、盘管单元等)可在通用钢板平台上进行;大型单元(如通道单元、甲板单元等)需要制作胎架,在胎架上组装;对于一些质量不是很大的单元,其胎架可以选择用角钢式的简易胎架。

③单元组装完成后要根据涂装要求及时对涂层损坏处进行补涂,在涂面漆时一般要留出一些面漆,待单元安装到位后和环境一起施涂。

④对组装好的单元内部的管子要用压缩空气进行清洁,并对清洁后的管路进行封堵保

护。对设备的易损部位(如电机处)也要进行包扎保护。

(2)单元/模块精度控制要点

对组装好的单元,通过自检、专检、对外报检来保证单元质量,其质量控制流程如图8.19所示。

其精度控制要点主要反映在以下几个方面:

①对于盘管、管束等小型单元,单元精度控制就是保证单元的总体尺寸。

②对于大型泵组单元,当出现多个设备并联时(如海水冷却泵组),在制作时应先定位基座和设备,再根据实际设备位置调整管路。所以,此类泵组在设计时一定要在泵之间留一节现校管,如图8.20所示,此现校管是在单元车间完成校验,并焊接处理完成。

③对于通道单元以及区域性综合大单元,其精度控制就是要保证框架、管路、设备的各自制作精度和组合后的整体安装精度。

· 在框架制作时,要在地面上划线,并将已安装的垫板位置也标示出来,使框架支撑的位置和垫板一致。框架在制作完成后要检查其总体外形尺寸,框架的支撑腿有型线时要逐一标记长度。

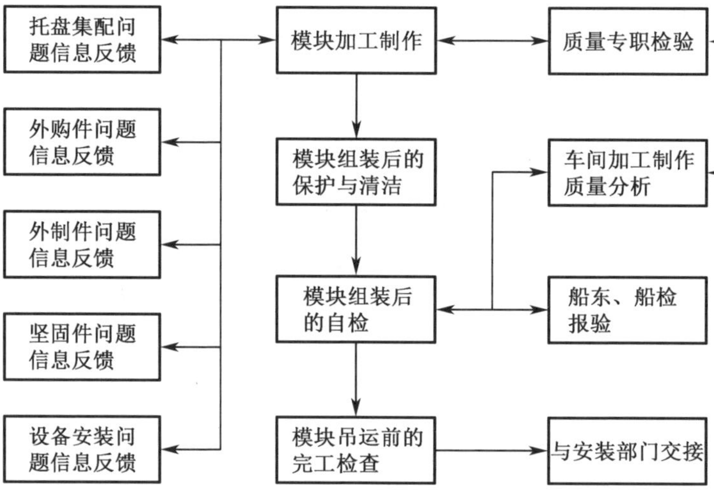

图8.19 单元质量控制流程

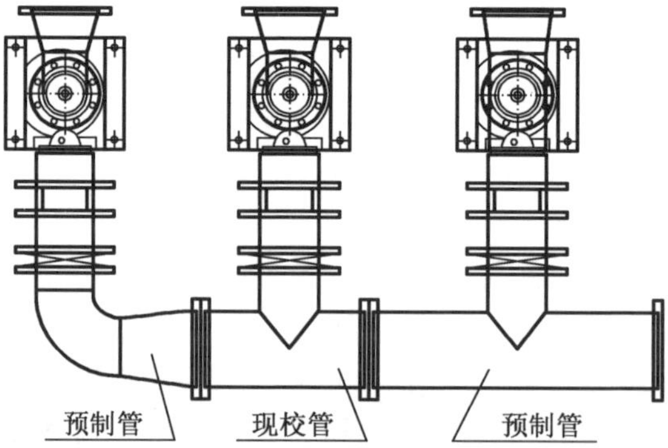

图8.20 单元内的现校管

·如果单元车间没有制作型线胎架,则框架在单元制作时,其支撑不切割,而是在吊装上船前才将其切割正足尺寸。

·单元内各构件装配误差在规定的误差范围之内,并合理加强,以控制吊运变形。

此外,对于多个通道单元,由于通道单元的接口管路较多,拆装不便则不应留合拢管,因此,多个通道单元在制作时应在单元车间预拼接成功后再上船,图 8.21 所示的为一机舱底层的多个通道单元。

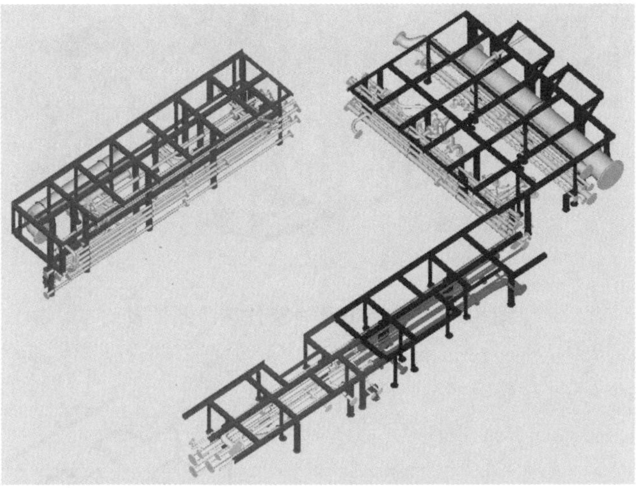

图 8.21　机舱底层多个通道单元的内场预拼接

④对于设备单元,由于外部管路和单元接口处会设计一段现校管,所以单元只要总体尺寸满足设计要求就可以了。

⑤管路在安装时,要重点保证管路在单元边缘各接口的位置,如图 8.22 所示。单元接口处的管路应有一定的沿管路轴线方向的自由度,以便在船上拼接时可以先将管路松开,待单元定位后再紧固,而且一旦现场安装出现误差就可以将误差向一个方向积累,最终通过一根现校管来修正。

⑥对于一些与船上已安装好的设备对接的单元,其上船前应先实测船上设备位置。但对于一些需要根据现场测量后的预装管实际位置来调整单元中的管路接口,且上船安装的单元调整又较为困难的情况则应避免,如通道单元与内底板上已预装管的接口对接。

(二)部件舾装

随着船厂船体制造精度控制能力的提升和舾装生产设计的精细化,越来越多的船厂认识到在分段阶段才开始进行舾装件的安装工作存在以下问题:

(1)对于舾装件较多的分段会导致船厂工作量过大,舾装作业量不平衡;

(2)分段阶段安装舾装件时纵横向构件上立焊较多,舾装效率和焊接质量受到影响;

(3)分段舾装一般为外场作业,起重设备资源受限,舾装件搬运效率低;

(4)在分段上进行安装工作时,受周围结构的影响,施工空间有限,影响工作效率;

(5)外场人工费相比内场高,成本增加。

因此,我国船厂开始推行工序前移,就是在船体结构还处于部件或组件阶段时就开始进行舾装件的安装工作,此阶段舾装也称为 K 阶段舾装,如图 8.23 所示。部件舾装阶段安装的舾装件主要有:人孔盖、踏步、扶手、泄放塞等船体舾装件;吊耳等小型轮机舾装件;防击覆板、焊接通舱件等管路舾装件;电缆贯穿件;脚手眼板等工装件。

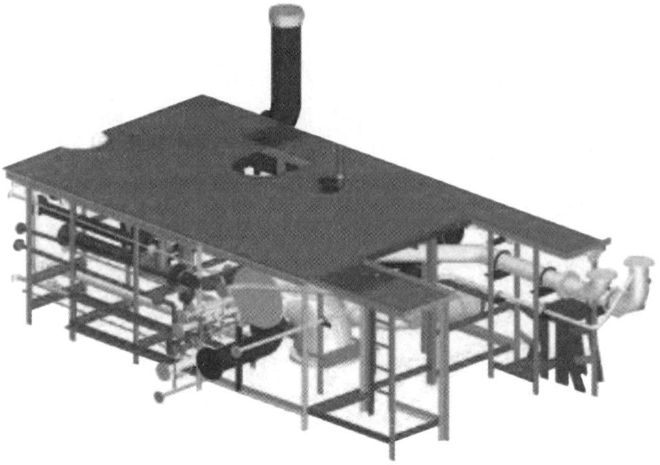

图 8.22　舾装单元边缘各接口的位置

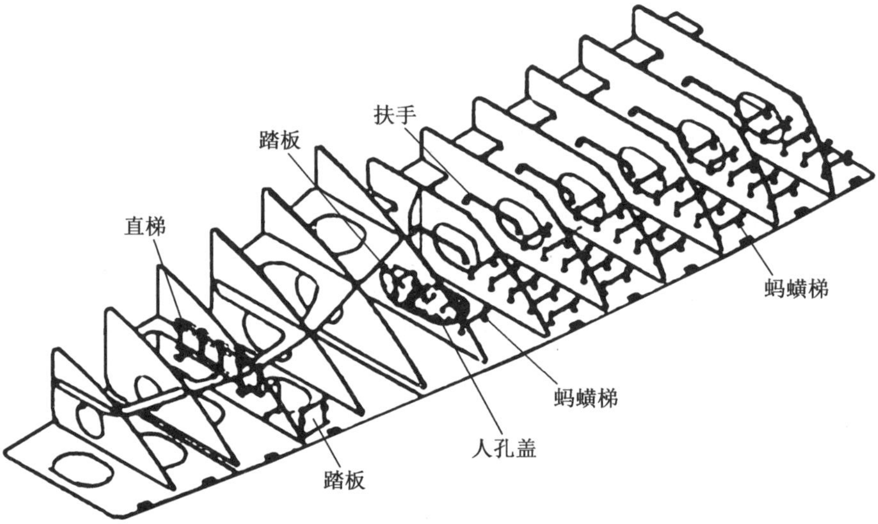

图 8.23　部件舾装(K 阶段舾装)

(三)分段舾装

分段舾装是在船体分段制造的适当阶段,将分段所属的舾装件或舾装单元安装在分段上,它是以船体分段为舾装区域进行的安装工作。采用分段舾装工艺必须在船体分段划分时就要充分考虑舾装件的区域性,必须划断的舾装件在船舶总装时连接的可行性和连接施工的方便性等,还要详细规定船体作业与舾装作业的顺序,以形成合理的一体化装焊工艺流程。

由于船体分段上胎架后至分段二次除锈涂装前时间跨度较大,考虑分段的不同姿态以及舾装件的安装效率,分段舾装又可进一步划分为分段预埋舾装和分段预装。

1. 分段预埋舾装

也叫 C 阶段舾装。对于双壳分段，如常规船舶货舱双层底区域内一般布置有压载水管、舱底水管，艉前部有储油舱的还会有燃油输送管和蒸汽管路；机舱双层底区域内设计有溢流舱、滑油循环舱、废油舱等结构舱室，存在较多的加热盘管、测深管等舾装件。由于双层底的高度有限，一般不能让人直立施工，所以为提高安装效率，分段制造时，在船体外板（分段反造法）或内底板（分段正造法）安装之前进行分段预埋舾装，如图 8.24 所示。

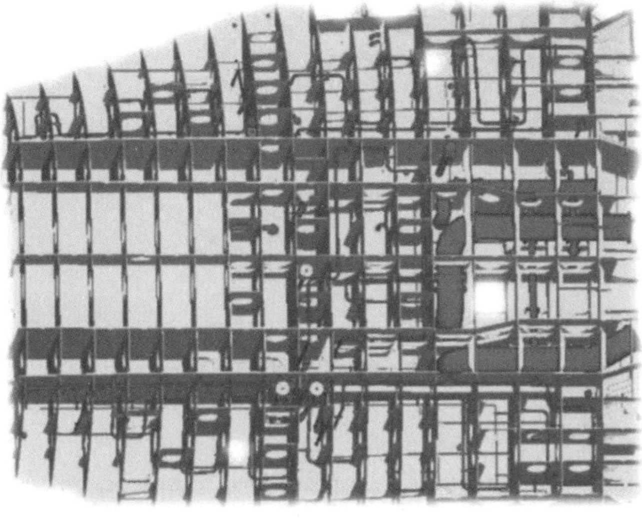

图 8.24 分段预埋舾装（C 阶段舾装）

该阶段主要安装的舾装对象有：

（1）双层底范围内后期安装困难的管舾装件（加热盘管、测深管、吸口、大型阀件等）；

（2）部组件阶段未安装的船体舾装件；

（3）双层底范围内的扁铁等电气舾装件。

2. 分段预装

也称为 B 阶段舾装，通常所说的分段预舾装就是指的这个阶段，对于大多数立体分段来说，其大部分舾装件都可以在此阶段安装，如图 8.25 所示。

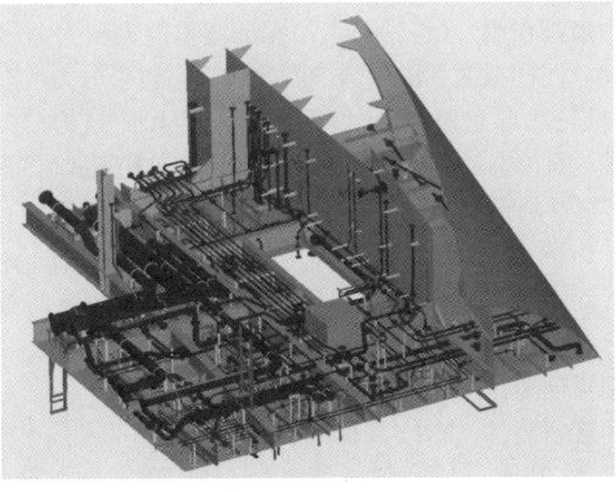

图 8.25 分段预舾装

根据分段制造中所处的状态可分为反态舾装和正态舾装,所谓反态舾装是指分段以甲板或平台为基面反造,在分段结构完工后保持反转状态下进行的舾装。所谓正态舾装是指分段在正态状态下进行的舾装,如图 8.26 所示。分段翻身表示了该分段舾装状态的改变。

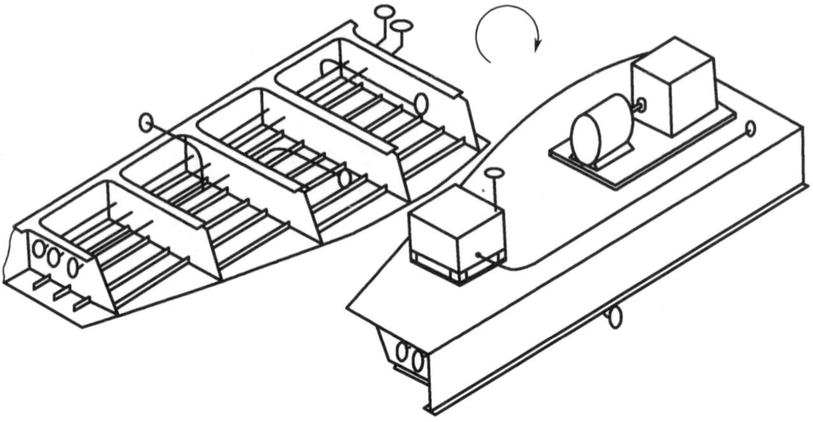

(a) 反态舾装　　(b) 正态舾装

图 8.26　分段预装的两种状态

常规分段预装阶段能安装的舾装件有:

(1)依附在船体结构上的管舾装件(如管路、支架、通舱件、阀件等);

(2)依附在船体结构上的船体舾装件(如人孔、踏步等)和轮机舾装件(基座、吊耳、吊梁等);

(3)依附在船体结构上的电气舾装件(如基座、托架、扁铁、贯穿件等);

(4)依附在船体结构上的工装件(如分段吊马、脚手眼板、临时支撑等);

(5)依附在船体结构上的通风舾装件(如矩形风管、支架、通风附件等)。

考虑到安全性,一些易燃、易变形、易丢失的舾装件(如 PVC 管、小通径铜管、末端阀件等)不在分段预装阶段安装。

(四)总段舾装

分段组合成大分段或总段后进行的舾装件安装工作称为总段舾装,也称为 P 阶段舾装。由于总段的制造场地一般都在船台(坞)附近,吊车的起重能力较大,故组合成的总段也较大,提供了较大的舾装空间。同样根据总段制造中所处的状态也可分为反态舾装和正态舾装。

处于正态放置的机舱底部总段,由于两侧各有舷侧片体结构,与机舱双层底形成了盆状结构,故称此种状态下的正态舾装为“盆舾装”,如图 8.27 所示。“盆舾装”的作用是使花钢板下、内底上的密集布置的设备、管路安装完整,使与上层分段间的合拢管移至花钢板以上,以减少船台(坞)工作量。“盆舾装”是一种可以提高舾装效率的舾装技术。

采用“盆舾装”时,除了常规分段预装的舾装件和合拢缝区域的管路安装外,还会安装以下舾装件:

(1)花钢板及花钢板框架;

(2)花钢板以下的管舾装件、直梯、人孔盖、电缆管、电气扁铁等铁舾件;

(3)内底板上的设备、基座、栏杆、斜梯等,以及处于正态的平台面上的管路、设备等。但考虑到吊装时的安全性和起吊能力,大型设备(如发电机)一般不在机舱底部总段上安装。

对于处于正态放置的艉总段，此阶段安装的舾装件主要是轴系、舵系、艉绞车以及艉部系泊装置等。对于处于正态放置的艏总段，此阶段安装的舾装件主要是锚设备、艏部系泊装置，以及艏侧推装置等。对于货舱总段，此阶段安装的舾装件相对较少，主要是处于两个合拢分段之间的舾装件，如分段对接合拢缝上的现校管、分段角接合拢区的直梯等。

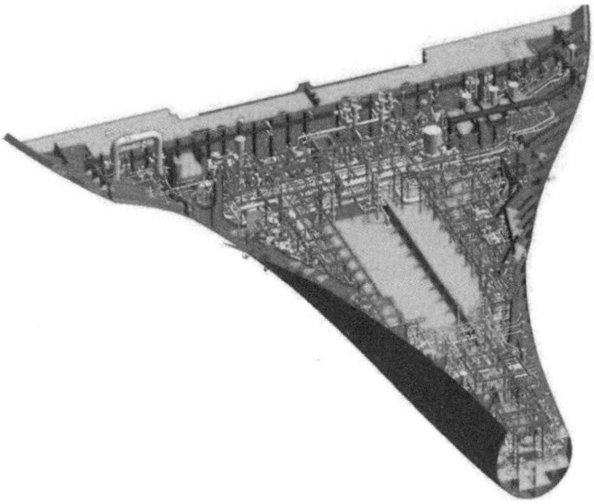

图 8.27　机舱底部总段盆舾装

对于上层建筑总段，要求尽可能完成除最下层内装外的所有专业舾装件和设备的安装工作，此外，上层建筑总段内部电缆全部敷设完，连接机舱的电缆盘在上层建筑总段底部，待上船台（坞）合拢后继续敷设。

（五）船上舾装

船上舾装是指在船体合拢期间的舾装作业，也包括下水后的舾装作业。主要是指船台（坞）舾装，也称为 D 阶段舾装，关系到船舶下水的完整率。船台（坞）阶段中的许多舾装作业是与船体合拢同时进行的。

船上舾装的原则：一是安装那些太大或太重而不能装到分段或总段上的舾装件、单元或大单元，如主机、柴油发电机、机舱内底板上的多数单元和大单元等；二是安装那些舱室封闭后才能安装的容易损坏和易受气候影响的舾装件，如木制品、绝缘装置以及电子设备等；三是完成那些装在分段与分段之间的舾装件或舾装连接件，单元之间的舾装连接件。故船上舾装需要安装的舾装件主要有：

（1）主、辅机等大型设备和之前未安装的设备，以及机舱大型单元（非管束、阀组类）；

（2）总段间的现校管、设备接口现校管、排气管、剩余预制管和走向管（小通径管路）以及易损坏和丢失的阀附件；

（3）剩余部分设备底座、花钢板平台、斜梯、栏杆等铁舾装件；

（4）主甲板面上的甲板机械；

（5）剩余通风管路；剩余内装作业，如绝缘包覆等。

（6）电气设备、平台正面电气舾装件以及主船体区域电缆敷设；

船上舾装工作量较大的是机舱区域。封舱前的舾装作业称为青空舾装，此时为露天作业，敞开状态下进行的机舱舾装作业，不仅改善了通风、采光条件，而且还有利于大型设备和舾装单元的进舱安装，如图 8.28 所示。

图 8.28　机舱区域舾装

由于船上舾装时间跨度较长、工作量也较大，为便于施工管理，一般将全船划分成若干个小区域，按小区域来划分舾装托盘并组织施工。此时船体已经没有分段、总段的区分，因此，小区域划分时主要是考虑施工处所的相似性和施工量的大小，图 8.29 为某型货船的区域划分图。

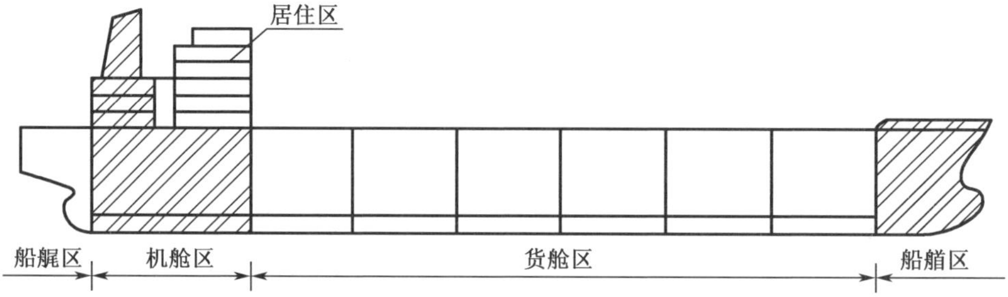

图 8.29　区域划分图

三、系统运行试验

系统运行试验的目的是检查机械设备、电气装置及动力装置的制造和安装情况，并鉴定其质量。其中管系在运行试验前还需要按系统进行密性试验和冲洗。

1. 管路系统的密性试验和冲洗

(1) 管路系统的密性试验

管路安装完整后需要按系统进行密性试验，试验目的是检查管路和附件的连接是否存在渗漏现象，以保持整个系统的密封性要求。密性的介质按规范要求，压力按原理图要求。管路系统密性试验的步骤如下：

①系统检查。检查管路布置和原理是否一致，阀件安装是否正确，系统操作空间是否有障碍。

②安装隔离盲板。对于末端开放的管路要安装盲板封闭；对于不能承受试验压力的设备通过安装盲板将其与管路系统隔离。

③系统预密性。向管路中通冷风，并在法兰及套管焊缝处喷涂肥皂液，检验是否有渗漏现象。

④密性试验。预密性后就可以在管路中通入介质,然后缓慢加压至规定压力并保持两小时,观察压力是否有下降现象。通常滑油、压缩空气、二氧化碳系统的密性介质为压缩空气;燃油、蒸汽、水系统的介质为水;液压系统的介质为液压油。

⑤清洁。密性试验后需要将介质放空,并通入氮气进行吹扫,最后将隔离盲板拆除。

(2)管路系统的冲洗

安装后的管路中其实是存在固体粒子的,有焊接时产生的焊渣,也有安装过程中不慎带入的杂质。这些粒子会对系统中的设备带来损害,如滑油系统中的粒子若嵌入主机轴承内就会损害轴承,燃油系统中的粒子会使油泵卡滞、阀座磨损。管路中的粒子用人工较难清除,故需要用冲洗的方法来去除,以保证管路系统中的设备、阀件不受损坏。一般需冲洗的管路系统有:主辅机滑油系统(输送、日用、分离);汽缸油系统;艉管滑油系统;主辅机燃油系统;系泊绞车液压系统;锚机液压系统;舱盖液压系统;阀门遥控液压系统;首侧推液压系统等。

不同船舶因船东要求不同,需冲洗的系统也会略有不同。不同的系统冲洗时的操作也不一样,要按照具体的工艺。图 8.30 所示的为舱盖液压系统的冲洗示意图。

从冲洗管路连接图中可以看出,当系统较大时可以分成多个区域分别冲洗。在冲洗前需要通过临时管将控制阀组、液压马达等关键设备从管路中隔离,在管路中设置盲板隔堵泄放口,在过滤器内安装 20 μm 的滤芯,在管路上每隔 3 m 安装 1 只振动器。冲洗时先通过冲洗车上加热器使油温保持在 60 ℃ ~65 ℃,开始冲洗时每隔 2 h 更换滤纸,8 h 后每隔 4 h 更换滤纸,当发现油泵排出压力突然升高,则滤器堵塞,需更换滤芯。每舱冲洗时间约 120 h,冲洗合格后用氮气将油吹入冲洗车内,拆除临时管和盲板。

2. 船舶机电设备与系统的运行试验

运行试验可分为系泊试验和航行试验两个阶段进行,系泊试验是为航行试验做准备,航行试验是系泊试验的延续。

系泊试验的内容很多,工作量很大。为了缩短试验周期和节约人力、物力,一般机械设备在装船前必须进行严格的台架试验(台架试验一般应由产品制造厂实施,并向船厂提交试验报告。若产品制造厂未做台架试验,船厂应在车间补做),把缺陷消除在系泊试验之前。另外,系泊试验与船舶建造收尾工作应适当地交叉进行,这也是缩短试验周期的有效措施。系泊试验的主要项目有:“四机一炉”(即主机、发电机、舵机、锚机和锅炉)的试验;船舶救生、消防设备试验;船舶系统的试验;舱面设备和装置试验;舱室设备试验;通信、导航设备试验等。在安排系泊试验项目时,一般原则是:

①主要的、复杂的、新型的、应急施救的机械设备先试验;

②同一动力来源的设备同时试验;

③在整个试验中,应以试验时间较长的设备为主体,交叉地进行其他设备的试验。

系泊试验时,应当主要抓住“四机一炉”,因为它们是船舶生命力的所在。对与此相关的其他各种设备及系统也必须逐一进行试验,因为它们是密切相关、有机联系的。例如,在试验主机时,要求发电机能正常供电,所有动力管路系统的工作可靠,畅通无阻。

航行试验是全面检查船舶在航行状态下主机、辅机以及各种机电设备和系统的使用性能,其主要项目有:主机航行试验、操舵试验、抛锚试验、电气设备试验以及通信导航设备试验等。

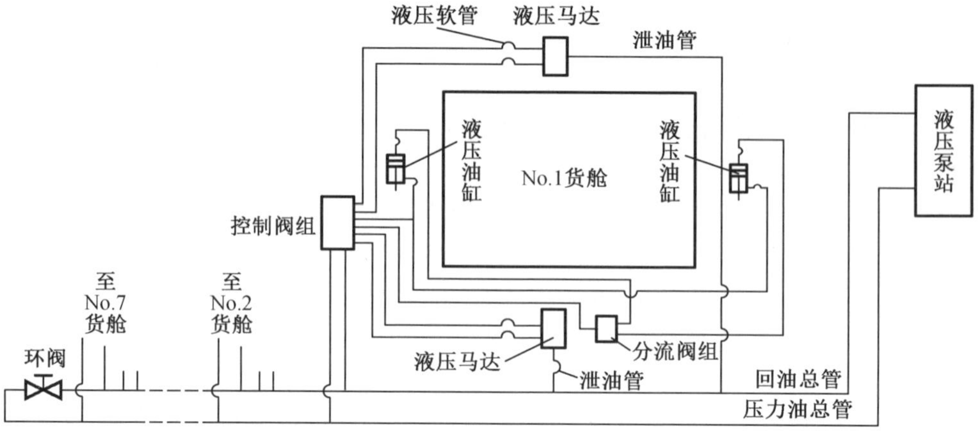

(a)原理图

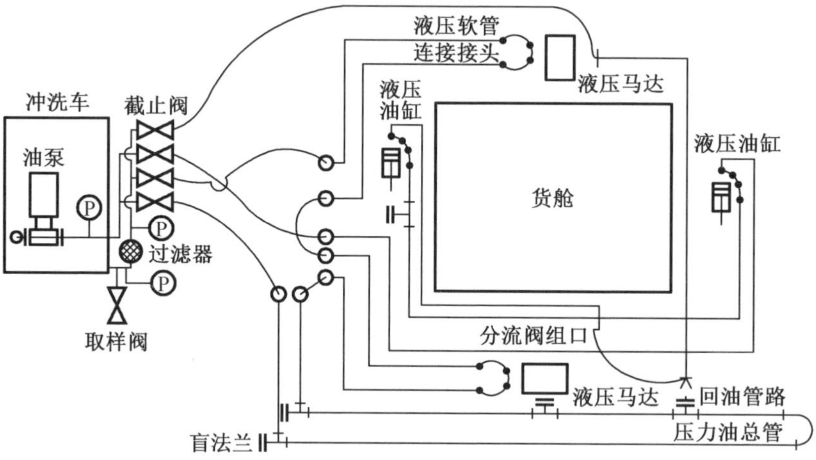

(b)冲洗管路连接图

图 8.30　舱盖液压系统的冲洗

第四节　有关专题简介

一、管件加工流水线简介

从 20 世纪 70 年代初开始，国内外造船厂根据管子加工的特点，运用成组技术原理，对管子加工工艺流程进行改造，广泛应用管子无余量下料和先焊后弯的先进工艺，并且根据船厂的实施情况建立了半自动或自动化的管子加工生产线，比较典型的有日本三井公司下属的千叶船厂“MAPS”系统、日本三菱（长崎）管子自动系统、德国奥斯得利公司管子加工系统和西班牙的阿斯塔诺船厂管子加工系统。

1. 日本船厂的管子加工自动流水线

日本三井公司下属的千叶船厂是最早开展该项工作研究的船厂，并首先建立起管子加工自动流水线，称为“MAPS”系统，该系统分为三个子系统。

(1)系统Ⅰ(NC 系统)

此系统是数控管子加工车间用来控制管子送入、切割、法兰装配与点焊、焊接清理和管子弯曲等工作,如图 8.31 所示。

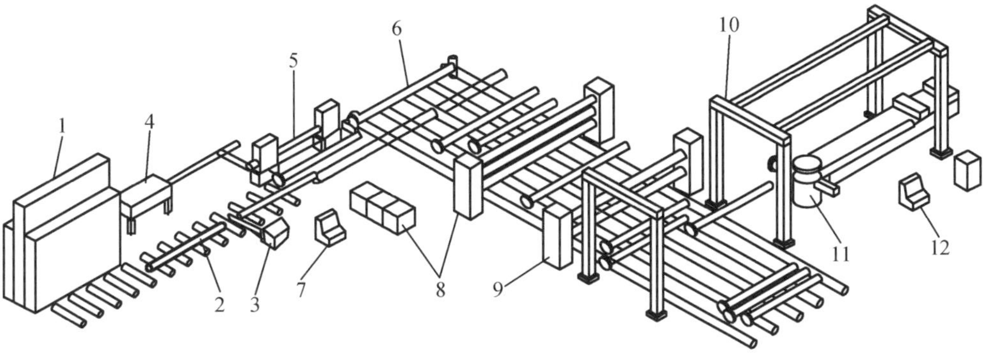

1—储料架;2—切割机送料滚道;3—切割机;4—法兰供料机;5—法兰自动装配机;6—管子分类机;7—数控机;8—自动法兰焊接机;9—清洁焊渣试压机;10—弯管输送滚道;11—弯管机;12—数控机。

图 8.31　数控管子加工车间布置示意图

其工艺流程:

①从管子储料架上取出所需的管子;

②测定长宽并切割;

③选取所需法兰并传送至法兰装配机;

④法兰装配,把指定的法兰点焊在管子上;

⑤根据管径和法兰类型进行分类;

⑥在法兰焊接机上进行焊接;

⑦清渣和试压;

⑧弯管机弯管。

以上全部工序都是通过数控指令在操作台 7 上控制而自动地进行。从上道工序送来待焊接的管子自动送往焊接工区,在自动法兰焊接机 8 上进行焊接,自动法兰修整机 9 自动清理焊接部分。在弯曲工区,数控弯管机 11 驱使自动装管机 10 夹取指定的管子弯管机,即按所需的形状进行弯管,整个加工到此结束。

(2)系统Ⅱ(ND 系统)

此系统是一种将管子作业信息转换成数据的系统,它从管件制作图和材料托盘表中提取每根管子的形状、材料、规格、附件规格、加工信息、装配信息、试验压力、涂装要求等信息,并将数据传递给 NC 系统。采用无余量下料时,也是在此系统中根据管件成形信息进行弯曲延展量和焊接收缩量的计算。

(3)系统Ⅲ(PP 系统)

为管子配套系统。电子计算机中输出输送平台指令信息,该系统将舾装作业中所需的管子、阀件及其他舾装件装在输送平台上一并送出,并分别放置于装配作业地点。图 8.32 为管子配套系统流程图。

该管子加工线适用于公称通径 15 ~ 100 mm 的管子,加工效率为 30 根/h,全加工线仅需 4 ~5 名工人进行操作。该厂在建造第一条加工流水线的基础上,又建造了 40 ~ 150 mm

和大于150 mm的管子加工线。该厂3条管子加工线,可满足年产20艘船舶的管子需求量。

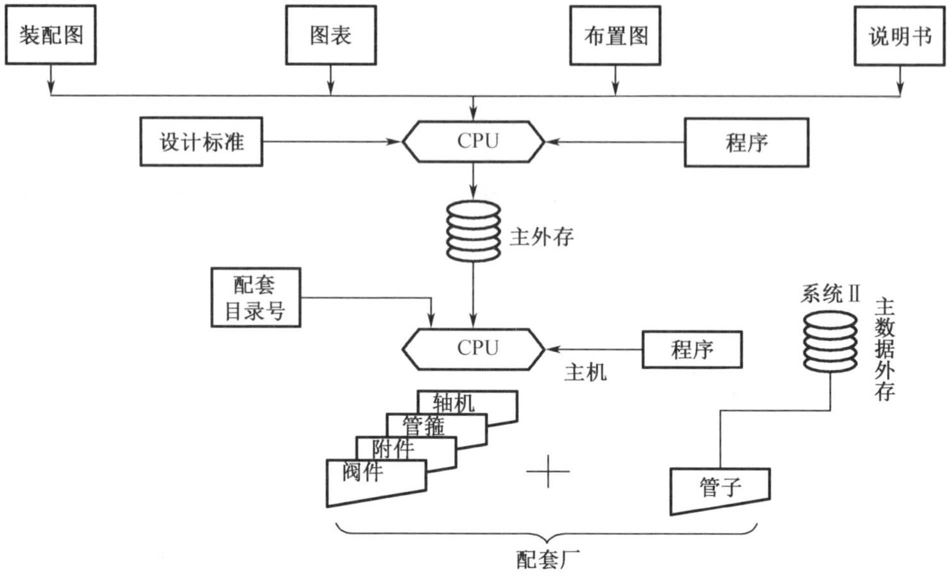

图8.32　管子配套系统流程图

自日本千叶船厂“MAPS”系统诞生以后,日本其他各大船厂也相继对管子车间进行改造。其中日本钢管公司津船厂和三菱公司长崎船厂也建成新型的管子加工车间,津船厂的管子车间命名为NK－PIPES系统。

日本其他中小型船厂的管子加工车间,虽不及上述大厂管子车间先进和完善,但却都采用先焊(法兰)后弯(管子)的新工艺,同时自上料、存管、下料、切割以至法兰定位和焊接都采用流水线或生产线。由于其工艺流程合理,而且应用成组技术原理进行生产和管理,使整个工场和加工线的负荷量平衡,材料准备、人员配备等经济合理,因而这些船厂管子加工年产量仍然很高。

2. 德国船厂的管子加工线

德国奥斯得利公司已为全世界各有关行业建造了50多条管子流水线,应用范围适合所有管子制造行业,其自动化程度可视客户的实际需求定制。

(1)主要机械设备及功能

①存放库(料架),管子存放库是一个自动化管子储存及提取系统,保证材料能连续供应到所需的工作站,以满足管子处理生产线的要求。

②打磨,用磨光机将管子的两端打磨,使其满足焊接工艺要求,也可用喷砂进行处理。

③切割及标签,管子的切割是用特制的锯、配以有数字输入及自动长度测量的管子切割机,对大型管子的切割可选用数控热切割机。同时可进行开孔和管端形状切割,标签可采用CNC自动喷印。

④法兰焊接,该公司为船舶工业的管子加工专门设计的自动法兰焊接机,包括管子的装卸,管子对法兰同时用四支焊枪点焊及焊接,另还增设法兰仓匣及排烟系统。

⑤弯管加工,新式的弯管机配备有下料组合工具和自动换模装置。其软件系统可正确标出焊接法兰和直管前的法兰孔预定角度,以及其他可预计的弯曲数据。

(2)主要软件系统

①按个别需求而设计的计算机辅助制造系统(CAM);

②材料管理及存货控制;

③材料流程控制;

④材料编制及车间工作量的控制;

⑤处理及机器的数据存取;

⑥直接数控个别机器,附有 DNC 控制单一一处理的制造控制系统。

奥斯得利管子加工系统和日本三井"MAPS"管子全自动加工系统、三菱(长崎)管子自动系统,同属当今世界管子加工流水线的先进水平。

3. 西班牙的阿斯塔诺船厂管子车间

欧洲大部分船厂采用半自动流水线或自动化流水线与传统的加工方法相结合,形成集成的管子加工流程。如西班牙的阿斯塔诺船厂管子车间分成 3 个管子加工区,每一加工区加工一种类型的管子。第一加工区加工通径 15 ~ 100 mm 管子,其加工设备引进日本千叶船厂"MAPS"系统,但只形成半自动化,个别工位仍需人工辅助。第二加工区加工通径 100 ~ 200 mm 管子、该区装备一台半自动的火焰切割机和管端修整机,一台推弯型手工弯管机,一台自动法兰焊接机和手动焊接机。第三加工区加工通径 200 mm 以上管子,其弯曲部分采用热弯和定型弯头,并装有手工切割机和半自动焊机各一台,其余工作则由人工承担。

4. 中国船厂管加 MES 流水线

在国家 2025 智能制造目标的指引下,我国各大船厂都积极进行了面向智能造船的数字化改造,其中管加车间的 MES 系统是管件族制造理论和大数据技术较为成功的应用。与日本和德国管加流水线最大的区别在于国内的管加流水线更注重非弯管类管件的加工效率,特别是二次组立技术的应用。常规的带弯头管件加工是在校管工序中完成管件中有多个零件的装配,然后再送到焊接工位焊接成形。二次组立的思想如图 8.33 所示,是把直段管和一端的附件先装配并焊接,然后通过二次装配和焊接实现整个管件的最终成形。二次组立的好处是一次组立的操作可以通过流水线实现工件的自动流转和装焊的自动化。

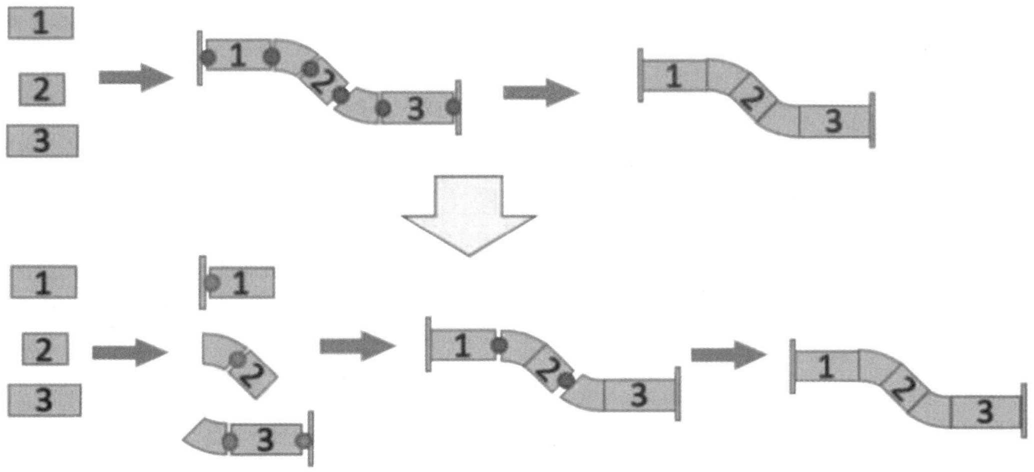

图 8.33　二次组立

管加 MES 系统的先进性主要体现在以下几个方面：

(1)管加工 BOM 主数据管理

MES 系统是从船舶生产设计平台中直接抽取物资数据，通过标准化原材料信息录入，保证船厂各项目实现 BOM 数据和物资代码库的匹配，从而保证管材及附件能基于 BOM 出库，保证库存数据的准确性。

如图 8.34 所示，系统读取生产设计平台原始数据，自动计算每根管子的套管下料尺寸、坡口数量、开孔数量、弯直管、规格、弯管加工参数、焊口对接缝数量及对接类型、打底数量、支管等组立信息、是否需要车间试压、管件类型(成品管/现校管)等生产信息，同时根据管件的信息进行管件族拆分和管件加工过程中的组立拆分。

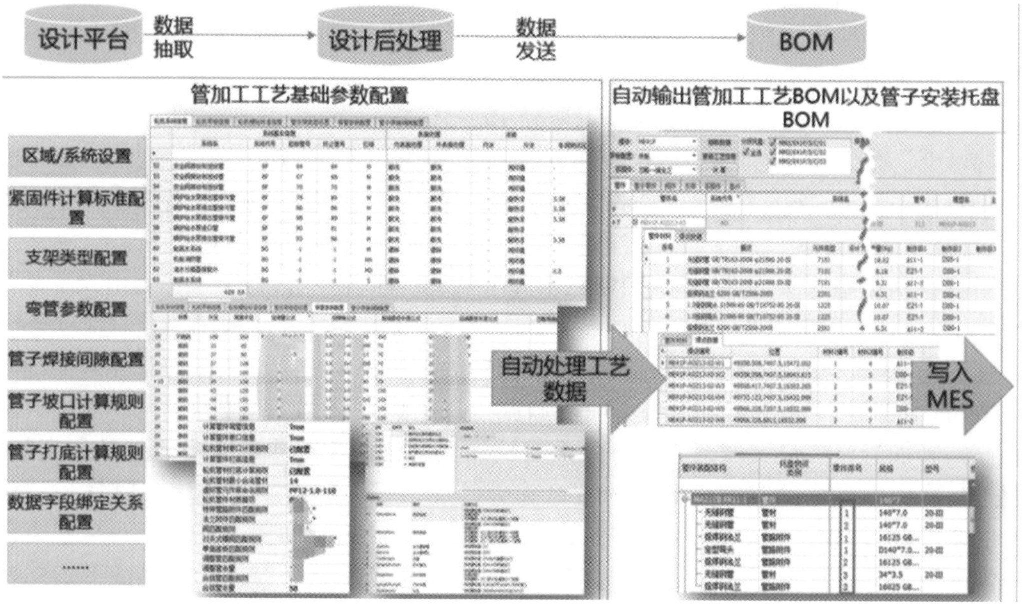

图 8.34　MES 系统数据管理

(2)管加工物资管理

如图 8.35 所示，MES 系统打通了设计、采购、仓储 3 个部门的信息交互，系统根据船舶生产设计平台中提供的托盘数据，技术部门结合船厂生产计划向采购部门下达代购申请，采购部门负责物资按计划采购，最后交由物资管理部门入库。

(3)管加工工位信息管理

由于我国自动化设备的能力限制，目前还不能实现全自动弯管、全自动装配等操作，各工位上还是需要人工进行操作。MES 系统能根据每个工位生成相应工位的派工和检验数据，并通过移动终端进行管理。此外，国外的管件加工流水线一般终止于管件表面处理前，而我国的 MES 系统还延伸到了管件表面处理和安装托盘集配工序，真正意义上实现了管件族制造的全面覆盖。基于 MES 系统建立的管件加工车间布局如图 8.36 所示：

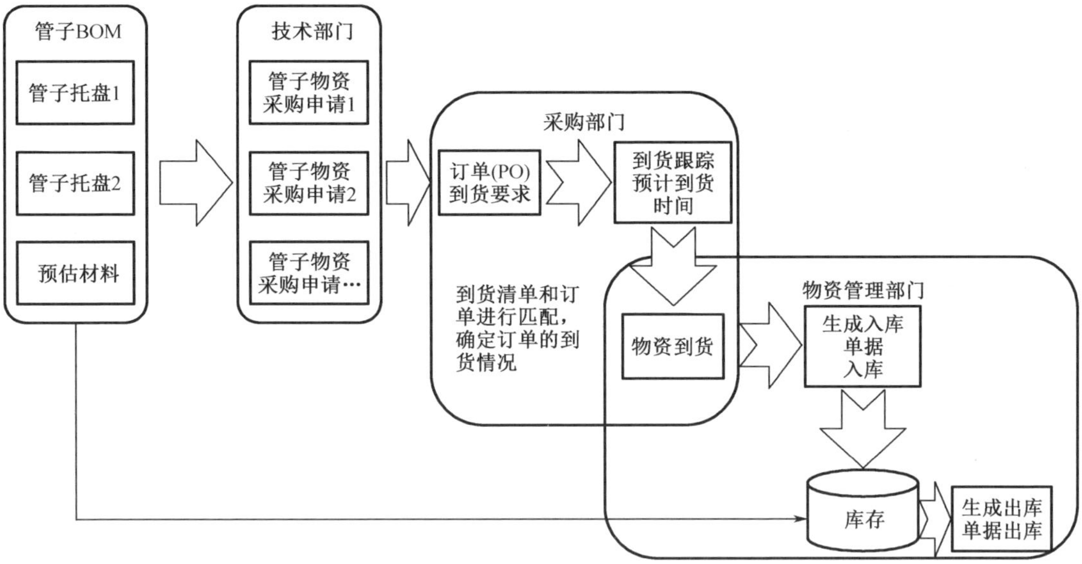

图 8.35　MES 系统物资管理

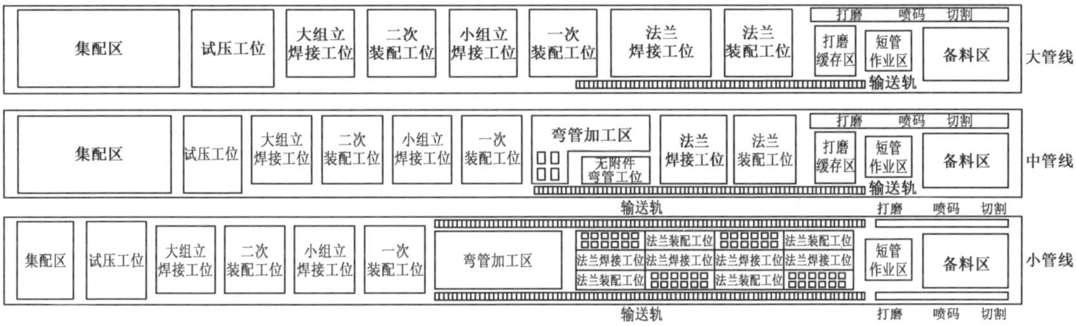

图 8.36　基于 MES 系统的管加车间布局

二、模块化造船技术简介

1. 概述

所谓模块化造船是将船体结构、设备、系统按功能或层次体系分解成若干有接口关系的相对独立单元，再按照标准化、通用化、系列化、组合化的设计和生产原则以不同的方式排列和组合成完整船舶的造船方法。其实质上是船舶标准化与系统工程的科学结合。模块化造船的特点是简化产品的系统结构，从而简化设计、制造和管理。由于模块具有标准化、通用化和独立的功能，便于形成船舶中间产品，有利于专业化大生产。

模块化造船的概念萌芽于二战期间的美国大量造船时代，形成于 20 世纪 60 年代日本造船工业兴旺时期，德国 Blohm Voss 公司早在 20 世纪 70 年代初就开始开发模块化这一先进的舰船建造方法，从舰船总体到主机推进系统、全船控制系统、自动化系统、武器系统、机电装置、舾装设备陆续采用了模块化技术，尤以居住舱室、机电装置、自动化系统及武器装备方面的模块化发展最快，效果更佳。在军船领域，采用模块化设计与建造可以让战斗舰艇达到一舰多型、具有多功能以及随时进行换装与技术更新,保持全寿期战斗能力。在民船领域,模块化设计与建造将能充分发挥标准化和通用化的优势,可使技术复杂、批量小的船舶建造取得更大的效益。所以,模块化造船作为现代船舶建造方法已成为一种趋势,它的研究和应用正在导致船舶设计思想、建造流程、维修管理方法上的重大变革。美国海军就曾提出,未来的舰船将使用由标准组件组成的通用模块来设计和建造。

近年来,造船先进国家在舾装单元采用模块化的同时,对模块做了进一步的研究,即"通过模块共同性降低采办成本",简称 ATC(afford - ability through commonality)计划。ATC 计划是通过机电设备的模块化、标准化和过程简单化,减少船舶设计、生产、采购和整个寿命期运行、保障所需的时间和复杂性,从而降低船舶建造和使用期内的费用。机电设备的模块化就是决定协调层次,并确定组装的标准接口;标准化就是使用最少数量的设备和零件来适应各种各样的要求;过程简单化就是把生产过程集成化。ATC 计划可以使设计重复使用,简化船舶建造过程。有利于综合后勤保障;有利于设备布置、拆装和维护,并且可以实现模块车间制作。

2. 造船模块的内涵及分类

造船模块可以定义为具有标准尺寸标准构造和标准件,且主要部件具有可选性的最终产品的预制单元。这种预制单元可以是结构功能单元和系统功能单元。由于模块中含有可选部件,因此可作局部修改,以满足船东的使用要求。由定义可知,造船模块应具备三个要素:一是模块应具有标准尺寸和标准构造;二是模块应具有标准件和可选部件的特点;三是模块应是预制件,具有组装性。造船模块主要包括船体结构和船舶舾装模块两大类。

(1)船体结构模块

在模块化造船中,船体结构的模块化是最困难的。原因在于结构模块不仅要考虑其本身组成的船体的总体性能,还涉及其内部的设备、系统模块的安装、型线、结构形式及通用性等多种因素。船体结构的模块化主要体现在局部构造的通用化和主要尺寸的标准化两个方面。

(2)船舶舾装模块

根据模块与船体的结构关系,舾装模块可以分为自持式模块和依附式模块两大类,其特征:具有独立功能;具有完善的接口特性;互换性强;具有适用性和超前性及商品性。

自持式模块原先是分段或船上的预舾装单元,它具有独立的基座或支架结构,可以在内场预制,完工后在外场安装到船体上。将预舾装单元升级为造船模块,是因为单元适用于要求相似的不同船型。通常单元中的主要设备选自性能相近的三种型号作为船厂的标准件,这三种型号设备可以分别属于高、中、低三挡产品,以供船东选用,船厂也可借以控制材料成本。从设计建造角度来看,自持式舾装模块是真正的模块,即实物造船模块,如二氧化碳灭火装置、输液系统遥控阀组、海水淡水压力柜、燃油处理系统、空调系统、普通船员舱室等典型船用模块。图 8.37 为典型的含有卫生单元设备、通风设备、电气设备以及所有内置家具的住舱模块。

依附式模块通常是指设计模块,因其设备布置范围较广或固定要求较高,实际建造中需以船体分段或船上区域的结构为依托,因此,模块的预制性受船体制造进度所制约,但其设备的可选性和单元的通用性与自持式模块相同,因而可以称为图面自持模块。

除了上述两类模块外,船上还有许多分布的舾装件,主要有管路、电缆及其附件,其分布舾装件模块是依附式模块的一个特例。在分布舾装件模块中,典型管路模块,如箱形龙骨内的管系单元，所含管件可以预先组装在一起运送，在双层底分段制造的适当阶段装入箱形龙骨。同型船舶的管系具有很强的相似性，只要在典型管路模块可选部件的规格尺寸上做适当的调整就可以用于一条新船，图 8.38 为一管道模块，可以安装在分段上，或直接吊装到船舶上。

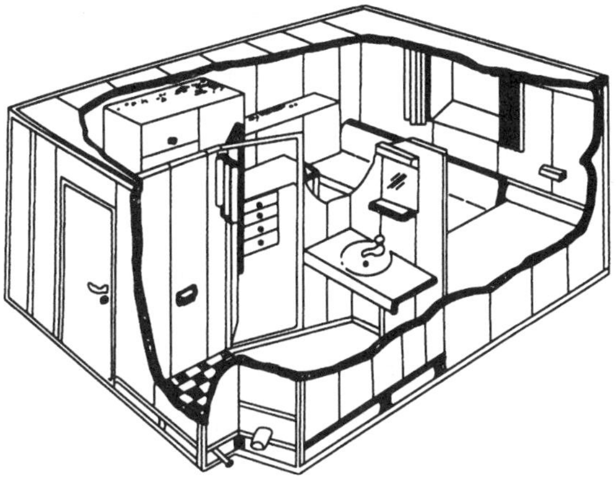

图 8.37　住舱模块

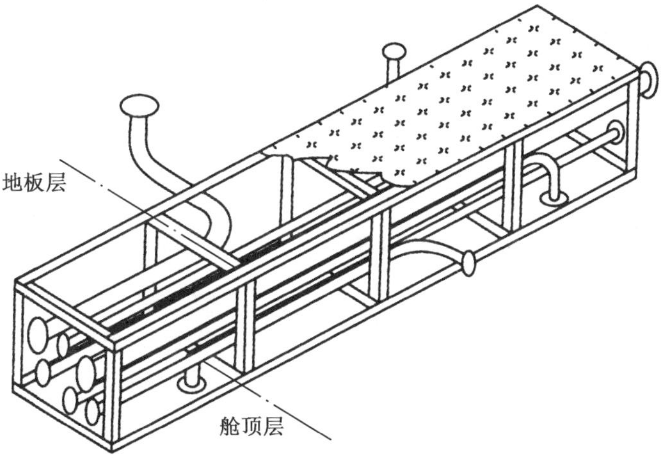

图 8.38　管道模块

又如典型的电缆模块，如机舱主干电缆单元，所含的电缆按其放样长度预裁收卷，在船上舾装的适当阶段，随着船体区域的逐步延伸，收卷电缆逐步拉放架设，实现电缆预舾装。

3. 实现模块化造船的路径

模块化设计和模块化建造密不可分，相互适应，相互牵制，相互促进，构成模块化造船技术的总貌。

模块化造船的关键是实现模块化设计，不仅要求从系统观点出发，更要求从建造观点出发进行提前设计。这已不是生产设计或成组技术能够解决的问题，它必然导致模块化船舶设计概念的产生，那就是设计优化、结构简化、功能单元化、目标多样化。模块化造船是标准化造船的升华，实现造船模块化可以从舾装和船体结构两个方面同时推进，但重点是舾装模块化。

从舾装模块方面的应用情况可以看出，对于舾装模块的设计，不仅要掌握正确的理论、方法、手段，而且要有相应的观念、策略来支持，其技术要领主要体现在：

①要充分注意模块的组合性；拓宽模块开发面；

②注意设计全过程的协调，初步设计和详细设计应从功能出发，以系统为定向；生产设计应从有利于建造出发，以区域定向，做好两者前后的协调；要采用计算机技术搞好模块化设计；

③要逐步推进模块的系列化及专业化生产。

如管舾装模块是依附式模块的主要内容，船舶管系设计是舾装生产设计中工作量最大、最复杂、最烦琐的部分，同时也是船舶制造过程中加工和现场安装工作量最大、最复杂、最烦琐的部分。长期以来，船舶管系设计采用的是三维构思而用二维绘图表达的传统方式，通过平面、立面、侧面及剖面等几个基本视图表达管路布置和管子加工信息，因此是模块化的重点。又如居住舱室模块，其发展十分迅速，在材质、设计、制造技术、设备配套方面都积累了丰富的经验，产品大量应用于各类船舶、海洋平台，典型的就有经济舱、普通舱、头等舱等不同等级的居住舱室模块。如德国的 MONTAN 公司开发的 CIS600 居住舱室模块系统，其舱室的壁板、天花板在装配时互相嵌接，连接件全部标准化。

模块化造船相对于传统的造船法存在着巨大的优势，但从目前国内外造船实践来看，要达到真正的模块造船仍有许多工作要做，其中最主要的工作是设计方法的变更，也就是说，模块化造船要想取得突破性的进展，就必须开展模块化船舶的设计研究，充分发挥集成设计软件的优势。以管舾装模块化为例，以舾装生产设计为途径，对管舾装模块的划分、结构形式、通用性、系列性、组合性、标准化、设计方法及相应的组织管理等进行研究，只有这样才能实现设计、生产、管理一体化，实现真正意义上的模块化造船。

当前，船舶预舾装技术趋向于集成度高的舾装单元，而舾装单元正向着大型化、标准化、模块化方向发展。同时，随着造船模式的不断发展，船舶大型化以及巨型总段建造技术的应用，在总段上安装大型区域性单元是未来舾装技术发展的方向。随着计算机软硬件水平的不断提高和计算机应用水平的不断进步，设计数字化技术实现了产品设计手段与设计过程的数字化和智能化，通过应用计算机模拟造船，推动了船舶设计与制造向模块化方向发展。

第九章 船舶涂装技术

涂装是在一定环境条件下，经过喷涂、刷涂或滚涂等方法，在涂料所能接受的或指定的物件表面上，形成一层有一定附着力与厚度的漆膜，以实现其对被涂物的保护、装饰、标志和其他作用。在此过程中，涉及了表面处理技术、涂敷技术、装备技术，它们三者即为涂装技术的组合。所谓船舶涂装是指在船舶建造工艺流程中实施船舶涂层保护的工艺过程。船舶涂装技术则更应理解为表面处理技术、涂敷技术、装备技术、管理水平、设计深度、人员素质和组织能力的集合。

第一节 概 述

一、船舶腐蚀和防护

航行于海上的船舶，一直处于强腐蚀性介质之中，其腐蚀问题十分突出。

船体外表面主要可分为水线以下、水线区，以及水线以上，不同部位所处的环境不同因而其腐蚀因素也不同，水线以下的腐蚀因素主要是海水、微生物附生、不同金属的接触以及海浪冲击等；水线区的腐蚀因素主要是干湿交替和物体摩擦等；水线以上的腐蚀因素主要是海水溅浸和潮湿空气等。船体舱室的腐蚀因素主要是各种介质的影响。船体不同区域的钢材在不同锈蚀因素的影响下，锈蚀成因相对不同，其产生的锈蚀程度也有很大差别。船体不同区域的锈蚀原因及特征见表 9.1。

表 9.1 船体不同区域的锈蚀原因及特征

<table>
<tr><th colspan="2">船体区域</th><th>锈蚀原因及特征</th></tr>
<tr><td rowspan="4">船体水线以下</td><td>船底区域</td><td>·全浸泡在海水中，是一种均匀的、大面积的全面腐蚀，是全船锈蚀较严重的部位之一</td></tr>
<tr><td>船首区域</td><td>·艏部船底直接迎着海浪的冲击及快速摩擦，加上锚链在收放时的撞击，使得这片区域的涂层极易遭到碰撞、摩擦破损
·这片区域海浪翻滚供氧量足，使涂层损坏的外露钢板锈蚀严重</td></tr>
<tr><td>船尾区域</td><td>·由于螺旋桨转动产生的强力泡沫翻滚冲击，艉部船底区域和舵叶遭到局部水流的快速摩擦，使得该区域的涂层磨损率加快，快速变薄，降低了防污、防水的性能
·由于艉部船底的钢板与螺旋桨叶片之间的不同材质关系，形成了腐蚀电池。并由于强水流产生的泡沫作用，使得这一区域供氧量极充足，也使腐蚀电池加大了破坏效率</td></tr>
<tr><td>船底焊缝</td><td>·由于残余应力的影响，船底焊缝处比船底钢板更易产生锈蚀，并且很严重
·锈蚀一般先从焊缝、焊缝区域开始</td></tr>
</table>

表 9.1(续)

<table>
<tr><th colspan="2">船体区域</th><th>锈蚀原因及特征</th></tr>
<tr><td colspan="2">水线区域</td><td>· 该区域常处于干湿交替状态,故存在着供氧大小差异的问题。在接近海平面但未浸到海水的区域,这部位供氧充足,而在海平面以下浸入海水较浅区域的供氧量与水面以上并接近水面处相比较,相对供氧量较少,形成了典型的氧浓差腐蚀电池
· 船体经常与码头、各种漂浮物接触、摩擦,易导致涂层破坏</td></tr>
<tr><td colspan="2">船体水线以上</td><td>· 暴露在外与外界环境直接接触,它们要经受太阳紫外线的照射、海水飞沫、海洋气候的侵蚀,长期包围在含有盐分的海洋大气中,并受环境大气中有害气体的污染等,这些都是易锈蚀的原因
· 甲板区域由于安装了很多管道、支架、铁舾件及机械装置等,大量的焊道、边角端面、狭小角落等部位不易涂装,涂膜易产生偏薄、漏涂、针孔等涂层缺陷。此外还因安装的机械装置在甲板表面形成了许多排水不畅的死角,集聚成水洼,这些部位极易锈蚀</td></tr>
<tr><td rowspan="3">船内区域</td><td>货舱区域</td><td>· 货舱在装卸作业时,对货舱壁、货舱底等部位的碰撞摩擦,对涂层会有很大的损坏
· 所装货物散发的有害气体和白天甲板受太阳暴晒,夜晚降温后温差很大,货舱顶壁表面凝结有大量的水珠,造成货舱底部积水,通风不良,闷热潮湿,有害气体与潮气相互作用,促使涂层损坏处快速锈蚀</td></tr>
<tr><td>油舱区域</td><td>· 由于货油内含有硫及其他化学物质,会有气体排出并散发,再加上货油舱顶部与舱壁受外界甲板、舷侧外表温度的变化,这样顶壁钢结构表面就结有大量的冷凝水,舱内通风不良,水汽与原油所散发的化学气体结合,就形成了很强的电解质,这是顶部空间钢结构锈蚀的主要原因
· 原油内还含有海水及其他矿物质,会沉淀到货油舱底部,海水与矿物质结合形成了强电解质是货油舱底部的锈蚀原因</td></tr>
<tr><td>其他舱室</td><td>· 如压载舱、空舱、工作舱、居住舱等,这些区域的锈蚀主要是由于高温和潮湿造成的。尤其是处于干湿交替状态的专用海水压载舱,其腐蚀最为严重</td></tr>
</table>

针对船舶的锈蚀,目前所采取的防护措施主要有阴极保护法、涂层防护法以及氧化物保护法。阴极保护法通常用于船体外板、压载水舱、货油舱底部等部位,主要有牺牲阳极保护和外加电流保护两种。氧化物保护法一般仅用于铝合金的原材料和部分舾装零部件(如管件)的处理,如磷化、镀锌、镀铬等。而大面积采用的船舶涂层防护是使涂料均匀地覆盖在钢板表面,形成一层完整致密的涂层,以隔绝各种锈蚀因素的影响,使锈蚀因素不能直接接触到钢板表面,起到延缓船体钢结构的锈蚀进程。船舶涂层保护的有效性取决于合理的涂层配套系统设计,正确的涂层施工,以及科学的涂装管理。船舶的涂层保护是迄今为止应用最广泛、历史最悠久、最为经济、方便、有效的防护方法。

二、船舶涂装的特殊性及技术体系

根据国内的统计，在船舶建造中，涂装成本占总船价的8% ~10%，而在国外的先进船厂仅为5% ~6%，有的甚至为3% ~5%。涂装不仅直接反映了船舶营运中的外观质量，而且由于涂装与船舶日后的使用寿命、维修费用有着密切的关系，所以船东很重视涂装质量。船东对船舶承造方的涂装能力和质量的评价决定了其建造合同能否生效的一个重要因素。

船舶涂装作为现代造船三大支柱工艺之一，从船舶接船谈判开始，一直到交船为止，自始至终贯穿着整个造船过程。可以分为钢材表面预处理与车间保养底漆涂装、分段（总段）二次除锈与涂装、船台（坞）二次除锈与涂装，以及交船前坞内除锈涂装。船舶涂装工程体系如图9.1所示。

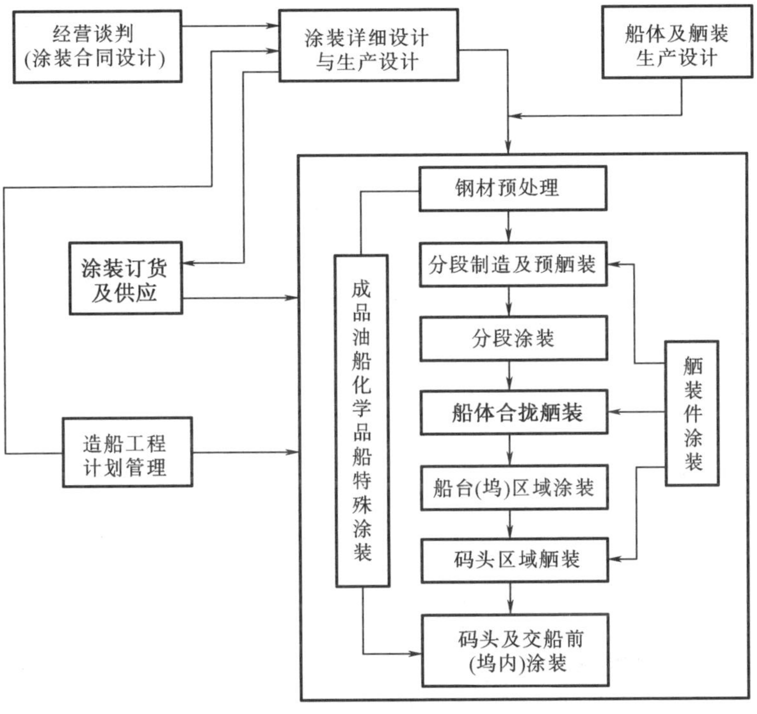

图9.1　船舶涂装工程体系

由此可见，船舶涂装在船舶建造中占有重要的地位，是造船过程中一个重要的组成部分，与造船技术的进步是息息相关的，没有现代化的船舶涂装，就不可能有现代化的造船。

1. 船舶涂装的特点

船舶涂装与船体建造、舾装不一样，涂装作业及其质量、作业安全受作业环境、作业条件和工序安排的影响很大，其特点归纳如下：

（1）涂装工序的广泛性以及作业的复杂性

从船体开工前的钢材预处理，直至交船前的坞内或码头涂装，涂装工序贯穿了整个船舶建造周期。其作业面广，与各工种、各道工序相互联系、相互影响。

(2)涂料的多种性以及配套的复杂性

船体各部位处于各种不同的腐蚀环境之中,因而对不同部位的涂层提出了不同的要求,由此决定了一艘船舶需要多达数十种的涂料加以配套,且其施工条件、施工方法和施工工艺又各不相同。此外,每个涂层配套系统都有其复涂间隔和保养周期等对于时间的要求,少于或多于这个时间会给涂装作业带来质量和安全问题。

(3)涂装安全的重要性

由于船体的结构特点以及船体特殊部位和特殊舱室对涂装的特殊要求,远较其他钢结构物更为复杂,而且涂装条件和大多数涂料对人体都有一定危害,因而对涂装施工中防尘、防毒、防火、防爆等安全措施更为严格。

(4)涂装管理的复杂性

由于涂装作业受制于当时的环境条件,所以其进程的安排无法事先确定,其对环境温度和湿度的要求左右了在自然条件下的涂装作业进程,以致影响船舶建造节点时间甚至交船日期的确定。因此,从涂料的储存、涂装设备及工具的选用、涂装施工到涂装质量的检查、涂层的保护,需要进行系统的科学管理,特别是涂装工序需与区域造船的总体计划协调一致,需要制订严密的涂装作业计划。为此,为了保证工程进度,提高涂装质量,一些船厂不惜大量投资,改进和更新涂装设施,让尽可能多的作业处于温度和湿度有保证的环境条件下实施。

2. 船舶涂装技术体系

船舶涂装技术体系大体上由船舶涂装设计、船舶涂装标准、涂装前表面处理、船体涂装作业、船舶涂料以及船舶涂装管理等方面组成。该技术体系如图 9. 2 所示。

本书只对涂装前表面处理、船体涂装作业、船舶涂料以及涂装质量管理有关内容进行讨论,其他涂装技术内容可参阅相关文献。

三、船舶涂料及分类

1. 船舶涂料及特点

涂料通常是一种具有流动性的黏稠液体,涂于物体表面后在常温或加温后干燥硬化、在物体表面形成坚韧且富有一定弹性的皮膜、给物体以保护、装饰或赋予特殊作用的物质。涂料通常由黏结剂、颜料、稀释剂和添加剂等组成。其中黏结剂是主要成膜物质;颜料是次要成膜物质,它能使漆膜着色和改进漆膜性能;稀释剂用来溶解和稀释涂料,以便进行作业,是一种挥发性物质;添加剂用来使漆膜具有特定性能,如防污、缓蚀和增塑等。

涂装于船舶内外各部位、以延长船舶使用寿命和满足船舶的特种要求的各种涂料统称为船舶涂料或称之为船舶漆。由于船舶涂装有其自身的特点,因此,船舶涂料也应具备一定的特性。

①船舶的建造特点决定了船舶涂料必须能在常温下干燥。需要加热烘干的涂料就不适合作为船舶涂料。

②船舶涂料的施工面积大,因此,涂料应适合于高压无气喷涂作业。

③船舶的某些区域施工比较困难,因此,希望一次涂装能达到较高的膜厚,故往往需要厚膜型涂料。

④船舶的水下部位往往需要进行阴极保护,因此,用于船体水下部位的涂料需要有较好的耐电位性、耐碱性。以油为原料或以油改性的涂料易产生皂化作用,不适合制造水线以下用的涂料。

⑤船舶从防火安全角度出发,要求机舱内部、上层建筑内部的涂料不易燃烧,且一旦燃烧时也不会放出过量的烟雾。因此,硝基漆、氯化橡胶漆均不适宜作为船舶舱内装饰涂料。此外,船舶漆还应满足绿色环保的要求。

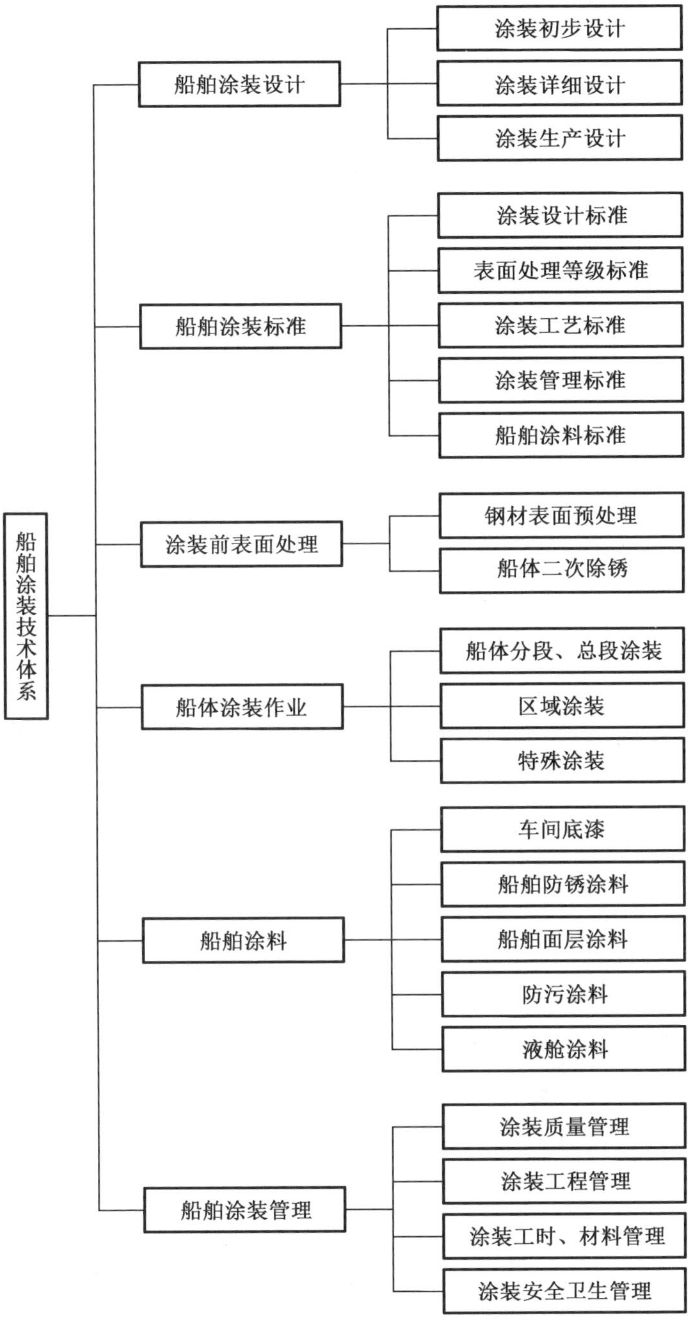

图 9.2 船舶涂装技术体系图

2. 船舶漆分类

船舶漆可根据其基料类型、使用部位、作用特点、施工方式等不同方法进行分类。

(1)按使用部位分类。目前比较通用的分类是按使用部位分类,见表9.2。

表9.2　船舶漆分类情况(按使用部位分)

名称		涂料类型	备注
车间保养底漆		主要有:磷化底漆(聚乙烯醇缩丁醛树脂);环氧富锌底漆;环氧铁红底漆;无机硅酸锌底漆	主要用于钢材预处理,以防止船舶建造期间产生锈蚀,从而减轻分段或船台(坞)涂装时的除锈工作量
水线以下涂料	船底防锈漆	主要有:沥青船底防锈漆;氯化橡胶类船底防锈漆;乙烯树脂类船底防锈漆(氯醋三元共聚树脂);环氧沥青船底防锈漆	主要用于船底部、水线以下外舷部
	船底防污漆	主要有:溶解型(沥青、松香、氧化亚铜);接触型(氯化橡胶、乙烯树脂、丙烯酸树脂、氧化亚铜);扩散型(氯化橡胶、乙烯树脂、丙烯酸树脂与松香、有机锡);自抛光型(有机锡高聚物或无锡高聚物)	
水线以上涂料	船用防锈漆	主要有:红丹防锈漆(油基、醇酸树脂、酚醛树脂、环氧酯);铁红防锈漆(醇酸树脂、酚醛树脂、环氧酯);云铁防锈漆(油基、酚醛树脂、环氧树脂、环氧酯);铬酸盐防锈漆(油基、醇酸树脂、环氧酯、酚醛树脂)	
	水线漆	主要有:酚醛水线漆;氯化橡胶水线漆;丙烯酸树脂水线漆;环氧水线漆;乙烯树脂水线漆;水线防污漆(接触型、扩散型、自抛光型)	
	船壳漆	主要有:醇酸船壳漆;氯化橡胶船壳漆;丙烯酸树脂船壳漆;聚酯树脂船壳漆;乙烯树脂船壳漆;环氧船壳漆	·船壳漆主要用于船舶干舷,上层建筑外部和室外船装件
	甲板漆	主要有:醇酸、酚醛甲板漆;氯化橡胶甲板漆;环氧甲板漆;甲板防滑漆	
	货舱漆	主要有:银舱漆(油基、醇酸树脂与铝粉);氯化橡胶货舱漆;环氧货舱漆;环氧沥青漆	·环氧沥青漆常用于货/压载水舱 ·环氧沥青漆用于谷物舱时应采用漂白型环氧沥青漆
	舱室面漆	主要有:油基调和漆;醇酸磁漆	·用于机舱,上层建筑内部

表 9.2(续)

名称		涂料类型	备注
液舱涂料	压载水舱涂料	主要有:沥青漆;环氧沥青漆	
	饮水舱涂料	主要有:漆酚树脂漆;纯环氧树脂漆	
	油舱漆	主要有:石油树脂漆;环氧沥青漆;环氧树脂漆;聚氨酯树脂漆;无机锌涂料	·石油树脂漆适用于燃油舱 ·环氧沥青漆适用于原油船货油舱 ·环氧树脂漆、聚氨酯树脂漆、无机锌涂料适用于成品油船货油舱
其他涂料		主要有:耐热漆;耐酸漆;阻尼涂料;屏蔽涂料	

(2)按黏结剂分类。常用的黏结剂有天然树脂、矿物质沥青和合成树脂三类。现代船舶漆广泛应用合成树脂,主要有醇酸树脂、乙烯树脂、环氧树脂、氯化橡胶、聚氨酯树脂和无机锌漆等。

醇酸树脂涂料的优点是对大气和紫外线的作业稳定,因而具有优良的耐候性和耐久性,并具有良好的耐盐性、可挠性和光泽保持力,还具有耐脂肪族溶剂性、耐热性和耐冲击性。但是,它的干燥时间较长、不耐酸、碱、酯、酮等。这类漆一般用于室外,如上层建筑部和外舷部;也可用于室内,如住舱、厨房等。

乙烯树脂涂料具有良好的耐水性、耐候性和耐化学品性,并具有良好的附着力、耐热性和柔韧性,同时还能与酚醛、醇酸和氨基等树脂混溶,有着良好的配套性。所以,这类涂料广泛用于船舶涂装,除常年浸水的部位外,可用于船舶的其他任何部位。

环氧树脂是双组分(两罐装)涂料,具有优良的耐化学品性、耐水性和耐盐性,漆膜角质厚实、附着力强、机械性能好,常用于油舱、货舱和船底部等。环氧树脂有纯环氧和焦油环氧两种。这类漆的缺点是喷涂时环境温度不能太低,否则不能固化;同时它在固化后的复涂性也较差。

氯化橡胶涂料具有优良的耐化学品性、耐水性和耐久性,并因含氯量高而不易燃烧,漆膜层间具有互溶性而复涂性好,还由于它固体含量高,故可制成厚浆型漆。但是,它的耐油性、耐强硝酸和浓醋酸性差,也不能用高于 110℃ 的温度进行烘烤。这类漆主要用于大气区,如甲板、甲板室、桅杆和吊杆等。此外,由于它干燥快和复涂性好,所以是一种很好的维护保养漆。

聚氨酯树脂涂料的品种有单组分和双组分之分,其中双组分漆是需要固化的。具有优良的快干性、耐磨性、耐油性、耐水性和耐化学品性,而且附着力强。这类漆主要用于外舷部、甲板部和各种液舱。

无机锌漆按含锌量可分为富锌漆(超过 70%)和低锌漆(低于 70%)。这类漆涂层坚韧,耐磨性好,对多种石油产品和有机溶剂的作用稳定,所含锌粉具有阴极保护作用。广泛用于保养底漆、液舱漆和甲板漆。

此外，根据其基料类型的不同，船舶涂料还可划分为常规涂料和高性能涂料两类。以沥青、油脂类、醇酸树脂、酚醛树脂及一些天然树脂为基料的船舶涂料，是早期发展和应用的涂料，称之为常规涂料。而以各种耐水性好、耐化学性好的合成树脂为基料，多数制成厚膜型的船舶涂料，是近年来不断发展和日益广泛获得应用的涂料，称之为高性能涂料，其发展趋势着重在无毒环保、长效、降低表面处理要求、配套性好、速干等方面。此外，也研制了一些特殊涂料，如湿面涂料、水中涂料等。

3. 表征涂料涂层（漆膜）的基本性能

主要有：光泽度；干漆膜厚度；硬度；弹性（柔韧性）；冲击强度；磨耗度；附着力；耐水性；耐热性；耐汽油性；耐化学腐蚀性；耐候性（耐大气稳定性）；膨胀性（吸水性）；透水性；耐盐雾性等指标。其中弹性和附着力是漆膜的重要性能。

四、船舶涂装方法

主要有刷涂、辊涂、喷涂三种方法，其中喷涂可分为压缩空气喷涂（也称有气喷涂）和高压无气喷涂（也称无气喷涂）两种。刷涂主要用于特定部位的预涂和补涂作业以及喷涂工具难到的地方；辊涂主要适用于因某些原因而难于喷涂的大平面的涂装，如甲板、舷侧和上层建筑的外表面；喷涂适用于各部位，特别适用于大面积作业，船舶涂装主要采用喷涂的方法。此外还有用于特殊舾装件的浸涂、淋涂等方式。

五、对涂层寿命的影响因素

钢材表面采用涂层保护后，其保护寿命与许多因素有关，表9.3为各种因素对涂层寿命影响的统计分析结果。

表9.3　各种因素对涂层寿命的影响

影响因素	影响程度/%	影响因素	影响程度/%
表面处理质量	49.5	涂料种类	4.9
膜厚（涂层道数）	19.1	其他因素	26.5

可见，涂装前钢材表面处理的质量是影响涂层保护性能最主要的因素。

第二节　船舶涂装及作业方式

一、船舶各主要部位对涂料的要求

由表9.1可知，船舶的各部位处于不同的腐蚀环境之中，其锈蚀原因及特征各异，亦遭受外界不同的作用，因此，对涂料的保护性能要求也各不相同。

1. 船体外部对涂料的要求

主要分为船底区、水线区、大气曝露区，各部位对涂料的要求如下：

(1)船底区

为船体外部轻载水线以下的表面。船底区长期浸泡于海水之中，受到海水的电化学腐蚀和海水的冲刷作用,当船舶停泊于海港时,还会受到海生物污损的威胁。此外,船舶通常还采用牺牲阳极或外加电流方式进行阴极保护,整个船体水下区域将成为阴极,会因过量的 OH^- 离子呈现碱性。因此,船底区所用的涂料必须具有良好的耐水性、耐碱性、耐磨性,其外层涂料还应具有防止海生物附着的防污性。船底涂层通常由耐水性强的防蚀漆和能毒杀海洋生物的防污漆构成,涂层干膜厚度应大于 250 μm。

(2)水线区

为船体轻载水线以上,满载水线以下的外表面。水线区常处于海水浸泡、冲刷以及日光曝晒的干湿交替状态,即处于飞溅区这一特殊腐蚀环境,因此,使用于水线部位的涂料必须具有良好的耐水性、耐候性、耐干湿交替性,涂层应具有良好的机械强度、耐摩擦和耐冲击,当船舶采用阴极保护时还要求涂料有良好的耐碱性。水线区涂层通常由耐水性强的防蚀漆和漆膜机械性能良好的水线漆构成,涂层干膜厚度应大于 180 μm。

(3)大气曝露区

船舶的干舷、上层建筑外部、露天甲板与甲板舾装件等处于海洋大气曝露区,这些部位长年累月地处于含盐的潮湿的海洋大气之中,又经常受到日光暴晒,有时还受到海浪冲击,因此,要求涂料有优良的防锈性、耐候性、抗冲击与摩擦性能。由于上述部位属于船舶外观上的主要部位,对其面层涂料还需要有良好的保色性和保光性。

外舷部涂层由耐水性较好的防锈漆和颜色、光泽都较好的船壳漆构成,干膜总厚度应大于 150 μm。

甲板部由于行走和操作频繁,漆膜磨损比较严重,同时还常年遭受日晒雨淋,所以甲板部的涂料应具有很好的防滑性和耐磨性,较好的耐水性和耐候性。甲板部涂层通常由防锈漆和甲板漆构成,干膜总厚度应大于 150 μm。

上层建筑外部由于经常受紫外线照射和盐雾的侵蚀,所以要求涂料具有较强的耐候性、耐久性和耐盐性。并具有良好的颜色和光泽,其涂层由防锈漆和桅杆漆构成。

综上可知,主船体外表面(船底部、水线部、外舷部)各部位涂层构成如图 9.3 所示。图中最内侧一道是残留在钢材表面的车间保养底漆。

2. 船体内部舱室对涂料的要求

主要分为液舱、机舱、泵舱、货舱以及各类房舱,各舱室对涂料的要求应根据实际用途而异,如货舱的涂料要耐磨;油舱的涂料要耐油;压载水舱的涂料要防蚀等。船舱的涂层通常由防锈漆和船舱漆构成。各舱对涂料的具体要求如下:

(1)液舱

船舶内部的液舱主要有压载水舱、饮水舱、燃油舱、滑油舱和油船的货油舱等。不同的液舱应采用不同的涂料。

压载水舱长期处于海水压载和空载的干湿交替状态,环境湿热、盐分高、密不通风、条件相当恶劣,而且维修十分困难,要求涂料有优良的耐水、耐盐雾、耐干湿交替和卓越的抗腐蚀性能。

饮水舱(包括淡水舱)长期存放饮淡水,要求涂料有良好的耐水性。由于饮水直接关系到人体的健康,故饮水舱涂料必须绝对保证无毒且不会污染水质,为此,必须经有关卫生部门的认可。

燃油舱、滑油舱长期存放燃滑油,一般不易受到腐蚀,故可以不涂装,但在投油封舱以前必须清洁表面,涂以相应的油类保护。为减轻封舱前的表面清理工作,往往在分段阶段,燃滑油舱表面经二次除锈以后以石油树脂漆或车间底漆保护。循环滑油舱为确保滑油的品质，常采用环氧树脂类耐油涂料进行保护。

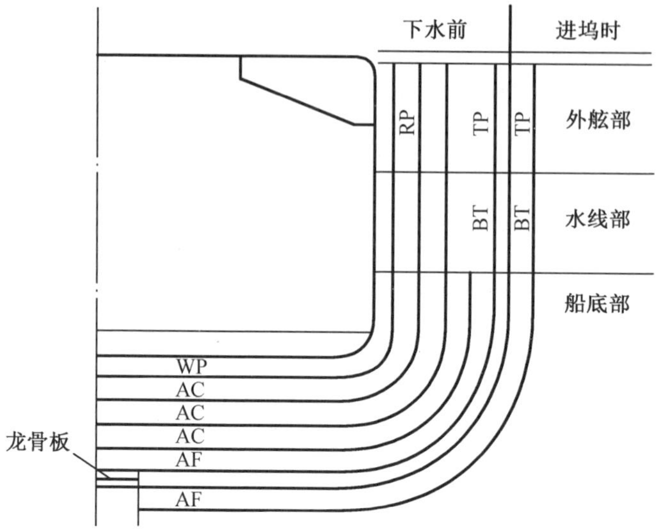

WP(或SP)—车间保养底漆；AC—防蚀漆；AF—防污漆；RP—防锈漆；TP—船壳漆；BT—水线漆。

图9.3　主船体外表面涂层

油船的货油舱一般要经受(装载)油和海水(压载)交替装载，因此，保护涂料既要有良好的耐油性，又要有优良的耐水性和耐交替装载的性能。

(2)机舱、泵舱

机舱、泵舱为船舶主要工作场所，室内温度较一般舱室内部温度高。

机、泵舱的舱顶、舱壁涂料要求不易燃烧，且一旦燃烧时也不会放出过量的烟雾。机、泵舱底部经常积聚油和水，因此，要求涂料有良好的耐油性和耐水性。

(3)房舱

房舱内装饰一般已不采用涂料，但在绝缘层下和里子板内部仍需涂装防锈涂料。有些工作舱室、贮藏室、卫生处所则需要用涂料保护和装饰。

用于房舱内的涂料应有良好的防锈性能，表面涂料应具良好的装饰性。为了防火安全，涂料应不易燃烧，且一旦燃烧时也不会放出过量的烟雾。

3.舾装件的涂装要求

船舶舾装中的管子、箱柜和各种舾装钢结构等都要进行除锈、清理和涂漆等涂装作业，且品种众多，涂装要求各异。

针对舾装件种类繁多，涂装复杂，CB/T3798《船舶钢质舾装件涂装要求》中已做出了详细规定。如各种箱柜、基座、格栅、支架、吊架、金属门窗盖梯、踏步、栏杆扶手等品种众多的舾装钢结构件，这些零部件的除锈应根据其材料、规格、所在部位以及功能要求等选用不同的除锈方法，且喷涂的底漆也要满足其使用功能要求以及安装部位的油漆配套要求；又如船舶的管系，种类很多，功能各异，其涂漆要求也各不相同，应根据按生产设计提供的除锈与底漆涂装要求分类清单进行施工。

二、船舶涂装工艺阶段及区域涂装

作为壳舾涂一体化现代造船模式的重要组成部分,船舶涂装与船体建造和舾装有着不可分割的联系。船舶涂装作业方式应与船体制造中的分段建造法和船舶舾装中的区域舾装法相协调。

1. 涂装工艺阶段

船舶涂装作业有钢材预处理、分段涂装、船上涂装和完工涂装等制造级,如图9.4所示。

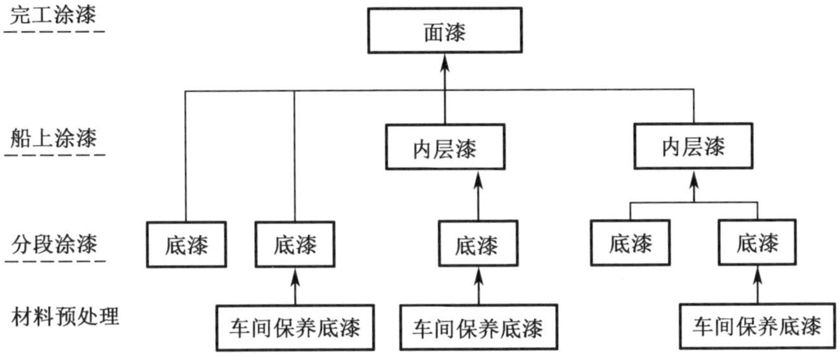

图9.4　涂装工艺阶段及流程

按照区域造船的要求,船体涂装施工阶段的大致划分见表9.4。

表9.4　船体涂装施工阶段的划分

阶段	名称	主要作业内容	作业场所及条件
第一阶段	钢材预处理	(1)钢材表面一次清理; (2)涂覆车间保养底漆	在抛丸流水线上完成
第二阶段	分段及总段涂装	(1)不同部位按不同标准进行船体表面的二次清理; (2)按涂装规格表的要求涂装规定的涂层; (3)在船台(坞)合拢前由分段总组成的总段,对焊缝区域及涂层破损部位进行清理和涂装	(1)完成完整的船体分段及分段内预舾装后,通常移至涂装工场内进行喷射处理和涂装; (2)总段涂装通常在施工现场进行
第三阶段	船台(坞)涂装及跟踪补涂	(1)对大接缝区域及部分涂层破损处进行清理和补涂; (2)对已经涂装的涂层表面进行清洁; (3)按涂装规格表要求涂装规定的涂层,完成下水前所有的涂装作业	甲板和船壳外部均在露天条件下进行
第四阶段	码头涂装(完工涂装)	(1)对涂层局部破损处进行清理和补涂; (2)按涂装规格表要求完成最后涂层的涂装; (3)成品油船的货油舱完成整体涂装	成品油船货油舱的涂装必须在特定的施工条件下进行

(1)钢材表面处理

船体涂装防护的最重要基础就是钢材的表面清理。钢材表面的处理质量对涂层防护效果的影响极大(约占50%)。所谓钢材表面处理,俗称除锈,它不仅指除去钢材表面的铁锈,而且还包括除去覆盖在钢材表面的氧化皮、旧涂层以及沾污的油脂、焊渣、灰尘等污物。反映钢材表面处理质量的指标主要有表面清洁度和表面粗糙度两个方面。表面清洁度是衡量清除氧化皮、锈斑和其他污物的程度,是表面清理的主要指标。表面粗糙度是反映钢材表面清理后的粗糙程度,是底漆对钢材附着力的主要指标。钢材表面粗糙度由原始粗糙度和二次粗糙度组成。化学除锈(如酸洗)仅保留原始粗糙度,机械除锈则产生二次粗糙度。钢材表面应具有必要的粗糙度,以保证和提高涂层的附着力。钢材表面适宜的粗糙度是40~75 μm,小于30 μm或大于100 μm时效果不佳。过小的粗糙度将显著降低涂层附着力,过大的粗糙度则会增加不必要的涂料消耗量。

在现代造船中,船舶涂装前的钢材表面处理一般分两个阶段进行:一是钢材进厂后,加工前先进行处理,以机械方法或化学方法除去钢材表面的氧化皮和锈蚀及其他污物,涂上车间保养底漆,以保护钢材在加工过程中不继续受到腐蚀,这一阶段的钢材表面处理我们称之为钢材表面预处理(也称钢材表面的一次处理),有关内容已在第四章第二节中讨论。车间保养底漆的漆膜厚度一般为10~15 μm,其保养期可达10~12个月。另一阶段的处理则是在钢材加工成分段或总段进而合拢成船舶整体时,为进行下一步的涂装作业而再次进行的船体表面清理,包括清除车间保养底漆(或其他涂层)的损坏部分和生成的新锈;清除在加工、装配、焊接等施工过程中出现的钢材表面缺陷,以及表面的各种污物,这一阶段的清理作业称为船体表面的二次清理(简称二次除锈)。

由此可见,钢材的表面清理,包括了两个方面的作业内容:一是表面处理,使之达到符合规定要求的清洁度和粗糙度等级;二是表面清洁,按规定要求清除表面的各类污物。

(2)分段涂装

预处理后的钢材经构件加工和结构预装焊而制作成分段后,钢结构表面不可避免地会产生锌盐、铁锈以及油污、水分等,所以需要进行二次除锈,然后再根据分段各部位的不同要求进行底漆喷涂。对分段的二次除锈和底漆喷涂作业统称为分段涂装。

为了控制涂装作业的环境条件,保证涂装质量,分段涂装宜采用室内作业。一般应在专用的分段喷丸房内采用喷丸处锈法进行分段的二次除锈作业,分段除锈并清洁后应立即喷涂底漆。为了保证漆膜厚度,对分段结构的边缘以及涂装死角处,在喷涂底漆前,应先用手工涂刷的方式进行预涂。

有时由于各种条件的限制,不得不在外场平台上进行分段涂装作业,这时分段除锈多采用风动工具,底漆喷涂则采用便携式无气喷漆设备。对后续现场分段涂装破损的部位一般采用风动工具除锈、手工涂刷的方式进行跟踪补涂作业。

(3)船上涂装

船舶下水前在船台(坞)和下水后在码头边的涂装作业统称为船上涂装。船上涂装作业主要包括:

①船体大接缝处的除锈、清理、补漆和船体外表面各部位内层漆和面漆的喷涂等,为船台(坞)上的涂装作业。

②船体内部的油舱、水舱等液舱以及货舱等,若无后期舾装工作,则可在船台(坞)上完成涂装作业。

③船体甲板的涂装作业，因船上舾装作业容易磨损漆膜，一般留至码头舾装后期进行涂装。

(4)完工涂装

交船前的涂装作业称为完工涂装。一般在船舶航行试验结束到签字交船之前这一段时间内完成。完工涂装作业包括：

①上层建筑外围壁、甲板、甲板机械等表面的清理和补漆。

②船体外表面最后一道面漆的喷涂。其作业程序是：首先用清水冲洗船底部，除去盐分和泥土，干燥后先进行补漆，然后再喷涂最后一道面漆（水线以下还有防污漆）。通常在船坞内进行。

2. 船舶区域涂装

区域造船是以“壳舾涂一体化”为主要特征的现代造船模式的重要基础技术，而区域涂装则是区域造船的重要组成部分。所谓区域涂装是指在设计阶段就严格规定涂装的区域和阶段，使涂装成为贯穿所有制造级的作业过程，从而达到提高涂装质量，并消除不同工种的相互干扰。其目的：一是将涂装作业由仰位变为俯位或竖位，最大限度地减少脚手架；二是创造安全的作业环境；三是均衡建造过程中的涂装作业负荷。

船舶区域涂装的关键在于作业的协调、涂装作业的设计以及规范涂装作业。船舶不同区域的涂装，其表面处理要求、涂料特点、涂装工艺要求以及质量要求有所不同，且在不同的工艺阶段，因其涂装作业范围不同，所以涂装作业方式也不同。因此，应结合船体的制造阶段以及不同区域的涂装要求，将涂装作业按分段制造、船台（坞）总装、码头试验交船等阶段按区域涂装的要求合理安排其中。此外，还应不断提高涂装设备的自动化和智能化，以提高涂装效率和质量，如使用六轴自由度的机械手进行涂装作业、用于敞开分段或船体外板的各种涂料作业移动智能装置以及能自行移动的智能型涂装设备等。

为了实现壳舾涂有机结合，低耗、优质、快速造船，以及为有效实施区域涂装，应从以下几方面着手：

(1)完善和深化涂装设计。涂装设计应从船舶合同设计阶段开始同步进行，并在船体生产设计和舾装生产设计的同时深化涂装生产设计，使船体从分段划分、结构位置到临时开孔等设置，使舾装从预舾装率的确定到每个舾装件的位置，都能为涂装施工及保证涂装质量提供尽可能的有利条件。

(2)改进生产管理体制。可考虑建立专业的涂装设计与施工机构（如涂装中心），进而成为专业的涂装公司，以更有利于促进涂装管理的专业化、科学化；有利于提高涂装生产效率和涂装质量。

(3)推进涂装作业的统一化、标准化、简易化。现阶段应首先实现车间保养底漆的通用化，建立涂装标准化体系，并进而推行船舶涂装配套的标准化。同时，应逐步减少选用涂料的品种，并采用施工要求较低的新涂料品种，如通用型底漆和低表面处理要求底漆等。

(4)进一步开发计算机辅助涂装设计和涂装管理，为提高涂装质量、提高生产效率、缩短造船周期提供有力的技术手段。

(5)建立与区域涂装相适应的涂装设施。除完善钢材预处理流水线外，最重要的是要建立设施完善的涂装工场，彻底改变分段分散涂装、露天涂装的状态。

(6)强化生产计划管理，确保涂装作业纳入生产的规定环节，确保涂装作业严格按照生产计划进行。

3. 船舶涂装设计

船舶涂装设计是船舶设计的重要组成部分，在船舶设计的各阶段应同步进行，一般分为合同设计、详细设计和生产设计。船舶涂装设计的基本范围应包括：

(1)设定原材料的一次清理和结构表面二次清理的要求；

(2)确定船体各部位的涂层配套方案；

(3)制定合理的涂装工艺程序和施工方法。

船体涂装设计的任务，就是要通过上述范围内的工作，满足船东对船舶涂装的需要，获得对船体表面的最佳保护。尤其是涂装生产设计，在涂装详细设计的基础上，经与船体、船装、机装、电装等专业的设计进行协调后，将船舶涂装的技术要求、工艺措施、管理方法、安全技术等融为一体，按单元或区域作业的要求编绘相应的图纸和文件，作为涂装作业的依据。现今，计算机辅助涂装设计已成为涂装设计的主要手段。

三、船舶涂装的质量管理

船舶涂装的质量要求，主要有三部分构成：

一是船体表面一次清理(原材料预处理)、二次清理的质量标准以及对结构边缘处理、结构表面缺陷处理和涂装前结构表面清洁的有关要求等；

二是涂层涂装质量的标准与规定，如涂装规格、膜厚以及对涂层外观和涂层缺陷修整的有关要求等，其中涂装规格和膜厚由涂装设计决定；

三是为保证以上两部分质量要求而制定的技术条件、工艺要求或特别规定，如涂料性能、露点管理。

1. 对钢材表面处理质量的评定

钢材表面处理的质量控制是确保涂层保护性能最关键的环节。钢材表面清洁度质量标准见表 9.5。

表 9.5　钢材表面清洁度质量标准

清理方法	清理等级		清理特征	质量标准
喷射清理	CB 3 级 (清扫级)	瑞典标准 Sa1	轻度的喷射或抛射处理	应无可见的油脂和污垢，且无附着不牢的氧化皮、铁锈和旧涂层等附着物
	CB 2 级 (工业级)	瑞典标准 Sa2	彻底的喷射或抛射处理	应无可见的油脂和污垢，且已基本清除氧化皮、铁锈和旧涂层等附着物，其残留物应牢固附着，残留物面积不超过 40%
	CB 1 级 (接近出白级)	瑞典标准 Sa2.5	非常彻底的喷射或抛射处理	应无可见的油脂、污垢、氧化皮、铁锈和旧涂层等附着物，任何残留的痕迹应仅是点状或条纹状的轻微色斑，残留物面积不超过 10%
	— (出白级)	瑞典标准 Sa3	使钢材表面洁净的喷射或抛射处理	应无可见的油脂、污垢，氧化皮、铁锈和旧涂层等附着物，该表面应具有均匀的金属色泽

表 9.5(续)

清理方法	清理等级		清理特征	质量标准
手工和动力工具清理		St2	彻底的手工和动力工具处理	应无可见的油脂和污垢,且无附着不牢的氧化皮、铁锈和旧涂层等附着物
		St3	非常彻底的手工和动力工具处理	应无可见的油脂和污垢,且无附着不牢的氧化皮、铁锈和旧涂层等附着物,应比 St2 更为彻底,以使底材显露部分的表面具有金属光泽

我国国家标准规定,钢材表面的锈蚀等级和清理质量等级以其目视外观来表达。评定时可与相应的照片进行目视比较。评定时应考虑到钢材种类、使用磨料以及照明条件等因素的影响。

目前尚无精确测定表面粗糙度的方法。我国国家标准和国际标准均采用与表面粗糙度基准比较样块以直观或触摸方式进行比较,以此判断经喷射清理过的表面粗糙度,即比较样块法,图 9.5 所示的是评定粗糙度的比较样块。此外还可采用触针法来评定粗糙度,如采用带有探针和千分表的粗糙度测量仪等进行测量,简便实用。

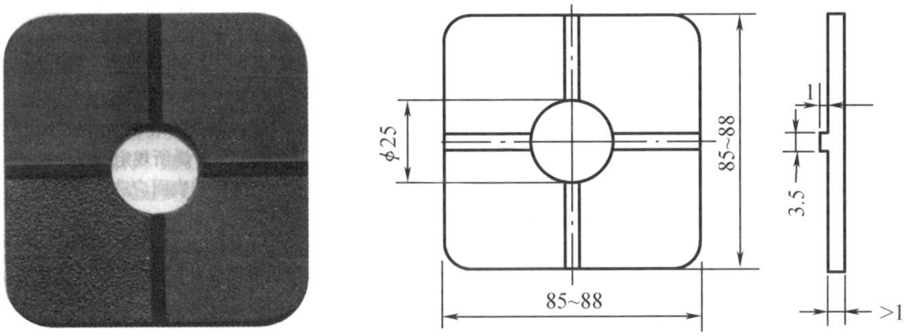

图 9.5 评定粗糙度的比较样块

评定船舶二次除锈质量的标准与二次除锈的方式有关。通常,采用喷射磨料方式进行二次除锈时,其质量评定标准与一次除锈(即原材料除锈)质量评定标准通用,而采用动力工具打磨或其他手工方式进行二次除锈时应采用二次除锈质量评定标准。

(1)对以喷射磨料方式进行二次除锈的,钢材表面预处理后,其表面清洁度要求达到 GB/T8923“涂装前钢材表面锈蚀等级和除锈等级”或 ISO 8501—1:2007 规定的 Sa2.5 级;表面粗糙度要求达到 GB/T 13288“涂装前钢材表面粗糙度等级的评定(比较样块法)”或 ISO8503 规定的“中级”,即 40 ~ 70 μm。

(2)对以动力工具打磨或其他手工方式进行二次除锈的,应按 CB */T 3230“船体二次除锈评定等级”中的相关规定。

由于船舶各部位处于不同的腐蚀环境,其所采用的涂料也各不相同。因此,船舶不同部位的二次除锈,其质量要求也各不相同。一般来说,处于腐蚀环境恶劣的部位(如外板、压载水舱等)和采用涂料性能高(如环氧树脂涂料、环氧沥青涂料、无机锌涂料等)的部位,对二次除锈的质量要求就比较高，反之较低。关于船舶各部位二次除锈质量等级要求，在中华人民共和国船舶行业标准《船舶除锈涂装质量验收技术要求》(CB/T 3513)中按特定处所和非特定处所分别做出了相关规定。

2. 对涂装环境的要求

船舶涂装的环境条件对涂层的保护性能有着重要的影响。这里的环境条件主要指涂装施工时的温度、湿度以及为方便作业所提供的辅助条件等。

(1)对湿度的要求及露点管理

湿度是指大气中所含水蒸气的量，通常以相对湿度来表达。对湿度的要求是涂装施工的首要条件。在超过规定的湿度环境下施工，不能保证涂装质量。船舶涂装对于作业环境相对湿度的要求，一般规定为不超过85%。

在船舶涂装中，特别是在船舶特定处所以及成品油船货油舱的涂装中，还采用“露点管理”的方法来反映和控制相对湿度。所谓“露点”，是指在该环境的温度和相对湿度条件下，由于相对湿度随着空气温度的降低而不断提高，直至相对湿度达到100%，钢材表面发生结露现象，此时的温度即称为该环境条件下的露点。相对湿度越小(即越干燥)的空气，此时的温度与露点的差距就越大。通常，85%相对湿度的空气，其露点比空气温度低2～3 ℃，这时，钢材表面一般不会产生水气凝聚，涂装质量可以得到基本保证。所谓“露点管理”，就是要判别被涂表面温度与露点间的差值，以确定能否进行涂装。只要被涂表面的温度比露点高3 ℃以上时，即可确认表面干燥，可以进行涂装。当被涂表面温度与露点接近，或不满3 ℃时，应该通过环境空气的“去湿”或提高被涂表面的温度来达到扩大被涂表面温度与露点之间的差距，以确保被涂表面干燥。

由此可见，露点管理的目的，就是通过测得被涂表面温度与露点的差值，决定是否需要采取相应措施降低涂装环境的相对湿度。露点管理方法更适用于被涂表面温度与气温不一致的涂装环境，如在水上环境中成品油船货油舱的整体涂装。

(2)对温度的要求

不管是哪种类型的涂料，温度对涂料固化速度和涂料黏度都有较大影响，因而将影响施工效率和涂装质量。一般认为钢材表面温度大于40 ℃，涂装效果是不理想的。为此，涂装作业不宜在烈日下直射、气温超过40 ℃，或在严寒季节、气温低于-10 ℃的环境下进行。涂装的适宜气温为5～30 ℃。超过30 ℃时，应加强通风；低于5 ℃时，应保持充分的涂装间隔时间。

3. 膜厚管理

涂层膜厚管理是船舶涂装质量管理最重要的环节之一。

(1)膜厚管理的含义

所谓“膜厚管理”，是指对涂装施工中的涂层厚度进行控制和对施工后的膜厚进行计测、分析、判别、处理和质量反馈的过程。膜厚管理有两个方面：湿膜管理和干膜管理。湿膜膜厚管理是指在涂装作业过程中，视需要随时测定膜厚，以便及时调整喷涂量，取得均匀的涂层。干膜膜厚管理是指涂装作业完成某一阶段后测定干燥后的涂层厚度，发现问题，及时修补。

膜厚管理的实质是控制涂层厚度。其目的是使船体各部位涂层的厚度达到涂装规格表所规定的标准膜厚，既可以保证涂装质量，同时又避免涂层超厚所造成的浪费。所谓标准膜厚是指为达到涂料本身的物理性能和附着性能以获得规定防护效果所必需的膜厚，由涂装规格表规定，故又称“规定膜厚”或“设计膜厚”。

(2)膜厚的测定、分布与控制

标准膜厚一般用于衡量干膜厚度，故也称“名义干膜厚度”，以 DFT 表示。通常用名义总干膜厚度(NDFT)来表达涂层系统设计中的涂层膜厚要求。标准膜厚并不表明涂装后的任何一处表面的干膜厚度均要达到或超过这一数值。这是因为在实际施工中，船体涂装表面的膜厚不可能完全均匀一致。判断膜厚是否达到规定要求，则应根据干膜厚度测定值的分布状态分析认定。这在《船舶涂装膜厚检测要求》CB/T 3718 和相关国际标准(ISO)中对此做出了两种规定，即“85/15”规则和“90/10”规则。“85/15”规则是指在规定的检测点中，有不少于 85% 的检测点的干膜厚度不小于 NDFT，其余 15% 检测点的干膜厚度不小于 85% × NDFT；“90/10”规则是指在规定的检测点中，有不少于 90% 的检测点的干膜厚度不小于 NDFT，其余 10% 检测点的干膜厚度不小于 90% × NDFT。

以上两种标准适用于船舶不同部位的涂装要求。按《中国造船质量标准》(GB/T 34000－2016)要求，各类船舶一般都应满足“85/15”规则；对成品油船货油舱涂层，则须满足“90/10”规则。而“PSPC”则增加了对船舶特定部位的要求。

每种涂料，相对于一定的干膜厚度均有相应的湿膜厚度。为使完工后的干膜厚度既符合规定膜厚，又不致超厚过多，应在涂装时控制湿膜厚度。湿膜厚度的控制方法有两种：一是以定量的涂料用于一定面积的被涂表面；二是现场检测。在施工过程中可用湿膜厚度计边检测、边施工，随时调整湿膜厚度。

干膜厚度的检测需在涂层完全干燥后，用干膜测厚仪进行，检测时，应注意检测点分布的均匀性和代表性。其检测点的数量，一般规定如下：

①车间保养底漆的检测，每周检查测定一张钢板，每张钢板测定 3 个点，特殊需要时由涂料商代表决定增减。

②外板、甲板等平整部位的涂层：每 20～30 m^2 测定 1 个点。

③结构复杂表面(如液舱内部、双层底内)的涂层：每 10 m^2 左右测定 1 个点，且应在构架表面两侧有足够的检测点。

④狭小舱室、小型液柜等面积较小的区域，每面不少于 3 个点。

⑤离结构自由边 15 mm 左右、焊缝接口处以及其他不能或不易测量的部位，不要求测定膜厚。

⑥船舶特定处所的检测点数量，由涂装规格表或质量检验文件专门规定。成品油船货油舱内部的检测点，按相关工艺要求。

4. 漆膜连接部分的处理要求

对各道漆膜的连接部分或边缘或修补的处理方式，如图 9.6 所示。一是在每道喷涂时，依次留出 150 mm 间隔，以便能准确区分各层涂料；二是为使各涂层进行良好连接，各道漆膜还应打磨出适当的斜度；三是在对涂层修补涂装时，应对涂层缺陷部位按要求进行适当的二次清理，所用涂料的品种、层数、每层的膜厚，都应与周边涂层相一致，并按顺序涂装，同时应注意修补区域的涂层与周边涂层平顺相接，叠加处要注意平滑，避免高低不平。

5. 对结构辅助涂装的要求

结构的辅助涂装，主要有局部预涂和跟踪补涂两类。辅助涂装虽是在船体主要涂装阶段之间进行的对局部结构部位的辅助性作业，但对保证全面涂装质量起着重要的作用。

(1)对结构预涂的要求

预涂是指对船体重要区域的结构边缘、焊缝和形状复杂不易喷涂或喷涂达不到规定膜厚的部位，在正式涂装前所进行的预先涂刷额外附加涂层的作业，其目的是保证该部位良好的涂料附着力和合适的涂层厚度。预涂通常为1道，某些特定处所则按规定需要1~2道(如PSPC标准)。

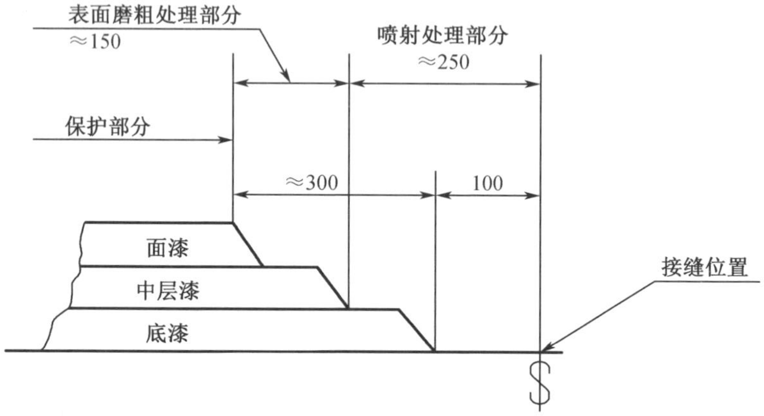

图9.6　漆膜连接部分的处理要求

(2)对结构跟踪补涂的要求

跟踪补涂是指在主要涂装阶段之间，与船体制造同步进行地对结构自由边缘和局部破损涂层所做的打磨、清理及修补作业，其目的是减少二次清理的工作量和提高全面涂装的质量。跟踪补涂按其作业的场所和时间，大致可分四个阶段，各阶段对跟踪补涂的要求见表9.6。

表9.6　对跟踪补涂的要求

作业阶段	作业场所	作业对象	作业要求
船体零件加工后至中组立前	在车间平台上进行	结构切割孔、自由边缘、焊缝处及车间保养底漆破损部分	打磨，补涂原预处理使用的车间保养底漆，也可采用与原车间保养底漆性能相似的单组分涂料
船体分段涂装前	在分段制造场所进行	焊缝处及结构缺陷处	
船台合拢期间	船台(坞)	大接缝、密性试验焊缝、吊环马脚及涂层破损部分	打磨、修补、清理及补涂，补涂的涂料品种、层次和膜厚，应与连接部位一致
下水后至交船前	码头	(1)临时固定件马脚(如脚手架眼板等)和涂层破损部位； (2)居住舱室等表面	打磨、修补、清理和补涂

6. 对涂层表面质量的要求

对于船舶涂装而言，涂层的外观状况也是一个很重要的质量指标。其表面质量要求见表9.7。

表9.7　对涂层表面质量的要求

涂装部位	对涂层表面质量要求
装饰要求较高的部位（上层建筑外表面、驾驶室、客舱、室内通道的外露表面等）	(1)表面无漏涂、气孔、裂纹以及较明显的流挂、刷痕和起皱； (2)面漆颜色和规定颜色一致； (3)表面无干喷雾颗粒
一般装饰要求的表面（船体外板、露天甲板、机舱、储物舱等）	(1)表面无漏涂、气孔、裂纹以及明显的流挂和起皱； (2)面漆颜色和规定颜色无明显差异
无装饰要求的表面（货舱、液舱、空舱、隔离舱等）	(1)表面无漏涂、气孔、裂纹； (2)允许有不严重的流挂或起皱

7. 船舶涂装的质量检验

(1)质量检验内容

①原材料预处理（一次清理）质量检验内容，包括表面清洁度；表面粗糙度；底漆相符性；漆膜厚度。

②涂装施工阶段检验内容，包括表面二次清理质量；各层涂料的型号、配套与涂料说明书的相符性；膜厚及涂层质量。

③涂装完工检验内容，包括全船涂装与涂装规格表的相符性；膜厚及涂层质量；外观质量；涂层表面清洁情况；特殊部位及特定舱室涂装质量的专门检查。

(2)检验程序，如图9.7所示

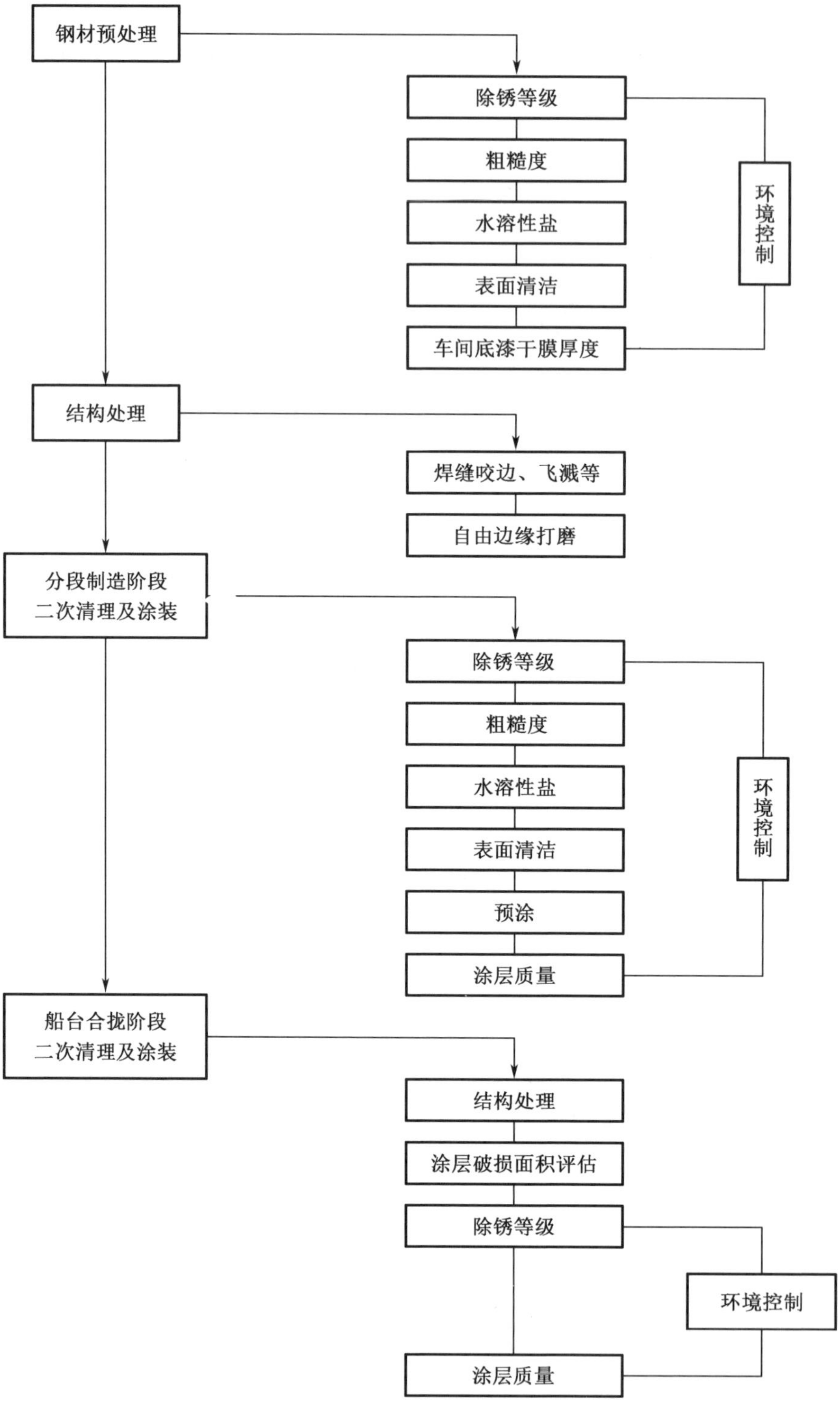
钢材预处理
除锈等级
粗糙度
水溶性盐
表面清洁
车间底漆干膜厚度
环境控制
结构处理
焊缝咬边、飞溅等
自由边缘打磨
分段制造阶段
二次清理及涂装
除锈等级
粗糙度
水溶性盐
表面清洁
预涂
涂层质量
环境控制
船台合拢阶段
二次清理及涂装
结构处理
涂层破损面积评估
除锈等级
环境控制
涂层质量

图 9.7　涂装检验程序

第三节　二次除锈

建造船舶的钢材在原材料表面处理并涂上车间保养底漆以后，将经过划线、切割、加工、装配等阶段，最后组装成分段。通常，分段在总组成总段和上船台（坞）以前应该进行涂装。

经过预处理的钢材组成分段后，总有一部分钢材表面的车间保养底漆由于焊接、切割、机械碰撞或因自然原因受到破坏，导致钢材表面重新锈蚀。分段、总段合拢后，在区域涂装阶段，也总有一部分分段、总段上涂装好的涂层，由于上述同样的原因遭到破坏而发生重新锈蚀。因此，分段涂装也好，区域涂装也好，都有一个再次进行表面处理的任务。这相对于原材料预处理来说是再一次除锈，这在造船涂装工程中称之为"二次除锈"，其目的是有效地保证涂装质量，保证涂层的使用寿命。为此，船东和船级社均对二次除锈规定了严格的要求，同时二次除锈也包含了后一道涂层施工时对前一道涂层表面的要求。

1. 二次除锈的方式

在现代造船中，低效落后的手工工具铲刮的除锈方式已趋淘汰，只是在修船除锈中还被局部保留着。新造船的二次除锈通常采用喷射磨料（喷丸或喷砂）处理和动力工具打磨处理两种方式。

喷射磨料处理方式的效率高、质量好，但需要一整套设备。而动力工具打磨处理方式，则具有工具轻巧、灵活方便、应变能力强等特点，但处理速度较喷射磨料处理为低，处理后表面粗糙度较小，不适合一些特殊的高性能涂料的施工。因此，船厂需根据船舶涂层配套的特点和工厂设备劳力负荷的实际情况统一平衡，将两种除锈方式有机结合，相互补充，做到质量、周期、效益统筹兼顾。

（1）喷射磨料处理

喷射磨料处理通常分为喷丸处理和喷砂处理两类。喷丸处理的磨料一般为钢丸、铁丸、钢丝段、棱角钢砂等。喷砂处理的磨料有河砂、石英砂、熔铜矿渣砂（俗称铜砂矿）等。由于喷石英砂易使操作工人患上硅肺病，故一般都禁止使用。

喷丸处理一般都在磨料能够回收的喷丸房内进行，故适合于分段的二次除锈。喷砂处理的磨料大多不回收，因此可在室内进行分段二次除锈，也可在室外现场进行区域涂装前的二次除锈。成品油船货油舱的特殊涂装工程，均采用舱内喷砂处理。喷丸处理和喷砂处理采用的设备都一样，两者的区别仅在于使用的磨料不同。

（2）动力工具打磨处理

动力工具打磨处理，是指采用各种风动或电动的除锈工具，依靠动力电动机高速旋转或往复运动带动打磨器具（砂轮、砂纸盘、钢丝刷盘、气铲等）磨削或打击需要涂装的表面，达到清除铁锈及其他杂物的一种机械清理方式。

动力工具体积较小，质量较轻，便于个人携带和操作，应变能力较强。与陈旧的手工工具敲铲除锈质量相比，动力工具打磨处理具有除锈质量好，生产效率高的优点。然而，这种除锈方式毕竟属于人工操作的半机械化作业，比喷射磨料处理的生产效率低、除锈质量差、表面粗糙度小，所以受到一定的限制，特别是对于一些特殊高性能涂料，动力工具打磨处理不能适合涂料对表面处理的质量要求。

动力工具的动力源有气动和电动两种。电动工具的能源供应方便，但在船厂为防止漏电引起触电事故，一般均使用气动工具。为有效发挥工具能力，压缩空气的压力应大于0.5 MPa。

(3)其他方式

除了喷射磨料处理和动力工具打磨处理两种主要方式以外，二次除锈还有许多其他方式，如真空喷丸(砂)处理、湿式喷砂处理、水(磨料)喷射处理。

真空喷丸(砂)处理是利用压缩空气引射，将真空室内空气抽去，使与真空室相连的吸丸管与喷枪锥形罩内产生负压差，从而将喷枪内喷出的磨料和除下的铁锈一起吸入真空器内。真空喷丸(砂)处理最大的优点是不污染环境，尤其是在船舶舾装阶段，一般喷砂处理不仅要影响其他工种的作业，而且对已经安装好的机械、仪表会带来损害，采用真空喷砂就无这些顾虑。但是，真空喷丸(砂)效率较低，对于凹凸不平的表面和角落则难以回收磨料和尘埃。

湿式喷砂处理是一种(二次)除锈的新技术，在磨料(砂)中添加一部分水，以全湿的磨料喷射到被处理的表面，可有效地除去氧化皮、锈蚀、旧涂层等。其优点是可大大减少喷砂现场的尘埃飞扬，有益于环境保护和操作者的健康。但湿式喷砂处理后，钢材表面呈潮湿状态，易产生返锈现象。

水(磨料)喷射处理也是一种(二次)除锈的新技术，是利用夹带磨料(砂)的水，在0.6～0.8 MPa的空气压力下喷射到被处理的表面，能有效地除去氧化皮、锈蚀、旧涂层等。其优点不仅可大大减少喷砂现场的尘埃飞扬，有益于环境保护和操作者的健康，还能避免磨料与金属打击时产生火花，有利于安全作业。此外，水(磨料)喷射处理时可同时除去被处理表面水溶性盐类，可分层除去质量劣化、附着力降低的涂层。水(磨料)喷射处理需专门配备设备，其表面处理的效率与湿式喷砂处理相仿。

2. 二次除锈的工艺要求

船舶二次除锈工作的重点部位在焊缝区和烧损区以及自然锈蚀区，此外还包括型钢反面以及角隅边缘等作业困难区域的除锈与清理工作。对处于腐蚀环境恶劣的部位(如外板、压载水舱等)和采用涂料性能高(如环氧树脂涂料、环氧沥青涂料、无机锌涂料等)的部位，对其二次除锈的质量要求也高。

二次除锈的质量与船舶涂装质量有着不可分割的密切关系，重视船舶涂装质量首先必须注意二次除锈的质量。对于船舶的二次除锈作业，必须要有适当的装备和严格合理的工艺要求，才能实现有关质量标准所规定的质量要求。关于船舶二次除锈作业时各部位的作业工具和具体的工艺要求，相关标准中的规定见表9.8。

表9.8　船舶二次除锈工艺要求

作业部位	一般要求
自然锈蚀区及机械损伤区	(1)除去锈蚀区及其周围20～25 mm范围的涂层与黄锈； (2)涂层膜厚大于50 μm时，上述区域周围25～30 mm范围的涂层，应形成坡度
焊缝区	(1)除去焊道两侧烧焦、起泡、变色的涂层及周围30～50 mm范围(底层已受热损坏)的涂层； (2)除去焊道表面及两侧的黑皮、黄锈

表 9.8(续)

作业部位	一般要求
涂层烧损区	(1)除去烧焦、起泡、变色的涂层及周围 30～50 mm(底层已受热损坏)的涂层; (2)涂层膜厚大于 50 μm 时,上述区域周围 25～30 mm 的涂层应形成坡度
车间保养底漆完好区	(1)轻度喷射或用动力工具轻度打磨,除去原车间保养底漆表面的白锈、锌盐等; (2)用适合的工具除去表面泥污、油污、盐分、水分、涂料标记等; (3)轻度打毛表面; (4)特殊部位根据有关涂料的技术要求处理
型材反面、角隅、边缘等作业困难区	尽可能除去表面黑皮及黄锈;对防腐蚀要求较高的部位应去除尖锐边缘

第四节　各阶段涂装技术要点

一、分段涂装要点

由于分段涂装具有明显的综合优势,故在"壳舾涂一体化"的造船模式中,分段涂装已成区域涂装的主体,是船舶涂装中最主要和最基本的一环。统计表明,在船舶涂装各工艺阶段中,包括二次除锈在内的分段涂装约占全船涂装工作量的 60% 以上。除了特种船舶的特殊部位(如成品油船的货油舱),船体的各个部位,在分段阶段都要进行部分或全部涂层的涂装。不管船体某一部位需涂装多少层涂料,其第一层,即与钢材直接接触的一层,都要在分段上进行涂装,因而船舶涂装质量的好坏,首先取决于分段涂装的质量高低。因此,在制订涂装原则工艺时,应最大限度地扩大分段涂装的范围,生产设计和船体制造都应为此创造有利的条件,尽可能地提高分段结构的完整性和分段内的预舾装率。

船体分段有平面分段和立体分段两大类。立体分段结构比较复杂,表面处理与涂装工作的难度亦高一些,应特别注意施工质量与安全。分段涂装作业的技术要点主要反映在以下几个方面。

(1)分段在结构完整性交验后即可进行分段的表面处理和涂装。随着生产设计的不断深化,分段涂装应在规定的分段预舾装工作完成后进行。

(2)分段涂装最好在室内涂装工场进行,可不受气候变化的影响。若船厂条件有限,则应在气候条件合适的情况下进行。

(3)分段涂装作业时应注意以下问题:

①分段的搁置,既要考虑造船工艺(装配、电焊、预舾装等)的需要,又要考虑涂装作业的需要,应尽量避免高空作业、顶向作业,应有利于表面处理(二次除锈)作业时的磨料清理,有利于人员进出和通风换气,必要时应增设工艺孔。分段露天作业时,应尽量避免周围污染源的影响和避免涂装作业时产生的粉尘、漆雾对周围可能产生的污染。

②分段涂装作业以前，要确认船体结构是否完整，焊接、火工校正、焊缝清理工作是否结束，特别是分舱标记、水线水尺等标记是否焊好，机电管系的预舾装工作是否完成等，以避免涂装结束后再进行上述工作而破坏涂层。

③分段涂装前，对分段的大接缝、尚未进行密性试验的焊缝以及不该涂漆的部位与构件（如外板或液舱内已装好的牺牲阳极、外加电流保护用的电板等），应用胶带或其他包覆材料进行遮蔽。

④分段涂装结束后，应在涂层充分干燥之后才能启运。对分段中非完全敞开的舱室，应测定溶剂气体的浓度，在确认达到规定的合格范围后才能启运。

⑤分段上船台（坞）前，与墩木相接触部位的涂层必须充分干燥。墩木处必须垫上一层耐溶剂性能好的保护薄膜，以免墩木擦伤涂层。

二、船上涂装要点

1. 船台（坞）涂装要点

船台（坞）涂装是指分段在船台（坞）上合拢以后直至船舶下水前这一过程中的涂装作业，属于船上涂装阶段范畴。该阶段涂装主要工作内容为分段间大接缝修补涂装、分段涂装后由于机械原因或焊接、火工原因引起的涂层损伤部位的修补，以及船舶下水前必须涂装到一定阶段或全部结束的部位涂装。建造进度与工作条件许可的话，可以对某些舾装工作完整性较好的舱室做完整性涂装。船台（坞）涂装作业时应特别注意以下问题：

（1）船台（坞）涂装为露天作业，要尽量利用好天气抓紧工作并严格做好环境的温度和湿度管理。

（2）分段间的大接缝以及分段阶段未做涂装的密性焊缝，应在密性试验结束以后进行修补涂装。

（3）修补区域的周围涂层要事先打磨成坡度，并按顺序涂装修补区域，且每层的膜厚要与周围涂层一致，叠加处要注意平滑，避免高低不平。

（4）如船舶下水后直到交船将不再进坞，则水线以下的部位（包括水线、水尺）应涂装完整。船底与船台（坞）墩木或支柱接触的部位要进行移墩，以保证这些部位涂层的完整。

（5）船体外板的脚手架、下水支架，往往有一部分焊在船体外板上，下水前需切割拆除，磨平焊脚，做好修补涂装。

（6）船体外板涂装时，对牺牲阳极、声呐探测器、螺旋桨、外加电流保护用的电极等不需涂装的部位，应做好遮蔽工作，避免被涂料沾污。

2. 码头涂装要点

码头涂装是船舶下水（出坞）后到交船前停靠在码头边的涂装。除了必须在坞内进行的涂装作业外，这个阶段应该对全船各个部位进行完整性涂装。码头涂装作业时需注意以下事项：

（1）为防止不同涂层叠加可能引起的渗色、咬底等，不同区域的涂层交界处应当按涂装生产设计规定的顺序进行叠接。

（2）液舱内涂层损伤部位需要在码头涂装阶段进行修补时，要采取必要措施（如通风、除湿）进行露点管理。机舱舱底涂层修补工作应在试车前结束。

（3）甲板的涂装，应尽量在接近交船期施工，并对完工后的涂层进行有效保护。

三、完工涂装要点

完工涂装是在船坞内进行，主要是对船体水线以下区域进行完整性涂装，也做一些码头舾装阶段来不及进行的涂装工作。船舶下水时因为离交船期还有一段较长的时间，船底防污漆一般不应涂装结束，故进坞时往往还需涂装2～3道防污漆。完工涂装作业时需注意以下事项：

(1)船舶下水后到进坞这一段时间，水线以下区域会受到水域内各种物质的污染。涂装前应先用高压水认真冲洗，除去污泥、杂物，若有油腻粘污，则应用溶剂擦净。有些水域含有较多的二氧化硫会导致下水前已涂装好的防污漆发黑，则应擦去发黑严重的部位。如船体表面有海生物附着，则应轻轻刮除，刮除时要避免损伤已有的涂层。

(2)船舶一进坞，就应将压载水放尽，否则在外板上会凝结水珠，影响涂装。

(3)与坞内墩木接触的部位，在整体涂层施工结束后，如涂层不足，原则上应做移墩处理，然后逐道修补涂装。但由于整体涂层刚刚施工完毕，涂层还不是十分坚硬，移墩可能会导致新的涂层压伤。避免坞内涂装时移墩的最好办法是在船舶下水前，将船底平底区的中心区域(坞墩密集区)的涂层施工完毕。

(4)外板艏部区域的涂层易被锚链擦伤，舯部区域则易被码头边楞木擦伤，这些擦伤部位常常产生锈蚀，进坞时要重新除锈、补漆。

(5)水线、水尺、船名、港籍名以及船壳外的各种标记应仔细刷涂，在出坞放水前应完全干燥。

(6)坞内涂装时，为防止舷旁排水孔流出的污水对涂装作业的影响，应设置适当的临时导水管导流，或以木栓塞住排水孔，直至涂装结束，涂膜完全干燥为止。

第五节　特种涂装技术

船舶的特殊涂装，通常是指成品油船的货油舱内的涂装。其特殊要求是由其装载对象决定的。这些装载对象，有的具有很强的溶解性和渗透性，有的具有很强的腐蚀性，有的则可被食用。另外，货油舱在空载时往往兼做压载舱，这样，货物和海水的交替装载是舱内的涂层处于十分严酷的腐蚀环境。因此，它们对涂层提出了很高的要求，必须具备以下性能：

①化学结构致密，能抵抗所装载对象的溶解、渗透和腐蚀，并且不会与所载货物发生反应和污染所装载的货物。

②具有优良的耐海水和耐货物/海水交替装载的性能。

③涂层沾上货物或其他污物后，易于清洗。此外，还应具有一定的耐热性，以抵抗货物的加热和热水清洗。

因此，用来作为成品油船货油舱的涂料应根据货油舱主要装载对象来确定。其涂装的具体要求已在CB/T 3367《成品油船货油舱涂装工艺技术要求》中做出了规定。其技术要点主要体现在以下几点：

①货油舱必须采用整体涂装模式。也就是说，货油舱不允许先进行分段涂装，合拢后再做修补涂装，而必须在货油舱结构完整后，整个舱室一起进行表面处理和涂装作业。

②货油舱舱壁和舱内结构必须采用喷砂的方式进行表面处理，需达到GB 8923标准规定的Sa2.5级。

③货油舱用的是双组份化学固化型涂料，其干燥受周围环境温度影响很大。此外，货油舱的涂装往往都是船体漂浮在水面的状态下进行，浸水的部位，其温度低于大气的温度，表面很容易发生结露。因此，需要对表面处理和涂装作业的施工环境进行露点管理。

1. 货油舱内特殊涂装

(1) 主要工艺程序及作业要点(表 9.9)

表 9.9　货油舱内的特殊涂装工艺及作业要点

主要工艺程序	作业要点	目的
钢材表面的前处理	·消除结构装焊中的各种缺陷，如焊接缺陷、结构校正等； ·货油舱内安装完整性检查	
开设临时的工艺孔	开设位置及复原工艺按生产设计要求	为提高排砂、通风换气等效率。
搭建脚手架	·因所有材料只能都从一个舱口进入舱内，应注意进入顺序； ·脚手架的形式按生产设计要求	
舾装件预特涂及包扎遮蔽		防止被污染
对离舱底 1.5 m 左右以上的舱壁和顶部进行喷砂作业	喷砂作业分两个阶段进行： 第一阶段对离舱底 1.5 m 左右以上的舱壁和顶部进行除锈； 第二阶段则对舱壁下部和舱底进行除锈	
吸砂、吸尘	用吸砂、吸尘装置吸除舱内的废砂与尘埃。	使作业面处于完全清洁状态
表面处理检查与修整	按瑞典标准的 Sa2.5 执行	清除氧化皮、锈迹和其他污物，残留物面积不超过 10%
对开孔、自由边缘、角隅等处进行预涂装	用毛刷进行预涂装	对难以喷涂和喷涂膜厚难以保证的部位采取的措施
对离舱底 1.5 m 左右以上的舱壁和顶部进行全面涂装	喷砂后的涂装作业分两个阶段进行。 第一阶段对离舱底 1.5 m 左右以上的舱壁和顶部进行涂装； 第二阶段则对舱壁下部和舱底进行涂装	
膜厚检测和修补	按标准要求进行干膜厚检测，对膜厚不符合要求处以及涂装缺陷处进行修补	膜厚控制以及涂装质量控制
报验	由船东、涂料厂商、船厂一起对涂层进行全面检查	如有不符要求处，应做再次修整，直至验收合格

表 9.9(续)

主要工艺程序	作业要点	目的
拆除脚手架	·当离舱底 1.5 m 左右以上的舱壁、舱顶涂层验收合格以后,仔细拆除脚手架; ·对脚手架拆除搬运过程中易碰撞部位的涂层表面应覆盖固定好软性物质(如橡皮等)	
对舱壁下部和舱底进行除锈涂装	1. 对舱壁下部和舱底进行除锈; 2. 吸除舱内的废砂与尘埃; 3. 对开孔、自由边缘、角隅等处进行预涂装; 4. 对舱壁下部和舱底进行涂装; 5. 膜厚检测和修补; 6. 报验	
涂膜养生	在养生期间,尚需进行必要的通风和温湿度控制。	在涂料厂商规定的时间内,完工的涂层需要养生。
拆除舱内所有的保护材料		
冲水试验		检查漆膜裂纹、针孔等缺陷
完工报验	向船东做完工报验,并取得签字认可	

(2)舾装件的特殊涂装

成品油船的货油舱内有许多舾装件,这些舾装件与舱壁一样同样需要采取严格的防腐措施,所不同的是有些舾装件比较轻小,可采用不易锈蚀的材料制成,但大多数则还是依靠涂装进行保护。

对货油舱内舾装件,尤其是管系的涂装,是特殊涂装工程的重要组成部分,其作业要点如下:

①货油舱内舾装件的涂装应确保货油舱内舾装件不受腐蚀和不对装载物品造成污染。

②舱内的货油管、压载水管、洗舱管等的涂装,一般应在安装以前根据涂装说明书的要求和管系特殊涂装工艺要求做好内外表面的表面处理和涂装工作。也可以在安装以前只做内表面和与支承件接触处的外表面的表面处理和涂装工作,其余外表面在安装后与货油舱一起进行表面喷砂处理和涂装。

2. 特殊涂装用设备配置要点

用于成品油船货油舱内特殊涂装设备主要是:喷砂装置、磨料回收和分离装置,通风除尘装置、去湿装置以及脚手架等。

特涂工作一般都在船舶下水后,在水上漂浮状态下进行。根据船厂的实际情况,可在码头上涂装,也有在海面上傍靠工作船涂装的。码头涂装时,一般是在特涂作业开始前,将所需设备吊放在甲板上。而用工作船时,所有设备均集中安放在工作船上,在这种情况下,由于远离码头，工作船需有相当能力的空压机、发电机和吊车。

（1）码头涂装设备配置要点

成品油船货油舱内涂装所需的设备品种和数量，应根据船厂的具体条件、船舱的结构、面积、舱高等具体情况分析、计算确定。

①如果工厂的压缩空气能力不足、压力偏低、电力不足，则应为特涂专门配备空压机、发电机。

②喷砂装置的规格与数量，应保证至少可同时在两个舱内施工，并且应具备每个舱能在 24～36 h 内喷砂达到规定质量的能力。

③喷砂机应采用遥控式，使喷砂作业人员可以随时进行或停止作业。

④磨砂回收装置的规格与数量应确保喷出的砂粒（钢砂或矿渣砂）能及时回收，不至于较多及较长时间堆积于舱底。

⑤通风、除尘装置的规格与数量应确保喷砂、涂装、涂层干燥时的安全与卫生。

⑥加热、除湿装置的规格与数量应确保在恶劣的气候条件和正常的通风条件下，舱内的温度、湿度能达到正常工作所要求的状态。

不同的船舶，在不同气候条件下，所需要的设备能力是各不相同的。作为一个具有特涂工作能力的船厂，在添置特涂设备时，要在达到在建的或将要建造的成品油船的特涂能力基础上，适当再具有一些潜力，以防设备故障等意外。而作为一个专业特涂公司，设备的配备应具有对不同大小的几艘船舶能同时开展特涂工作的能力。

（2）特涂工作船

特涂工作船是带有整套特涂设备的机动工作船，它既能对泊于码头的成品油船进行特涂工作，又能在远离码头的海上进行特涂工作，因此，其设备配备将比码头涂装时更为完善。

3. 有关特殊涂装的标准及质量控制要求

关于成品油船货油舱特殊涂装的标准及质量控制要求，已在 GB/T 3367 标准中做了规定，对油船货油舱涂装施工中的钢材预处理、钢材表面缺陷处理、喷砂清理、表面清理、喷涂、膜厚、涂装环境和安全卫生等提出具体的技术要求。

（1）钢材表面缺陷处理

在成品油船货油舱特殊涂装前，对构成货油舱内部的钢材表面存在的各种缺陷（钢材表面在轧制、切割、焊接、组装时产生的凹坑、剥落、锐边、飞溅、咬口、毛刺等），应进行修整。

①对锐边、气割、剪切的尖角毛刺，应打磨至半径为 2 mm 圆角。型钢的压制边原则上不打磨。

②对焊接飞溅物应除掉；不易除掉的锐角状飞溅物应打磨光顺；不易除掉的光顺状飞溅物原则上不打磨。

③钢材表面原始缺陷的处理。如钢材表面剥落、凹坑应修整光顺，深度 0.8 mm 以上的剥落、凹坑，焊补后应修整光顺。

④焊缝缺陷的处理。如焊缝上有深为 0.8 mm 以上的咬口及不光顺的焊缝接头部，焊补后应修整光顺。焊缝表面凸出 2 mm 以上或有锋利凸出时，应打磨至 2 mm 以下并使其光顺。自动焊焊缝原则上不进行特别处理。

⑤气割表面缺陷的处理。如气割切口的峰谷差超过 1 mm 时，要打磨到 1 mm 以下，气割时产生的熔渣，按锐边的处理方法处理。

(2)喷砂清理

①钢材表面锈蚀部位以及焊缝锈蚀部位应进行喷砂清理,除锈质量应达到 GB 8923 规定的 Sa2.5 级。

②保养底漆烧损或损伤的已生锈部位应进行喷砂清理,除锈质量应达到 GB 8923 规定的 Sa2.5 级。保养底漆完好部位喷砂后,保养底漆面积允许残留 30% 以下。

③货油舱涂料为无机硅酸锌时,则原有保养底漆的残留率及除锈质量等级要求应符合涂料说明书的规定。

④喷砂后钢材表面粗糙度要求是:涂装纯环氧涂料、环氧沥青涂料、环氧酚醛涂料、聚氨酯涂料时 Ry≥40~100 μm;涂装硅酸锌涂料时 Ry≥25~60 μm。

(3)表面清理要求(表 9.10)

表 9.10　表面清理要求

项目	施工要求
水分	用抹布擦干或用压缩空气吹干
油脂	用溶剂或清洗剂除掉
可溶性盐	用清洁淡水、喷砂处理至符合所用涂料的要求
灰尘、杂质	所有被涂面,包括被涂面附近脚手架用吸尘器除掉
划线记号	用打磨或喷砂的方式除掉
隔绝材料	将喷砂隔绝材料拆除换上喷涂隔绝材料

(4)喷涂与缺陷修补要求(表 9.11)

表 9.11　喷涂与缺陷修补要求

项目	施工要求
预涂	孔内侧及边缘、锐边、手工焊缝、无气喷涂难以喷到的部位在涂装前应进行预涂
喷涂	为了保证漆膜均匀,必须采用无气喷涂
流挂	高 1 mm 以上或明显大面积流挂要修整,仅限于用砂纸打磨
漆雾	被涂面附有大面积、高密度的漆雾时,在喷涂下道涂料前必须除掉,但只限于用刮刀和砂纸
异物	漆膜中可见的夹杂物必须除去,并修补完整。仅限于用刮刀和砂纸
缩孔、气泡	漆膜中有缩孔、气泡时须修补。仅限用刮刀和砂纸
发白、起霜	底层漆膜显著发白或起霜时,在涂下道料前应使用溶剂或砂纸加以处理

表 9.11(续)

项目	施工要求
损伤部位	漆膜由于机械损坏、烧损,面积小于 25 cm^2时可用机械打磨、修补;面积大于 25 cm^2时,则应以真空喷砂或敞开式喷砂修补。与损坏处相邻的漆膜结合处应有一定坡度
针孔、裂纹	漆膜裂纹、针孔等缺陷,应用针孔检测仪局部抽检,全面检测用海水或淡水进行浸泡或冲水检验,浸泡时间为 24 h,检查出的针孔、裂纹处应用砂纸处理后进行补涂
漆膜厚度不足部位	修补至标准膜厚,若超过覆涂时间时,应将表面打毛后再补涂

(5)漆膜厚度要求

①完工交验的漆膜厚度测量,应按下述要点:

· 平板区域每 5.0 m^2取 1 个测量点;

· 肋板、纵材、桁材等及由它们围起来的区域各面应取 2 个以上的测量点。

②90% 以上的测量点干膜厚度不小于规定膜厚,其余测量点的干膜厚度不小于规定膜厚的 90% 。

(6)施工环境要求

①舱内温度应控制在 5 ℃以上;被涂面温度应保持比露点高 3 ℃ 以上,舱内相对湿度不得高于 85% ,通常,喷砂时按要求相对湿度控制在 55% 以下。

②舱内喷砂至喷漆前通风换气次数应保持在 5 次/h 以上,喷漆至干燥期间通风换气次数应保持在 5 次/h 以上;

③舱内涂装作业应采用防爆灯照明;其他通风要求按 GB 6515 的规定。

第六节　PSPC 标准简介

由于专用海水压载舱的腐蚀状况严重威胁船舶的航行安全和结构安全,引起了国际海事组织(IMO)高度关注,为消除这种威胁其采取了一系列措施。1995 年 11 月,通过的《专用海水压载舱防腐系统的选择应用和维护指南》,以改进散货船和油轮的压载舱安全性能。2004 年 11 月,国际船级社协会(IACS)和航运工业界成立了联合工作组,在《专用海水压载舱防腐系统的选择应用和指南》和油轮结构论坛《压载水舱的涂层防护体系和表面处理指导原则》的基础上,起草了《所有类型船舶专用海水压载舱和散货船双舷侧处所保护涂层性能标准》。IMO 在 2016 年举行的第 82 届上海安全委员会会议上以 MSC. 215(82)决议正式通过了《所有类型船舶专用海水压载舱和散货船双舷侧处所保护涂层性能标准》;后又于 2010 年 5 月 14 日以“MSC. 288(87)决议”发布了《原油船货油舱保护涂层性能标准》,该标准为国际公约框架内的强制性要求。上述这两项标准,我国习称为“IMO《涂层性能标准》(简称 PSPC 标准)”。强制执行 PSPC 标准是 IMO 适应环保、保障航行安全的重要举措,它的出台是海事发展的必然选择。

1. PSPC 标准中的关键点

PSPC 标准规定了对 500 总吨以上的所有类型船舶专用海水压载舱和船长不小于 150 m

的散货船双舷侧处所内保护涂层的技术要求。随后,国际船级社协会(IACS)在《散货船共同结构规范》(JBP)和《油船共同结构规范》(JTP)中,又进一步规定其适用范围扩大至船长为90 m以上的散货船和150 m以上的油船。

新的涂层标准规定船舶涂层寿命由目前的5年提高到15年,其核心内容是规定涂层系统的技术要求。列出了专用海水压载舱和散货船双舷侧处所涂层系统的基本要求。与目前船舶涂装所使用的标准和施工惯例比较,该标准在对分段表面处理、结构表面缺陷处理、涂装前表面可溶性盐限制、灰尘等级、涂层厚度与控制、合拢后的表面处理、涂层检查人员的资质、涂层的合格预试验和验证、车间保养底漆要求和涂装技术文档(CTF)等十个关键方面的技术要求有明显提高。因此,该标准的实施将对船舶建造的周期和成本产生重要影响。

(1)对涂装技术文件的要求,其关键点体现在:

①要求涂装技术文件、表面处理及涂装过程需提交主管机关或主管机关认可的组织复查。

②新造船阶段,船厂需提交船东的涂装技术文件中,应包括涂层检查人员签发的涂装日记。

(2)压载舱内名义干膜厚度应达到320 μm(原为300 μm),其检测标准按“90/10”规则(原为“85/15”)。

(3)第一次表面处理后的水溶性盐的限制:需小于50 mg/m^2 NaCl(原先除特涂标准外均未做相关要求)。

(4)车间保养底漆与主涂层系统的相溶性,应由第三方认可(原先一般为油漆商单方面确认相溶性就可)。

(5)二次表面处理后检查钢板残留可溶性盐水平:需小于50 mg/m^2 NaCl,且每个分段至少取1个检查点。

(6)大接缝区域的范围如图9.8所示。合拢后的破损率及其处理要求。

①大接缝的处理要求为St3或更好,或可行时为Sa2.5;

②小面积破坏区域不大于总面积2%时,其处理要求为St3;

③相邻近的破坏区域的总面积超过25 m^{2}或破坏区域超过舱室总面积2%,其处理要求应当达到Sa2.5;

④涂层搭接处表面要处理成斜坡状。

(7)灰尘等级要求:

①颗粒大小为3、4或5时,灰尘分布量为Ⅰ级;

②如果在涂装前,表面有不用放大镜可见的更小灰尘颗粒应去除。

(8)对涂层检查人员的资质要求:应具有(美国腐蚀工程师协会NACE)Ⅱ级、或挪威表面处理质检员培训发证专业委员会(FROSIO)Ⅲ级、或中国涂层检查员资格认证委员会(CCMCIC)Ⅱ级及以上资格。

以上规定与船舶其他处所的涂装要求有较大差异。从涂装设计到涂装施工,规定了一系列比此前长期实施的标准更为严格的要求,将对船厂的造船成本和周期产生了显著影响,需要船厂在生产管理、造船技术和涂装施工等多方面做出切实的应对。

2. 涂层系统的设计

(1)涂层系统选择应考虑的因素

应由各有关方面结合涂层的使用条件和有计划的保养加以考虑:

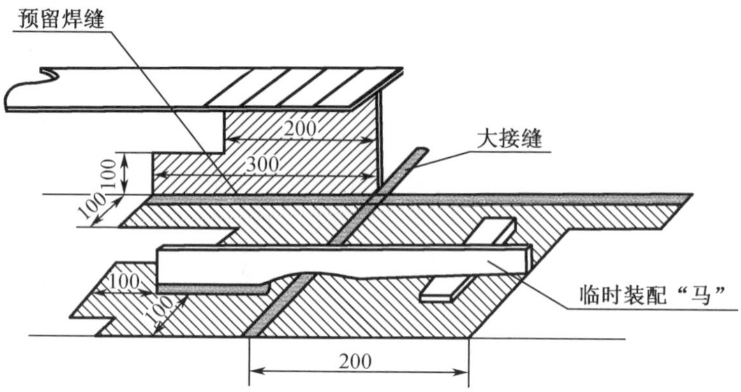

图 9.8　大接缝区域的范围

①与受热表面相关舱室的位置；

②压载荷排压载作业的频率；

③要求的钢材表面条件；

④要求的表面清洁度和干燥度；

⑤辅助阴极保护装置（如果涂层有辅助的阴极保护，涂层应与辅助阴极保护系统相兼容）；

⑥在阳光暴晒甲板下面或在加热舱室周围的舱壁上应用的涂料，应具有耐反复加热、冷却而不变脆的性能；

⑦原油船货油舱的涂层，还应具有良好的耐化学性能和机械性能（如柔韧性、耐冲击性等）。

（2）涂层类型

①一般采用环氧基体系。也可采用其他涂层体系，但必须经特定的试验认可。

②建议采用多道涂层系统，每道涂层的颜色要有对比。且面涂层应为浅色，便于营运中检查。

（3）名义总干膜厚度（NDFT）

①对环氧系涂层，按 90/10 规则应达到 320 μm；采用其他体系需根据涂料生产商的技术条件。

②总干膜厚度最大值依据涂料生产商的详细规范。

3. PSPC 标准对工艺的要求

（1）对钢材预处理工序和过程控制的要求

PSPC 标准对喷射处理后的钢材表面的清洁度和粗糙度要求做出了规定。清洁度要求达到 ISO 8501－1:2007 规定的 Sa2.5 级，粗糙度要求介于 ISO 8503－1/2:1988 规定的 30～75 μm。

①预处理磨料的选择：高粗糙度将增加车间保养底漆的使用量或易造成车间保养底漆保护失效。建议使用小尺寸（＜1.0 mm）的合适比例的钢砂（推荐混合比例为 1:3）。

②车间保养底漆的选择：车间保养底漆质量好坏直接影响二次除锈工作量的大小。应选用具有耐热性好、防腐蚀以及与后道涂层兼容性好，不影响焊接性能的车间保养底漆。

③钢材预处理过程中控制要点：

·预处理前的处理应有火焰清洁设备，当盐分过高时，应清洗；

·抛丸后的清洁度控制，应设有吹尘设备，要进行粗糙度检测，盐分测试；对灰尘和除锈等级应予以控制；

·温度、湿度施工条件控制，在相对湿度超过85%或钢板的表面温度高于露点温度小于3 ℃的情况下，不应进行喷砂。

·膜厚的控制通过控制处理速度、枪嘴大小等控制膜厚，避免漏涂；

·车间保养底漆涂装好后的保养期内控制。

(2)对二次除锈的要求

为了使涂层能够均匀分布，达到所要求的膜厚并具有足够的附着力，要求打磨焊道，去除焊接飞溅物和任何其他的表面污染物。

①结构边缘及表面处理要求：

·边缘应处理成半径至少为2 mm的圆角，或至少经过等效处理；

·去除毛边，打磨焊缝，去除焊接飞溅物及其他的表面污物。

②磨料的选择：

·磨料尺寸的选择，小尺寸磨料可提高效率，但破损率高，循环次数相应减少；

·影响磨料的破损率指标还有磨料的金相组织及C、S、P的含量等。

③二次除锈过程中应控制：

·压载舱分段阶段应喷砂处理达到Sa2.5。对于分段表面车间保养底漆完好的部位，则应根据不同情况分别处理。若车间保养底漆与主涂层的兼容性无第三方认可，则必须去除70%以上。

·灰尘等级：要求为Ⅰ级，可用压敏粘滞法进行评定，因此，二次除锈时必须具备大功率真空吸尘设备。

·喷砂/打磨/清洁后，在涂装前检查二次除锈等级；检查钢板表面残留可溶性盐水平。

(3)对涂装施工的要求

①对涂装施工条件的控制要求，主要有：

·大气温度及钢板温度要满足要求，不同品种的涂料有不同的使用温度范围要求，在涂层涂装和固化阶段，监控钢板表面温度、相对湿度和露点。

·湿度和露点控制，通常涂料施工时湿度应小于85%，钢板温度应大于露点3 ℃；

·室外施工时，风速应小于3 m/s；

·施工作业环境要求：为使涂料适当地干燥和固化，在整个涂装过程中和涂装完成后的一段时间内必须予以充足的通风。

②对涂装施工过程控制的要求，主要有：

·膜厚控制，包括喷涂过程中的均匀性，漆膜厚度检测(如压载舱内的检测点分布)；每道涂层干膜厚度都要进行测量；应小心避免涂膜过厚，涂装中应定期检查湿膜厚度。

·预涂和修补，PSPC标准明确要求压载舱内需做两度预涂；预涂应采用刷涂或辊涂的方法。

·涂层质量控制，即涂装施工过程中应避免涂层流挂、漏底、针孔、开裂、橘皮等涂层缺陷的发生；

·分段边口涂层的预留及密封焊缝保护，为减少后期涂层的修补和方便修补施工，对冲砂分段的边口及密性焊缝区域均要求先涂车间保养底漆后，预留边口或用塑料胶带保护。

·应根据涂料生产商的建议,使每一道主涂层在下一道主涂层涂装前适当固化,并严格按涂料商规定的涂层覆涂时间间隔和可踩踏时间间隔进行涂装。对表面污染物如锈、油脂、灰尘、盐等,应该在涂装前根据涂料生产商的建议采用适当的方法去除。

由此可见,PSPC标准的实施对船舶建造的影响,尤其是对带压载水舱的分段以及大合拢区域。因此,对其制造工艺一定要考虑采取满足PSPC标准中相关要求的措施。

第十章　船舶下水技术

船舶下水是当大部分船舶建造工程完工之后，利用某种下水设备，将船舶从建造区移至水域区的工艺过程。船舶下水是船舶建造中一个极为重要的工序，其一，它标志了船舶建造工程的基本完成和各项试验工作的即将开始；其二，船舶从陆上进入水中的过程是一个十分复杂的运动过程，极易发生安全事故，而且一旦发生事故，往往会对船体结构、船台(坞)设施或人身安全造成严重的后果。

船舶下水前应完成的船舶建造工作：

(1)应能保证船舶下水时具有足够的纵向强度和横向强度；

(2)应完成船体上甲板以下的船体密性试验，并检验合格；

(3)必须完成船体内部与船底板、舷侧外板直接连接的设备(如海底阀等)和推进器、舵、艉轴出口处等一切水下工程，以及准备下水前必需的系缆设备、锚泊设备、救生设备等，做好安装工作。

(4)完成船体型线和主尺度的测量检验工作，船体外壳水下部分的油漆工作，载重线和吃水标志的绘制工作；

(5)保证下水资料完整，并完成下水过程受力分析和运动学分析计算。

第一节　船舶下水方式及设施

一般来说，传统的船舶下水方式根据船舶下水原理可分为重力式下水、漂浮式下水和机械化下水三大类；根据船舶入水方向有横向下水、纵向下水和垂向下水之分；根据下水的工艺方法可分为涂油滑道下水、滚珠滑道下水以及采用小车(或排架、或升船机、或浮船坞)小水等。每一种下水方式都需要有特定的下水设施，如表10.1所示。

表10.1　船舶传统下水方式分类

下水原理	入水方向	下水设施
重力式	纵向下水	斜船台；涂油滑道；滚珠滑道；塑料面滑道等
	横向下水	斜船台；涂油滑道；塑料面滑道；横向坠落等
漂浮式	垂向下水	造船坞；浮船坞；引船系统等
机械化	纵向下水	纵向船排滑道；纵向斜架滑道；纵向两支点滑道；绞车等
	横向下水	横向高低轨滑道；横向斜架滑道；横向梳式滑道；绞车等
	垂向下水	升船机；起重机等

近几年，随着造船工艺和辅助工装设备的发展，出现了诸如气囊下水、水垫下水(气囊下水和水垫下水也可归类为衬垫式下水)以及平地造船的驳船下水等新的船舶下水方式。

一、重力式滑行下水及设施

重力式滑行下水是依靠船舶自身的重力在斜坡滑道上产生的分力(下滑力),使船舶自行下滑到水中去的下水方法。入水方式有纵向和横向两种,船舶下水的滑行方向是沿船长方向的称为纵向下水,而船舶是沿船宽方向滑行的称为横向下水。

1. 船舶纵向重力式滑行下水

船舶纵向重力式滑行下水是目前最常用的一种下水方式,为了获得较大的浮力,通常是使较肥大的艉部先入水。但船舶艉浮时会产生很大的艏端压力,且船舶在水中的滑程较长,因此,要求水域宽度不小于船长的3倍。对于水域比较狭窄的,可将船台建成与水流方向成斜交形式。

为使在倾斜船台上建造的船舶能够顺利滑入水中,必须保证船舶重力沿船台倾斜方向的分力大于船舶滑行的滑动摩擦力,船厂常采取的工艺措施是减少滑动介质的滑动摩擦系数,因此,根据滑道上所采用的滑动介质不同,还可分为涂油滑道和钢珠滑道,对应的下水工艺则分别称为纵向涂油滑道下水和纵向钢珠滑道下水。

(1)纵向涂油滑道下水

纵向涂油滑道是船台和滑道合一的下水设施,如图10.1所示。为了便于滑板在滑道上滑行,在滑板和滑道之间涂上了一定厚度的下水油脂,以减小摩擦阻力,故称为纵向涂油滑道下水。它出现最早,使用历史最长,是目前比较成熟的一种下水工艺方法。

船舶下水时,首先将龙骨墩、边墩和支撑全部拆除,使船舶质量移到滑板和滑道上,这时,由止滑装置来控制船舶不往下滑动。待水位符合下水要求及各种准备工作到位后,打开止滑装置,船舶便连同滑板和支架一起借助下滑力沿着滑道滑入水中。随着船尾部逐渐入水,船舶逐渐起浮,最终依靠船舶自身的浮力漂浮于水面上。

这种下水方式适用于不同下水重量和船型的船舶,而且还具有设备简单、建造费用少和维护管理方便等优点。但是,它的下水工艺比较复杂,且在滑道上浇注油脂会受到环境温度的影响,也会污染作业环境。随着环保法规的出台,对下水油脂的使用提出了环保的要求,一种是研发符合环保要求的下水油脂;另一种是用新材料取代下水油脂,如采用塑料面滑道。

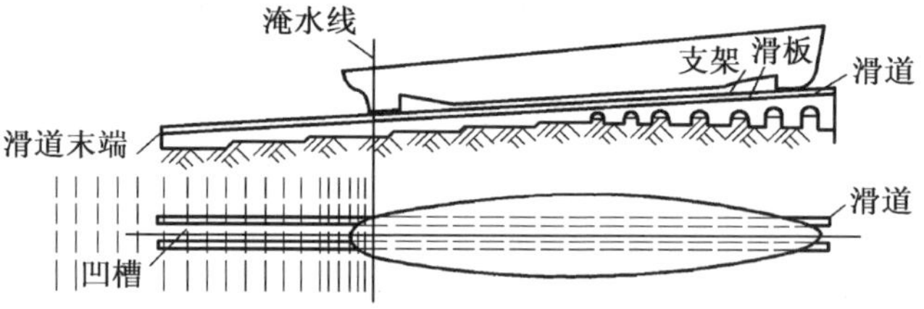

图10.1　纵向涂油滑道下水方式

(2)纵向滚珠滑道下水

这种下水方式采用滚珠代替下水油脂,变滑动摩擦为滚动摩擦,采用滚珠既可减少滑板与滑道之间的摩擦力,又可以重复使用,从而可获得较好的经济效益。滚珠下水装置主要由滑道、滚珠、保距器、轨板和组合滑板等构成,其组成形式如图10.2所示。其中保距器是用来控制滚珠滚动时的相互间距和位置。

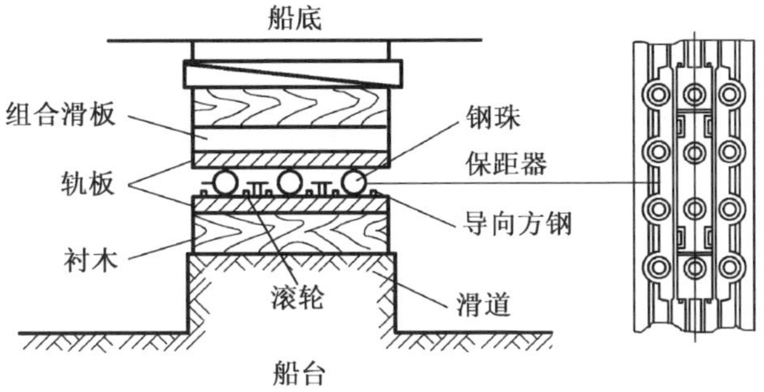

图 10.2　滚珠滑道的组成

纵向滚珠滑道下水装置和纵向涂油滑道一样，适用于各种类型船舶的下水。但这种下水装置存在着初期投资大、滑板笨重和下水过程有振动等缺点，但对环境的污染小。

此外，在使用纵向滑道的倾斜船台上建造大型船舶时，为了充分利用船台水上部分，又不使船台前端部超出厂区的地面过高过长，在滑道后端可加一坞门，以免船台后端浸水而影响操作，这种形式是纵向滑道和倾斜船台派生出来的半坞式船台（图 10.3），尤其适合采用纵向滚珠滑道下水的船舶。

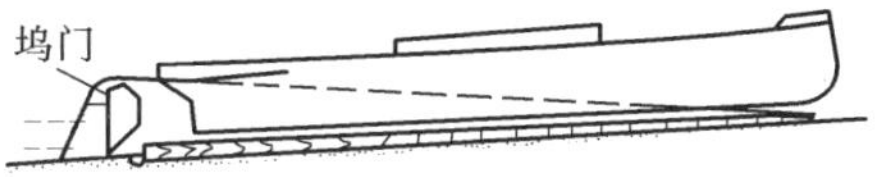

图 10.3　半坞式纵向倾斜船台

2. 横向涂油滑道下水

其下水原理与纵向涂油滑道下水相同，其区别是船舶开始进入水中的不是艉部而是一舷部。根据滑道的长短，横向下水一般可分为浮起式和坠落式两种，如图 10.4 所示。船舶在横向浮起式下水过程中始终保持水平状态，但在横向坠落式下水时，连同滑板、下水架一起坠入水中，然后依靠船舶自身的浮力和稳性趋于平衡，此种下水状态横摇剧烈，对船舶强度和稳性要求较高，一般只适用于小型船舶。

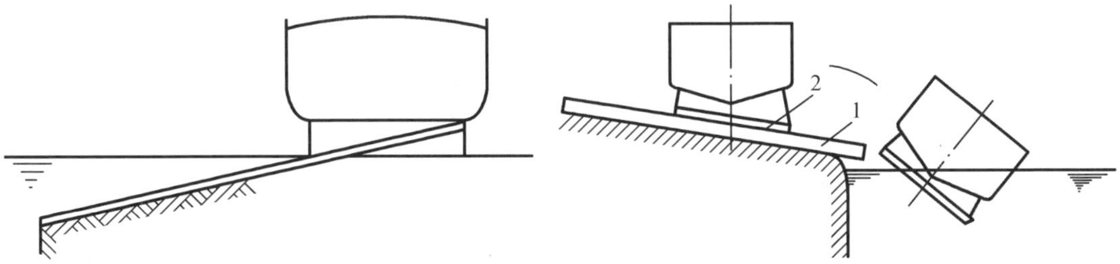

(a)浮起式　　(b)坠落式

1—滑道；2—滑板及支架。

图 10.4　横向重力式下水方式

横向下水的船舶，其浮力增加和船舶在水中的运动阻力比纵向下水大得多，需要的水域宽度比纵向下水小得多，同时，也没有纵向下水那种艉浮时所产生的艏端压力。但其占用较长的岸线，滑板数量较多，一旦滑板的下滑速度不一致，会使船舶发生偏移。

3. 重力式滑行下水的主要工艺装备

要保证船舶下水工艺的顺利实施，必须配置相应的工艺装备。船舶重力式下水的主要工艺装备有：

(1)下水墩木

船体分段、总段在船台吊装定位时由船台建造墩木支撑，船舶下水前由下水墩木支撑船体。拆卸方便是下水墩木的主要特点。常见的下水墩木有砂箱墩木和活络铁墩(图10.5)。

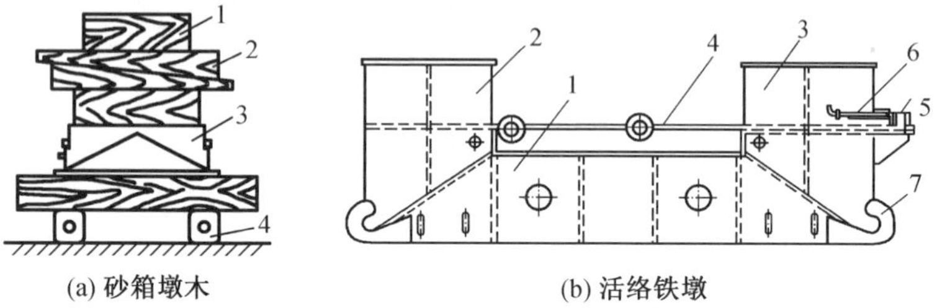

(a)1—木墩；2—木楔；3—砂箱或活络铁墩；4—混凝土墩。

(b)1—箱体座；2/3—左/右滑箱；4—拉力铰链；5—止动闸刀；6—安全插销；7—安全钩。

图10.5　下水墩木

砂箱墩木由一个侧面开有插门的凸底铁箱组成，箱内装满小的鹅卵石，拆卸迅速，拆墩劳动强度低，所以应用广泛，但由于拆墩时鹅卵石撒满船台，增加了船舶下水后的船台清理工作量。

活络铁墩是由砂箱墩木发展改进而成的，拆墩时只要把安全插销拉开，并用手锤将止动闸刀向上击落，解脱对拉力铰链的约束，滑箱即沿箱体座上的斜面滑下，使墩木高度降低。这种活络铁墩的特点是不需要装填鹅卵石，拆卸方便，可同时作为建造墩木，实现一次排墩，缩短下水准备和下水操作时间，而且还减轻了船台清理工作量。

(2)滑道

滑道是支撑滑板、下水支架和船舶等重量的基础，也是船舶沿着下滑的轨道。按滑动面性质可分为油脂滑道、滚珠滑道以及塑料面滑道。决定纵向下水滑道的主要参数有滑道坡度、滑道中心距、滑道末端水深、滑道长度、滑道宽度和滑道载荷分布等。

(3)滑板

滑板是船舶下水时承载船舶和下水支架(或下水横梁)在滑道上滑行的下水装置。滑板分木滑板和钢木混合滑板两种，木滑板有单层或双层结构形式，用螺栓连接成整体。这种滑板质量轻，且具有一定浮力，易于回收，但损耗量大，使用寿命短。钢木混合滑板的主体为钢板焊接结构，与滑道接触部分是木板，木板用螺栓固定在钢板上。钢结构部分是水密的，产生的浮力与其自重相当，不会增加下水重量。钢木混合滑板使用损耗较小、寿命长，但质量大，制造工艺复杂，通常在止滑器及辅助止滑器处设钢木混合滑板，以保证承受止滑器支点力时有足够的结构强度，其他部分用木滑板较多。

(4)止滑器

为了对船舶下水进行有效的控制，保证下水操作的安全，必须在滑道两侧对称部位装设止滑器。常见的有手动式止滑器、机械式止滑器和液压式止滑器。图10.6为常用的一种杠杆式机械止滑器，这种止滑器常用于大、中型船舶下水。手动式止滑器主要用于小型船舶,大型船舶下水时常把手动式止滑器作为辅助止滑器使用。

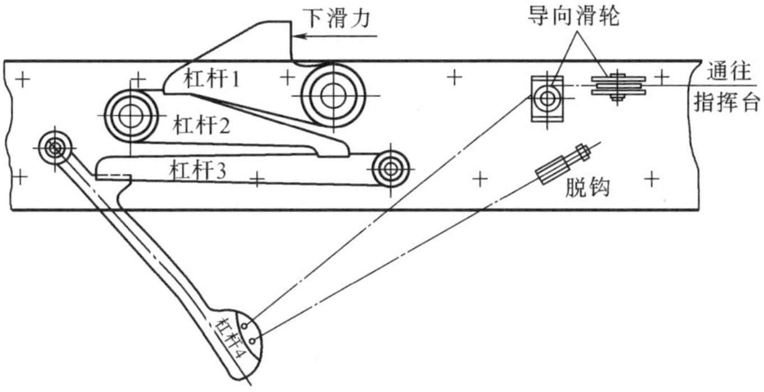

图 10.6 杠杆式机械止滑器

二、漂浮式下水及设施

漂浮式下水是依靠下水设施使船舶依靠自身浮力自然起浮的下水方法。现代漂浮式下水的主要设施是干船坞和浮船坞,最常见的就是干船坞下水和浮船坞下水方式。与重力式下水相比,漂浮式下水工艺简单、安全性好,不要求重力式下水所要求的水域宽度。

1. 干船坞下水

干船坞是一种利用漂浮原理进行船舶下水和上墩的水工建筑物。它由坞底、坞墙、坞门构成的坞室以及水泵站等组成,而坞门是可启闭的,其形式如图 10.7 所示。将坞室内的水抽干后,在坞内既可造船又可用于船舶进坞修理。船舶下水时,首先将水引入坞室,船舶依靠水的浮力起浮,当坞室内水面与坞室外水面平齐时,即可移开坞门,将船舶拖曳出坞。而船舶进坞坐墩的过程,即坞内铺墩 → 将水注入坞室 → 将船舶拖曳/牵引至坞室内 → 关闭坞门 → 逐渐将水抽干 → 船舶安全坐墩。

2. 浮船坞下水

浮船坞本身就是一种可以浮起和沉降的、构造特殊的槽形平底船,船舶下水时,由水平船台移至浮船坞上,使船舶重心与浮船坞重心的垂直位置对准,固定后,将浮船坞拖至深水区,浮船坞注水后下沉,船舶自然浮起。

根据船舶入坞的方式可分为纵移式和横移式,船舶入坞按船长方向移动的为纵移式浮船坞下水方式,如图 10.8 所示。浮船坞下水设施具有能与多船位水平船台对接的能力,下水作业平稳安全,而且不占用陆地面积,此外还可利用浮船坞进行修船。

三、机械化下水及设施

运用机械化设施完成船舶下水的工艺过程叫作机械化下水。随着造船技术的发展,下水操作的机械化、自动化程度不断提高,出现了众多的机械化下水设施和下水方法。

1. 机械式纵向下水

(1)纵向船排滑道下水

这种滑道是由纵向涂油滑道演变而来的。船舶承载在带有滚轮的整体船排或分节船排上,下水时,借助卷扬机通过钢索和滑轮牵引载着船舶的船排,沿倾斜船台上的轨道进入水中,直到船舶完全浮起为止,如图 10.9 所示。

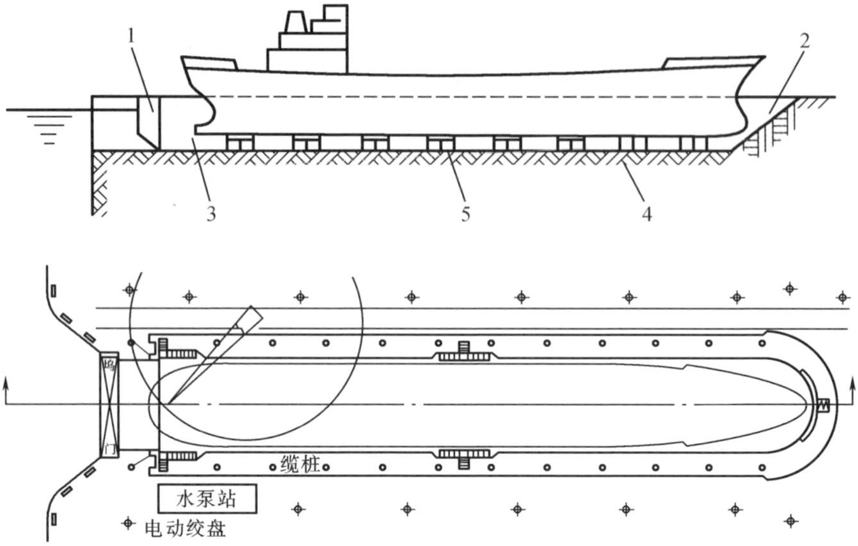

1—坞门;2—坞墙;3—坞室;4—坞底;5—墩木。

图 10.7　干船坞下水方式

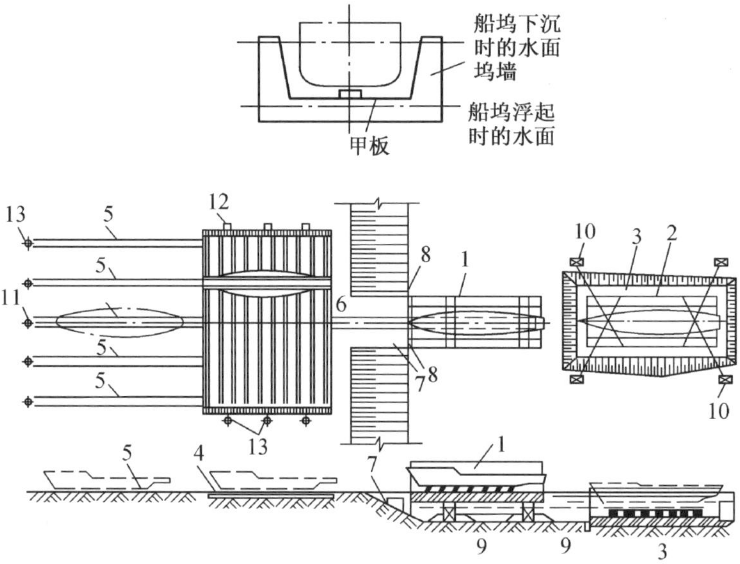

1—浮船坞;2—处在沉坞坑的浮船坞;3—沉坞坑;4—横移车;5—船台;6—通往浮船坞的轨道;7—突码头;8—定位装置;9—支墩;10—固定浮船坞用的锚;11—电动绞盘;12—电绞车;13—地牛。

图 10.8　纵移式浮船坞下水方式

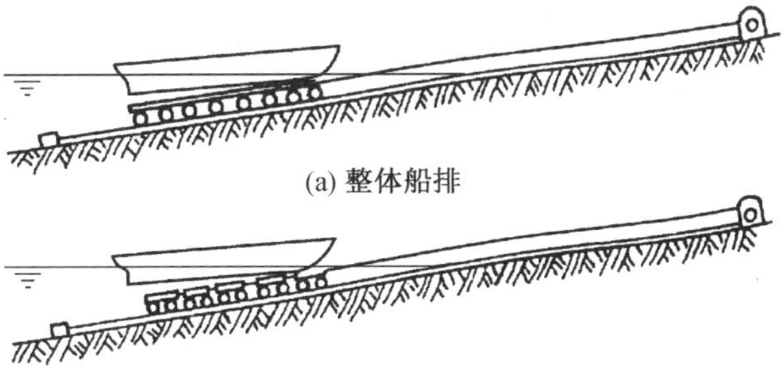

(a) 整体船排

(b) 分节船排

图 10.9　纵向船排滑道下水方式

因为船排架面与轨道平行,而且高度较小,所以,滑道的水下部分可以缩短,滑道末端水深可以较小。如果采用挠性联结的分节船排,在船尾浮起后船排可以在滑道末端靠拢,从而可以进一步缩短滑道的水下部分和降低滑道末端水深。这种下水方式平稳安全,是适合小型船厂的一种下水设施。但是,它在船尾起浮时,会产生较大的艏端压力。

为了提高纵向船排滑道的利用率,出现了带有横移坑和多船位水平船台的纵向船排滑道,在多个水平船台上建造的船舶都可以使用同一条船排滑道下水。图 10.10 是一种带液压摇架和横移区的纵向船排滑道布置图。下水时,首先将船舶从水平船台移至横移车上,拉曳横移车将船舶移至滑道区与液压摇架对准(此时的液压摇架成水平状态),将船移到液压摇架上,然后调整摇架两端的液压千斤顶,使摇架倾斜成与滑道相向的坡度,即可将船移入水中。

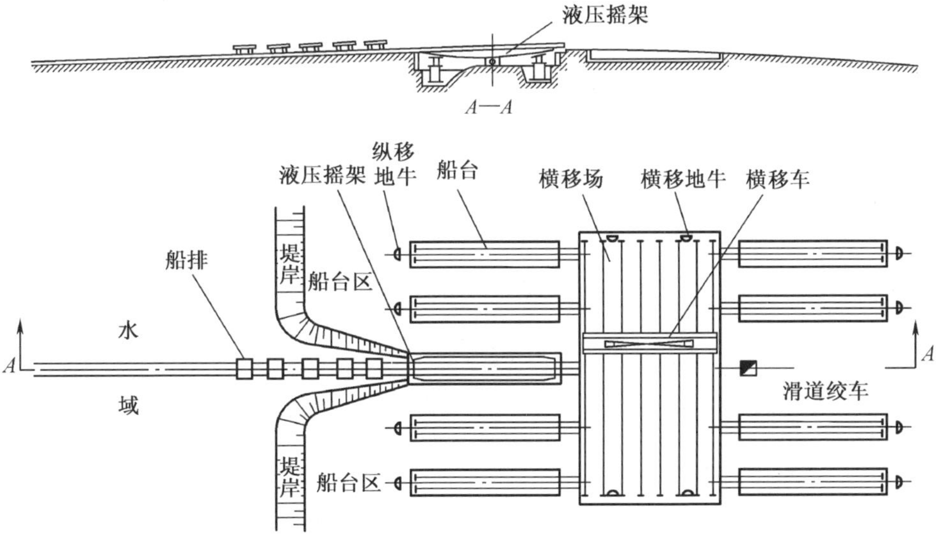

图 10.10　带液压摇架和横移区的纵向的船排滑道下水方式

此外,还有一种两支点纵向滑道下水方式,它是用两辆分开的下水车支承下水船舶,可以直接将船舶从水平部分拖曳到斜坡部分,并将船舶移入水中。其滑道是通过圆弧段将水平部分和斜坡部分连接起来,使得移船时能平稳地过渡。

(2)纵向楔形下水车滑道下水

具有一辆架面是水平或近似水平(微向后倾)的楔形下水车,如图 10.11 所示。采用这种方式下水的船舶不会产生首端压力,简化了下水工艺,适用于较大船舶的下水和上墩。把它用横移区和多船位水平船台连接起来,可以提高滑道的使用效率。这种滑道的最大缺点是下水车尾端过高,要求滑道末端有较大的水深,因而导致水工建筑工程量较大。

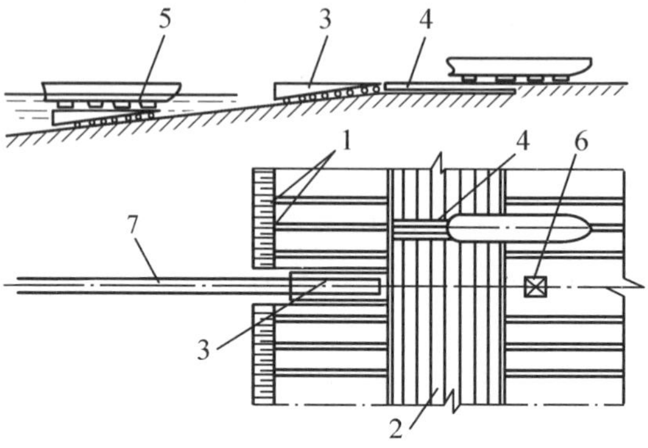

1—船台;2—横移坑;3—斜船架;4—横移车;5—船台小车;6—绞车;7—滑道。

图 10.11　楔形下水车纵向滑道

2. 机械式横向下水

(1)高低轨横向滑道下水

这种滑道由滑道斜坡部分和横移区两部分组成,如图 10.12 所示。其下水车在滑道斜坡部分移动时,临水端和靠岸端的走轮各自行走在不同的高低两层轨道上,以保持下水车的架面处于水平状态。斜坡部分的高轨和低轨与横移区的相应轨道应该用相同半径的圆弧平滑地连接起来,高轨与低轨的高度差(h_n)应保证临水端和靠岸端的走轮轴处于同一水平面。这种滑道机械化程度较高,下水和上墩过程平稳可靠,对水域宽度和深度的要求都比纵向下水小得多,但其斜坡部分的轨道基础复杂,铺轨精度要求高,故造价较高。

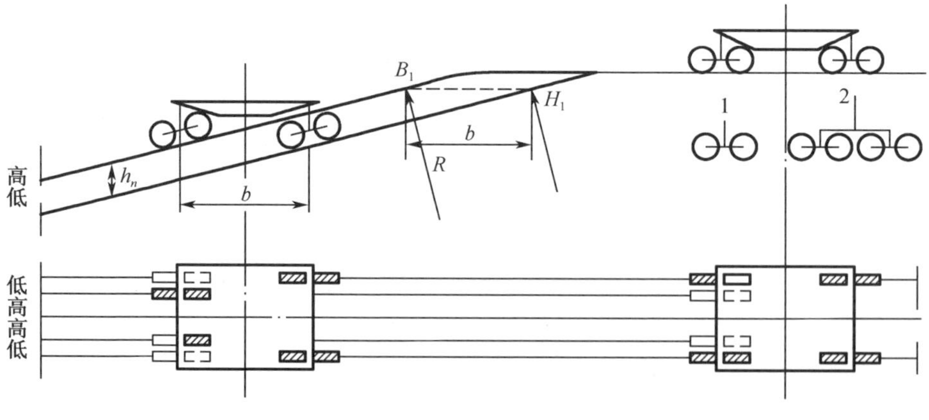

图 10.12　高低轨横向滑道

此外,在高低轨横向滑道的基础上发展起来的一种高低腿横向滑道下水,如图 10.13 所示。其过渡段每组设置两根轨道,一根是横移区的水平轨道,另一根是滑道区的斜坡轨道,对应于每组轨道,下水车都设有一组走轮。为了保证下水车缓顺过渡和下水车架面在斜坡轨道上呈水平状态,过渡段轨道应该用适当的圆弧切接,高低腿走轮的高度差(h)应由滑道坡度和轮距(b)来求得。此种下水方式既适用于船舶下水,又适用于船舶上墩。采用高低腿横向滑道,可以减少斜坡部分每组轨道的数量。

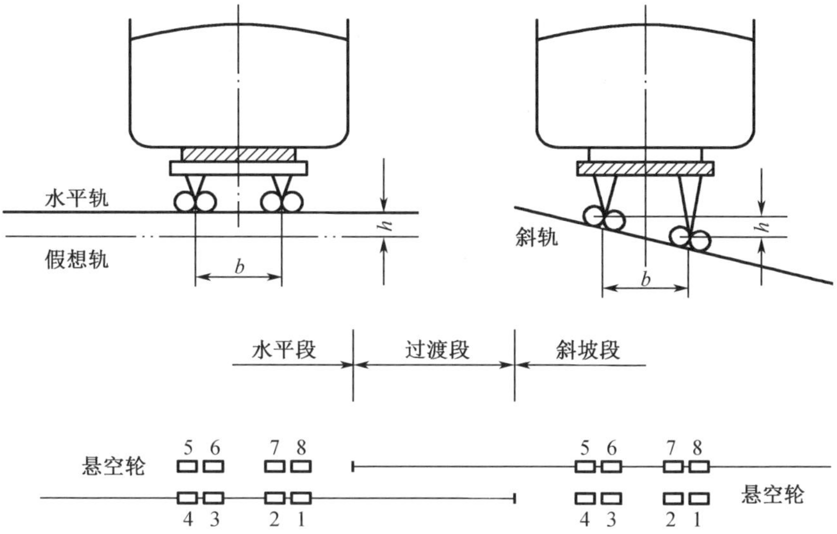

图 10.13　高低腿横向滑道

(2)梳式滑道横向下水

梳式滑道由斜坡滑道和水平横移区两部分组成,船台小车和下水车是单独使用的。在斜坡滑道部分铺设若干组轨道,每组轨道上有一辆单层楔形下水车,每辆下水车都由单独的卷扬机牵引。水平横移区轨道和斜坡滑道的轨道错开排列,形成高低交错的梳齿,便于水平船台上的下水船舶可以由船台小车转载到楔形下水车上,这种滑道就被称为梳式滑道,如图 10.14 所示。

在这种下水工艺中,需使船台小车转向,并且在交接区需要换车,故操作麻烦,且船台小车结构复杂,维护保养要求高。此种方式适用于中、小型船舶的下水和上墩。

3. 升船机垂向下水

升船机就是紧靠下水岸壁设置的一个承载船舶的平台,它是借助液压或卷扬式绞车使平台作垂直升降的设施,以供船舶下水或上墩。根据升船平台与船台轨道的相对位置,可分为纵向和横向两种类型。图 10.15 是横向升船机的布置图及下水方式。

船舶下水时,首先借助绞缆机使升船平台与船台轨道对准并固定,再将船舶移至升船平台上,解除固定,然后开动绞缆机,将升船平台连同下水船舶降入水中,船舶即自行浮起。反之,亦可使船舶上墩。在升降过程中,必须保证绞缆机同步工作,使升船平台始终保持水平。

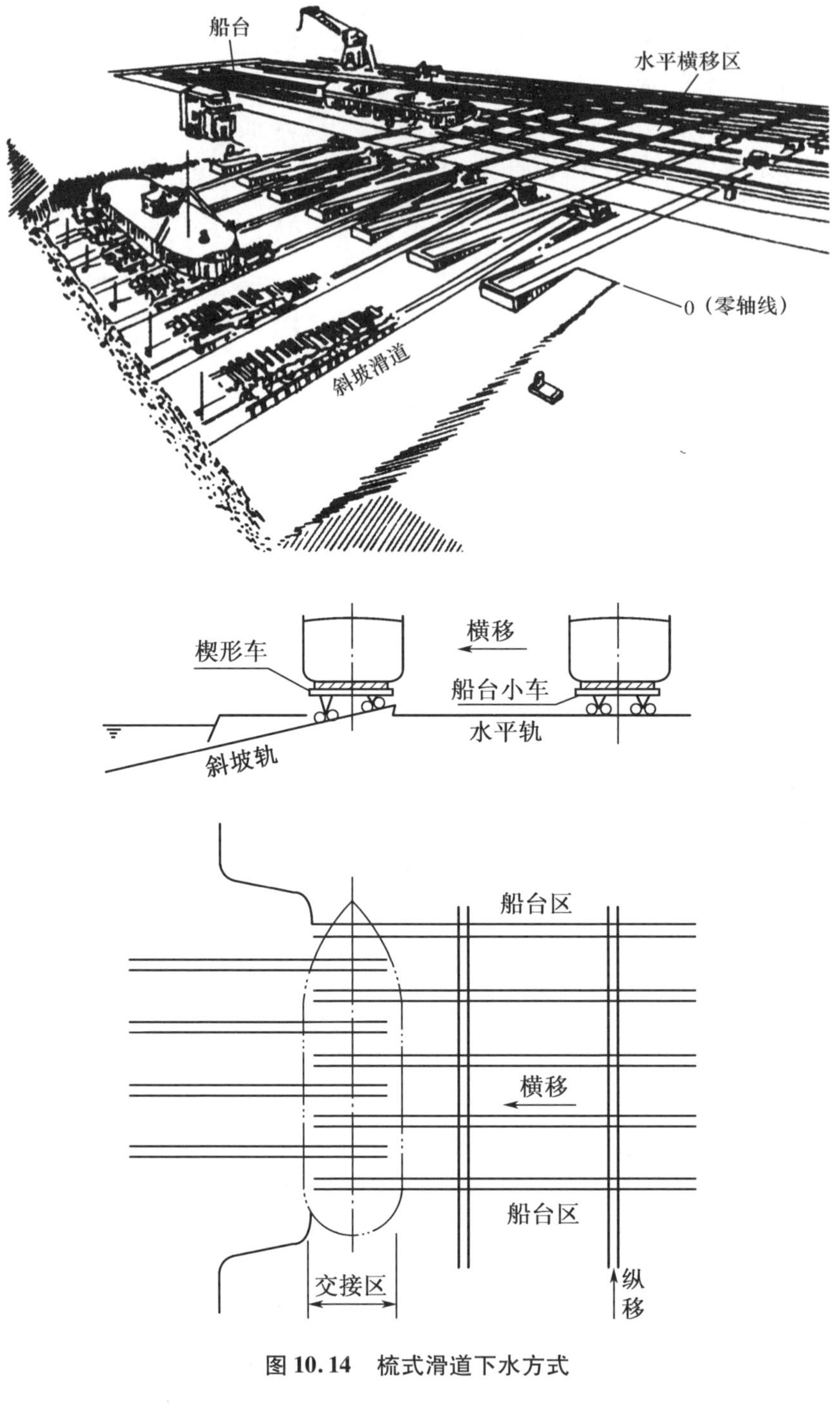

图 10.14　梳式滑道下水方式

升船机下水设施结构紧凑，占地面积小，且作业平稳可靠，适合定型批量生产等优点。尤其对厂区狭小、岸壁较陡、水域受限制的船厂比较合适。但是，升船机对下水船舶的主尺度和质量限制较大。

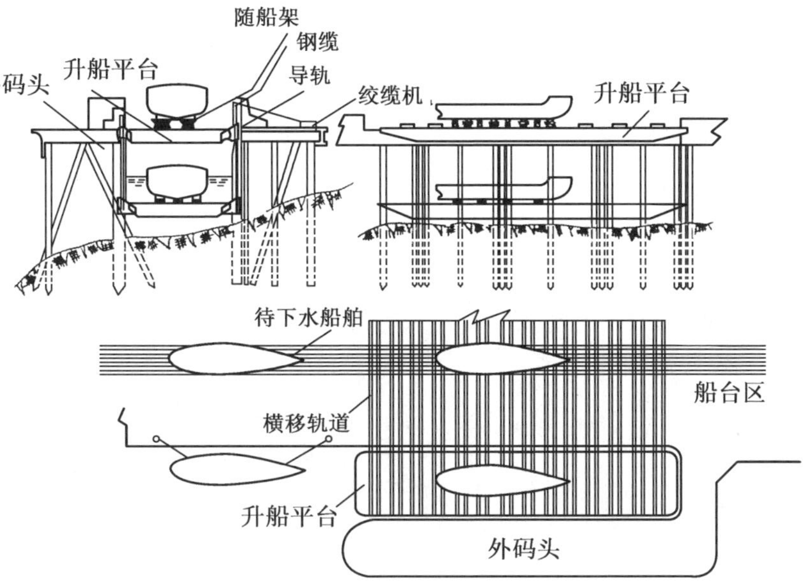

图 10.15　横向升船机垂向下水方式

四、衬垫式下水及设施

衬垫式下水是以气囊、水垫等作为船舶下水过程中的支承和滑动介质，通过牵引使船舶下滑到水中去。

1. 气囊下水

是指以特制的橡胶气囊作为承载下水船舶的工具，借助船体与气囊接触表面间产生移动和滚动的作用，使船舶从船台移入水域的下水过程。因为滚动的气囊可以添加和搬走，船舶可按需要随意停止或转向，故对水域狭窄、水位变化较大的船厂较为适用，但对横向下水的船舶不宜采用气囊下水的方法。

2. 水垫下水

水垫下水设施主要是设有水垫装置的墩木。下水前，将水垫装置按布置要求放到船底下方，水垫装置与高压水管相连。船舶下水时，水垫装置通入高压水，使喷射出来的高压水流在装置与地面之间形成水垫，将船舶微微托起，这样船舶就能在平坦的地面上、在牵引装置的牵引下向任何方向移动，只要地面具有一定的斜度，船舶便可沿预设的滑道下水。水垫下水在国外已有应用，我国尚未采用。该法要求岸边滩地有足够的承压能力，以防水压损耗过大、过快。

五、船舶下水方式的选择

由前述可知，船舶下水设施和船台（坞）的布置有密切关系，涉及造船工艺流程。船舶下水方式与船舶尺寸和质量有很大关系。不同的下水方法都具有各自不同的优缺点和适用范围，选择时应根据船厂自身的条件（岸线及其地质情况）、所处水域和生产要求，选择合适的下水方式和下水设施。

1. 选择船舶下水方法中所要考虑的因素

图 10.16　气囊下水

(1)满足船厂生产纲领以及船舶建造工艺的要求。当船厂以建造大型船舶为主时,应首先考虑采用船坞下水方法。当批量建造小型船舶时,则可以考虑采用机械化下水方法。

(2)考虑投资和建设周期。当投资规模有限,或要求投产期紧迫时,可考虑建造简易船台,采用气囊下水方法。

(3)尽可能使下水作业机械化、省力化,以简化下水操作过程,缩短下水时间。

(4)避免在下水过程中使船体承受过大的压力,同时应具有安全下水的条件。

2. 基本原则

(1)对于内河小型船厂,由于其建造船舶的主尺寸和质量均较小,而且内河水位差较大,所以选用纵向机械化下水滑道与水平船台配套是比较理想的。若条件许可,也可选用带有横移坑和多船位水平船台的纵向船排滑道,这可实施多船位水平船台造船以及实现定型批量生产,为内河小型船厂实现专业化生产创造比较有利的条件,且基建投资比横向机械化下水少得多。

(2)对于中型以上的内河船厂,因所建造船舶的主尺寸和质量都相对较大,若仍采用纵向机械化下水滑道,则滑道部分的地质条件和滑道末端水深都不容易满足要求,而且滑道水下部分较长,水下工程量较大。因此,选用横向机械化下水滑道与水平船台配套使用是比较合理的。若厂区河岸陡高,则可选择卷扬式升船机与水平船台配套使用。

(3)对于建造中型船舶的沿海船厂,以及包括长江中下游水域的船厂,因水域较宽、水位差比较小,其下水方法及设施可根据船厂实际条件以及生产纲领,在纵向涂油滑道下水、横向滑道机械化下水和浮船坞下水方式中进行选择。从改进造船方法、提高船台装焊机械化程度等方面来看,采用横向滑道机械化下水(或浮船坞下水)和水平船台配合使用比较好。

(4)对于大型远洋船舶的建造和下水,主要是采用纵向倾斜船台的重力式滑行下水和船坞的漂浮式下水方式。尤其是10万吨级以上船舶,基本上都采用船坞建造和漂浮式下水方式。近年来,针对超大型船舶和海洋结构物的建造,发展了结合浮船坞(或半潜驳船)等下水设施的平地造船技术，即是在水平船台上建造船舶和海洋结构物，而利用浮船坞（或半潜驳船）下水方式。（可参阅本书第七章第四节）

第二节　船舶纵向重力式滑行下水过程分析及计算

为保证船舶下水时的安全和减少船舶及船台的受损风险，船舶下水需要进行详细的理论计算，即下水计算，以了解船舶在下水过程中的受力和运动情况，以及船舶的浮态、稳性、冲程和船台受力等情况，从而对下水安全性进行评估和预报，提出确保船舶安全下水的具体对策。

纵向重力式滑行下水是船舶下水的主要方式，其下水过程中，船舶的运动状态和出现的力学现象，不仅是船台工艺设计的重要依据，也是船舶下水时采取相应工艺措施的依据。因此，在讨论纵向重力式滑行下水设备和有关工艺措施之前，必须研究下水过程中船舶运动状态对船台、滑道和船舶本身的影响，如下水过程中，船舶与滑道接触长度的变化，其接触压力分布的变化，应分阶段地进行分析。纵向重力式滑行下水一般是船尾先入水，这是因为艉部型线较肥胖，可以获得较大的浮力而易于浮起；而船舶在水中滑行时，因艉部在前则阻力较大，可以缩短船舶的冲程。

一、船舶纵向重力式滑行下水的四个阶段及特征分析

船舶纵向重力式滑行下水是一个复杂的动态工艺过程。整船在倾斜船台上从初始静止位置下滑，艉部首先接触水面，然后船体逐步发生艉浮和全浮，直至最终停止运动。在整个过程中，船舶运动形式和所受作用力是在不断变化的，根据这些变化以及可能发生的危险情况，一般把船舶纵向重力式滑行下水过程分为四个阶段进行分析研究。

对干式倾斜船台（图 10.1）纵向重力式滑行下水，根据船舶纵向重力式滑行下水的运动特征和受力情况，通常可将下水过程分为以下四个阶段。

第一阶段，船舶开始滑动到船体艉端刚与水面接触（俗称岸滑）。该阶段船舶尚未入水，其运动状态和力学现象：

（1）船体运动方向和滑道平行，做匀加速滑行。

（2）船舶只受到重力、滑道对其的支承力和摩擦力的作用。

船舶在此阶段中，可能出现的问题是能否自行滑动。

第二阶段，从船体艉端与水面接触到开始艉浮。其运动状态和力学现象：

（1）船体运动方向仍与滑道平行，但船尾已入水，由于水阻力的作用，其滑行速度逐渐减慢。

（2）船体开始受到水的作用，随着运动滑程的增大，船舶所受到的艉浮力和艉浮力对船首支点的力矩迅速增加，此时，船体艏端受一相当大的瞬时动载荷，因此，必须做强度计算，分析该区域船台滑道和滑板结构的承载能力。

船舶在此阶段中，要防止出现仰倾（俗称艉跌落）现象，即，若重量载荷对滑道末端的力矩大于浮力对滑道末端的力矩时，船舶将以滑道末端艉支点发生仰倾现象，这会造成船体在该截面处的局部结构损坏。

第三阶段，从船舶开始艉浮到完全漂浮。其运动状态和力学现象：船尾不断上浮并以艏端为支点向上转动，同时在滑道上向下滑行；同时由于受到潮流的作用，横向也可能发生绕艏支点的转动。为便于分析，一般可视为两个自由度的平面运动。船舶在此阶段中可能出现以下两种情况：

其一是在艏支架经过滑道末端之前，船舶已完全浮起，顺利地在水中滑行。

其二是在首支架离开滑道末端的瞬间，船舶浮力仍小于下水重量，则将发生船首猛烈跌落的现象，即艏跌落，这会毁坏船首结构和滑道末端。

第四阶段，从船舶完全漂浮到船舶运动完全停止。该阶段船舶不是简单的仅仅是因惯性向前做减速漂行运动，而是呈现出六自由度复杂的运动特性。

对半坞式倾斜船台（图 10.3）纵向重力式滑行下水，由于船舶下水时，艉部已有相当一部分位于水面以下，已受到了浮力作用，同时由于水阻力的作用而使船舶下滑力减小，因而减小了下滑加速度和下滑速度。由于滑程短，下滑速度小，船舶可能在下滑或船尾上浮过程中停在滑道上。与干式倾斜船台纵向重力式滑行下水过程比较，半坞式倾斜船台纵向重力式滑行下水一般开始于第二阶段。因此，可将半坞式倾斜船台纵向重力式滑行下水过程分为三个阶段，即

第一阶段：自船舶开始滑动至船尾开始上浮，这一阶段，船舶的运动方向平行于滑道；

第二阶段：自船尾开始上浮至艏支架离开滑道止，在此阶段，船舶不再沿平行于滑道的方向移动，随着船尾的不断上浮，船体梁以艏端为支点向上转动，同时在滑道上向下滑行；

第三阶段：自艏支架离开滑道至船舶停止运动。

（一）基于传统静力学的船舶纵向重力式滑行下水计算方法

船舶下水是一个复杂的动力学过程，涉及的因素较多。传统的常规下水计算是按静力学问题来考虑的，即在进行下水过程的船舶受力和运动状态分析中将船体梁和斜船台（包括滑道和墩木）视为刚性体。下水静力学计算方法比较简便、成熟，对于常规船舶，只要结合实际操作经验相互核验，进行适当修正，通过此法的计算是能够保证下水安全的，能在宏观上对下水过程进行简单的评估和预测，所得到的结论与实际情况也相差不大。因而，目前多数船厂依然普遍采用下水静力学计算方法。

本节是从船舶静力学角度出发，讨论船舶纵向涂油滑道下水过程各阶段的力学现象。

1. 船舶开始滑动到船体艉端刚与水面接触

如图 10.17 所示，设滑道坡度为 β，龙骨坡度为 α，滑道坡度 β 一般是固定的，龙骨坡度 α 的正切范围与 β 相同，最常用的是 $\alpha=\beta$，若两角不相等，则其正切值不超过 ±0.02。船舶的下水总重量（包括下水架和滑板等的重量）为 D_c，下水总重量的作用点 G 为船舶和下水装置运动部分的共同重心，其位置需根据船舶下水时完工程度的船舶重量和下水装置的设置状态来确定。

（1）力学现象分析

这一阶段中的力学现象分析如下：

①下水总重量 D_c 沿滑道方向的分力为 $D_c \sin\beta$；下水总重量 D_c 垂直于滑道的分力为 $D_c \cos\beta$。

②滑道上的反作用力为分布于滑板与滑道间相接触面上无穷个分力的合力 R，R 与 D_c 在同一作用线上，两者大小相等，作用方向相反。可将 R 分解为作用于滑板和滑道接触面上的摩擦力和法线方向的反作用力，阻止船舶下滑的摩擦力为 $\mu_0 D_c \cos\beta$。

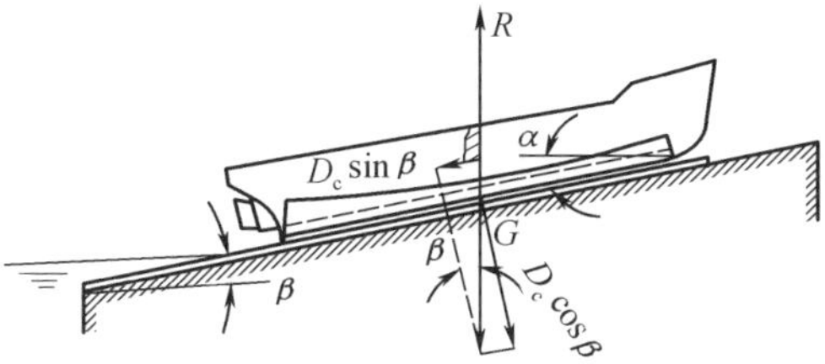

图 10.17　纵向滑行下水第一阶段示意图

从图 10.17 中可以看出，要使船舶在滑道上能够自行下滑，必须使下水总重量产生的滑道方向的分力 $D_c \sin\beta$ 大于滑板和滑道之间的摩擦力 $\mu_0 D_c \cos\beta$，即下滑力 F：

$$F = D_c \sin\beta - \mu_0 D_c \cos\beta > 0 \tag{10-1}$$

则

$$\tan\beta > \mu_0$$

式中　μ_0——静摩擦系数，其数值与润滑油脂的性质及温度有关，大致在 0.025 ~ 0.035 范围；

D_c——船舶的下水总重量，即 $D_c = W + P$；

W——下水船舶重量；

P——下水装置重力，大致为船舶下水重量的 6% ~10%。

(2)船舶开始下滑的条件

由于 β 值很小，则 $\tan\beta \approx \beta$。所以 $\beta > \mu_0$ 就是船舶能够自行下滑的必要条件。因为 β 值对于每一滑道都是已知的定值，因此，下水油脂的静摩擦系数 μ_0 是决定船舶自行下滑的重要条件。故船舶自行滑动，其关键是润滑油脂的静摩擦系数 μ_0 和承压能力($D_c \cos\beta$)，若润滑油脂的静摩擦系数 μ_0 过大或承压能力过低，则船舶就不能自行下滑。

此外还有水上滑程 S，此阶段船舶做匀加速滑行，应预测船舶的滑行速度 v，即自开始滑行至船尾与水面接触之末速度。

(3)防止不能自行下滑或中途停滑的工艺措施

在解除止滑器后，有时会发生船舶不能自行下滑或在滑行中突然停滑的事故。其主要原因是：下水静摩擦系数 μ_0 太大，可能是油脂配方有问题、油脂涂层不平整、油脂承压能力不足、滑道变形等因素引起的。

为避免发生这种事故，要掌握好油脂配方，严格遵守浇涂油脂和安装滑板的技术要求，保证施工质量。在浇涂油脂前必须仔细检查滑道的变形情况。

为了在一旦发生事故时能及时处理，常在滑板的艏端安装推动滑板的顶推装置，或在船台上安装拖带用的钢索滑轮组，通过施加外力，来助推船舶沿滑道滑动。

2. 艉端与水面接触到开始艉浮

(1)力学现象分析

如图 10.18 所示，此阶段船舶的运动方向仍与滑道平行，由于船尾已入水，产生了艉浮力 γV(γ 为水的密度，V 为船舶入水部分的排水体积)，随着船舶的下滑，浮力 γV 以及对艏支架的力矩($\gamma V \cdot l_c$)逐渐增大。设 γV、D_c 以及首端支反力 R 距首支架端点 A 的距离分别为 l_c、l_G 和 l_R，则可得到船舶在此阶段中力和力矩的平衡关系式：

$$D_c = R + \gamma V$$

$$D_c \cdot l_G = R \cdot l_R + \gamma V \cdot l_c \tag{10-2}$$

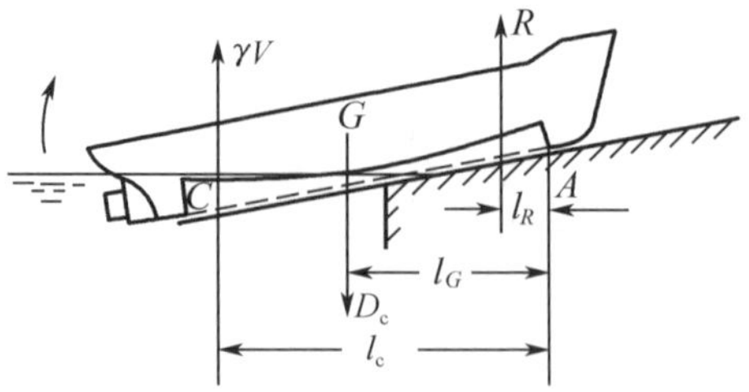

图 10.18　纵向滑行下水第二阶段示意图

式中，R、V、l_c、l_G 和 l_R 均为变量，随着船舶的下滑而发生变化。此阶段中的下滑力 F：

$$F=(D_c-\gamma V)\sin\beta-\mu'(D_c-\gamma V)\cos\beta-R_r \tag{10-3}$$

式中　R_r——滑行水阻力，与滑行速度 v 有关，其计算可参阅黄浩主编《船体工艺手册》(第 3 版)；

μ'——动摩擦系数，范围可取 0.015 ~ 0.030。

船舶在此阶段中，在确定的艉浮滑程前提下，根据船舶下滑过程中浮力力矩($\gamma V\cdot l_c$)的增加状况，船舶可能会正常的艉浮但也可能发生船舶仰倾的现象。

(2)船舶开始起浮(艉浮)的条件

随着船舶的下滑，γV 将不断增加，当船舶滑程 S'(含滑道水下部分)达到某一数值时，将出现浮力和重力对艏支架端点 A 的力矩相等的情况，即 $\gamma V\cdot l_c=D_C\cdot l_G$，这时船尾就逐渐绕支架端点 A 旋转并开始自由上浮，称为艉浮。这是希望出现的正常现象，也是船舶开始起浮(艉浮)的条件。

由(10-2)式可得：

$$l_R=\frac{D_c l_G-\gamma V l_c}{D_c-\gamma V} \tag{10-4}$$

在船舶开始艉浮的瞬间，因为 $D_c\cdot l_G=\gamma V l_c$，而且 $D_c-\gamma V\neq 0$，则从(10-3)式可得 $l_R=0$。根据船体梁是一个刚体的假定，反力(亦称艏端压力)$R=D_c-\gamma V$ 将集中作用在艏支架端点 A 处(实际上下水支架和船体还有一定的接触面积)。这种作用力是一个相当大的瞬时动载荷，如果处理不当，有可能发生损坏艏支架或滑道或船体局部结构等不良后果。

一般认为，艉浮时艏端压力 R 值通常是下水总重力的 18% ~ 30%。因此，纵向滑道下水时，必须计算艏端压力并采取相应措施。

(3)船舶仰倾(俗称艉跌落)现象及消除措施

当船舶下水重心 G 经过滑道末端之后，浮力增加较慢，此时船尾仍未浮起，这就会出现重力对滑道末端的力矩 $D_c\cdot B_G$ 大于浮力对滑道末端的力矩 $\gamma V\cdot B_c$，即 $D_c\cdot B_G>\gamma V B_c$，则船舶将以滑道末端 B 为支点发生仰倾现象，即艉跌落，如图 10.19 所示。当发生船舶仰倾时，船台的反作用力集中于端点某处，其值较大，这个力对船体及下水装置是很危险的，因此，在下水计算中要判断船舶是否会产生仰倾现象并计算出上述力的大小。

如果船舶发生仰倾，就有可能是由于滑行的惯性而使船舶冲入水底；或者在船底和滑道末端产生很大的作用和反作用集中力(可达下水总对应重力的 30% ~ 50%)，而使船底结构和滑道末端遭到破坏，甚至造成船舶搁置在滑道末端终止下滑等严重事故。

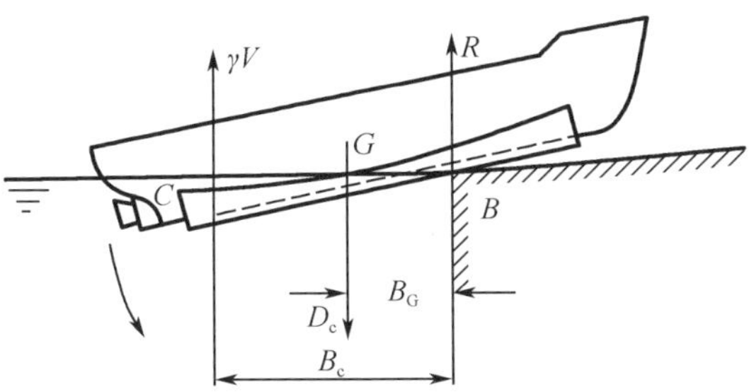

图 10.19　船舶仰倾现象示意图

对于具体的下水船舶和下水滑道而言,其船舶的重心位置和滑道坡度都是固定的。因此,艏端压力的变化和是否会产生船舶仰倾现象,主要取决于浮力 γV 的大小和浮心的位置。而这两者又取决于船舶的龙骨坡度和滑道末端水深(即滑道水下长度)。所以在下水计算中,首先应仔细选择龙骨坡度和下水潮位,然后再考虑是否要采取其他工艺措施。通常采用的方法有:增加滑道坡度(或龙骨坡度);或等待潮位更高时下水,即相当增加了滑道水下部分的长度,也即增加了艉浮滑程。此外还可采用在艏部加压载,使重心前移,相应地减小重力力矩;或在艉部加浮箱,加大浮力力矩,但两者均增大了艏端压力,需要进行校核。

3. 从船舶开始艉浮到完全漂浮

(1)力学现象分析

受力情况与第二阶段相同,根据前述假定,船舶在这个阶段,其艏端压力 R 将完全集中作用在艏支架上,如图 10.20 所示。则可得到力和力矩的平衡关系式:

$$R = D_c - \gamma V$$
$$D_c \cdot l_G = \gamma V \cdot l_c \tag{10-5}$$

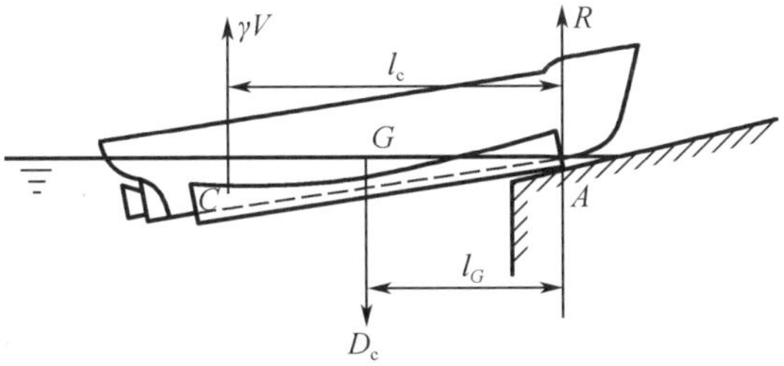

图 10.20　纵向滑行下水第三阶段示意图

式中,R、V、l_c 和 l_G 均为变量,随着船舶的运动而发生变化。

船舶在此阶段中,其运动可视为两个自由度的平面运动,这时龙骨坡度 α 已不再是定值,而是随滑程 S' 不断变化,是一个动态过程。因此,计算时首先要确定在某一滑程 S' 下船舶的平衡位置,然后计算该平衡位置上船舶的排水量 γV,依据(10-5)式的计算结果判断能否起浮,以及满足全船浮起时的滑程 S' 和龙骨坡度 α。根据艏端压力 R 的情况,此阶段可能会正常的完全浮起但也可能发生艏跌落的现象。

(2)船舶完全浮起的条件

当 $D_c = \gamma V$,即 $R = 0$ 时,则船舶完全浮起。这是我们希望出现的正常情况,也是船舶全浮的条件。

(3)艏跌落现象及消除措施

若全船尚未浮起而艏支架已通过滑道末端，这时由于船舶没有浮起，造过早失去了船台滑道支持力的作用，这就会出现船首猛然跌落的现象。此时，滑道面末端水深 H（图 10.21）小于下水船舶艏吃水（T_F+h），即，$H<T_F+h$，$D_c>\gamma V$，$R>0$。

船舶产生艏跌落时，它可能引起艏部结构与滑道末端相碰撞，导致毁坏艏部结构和滑道末端，因此，在下水计算中必须校核是否会发生艏跌落现象。防止发生艏跌落的条件：

$$H>T_F+h \qquad (10-6)$$

式中　H——滑道面末端水深(m)，即该处滑道上表面至设计水位的距离；

T_F——下水船舶全浮时艏吃水(m)；

h——艏支点处船底距滑道面的高度(m)。

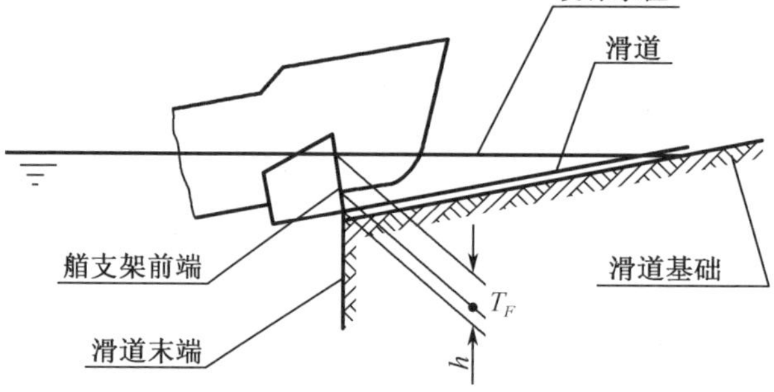

图 10.21　滑道末端水深示意

船舶发生艏跌落后，由于动力作用，船首将突然下沉，其下沉深度将达到艏吃水的 1.5～2 倍。防止船舶碰撞河床的条件：

$$H'\geqslant 2T_F-H \qquad (10-7)$$

式中　H——滑道末端处的河床水深(m)。

由式(10-6)可知，防止艏跌落的条件是滑道面末端距水面的深度应大于船舶下水后的艏吃水加上艏支架处船底距滑道面的高度。故为了避免这种碰撞事故，通常在滑道末端留一凹槽，如图 10.22 所示，但是这种凹槽在水工建筑结构处理上比较复杂，且仅对型线瘦削的船首有效。对在已有船台上的船舶，可等待潮位较高时下水，相当于增加了滑道末端的水深，使滑板艏端离开滑道末端时浮力增加，从而达到消除艏跌落的目的。此外还可采用在艉部加压载，使船舶重心后移，加大船舶的艉倾，以减少艏吃水，但这有可能产生船舶仰倾现象，需要进行校核。

4. 从船舶完全漂浮到船舶运动完全停止

下水船舶在离开滑道以后，由于惯性作用将在水中继续滑行，由于船舶受到水和其他制动物的阻力，其滑行速度将逐渐减小，直到停止滑行。从船舶完全漂浮到船舶停止滑行这段距离称为船舶自由冲程，实践统计表明，船舶自由冲程为船长的 2.5～3 倍。

此阶段船舶有可能产生剧烈的纵摇、横摇、转艏及升降运动，因此，应校核船舶稳性是否充分。有时由于船厂水域宽度较窄，不能满足船舶自由冲程的要求，若让船舶自由滑行，则可能发生下水船舶撞到对岸或水域中的其他锚泊物和设施，因此，必须采取工艺措施，将船舶自由冲程控制在一定的范围内。故在下水准备时，必须了解船舶自由冲程的长度和船厂的水域条件,以便确定是否需要采取制动措施。常用的措施有盾板制动、缆索制动、阻荷制动、锚制动等。如抛锚制动,当船舶离开滑道冲入水中后,将预先准备好的艏锚抛出,借助锚与水底的摩擦力和抓持力以达到制动的目的。

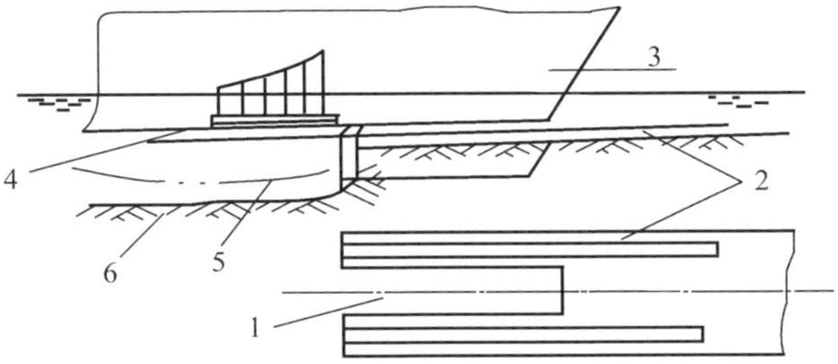

1—凹槽;2—滑道;3—船首;4—滑板;5—艏端轨迹;6—河床。

图 10.22　滑端末端凹槽

最后要说明的是,对在某船厂倾斜船台上建造的船舶来说,纵向滑道的主要参数在修建船台时已经确定,所以在船舶下水计算时,我们只能根据已确定的滑道参数值和下水计算结果来制定安全下水方案,并分析是否需要采取必要的措施。

(二)船舶纵向滑行下水动力学问题的提出及其思路

1. 传统计算方法的不足

长期以来沿用的下水计算方法,是下水静力学计算方法,其理论依据是将船体和船台(包括滑道和墩木)视为刚性体,以重力矩和浮力矩作为判断船舶起浮和运动的条件。由于此种方法局限性较大,没有考虑下水过程中的诸多动力变化因素,计算结果比较粗略,因而难以适应现代船舶对建造质量和安全控制高标准的要求。主要反映在下列几个方面:

(1)船舶纵向滑行下水的传统计算方法虽然基本反映了船舶下水的基本过程,但这种方法在力学模型上做了较多的简化,尤其是对一些在下水过程中会对船体造成损害的受力过程进行了简化和忽略,如船底墩木的支反力是造成船舶下水时船底局部结构受损的主要原因,而传统的下水计算方法没有考虑船底墩木的弹性作用,在计算船底支墩反力时只是将其均分到一定的墩木上,平均压力分布并没有反映出船底支墩反力的实际变化情况,无法准确分析滑道与船台的受力情况。

(2)传统的下水计算忽略了船舶下水过程中船体所受的水动力。除浮力外,船体在入水后还受到粘压阻力和附加惯性力,且艉部入水形状极不规则,同时由于下水附体的存在,对船体在水中的运动姿态有较大的影响,且不能很好地把握船舶下水过程的速度和加速度。

(3)此外航道侧流会使船体产生横向漂移,横漂过大会对船体下水造成危害,同时对最大压力值和位置、下水全过程中船体与船台的接触情况、各支墩对船底作用力的数值及其变化等情况影响较大。

2. 考虑水动力影响的弹性入水计算方法的提出

为此,为了能对船舶下水状况有一个比较准确的评估,提出了一种新的下水计算方法,即称为下水弹性计算方法,其理论依据是考虑船舶下水过程中所受到的水动力,同时将船体视为弹性变断面梁,将墩木视为船底的弹性支承,引入弹性下水计算模型,采用有限元方法对相关结构变形进行计算。

3. 基于动力学的船舶纵向滑行下水分析思路

考虑水动力影响的弹性入水计算方法就是把船舶下水过程看成结构物入水，根据近似平板理论和附加质量力观点，运用动量守恒定律来求解相应的流体作用力，建立考虑动量传输引起的附加力影响的船体运动方程，同时也认为船体是弹性变形体，通过船底局部结构、船底支墩和滑道板支持在船台滑道上，在下水滑行过程中，船体及其支持装置都将发生变形，并且支持装置逐渐脱离船体。其思路如下：

(1)先建立物体运动平衡方程，求解运动平衡方程得到某一时刻的船体位置、运动速度和加速度；然后在这一时刻进行船体结构的变形迭代计算。

(2)将船体视为一根等效的弹性变断面梁，船梁在浮力、分布重力、支墩反力的作用下，在垂直平面内呈弯曲状态。

(3)利用结构有限元分析方法，求出此刻的船梁变形结果，将此结果反映到船体所受浮力的变化上，通过迭代计算，得到一个确定位置，使船体所受力的平衡条件、变形协调条件和弹性支持接触脱离状态的协调性均获得满足，得到瞬时的下水状态，进而重复进行下一时刻的计算，直至全船完全脱离船台为止。

通过计算求得整个下水过程中船台的受力分布情况、船体所受的弯矩、剪力和变形，从而能够对船台强度进行判断并校核船体下水强度。

4. 下水弹性计算方法的优点

与下水静力学计算方法相比，下水弹性计算方法能够比较全面地预报下述现象：

(1)下水过程中总纵弯矩和剪力的分布与变化情况，船体受到的最大总弯曲应力和剪切应力；

(2)下水过程中各个支墩对船底反作用力的数值及其变化情况，特别是滑行初期船台末端对船体的反力及滑行后期艏部支持区的支墩反力值；

(3)船体在滑行中与船台的接触与脱离情况，判断有无艏跌落现象；

(4)滑道与船台的受力情况、最大压力值及其所在位置。

由此可知，采用下水弹性计算方法显然更加有利于保证船舶下水的安全和预防船体结构的受损。然而，由于船舶下水过程是一种极为复杂的运动，船舶所处的状态、滑行的速度和加速度、船体所受的浮力、船体和滑道间的接触压力及动摩擦力等许多参数都在下滑过程中不断变化，使得在下水计算中的一些边界条件及运动参数极难确定，故不仅使计算方法变得十分复杂，也实际影响了计算结果的准确性。

(三)下水曲线图

船舶在下水之前必须进行下水计算，并绘制下水曲线，据此可以了解该船在下水过程中是否会发生不利现象(如船舶仰倾或艏跌落现象等)，便于事先采取措施，保证安全下水。下水静力学计算方法可参阅盛振邦、刘应中主编的《船舶原理》(上册)中的相关章节。此处仅简要介绍下水曲线图。

1. 下水曲线图的形式及主要曲线

典型的下水曲线如图 10.23 所示。横坐标代表行程 S，即船舶在滑道上的移动距离，纵坐标为下水总质量 D_c 及力矩。下水曲线图中通常包括下列曲线：

(1)下水总质量 D_c(t)

$$D_c = W + P = 常数 \quad (水平直线)$$

式中　W——船舶下水质量(t)；

　　　P——下水装置质量(t)。

(2)不同滑程 S 下船舶的浮力 γV(tf)

$$\gamma V = f_1(s) \quad \text{（曲线）}$$

式中　γ——水的密度；

　　　V——船舶入水部分的排水体积。

(3)下水总质量 D_c 对滑道末端的力矩(tf · m)

$$M_D = D_c \times B_G = f_2(s) \quad \text{（倾斜直线）}$$

式中，B_G 为下水总质量 D_c 的重心至滑道末端距离。

(4)浮力 γV 对滑道末端的力矩(tf · m)

$$M_V = \gamma V \times B_c = f_3(s) \quad \text{（曲线）}$$

式中，B_c 为浮心至滑道末端距离。

(5)下水总质量 D_c 对艏下水架前支点的力矩(tf · m)

$$M'_D = D_c \times l_G = \text{常数} \quad \text{（水平直线）}$$

式中，l_G 为下水总质量 D_c 的重心至艏下水架前支点距离。

(6)浮力 γV 对艏下水架前支点的力矩(tf · m)

$$M'_V = \gamma V \times l_c = f_4(s) \quad \text{（曲线）}$$

式中，l_c 为浮心至艏下水架前支点距离。

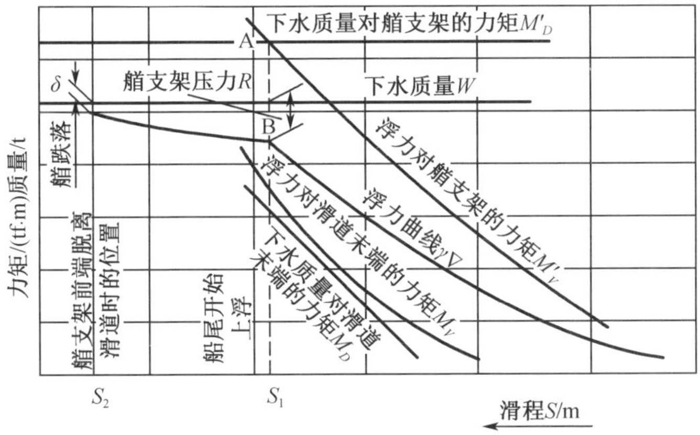

图 10.23　下水曲线图

下水计算的目的，是计算以上各项数值，并将结果绘制成下水曲线图，作为预报及评估下水安全性的主要依据之一。

2. 下水曲线图的解读

通过下水曲线图，我们可了解船舶下水过程中的相关情况，尤其可以判断船舶下水的安全条件，即是否发生仰倾和艏跌落等现象。

· 下水总质量 D_c 与浮力 γV 曲线之差即为船舶在不同行程 S 时滑道的反力 R，即 $R = D_c - \gamma V$。

· M'_D直线与 M'_V 曲线的焦点(图中 A 点)表示船尾开始上浮，与之相应的 S_1 表示船尾开始上浮时的行程数值。

·根据图中的 M_V 曲线与 M_D 曲线的位置,可以判断船舶在下水过程中是否发生仰倾现象。若 M_V 曲线位于 M_D 曲线上(即 $M_V > M_D$),则表示在整个下水过程中,M_V 总是大于 M_D,因而不会发生船舶仰倾现象。

·当下水进入第三阶段后,其浮力 γV 随行程 S 的变化规律如图 10.23 中的 B 点以后的曲线所示。根据艏下水架前支点离开滑道末端的行程 S_2 所对应的浮力 γV 和下水质量 D_c,可判断是否会发生艏跌落现象。若 γV 与 D_c 两曲线在 S_2 对应点上相交(即 $\gamma V = D_c$),则不会发生艏跌落现象;若 γV 曲线在 D_c 曲线之下(即 $\gamma V < D_c$),则将发生艏跌落现象,图中之 $\delta(\delta = D_c - \gamma V)$ 即为艏落重量。

3. 滑道载荷状态分析

在滑行开始前,滑道承受由船舶下水总重量引起的静载荷;自滑行开始至船舶离开滑道完全起浮为止,滑道载荷则不断变化,通常至艉浮开始时达到载荷最大值。船舶滑行过程中滑道载荷的变化情况如图 10.24 所示。通过滑道的载荷状态分析,可以为滑道下水油脂(或滚珠装置)及艏支架(或艏部横梁)的承压强度提供依据,以确保其工作可靠性。

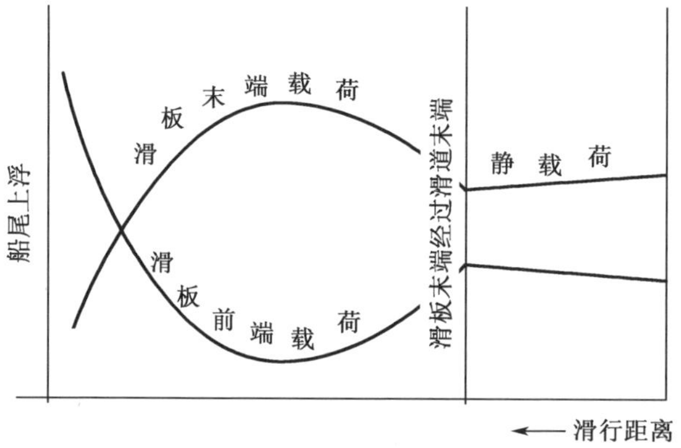

图 10.24　倾斜纵向滑道载荷状态曲线

二、纵向涂油滑道下水工艺

用倾斜船台辅以纵向涂油滑道,使船舶沿纵向滑行下水的方式,能适用于各种类型和不同下水重量的船舶,其适应范围相当广泛,是目前国内外普遍采用的下水方式。

1. 下水设施的配置与布设

纵向涂油滑道下水中的设施主要有滑道、滑板和止滑器等装置,应结合下水船舶类型、主尺度和下水重量进行合理的配置和布设。

(1)船台的承载能力分析

确定船台载荷的主要计算依据是船舶的下水重量。因此,准确计算船台载荷时,应根据船舶的下水重量及其分布曲线,考虑相近类型船舶的情况,可以得出船舶单位长度的线载荷,然后换算出船台的纵向及横向两个方向的负荷分布,其中包括船台线负荷分布和滑道线负荷分布,以此确定各墩木载荷。船舶下水重量对船台的作用压力不能超过船台和滑道的许用承载能力。

(2)滑道的配置

船台表面呈倾斜状态,滑道直接铺设在船台上,船台的坡度一般可较滑道坡度小 1/200 ~

1/100。滑道的表面一般为木质结构,其上涂有滑道油脂,以减小滑道与滑板间的摩擦系数。涂油滑道的滑行性质为滑动摩擦,涂有油脂的滑道与滑板之间的静摩擦系数不能大于0.035,以保证船舶能自行下滑。船舶的下滑特性还与滑道的几何参数密切相关。

滑道的坡度应能满足船舶自行下滑和及时艉浮的必要条件,也就是下水船舶重量产生下滑力必须大于滑道与滑板之间的静摩擦力。滑道坡度倾角越大,下滑力也越大。在选择滑道坡度时,除了满足船舶自行下滑的条件外还应考虑其他因素的影响,如坡度太大,艉浮时会产生过大的艏端压力而影响船体结构的强度,同时也会增加船台造价,一般不同长度的船舶下水滑道坡度常用范围见表10.2。

表10.2　船舶纵向下水滑道坡度常用范围

船长(m)	滑道坡度范围
小型船舶(<60)	1/15~1/12
中型船舶(60~120)	1/19~1/15
大型船舶(120~200)	1/24~1/19

滑道的长度分为水上部分长度和水下部分长度,其水上部分和水下部分的划分是以设计下水低水位与滑道面的交点为界。滑道末端水深的确定,以能满足船舶全浮的条件为依据。

滑道的有效宽度与船舶下水的重量、滑道数目及滑板长度有关,滑道必须有足够的宽度以使滑道平均单位面积压力不超过下水油脂的正常压力。

综合考虑船台布置、下水装置布置、船台作业及建造成本等因素,滑道的高度一般取0.8~0.9 m。

对于双滑道船台,两滑道中心距大小对船舶下水特性有较大影响。滑道中心距过小,下滑船舶的稳定性就差;中心距过大,船舶和滑道的受力情况恶化。一般滑道中心距在(1/3~3/7)船宽范围内。有时考虑到滑道安装误差,以及船舶在艉浮时受各种力的作用而使滑行方向产生偏移。为保证下滑顺利,滑道间距应成喇叭口形状向水面方向略有扩大,一般末端间距较顶端增大50~100 mm。

在滑道载荷计算中,不仅是为了确定滑道的承载能力,同时也是为了检验滑道油脂及艏支架(或艏部横梁)的强度及其可靠性。滑道载荷仅在船舶下水过程中发生,应同时考虑静载荷和动载荷的作用及其变化规律。在滑行开始前,滑道承受由船舶质量引起的静载荷;自滑行开始至船舶离开滑道完全起浮为止,滑道载荷则不断变化,通常至艉浮开始时达到载荷最大值。

(3)滑板的配置

滑板铺设长度可取船舶垂线间长的80%~90%,实际铺设长度一般为船舶总长的90%~95%;滑板宽度可与滑道宽度相对应;滑板厚度视船舶主尺度和下水的重量而定。滑板之间用连接件连接起来,以保持一定距离。为避免下水过程中滑板与滑道"卡住",在铺设滑板时,其侧面与滑道内侧面应留有20~30 mm的间隙。为防止滑板从滑道上滑出,在两滑道上滑板之间装设适当数量的撑木或松紧螺旋扣,以保持两滑道上滑板之间的距离,确保滑板在滑道上安全滑行。

(4)止滑器的配置

当拆除了下水墩木,船舶重量便转移到了滑板上,这时对船舶下水是由安装在滑道上的止滑器进行控制。止滑器的安装位置对保证船舶安全下水是极为重要的,通常主止滑器的安装位置设置于船舶中前部,一般可取在离船首2/5船长处。而辅助止滑器一般在船舶中后部。在止滑器许可承载能力范围之内,应尽可能减少止滑器的设置数量。对大多数中、小型船舶,一般设置一对同类型止滑器即可,必要时再加装1对辅助止滑器。只有在大型船舶下水时,必要时才考虑设置2~4对止滑器,其中2对主止滑器可设置在滑道同一部位的内、外侧。每个止滑器的载荷可按经验公式取 $P_0=0.05D_c$(式中 D_c 为下水总质量t)。

(5)滑道油脂的配置

倾斜船台滑道滑行下水的基本条件就是要在滑板与滑道之间形成滑行面,且滑行面的摩擦力应尽可能小。对由下水油脂构成的滑行面,其滑道与滑板间油脂的静摩擦系数 μ_0 是决定船舶自行下滑的重要条件。而静摩擦系数 μ_0 与滑道材料、滑道表面光洁度、油脂成分、气温、湿度以及滑道的压力有关。

下水油脂一般分为承压层和润滑层两层,也有分为承压、过渡和润滑三层的。承压层的主要作用是承受船舶下水时的压力,并保持表面平整,是由不同质量比例的石蜡、硬脂酸、松香等调制而成。润滑层的主要作用是保证滑板与滑道间的润滑,减少它们之间的摩擦力。根据地区及下水季节的不同,对下水油脂有不同的配方要求。因此,下水油脂必须满足下列基本要求:

①能承受足够的压强,保证受压后不向外逸出;

②具有较小的摩擦系数,满足船舶自行下滑条件,并使油脂涂层发挥正常作用;

③与滑道及滑板间有良好的附着力,浇涂后不产生裂缝和剥落;

④与海水接触时不产生化学反应,且在各种温度下具有良好的性能稳定性。

滑道涂油部分可分为水上涂油部分和水下涂油部分。滑道油脂的厚度由承压层(包括过渡层)的厚度和润滑层的厚度两部分组成,润滑层的厚度以能均匀覆盖承压层(或过渡层)为原则。承压层(包括过渡层)的最小浇涂厚度可参阅相关标准。

(6)下水墩木、下水支架及下水钢横梁的设置

船舶下水前,需将船舶从船台建造墩木降到下水墩木上。下水墩木既要能够临时支撑下水船舶的质量,又要便于迅速拆除,以便船舶能够安全迅速地坐落到滑板和下水架或钢横梁上。下水墩木按横向布置位置同样可分为龙骨墩(中墩)和边墩,设置在船底外部的强结构处,通常在下水前临时设置,也可在船舶总装中设置,可同时作为建造墩木使用,故可实现一次布墩,以缩短下水准备时间。

船舶在下水过程中,艏艉部是主要的受力位置。为改善受力情况,下水时一般设有艏艉下水支架,即船舶的首、尾部由坐落在滑板上的艏、艉支架承托。艏艉下水支架一般应设置在船体结构较强的内部骨架交叉处,其结构形式是以其所在部位的船体型线特点所决定,应与艏艉部可靠的支撑和贴合。图10.25为某中型船舶下水用的一种钢质简易艏支架。下水艏支架(又称前支架)的设计与强度校核的主要依据艉浮时艏支架处的最大压力,其值可由下水计算得出,也可根据经验公式及实船统计资料估算。

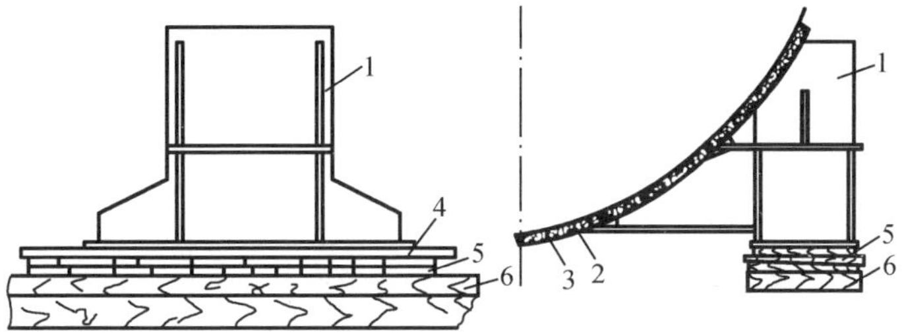

1—钢质支架;2—支托板;3—垫木;4—木板;5—木楔;6—滑板。

图 10.25　钢质简易艏支架

艏艉支架的结构比较复杂,需要大量的木材和钢材,经济性差。目前除比较特殊的船型外,一般都采用无艏支架下水工艺方法。现已普遍采用以钢制横梁代替艏、艉支架的“横梁下水”工艺,即通过下水横梁传至滑板。下水钢横梁的形式和配置方式如图 10.26 所示。钢横梁并无通用的形式或规格,一般可制成桁架式或箱形水密结构,其应作载荷校核。

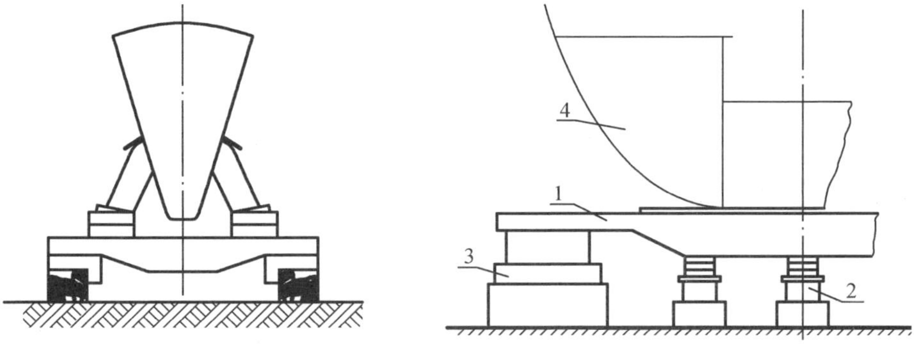

1—钢横梁;2—下水墩木(中墩);3—滑道;4—船体。

图 10.26　钢横梁的设置

2. 纵向滑行下水设施的典型布置

综上,纵向滑行下水设施的典型布置通常有下列三种形式:

(1)常规下水的工艺布置,如图 10.27 所示。其特征是设有艏、艉支架,其结构形式可根据艏艉结构特点及下水计算情况来确定。

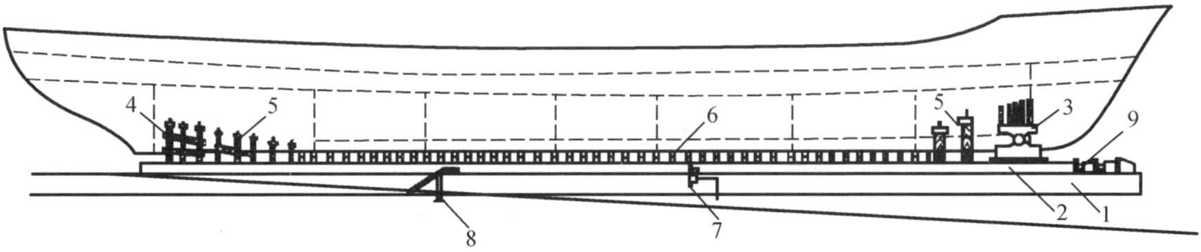

1—滑道;2—滑板;3—铰链式艏支架;4—艉支架;5—中间支撑;
6—滑板垫木;7—主止滑器;8—辅助止滑器;9 - 艏部千斤顶。

图 10.27　常规下水的工艺布置

(2)采用“横梁下水”的工艺布置,如图 10.28 所示。其特征是设有艏、艉部横梁,其设置位置及数量可根据艏艉结构特点及下水计算情况来确定。

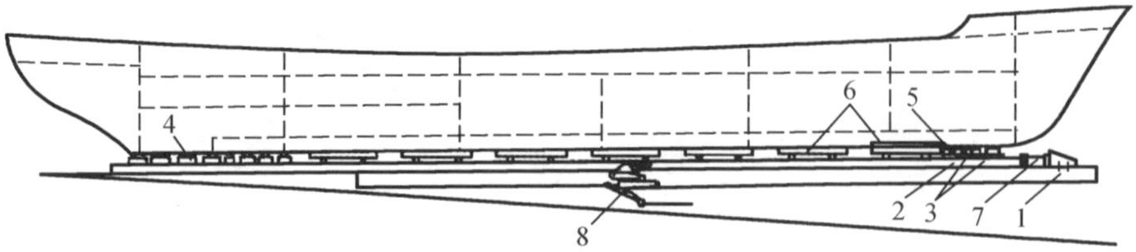

1—滑道;2—滑板;3—艏部横梁;4—艉部横梁;
5—垫板(厚钢板);6—滑板垫木;7—艏部千斤顶;8—止滑器。

图 10.28 “横梁下水”的工艺布置

(3)采用“无艏支架下水”的工艺布置,如图 10.29 所示。取消艏支架(包括艉支架)及其附属装置,只使用普通墩木的“无艏支架下水”工艺,即艏、艉部分通过木垫直接坐落于滑板上。在大型运输船舶和趸船的下水中已有采用,但对艏艉部型线瘦削的船舶不采用。

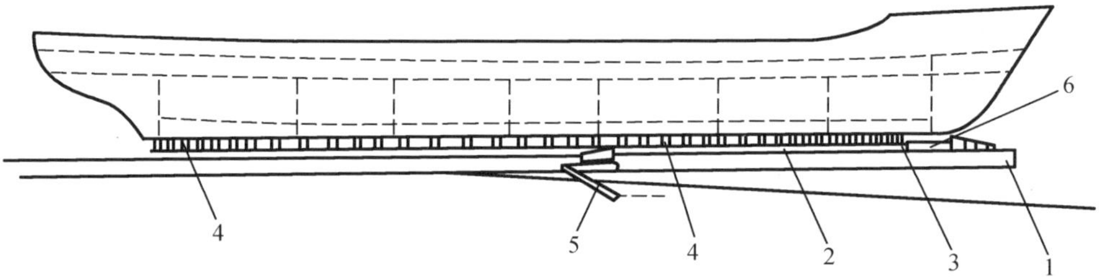

1—滑道;2—滑板;3—艏部垫木;4—滑板垫木;5—止滑器;6—艏部千斤顶。

图 10.29 “无艏支架下水”的工艺布置

3. 下水工艺准备及操作过程

(1)工艺准备内容及下水前的检查

①根据船舶尺度、下水重量、船台坡度、潮位和油脂配方进行下水计算,确定船舶的下水状态,包括滑行速度、艉浮和受力状态分析,并采取相应的压载制动等安全技术措施。同时根据船厂下水经验及技术条件,确定采用何种下水工艺方法(如艏支架下水工艺、或横梁下水工艺等)。

②检查滑道面是否平整,滑道中心距(开挡)是否准确。检查止滑器位置是否正确,安装是否可靠,连接是否良好。

③检查船上下水压载的位置和数量是否符合规定(如有)。除去船台多余物件,使船锚处于备用状态,拆除船底的刚性固定构件,并做好船底油漆工作。

④检查滑道油脂的配制、下水前滑道上浇敷油脂、铺设滑板和墩木是否符合要求。应注意使滑道和滑板处于低负荷状态,以免油脂逸出,做好滑板和墩木等构件的连接和固定工作。

⑤船舱内做好操舵机构的刚性加强固定工作和船体外壳无孔性检查工作。

⑥检查下水墩位是否与船身紧贴。检查艏、艉支架是否牢固,或下水横梁、或艏部垫木的布置是否符合要求。

(2)下水操作程序

船舶下水通常按以下程序操作:

①拆除船体外部的所有连接件,撤去舷外脚手架、梯子;操作人员(包括船上人员)就位;打紧全船滑板面的木楔;

②拆除下水龙骨墩(中墩);

③拆除下水边墩(若有数列边墩时,由中向外依次拆除);

④压紧滑板前端起动千斤顶;

⑤发出下水指挥令;

⑥砍断下水操纵钢索即松开主止滑器,船舶即自动下水。

三、纵向滚珠滑道下水工艺

1. 下水设施

滚珠滑道纵向下水方式是近来发展起来的新工艺,其下水设施的特点主要体现在滚珠下水装置上,其组成如图10.30(a)所示。滚珠滑道下水对船台和滑道特性要求以及下水设施的布置与涂油滑道下水无多大区别。由于滚珠滑道摩擦系数较小,下水时容易启动,为使下水滑行速度不至于过大,要求滑道坡度略比涂油滑道小,通常为1/22~1/24。为了保证滚珠下水的安全,除了采用正确的滑道坡度外,必要时应采用下水阻尼措施。

滚珠是滚珠滑道下水工艺的主要设施,一般滚珠的直径为80~100 mm。滚珠在下水过程中是在滚动中受压,因此,对滚珠的制造要求较高,应具有防锈能力,常用高铬钢制作。为了使滚珠在一定的范围内滚动而不互相碰撞,需用保距器使各个滚珠之间保持一定距离,保距器上开有按一定形状分布的孔(图10.30(b)),下水滑行过程中每个滚珠在各自的孔内滚动,滚珠连同保距器一同向下滑行。依孔数的不同保距器可分为普通型和用于艉浮区的专用型两种。保距器的长度为1.0~1.2 m,宽度按滚珠纵列数目和滑道宽度来确定。保距器上设有滚轮,使保距器与滑道间保持一定的距离,并减少与滑道间的摩擦。各保距器之间用连接搭扣相连,以保证各保距器一同下滑而不错位、重叠。为了收集下水时落下的滚珠和保距器,在滑道的末端设置有回收坑或钢架网袋。

与涂油滑道不同,滚珠滑道既受各个滚珠的分布压载荷,局部压强较大,又受滚珠的滚动摩擦,所以要求滑道表面有一定的硬度,滑道的不平度要小,以减小振动。同样滑板与滚珠接触面也应有足够的硬度,以不产生过大的凹陷。一般在滑道上表面和滑板下表面设置有厚度不小于18 mm的钢质轨板,艉浮区的轨板厚度应取大些。为控制滚珠的下滑稳定性,在滑道上装有导向轨条。

2. 下水操作过程

(1)从滑道的首端开始,在滑道上逐一放置保距器,然后按预定的数量在保距器内设置滚珠。

(2)在已安置妥的滚珠和保距器上逐一安置滑板,从首端向尾部滑行设置。

(3)将第一块滑板同滑道临时固定,前后滑板互相连接。

(4)安装止滑器,与滑板固定,并加保险装置。滑板上方铺设墩木和紧固件。

(5)安装滚珠回收箱。用吊车将回收箱吊放在水下滚珠回收坑内,经检查调整位置后同滑道固定。

(6)在滑道末端设置保距器回收网。

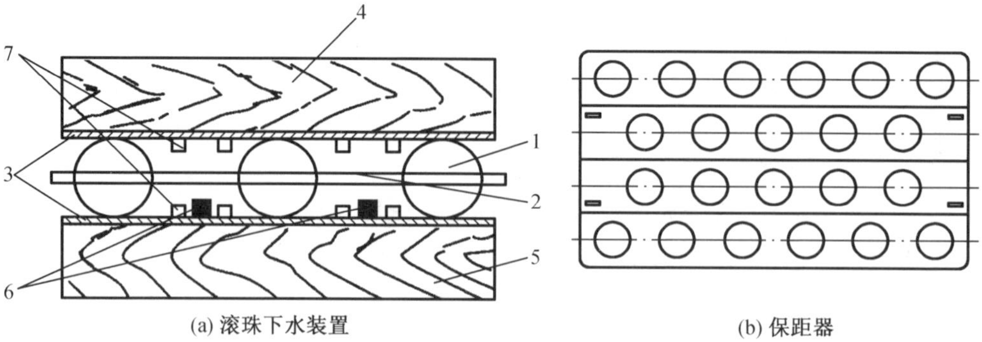

1—滚珠;2—保距器;3—钢质轨板;4—滑板;5—滑道;6—滚轮;7—导向轨条。

图 10.30　滚珠下水装置的组成

(7)下水前检查滑道水下部分滚珠及保距器是否正确就位。

(8)下水时拆去所有墩木,压紧滑板使船舶重量移至滑道上。

(9)首先打开辅助止滑器,第二步打开主止滑器,使船下滑。

第三节　干船坞下水简介

由于船台构造本身的特点,已难以适应建造大型船舶的需要,特别是大型船舶在船台下水时操作困难,安全性难于得到保证,而干船坞下水操作方便、安全可靠,故对于大型和特大型船舶的建造,干船坞建造具有无可替代的优越性。目前 10 万载重吨以上大型船舶基本上都是在干船坞内建造并下水的,如图 10.31 所示。所谓干船坞下水(简称出坞)是指在干船坞中建造的船舶由坞内移入水域的工艺过程,即下水前注水入坞,使船舶浮起,即可开闸将船舶拖离干船坞。

图 10.31　在干船坞建造的大型船舶

1. 干船坞造船的主要特点

（1）船舶在干船坞中建造时处于水平状态，十分有利于船体分段（总段）和设备的定位及安装，其不仅能缩短作业时间，而且能提高安装精度。

（2）在干船坞中建造的船舶，有一大部分的起重作业在起重机轨面以下，可减小大型起重机的实际高度，有利于降低起重设备的制造成本。

（3）尽管干船坞的建造成本较船台高，但在干船坞内比较利于实施半串联、串联或并联造船法，对提高船厂的生产能力、降低造船的综合成本也更为有利。

2. 干船坞下水的主要工艺装备

利用干船坞下水时，船舶始终平稳地处于自然浮起的状态，下水无须滑行，对船厂水域宽度的要求大为降低，所以它是一种简易而又安全的下水方法。其主要工艺装备有：

（1）系船系统

系船系统主要是系船柱，布置于干船坞两侧顶面。前侧系船柱位于坞壁与临坞侧轨道之间，后侧系船柱距离坞壁较远，分别在船舶进出坞和船舶定位操作时使用。

（2）引船系统

引船系统包括引船小车、引船绞车、电动绞盘、轨道及其配套设施。引船小车一般设于坞墙顶面的轨道上；引船绞车设于坞首的后方；电动绞盘设于坞口和坞首处，对大型干船坞也可在中部两侧增设。

（3）墩位类型及布置

基于干船坞下水的特点，船台上使用的下水墩木和一些建造用的金属墩木对干船坞已不适用。因干船坞内所设置的墩位需要固定，故常规使用的干船坞墩位以木质和混凝土墩或钢木混合的结构形式为主，其尺寸规格参见坞墩布置图。近年来在一些船厂中已开始部分采用机械、液压和气动三种类型的可调节墩位，以提高铺墩效率。墩位布置按横向可分为中墩和边墩，中墩有单列式和双列式之分。墩位列数视船舶型宽及载荷来确定。

此外，在干船坞内还配有作业车、坞梯、专用标志，设于干船坞坞壁两侧的橡胶护舷以及按工艺要求设于坞底一定位置的坞底预埋件等。

3. 干船坞下水的技术要点

干船坞下水时船舶所处的状态及其运动过程，与船舶在倾斜船台下水时有很大差异，故需要考虑的技术要素也不同，其中主要为船舶起浮时纵倾值的确定和下水时风压的计算。

由于船舶下水时并未完全建造完毕，反映在下水前船舶的安装完整性上。此时船舶的重力分布和吃水后的浮力分布往往无法保证船舶处于设计时的正常浮态，因此，在船舶逐渐上浮的过程中就有可能不是平稳的浮起，而在船体底部某些部位产生较大的压力。为避免此种情况的发生，应根据下水前船舶的重力分布情况和不同吃水时的浮力分布，进行船舶的压载计算和浮态调整计算，以便在下水过程中实时通过调整船舶的压载状态，使船舶始终保持平稳的浮态。

（1）纵倾值的确定及相应措施

①船舶起浮时纵倾值的确定

船舶起浮时纵倾值的准确选择，对保证下水安全具有极为重要的作用。船舶理想的浮态无疑是水平起浮，但由于确定船舶重心位置时难免存在的误差，就可能导致船体或墩木的损坏。为避免此类事故的发生，需要在下水设计时预先使船首或船尾处于纵倾状态。一般情况下，船舶下水时的重心与下水吃水状态下的浮心的相对位置，是后者较前者更靠近船首，所以从压载重量及下水时所要求的水深条件考虑，设为艉倾就更为安全，艉倾值的设计范围一般为 200 ~ 300 mm。

船坞下水设计的主要内容：首先就是要决定船舶的纵倾方向和纵倾值；其次是决定压载重量和支点载荷（又叫支点反力）。应尽可能准确地计算船舶的质量和重心位置，以减小纵倾误差，提高下水安全性。

②应根据计算要求的压载重量确定压载位置（即支点反力的作用位置）。压载位置应选在船体结构比较坚固的部位，避免结构薄弱的部位受到损伤。一般采用注水方式施加压载，注水前，应检查压载下方的墩位强度，必要时应增设临时墩位。

（2）风压的计算及相应措施

干船坞下水时，风压对船舶的作用如图 10.32 所示。风压会引起船舶的漂移，从而可能导致船体与坞壁碰撞而受到损伤，特别是对于大型及多层长桥楼的船舶，应予以高度重视，并计算风压的影响。

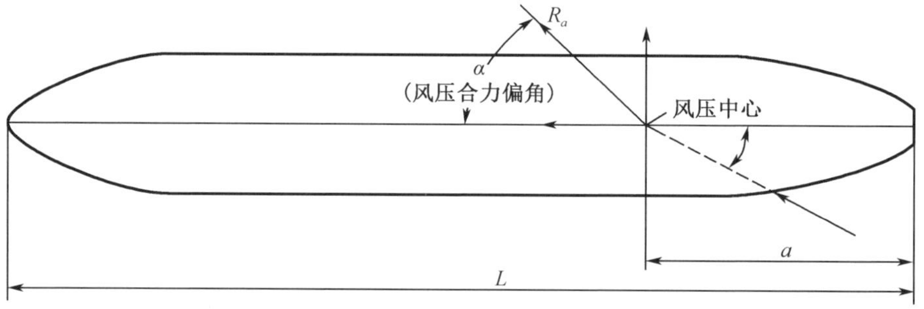

图 10.32　风压对船舶的作用情况

针对风压的影响制定相应的预防措施。如在坞壁适当的位置上装设碰垫，以防止由于风压作用使船体漂移挤靠坞壁而损坏船体；在两侧坞壁装设牵引装置，下水时从两舷牵住船舶，同时作平行移动，以避免船体触碰坞壁。当然，最好在大风天气应停止进行下水作业。

4. 干船坞下水的准备工作及作业程序

（1）下水前的主要准备工作

①下水计算和下水工艺文件完备；

②下水压载按设计纵倾值要求加载完毕；

③需要增加的临时墩位已按要求铺设完毕，并已按工艺要求打紧（或松开）；

④下水作业需要的有关设施和安全措施（包括船上带缆桩、导缆孔、坞边带缆桩、牵引装置、船坞抽水设备、拖船等）准备就绪，工作状态完好；

⑤船上的多余物件已经清理，移动物件已经固定；坞内已经清理。

（2）干船坞下水的作业程序

在潮高满足下水计算要求以及气象条件能满足安全下水的要求的前提下，就可进行干船坞下水（又称船坞出水、出坞），其作业程序见表 10.3。

表 10.3　干船坞下水的作业程序

作业程序		作业要点
1	加注压载水	(1)注水应按工艺要求的次序进行； (2)注水至一定高度后应放慢注入速度或暂停注水，检查放水塞、通海阀门及相邻舱室的情况，并检查墩位情况，需要时进行调整，情况正常后继续加注
2	放水入坞	(1)放水过程中应在舱内检查放水塞、通海阀门等是否有渗漏情况，发现异常应及时处理； (2)检查螺旋桨、舵叶等受水力冲击时是否发生位移； (3)留意船体受浮力后是否有异常声响
3	船体浮起	(1)注意监察船舶浮态和风向、风力变化，判断是否需要进行调整；船舶浮起后，观测吃水状态并进行计算； (2)在起浮过程中应及时调整稳定缆索，防止船舶偏离中心位置
4	开启坞门	(1)下水前，根据不同的坞门类型预先做好开启坞门的准备工作； (2)坞门开启后应固定，防止发生漂移
5	拖曳出坞	注意风压、风向，及时控制船舶位置，防止船舶偏移或左右摇摆导致碰撞坞壁

第四节　气囊下水简介

船舶采用气囊下水是我国独创的下水方法，目前已日趋成熟，设备简单、机动灵活，对船台和滑坡的要求不高，且投资少。随着气囊原材料的改变，以及囊体结构和制造工艺的改进，气囊的承载能力以及相关性能指标有了很大的提高，如采用的“高承载力揉压气囊”已经能够使万吨级船舶安全下水。

1. 气囊下水的工艺过程及主要特点

(1)船舶气囊下水的工艺过程

船舶下水时，首先在船底适当位置放置若干直径较大的支承气囊，将船舶抬升至一定高度，使船舶重量全部坐落在气囊上；随后依次拆除墩位，按布置要求置入滚动气囊，并将支承气囊中的空气放掉，使船舶重量全部坐落在滚动气囊上，并调整好气囊工作高度；然后利用牵引绞车并借助气囊的滚动将船舶向水域方向移动，在移行过程中不断地在船舶的前进方向上将气囊填入船底，直至船舶移至水边，并在船尾放好最后一只气囊为止。待水位到达预定高度时，即可松脱钢缆，使船舶依靠自身重力滑移下水，若下滑力不足，则船舶应继续在绞车控制下缓慢入水，必要时，也可用尾部拖索继续将船舶拖带入水。

(2)气囊下水的主要特点

①气囊下水只需气囊平铺于坡道(即带有一定坡度的船台)之上，不需要专用的下水滑道；气囊的柔性弥补了场地不平的缺陷，其宽大的接触面积使船底承压均匀，故对船台和滑坡的要求不高。因而，气囊下水既可用在混凝土基础的船台，也可用在坚实砂地和泥地的

简易船台,从而可节省船台基建投资。

②气囊下水的滑程较短,故船台水下部分的长度大为缩短,不仅节省基建投资,而且降低了对水域条件的要求。故对水域狭窄、水位变化较大的船厂较为适用,尤其适用中小型船舶下水。

③同滑行下水相比,气囊下水的物料消耗少,准备时间短,维护费用少,且对水域无污染,气囊还可多次使用,故下水成本明显降低。

④同滑行下水相比,气囊下水时船体的受力状况更为均匀,但同时气囊下水又更可能出现艉跌落和艏跌落以及船底局部结构受损等事故,导致下水安全性不稳定,这有待进一步研究解决,如改进船台尾端的形状,适当增加船台的水下长度等有效措施。

由气囊下水特点可见,同其他下水工艺相比,气囊下水方法不仅具有显著的综合经济效益,而且可简化船厂的总体布局。因而在众多中、小型船厂中获得了广泛的采用。但有必要指出,气囊下水是一项新的船舶下水工艺方法,其应用的时间较短,气囊下水的工艺尚需做进一步完善,对下水状态的理论计算和研究还有待深入。

2. 气囊下水阶段的划分及技术分析

根据气囊下水的原理,大致可将气囊下水的过程划分为三个阶段。

第一阶段——移船。自船舶起墩至船舶移至水边填入最后一只气囊为止。这是气囊下水的准备阶段。

此阶段的操作必须在钢缆的牵引控制下进行,船舶坐落于气囊之上,基本处于均匀受力状态。此阶段需要计算的内容主要有:

①下水重量和重心位置;

②需要气囊的数量及充气压力配置;

③核算钢缆的牵引力和钢缆的强度以及对绞车系统的技术要求。

第二阶段——入水。自船舶开始向水域移动至船首脱离最后一只气囊为止。此阶段船舶的运动状态相当于纵向重力式滑行下水的第二和第三两个阶段。船舶既可自行下滑,也可继续由绞车牵引或改由拖船牵引。这是气囊下水的关键阶段。

此阶段的船体受力状况变化最快,也最为复杂。由于船台水下部分的长度很短,使水下滑行距离很短,且船舶滑动的速度又慢,因而产生艉跌落和艏跌落的概率较其他下水方法高,导致船体底部结构局部受损的可能性也由此增大,故需要引起特别的重视。此阶段需要计算的内容主要有:

①正确计算气囊的承载力和浮力,并计算气囊在船舶运动过程中的动态压力;

②计算船舶的动态倾角;

③计算船底相对于船台面(坡道)的动态高度,防止发生触底现象;

④绘制全浮过程下水曲线。

第三阶段——漂行。自船舶全浮至停止运动为止。

此阶段的船舶状态与纵向重力式滑行下水基本相同。但由于下水速度较慢,下水后的相对冲程也较短,故对水域宽度的要求可不需纵向重力式滑行下水同样的条件。

3. 气囊下水的技术要点

由于气囊下水的条件和特点同纵向重力式滑行下水方法有很大差异,因此,适用于纵向重力式滑行下水的计算方法显然不能完全适用于气囊下水。因而可以按照气囊下水阶段的大致划分,对船舶的下水状态进行系统分析,在变换某些计算条件的基础上,可探索采用传统的下水静力学计算方法或基于气囊刚度非线性的下水弹性计算方法，和有限元计算相结合，进行多方案的优化比较，对下水过程中的船体强度及下水安全性进行评估。气囊下水的工艺要素主要包括船台、气囊和绞车系统三项：

（1）船台的承载能力和坡度要求

船台是下水的基础，为保证下水安全，气囊下水用的船台仍应具备一定的条件，特别是用于较大型船舶下水时。

①船台基础应具有一定的强度，其承载能力一般应大于气囊工作压力的2倍以上；

②船台应具有一定的坡度，其坡度可略小于重力式滑行下水用的滑道坡度；

③船台应平整，其左右水平度应符合不同量级的下水船舶对船台的要求；

④船台应向水中（即正常水位以下）延伸一定长度，其延伸部分可视需要作成抛物线形、双折线形或单折线形，以减少艉跌落和艏跌落的发生，并改善船底结构的受力状况。

（2）气囊的承载能力及规格要求

气囊是支撑下水船舶的主体，也是移动船舶的主体。应保证气囊具有足够的强度，能承受规定的工作压力，在正常的操作条件下不发生爆裂等事故是对气囊的基本技术要求。

气囊主要由囊体、囊头、囊嘴、安全阀组成（图10.33）。根据气囊承载能力的不同，一般气囊可分为低压气囊、中压气囊和高压气囊，并且每种类型的气囊都有各种规格（如直径D、长度L、压强P、工作高度h、载重量W等参数）。所谓工作高度是指下水时气囊被压缩后的实际高度。

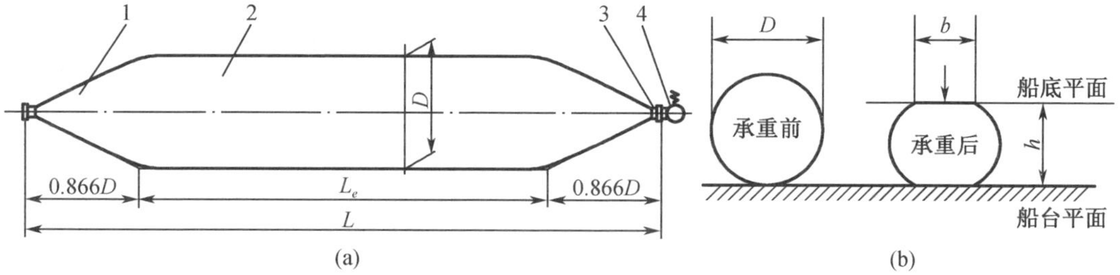

1—囊头；2—囊体；3—囊嘴；4—安全阀。

图10.33　气囊结构图

在采用气囊下水前，必须根据下水船舶重量、重力分布情况以及船体强度要求进行气囊承载力计算，选择合适类型规格的气囊。除气囊的直径必须大于船台墩位的高度，气囊外观型线光顺，无裂纹、气泡、重皮、混入杂质以及明显的污垢和其他外观缺陷外，在选择气囊时还必须考虑：

①船舶下水重量与单个气囊承载力以及特殊情况下的超载荷能力；

②气囊承重前的充气压力及承重后的内压变化是否超过许用压力；

③气囊工作高度能否保证船舶下水时船底高度的安全。

气囊数量与所选气囊类型应同时考虑，一般原则是：在已定下水重量下，对船底较平坦的船舶，可选用较低工作压力、而数量较多的气囊，以改善船舶底部的压力分布；对底部较尖瘦的船舶无法布置较多的气囊而只能选用高承载力的气囊。

需要说明的是，船舶建造时，其所在船台的基本条件通常均已形成，故船台的长度、坡度以及船台承压能力等已成为定值。因此，下水方案需要做出选择的主要内容，就是根据下水船舶的尺度和载荷分配的需要,在确保安全下水的前提下,通过对下水状态的分析和计算以及钢丝绳牵引力的计算,确定气囊数量和布置方案以及充气压力的配置,并制定相应的安全措施。

(3)气囊的配备与布置要求

气囊下水布置的核心构成,就是气囊的布置。而气囊布置则取决于气囊的一系列配置因素。气囊的布置形式有单列和双列两类,单列布置的安全性较双列高,故应尽可能采用单列布置形式,大型船舶由于尺度和载荷分配的需要,则多采用双列布置形式,如图10.34所示。需要时也可以混合排布。气囊布置要点:

①气囊轴向中心线应垂直于船体中心线;

②气囊相互间应平行布置,采用双列布置时,两列的重叠长度应不小于气囊长度的1/5。

③根据下水船舶质量及沿船长分布的情况,选取合适的气囊间距。通常气囊间距约取$(1.5\sim2.5)D$,且艏部气囊间距略大,艉部间距则略小。对某些重量分布不匀的特殊船型,还应该对机舱部位或特殊加重部位下的气囊承载力另行核算,并根据实际要求确定气囊间距,适当加密,但要防止发生气囊相互碰撞和挤压的情况。

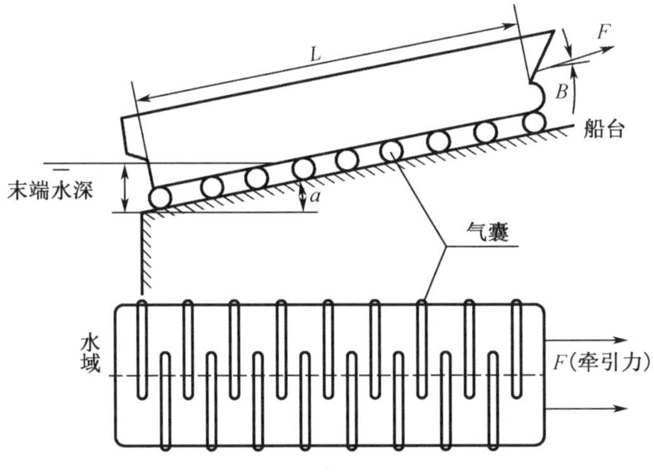

图10.34　气囊双列布置的一般形式

(4)船舶入水方式的选择

通过对气囊下水过程的分析和计算,得出船舶自船台末端开始自由滑行所需的距离后,需要决定入水方式。

①如水域宽度足够,且船台坡度满足$\beta>\mu$(μ——船台滚动摩擦系数),则可将船舶先移至水边,当达到下水安全水位时,解除绞车控制,让船舶借助自身的下滑力滑行入水。

②如水域宽度不够,或者下滑力不足,则船舶应继续在绞车控制下缓慢入水;必要时,可改用艉部拖索继续将船舶拖带入水。

同样,下水前应计算船舶的动态倾角,绘制全浮过程下水曲线,以判断是否会发生艉跌落或艏跌落的现象。特别是对船台水下部分的长度短,船舶滑动的速度慢,水下滑行距离短的情况。

4. 气囊下水需要考虑的主要工艺措施

由于船台水下部分不足是气囊下水的普遍问题，故艉跌落正是气囊下水最易发生的事故之一，因而应在下水准备工作中采取切实有效的预防措施。

(1)根据下水计算，决定是否需要在艏部增加临时压载以减小艉弯力矩；

(2)在可能产生艉跌落或艏跌落时的船底受力部位，决定是否需要特别增设高承载力气囊；

(3)对艏、艉尖瘦的船舶，当气囊数量受到限制时，决定是否需要在艉部、艏部加装托架。

(4)当采用绞车牵引的入水方式时，决定是否需要在艉部加装拖索，并决定开始拖带的时机。

(5)当计算的下滑速度较快时，决定是否需要在艉部加装阻滑装置。

在气囊下水中最严重的一种事故就是船底触底，使船体结构遭到损坏，其原因是气囊工作高度不够；或气囊间距过大；或多个气囊破裂。因此，应严格按工艺规定布置气囊位置；合理确定气囊工作高度；保证充气压力满足规定要求；选用强度足够的气囊。

第十一章　船舶建造方案及精度管理

第一节　概　　述

造船是一个复杂的工艺过程，涉及多种专业技术，各专业工程相互交叉、相互影响。现代造船将造船工艺过程分解为船体分道建造、区域舾装和区域涂装三大工程，需要在设计和建造过程中对船舶舾装和涂装进行统筹安排。在优化设计和完善管理的前提下，通过以“中间产品”为导向，实现空间分道，时间有序，责任明确，相互协作，其核心是形成船体以分段、舾装以托盘（单元）来组织生产，这就是壳舾涂一体化的的造船模式。落实在具体造船项目上，就要考虑在总体上如何达到壳舾涂一体化作业；在各专业范畴则要深入研究区域设计和建造技术。

现代造船过程可划分为生产技术准备和船舶建造两阶段。而生产技术准备阶段实质上属于模拟造船，是从管理角度以正确的管理思想作为指导，经工程管理的早期策划、统筹协调。与此同时，又通过正确的设计思想，经系统设计到区域设计在图面上模拟壳舾涂一体化区域造船。模拟造船的设计方式是由工程管理提出的建造方针、设计方针、订货方针、质量方针，并在计划、物资、成本、质量管理明确的前提下，分阶段进行的。它的任务就是通过对生产要素进行充分的准备，以保证产品按时开工和开工后能连续有效地进行造船生产。因此，它是包括劳动力资源、资金、材料与设备、船厂设施与设备、工程计划、技术文件和情报资料等内容的广泛准备工作，可归类为设计准备（可分为初步设计、详细设计、生产设计三个阶段）、工艺和计划准备，以及其他工艺准备（如材料与设备准备、船厂设施准备、人员准备等）三大块。

1. 现代造船中的工艺准备工作

现代造船中的工艺准备工作是通过造船生产设计来体现的，其组织生产方式是与造船工艺流程中的工艺阶段密切相关的。工艺准备的主要工作是制定建造方案、划分工艺阶段以及工艺项目（任务包）等。

工艺阶段是指在船舶建造总周期中的一定时间内按生产性质或生产区域划分的一部分船舶建造工程，通常是根据造船工艺流程划分的，具有相对独立性。工艺项目是在一个工艺阶段内，由一个施工单位开工并完工的一部分工程（如先行阶段中的中间产品）。每一个工艺阶段由若干个工艺项目组成。

2. 现代造船中的工程计划准备

工程计划是对船舶建造实行进度控制的依据，它是造船生产管理的重要组成部分。计划准备就是编制生产管理中的各种生产计划，且又以建造程序计划为核心，推进先进建造技术以形成合理的生产作业体系。建造日程计划是生产计划通过日程管理来实施的一种计划方式，它和建造程序计划、生产负荷分析是相互关联的，其相互关系见表 11.1。

表 11.1　建造日程计划与建造程序计划的相互关系

类型	四型计划			
	订货计划	大日程计划	中日程计划	小日程计划
建造程序计划	建造方案	建造方针	施工要领	工作管理图表
建造日程计划	建造计划线表	综合日程表	主日程表	月度计划表
建造负荷计划	工厂生产负荷	各阶段负荷	各分阶段负荷	各作业区负荷

3. 船舶建造方针

船舶建造方针是建造程序计划的核心，是在合同签订后，在初步设计和详细设计阶段中提出。它以船体为基础、舾装为中心、涂装为重点，并以现代造船先进技术为主导，通过工艺、计划、成本、质量、施工等综合平衡提出的建造优化方案。也就是根据产品的类型、特点和建造要求（批量、交船期和技术要求等），结合船厂的生产条件制定建造产品的最佳方案。而其中有关船舶建造方案部分，包括的内容主要有船舶建造阶段和制造级的划分、船体分段划分、分段总组方式、船体精度计划（如船体构件余量/补偿量的设置、基准线的设置、反变形等）、舾装区域的划分、舾装阶段的划分、模块单元的划分、托盘划分、分段制造方法、船舶在船台（坞）上的总装方案、区域舾装方法、涂装要求，以及各制造阶段的技术要领、区域焊接方法的选择和焊接技术要领、新技术/新工艺的应用等。不同类型船舶产品的建造方案，其内容和范围不一定相同。

船舶建造方案建立的基础是作业场所，即以中间产品为导向进行作业现场的划分。作为新建船舶的综合技术文件指导全厂各部门的工作，是详细设计及其后续设计阶段的设计依据；是进行生产设计、编制生产计划和组织施工的指导方针；是制定船厂技术改造规划的重要依据。

第二节　船舶建造方案的选择

船舶建造方案的合理选择，这在很大程度上影响船舶的建造质量、建造成本和建造周期，特别是船台（坞）周期，因此，在将设计好的船舶付诸建造时，首先应周密地选择好船舶建造方案，这是船厂组织产品生产的首要技术决策之一。

一、选择船舶建造方案的一般要求

在选择船舶建造方案时，一般应满足以下要求：

（1）从承造船厂的实际生产条件出发，充分发挥现有的设备和场地能力，尽可能不增加专用的工艺装备及设施；

（2）能保证承造船厂建造此种船舶的年度计划的完成；能充分满足壳舾涂一体化的计划安排；有利于合理组织劳动力和均衡生产节拍；

（3）确定船体制造方法，能满足船体结构和工艺上的合理性要求；

（4）有利于扩大机械化、自动化生产和新工艺、新技术、新方法的采用，特别是有利于扩大高效焊接和机械化涂装的范围，便于安装作业，改善施工条件，减轻劳动强度；

（5）能获得最佳的技术经济指标，包括安全生产、保证质量、降低成本、降低材料消耗、提高生产效率、缩短建造周期等。

二、选择船舶建造方案时应考虑的因素

选择船舶建造方案主要从船舶产品的类型、特点和批量以及承造船厂的生产能力等方面来考虑。

1. 船舶产品类型、特点和批量的影响

(1)对常规船舶的建造，当船厂的生产条件能完全满足时，应尽可能按照船厂固定的生产流程，采用已形成规范的建造方法。当某些生产能力可能过剩或不足时，则应相应调整建造方法，如在船台(坞)长度有宽裕时，可采用串联建造法，以提高船台(坞)利用率；如分段总组周期较长或总组场地不足时，宜采用船台(坞)岛式建造法等。在船台(坞)起重能力已定的情况下，船舶主尺度和船型特点是影响船舶总装方法的主要因素，其一般原则：

①小型船舶一般可选用总段建造法；

②船长在 120 m 以内的中型船舶，以采用塔式建造法为宜；

③当船长超过 120 m 的大型船舶，因分段数量多，采用岛式建造法能充分利用船台(坞)面积，扩大施工面，缩短船台(坞)周期；

④对艉机型船舶，只要船台(坞)条件许可，宜采用串联建造法，它既有利于提高船台(坞)周转率，也有利于提前舾装，缩短建造周期；

⑤当船舶平行中体较长时，因该产品平面分段数量多，应以优化平面分段制造工艺和分配其装焊场地为核心，如果船厂没有平面分段生产流水线，也应建立该产品的平面分段生产作业区，以提高平面分段的生产效率和制造质量；

⑥当船舶平行中体较短时，该产品主要由曲面分段和各种立体分段组成，所以其建造方案应以优化曲面分段和立体分段的制造工艺和分配其装焊场地为核心内容进行生产设计。

(2)对船型或结构比较特殊(如 LNG 船、客滚船等)，或建造批量较大且连续建造时，应对船体制造阶段的中间产品分类成组进行必要的调整，甚至调整局部的建造分道，增设新的工艺装备，建立专用的生产线。为此，应相应调整分段制造方法，以适应此类船舶的建造，保证产品质量和提高生产效率，其一般原则：

①对批量建造的船舶，其船体在船台(坞)上的建造法，只要船台(坞)条件许可，应采用串联建造法，以利于提高船台(船坞)周转率，缩短造船周期。其分段制造可以采用适当增加专用胎架等专用工艺装备，选用能改善施工条件和提高生产效率的方法。

②对于单个建造的船舶，应选用尽量减少专用工艺装备数量的分段制造方法，如分段制造使用通用胎架，以减少辅助材料和工时的消耗。

2. 船厂生产能力的影响

(1)船厂起重运输能力的影响

船体装焊车间、船台(坞)和舾装码头的起重运输能力是直接影响船舶建造方案的主要因素。首先应考虑船台(坞)起重能力，其次应考虑船体装焊车间的起重能力和生产面积，以及船体加工能力。

①当生产能力足够时，应在最大起重能力的允许范围内，尽可能使分段大型化，尽可能扩大分段预装，采用分段总组法、进行上层建筑的整体组装等，最大限度地缩短船台(坞)周期。

②船舶总装方案的选择,主要取决于船台(坞)起重能力。如,即使船舶主尺度较小,因受船台(坞)起重能力的限制,有时也不可能采用船台(坞)装焊工作量最少的总段建造法。即使在用水平船台造船的船厂中,可以利用船台小车使船舶主体采用总段建造法,但是,若采用上层建筑整体吊装及主机整体吊装的建造法时,却完全取决于船台(坞)起重能力能否满足要求。

③船体装焊车间的起重能力和船台(坞)起重能力对船体分段制造方法和分段装焊场地的布置影响很大。若船体装焊车间的起重能力较船台(坞)起重能力小得多时,不仅应采用零部件→分段→总段的装配方法,还应采用零部件→小分段(片体)→大型分段的装配方法,以便将一些质量超过车间起重能力的大型分段划分成较小的分段(片体),安排在车间内制造,然后运送至船台(坞)周围的分段装焊区,组装成所需要的大型分段或总段。

(2)生产场地的影响

①分(总)段装焊场地是影响生产线布置的重要因素。在场地面积充足时,应考虑组织多工位的船体分段专业生产线或作业区,同时还应设置专用的分段舾装工位和作业区,发展专业化流水线生产,以能更好地协调分段装焊作业和舾装作业,扩大分(总)段预舾装范围和完善分(总)段舾装工艺。

②当分(总)段装焊场地不够充裕时,则应适当改变某些分段的装配方法,并根据分段划分情况和船台(坞)装配的分段吊装顺序,按照分(总)段装焊场地实际情况,对平台和胎架的布置做出合理安排。当然也可采用将部分分段安排外协生产的方式。

(3)船厂劳动生产负荷和生产组织形式的影响

劳动力负荷的分配应能保持各工种的协调和生产进度的连续,还应考虑分段制造阶段和船台(坞)合拢阶段的衔接,保持劳动力负荷的均衡。生产组织须适应分道建造的要求,可相应采用混合工种、流水定位、流水定员等不同的形式,以求最大限度地提高劳动生产率。

此外,还有船台(坞)数量,舾装码头线的长度以及堆场面积等因素。在通常情况下,应考虑尽可能缩短船台(坞)周期和码头舾装周期,为此,应采用分段总组、上层建筑整体制造等方法。从施工条件、施工质量和生产效率等方面考虑,应贯彻外场作业内场做、空间作业平地做、船台(坞)作业总段做、码头作业船台(坞)做的原则。当船台(坞)周期不是主要矛盾时,则可充分利用船台(坞)作业条件较码头作业条件更有利的条件,尽量增加下水前的工作量,以利缩短船舶建造的总周期。

综上所述,船舶建造方案的选择和确定,是一个复杂的过程,受到多方面因素的影响,应在全面调查研究、综合分析比较的基础上,正确处理方案的先进性和现实性、局部性和全局性等矛盾,以求得一个相对更为合理的方案。由于船厂的生产活动始终处于动态变化中,因而绝对合理的建造方案是不存在的,一成不变的方案也是不常有的。通常的判别,一个在提高工效、缩短周期、降低成本、保证质量诸方面综合效益较好的方案,也就是比较合理的建造方案;但在某些特定的情况下,有时对建造周期有严格的规定(如合同要求),有时为了首先保证产品质量(如初建 LNG 船),就可能需要在放松其他要求(如工效和成本)的条件下选择比较适合的建造方案。

三、船舶建造方案先进性的综合评价

对于一个产品可以提出几个方案来进行分析比较,主要从可行性、合理性和先进性三个方面进行综合评价，然后选择最优的船舶建造方案。可行性和合理性是建造方案成立的基础，先进性是在方案可行且合理的前提下，评价方案、优化方案的手段。因此，在综合评价可行性和合理性以后，再选择先进性，即选择最优的船舶建造方案。

船舶建造方案先进性评价指标主要有机械化、自动化加工百分率；部、组件装焊工作量百分率；钢材利用率；半自动和自动焊工作量百分率；平面装焊工作量百分率；分段舾装和单元舾装工作量百分率；船体装配现场修割率（或垫板率）和辅助作业工时比率等。为定量分析，可用以下各式进行计算：

（1）机械化、自动化、智能化加工百分率 C_1

$$C_1=\frac{B_1}{A_1}\times 100\% \tag{11-1}$$

式中 B_1——机械化、自动化、智能化加工工作量；

A_1——全船零件加工工作量。

（2）部件、组件装焊工作量百分率 C_2

$$C_2=\frac{B_2}{A_2}\times 100\% \tag{11-2}$$

式中 B_2——部件、组件装焊工作量；

A_2——船体装焊总工作量。

（3）钢材利用率 C_3

$$C_3=\frac{B_3}{A_3}\times 100\% \tag{11-3}$$

式中 B_3——实际使用钢材量；

A_3——计划使用钢材量。

（4）半自动和自动焊工作量百分率 C_4

$$C_4=\frac{B_4}{A_4}\times 100\% \tag{11-4}$$

式中 B_4——半自动和自动焊接工作量；

A_4——全船焊接工作量。

（5）平面装焊工作量百分率 C_5

$$C_5=\frac{B_5}{A_2}\times 100\% \tag{11-5}$$

式中 B_5——平面装焊作业工作量。

（6）分段舾装和单元舾装工作量百分率 C_6

$$C_6=\frac{B_6}{A_5}\times 100\% \tag{11-6}$$

式中 B_6——分段舾装和单元舾装工作量；

A_5——全船舾装总工作量。

（7）船体装配现场修割率（或垫板率）C_7

$$C_7=\frac{B_7}{A_6}\times 100\% \tag{11-7}$$

式中 B_7——船体装配现场修割长度（或垫板长度）；

A_6——船体装配长度的总和。

(8)辅助作业工时比率 C_8

$$C_8 = \frac{B_8}{A_7} \times 100\% \tag{11-8}$$

式中　B_8——辅助作业工时;

A_7——全船生产总工时。

根据上述各项评价指标,可以得到评定方案先进性的综合评价系数 C 的数学表达式为

$$C = \frac{C_1 + C_2 + C_3 + C_4 + C_5 + C_6 + (1 - C_7) + (1 - C_8)}{n} \tag{11-9}$$

式中,n——参加计算的项数。

从式(11-9)中可以看出,前6项百分比越高越好。而后2项百分比越低越好,运用上述各式对拟订的各方案进行计算,即可对不同方案的先进性进行定量评价,并依此选择C值最大者为最优方案。也可按此思路对船舶分段和总段划分以及船舶分段总段的制造方法的先进性进行评价和选择。当然,式(11-9)只是一个粗略的评价,实际生产中的船舶建造方案的评价远比上述介绍要复杂。实际上远不止上述常规的8项,还有诸如先进工装的使用率、模块化率等指标以及对评价指标的侧重程度(权重),因此,评价中应根据船厂的实际生产条件和产品特点,合理地确定项数以及各项的权重。

随着层次分析法、模糊评价法等现代综合评价方法的不断发展,对船舶建造方案的评价也越来越科学,评价指标也越来越全面。有关层次分析法、模糊评价法的应用可参考相关文献。

第三节　船体分段的划分

分段造船法是造船技术的一个里程碑的进步,从此分段划分便成为船体制造方法的基础。而如何合理地划分船体分段,则将影响船舶的整个建造过程,因而成为制定船舶建造方案的主要因素。现代造船模式下采用了分段片体化建造和分段总组等新工艺,其实质仍旧是分段造船,但对分段划分提出了新的要求,赋予了新的内容。

当船体详细设计进行到一定阶段,船体基本结构已经完成,船台(坞)上的船舶总装方案已经确定后,即可进行船体分段划分的工作。船体分段划分是否合理,直接影响产品质量、生产效率和生产成本的高低,以及能否发挥船厂设备潜力和改善劳动条件等技术经济指标,这就要求对分段划分工作综合考虑多方面的因素。

将划分的结果绘制成船体分段划分图,并依此绘制分段、总段施工图纸,布置分段、总段生产场地,确定分段、总段的船台(坞)装配程序等,为全面开展生产设计工作创造了条件。在长期的生产实践中,人们总结出一些划分船体分段的原则,用于指导船体分段的划分工作。

一、船体分段划分的一般原则

主要从以下几个原则进行考虑。

1.基于船厂起重运输能力原则

反映了船厂起重运输能力和分段重量及尺寸的关系。船厂起重运输能力是决定分段

尺寸和重量的主要因素。所谓起重运输能力是指船体装焊车间起重能力、船台或船坞起重能力、将分段运往船台(坞)的运输方式及其负载能力,以及分段翻身条件和能力等。

分段的重量和尺寸划分得越大,分段的数量就越少,这样可使船台(坞)装配工作量减到最小,从而使外场和高空作业量下降,达到提高工效和改善劳动条件的目的。但是,这受到了船厂起重运输能力和船体结构刚性的限制,必须根据实际条件来决定分段重量和尺寸的大小。

通常在划分船体分段时,应以分段的重量不超过装焊车间的最大起重量,分段总组的重量不超过船台或船坞的最大起重量。考虑最大重量的分段(总段)通常是艏、艉立体段和底部结构密集的立体分段。分段(总段)的最大质量应按下式计算:

・分段(总段)总重量 = 结构净重量 + 焊接材料重量 + 涂料重量 + 预舾装件(含舾装单元)重量 + 吊环及加强材重量;

・吊车安全负荷 = 分段(总段)总重量 + 起吊索具重量 + 附件重量。

此外还应考虑其制造方法。如需要在空中翻身的分段,其最大重量应控制在一台吊车的安全负荷以内。不需要翻身的分段,其最大重量可按两台吊车安全负荷 ×0.8(考虑联合吊运不均匀系数)确定。有时为了施工工艺的需要,分段超过了吊车安全起重量,此时可采用落地翻身方式。若采用圆弧形滚筒翻身时,分段最大重量取 1.5 倍吊车安全负荷;若采用啮合线形滚筒翻身时,分段最大重量取 1.8 倍吊车安全负荷,以防止产生冲击力使吊车超负荷。对需要搬运的分段,其最大重量还应考虑平板车的最大安全负载能力。

但是,只按船厂起重运输能力来划分船体分段(总段)不会总是合理的,因为船上各部分结构的强弱不同,其单位面积重量差别很大,如果只按分段(总段)重量不超过船厂起重运输能力来划分,就会导致某些分段(总段)的尺寸过大,结构刚性不足等问题。此外,分段尺寸还应控制在运输的车间通道和厂区道路允许范围内。因此,对诸如甲板、单舷侧和上层建筑等轻型分段,则应以分段结构刚性和分段吊运翻身的可能性为分段划分的主要因素,而起重运输能力为次要因素。

2. 基于船体结构强度合理性原则

分段划分应不能影响船体结构的强度,这是船体结构特点对分段大接头提出的强度要求。其实质是由于焊接接头和热影响区域中存在残余应力,再加上结构上某些部位在船舶营运中一直处于高应力状态下,当应力集中和焊接接头应力产生叠加时,容易产生裂缝以及结构破坏等严重事件。因此,就得根据焊接接头的特点对分段大接缝的布置做出一些限制,以保证船舶的航行安全。因此,分段大接缝必须避开这些高应力区域以及应力集中区域。关于强度合理性原则主要有以下几个方面。

(1)分段接缝应避免设置在结构的高应力区域。如甲板舱口角隅处,大接缝位置应避开弧线,如图 11.1(a)所示;高应力区的结构边缘线和分段接缝线尽可能取法线方向相交,如图 11.1(b)所示;外板开孔处不宜设接缝,若必须设置时,接缝应通过开孔圆心或直边部分,如图 11.1(c)所示;结构的折角线处,分段接缝应避开 150 mm 以上,如图 11.1(d)所示;构件人孔边缘设置接缝时,应至少距孔边 $B/3$ 以上,如图 11.1(e)所示;底部分段横接缝不能和舭龙骨的接缝处在同一位置上,且舭龙骨上的接缝上还应设止裂孔,以防止航行中可能产生的裂纹扩展至船体主体结构上,如图 11.1(f)所示。

(2)环形接缝应尽可能避免布置在船体总强度或局部强度的受力位置。如船中、船梁剖面突变处,以及每一肋位间距的中点。

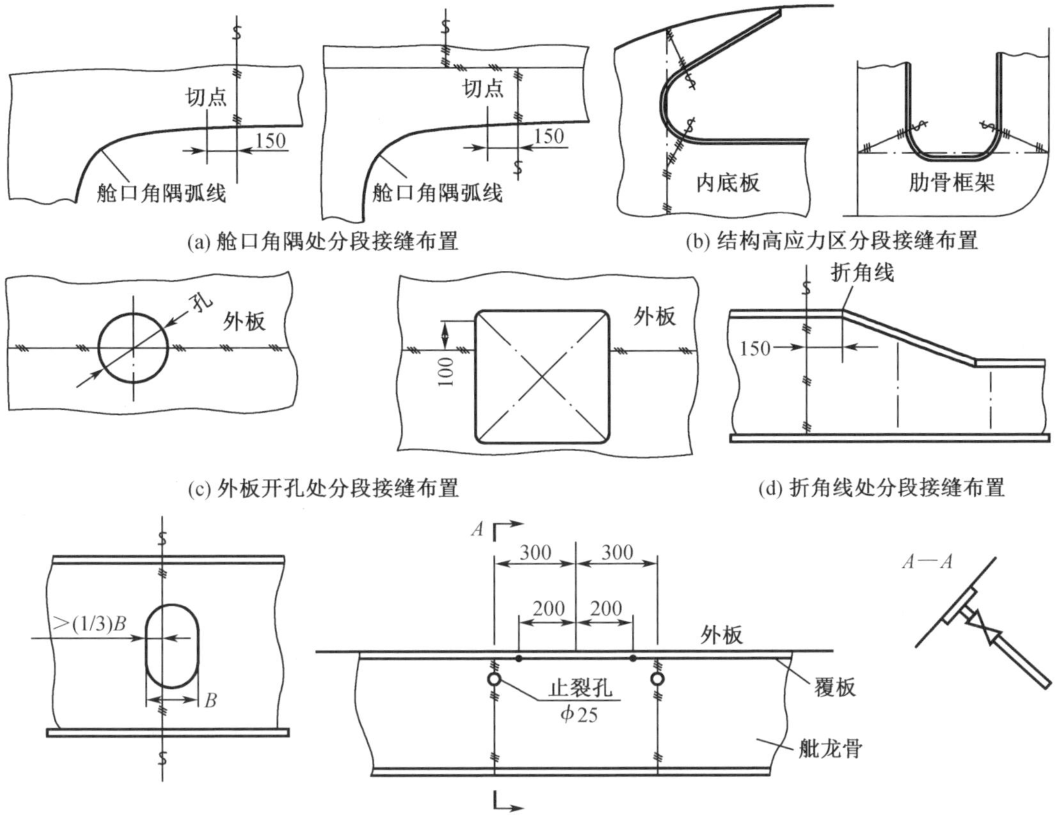

(a) 舱口角隅处分段接缝布置　(b) 结构高应力区分段接缝布置

(c) 外板开孔处分段接缝布置　(d) 折角线处分段接缝布置

(e) 人孔处分段接缝布置　(f) 舭龙骨与分段接缝布置关系

图 11.1　船体高应力部位分段接缝布置要点

(3)分段接缝应尽可能选择在结构原有板缝或节点零件(如肘板)的连接部分。

此外,还有主机基座纵桁末端、上层建筑的端部、双层底向单层底结构的过渡部分等部位,容易产生应力集中,也应避免布置分段接缝。

3. 基于施工工艺合理性原则

分段划分时应为船舶建造创造良好的施工条件,以便减轻劳动强度、提高工作效率和降低生产成本。施工工艺合理性要求主要反映在以下几个方面:

(1)扩大平面分段的范围和数量,以充分利用平面分段生产流水线。为此要求:

①平行中体部分,应保证平直分段的重量和尺度在平面分段生产流水线的生产能力范围之内。

②部分有曲度的区域,尽量将平直部位和曲线部位划开,以增加平面分段的数量。

即使船厂没有平面分段生产流水线,也应尽量扩大平面分段的范围,以改善施工条件,提高分段的焊接自动化程度。

(2)对曲面分段的划分主要考虑尺度和形状,同时也要考虑加强措施和翻身吊运的方便性。

(3)对艏、艉总段的划分,主要考虑重量和结构的完整性,同时也要考虑翻身吊运的方便性。

艏、艉部分在重量和尺寸允许的情况下,应尽量划分成总段。艏总段的横向接缝宜设在艏尖舱壁后 1/4 肋骨间距处,艉总段的横向接缝宜设在艉尖舱壁前 1/4 肋骨间距处。

当艏、艉总段的重量或尺寸超过起重能力时,可再将总段沿高度划分成若干个半立体分段,其边接缝一般取在中间甲板或平台以上 150 ~ 200 mm 处,如图 11.2 所示。

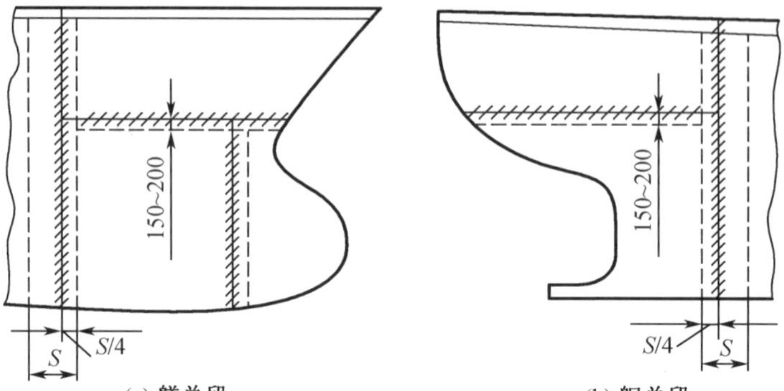

(a) 艏总段　(b) 艉总段

图 11.2　艏、艉总段的划分

(4)分段接缝的位置应合理布置

①同一区域的底部、舷侧和甲板分段的端接缝,应尽可能置于同一横剖面内,形成整齐的环形接缝,以简化安装工艺。

②对舱壁的处理:

· 在多层甲板的船体中,一般应使舱壁在甲板处切断,而使甲板连续通过。甲板间的舱壁,原则上应保持一个完整的独立分段,不宜再分割,以减少船台(坞)合拢的对接工作量。但对纵骨架式船舶,其边缘部分可作为边板分别划入甲板分段和舷侧分段,以利安装。

· 对单底船,若舱壁(包括纵、横舱壁)直接坐于底部外板上,且不位于底部分段间的连接处,则舱壁的下部可划入底部分段(可高出肋板约 100 mm)。

· 大型船舶的槽形舱壁,可以划分成左右舱壁分段及中间舱壁分段。左右舱壁分段可纳入舷侧总段的总组,以增加总段强度,并简化槽形舱壁在船台(坞)合拢时的对接焊工作。划分中间舱壁分段时可连上下凳座,以方便船台(坞)合拢时的焊接工作。也可视安装需要将底凳与舱壁分段分开而装于底部分段。

③分段纵接缝一般宜布置在平直和型线变化缓和的部位,或过圆弧切点的直边部分,以便总装与焊接。如图 11.3 所示。分段横向接缝在肋距内的位置,一般要求设在 1/4 肋距处,但不小于 100 mm,以利控制大接缝处的线型。分段纵接缝不允许和纵向构件交错,应根据结构特点尽可能做平行布置。

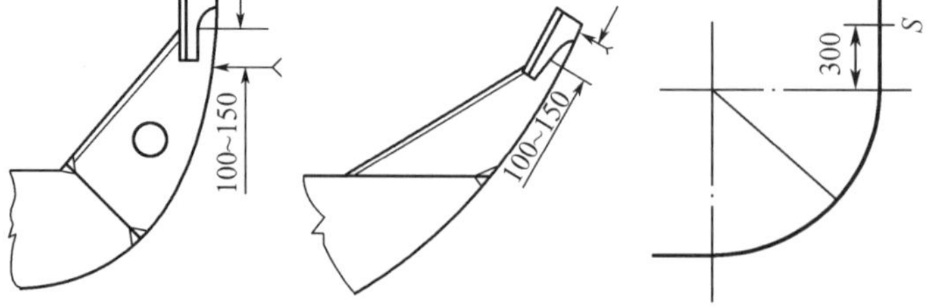

图 11.3　底部与舷侧分段对接的纵向大接缝布置

④对于艏、艉部的甲板缝和外板缝，为便于分段的定位切割，可交错布置，如图 11.4 所示。

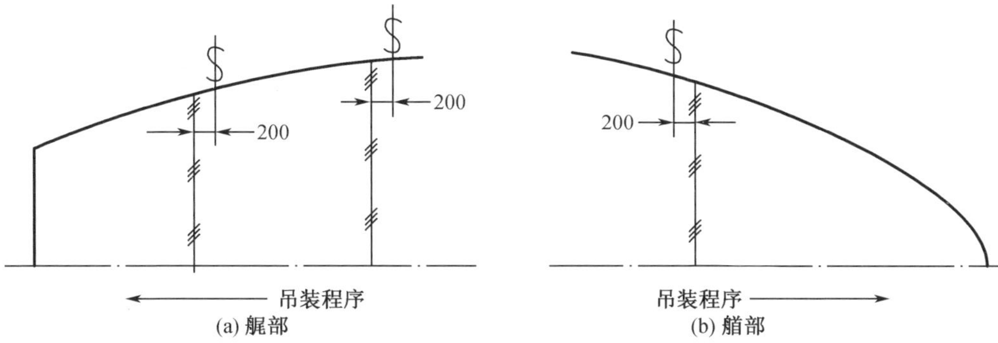

图 11.4　艏、艉分段甲板（平台板）接缝布置

（5）分段接缝处结构的参差（即板与构架的相对位置），应考虑船台（坞）安装的程序及操作的方便性。常用的接缝处结构参差的形式有两种：阶梯形和平断面形（又称“一刀齐”）。

①底部分段的横向接缝做平断面布置，在船体总长方向便于进行精度控制；纵向接缝做阶梯形布置，以便于先后安装，如图 11.5 所示。

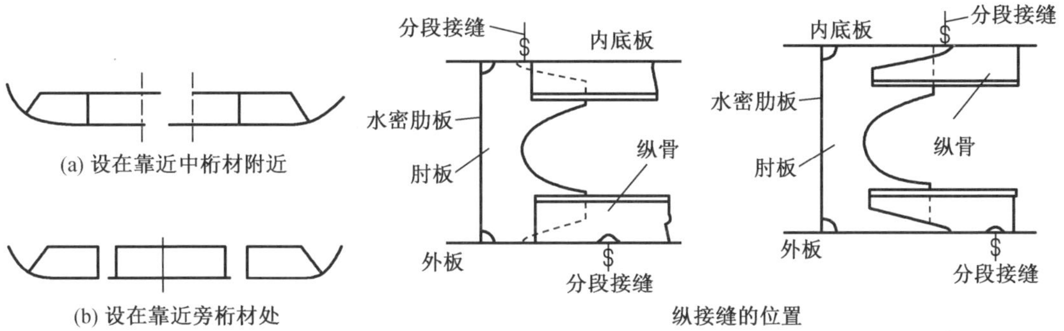

图 11.5　双层底分段纵接缝阶梯形布置

②根据舷侧分段和甲板分段的结构特点，其纵向接头形式应选用阶梯形接头为宜，因为先吊装的分段骨架伸出部分，可以作为后吊装分段的支撑，这样有利于分段的定位。

③对船台（坞）合拢中的嵌补分段，为便于吊装时嵌入船体结构中去，对构架和板材均应做阶梯形布置，即板材和构架依次错位 100 ~ 150 mm。

（6）上层建筑分段一般都划分成带甲板的立体分段，以便在甲板胎架上反造，其高度均按甲板层划分，纵向大接缝总是沿着甲板与围壁接缝处划分的。

①当外部围壁上下连续时，则总段纵向大接缝应设在甲板以上 100 ~ 150 mm 处。

②对多层甲板船舶，其舱壁一般都在甲板上切断，以保证甲板的连续性，图 11.6 为上层建筑分段大接缝位置图。

③由于上层建筑结构较弱，刚性不足，当长度较大时，可在横向划分为若干段。通常上层建筑分段不做纵向划分。当各上层建筑分段单独建成后，可在平台区总组成多层上层建

筑的立体总段,成为完整的舾装区域,以利进行上层建筑整体舾装。为此,当需要对上层建筑分段做横向划分时,上层建筑各层的横向接缝,应尽可能布置于同一船体横剖面上。

(7)分段的划分不仅要考虑装配和焊接的方便性,同时应考虑舾装和涂装作业的方便性,尽量在大接缝处创造比较良好的操作空间。尤其是分段接缝应尽可能避免或减少通过封闭舱室(特别是压载水舱等有 PSPC 要求的舱室),以减少大接缝对舱室涂层的破坏,提高封闭舱室涂装的完整性。

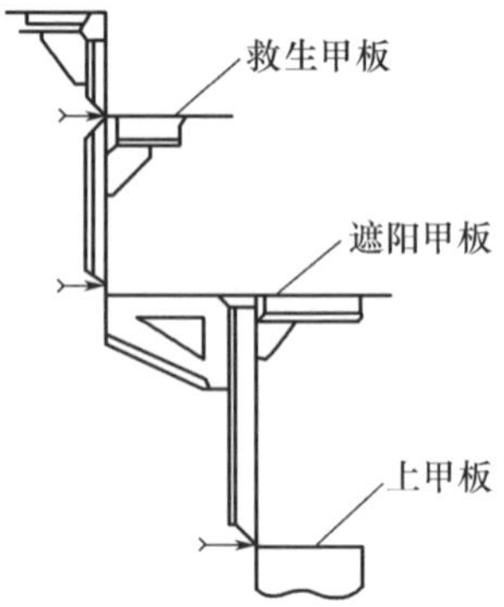

图 11.6 上层建筑分段大接缝位置

4. 基于钢材最佳利用率原则

分段划分时必须掌握所用钢材的规格。目前我国的造船钢板大多按定尺供应,故分段划分应和钢板的定尺相适应,尤其是钢板的长度。以求取得钢板的最佳利用率。通常,分段的长度应等于外板展开长度或外板展开长度的倍数并留有余量,余量多少应视船型及该分段在船体中的部位来决定。

①对平行中体部位的分段应用足钢板长度,可按下式决定:

分段长度 = 钢板定尺长度 -(装配余量 + 补偿量 + 边缘不直度误差)

②对曲面分段,一般以其分段中心线长度进行估算:

分段中心线长度 = 钢板定尺长度 -(外板曲线最大伸长量 + 钢板的展开棱形度 + 装配余量 + 补偿量)

5. 基于扩大预舾装原则

船体分段划分的基点由单纯考虑船体施工工艺的合理性转变到同时考虑舾装作业的合理性,这是现代造船模式与传统造船模式的重要区别之一。为此,应尽可能在分段划分时为扩大预舾装创造有利条件,如充分考虑相邻分段安装件的布置、分段内的舾装单元与结构的配合、尽量减少接缝处的管子接头、使分段具有单独进行密性试验的条件等。此外还应考虑将预舾装作业提前至中组立阶段施工的条件。

机舱区域由于集中了大量的设备和管系,是全船舾装工作量最大的处所,为利于提高预舾装率,且便于进行盆舾装作业,必要时其底部分段可改变一般的划分原则,不把水平接缝划在自然结构节点处,而是在舾装件作业量较少的中间部位切断骨架,如图 11.7 所示。

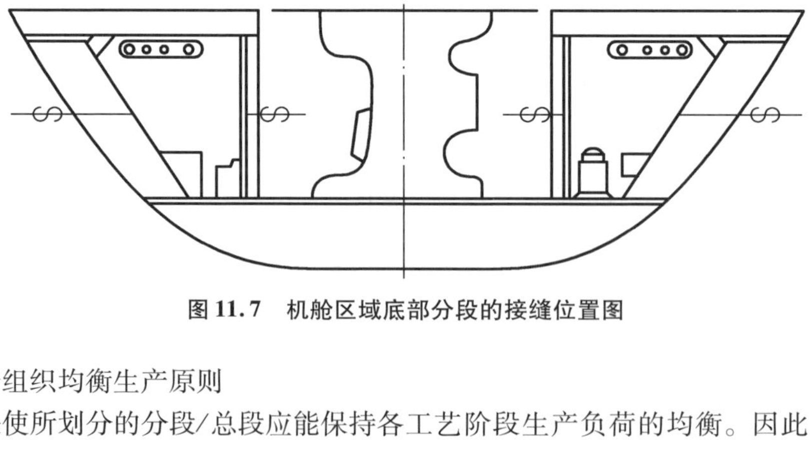
图 11.7 机舱区域底部分段的接缝位置图

6. 基于组织均衡生产原则

主要是使所划分的分段/总段应能保持各工艺阶段生产负荷的均衡。因此,在分段/总段划分中必须注意分段/总段制造周期与船台(坞)吊装进度计划相协调的要求。

(1)分段的划分应考虑船厂的劳动组织和场地面积。若装配场地较宽裕而船台(坞)紧张,则可划成较多的小分段或片体,如散货船的顶边舱分段,可划为甲板、舷侧和内斜侧三个平面小分段,再将平面小分段合成立体或半立体分段(即所谓"组合分段"),然后可单独吊上船台(坞)合拢;也可将两个或三个同类分段进行总组后吊上船台(坞)合拢。这正是分段片体化和分段总组造船法的特点,可提高分段制造胎架和平台的周转率,同时也有利于分段的涂装工作。

(2)分段的划分应考虑工作量的均衡。必要时应根据结构的复杂程度适当改变分段的尺寸,使不致由于个别分段的制造周期过长而影响整体建造进度;特别是在同一建造分道的分段,应尽量接近标准制造日程,以保持均衡的生产节拍。

(3)分段的划分应考虑船台(坞)工作量的平衡,并尽量减少安装工作的相互牵制。如采用岛式建造法时,应使各"岛"的工作量大致接近,且尽量创造封闭的安装区域。

上述6条原则是分段划分的最基本原则,其中第1条和第2条是前提。此外,还应从作业类型相似性上去考虑,以便于形成分道生产线。

总之,在划分分段时,必须预先熟悉设计图纸资料,掌握船体型线和结构的特点,同时也要熟悉承造船厂的设备条件、生产能力和建造船体的方法,根据分段划分的主要原则,正确处理各项要求之间的矛盾。先进行初步划分,经过反复分析和修改,确定最终的划分方案,并绘制船体分段划分图。图11.8为某货船的分段划分图。

在船体分段划分的基础上,结合船厂总段生产场地和起吊能力以及分段结构情况,对相关分段进行总组,组合成相应的总段,同时给出与船体分段划分图相对应的船体总段划分图。

二、适应壳舾涂一体化的分段划分

传统的船舶分段划分是在充分考虑船厂的起重能力、场地、设备、船舶结构完整合理的基础上,并综合考虑工时材料消耗、建造质量和新工艺推广等方面因素而形成的工艺设计方案,是从全厂全局上加以考虑确定的。它不仅是产品详细设计、生产设计适应于船厂船舶建造的前提条件,也是船厂船舶建造过程中一切活动的基础。

现代造船模式的造船方法是以中间产品为导向的生产组织方式,同时引进了壳舾涂一体化的先进造船方法,因此充分研究适应于一体化造船法的分段划分方案就显得十分重要了。

1. 按壳舾涂一体化原则划分分段的特点

与传统分段划分方法相比,按照壳舾涂一体化原则划分分段具有如下特点:

(1)有更多的机会进行分段舾装和涂装,舾装和涂装作业可以俯位进行;

(2)分段的数量较少;

(3)合拢阶段的焊接量和困难位置的焊接量减少;

(4)分段的稳定性和刚性更佳;

(5)几乎不需要支柱和撑杆等临时加强件来加强分段;

(6)所需的脚手架大大减少;

(7)合拢时舾装件和涂装的损坏减少;

(8)大大提高作业的安全性。

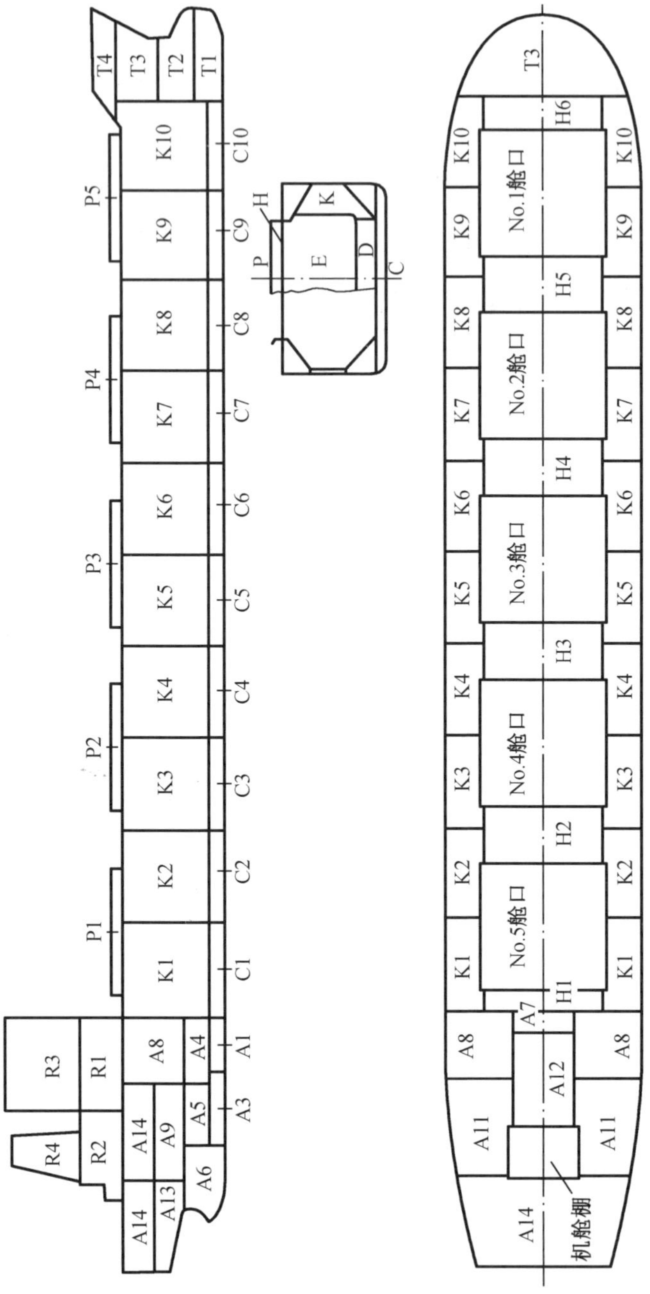

图 11.8 某货船的分段划分图

2. 适应壳舾涂一体化的分段划分方案

以某大型船厂建造的 15 万吨级的散货船的分段划分为例来讨论。该船为单螺旋桨、柴油机驱动的散货船，带球鼻艏和垂直方艉，适航于无限航区。船体结构为双层底、单舷侧、单甲板。8 道连带上、下壁墩的槽形横舱壁将货舱区划分为 9 个货舱。在船坞内建造，共建造 5 艘。

(1) 机舱双层底分段的划分

机舱底区域的舾装量相对来说是很大的，在以前的船舶建造过程中，此区域的舾装工作占用了大量的船坞周期。如果能将此处的舾装工作在分段建造中完成，则会大大缩短船坞周期。

图 11.9 所示的传统的机舱底部分段形式，其不能满足此区域大量的舾装件预装工作。因为双层底上的许多设备、基座、管支架等舾装设施连接靠近外板，影响了船体和舾装工作的协调，给预舾装带来了困难。

根据机舱双层底、地板板架以下区域舾装件集中的特点，考虑上述壳舾涂一体化对设计、施工的要求，兼顾场地、起重能力的适应性，采取将机舱底部地板以下作为一个大分段进行盆舾装的划分方案，如图 11.10 所示。即以机舱双层底向上约 2.5 m 处作为分段接缝线，此缝以下作为一个大分段。该大分段是由机舱双层底、舷侧片体、前壁下部片体组成。

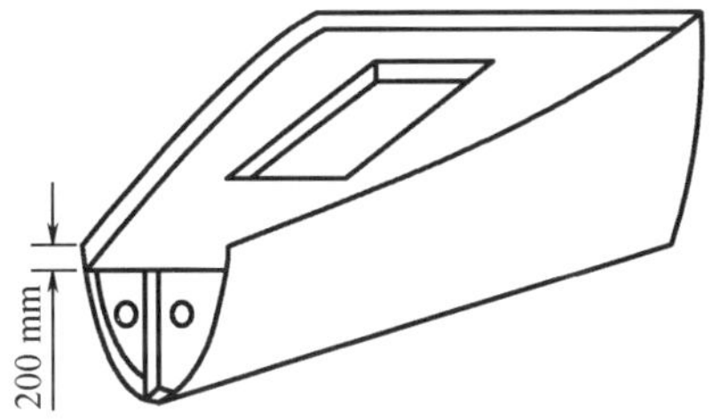

图 11.9　传统的机舱底部分段

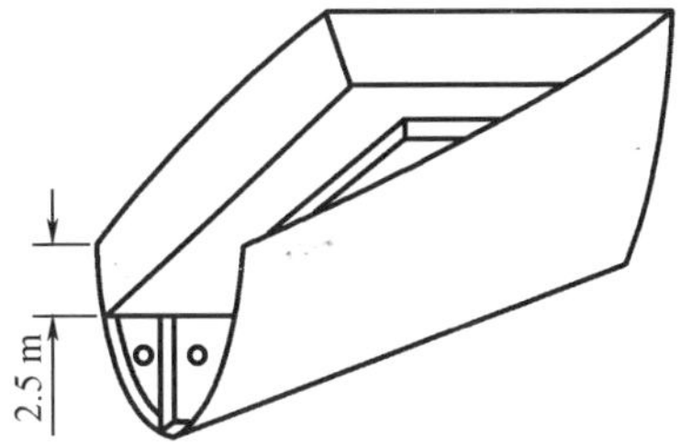

图 11.10　适合盆舾装的机舱底部大分段

在机舱双层底分段制作中(反造法)，预装双层底内的梯子、踏步、人孔、管子等舾装件，然后翻身，将已制作完成的两侧舷侧片体以及机舱前壁下部片体安装到双层底上，使机舱地板以下形成完整的盆形分段。这样，就可进行大量的设备、管系以及铁舾件的预装，使该区域的预装率高达 85% 以上。

此种盆舾装大分段划分方案可以使机舱区域的舾装、涂装工作近于完整，同时，涂装的完整性在后续工作中也可以得到保证，还可以避免船舶下水时机舱区域的倒墩工作。但盆舾装划分方案必须具有较大的起重能力作为前提条件。对于本例，盆舾装划分后的机舱底部分段质量高达 360 t，必须要有足够吊运能力的起重设备或其他工艺装备作为保证。

(2) 货舱区的分段划分

如何对占船舶长度 70% 的货舱区域进行分段划分，而使其适应壳舾涂一体化的建造方式也是值得研究的，尤其是有众多管系的大型液货船的货油舱区。

图 11.11(a) 所示是 15 000 t 散货船 1 号船的货舱区分段划分图，这是典型的传统划分方法，分段边界基本上都是船体结构部位的分界线。从横剖面图上可以看出，每个环形段

划分为 7 个分段，即 1 个中间底部分段、2 个边底分段(D 形)、2 个舷侧分段(P 形)、1 个横舱壁分段和 1 个甲板分段。这种划分方法，对于船体建造来说是有利的，但舷侧上的骨材与边底压载舱斜板的合拢焊接时，将使边底压载舱内的油漆遭到破坏，对于保证涂装的完整性不利。

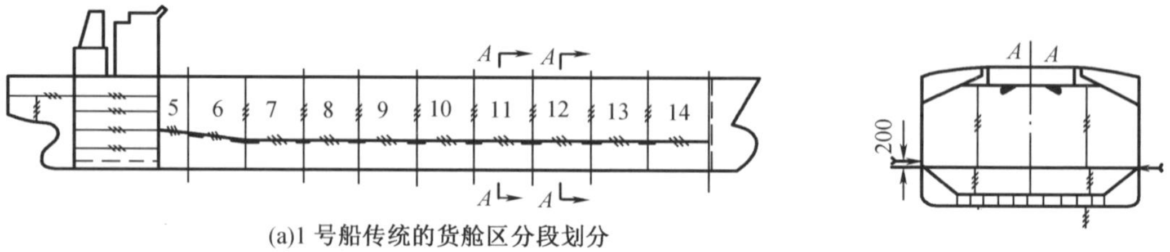

(a)1 号船传统的货舱区分段划分

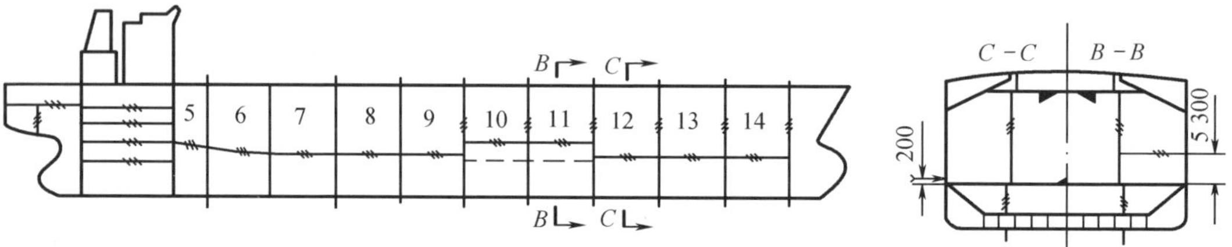

(b)2 号船货舱区分段划分

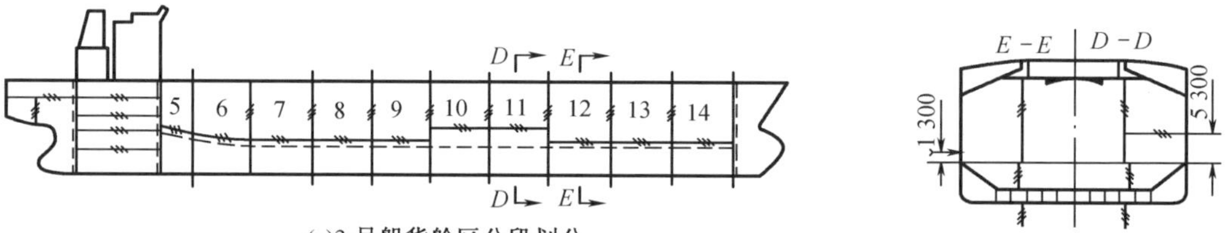

(c)3 号船货舱区分段划分

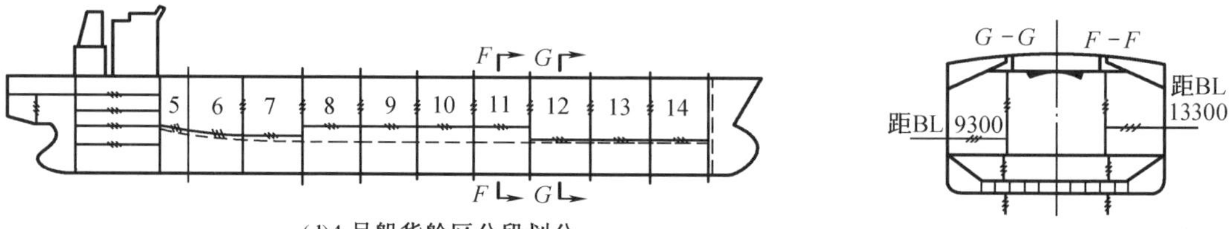

(d)4 号船货舱区分段划分

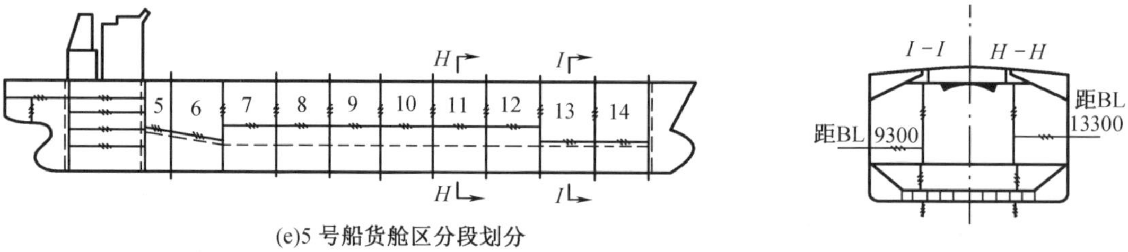

(e)5 号船货舱区分段划分

图 11.11　150 000 t 散货船货舱区分段的划分(单位 mm)

考虑上述壳舾涂一体化对设计、施工的要求，确定在建造的 2 号船上取 2 个环形段作为试验段，对分段划分做一些改进，使分段划分更适合于壳舾涂一体化的建造方法，如图 11.11(b)所示。

分段划分时以第 10、11 环形段为试验段，将舷侧和边底之间的合拢缝上移 5 300 mm，这种方法有以下几个特点。

①合拢后压载舱内的油漆破坏减少。由于此缝上移，使边底压载舱的四周在合拢时无焊接作业，从而可以保证边压载舱在分段时涂装的油漆破坏减少。

②使舷侧外板肋骨更易于合拢装配及焊接。按1号船的分段划分方案，舷侧分段上焊后的舷侧肋骨末端倾斜部位在合拢时很难与压载舱内的结构对位，返工量较大。修改后的方案将此难点在分段上解决，且使焊接工作量减少并易于焊接。

③增强了分段的稳定性和刚性。从结构上看，单层舷侧分段的刚性显得较弱。此缝上移后，将单层舷侧分别连带在底部和舷侧上，增强了分段的刚性。

④提高了作业的安全性。舷侧分段均需反造或侧造，均需要翻身，此种划分方法提高了舷侧分段翻身作业的安全性。

⑤使各压载舱相对完整，有利于压载舱内的舾装件预装的完整性。

这种划分方法也带来了一些问题，其中主要是槽形横舱壁合拢的对位问题，分段腰缝的上移，边横舱壁分段势必被划分成上下两个小分段。槽形横舱壁上下槽对准，包括槽中半圆弧的对准工作，都极不容易做好。因此，在2号船的施工中，槽形横舱壁的修整工作量很大，但从建造的总体情况看，修改后的方案较1号船的方案还是前进了一步。

在3号船的分段划分方案设计中，针对2号船施工中出现的问题，做了进一步的改进。如图11.11(c)所示。

①除10、11环形段外的其他货舱区的舷侧腰接缝全部上移1 300 mm，舷侧外板肋骨的下端全部连带在边底分段上，使边压载舱的完整性得到进一步的提高。

②由于槽形舱壁的合拢不对位问题未得到很好地解决，因此3号船的分段腰接缝不是全提高5 300 mm，而仅到达了舷侧肋骨末端连带在边底分段上。

③在建造过程中加强了槽形舱壁的加工精度、分段制作精度控制等工作，在分段制作过程中，采取上下槽形横舱壁分段在同一胎架上制作的工艺方法，从而使槽形横舱壁合拢精度得到了很大的改善。

3号船的分段划分解决了边压载舱的油漆烧损以及肋骨安装困难问题，同时在本船的建造过程中，对槽形横舱壁的加工、制作、合拢都采取了相应的措施，取得了较好的效果。

在4号船的分段划分中，将平行体区域分段缝全部上提至距基13 300 mm处，艏艉区域分段缝仍维持在距基9 300 mm处，槽形横舱壁全在距基9 340 mm处断为上下两个槽形横舱壁分段，如图11.11(d)所示。

经过4艘船的试验，根据船体外板板缝的具体情况，在5号船的分段划分中，又将上述分段划分方式由平行舯体区域推广到线型复杂区域，如图10.10(e)所示。对于第5、6、13、14环形分段，由于其外板线型变化太大，如将板连接缝进一步提高，就会增加胎架的施工难度，对分段的安全作业也不利，因此，这4个环形分段划分仍然维持4号船的分段划分方案。

3. 有关效益的分析

为进一步说明适应壳舾涂一体化船体建造，提高舷侧板连接缝这一分段划分方案的优越性，特将15万吨级5艘散货船的一些效益指标列表加以比较，见表11.2。

从表11.2中可以看出，随着分段划分方案的逐步改进，无论是从油漆的损耗工时及各阶段建造周期来看，都有不同程度的改善。这种分段划分方案对于实现壳舾涂一体化造船法、缩短造船周期、降低造船成本起了较大的作用。

表 11.2　不同分段划分方案效益比较(150 000 t 散货船)

船号	压载舱油漆损耗工时/h	船台(坞)周期/d	码头周期/d	上船台至交船周期/d	总建造周期;开工至交船/d
1 号船	16 000	326	220	546	702
2 号船	14 950	238	162	400	714
3 号船	13 300	142	136	278	655
4 号船	11 650	186	121	307	527
5 号船	11 200	140	124	264	437

三、分段详细组立要领(DAP)的策划

船体分段划分后,对重要分段的制造工艺必须进行策划,给出一个分段详细组立要领,即 DAP(detailed assembly procedure)。所谓分段 DAP,是用来表达零部件装配顺序(包括各种生产信息)的一种方法,综合反映了船体结构零部件到分段的装配工艺。

DAP 的设计过程就是将分段结构按照一定规律,由大到小进行层层分解的过程。通过对分段结构分析,综合了船厂的设备设施能力、生产能力、场地布置、工艺流程等因素,根据分段不同的作业阶段将所属的各型组立划分为小组立、中组立以及大组立,并用图示的方式来表现分段的装配顺序,以此来模拟船体分段的组立过程。它清楚地表达了所有组立的制造过程、装配关系、组立方式和基面;表达了组立流向、组立面积和重量,比较细致地考虑了分段制造过程中的所有工艺问题。表 11.3 为某船厂建造的货船机舱下部总段的总组 DAP。

由表 11.3 可看出,DAP 规划了适合该分段的生产流程和业务流程,是以船体结构为载体,以中间产品为导向的工程分解和组合。将表达方式、易读性、信息结合在一起,非常直观地表达了该分段的制造方式和制造顺序。区分了小、中、大组立,给出了组立流向,并对各级组立的加工部门进行了划分,明确了组立关系和组立先后装配顺序以及各组件的尺寸和重量,有利于场地安排和运输、吊运。对于需要特别强调或是标明具体制造顺序、注意点等情况,在图中可以适量的关键性文字和符号来提示,使设计的意图能准确地传达给现场施工和管理人员,以保证信息的有效传递。

由于分段 DAP 包含了比较全面的生产信息,使其在生产实践中很受重视,可作为分段制造过程中的指导性文件。生产设计可以据此进行,完成零件托盘划分和集配数据的生成,为生产提供准确的信息源。现借助虚拟制造技术的应用使分段 DAP 更加完善,为分段制造的精益化和数字化奠定了基础。

表 11.3　某船厂建造的货船机舱下部总段的总组 DAP

阶段		小组立	中组立	大组立	总组立
各阶段组立结构类型	拼板及部件等	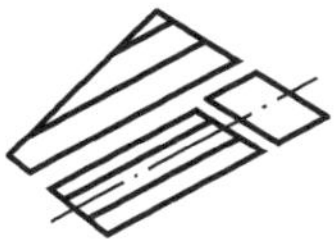			
	立体框架及舷侧片体等		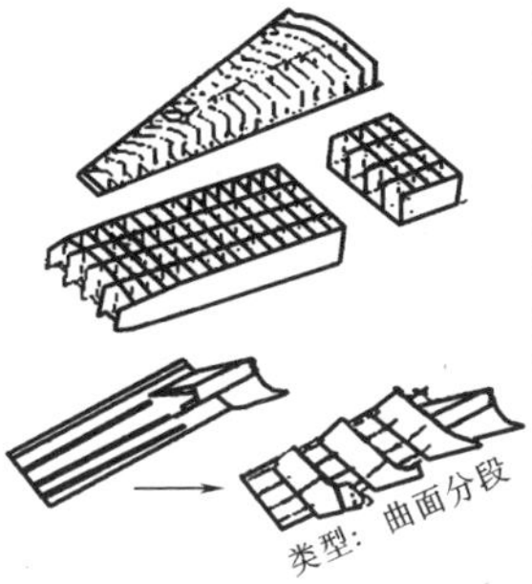		
	机舱双层底分段			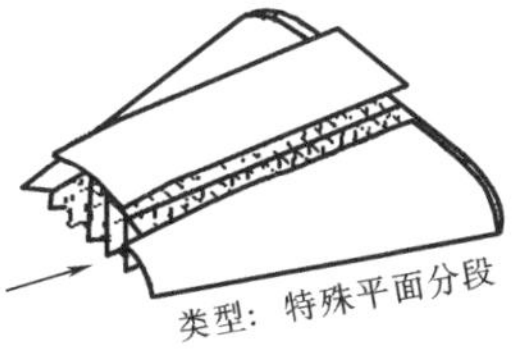	
	机舱下部总段				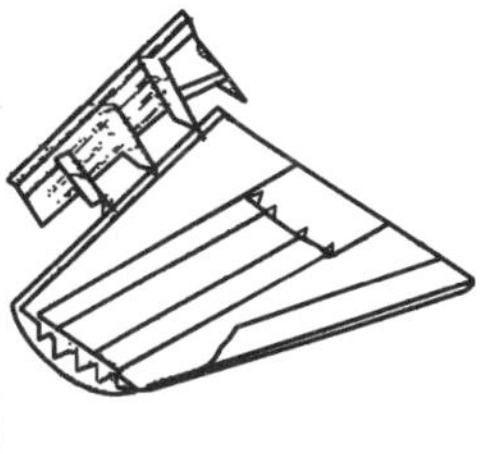
制造状态		平台上拼装	以舷侧外板侧造	反造	正态总组
作业场所		船体内场组立区		船体分段平台区	分段总组区

注：所示机舱下部总段的总组 DAP 与第五章中的图 5.78 机舱下部总段的总组流程相对应

第四节　舾装区域的划分以及托盘的划分

区域舾装就是按区域进行预舾装的舾装方法。首要目标是简化舾装工作，尽可能将舾装作业提前，以在船舶建造的初始阶段，在工作安全、出入容易和较好的施工环境下完成舾装作业。

区域舾装的技术特征首先是空间区域的划分，即将一条船先分成机舱舾装区和船体舾装区两大区域，而船体舾装区又分为船体舾装甲板区和船体舾装居住区。从现代造船的观点出发，舾装区域划分的重要性要高于传统的船体分段划分，至少要考虑其与分道制造中的分段设计、均衡生产等因素。

区域舾装的核心是按区域导向，它将一艘船看作许多区域的组合，由于各区域中所存在的系统和设备其复杂程度有所不同，因此，可按不同的区域采用最适宜于该区域的设计施工文件和制造工艺，一切设计、计划、船体制造和舾装均按船的“地理区域”进行。

一、区域的划分

船舶的区域划分是根据船体的基本结构形式、分段划分和总组立的范围及综合考虑舾装件的密集程度、设计工作量、劳动力的分配、设计出图计划、程序等要素后制定出来的。要符合实际生产的需要，使船厂能获得科学组织生产的准确依据。

1. 根据船体的基本结构形式进行大区域的划分

区域的划分可以有很多种方法，不同种类的船舶其划分方法也有很大的区别。但是，只要掌握了划分区域的基本方法和最简单的船舶货船的区域划分方法，就可以方便地应用到其他各种船舶上。下面以一艘艉机型货船的区域划分方法为例来说明。

任何货船按其结构总可以分为以下五个大区域：机舱区域、艉部区域、艏部区域、上层建筑区域及货舱区域。这种区域的划分方法是最自然不过的，这是由于它们各自的作用不同，结构形式也有较大的区别，所包含的舾装的内容也不一样，同时又与船体分段大区域的划分相吻合。机舱区域包括机舱前壁和后壁之间的空间及机舱棚、烟囱所围成的部分。对于油船来说，不同的仅是多了一个油泵舱，可以将它划入机舱区域或单独列为一个大区域。对于非客船来说，一般主甲板以上的居住空间均属于上层建筑区域。其他三个大区域的划分就显而易见了，分别以机舱壁和前部防撞舱壁为界划分即可，如图 11.12 所示。

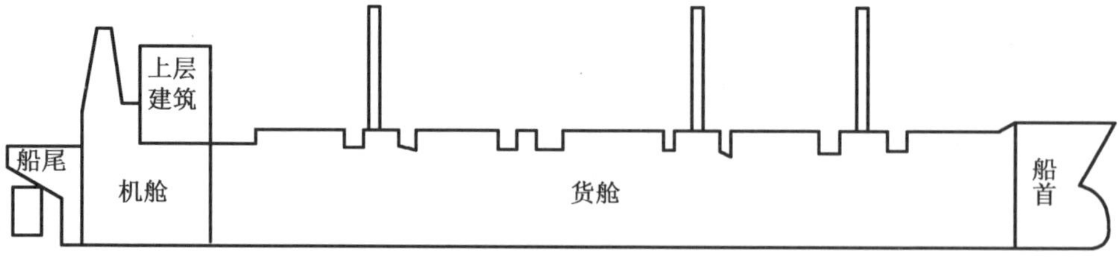

图 11.12　船舶大区域划分

2. 小区域的划分

大区域由于范围太大，还不能适应设计工作、建造工作和生产管理的要求，还必须将上述机舱、货舱、艏艉部、上层建筑等区域按其划分的分段、总段舾装作业区域进一步划分成舾装件托盘安装的更小作业区域。根据各区域的特点，对五个大区域的划分方法是：

(1)机舱区域的划分方法

机舱区域的舾装件最密集，生产设计和建造工作的工作量也最大，其生产管理的难度也大，为了适应现代造船的节奏，必须将其分成较小的区域。机舱结构形式的特点是以甲板(或平台)层次组成的，所以应以每层甲板(或平台)作为小区域的划分线。每层甲板(或平台)一般都有机舱开口，因而可再以船体中心线和肋骨线，按左右和前后进行细划分，在具体划分中，要与机舱区域的船体分段划分相协调，图 11.13 为某船机舱区域的划分示意。

机舱区域号为 01 ~29，说明如下：

①三甲板与机舱内底板之间(区域号为 02 ~09)，由于机舱格栅(花钢板)以下的设备、舾装件特别多，尤其是管子，所以以格栅(花钢板)为界分为上下区域，格栅(花钢板)以下为 02 ~05 区域，格栅(花钢板)以上为 06 ~09 区域，再按左右和前后划分为 2 ~4 个小区域。

②三甲板与二甲板之间(区域号为 10 ~15)，一般来说布置的机械设备相当多，如主发电机、燃油分油机、空压机、为主机服务的滑油和淡水冷却器、淡水泵以及锅炉给水系统的大部分设备都布置在三甲板的上方，所以该区域的划分可以根据一般的布置方法(即发电机置于三甲板后部)将机舱后部的主发电机空间划分为独立区域(区域号为 10)，其他部位先左右、后前后划分为几个小区域。

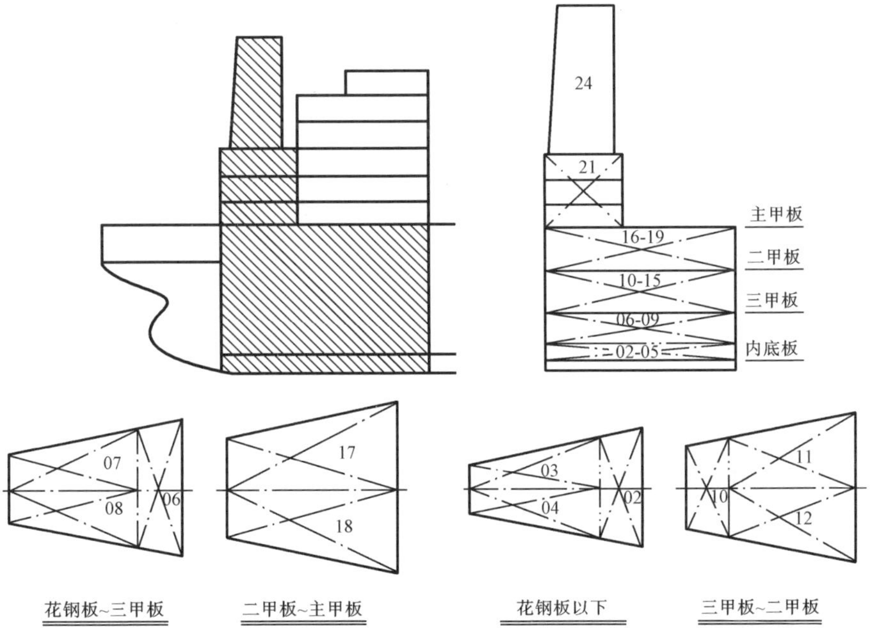

图 11.13　某船机舱区域划分(图中区域号仅供说明用)

③机舱双层底以下为 01 区域；机舱棚(区域号 21)和烟囱(区域号 24)各为独立区域。

④机舱主机排气管系统和机械通风系统，由于各自的特点：即主机排气管管径大、根数

少，分到各个区域反而会增加协调的工作量，同时对生产组织管理不利。而机械通风管的制造、安装工艺与一般的管系有较大的差别，所以为它们设置专门的名义上的区域，即主机排气管系的区域号为27，通风管系的区域号为28。

(2)艏、艉部区域的划分方法

这两个区域也是以层次划分为原则的，但是舾装件的数量相对要少得多，所以一般一个层次就可以划分为一个区域，如图11.14所示，艏部区域区域号为30~39，艉部区域区域号为40~49。

(3)上层建筑区域的划分方法

上层建筑层次比较分明，其区域内设有各种各样的房间，铁舾装件也不少，但大量的是木作舾装件，所以区域划分既按层次划分，同时也按房间进行划分，特别是木作舾装件应以房间划分。而管舾装件可按层次划分，当船舶较大时，每层次可按左右划分为两个区域。另上层建筑区域底层主甲板上可能也会有一些舾装件，可设置一个独立的区域(区域号50)。在具体划分中，要与上层建筑区域的船体分段划分相协调，如图11.14所示，区域号为50~99。

(4)货舱区域的划分方法

货舱区域的特点是范围很广，从机舱前壁一直到艏部的防撞舱壁都是属于货舱区域，可以先将该区域从上到下划成三个层次，双层底以下、货舱内、主甲板以上，然后再细划分。在具体划分中，要与货舱区域的船体分段划分相协调，如图11.14所示，区域号为60~89。说明如下：

①双层底以下和主甲板以上的舾装件较多，而货舱内就只有少量的舾装件。而且管路相对比较简单，直管子多，所以区域可以划得更大一些；

②双层底以下区域号为60~69，一般双层底以下除了管系及附件以外，其他舾装件也不多。可以中间货舱壁为界前后划分为60区域和62区域，当船舶的吨位较大时，或其他情况时也可以划分为两个以上的区域；

③货舱内的区域号规定为70~79区域，前后划分的方法应与双层底一致，即后部为70区域，前部为72区域，其他为备用区域号；

④主甲板上部区域仍按上面的原则进行划分，它们的区域号规定为80~89区域。

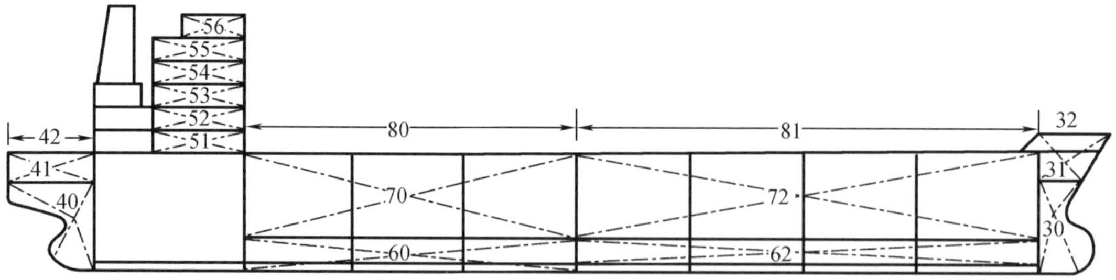

图11.14　某船船装区域划分(图中区域号仅供说明用)

(5)电装区域的划分方法

电气舾装有其自身的特点，一是电缆一般中间不能加接口，因而往往要跨越好几层甲板，给区域划分带来困难；二是电气的焊接件在生产设计的深度还不够时，往往有较大部分没有参加综合布置，所以在安装时要等到其他舾装件安装结束后才能进行；三是电气设备也比较娇贵，很多设备不能进行预舾装，特别在生产管理不完善的情况下更是如此。因而相对来说，预舾装的工作量就少得多。因此在区域的划分中，应根据这些特点和工作量的大小可以划分得大一些。例如机舱内每一层次就只设一个区域；货舱区域往往也只设 1 ~2 个区域。

对液货船（如油船）的泵舱区域，其划分的原则也是从下到上按层次划分，每层设一个区域号。

二、舾装阶段的划分

舾装件的安装工作贯穿于船舶建造的全过程，为了实施托盘管理，必须将舾装件的安装工作按前后顺序划分为几个阶段，这就是舾装阶段，一般可划分为单元舾装（也称单元组装）、中组立舾装（部件舾装）、分段舾装（分反态和正态两种状态，包括预埋件）、总组舾装（分反态和正态两种状态）和船上舾装（如青空舾装）等作业阶段。其中的单元舾装，其内涵是将某一区域内若干个相关设备或装置或管路等安装在一个共同的基座（或支架）上装配成一个“单元（或模块）”，然后再将此单元（或模块）作为一个整体在以后适当的舾装阶段安装就位。

三、分段、总段制造综合工程作业流程（WSD）的策划

舾装区域和舾装阶段划分后，对重要分段、总段的壳舾作业流程必须进行策划。为进一步明确船体分段组立过程与区域舾装的作业顺序，需给出一个分段或总段制造的综合工程作业流程图，即 WSD（working sequence diagram）。所谓分段或总段的 WSD，主要是在分段或总段 DAP 的基础上详细规划了分段或总段舾装、涂装及密性等作业在不同组立阶段的组合过程，其中还涉及了托盘的划分及集配。

WSD 的设计过程就是通过对分段或总段 DAP 的分析，综合船厂的设备设施能力、生产能力、场地布置、工艺流程等因素，将分段或总段所属不同类型的舾装作业分解到分段或总段不同的作业阶段中，即小组立、中组立以及大组立中，并用图表的方式来表现出其作业顺序，以此来模拟船体分段或总段的壳舾涂作业过程。表 11.4 为某船厂建造的货船机舱下部总段的 WSD。

在 WSD 的基础上，为提高区域舾装的效率，还需要对舾装件的安装顺序进行设计，如同船体 DAP 一样对舾装件的安装进行策划，目标是以最高的效率、最合理的安装顺序、最少的人工消耗。生产设计就可根据分段或总段的 WSD 来划分托盘，同时建立与分段或总段作业阶段、区域、类型相对应的任务包。

WSD 表现出来的主要是工程分解的内容，将不同类型的舾装作业与船体各阶段的作业以及涂装作业结合起来统筹考虑，打破了壳舾涂工作各行其是的局面，形成了一个一体化的设计纲领和生产作业指导。现借助虚拟制造技术的应用使分段或总段的 WSD 更加完善，为舾装的精益化和数字化奠定了基础。

表 11.4　某船厂建造的货船机舱下部总段的 WSD

壳	舾	涂
中小组立阶段(K 阶段) - 船体内场组立区		
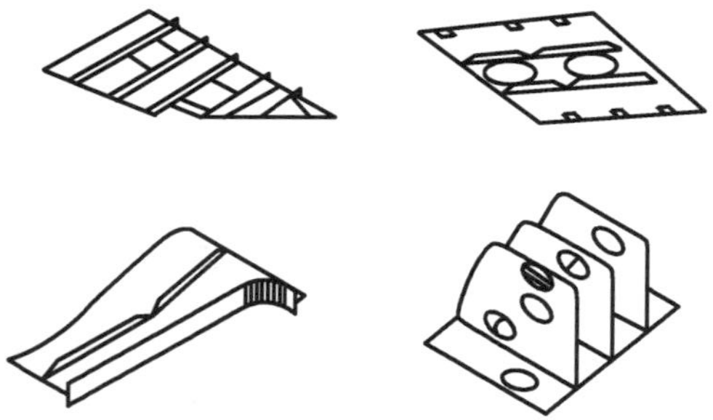	**铁舾装:**污水井盖、直梯、眼板、道门圈、吊马,等	焊缝 油漆 修补
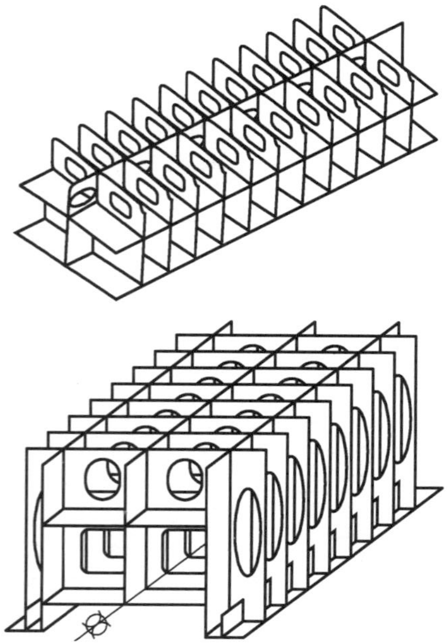	**管装:** · 燃油泄放、输送,尾管滑油、滑油泄放、日用等系统管子及支架的安装; · 各油水舱内测量、注入、泄放等系统管子及支架的安装。 **铁舾装:** · 拉手、踏步、直梯、蚂蟥梯、眼板、道门圈、吊马,等	焊缝 油漆 修补

表 11.4(续 1)

壳	舾	涂
大组立阶段(C 阶段) – 船体分段平台区		
底部分段:反造,反态/正态舾装 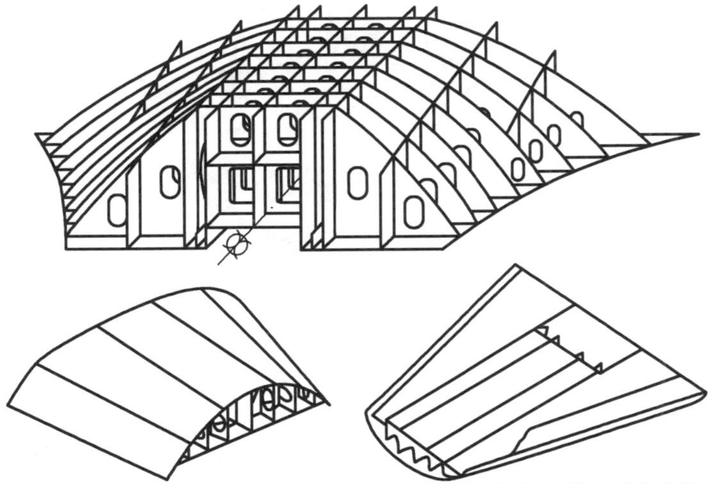	**管装:** · 封外底板前燃油泄放、输送,尾管滑油、滑油泄放、日用等系统管子及支架的安装; · 各油水舱内测量、注入、泄放等系统管子及支架的安装。 **铁舾装:** · 各种船体标志、放水塞的安装; · 海底门格栅安装; · 海底门锌块的安装; · 吊马及支撑的安装,等	分段 二次 除锈 及涂装
舷侧片体:以外板为基面侧造 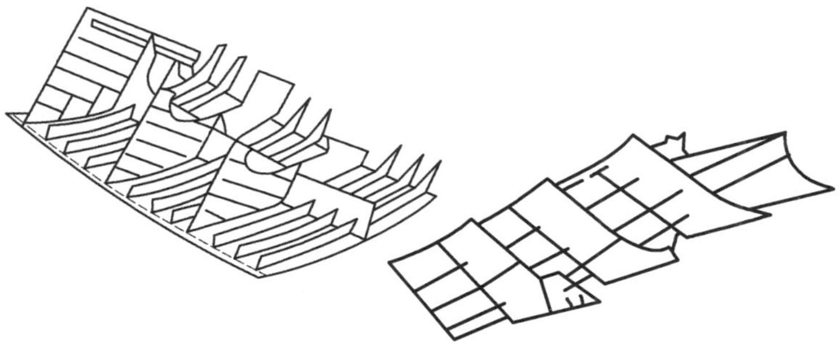	**管装:**管子及支架的安装 **电装:**电舾装件的安装 **铁舾装:**吊马及支撑的安装,等	分段 二次 除锈 及涂装

表 11.4(续 2)

壳	舾	涂
总组阶段(P 阶段) - 分段总组区		
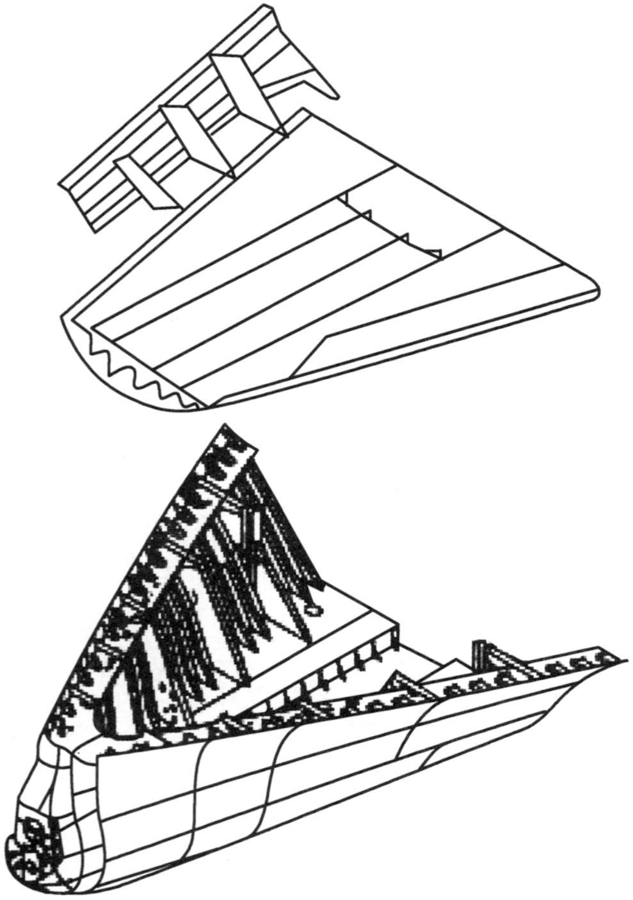	**管系:** · 机舱底层全宽型单元的吊装和定位; · 舷侧纵横平台下两舷管子作业; · 机舱后舱壁的管子作业; · 分段与分段间的合拢管安装到位。 **电装:**电缆管、电缆贯穿件、电缆支架、电气设备基座等 **铁舾装:**吊马及支撑的安装,等	总组焊缝及损坏修补

表 11.4(续 3)

壳	舾	涂
船坞阶段(P/D 阶段)－船坞内		
机舱底部区域盆舾装(青空舾装): 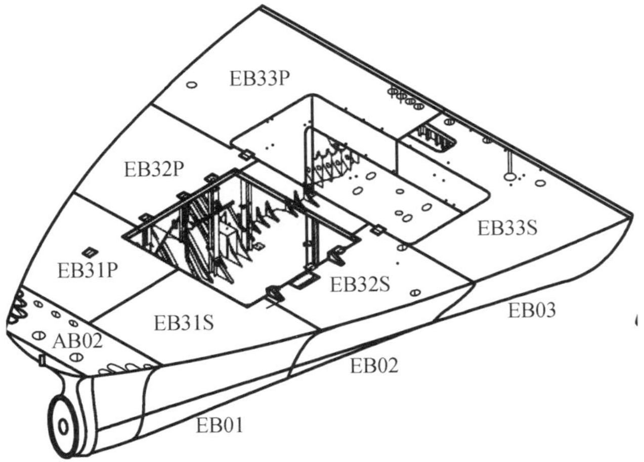 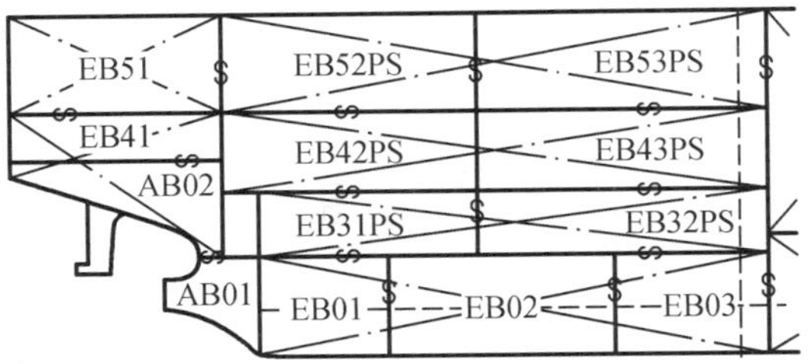 	**单元**:各平台各类单元安装。 **管系**: · 分段与分段间的合拢管安装到位,以及管路的完整性; · 高低位海水箱管子附件安装完整。 **铁舾装**: · 机舱设备底座安装;箱柜安装; · 机舱直梯、扶手、栏杆的安装,以及拦油、拦水扁铁安装。 **设备**: · 主机的吊装;以及主机侧顶撑装置、主机的附属设备; · 其他辅机的安装。 **电装**: · 电缆的敷设和包扎;电缆接头的检验;电缆连接; · 所有的电气组合件;以及电装设备的安装和保护。 **控制系统**:仪表管子支架及附件安装;以及仪表管子的密性试验。 **内装**:部分绝缘安装。 **密性**:完整箱柜的气密试验,以及部分油舱密性试验。	区域 涂装

注:所示机舱下部总段的 WSD 与第八章中的图 8.25、图 8.26 机舱下部总段舾装相对应。

四、托盘的划分

在分段或总段的 WSD 策划以及区域和舾装阶段划分好的基础上，就可进行舾装托盘的划分，但首先必须区分托盘对象品和非托盘对象品。确定托盘对象品的目的实际上就是从总体上确定托盘管理的范围，以便在托盘管理的工作上统一意志，为建立以舾装托盘为导向的舾装设计、生产、管理一体化系统奠定基础。

1. 确定托盘对象品

由于船舶上的舾装品品种繁多、数量巨大、来源渠道又各不相同，舾装件的材料、规格、质量、大小等都不相同，所以要将所有舾装件纳入托盘管理是有困难的，为此要实行舾装品的托盘管理，首先要把舾装品划分为托盘舾装品（即要进入托盘进行集配的舾装品）和非托盘舾装品（不适宜集配的舾装品）。非托盘舾装品主要是指一些过重的物品（如主机、柴油发电机、锅炉等大型设备）、贵重的物品（如易损的设备、仪器、仪表等）、过小的物品（如螺丝、螺帽、垫片等小五金）。对非托盘舾装品的备料和交付等工作可采用其他方式进行管理。除了非托盘舾装品外，其余的舾装品都可纳入托盘对象品。各专业的托盘对象品大致归纳如下：

（1）机装，主要是机舱内的舾装件，包括所有的管系及其附件、泵、阀、所有的中小型机械设备、格栅、扶梯、栏杆、海底吸入阀箱及附件、箱柜、基座、通风管及其附件等；

（2）居装，主要是上层建筑内舾装件，包括所有的管系及其附件、冷藏设备、空调设备、通风系统、厨房设备、房舱铁舾件、房舱设备、消防设备、救生设备、卫生器具及其他小型机械电气设备等。但木作、家具、绝缘材料、甲板敷料、小五金等一般不纳入托盘对象品；

（3）甲装，除机装、居装以外所有区域内的舾装件，主要包括所有各系统的管子及其附件、舵系统、起锚系统、系泊绞车、系固绑扎装置、其他各种绞车、舷梯装置、舱口盖装置、天幕、栏杆、扶梯、门窗、桅杆、天桥装置以及其他各种铁舾件等；

（4）电装，主要是电气舾装件，包括主配电板、变压器、分配电板、接线盒、开关、插座、集控屏、控制台、岸电箱、灯具、遥控报警系统、电缆等。但对贵重的、易损的通信导航设备和精密仪器等一般不纳入托盘对象品；

实际船舶的舾装件种类还远不止这些，需根据船型特征、用途来详细确定各专业的舾装品，在这个基础上合理确定各专业的托盘对象品。不同舾装阶段、不同作业区域的托盘舾装品必须分属于不同的托盘。

2. 托盘的划分方法

（1）划分原则

根据托盘管理的含义，托盘划分的主要依据是船舶建造方针和建造要领，特别是船体的分段（总段）划分、舾装区域划分形式以及分段或总段的 WSD 在很大程度上决定着托盘的划分。托盘的划分应遵循三不跨（不跨阶段、不跨区域、不跨部门）原则和按工作量大小来划分托盘。

①按舾装阶段划分托盘。同一托盘内材料设备、舾装件必须在同一安装阶段进行安装，也就是说，不允许不同安装阶段的材料设备、舾装件置于同一个托盘内。

②按区域和安装位置划分托盘。即同一托盘内的舾装件必须在同一安装区域内或同一安装场地进行安装，不可能同一托盘内的舾装件分散在几个不同的地方进行安装作业。

③同一组施工人员完成同一托盘。也就是同一托盘内的舾装件内容必须与工厂现行

的生产组织形式相一致，不能出现由两个小组或两个工段，甚至两个车间的施工人员来完成同一托盘的现象。

④按工作量的大小来划分托盘。每个托盘原则上以两个工人一周的工作量来确定。但是由于各个工厂的作业条件不一样、工作效率也不一样，同时还受到其他一些条件的限制，所以实际上可操作性较差，各船厂可以根据自己的经验及条件灵活处理。

(2)划分要点

①每只分段都要有与之对应的托盘，除了无舾装品之外。

②采用总段建造法时，总段托盘与分段托盘应独立编制。

③同一只分段有两个以上的区域时，应按区域编制相应的托盘，即同一只分段上有两只以上的托盘。特别是属于同一大区域时，各小区域的划分线应尽可能与分段的划分线一致。

④采用单元组装时，每一只单元应划分为独立的托盘。托盘内应包括单元内所有的舾装品(管子及其附件、设备及基座、格栅及铁舾件等)。

(3)托盘划分步骤

托盘划分一般分两步进行。首先，在详细设计阶段，结合船体分段划分和船体总装计划编制工作，按工艺阶段和舾装区域，初步制定托盘划分方案。其次，在生产设计阶段，以区域舾装综合布置图为基础，根据托盘划分初步方案，按分段或总段的 WSD 所确定的作业顺序和工作量，最终确定托盘划分，并编制托盘清单和各种托盘管理表。图 11.15 为某船机舱区域托盘划分示例。

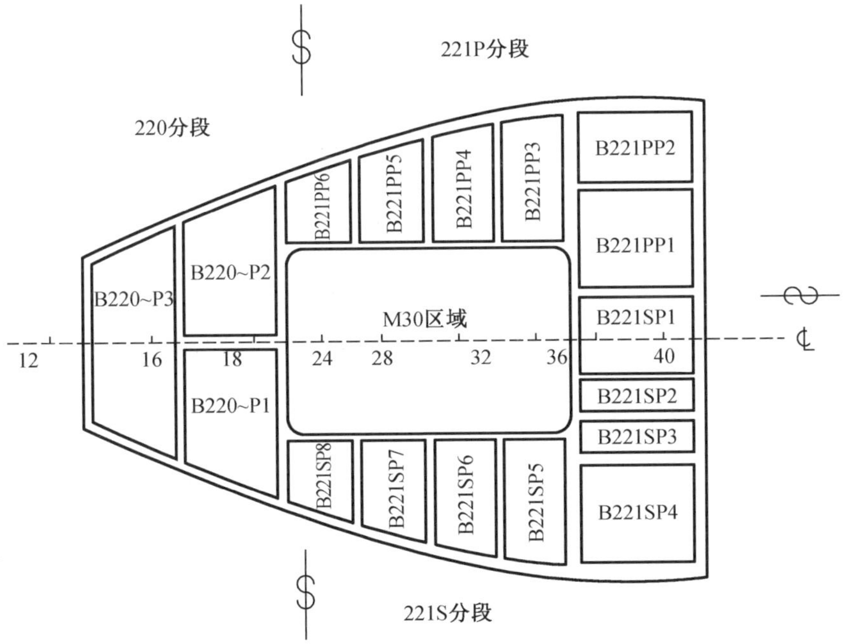

图 11.15　为某船机舱区域托盘划分示意图

第五节　常用焊接方法及焊接设备的选用

在现代船舶建造工程中，焊接工作量在整个船体建造总工作量中占相当大的比例，据不完全统计，焊接工时占整个船体制造工时的30%～40%。焊接技术是关键的工艺技术之一，焊接生产效率是影响造船周期与成本的重要因素，焊接质量也是评价船舶建造质量的重要指标。因此，研究开发机械化、自动化的高效焊接技术就成为船厂提高造船质量、提高生产效率、降低建造成本、缩短造船周期的有效技术途径。

1. 常用焊接方法、特点及适用范围

目前，国内船舶工业掌握的船舶焊接基本方法已发展到40多种。焊接材料已从当初的薄药皮焊条、厚药皮焊条、高效铁粉焊条，发展到低氢型焊条、实芯焊丝、药芯焊丝、单面焊衬垫等。焊接设备已从简单的旋转式直流弧焊机、交流弧焊机、整流式弧焊机，发展到应用当代电子技术的可控硅整流弧焊机、数字化逆变式弧焊机和各种船舶专用自动焊机。在船体制造中，应根据不同的材料、结构形式及工艺条件选用合理的焊接方法。常用的焊接方法及适用范围见表11.5。

表11.5　常用的焊接方法及适用范围

焊接方法		原理说明	特点	适用范围
焊条电弧焊（手工电弧焊）		手工操作，明弧焊接	·设备简单，操作灵活方便，可进行各种位置的焊接，但技术要求高，劳动强度大，生产效率低； ·焊缝的力学性能好	·各种空间位置难以实现机械化、自动化或其他高效焊接方法的构件焊接； ·短小和不规则的焊缝； ·船体装配时焊“马”和定位焊以及“马脚”、焊缝的修补焊
埋弧焊	埋弧自动焊	电弧在焊剂层下燃烧	·保护完善，能量损失少，生产效率高； ·焊缝光滑、美观，焊接变形小，劳动强度低，但设备较复杂，对焊缝清理要求较高	·广泛用于船体结构中板厚不小于3 mm的较长的平对接及平角焊缝； ·多丝埋弧自动焊常采用加衬垫的单面焊方法，多用于平面分段生产流水线中板材对接焊缝
	埋弧半自动焊			主要用于船体结构中板厚不小于3 mm的平角焊缝
气体保护焊	CO_2 气体保护焊	电弧区在 CO_2 气体保护下进行的明弧焊接。	·操作性能良好，能适应各种位置的焊接； ·生产效率高，成本低； ·抗锈能力强，且焊缝质量好，焊接变形也小，但在室外操作时如风力较大，则会破坏 CO_2 气体的保护作用，影响焊接质量	·适用于低碳钢及低合金钢的船体结构焊接； ·CO_2 气体保护半自动焊还常借助专用的焊接衬垫实现单面焊双面成形，广泛用于船体结构各种位置的焊接； ·CO_2 气体保护自动角焊多用于船体结构中较长的平角焊缝； ·气电自动立焊在船体结构平直或较平直且有较长立对接长度的焊接中广泛应用。

表 11.5(续)

焊接方法	原理说明	特点	适用范围
氩弧焊	电弧区在惰性气体－氩气的保护下进行的明弧焊接	·惰性气体氩气能有效地保护金属熔池不受氧化,对各种金属材料的适应性强,操作性能良好,焊缝成形美观,力学性能和抗腐蚀性能较好,电弧稳定,飞溅少,焊接变形小; ·钨极氩弧焊的电弧功率小,焊缝熔深较浅,效率低; ·熔化极氩弧焊生产效率高,但在室外操作时如风力较大,则会破坏氩气的保护作用,影响焊接质量;成本也较高	·用于铝和铝合金及不锈钢的焊接; ·一般可用于平焊,但钨极氩弧焊也可用于全位置的焊接。钨极氩弧焊通常用于厚度小于 6 mm 焊件的对接、T 形接头或管子焊接的打底焊; ·熔化极氩弧焊则用于厚度不小于 5 mm 的平对接接头; ·氩弧焊还可用于直径不大的管子和筒体及无法进入内部进行焊接,以及只能在外面进行单面焊的结构的打底层焊接
电渣焊	利用电流通过液态熔渣(渣池)所产生的电阻热来熔化电极和被焊金属的边缘进行焊接。 ·焊缝强制成形; ·焊接时无弧光	·对于大厚度的焊件可以一次焊成,生产效率高,焊接材料消耗少; ·焊接时热源温度低,热量分散,液相冶金反应比较弱; ·焊缝中基本金属的熔化比可控制在 10% 以上,有利于调节焊缝金属的化学成分和降低由焊件过渡到焊缝金属中的有害杂质;焊缝中产生气孔、夹渣的倾向较低; ·但焊件热影响区宽,焊缝金属的晶粒粗大;焊接低合金钢时,焊缝和热影响区会产生粗大的魏氏组织; ·焊后一般需要进行热处理,以改善焊缝组织及力学性能; ·焊接设备比较笨重,机动性差	·用于焊接厚度大于 40 mm 的低碳钢、低合金钢及铸钢; ·焊接位置为立焊,也可用于环形焊缝的焊接,主要接头形式为对接,当配用特制成形滑块和采取适当的工艺措施时,也可用于角焊缝的焊接; ·船体结构中一般采用丝极电渣焊和熔嘴电渣焊来焊接艏柱、艉柱、艉轴架等

2. 船体高效焊接技术

高效焊接技术是指与常规药皮焊条的焊条电弧焊相比,其熔敷效率高、焊接速度快、操作方便、易于实现机械化和自动化的各种焊接工艺方法,它们共同的特点是生产效率高,焊缝质量好,节约材料和能源,并且能适应和推进造船工艺技术的进步与发展。因此,积极推广应用先进、高效的焊接技术,大力推进焊接的机械化、自动化,促进船舶焊接工艺技术的进步,对推动我国船舶工业的发展具有十分重要的意义。目前应用较广泛的高效焊接技术,主要有以下几种:

(1)焊条电弧焊中的高效焊接技术主要有铁粉焊条手工电弧焊、重力焊和弹力焊、向下立焊以及手工衬垫单面焊等技术。目前在我国造船应用率已超过60%以上。

(2)埋弧自动焊中的高效焊接技术主要有单丝双面埋弧自动焊、焊剂铜衬垫(FCB)法双(多)丝单面埋弧自动焊、焊剂铜衬垫(FCB)法双(多)丝单面埋弧自动焊、焊剂衬垫(RF)法双(多)丝单面埋弧自动焊、软衬垫(FCB)法双丝单面埋弧自动焊等技术;

(3)CO_2 气体保护焊的高效焊接技术主要有 CO_2 气体保护半自动焊、CO_2 气体保护自动角焊、气电自动立焊(EGW)等技术,目前在我国造船应用率已超过60%以上;

(4)全位置管子自动TIG焊技术。

近年来,还开发了应用于船体结构物的激光焊接新工艺,现已进入实用化阶段。

3. 船体建造各阶段焊接方法及焊接设备的选用

由于焊接过程的特点和船体施工工艺的复杂性,产生焊接变形是不可避免的。因此,对船体制造各阶段的焊接作业,应根据船型和结构形式以及各阶段不同的施工条件、作业特点和作业环境,合理选用焊接方法。主要基于两个方面的考虑:一是减小结构的焊接变形,尤其是薄板结构;二是扩大高效焊接技术的应用范围,以达到改善作业条件,节约能源和材料,提高焊接效率和质量的目的。

(1)部件和组件制造阶段的焊接方法及焊接设备的选用

部件和组件制造一般在配有平台、起重设备或平面分段生产流水线工位等设施的专用场地施工。由于部件和组件移动、翻身相对较容易,大量的焊接作业可在平焊位置施工,作业空间也较宽敞,所以具有应用高效焊接技术及实现焊接机械化和自动化的较好条件。

①拼板焊接是部件制造阶段的主要焊接作业。应考虑采用先进的平面分段生产流水线,其拼板焊接工位可根据不同情况采用单丝、双丝或多丝的埋弧自动焊,并利用焊剂铜垫法或焊剂垫法的专用装置实现单面焊双面成形。其后构件装焊的角焊缝也可用生产线的专用装置采用 CO_2 气体保护自动焊。平面分段片体的大量焊接作业可采用高效焊接技术,并实现自动化。对不具备设置平面分段生产流水线条件或建造较小型船舶的船厂,可参照平面分段生产流水线拼板焊接工位,设置专用拼板焊接平台,也可在常规的拼板平台或拼板场地采用双面埋弧自动焊。

②部件和组件制造中的大量平角焊缝,应视具体情况采用不同的焊接方法。较长且连续的平角焊缝,可选用 CO_2 气体保护自动角焊或重力焊、铁粉焊条手工电弧焊。对厚度较薄的构件,为减少焊接变形,应选用 CO_2 气体保护自动或半自动焊。当交叉构件较密,连续焊缝较短时,可选用 CO_2 气体保护半自动焊或铁粉焊条手工电弧焊。

③大型船舶艏柱、艉柱及轴毂等铸钢件的拼接,应视其接头截面情况选用焊接方法。对大截面的接头,可选用熔嘴、管状熔嘴或丝极电渣焊方法。由于电渣焊的设备和工艺措施较复杂,如产品批量不大或条件不具备,则可采用 CO_2 气体保护半自动焊的方法。

(2)分段或总段制造阶段的焊接方法及焊接设备的选用

分段或总段制造阶段的焊接作业包括整个分段或总段的焊接,其装焊程序由其建造方案规定。焊接方法及焊接设备的选用应根据焊缝位置情况来确定,其原则是:

①分段或总段制造阶段的平角焊缝应根据不同的作业条件选用 CO_2 气体保护自动角焊或半自动焊,也可选用铁粉焊条手工电弧焊;其他位置的角焊缝一般选用 CO_2 气体保护半自动焊。一般有这样几种情况:

a. 对在装焊过程中不移动或不改变基准面的分段或总段,一般是以胎架或平台为基准进行安装,这样,焊接位置较复杂的接缝多,空间也较狭窄,因而作业条件较差,一般选用

CO_2 气体保护半自动焊。

b. 对采用片体制造法制作的分段或总段，即采用先装焊几个片体，再由片体上胎架组装。这样各片体的焊接可采用 CO_2 气体保护自动或半自动焊。尤其对较平直的分段，也可以不同平面为基准面装焊片体，再由两个或多个片体组装，包括将部分接缝复杂的焊接位置尽可能变换成平焊位置，以可采用 CO_2 气体保护自动焊。

c. 对带有型线的板幅，不能在平面分段生产流水线或拼板平台拼板焊接的，一般在分段或总段装配阶段在胎架上拼板焊接。此时可视型线情况选用 CO_2 气体保护半自动焊辅以陶瓷衬垫的单面焊双面成形方法，如型线较平坦，则可在打底焊道施焊到适当厚度后，再用埋弧自动焊盖面焊。

②对钢板较薄的上层建筑装焊，应选用 CO_2 气体保护自动角焊和半自动焊，以尽量减少焊接变形；其立焊位置的角焊缝也可选用专用的下行焊条，用手工电弧焊进行立向下焊接。

(3)船台(坞)合拢阶段的焊接方法及焊接设备的选用

船台(坞)合拢阶段的接缝以分段或总段相接的大接缝为主，其装焊程序由建造方案规定。焊接方法及焊接设备的选用应根据焊缝位置情况来确定，其原则是：

①一般甲板、内底板、平台板等平焊位置的对接缝，可选用在仰位置贴陶瓷衬垫的 CO_2 气体保护半自动焊单面焊双面成形方法；

②较长的接缝能用埋弧焊盖面时，则 CO_2 气体保护半自动焊仅焊到适当焊道厚度的打底焊，再用埋弧自动焊盖面焊；

③船体外板、舱壁板、边舱斜板等较平直的立焊位置或有一定斜度的立焊位置的对接缝，可选用 CO_2 气体保护的电气自动立焊，单面焊双面成形。

④船体外板较平直的横焊位置的对接缝，可选用里面贴衬垫的 CO_2 气体保护自动横焊，单面焊双面成形。

⑤对不具备采用气电自动立焊、自动横焊条件和其他较短、钢板厚度较薄或空间位置较差的平、立、横焊位置的对接缝以及各种骨架构件的对接缝，可选用贴陶瓷衬垫的 CO_2 气体保护半自动焊，单面焊双面成形。角焊缝则选用 CO_2 气体保护半自动焊。

图 11.16 为某散货船货舱段制造时所用的焊接方法。有关说明见表 11.6 所列。

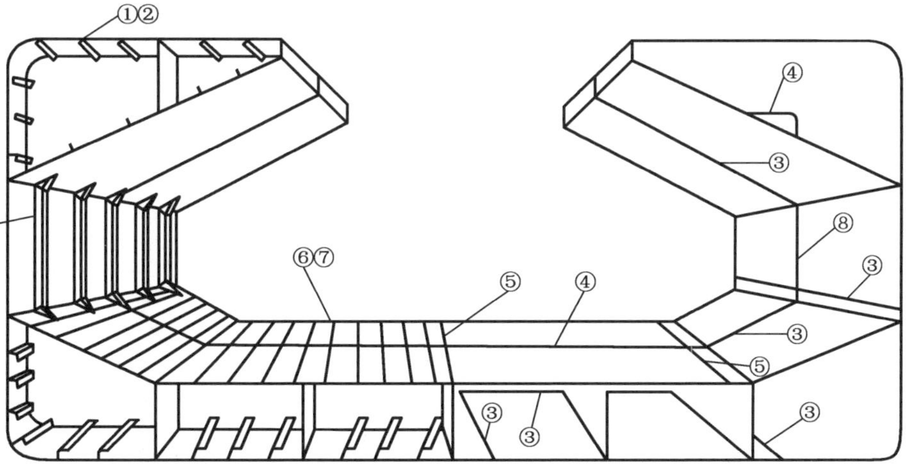

图 11.16　某散货船货舱段制造时所用的焊接方法(仅供参考)

表 11.6　某散货船货舱段制造时所用的焊接方法(仅供参考)

序号	焊接名称	焊接方法
①	手工焊条电弧焊	手工电弧焊
②	CO_2 半自动焊	CO_2 气体保护半自动焊
③	陶瓷衬垫 CO_2 单面焊	
④	陶瓷衬垫单面焊打底,埋弧自动焊	埋弧自动焊
⑤	FAB 衬垫单面埋弧自动焊	
⑥	FCB 焊剂铜衬垫焊	
⑦	双面埋弧自动焊	
⑧	垂直自动气电焊	气电焊自动焊

此外,对板厚小于 6 mm 的薄板结构,应全面推广应用高效 CO_2 气保护全位置焊接。对板厚大于 35 mm 的厚板,首先要选择恰当的坡口形式,一般当板厚 $t \leqslant 40$ mm 时采用 X 形坡口,板厚 $t > 40$ mm 时采用双 U 形坡口。

4.船舶先进焊接技术的应用

随着先进制造技术的发展,对船舶焊接技术的发展提出了“高效”“节能”“环保”“绿色”的要求。目前,船舶焊接技术已进入一个新的发展阶段,主要表现在以下几个方面:

①在普通手工电弧焊、埋弧焊、气体保护焊的基础上发展成众多的高效机械化、自动化焊接方法;

②已将当代计算机、微电子、信息、机器人、激光、电子束、等离子等技术领域的最新成果广泛应用于船舶焊接技术,从而将船舶焊接技术推进到了现代造船科学技术前沿。

从焊接技术的发展趋势看,首先是水平角焊实现机械化、自动化。继而是平面分段的生产采用大型专用自动化焊接设备,实施流水线生产方式。大致情况见表 11.7。

表 11.7　使用机械化、自动化焊接方法

场地条件		连接类型	典型焊接方法
内场	中、小组立	对接	双面埋弧焊、单面埋弧焊;单面 CO_2 半自动焊;焊接机器人
		纵骨角焊缝	重力焊;CO_2 半自动焊;CO_2 平角自动焊;焊接机器人
		框架	
	平面分段	拼板	双面成形自动焊或多丝埋弧自动装置
		纵骨角焊缝	专用多头自动角焊装置;CO_2 半自动焊;CO_2 平角自动焊;焊接机器人
	曲面分段	拼板	单面埋弧自动焊;单面 CO_2 自动焊
		纵骨角焊缝	CO_2 半自动焊
外场	船台(坞)	大接头	单面埋弧自动焊;单面 CO_2 半自动焊;单面 CO_2 全位置自动焊;垂直、横向自动气电焊;CO_2 自动焊(角焊、对接焊);焊接机器人

总体上看,先进焊接技术的发展趋势是:高速化、大线能量 → 高性能化、高品质化 → 完全自动化。尤其是机器人焊接技术,是实现船舶智能制造、迈入中高端建造水平关键所在。目前,焊接机器人已进入实用阶段,正朝着智能化、无人化的方向发展。图 11.17 所示的为一种中、小组立中所采用的门架式流水作业焊接方法。

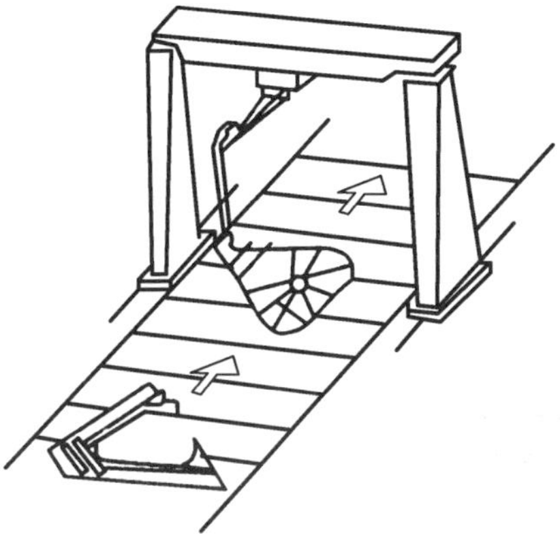

图 11.17　门架式流水作业焊接方法

第六节　船舶建造精度管理

船舶建造精度管理是实现壳舾涂一体化的基础,只有该项技术的实施才能保证其他相关技术的应用。提高精度管理水平有益于提高船舶质量,同时也为实施机械化和自动化提供先决条件,进而提高劳动生产率,降低生产成本。从完整意义上说,船舶建造精度管理还应包含船舶舾装部分,但船体制造显然是精度管理的主体。

在传统的船体制造过程中,实施尺寸精度控制都是采用加放余量的方法,这种控制方法已不能适应当前造船生产发展的需要。而船体制造精度管理,就是为保证工艺技术要求的实施并最终达到精度标准而采取的一系列管理措施和进行计划、组织、检查、控制等的管理活动,是现代造船的重要工艺技术之一。从工艺技术角度看,为实现分段无余量上船台(坞)装配的要求,船体制造精度管理经历了三个发展阶段:

(1)分段上船台(坞)前进行修正以适应船台(坞)装配的尺寸精度要求,以实现分段无余量上船台(坞)装配要求的方式;

(2)对平直分段进行制造全过程的尺寸精度控制;对曲面分段进行预修正后上船台(坞)装配,以两者相结合的方式来实现分段无余量上船台(坞)装配的要求;

(3)对全船所有分段进行制造全过程的尺寸精度控制,以达到分段直接上船台(坞)合拢的全方位精度控制方式。

目前,国内大多数船厂仍立足于分段无余量上船台(坞),从零件下料即开始以补偿量代替余量的全过程精度管理。国外先进造船国家在船舶精度管理方面,已经做到从下料到大合拢实现了分段全方位无余量,均以补偿量代替余量,并且已从船体扩展到舾装、管系。已将有限元法的数值模拟技术应用于钢板的火焰切割、热弯、焊接和水火弯板等方面。

一、船体制造精度管理的内涵

1. 船体制造的特点

钢质船体的制造，是根据设计图纸资料，经过放样、号料、加工、装配和焊接等一系列工序的生产过程。船体制造除了“大尺寸公差”涉及的特殊性以外，还有下述特点：

(1)船体零部件或分段间的配合多采用焊接结构，焊接工艺对配合面(线)几何量提出的是绝对尺寸要求，至于其所属构件尺度大小则影响较小，配合区域尺寸偏差不能随所属构件尺度的增大而增大。

(2)船舶零部件的刚性一般较低，因而形位偏差难于控制，且工序多、制造过程中的累积偏差比较大。

(3)相当一部分作业是处在高空和室外的露天作业，受环境尤其是温度的影响较大，且手工作业也较多，其偏差难以控制。另外，构件局部或量具受阳光照射的影响将使问题进一步复杂化。

(4)要掌握构件由切割、冷热加工、焊接、矫形以及吊运等所引起的弹塑性与热塑性变形规律较困难。

以上作业特点充分表明，要在船体制造中使构件的几何形状、尺寸和位置都处于可控状态具有高度的复杂性。故在整个制造过程中，船体零件、部件、分段、总段和船体合拢等不可避免地会发生尺寸偏差。特别要指出的是，船体结构的制造特点与一般的机械制造有很大区别。因此，船体制造精度管理的目标，首先不在于实现船体结构零件的互换，而是最大限度地减少现场修整。

2. 船体制造精度管理的目的

所谓船体制造精度管理，是指以船体制造精度标准为基准，运用先进的工艺方法和技术手段，通过有效的管理措施，对造船全过程实行科学的精度分析和严格的精度控制，尽可能地用结构补偿量代替余量，以求最大限度地减少现场修整工作量，从而达到提高生产效率、缩短建造周期的目的。其包含了三个要素：一是标准，包括精度的分配和精度标准的制定；二是工艺，其核心是结构补偿量和余量的设计与处置；三是管理，主要是精度控制与管理体系的建立和实施。

依据精度管理的目的以及实现的方式，可将船体制造精度管理分为两部分：一是计算补偿量、处理误差分配，并制定精度标准；二是对生产现场产生的精度问题进行分析、处理。

3. 船体制造精度管理的内容及要点

船体制造精度管理的理论基础是数理统计和尺寸链理论；核心技术是结构尺寸补偿量分析与设计，以及结构余量的预修整时机；管理的内容及要点是精度控制计划、精度控制目标、精度保证体系和精度管理制度；技术措施是加工设备与结构制造工艺、焊接设备与焊接工艺、检测手段与检测方法等。

船体制造精度管理的实质，就是利用数理统计原理和方法，通过对产品生产中各尺寸链的制造偏差的测量，找出每个制造环节的尺寸公差范围，然后通过精度分配的方法，控制每个制造环节的尺寸偏差在公差范围之内，从而最终使船舶的建造精度达到船级社“规范”和建造合同的要求。

二、精度管理的应用原理

1. 偏差的分类及处理

偏差是普遍存在的。对于船体制造这样庞大的工程，偏差是极其复杂的，不仅每一道工序存在偏差，而且在工序与工序之间还存在着偏差的叠加和偏差的传递等问题。因此，分析偏差的种类及其形成的规律，是制定合理的精度标准的基础。从形态上，偏差可分为尺寸偏差、形状偏差、位置偏差和表面粗糙度四类。从性质上，偏差可分为偶然性偏差（也称随机性偏差）、规律性偏差（也称系统偏差）和草率性偏差三类。

（1）偶然性偏差及处理

这种偏差是各种生产因素的综合结果，具有一定的规律性，大多在一定范围之内，以设计尺寸为中心呈对称分布，可作为控制尺寸的依据。若此种偏差由随机取样测量而得，经数理统计，大部分呈正态分布或近似于正态分布，并可得到一个中值和一个均方差。中值偏离基本尺寸较小，可与规律性偏差叠加，采用设定补偿量的方法解决。而均方差是偶然性偏差的主要表征量，是衡量精度的重要数据，对均方差处理方法有两种：一是提高各工序的施工精度，使偶然性偏差小于允许偏差；二是设计最佳预修整时机，以缩短切除余量后的结构所经过的工艺流程，从而将偶然性偏差控制在偏差允许范围内。

（2）规律性偏差及处理

规律性偏差是指在同一施工条件下，构件在制造时尺寸发生有规律的偏差，此种偏差往往是单向的，可以用理论计算或实验确定。其中值偏离基本尺寸较大，而均方差较小。故中值是规律性偏差的主要表征量，在量值上有时会大大超过偶然性偏差（甚至会超过一个量级），这种状况在大中尺寸测量领域尤为明显，可用补偿措施加以消除。

（3）草率性偏差及处理

草率性偏差是指施工过程中由于疏忽所造成的偏差（如看图差错、量度差错等）。此种偏差的产生既不可预测，也无规律可言，应予以剔除。

公差一般是以偶然性偏差作为主要依据而制定的。规律性偏差往往作为考虑补偿量的依据。

2. 公差的分类及内涵

在造船精度标准中，公差分为两类：标准范围（也称标准公差）和允许极限（又称极限误差）。通常所指的精度标准即为公差的标准范围。凡产品尺寸在标准公差之内，质量即为合格，且生产这种产品比较经济；虽超过标准公差但在允许极限之内，为“超差品”，虽不合格但经局部修整后仍属可用而不致影响整体质量，且这种修整工作在经济上也可行；凡超过允许极限的，则属“返修品”或废品。产品尺寸与公差范围的关系如图 11.18 所示。

标准公差代表了在正常的生产作业时期望达到的目标公差，是对产品实施精度控制的主要依据，在对中间产品进行精度分配时不允许超过此标准。极限误差是在正常的生产作业时允许的超差范围。当发现测量值明显偏离标准范围或偏离标准范围频率较高时，应引起足够重视，找出原因，采取纠正措施。

3. 尺寸链理论的应用

在船体结构中，每个零件的存在都有需要相关联的零部件，它们之间数据的传递是设计的关键，这也是三维设计（建模）与二维设计（尺寸链）最大的区别。设计数据的传递贯穿整个设计的过程，不存在单独作用的零件。运用尺寸链原理和方法，可以清晰地阐明船体结构制造精度之间的关系。通过有效地进行结构尺寸和形状公差的计算,弄清船体结构及其在各制造阶段中的尺寸关系,从而为精度的分配和控制选定合理而有效的工艺方法。可以说尺寸链原理是实施精度分配和精度控制的基础。

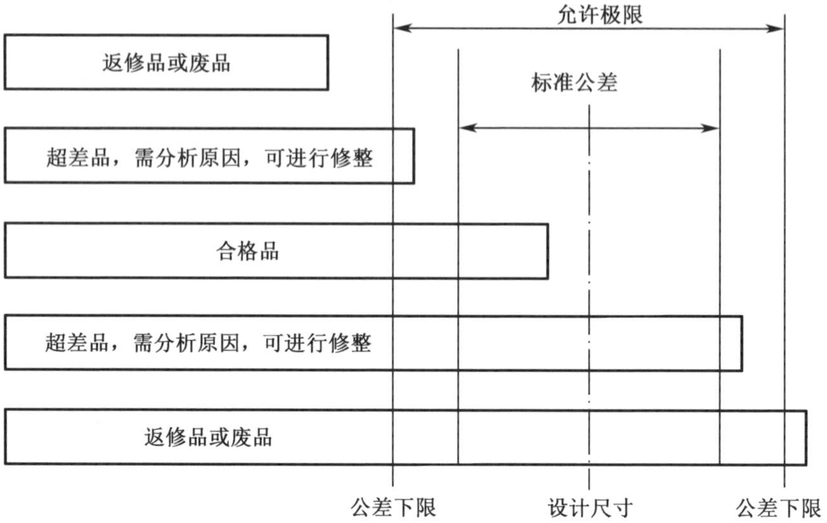

图 11.18　产品尺寸与公差范围的关系

(1)尺寸链的形式、组成以及求解

在船体制造中,存在着各种定位结合关系,这可通过尺寸链的形式表达出。按组成尺寸链的构造形式有平面尺寸链和空间尺寸链;按组成尺寸链的类型有长度尺寸链和角度尺寸链。组成尺寸链的结构可分为组成环和封闭环,根据其连接方式,尺寸链又分为并联、串联和综合连接等几种。按特性可分为装配尺寸链、检验尺寸链和工艺尺寸链。对不同形式的尺寸链,有不同的求解方法(如极值法、概率法)。

(2)补偿环的设置与计算

由于船体结构和制造的特点,其偏差的形成、叠加和传播也极为复杂。在船体结构尺寸链中,封闭环的尺寸精度是预先设定且必须满足的,因此,封闭环公差的确定也就限定了组成环的加工公差和技术要求。

为了达到装配精度和技术要求,在尺寸链的建立过程中,需要设置必要的补偿环,以满足船体精度管理的需要。可以说,补偿环的确定是船体制造精度管理的基础。因此。船体结构尺寸链中补偿环的设置与计算是实现船体制造精度管理的关键技术。当设定的补偿环能直接抵偿由于焊接、变形矫正等工艺所产生的结构尺寸变化而不必另行修整时,称补偿环的尺寸为补偿量。在尺寸链所经过的整个工艺流程结束后,补偿环的尺寸被完全吸收,补偿环尺寸变为零;否则,补偿环的尺寸将出现剩余,此时称补偿环尺寸为结构余量。由此可知,补偿环尺寸由余量演变为补偿量是船体制造精度管理水平一次质的飞跃。

在船体各分段中,补偿环的确定要尽可能靠近封闭环,以利于直接补偿封闭环的超差,同时也便于测量及切割。而当将船舶主尺度(船长、型宽、型深)作为尺寸链中的封闭环时,补偿环的设定则应分布在各个组成环(分段)之间。

4. 船体制造精度标准

（1）船体制造公差的制定

就公差的性质而言，船体制造公差主要有两类：一是功能性公差，二是工艺性公差。对于功能性公差，如船舶主尺度、船体基线挠度等，是依据船舶的性能要求而制定的，不能因船厂的生产条件和工艺水平而改变。船厂必须采取各种工艺技术措施来保证达到功能性公差。而在采取一系列工艺技术措施的过程中，每个工艺环节都存在偏差，各个制造阶段的中间产品也都会出现偏差，因而对每个工艺环节和各个制造阶段的中间产品都要制定出限制偏差的标准，这个标准就是工艺性公差。工艺性公差是功能性公差的基础和保证，是船体制造公差的主要部分，也是进行精度分配的主要依据。

工艺性公差的制定，来源于对生产对象的一系列偏差的测量，并通过数理统计得出中值和均方差。根据公差的合理性分析，公差范围一般取 $-3\sigma \sim +3\sigma$，即所谓的“3σ”规则。而对船舶产品，为了保证较高的建造质量，则将公差范围划分为两级：$\pm 2\sigma$ 为标准范围，$\pm 3\sigma$为允许极限。这就是制定船体制造精度标准的理论依据。这一范围意味着，根据正态分布的规律，约有 95% 的产品的作业水平能达到标准公差的质量要求，而约有 5% 的作业水平则处于不稳定的状态，这也正是精度管理的重点所在。

此外，公差的制定还与固有精度和公差分配有关。固有精度取决于设备的精度和工人的技术水平；而公差分配是为了保证以后工序中不修整或少修整所必需的公差范围。若某一工艺流程中的误差累积超过工艺公差的要求时，就应加放余量。

（2）船体制造精度标准的主要内容

船体制造精度标准与生产条件密切相关，如果标准过高，则往往脱离船厂设备和人员方面的实际，产品废品率升高、生产成本上升；如果标准过低，则产品精度差，各工序需要大量的修整作业，费工费料。因此，必须从船厂的实际生产条件出发，探索最佳的余量和公差标准，作为造船生产的指南。实践证明，施工偏差的变化与施工条件和施工方法的变化密切相关。所以，实现生产管理科学化，生产工艺过程标准化，使船体制造处于相对稳定的状态，是研究施工偏差规律性和贯彻船体制造精度标准以及探讨提高施工精度工艺方法的前提。

船体制造精度标准的主要内容包括对钢材表面缺陷的规定；放样、划线和号料的精度；零部件制造的精度；分段制造的精度；船台（坞）合拢精度；焊缝质量及外形质量等。如《中国造船质量标准》（GB/T 34000—2016）中给出了如下船体制造精度标准：

①船体划线公差中规定了线条的位置公差、零件划线尺寸偏差、分段划线尺寸偏差等；

②船体切割公差中规定了气割切割面粗糙度、气割缺口的允许极限、气割尺寸偏差；零件加工公差中规定了剪切尺寸偏差和几何公差、刨边/铣边尺寸偏差和几何公差等；

③成形加工公差中规定了折边尺寸偏差和几何公差、槽形板尺寸偏差和几何公差、波形板尺寸偏差、型材/桁材弯曲尺寸偏差和几何公差、圆柱结构尺寸偏差和几何公差、外板弯曲尺寸偏差和几何公差等；

④船体装配公差中规定了各类焊接接头的装配公差（角接接头尺寸偏差、搭接接头间隙偏差、对接接头偏差）、分段和总段装配公差（平面与曲面分段装配尺寸偏差、立体分段装配尺寸偏差含艉柱的立体分段装配尺寸偏差、含主机座的分段装配尺寸偏差和几何公差）等；

⑤船台（坞）装配尺寸公差中规定了装配尺寸偏差和几何公差（中心线、水平线、定位高

度、分段接缝处肋距、舱壁垂直度等）；

⑥船体焊接公差中规定了焊缝尺寸偏差、焊缝咬边要求、焊接接头变形等；

⑦船体平整度、直线度公差中规定了平面度（局部平面度、整体平面度）、内部构件直线度和垂直度等及其修整要求；

⑧船体主尺度及变形量公差中规定了船体主尺度偏差、船体变形量、吃水标志偏差、干舷标志偏差等。

三、补偿量和余量的概念

补偿量和余量具有不同的性质。

1. 补偿量的性质和作用

所谓补偿量，是指船体各制造阶段的中间产品经过加工、装配、焊接、火工矫正等工序，都会产生不同程度的变形和收缩，为了有效控制中间产品的精度以保证最终产品的精度，在对上述的变形和收缩进行定量分析的基础上，对中间产品的相应结构尺寸在施工前即加放一定的工艺量，用以抵消由于结构变形和收缩所产生的影响，此种工艺量即称为补偿量。补偿量是在可认识的规律性偏差基础上制定的，可通过对施工结果的测量、统计、分析，运用尺寸链原理和精度分配等方法计算得出。补偿量必须在长期实践中不断修正。

在中间产品完工后，补偿量通常不需切割。补偿量经过各工艺阶段施工后会逐渐被结构的变形和收缩量所抵消，从而保证了产品的精度。补偿量可使结构尺寸在号料切割时一次加工到位，焊接坡口一次加工完成，甚至在分段总组和船台（坞）合拢时不需切割余量，从而改两次定位为一次定位，大大缩短船舶建造周期。因此，补偿量的确定和设置，乃是精度造船的核心内容。

2. 余量的性质和作用

所谓余量，是指为了保证最终产品的精度，在对中间产品的变形和收缩进行定性分析的基础上，对结构边缘在施工前加放大于实际变形和收缩量的工艺增量，在中间产品完工后或进入下一建造阶段时进行修割，以满足精度要求，此种工艺增量即为余量。其数值可通过估算或经验值得到。

采用“余量造船”工艺，是由于不能对实际施工尺寸的精度进行精确有效的控制，只能根据经验对结构普遍加放余量，留的余量越多越安全。余量需要在工艺流程结束后切除，可分为现场修割和预修整。所谓预修整，就是使结构从原先需要现场配合修割的方式改变为在提前的工序中对余量边缘预先进行切割的方式。从精度管理的综合效益来衡量，就需要选择一个最佳的预修整时机。

3. 船体结构尺寸补偿系统的分类（图 11.19）。

尺寸补偿量按性质可分为非系统补偿和系统补偿两类。

①非系统补偿，是指单独地对一个因素或一道工序或一种变形的工件尺寸的补偿方法。包括气割补偿，焊接补偿，零部件、分段、船台（坞）装配时的反变形，以及温度补偿和火工矫正补偿等。其加放方法一般采用接合端补偿法，补偿量集中在工件的接合端。

②系统补偿，是指在船体制造整个系统中，由于各种因素引起变形而给予的补偿总值。对所给定的系统补偿量，以工件为对象按工序或按系统分别予以考虑。如对零件的补偿，是系统补偿的起点，除了对形成零件本身的纵横向工艺系统的补偿，还必须包括后续所有纵横向工艺系统的补偿。

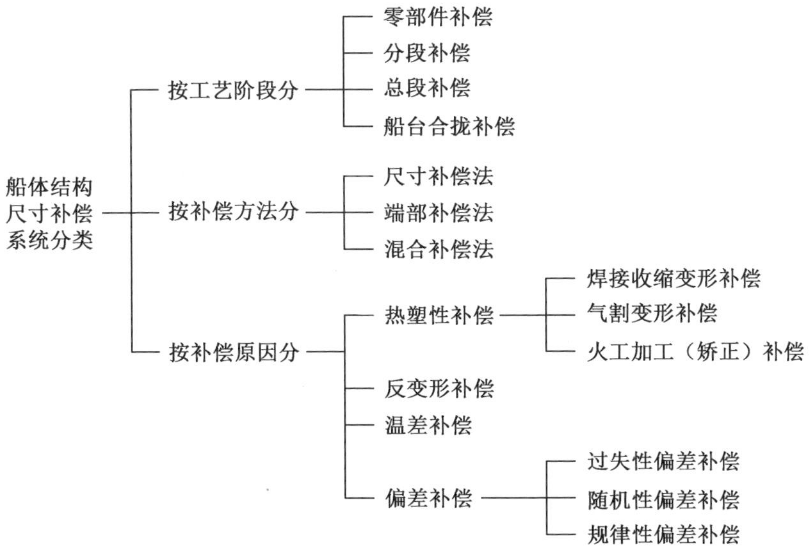

图 11.19　船体结构尺寸补偿系统的分类

4. 结构尺寸补偿量和余量的设计

(1)补偿量和余量设计的主要内容

①决定结构补偿量和余量的量值及施放位置；

②确定补偿量的补偿时机和余量的预修整时机；

③决定精度控制基准线(对合线)的位置。

将以上信息输入工作图,绘制全船精度布置图,并编制精度造船作业指导书。

(2)补偿量的计算

确定结构尺寸的补偿量是精度管理的核心内容之一。从原理上说,正确地确定补偿量,通常需经过下列过程:

根据经验估算或理论计算各因素的补偿量 → 近似计算出补偿因素的叠加值 → 对施工结果进行实测、统计、分析 → 修正实际补偿量。

考虑到二维和三维以及有关形状和位置误差对应的补偿量构成极其复杂,在此仅讨论一维补偿量的构成,设规律性偏差的补偿量为 V,偶然性偏差的补偿量为 U,总补偿可写为

$$\Delta = \sum_{i=0}^{p} \Delta_i = \sum_{i=0}^{l} \left(\sum_{j=0}^{n} U_{ij} + \sum_{k=0}^{m} V_{ik} \right) \tag{11-10}$$

式中　Δ_i——以 i 排序的第 i 道工序补偿量,即船台(坞)装配、分段、部件和零件补偿量;

j、k——某一工序内诸因素变形引起的补偿。

在系统补偿中,除可采用接合端补偿法外,还可采用补偿尺寸法,如分段装配的补偿量分散在构件的各个尺寸中;船台(坞)装配所需的补偿量则留在构件、分段的接合端。如应用于船体典型结构的板列的补偿量计算、平面分段的补偿量计算、船体总长度的补偿量计算等。

在船体结构中,切割、焊接、水火加工都会使结构尺寸发生变化,通过尺寸补偿的方法可以消除这种变化带来的加工、装配的精度偏差。典型的有切割补偿和焊接补偿,其中焊接引起的变形是主要因素之一,设计中必须予以充分考虑。

①切割补偿,影响切割精度的因素主要有:机械精度、熔断精度、热变形三种。所谓熔断精度是指熔断面的尺寸及形状精度。常用的气割、等离子切割、激光切割三种切割方式,其熔断精度依次是提高的,而产生的热变形式顺次减小的。如对于采用氧乙炔焰切割的切割缝补偿,其值与切割缝宽度、板厚、切割速度以及割炬等因素有关。

②焊接补偿,焊接变形主要是由于在焊接过程中工件受到局部的不均匀加热和冷却而引起。在电弧焊中,焊接热功率与线能量是计算焊接变形的重要参数。如可采用线能量计算法或经验公式计算法计算对接焊缝横向收缩量。此外还有解析法、固有应变法以及热弹塑性有限元数值模拟法,可以解决复杂结构的变形和应力问题。

准确而有效的补偿量的设置,需要经过大量的数据积累和详细的分析计算。但在实际生产中,为了缩短技术准备工作时间,目前最为普遍的设计方法是采用简易计算公式、统计资料和经验数据相结合的方法,一般也能获得较好的效果。

应当特别指出,不同的船型,不同的施工条件,不同的工艺方法,即使对于相同的结构形式,其所适用的补偿量也不可能是完全相同的。因此,不仅没有可能制定一个能为众多船厂通用的补偿量标准,即使对同一船厂,当建造不同类型的船舶或工艺方法发生变化时,也应注意对补偿量的修正,而且随着经验的积累、计算方法的改进和技术水平的提高,还要不断地对补偿量进行优化。

(3)设置补偿量和余量的基本要求

①补偿量设置于在建造阶段产生变形或收缩且影响下一建造阶段产品精度的结构部位。即对 n 道工序(及以后)的工件进行尺寸补偿,则补偿量的加放一定放在 n 工序以前的工件上。

②一般地说,凡结构的装配边缘不需修整或需要预修整的部位,均应考虑设置补偿量。结构加放的补偿量应与产品(如中间产品)完工后的实际尺寸精度相一致。但应注意,对同类型的结构,或相同部位的结构,或同一分段内相同方向的各类结构,其补偿量和补偿方向均应一致,既要避免遗漏或重复,也要防止由于加放量值的不同而出现新的制造误差。

③结构余量仅设加工余量和装配余量,并应设定修整时机。

④结构的自由边缘不设置补偿量。

综上,船体各制造阶段中的补偿量和余量的设置情况如下:

①零件切割加工阶段的补偿量和余量设置主要有零件切割缝补偿量、零件边缘加工余量和补偿量、零件成形加工余量和补偿量。

②组立阶段的补偿量和装配余量的设置主要有部件的焊接补偿量、板缝对接收缩补偿量、板列端部与两侧的余量、角焊缝板材的横向收缩补偿量、分段内部接缝的补偿量和装配余量、分段端部和侧边的补偿量和装配余量等。

③总组及船台(坞)合拢阶段的补偿量和余量以及船台(坞)合拢反变形等。

(4)补偿的时机和方法

①在号料阶段,采用尺寸补偿法。确定补偿量的工艺程序:

编制分段装焊工艺规程 → 分段补偿基数计算 → 零件补偿量统计 → 零件分类 → 加放补偿量 → 在工作图上标注补偿量 → 号料(或划线)。

②在平面分段装配过程中选择有利时机,对端部加放补偿量和余量。采用尺寸补偿与端部补偿相结合的方法。确定补偿量的工艺程序:

编制分段装焊工艺规程 → 分段补偿基数计算 → 零件补偿量统计 → 零件分类 → 加

放补偿量和余量 → 在工作图上标注补偿量和余量 → 号料 → 划线，同时加放补偿量并划出端部余量线 → 切割余量。

③在分段总组或总段装配结束后，对大接缝加放补偿量，采用端部补偿法。确定补偿量的工艺程序：

编制分段总组工艺规程 → 分段补偿基数计算 → 加放补偿量和余量 → 在工作图上标注补偿量和余量 → 划线，同时加放补偿量并划出端部余量线 → 切割余量。

（5）基准线和参考线的设置

基准线是指船体基线、中心线、舯线、水线、纵剖线等；参考线（也称对合线、检查线）是指结构的定位线、检查线等。主要有部件装配基准线；分段装配及船台（坞）合拢基准线。基准线和参考线不仅是胎架制作、结构和分段装配以及船台（坞）合拢时的主要依照，也是精度测量的主要依照，正确地设置并精确地划出各制造阶段的基准线和参考线，在精度管理中具有极为重要的作用，因此，应在补偿量和余量设计的同时，纳入基准线和参考线的设置。

四、船体制造精度管理的实施

实施精度管理的目的，并非要求完全取消余量，而是要求尽可能合理地以补偿量替代余量，把必须设置余量的部位减至最小范围；而对于必须设置的余量，则要求选择最有利的预修整时机，特别是要求尽可能地减少二次定位作业，尽可能地在船台（坞）合拢前进行修整，以缩短分段和船台（坞）的建造周期。这也正是所谓“无余量装配”的真正内涵。

1. 精度管理体系的建立

（1）应具备的主要技术条件：

①将精度管理的工艺要素纳入生产设计，使之成为工作图的重要内容之一。

②不仅应建立最终产品的精度标准，更为重要的是要建立一套船厂自身的完整的中间产品精度标准。

③以中间产品为主体，建立产品精度数据库。

④对同类型结构，采用相对稳定的工艺方法和检测方法，如相同的切割方法、相同的焊接方法、相同的矫正方法、相同的划线方法和测量方法等。

⑤配置技术先进的造船设备，如高精度的切割设备、高效的机械化和自动化焊接设备、高精度的测量器材等，并保持良好的技术状态。

（2）建立精度管理的组织体制

由于精度管理在船舶建造过程中具有全局性、系统性的特点，因而需要建立全厂系统的精度管理组织体制，或称管理网络，才能保证精度管理取得预期的效果。

精度管理的组织体制应与船厂的生产管理体制相协调，是船厂生产管理体制的重要组成部分。各厂的具体组织形式可根据自身的条件设置，但其体制网络应基本具有如图 11.20的形态。

（3）船体制造精度管理的工作流程及阶段划分

船体制造精度管理的工作流程如图 11.21 所示。

船体制造是一个工序多、周期长、手工操作量大的生产过程。因此，要实施精度管理，有必要把船体制造全过程分解成若干个管理阶段，通过对各个阶段的有效控制，达到精度管理的最终目标。一般来说，精度管理的阶段划分与船体制造的阶段划分相对应。依据生产的阶段性,可将船体制造精度管理分为三个阶段:一是产品设计阶段(也称准备阶段)的精度管理,主要包括计算结构的误差及传递规律,并决定零部件及结构的容许误差(最合理的公差);补偿量的确定;加工工艺方法等。二是船体制造阶段(也称实施阶段)的精度管理,主要包括零件加工中的精度管理;组立阶段的精度管理;分段合拢中的精度管理。其相互制约,前一个阶段是后一个阶段的控制基础,每一个阶段的有效控制都是保证精度管理的有效实施。最后为统计反馈阶段。

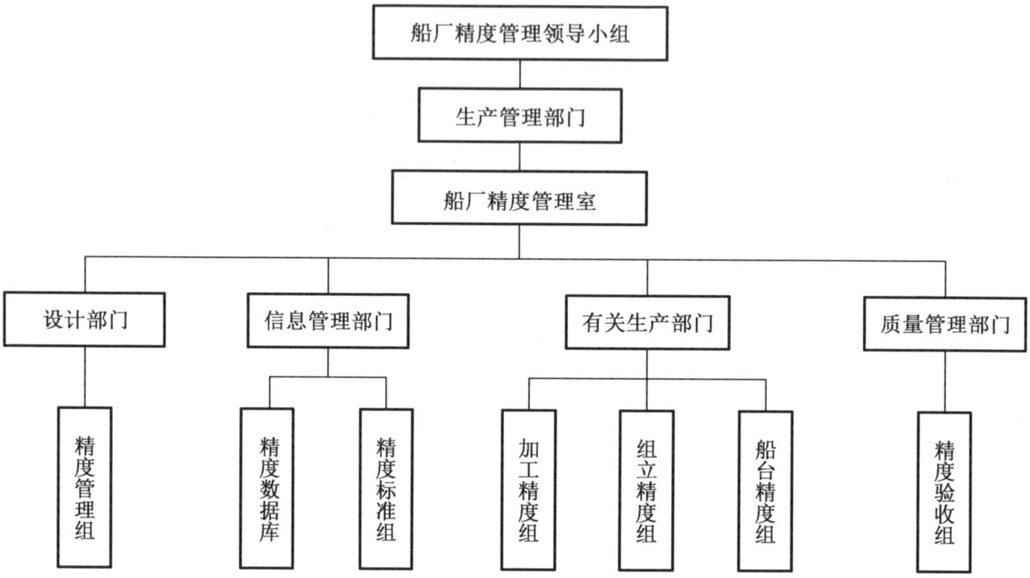

图 11.20　船厂精度管理组织体制示例

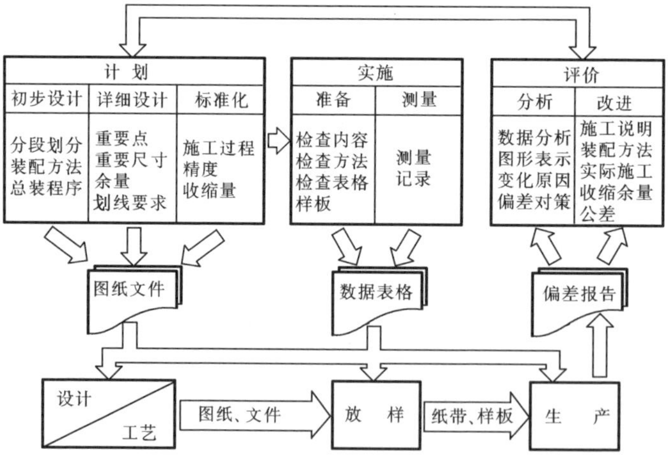

图 11.21　船体制造精度管理的工作流程

(4)精度管理计划

实施精度管理必须有具体的精度控制计划。精度控制计划是船体制造精度管理的重要环节,也是整个控制系统正常运转的枢纽。生产设计、工艺准备和施工各个阶段的精度管理,都要按照精度控制计划的原则和要求分别予以实施,最终达到实现船体制造的精度目标。因此,科学地制订精度控制计划是实施尺寸精度控制的重要步骤,也是精度管理得以实现的基础。

船体制造的精度控制计划,实际上就是对船体制造从精度角度判断的一种工程分析。精度分析必须建立在大量的调查研究,掌握足够的实际数据以及理论与实践相结合的基础上。通过分析,可以对建造全过程的精度状态有一个数量上的全面了解,以期事先发现问题,并采取相应的补偿和控制措施(其中包括加放余量与选择余量的切除时机),以确保船体制造的尺寸精度能控制在允许的范围之内。简单地说,船体制造的精度计划就是对制造全过程的精度分析,在这种分析的基础上采取相应的尺寸精度控制措施。

①全船精度布置图

将分段对接缝处(含同一截面上的构架)的补偿量和余量,绘制成全船分段补偿量和余量的布置图,习惯称分段精度布置图,如图 11.22 所示。此外,还有一个全船基准线设置图,规定了各分段、总段船台(坞)装配定位的基准线。

②精度控制作业指导书

精度控制作业指导书,又称精度控制要领书,是精度造船的主要工艺计划文件,也是船舶建造方针书的重要组成内容之一。精度控制作业指导书的主要内容包括

· 本船主要参数和结构特点;
· 本船精度管理的整体水平与目标要求;
· 全船结构补偿量和余量的设置原则和具体规定;
· 对各建造阶段精度控制点的规定;
· 对各建造阶段精度控制措施的要求;
· 各建造阶段的精度目标及精度标准;
· 对精度管理适用工艺方法和工艺装备的要求;
· 对精度控制重点和难点所在的特别提示或特殊措施;
· 精度管理工作流程图及各类精度管理图表。

③精度管理图表

精度管理图表的样式及详简程度因船厂需要而定,其选用或制订的原则是要能充分保证原始数据的真实完整,同时又方便实用且避免重复。常用的管理图表有:

· 船体零件号料加工精度控制表;
· 分段制造精度跟踪控制表;
· 船台(坞)合拢精度跟踪控制表;
· 产品建造精度自主控制评定表;
· 关键项目精度控制检查申请确认表;
· 船体制造精度控制数据采集表。

以上图表中,分段制造精度跟踪控制表是船体制造中主要的精度管理表,也是船体制造精度控制数据采集的重点,从中可大致了解测量点的分布规律。图 11.23 所示为某船厂分段制造精度控制表样式。

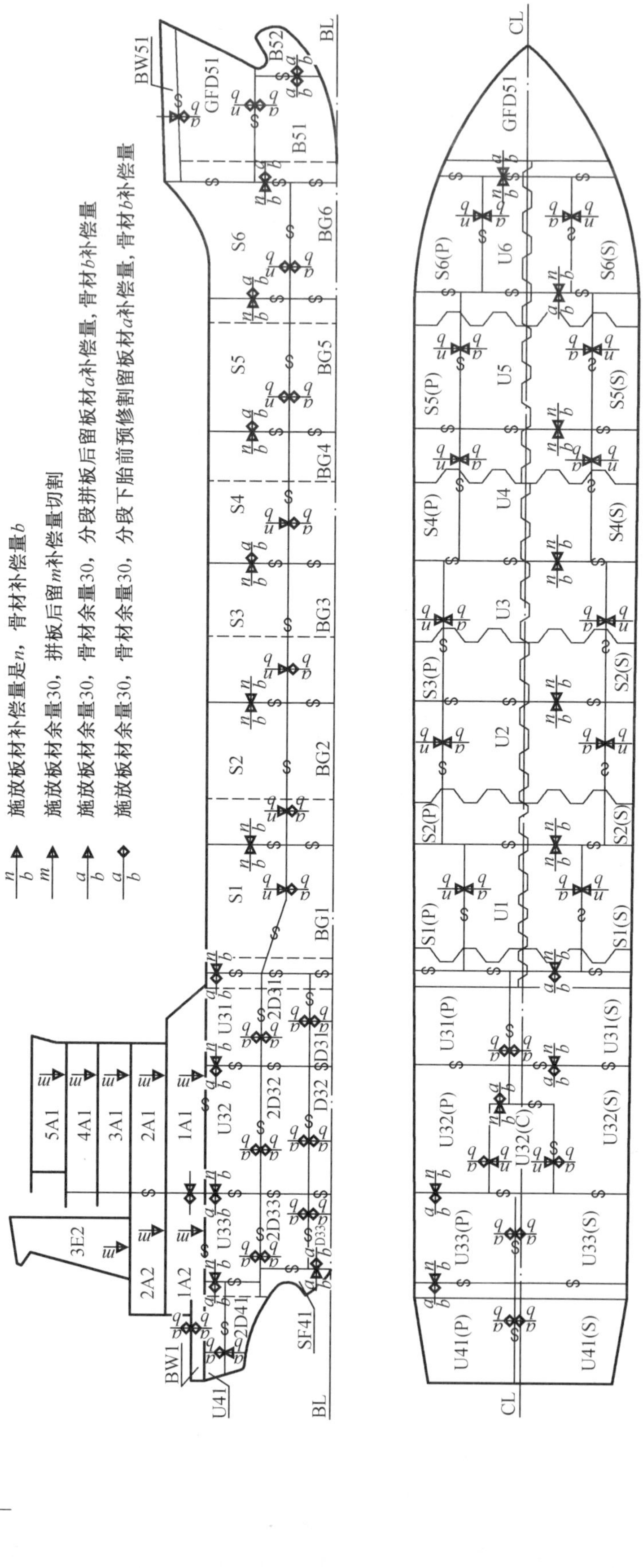

图 11.22　分段精度布置图

船名		挂舵臂分段精度跟踪控制表	分段号	
工程号			测量时间	

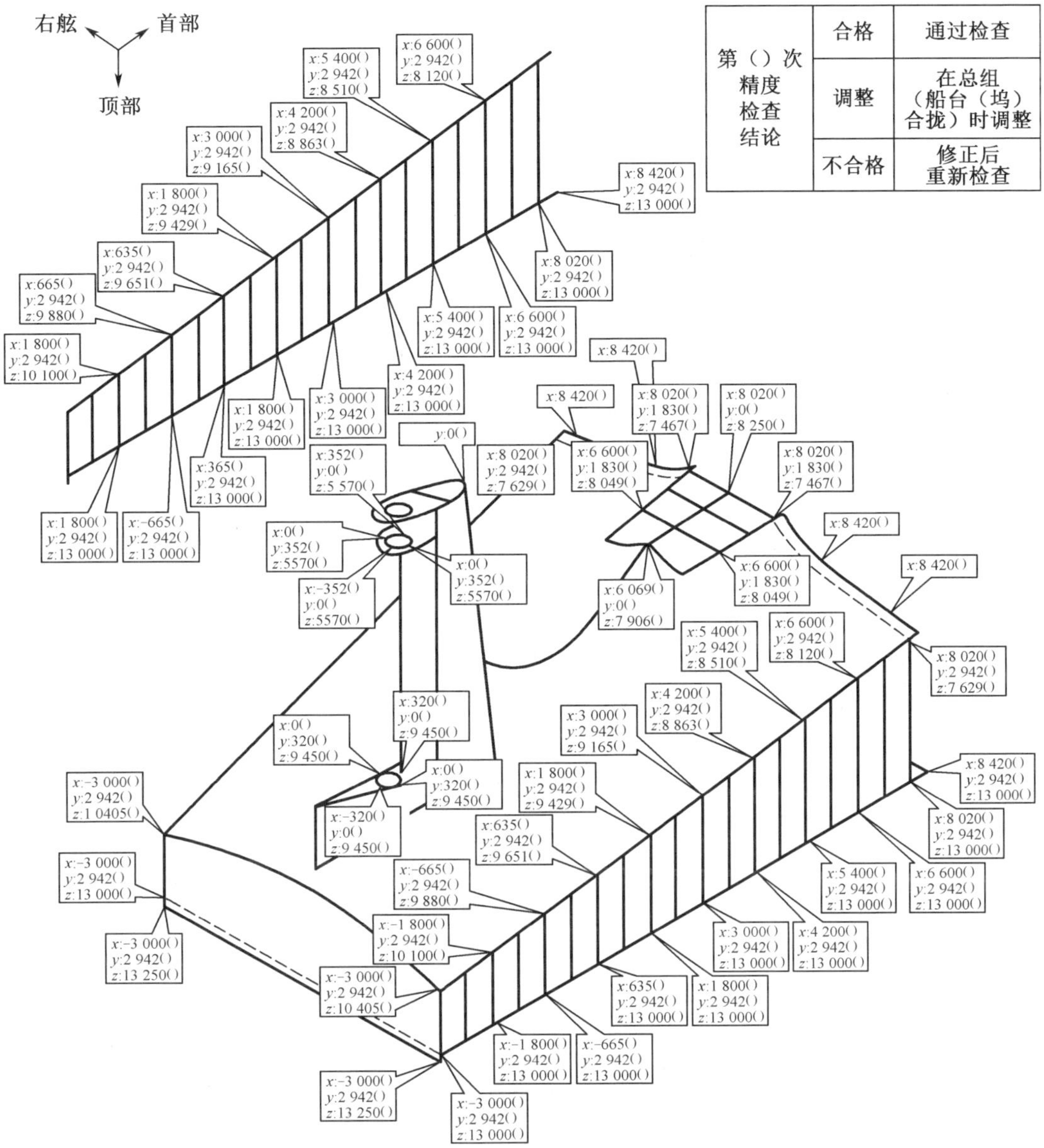

第（）次精度检查结论	合格	通过检查
	调整	在总组（船台（坞）合拢）时调整
	不合格	修正后重新检查

问题点	对策	备注	

项目	水平/±6	尺寸/±5	垂直度/±5	端差/±5	合计	施工部门	
检查数						测量者	
不良数						批准	
不良率							

注：图中坐标数字为理论值。（）内数字为测量值。

图 11.23　某船厂分段制造精度控制表样式

2. 船体制造过程的精度管理

船体制造中的精度管理，即指制造开始后，从加工、小组、大组至分段合拢各工序中的精度管理。可分为两种情况：工程中必须实施的精度管理项目和产生精度问题时的对策。前者是以精度作业标准为基础的正常业务；后者是一种非定常业务，是以作业标准为基准对产生精度问题的构件进行修整。

(1) 精度控制点

精度控制点，或称精度控制对象，是指实施精度控制的要点所在，因而也是精度控制的基础。设定精度控制点就是为了有效地控制建造过程中的产品精度，其重点则是控制中间产品的精度。

《中国造船质量标准》(GB/T 34000—2016)对造船生产过程的质量控制点有所规定。但精度控制点的设定是动态的，应根据产品的结构特点、船厂的技术条件和管理水平，以及人员的业务素质等因素的变化而有所调整。主要有零件号料和加工阶段的精度控制点；小、中组立阶段的精度控制点；大组立阶段的精度控制点；分段总组和船台(坞)合拢阶段的精度控制点；焊接精度控制点等。

(2) 预修整时机的选择

选择预修整时机，从原理上说，首先要确定结构边缘去掉余量以后所经过的工艺流程的长度，并对构成这个工艺流程的每一工序的标准偏差的影响程度(要考虑所产生偶然性偏差的叠加)。通过测量和统计得出各个工作环节实际能够达到的精度，以标准偏差 σ_i 表示。然后据此计算出各个工作环节的公差，并以此作为目标进行精度控制。这样，就可以对这个工艺阶段所产生的偶然性偏差进行概率叠加：

$$\sigma^2 = \sum_{i=1}^{n} \sigma_i^2 \tag{11-11}$$

以此与下一工艺阶段的允许偏差[σ]进行比较，若 $\sigma > [\sigma]$，说明结构切割余量后所经过的工艺流程过长，还得将余量的切割时机延后。然后再对已经缩短了的工艺流程所产生的偏差进行叠加，当得出的 $\sigma \leqslant [\sigma]$ 时，则说明这个预修整时机已接近最佳。

(3) 船体各制造阶段精度控制要点

精度控制方法，或称精度控制手段，是指为达到各建造阶段的精度控制要求所采取的主要工艺方法。

①零件号料和加工阶段的精度控制要点，主要反映在这几个方面。

a. 板材和型材在号料加工前需经辊平、矫直处理，使其平整度符合要求。

b. 数控切割设备在切割作业前须进行复零位工作，同时空机对准切割零件空跑一遍，检查割边"留余"不小于规定值。

c. 对切割平台实行定时清渣，对切割机行走轨道定期检测校正，以保证切割平台的平整度和切割线的精度。

d. 手工号料的板材零件在划线时须先开出角尺线，以此作为尺寸量取基准点，同时划出检查线，划线后进行自检和专检。

e. 冷弯成形加工须划出准确的辊压线，并用样板检测到样精度。

f. 水火弯板要用样箱或活络样板靠样加工。

②小、中组立阶段的精度控制要点，主要反映在这几个方面。

a. 部件中的母材(如 T 形材腹板、大肋板板、长纵桁板等)拼板装焊必须以零件上的对合线为对准依据，同时测量拼接处两边的型材贯穿孔开挡尺寸偏差。

b. 部件中的子材装配（如T形材面板、肋板和纵桁的扶强材、肘板等）须对准母材上的位置线。子材与母材的安装角度采用三角样板或角度尺检测。

c. 内场大幅拼板作业应在四周划出对合线作为装配对准依据，同时测量大幅拼板的对角线尺寸偏差。

d. 组件及分段片体的组装，应保证其装焊平台的平整度。

e. 部件装焊完工后须进行火工矫正，并根据需要做好吊运加强。

③大组立阶段的精度控制要点，主要反映在这几个方面。

a. 胎架中心线、肋骨检查线、水平线应用激光经纬仪或全站仪划出，胎架制作完工后须提交精度专职部门验收。

b. 分段铺板后用压铁和适用的工具使其与胎架紧密贴合并用定位焊固定；铺板中心线、肋骨检查线等应用激光经纬仪或全站仪划出；对曲面分段的结构线、余量线也应用激光经纬仪或全站仪划出。上述划线工序结束后须提交精度专职部门验收。

c. 大幅拼板（甲板、外板、平台板、内底板等）在分段上盖贴时应用荡线锤等方法保证分段大接缝端面的垂直度和同截面度。

d. 纵骨、纵桁、肋板等构架的吊装定位，应用三角样板靠样或用荡线锤的方法确保其与基面的垂直度及两端头的同截面度。

e. 封闭形立体分段制造时应特别注意四角的固定，防止产生扭曲变形。

f. 分段完工余量的划线要以分段中心线、肋骨检查线、水平线等为基准线，用激光经纬仪或全站仪划出余量（注意坡口朝向）。划线后须提交精度专职部门验收，验收合格后方可切割。

g. 由精度专职部门负责分段的完工测量，同时根据中心线、肋骨检查线和水平线标出供总组或船台（坞）合拢用的基准线。测量数据应填写入分段精度控制测量表中，并做好备案及数据传递工作。

④总组和船台合拢阶段的精度控制要点，主要反映在这几个方面。

a. 总组定位原则上以分段上的中心线、肋骨检查线、对合线（水平线、直剖线）等作为定位基准线。

b. 舷侧曲面分段在总组或船台（坞）合拢定位前应预先测量每一挡实肋板及两端大接缝的定位尺寸（半宽、高度尺寸），精度专职部门负责监测。

c. 分段前后总组合拢定位时，先用激光经纬仪或全站仪调整好分段水平度，然后再依次测量两者之间的肋骨检查线距离，以及直剖线、水线的重合度。

d. 分段上下总组合拢定位时，先用激光经纬仪或全站仪调整好分段水平度，然后再依次测量两者之间的水线距离、肋骨检查线及直剖线的重合度，同时应复测高度尺寸。

e. 分段总组结束后，依据上述基准线用激光经纬仪或全站仪划出总段的环缝余量线，并根据船台（坞）上已合拢的相邻分段（总段）的定位尺寸对余量线进行必要的调整处理，最后修割正足。

f. 总组完工后，应对总段进行完工测量并备案，并标出供船台（坞）合拢时用的中心线、直剖线、水线等基准线。

g. 对进入船台（坞）合拢前的分段或总段，应做好以下准备工作：认真阅读施工图，记录关键定位数据；查阅分段或总段完工测量数据，结合相邻总段的船台（坞）合拢定位数据，找出受控点,必要时对合拢方案提出修正建议;在已合拢的分段上划出结构位置线供对准之用。典型分段(总段)的合拢定位控制流程如下:

· 底部分段(总段)的合拢定位控制:测量内底板(平台)的水平度 → 测量分段的基线高度 → 分段船体中心线与船台(坞)格子线、肋骨检查线与格子线分别一一对准 → 测量肋骨间距 → 修割余量 → 测量大接缝端面与格子线的重合度 → 数据记录备案。

· 舷部分段(总段)的合拢定位控制:测量甲板(平台)的抛势及纵倾 → 肋骨检查线、水线、直剖线等与相邻分段一一对准 → 测量半宽、型高及肋骨间距 → 修割余量 → 测量大接缝端面与格子线的重合度 → 数据记录备案。

· 横舱壁分段的合拢定位控制:测量横舱壁的水平度 → 横舱壁下口与双层底(平台)上的位置线对准 → 舱壁中心线与底部船体中心线对准 → 测量舱壁垂直度及高度 → 修割余量 → 数据记录备案。

· 对涉及主机基座、轴系、舵系的有关分段,在合拢定位时以保证这些系统的尺寸精度为定位原则。

3. 精度管理的实施过程及保障措施

(1)实施过程

①根据建造方针和分段工作图,确定船体结构的标准工艺流程和施工方法。

②根据确定的施工工艺,以及以往产品数理统计的结果,确定建造精度要求以及各工序的公差。

③根据确定的施工工艺和精度要求,运用尺寸链原理,决定各施工环节施放余量的要求部位、数值以及切割余量的时机,同时决定补偿量的设置要求和数值。随着精度管理水平的提高,施放余量的部位将逐渐被补偿量所代替。

④根据确定的精度要求,即余量留放和切割要求、补偿量的设置要求等,制定出各工序的作业标准。

(2)保障措施

①加强全面质量管理,以确保各工序的精度。

②通过改进工艺和设备等一系列措施,满足分配后的公差。

③根据生产实践,逐步完善精度管理体系。

此外,还可采用其他方法,如允许一定范围的垫板及手工修割,其衡量指标为垫板率和修整率。随着自动化技术及数字模拟技术的运用,在构件加工、分段精度控制方面必将有所提高,这也为船舶建造精度管理提供了保障。

第七节　虚拟制造技术简介

随着计算机技术、建模与仿真技术、计算机图形学和虚拟现实技术的飞跃发展,工程技术人员及其客户迫切希望使用这些先进技术对制造业进行改造,为产品设计、加工、分析以及生产的组织和管理提供一个虚拟的仿真环境,从而在计算机上组织和实现生产,在投入实际生产前对产品的可制造性及其他性能进行论证,保证一次生产就能成功,减少生产成本,快速响应用户需求和市场变化。虚拟制造就是在这种情况下,在 20 世纪 90 年代由美国首先提出,并将其视为 21 世纪的先进制造模式。

1.虚拟制造的内涵

虚拟制造(virtual manufacturing,VM),是基于虚拟现实技术(VR)的一种对产品和制造过程进行模拟和分析的新型技术;是通过计算机虚拟模型来模拟和预估产品功能、性能及可加工性等各方面可能存在的问题,以提高人们的预测和决策水平,从而使制造技术走出主要依赖于经验的狭小天地,发展到能全方位预报的先进制造技术,这也是敏捷制造(AM)的一种实现手段。

VM 是实际制造过程在计算机上的本质实现,即采用计算机仿真与虚拟现实技术,在高性能计算机和高速网络的支持下,在计算机上群组协同工作,实现产品设计、工艺规划、加工制造、性能分析、质量检验,以及企业各级过程的管理与控制等产品制造过程,以增强制造过程中各级的决策与控制能力。VM 和实际制造的关系如图 11.24 所示。

所谓虚拟制造系统(virtual manufacturing system,VMS),是基于虚拟制造技术实现的制造系统;是现实制造系统(real manufacturing system,RMS)在虚拟环境下的映射。VMS 生产的产品是可视的虚拟产品,是一个数字化产品,它具有真实产品所必需的特征,并具有动态结构及决策、控制、调度、管理等四个机制。对 VMS 的基本要求体现在从 RMS 到 VMS 的映射中,应反映出 RMS 的要求。VMS 应实现"全集成",即信息集成、智能集成、串并行工作机制集成、人机集成、过程集成、资源集成及技术集成等,以实现虚拟环境下分布式并行处理的智能协同求解和虚拟环境下系统全局的最优决策。

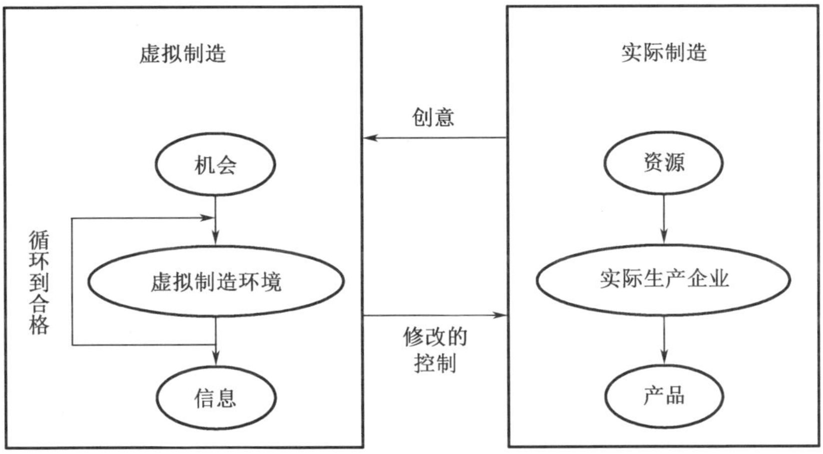

图 11.24 VM 和实际制造的关系

VM 技术将从根本上改变设计→试制→修改设计→生产的传统制造模式。在产品真正制造出之前,首先在虚拟制造环境中生成软产品原型代替传统的硬产品进行试验,对其性能和可制造性进行预测和评价,从而缩短产品的设计与制造周期,降低产品的开发成本,是提高产品设计、过程设计、工艺规划、生产规划,以及车间控制中的决策与控制水平。与实际制造相比,VM 的主要特点体现在:

(1)产品与制造环境是虚拟模型,在计算机上对虚拟模型进行产品设计、制造、测试,设计人员或用户可"进入"虚拟的制造环境检验其设计、加工、装配和操作,而不依赖与传统的原样样机的反复修改。

(2)可将开发的产品(部件)存放在计算机里,不但大大节省仓储费用,更能根据用户需求或市场变化快速改型设计，快速投入批量生产，从而能大幅度压缩新产品的开发时间，提高质量、降低成本。

(3)可使分布在不同地点、不同部门的不同专业人员在同一产品模型上同时工作，相互交流，信息共享，减少大量的文档生成及其传递的时间和误差，从而使产品开发以快捷、优质、低耗响应市场变化。

由此可知，虚拟制造技术是将数字化信息技术和计算机技术应用于产品的设计与制造；是对真实产品制造的虚拟现实模拟；是利用计算机软硬技术、图形、图像处理与模拟识别技术、智能接口技术、人工智能技术、多传感器技术、语音处理与音响技术、网络技术、并行处理技术等多种高新技术，在计算机上进行而不消耗真实物理资源的仿真制造软技术。按照与生产各个阶段的关系，可将 VM 分成三类，即以设计为核心的虚拟制造、以生产为核心的虚拟制造和以控制为中心的虚拟制造，如图 11.25 所示。

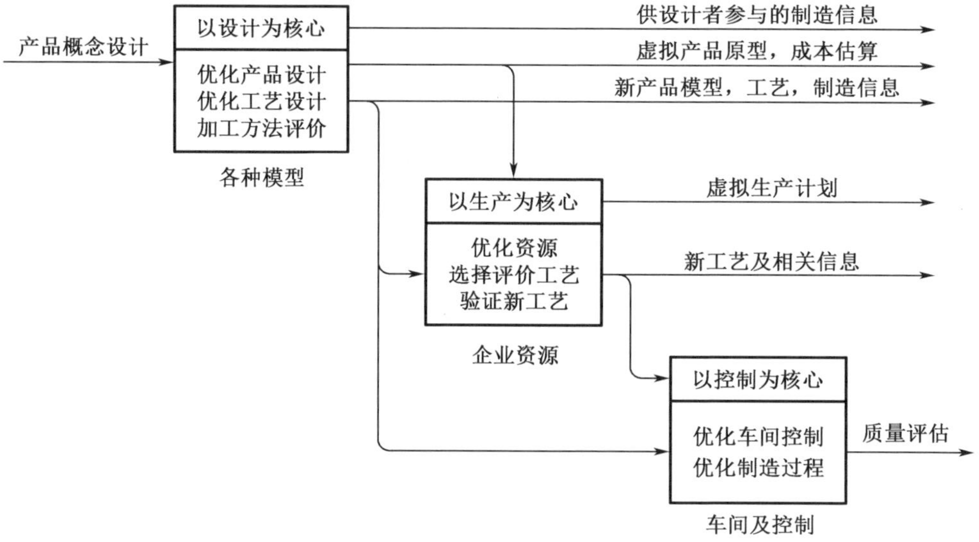

图 11.25　虚拟制造的分类

2. 虚拟制造的技术体系

虚拟制造技术和 VMS 涉及整个产品开发和制造过程的方方面面。对于制造过程来说，涉及整个工厂生命周期的各个方面。其工作过程及各阶段的运行状态和结果具有可视性，并能对其整个制造过程进行仿真。虚拟制造技术的体系结构(图 11.26)由三大主体技术群(建模技术群、仿真技术群、控制技术群)和一个支撑技术群组成。三大主体技术群是相互联系的，它们之间有大量的信息交换。

(1)建模技术群，是指用来开发虚拟制造系统中各种模型的所有技术和方法。建模技术是虚拟制造的关键技术之一，包括基于约束的参数化特征的三维建模技术、具有变量推理的产品定义模型技术、面向并行工程适用于虚拟制造系统的产生式工艺设计技术、基于物理学的过程建模技术等。根据建模对象的不同，建模技术可以分为产品和过程模型的建模技术、虚拟车间模型的建模技术和虚拟公司的建模技术。

(2)仿真技术群，是指运行和操作构成虚拟制造系统中各种模型的方法和技术。虚拟制造是基于模型的制造，仿真技术是虚拟制造的关键技术之一。仿真技术是在计算机中表达一个物理系统或环境的能力。计算机仿真就是利用计算机运行系统的数学模型来表达对被仿真系统的方析、研究、设计、培训等。

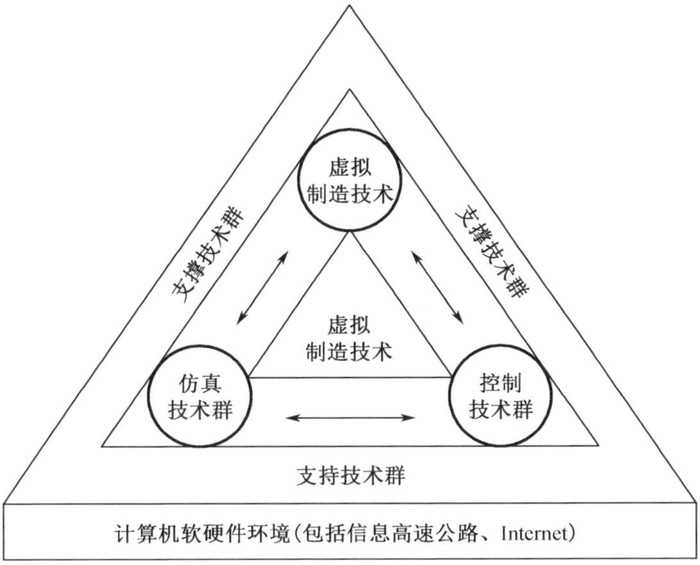

图 11.26　虚拟制造的技术体系

(3)控制技术群,是指建模过程、仿真过程所用到的各种管理、组织与控制技术与方法。

(4)支撑技术群,是指支持虚拟制造系统开发、控制与运行的基础性技术,主要包括数据库技术、人工智能技术、系统集成技术、分布式并行智能协同求解技术和综合可视化技术等。

虚拟制造系统的体系结构由三层构成,即经营决策层、产品决策层和生产决策层。经营决策层根据用户需求和市场信息、本企业的资源及技术条件等情况,进行生产产品的种类、规模、性能、规格等决策。产品决策层根据经营决策层的决策结果进行产品总体方案决策,并对其性能做出初步评价,对其成本做出初步预估。生产决策层根据产品决策层的决策和企业的人力、物力及技术资源与水平等情况,进行产品开发计划、生产任务规划、生产调度计划等决策,并在计算机上实现其制造过程,生产出数字产品。通过对数字产品的工做过程仿真,对产品性能做出合理的评价。通过对数字产品的构成和形成过程进行分析,做出产品成本的分析报告。同时,数字产品可以展示给用户,让用户对该产品进行评价。上述三个层次的决策是在统一的软、硬件支持环境下,协同工作,求得最优的决策。

3. 虚拟制造技术在船舶建造中的应用

由上述可知,通过虚拟制造技术可对生产零件的制造过程、产品的装配过程进行仿真。可以在虚拟环境下,发现和解决生产过程中可能产生的时间、空间和资源冲突,以及可加工性、可装配性、可维修性等方面的问题,以保证生产计划的可行性和科学性。虚拟制造技术在产品建造中的应用主要体现在两个方面:一是建模,二是仿真。

①在设计阶段,用户能直接参与产品的交互设计,提出修改和优化设计的意见;

②在制造阶段,使用者和参与者对产品制造全过程的工艺、生产和管理等整个制造系统的功能进行有效的评价。

因此,必须结合产品的设计生产过程、生产工艺、工程管理、物资配套等全过程集成制造的真实环境，借助计算机将真实环境转变为虚拟环境，通过仿真技术对产品设计、工艺和管理等进行优化，这样就能在真实产品制造前，让业主和制造商等产生诸如视觉、听觉、触觉等各种感觉信息，使参与者犹如身在其中，从而达到预测产品的功能及制造厂生产系统的状况，预先了解制造过程及实时优化方案的目的。

船舶虚拟建造技术，是虚拟制造技术在船舶研制中的实例化应用；是基于计算机和信息技术的一种新的数字化造船技术，是指在船舶建造之前，即在船舶设计阶段就模拟出船舶建造的整个过程，以尽早发现设计中存在的问题，减少建造过程中设计方案的更改，合理规划建造过程，优化资源配置，提高设备和劳动力的使用率，降低生产成本，提高产品质量，以实现船舶建造系统的全局最优化。

(1)船舶虚拟建造技术处理的对象及功能

虚拟制造技术在船舶研制过程中可用于设计验证、工艺验证、流程优化和维护保障等多个方面。船舶虚拟建造技术处理的对象是船舶产品与造船系统的信息与数据，主要包括如下几大部分：

①船舶产品和造船过程建模技术及虚拟车间建模技术；

②运行和操作的仿真技术及综合可视化技术；

③模型部件的组织技术、工作和信息流程控制技术、碰撞的求解技术及验证技术、数据库技术、人工智能技术、系统集成技术及协同求解技术等。

船舶虚拟建造技术的功能主要包括建造工艺规划、建造过程演示和建造过程评估等方面。

①建造工艺规划，是进行虚拟仿真的首要工作，在具体工艺环节仿真验证的基础上，通过对船舶建造过程的深入分析，建立反映整体建造工艺过程的模型，确定建造过程中每个环节的时间节点及所需的资源和设备。建造工艺规划主要包括船厂车间的布局；生产设备的布置；人力资源的分配；建造流程的规划；物流控制仿真；生产过程和生产调度仿真；建造工艺的仿真等。

②建造过程的虚拟演示，是根据建造工艺规划，将船舶的整个生产建造过程采用虚拟仿真技术表现出来，使用户可以直观的观看到整个船舶建造的过程。主要包括零部件的加工、船体结构的装配与焊接、舾装、涂装大件吊装以及船台(坞)下水等过程，以及在这些过程中工人的工作过程、机器设备的工作过程、物流控制、生产调度等。

通过对各级产品制造过程中的人、组织管理、物流、信息流、能量流等进行全面仿真，为车间和生产线的合理布置与运行控制提供决策。

③建造过程的评估，对建造过程的评估是船舶虚拟建造的重要组成部分，评估的主要内容包括

a. 生产过程评估，对所规划的船舶建造过程进行整体性的评估，寻找不合理的地方，以做出调整和优化。对某些具体建造工艺进行仿真验证，以检验该工艺的合理性和正确性。

b. 制造成本估算，计算船舶建造总成本、各阶段成本及按类型进行分类的成本(如材料、人工、配套设备、项目管理等)。

c. 制造周期评估，计算在船舶建造总周期下各阶段所需的时间以及按类型进行分类的时间(如零部件的加工日程、配套设备的采购日程、结构的装配与焊接日程、舾装日程、涂装日程等)。

此外，在新技术、新设备采用之前，利用船舶虚拟建造系统模拟出采用这些新技术、新

设备后的船舶建造过程,并对其效果进行评估,以确定是否采用或如何合理应用这些新技术和新设备。

(2)船舶虚拟建造的关键技术

主要包括四大部分,其相互关系如图 11.27 所示。

①数学建模技术,VM 以产品的数学模型为核心,数学建模技术是船舶虚拟建造最重要的组成部分,目前大部分的船舶生产设计软件都已经能够建立详细、完整的船舶三维模型,并能够分解成各个可制造单元和模块,因此,现在数学建模的重点是建立制造资源的数学模型,主要包括建立包含工艺信息的特征模型、根据企业的加工设备信息建立设备加工能力模型、生产能力模型等。建立包含工艺信息的特征模型能够为后续的建造工艺分析、加工过程仿真创造条件。加工能力模型和生产能力模型是产品零件可制造性分析、加工单元布局以及制造成本估算、生产能力平衡、优化生产布局、优化调度方案的依据。

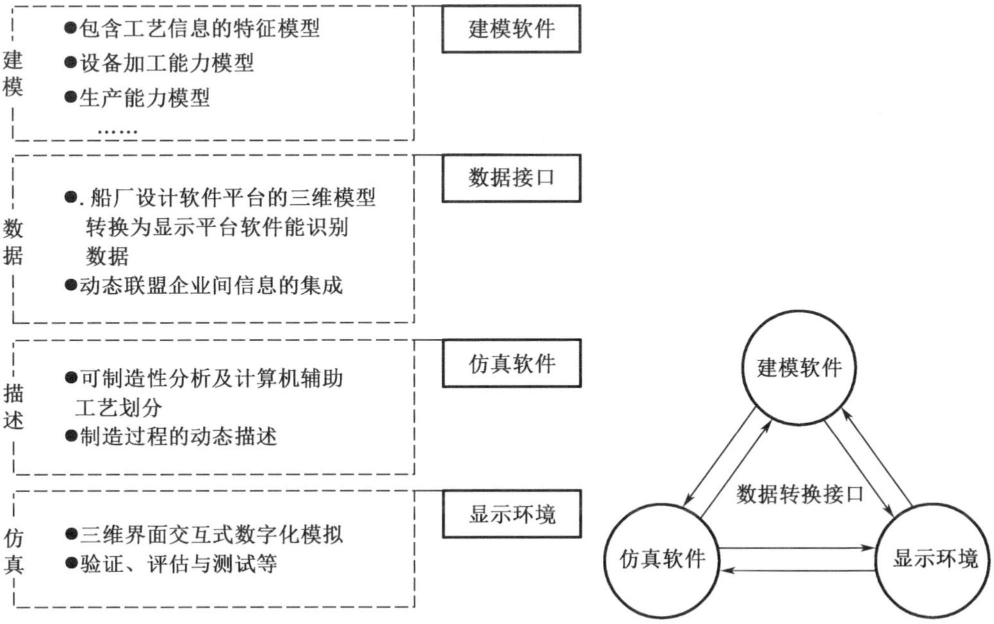

图 11.27　船舶虚拟建造的关键技术及相互关系

②数学描述技术,数学描述技术是建立描述船厂运作、制造工艺过程的数学模型,在此基础上进行可制造性分析及计算机辅助工艺规划等研究,主要包括

a. 建立描述船厂运作的数学模型,这些实体模型包括行政管理、财务、人力资源、合同管理、市场、产品开发、规划和调度、预算、生产控制、物料控制、生产、检验、测试等,每个实体模型需要定义其主要功能、主要目标、主要特征、行为等属性。

b. 建立描述制造工艺的数学模型,主要是建立描述生产加工过程的数学模型,如切割、辊轧、线加热、焊接、喷涂、合拢、吊装等。

c. 可制造性分析及计算机辅助工艺规划,根据产品的特征信息和制造工艺的数学模型,进行可制造性分析,确定加工路线、步骤和工艺参数。

d. 制造过程的动态描述,在制造资源数学模型和制造工艺数学模型的基础上,根据工艺规划所确定的加工路线、工艺参数以及可用的制造资源,用动画形式描述制造过程,用以检查制造过程及物流过程的合理性。

③数学仿真技术,利用建立的描述船舶产品、船厂、车间、生产设备、工人、制造资源的三维模型,描述产品、制造资源、制造工艺的数学模型,以及制定的船舶建造工艺的规划,采用虚拟现实技术构建虚拟环境,对船舶建造过程进行三维界面交互式数字化模拟,直观地展现船舶建造的全过程,同时借助于虚拟现实及人－机工程对产品和工艺过程的可操作性、可维护性等进行验证、评估和测试。

④数字接口技术,一个完整的船舶虚拟建造系统需要有数学建模软件、数学描述和仿真软件、三维交互式数字化显示环境等软件平台和硬件平台的支持,因此,船舶虚拟建造系统的正常运行就依赖于数据能够在这些不同的软件平台和硬件平台上实现共享和相互转换,数字接口技术是船舶虚拟建造各项技术间相互联系的桥梁。

(3)船舶产品虚拟漫游系统

目前很多的船舶生产设计软件都能在船体三维模型建模完成后进行船舶产品虚拟漫游,这种船舶产品虚拟漫游系统主要是在计算机上实现三维显示和漫游,主要用于船舶产品的设计评估、方案评审与优化,提高用户对复杂高新船舶产品的研发能力和设计水平,减少建造返工和材料浪费,缩短船舶开发周期,减少建造成本。如上海船舶工艺研究所研究开发的 SPNavis 系统,除了能够支持行走、飞行、实时缩放等漫游操作外,还能进行高效率、高精度的静(动)态碰撞检测。

此外,还有船舶产品虚拟沉浸式漫游环境,按系统结构来划分主要可分为四大部分:船舶产品数学建模软件平台、投影系统、用户交互系统以及图形与计算系统。其中用户交互系统可包括多种交互设备,如跟踪器、数据手套、操作杆、力反馈设备以及立体声音像设备等,通过这些设备,用户能够与虚拟环境及其物件进行交互,使用户能够更深入地融入虚拟环境中。图形与计算系统负责生成虚拟环境并对用户的交互信息进行处理,它是驱动整个系统的核心。如国内数字化造船国家工程实验室基于 MoVE 系统开发的船舶产品虚拟沉浸式漫游环境。

在先进制造技术中,虚拟技术已得到越来越广泛的应用,这些虚拟技术和虚拟生产方式的应用可以大大缩短建造周期、提高产品质量、降低工程成本。因此,虚拟技术将是未来船舶制造业数字化技术发展的重要方向。并随着造船计算机软件和硬件系统的不断更新和发展,船舶虚拟建造技术也取得了巨大的发展。

参考文献

[1] 黄浩. 船体工艺手册[M]. 3 版. 北京:国防工业出版社,2013.

[2] 应长春. 船舶工艺技术[M]. 上海:上海交通大学出版社,2013.

[3] 刘玉君,汪骥. 船舶建造工艺学[M]. 大连:大连理工大学出版社,2011.

[4] 徐兆康. 船舶建造工艺学[M]. 北京:人民交通出版社,2000.

[5] 魏莉洁,杨海燕. 船舶建造工艺[M]. 哈尔滨:哈尔滨工程大学出版社,2017.

[6] 杨文林. 船舶建造工艺[M]. 哈尔滨:哈尔滨工程大学出版社,2014.

[7] 赵虹. 船舶建造工艺[M]. 北京:人民交通出版社,2011.

[8] 李忠林,魏莉洁,张子睿. 船舶建造工艺学[M]. 哈尔滨:哈尔滨工程大学出版社,2012.

[9] 华乃导. 船体修造与工艺[M]. 大连:大连海事大学出版社,2000.

[10] 刘玉君,李艳君,李瑞. 现代造船技术[M]. 大连:大连理工大学出版社,2012.

[11] 刘玉君,汪骥,张雪彪,等. 计算机辅助船体建造[M]. 大连:大连理工大学出版社,2009.

[12] 赵东升. 船舶焊接技术[M]. 大连:大连理工大学出版社,2013.

[13] 马晓平,朱骏,周卫鹏,等. 现代船舶制造技术基础[M]. 镇江:江苏科技大学船舶与海洋工程学院,2009.

[14] 叶家玮. 现代造船技术概论[M]. 广州:华南理工大学出版社,2006.

[15] 叶家玮. 船体建造测量及数据处理技术[M]. 广州:华南理工大学出版社,2001.

[16] 汪国平. 船舶涂料及涂装技术[M]. 2 版. 北京:化学工业出版社,2006.

[17] 陆俊岫. 船舶建造质量检验[M]. 哈尔滨:哈尔滨工程大学出版社,1996.

[18] 杨永祥. 船舶与海洋平台结构[M]. 北京:国防工业出版社,2008.

[19] 方学智. 船舶与海洋工程概论[M]. 北京:清华大学出版社,2013.

[20] 艾尔斯,布鲁斯. 船舶建造[M]. 李锋,赵芳,施璟,译. 7 版. 北京:国防工业出版社,2019.

[21] 刘玉君,李艳君,李瑞. 现代造船技术[M]. 大连:大连理工大学出版社. 2012.

[22] 中国船舶工业综合技术经济研究院. (GB/T 34000—2016)《中国造船质量标准》宣贯教材[M]. 北京:中国标准出版社,2016.

[23] 唐慧宗,姜福茂. 适应于壳舾涂一体化的分段划分方案[J]. 造船技术,1997(3)5.

[24] 施菲克. 船体装配工[M]. 北京:国防工业出版社,2008.

[25] 周宏,蒋志勇,王岳. 船舶先进制造技术[M]. 北京:人民交通出版社,2012.

[26] 陈彬. 造船成组技术[M]. 哈尔滨:哈尔滨工程大学出版社,2007.

[27] 王勇毅. 船体建造工艺学[M]. 北京:人民交通出版社,1989.

[28] 孔令海,窦培林. 船舶机械化自动化焊接与现代造船模式[J]. 江苏船舶,2005(1)7 – 10.

[29] 张晗,闫大海,符道. 数字化造船——现代造船技术的发展方向[J]. 舰船科学技术,2009(3):3 – 6.

[30] 杨国兵,李柏洲,甘志霞. 应用虚拟仿真技术推进数字化造船[J]. 中国科技论坛,2008

(5):111 - 114.
[31] 邹劲,刘旸.计算机辅助船舶制造[M].哈尔滨:哈尔滨工程大学出版社,2003.
[32] 姜锡瑞.造船焊接与切割技术[M].哈尔滨:哈尔滨工程大学出版社,2002.
[33] 纪卓尚,等.船舶制造工艺力学[M].北京:国防工业出版社,2005.
[34] 曾平.船舶材料与焊接[M].哈尔滨:哈尔滨工程大学出版社,2006.
[35] 钟宏才,向东,谭家华.船体分段划分方法研究概述[J].造船技术,2002(2)1 - 32.
[36] 翁德伟.造船组成技术[M].上海:上海交通大学出版社,1990.
[37] 章炜樑,许正权.船舶管系工[M].北京:国防工业出版社,2008.
[38] 付锦云.船舶管路系统[M].哈尔滨:哈尔滨工程大学出版社,2006.
[39] 黄广茂.造船生产设计[M].哈尔滨:哈尔滨工程大学出版社,2008.